Volker Gerhardt, Matthias Weber, Maja Schepelmann (Hg.):

Immanuel Kant 1724–2024
Ein europäischer Denker

Schriften des Bundesinstituts für Kultur und Geschichte
der Deutschen im östlichen Europa, Band 83

In Zusammenarbeit mit der Berlin-Brandenburgischen
Akademie der Wissenschaften

Immanuel Kant 1724—2024

Ein europäischer Denker

Herausgegeben von Volker Gerhardt, Matthias Weber und Maja Schepelmann

DE GRUYTER
OLDENBOURG

Gefördert von der Beauftragten der Bundesregierung für Kultur und Medien.

Diese Publikation ist das Ergebnis einer Kooperation zwischen dem Bundesinstitut für Kultur und Geschichte der Deutschen im östlichen Europa, Oldenburg, und der Berlin-Brandenburgischen Akademie der Wissenschaften, Berlin.

Bundesinstitut für Kultur und Geschichte der Deutschen im östlichen Europa

berlin-brandenburgische AKADEMIE DER WISSENSCHAFTEN

Mit Unterstützung des Ostpreußischen Landesmuseums mit Deutschbaltischer Abteilung, Lüneburg, und der Freunde Kants und Königsbergs.

OL.

Ostpreußisches Landesmuseum mit Deutschbaltischer Abteilung

FREUNDE KANTS UND KÖNIGSBERGS e.V. · ОБЩЕСТВО ДРУЗЕЙ КАНТА И КЕНИГСБЕРГА ·

Hintergrund und Idee Matthias Weber, Oldenburg, basierend auf dem BKGE-Projekt *Kant in Werken der modernen Kunst*

Wissenschaftliche Redaktion Maja Schepelmann, Berlin

Bildredaktion und Bildkonzeption Christine Düwel, Berlin

Gestaltung Tilmann Benninghaus, Berlin

Druck und Bindung Druckhaus Sportflieger, Berlin

Einbandabbildungen Vorne: Porträt Immanuel Kants unter Verwendung eines Kupferstichs von Johann Leonhard Raab (Herzog August Bibliothek Wolfenbüttel, Inv.-Nr. A 10847), entstanden um 1791 nach einem dem Berliner Maler Gottlieb Doebler zugeschriebenen Gemälde. Das Gemälde befindet sich im Ostpreußischen Landesmuseum, Lüneburg. Hinten: Geometrische Berechnungsskizze Kants aus dem *Opus postumum* (Loses Blatt 37, Seite 1, Convolut IV, Seite 55), aus der zweiten Hälfte der 1780er Jahre (Handschriftenabteilung der Staatsbibliothek zu Berlin – Preußischer Kulturbesitz).

Die Deutsche Nationalbibliothek verzeichnet diese Publikation in der Deutschen Nationalbibliographie; detaillierte bibliographische Daten sind im Internet über dnb.dnb.de abrufbar.

Library of Congress Cataloging-in-Publication Data. A CIP catalog record for this book has been applied for at the Library of Congress.

Veröffentlicht durch den Verlag De Gruyter Oldenbourg, Berlin/Boston.

ISBN 978-3-11-076281-5

Dieses Buch wurde klimaneutral produziert.

MIX Papier aus verantwortungsvollen Quellen FSC www.fsc.org FSC® C104586

Klimaneutral Druckprodukt ClimatePartner.com/10884-2203-1009

Inhalt

Armin Mueller-Stahl: ***Immanuel Kant*** Lithographie, 2014. Das hier abgebildete Künstlerexemplar wurde 2020 von dem in Tilsit (Ostpreußen) geborenen Künstler mit »e. a.« (»épreuve d'artiste«) und mit dem Buchtitel *Immanuel Kant 1724–2024. Ein europäischer Denker* signiert. Privatbesitz.

Vorwort der Herausgeber

Der dreihundertste Geburtstag Immanuel Kants am 22. April 2024 bietet den Anlass, über die Bedeutung dieses großen Aufklärers neu nachzudenken. Der Philosoph lehrte an der Albertus-Universität in Königsberg, der Hauptstadt der Provinz Ostpreußen; Königsberg war ›seine‹ Stadt, die Kant nur selten verlassen hat. Gleichwohl bewegte er sich in den europäischen Bezügen seiner Zeit, nicht nur was die Philosophie betrifft: Kant interessierte sich für die naturwissenschaftlichen Entwicklungen, nahm Anteil an der Politik, besonders an den Ereignissen im revolutionären Frankreich, befasste sich mit dem Erdbeben in Lissabon ebenso wie mit den politischen Beziehungen der Staaten und stand mit seinesgleichen im deutschen Sprachraum sowie darüber hinaus im Austausch.

Kants Werk ist ausdrücklich im Interesse der Menschheit verfasst und in den moralischen und politischen Schriften auch ausdrücklich an sie adressiert. Es betrifft Menschheitsfragen, es überschreitet die Grenzen des bisherigen Denkens und es wird heute weltweit erforscht und gedeutet. Denn Kant hat weit über seine Zeit hinaus die Geistesgeschichte geprägt. Der Europäer Kant verstand sich als Weltbürger, der für das eigenständige Selbstdenken, für moralische Autonomie und freiheitsliebende Vernunft steht.

Vor dem Hintergrund des aktuellen Forschungsstandes behandeln die Texte des vorliegenden Buches die Bedeutung Kants und legen dabei den Akzent auf die Relevanz seines Werkes für die großen, globalen Herausforderungen unserer Gegenwart.

Immanuel Kant 1724–2024. Ein europäischer Denker war das Thema der vom 27. bis 29. Mai 2019 in der Berlin-Brandenburgischen Akademie der Wissenschaften durchgeführten Tagung. Die hier vorgetragenen Referate wurden für die Publikation überarbeitet; ergänzend kamen weitere Beiträge hinzu. Auch wenn bei der Tagung ebenso wie bei der Publikation die Aufmerksamkeit einem runden Geburtstag galt und gilt, versteht sich dieses Buch nicht als ›Jubelband‹ — Kants Werk bot und bietet noch immer Anlass für Kontroversen und damit, dem von ihm exponierten Anspruch entsprechend, Stoff für eine kritische Auseinandersetzung.

Die zahlreichen Abbildungen sollen — insbesondere in den beiden ersten Beiträgen — dazu beitragen, einen anschaulichen Eindruck der Stadt Königsberg zur Zeit Kants zu vermitteln. Das Abbildungskonzept legt einen weiteren Schwerpunkt auf die bislang weniger beachtete Wirkung Kants auf die Bildende Kunst: Gezeigt werden künstlerische Arbeiten, die sich durch ihre Titel und Motive explizit auf Kants Werk beziehen und somit als Ergebnis künstlerischer Auseinandersetzung mit Kants Philosophie entstanden sind. Es ist überraschend, wie ›Künstler des Denkens‹ in der Sprache ihrer Bilder philosophische Aussagen reflektieren. Darüber hinaus werden Kunstwerke präsentiert, die — mit oder ohne direkten Bezug zu Kant — die in den Beiträgen angesprochenen Themen aufgreifen.

An der Durchführung der Tagung und der Herstellung dieses Buches haben zahlreiche Personen mitgewirkt: Für die organisatorische Betreuung ist Frau Regina Reimann, Berlin, zu danken. Die Konzeption und Gestaltung des Bildprogramms lag in den Händen von Frau Christine Düwel, Berlin, die Buchgestaltung bei Herrn Tilmann Benninghaus, Berlin. Ihre Fantasie und ihr Engagement haben wesentlich zum Gelingen beigetragen! Bei der Literatur- und Bildrecherche war Frau Kerstin Schröder, Oldenburg, unentbehrlich. Allen Genannten ist ein herzlicher Dank auszusprechen. Ohne die Unterstützung und Förderung von Kulturstaatsministerin Prof. Monika Grütters, der Beauftragten der Bundesregierung für Kultur und Medien, hätte das Vorhaben nicht realisiert werden können. Der besondere Dank gilt schließlich allen Autorinnen und Autoren für ihre Beiträge und für die wunderbare Zusammenarbeit.

Es war unser Anliegen, diesen Band schon in Erwartung des runden Geburtstags vorzulegen. Möge er die Diskussionen im Kant-Jahr 2024 bereichern!

Im Januar 2022,
Volker Gerhardt, Matthias Weber, Maja Schepelmann

Horst Janssen: ***Immanuel Kant*** Zeichnung für Helmut Schmidt zum fünfundsechszigsten Geburtstag mit der Aufschrift: »Nihil est sine ratione cur potius sit, quam non sit.« (»Nichts ist ohne Grund, warum es eher ist, als dass es nicht ist.« Wolff 1736, § 70) Darunter: »Lieber Helmut Schmidt: dies zum 23. 12. 83. und zur gefälligen Verfügung für Kurznachrichten an Freunde. Ihr Janssen.«

Zum Geleit

»Dem Egoism kann nur der *Pluralism* entgegengesetzt werden, d. i. die Denkungsart: sich nicht als die ganze Welt in seinem Selbst befassend, sondern als einen bloßen Weltbürger zu betrachten und zu verhalten« (*Anthropologie*, 130).

So schrieb es der Königsberger Kosmopolit Immanuel Kant in seiner *Anthropologie in pragmatischer Hinsicht.* Kants Worte gelten bis heute und wo immer es darum geht, globale Herausforderungen zu bestehen und das Zusammenleben aller Menschen in Freiheit und Selbstbestimmung zu gestalten. Der Perspektivwechsel zum Wir hilft bei der Bekämpfung des menschengemachten Klimawandels genauso wie bei Fragen der Migration. Kants Ideen sind überzeitlich. Sie sind heute so aktuell wie im Königsberg des ausgehenden 18. Jahrhunderts.

Das gilt besonders für seine Forderung nach Mündigkeit, nach selbstbestimmtem Denken und eigenverantwortlichem Handeln. Mit seinem Werk hatte Kant einen großen Anteil am Gelingen des Projekts der Aufklärung. Und ohne diese Aufklärung wäre das Europa, wie wir es heute kennen und erleben, nicht denkbar. Angesichts einer von Fake News und Verschwörungstheorien bedrohten gesellschaftlichen Verständigung ist Kants ›Sapere aude‹, die Ermunterung, sich seines eigenen Verstandes zu bedienen, aktueller, als ich es mir wünschen würde. Als Ermutigung hat sie Gültigkeit, so lange Menschen denken werden.

Schon seinen Zeitgenossen galt er als herausragender Philosoph. Friedrich Schiller gehörte zu seinen Verehrern und suchte beharrlich den Austausch mit Kant, um über seine Ideen zu diskutieren. Goethe bekannte Schiller, ein Anhänger ›Kantischen Glaubens‹ zu sein, und blieb doch auch in diesem Glauben ein kritischer Geist. Sehr zum Gefallen Kants. Der war erfreut über den ›talentvollen Mann‹. Kritisch und kritikfähig zu sein, das konnte man damals und das kann man heute von Kant lernen.

Er mag in Königsberg ein ereignisarmes Leben geführt haben – seine Schriften waren wirkmächtig und sind es geblieben. Kant prägte nicht nur eine Epoche und ihre Debatten, Philosophinnen und Philosophen, sondern auch Dichterinnen und Denker, darstellende und bildende Künstlerinnen und Künstler. Die Illustrationen in diesem Buch zeigen das eindrucksvoll und ich freue mich, dass so die künstlerische Wahrnehmung von Kants Philosophie erschlossen wird.

Das Immanuel-Kant-Jahr 2024 bietet einen willkommenen Anlass, um über alle Aspekte seines Werkes und dessen Nachwirkungen im internationalen Austausch zu sprechen. Das gilt neben all den wichtigen und überzeitlichen Gedanken Kants auch für seine nicht so modernen Ansichten, etwa zu Frauen, Ehe und Menschen anderer Herkunft. Umso mehr begrüße ich, dass der vorliegende Band schon frühzeitig erscheint und so auf das Jubiläum hinführt. Ich wünsche mir, dass es nicht nur zu einer lebendigen Auseinandersetzung mit dem großen Philosophen, sondern auch zu weiterem Nachdenken über die gemeinsame Verantwortung und über die Gestaltung einer auf Freiheit, Toleranz, Frieden und Nachhaltigkeit ausgerichteten Zukunft beiträgt.

Claudia Roth MdB
Staatsministerin für Kultur und Medien

Abb. 1 Dieser kolorierte, mit einer detaillierten Legende versehene Kupferstich der Ansicht Königsbergs wurde um 1740 von Johann Georg Ringlin nach einer Vorlage des bekannten Zeichners Friedrich Bernhard Werner geschaffen. Kant lobt seine Geburtsstadt, die an materiellen und kulturellen Gütern alles bot, was man benötigte: »Eine große Stadt, der Mittelpunct eines Reichs, in welchem sich die Landescollegia der Regierung desselben befinden, die eine Universität (zur Cultur der Wissenschaften) und dabey noch die Lage zum Seehandel hat, welche durch Flüsse aus dem Inneren des Landes sowohl, als auch mit angränzenden entlegenen Ländern von verschiedenen Sprachen und Sitten, einen Verkehr begünstigt, — eine solche Stadt, wie etwa Königsberg am Pregelflusse, kann schon für einen schicklichen Platz zu Erweiterung sowohl der Menschenkenntniß als auch der Weltkenntniß genommen werden; wo diese, auch ohne zu reisen, erworben werden kann.« (Kant: *Anthropologie,* 120 f.: Anmerkung).

VOLKER GERHARDT, MATTHIAS WEBER, MAJA SCHEPELMANN

Ein Weltbürger in Königsberg

IMMANUEL KANT: EIN LEBEN, EIN WERK

Philosophinnen und Philosophen leben über ihr irdisches Hier und Jetzt hinaus ein wenig auch für die Ewigkeit – das ist das Erstaunliche und Wertvolle an der Philosophie, und das macht sie zu einem Hort unverbrüchlicher Aufrichtigkeit und zu einem möglichen Rückzugsort. Damit ist weder gesagt, nur PhilosophInnen seien aufrichtig, noch ist gemeint, dass sie es alle und dass sie es immerzu seien. Gleichwohl können eine Hinwendung zu Grundfragen menschlicher Existenz und die Suche nach ›Wahrheiten‹ über uns und unsere Welt – wie sie sich in vielen Wissenschaften und Künsten finden – dazu beitragen, dass Menschen sich über Notwendigkeiten ihrer Lebensführung hinaus etwas Größerem zuwenden und sich gegen Lügen, Bösartigkeiten, Feindseligkeiten und Fanatismen aller Art stellen.

Ein philosophisches Leben kann fraglos hinsichtlich individueller Chancen und Zwänge, konkreter Umstände und Einflüsse, die ein Denken geprägt haben, wissenschaftlich untersucht werden. Und doch ist vermutlich niemand, der Großes geschaffen hat, ausschließlich von außen geprägt worden, weshalb sich ideengeschichtlich die Aufgabe stellt, seine oder ihre originäre Schaffenskraft zu erforschen und dabei von Erklärungen über Denkeinflüsse gerade *abzusehen,* denn allein mit diesen ist man eben nicht in der Lage, aufzuzeigen, wie etwas Neues oder ganz Anderes im Schaffen und Wirken eines Menschen zustandekam, etwas, das zuvor nicht bekannt war und das vielleicht sogar niemand für möglich gehalten hatte. Diesen kausal unerklärbaren ›Rest‹ sollte man im Auge behalten, jedenfalls dann, wenn man ein solches Leben unvoreingenommen zu beurteilen gedenkt.

Eine unvoreingenommene Beurteilung wiederum hat nun wahrlich nicht jeder im Sinn. Auch das Leben, die Person und das Werk *Immanuel Kants* sind verschiedentlich kleingeredet worden, zuerst von Johann Gottlieb Fichte und Arthur Schopenhauer, später auch von Friedrich Nietzsche.[1] Vieles davon hat sich bis heute in der allgemeinen Meinung über Kant festgesetzt, so etwa die oft und gern vorgebrachte Häme, er habe ja zeitlebens seine Geburtsstadt Königsberg, beziehungsweise deren nähere Umgebung, nicht verlassen. Das ist zwar sachlich richtig, aber – so möchte man fragen – welches Problem sollte daraus resultieren? Sollen wir das ruhelose Umherziehen der Intellektuellen im 19. Jahrhundert grundsätzlich als wertvoller für ein Philosophenleben erachten? Verbunden mit diesem Vorwurf wurde es im Übrigen auch allgemein üblich, über Königsberg so zu sprechen, als sei die Stadt von Leben, Welt und Zukunft abgeschnitten gewesen – aber, so stellen wir fest: das war und ist nur das großdeutsche Echo der Großspurigkeit, mit der in Berlin und anderswo über den vormaligen Sitz des preußischen Königshauses geurteilt wurde. Es wird der Stadt, in der Kant gelebt hat, nicht gerecht.

Man kann das vielleicht so bewerten: Orientiert sich ein Philosophenleben zweckrational an der eigenen Geltung, ist es klarerweise darum bemüht, die ›Größe‹ eines anderen, zum Beispiel älteren, Denkers auf eine Weise zu reduzieren, dass das eigene Licht entsprechend heller scheinen kann. Für Kant trifft das in keiner Weise zu; selbst in den vernichtendsten Beurteilungen, die er anderen Autoren angedeihen ließ, findet sich an irgendeiner Stelle ein Wort ernst gemeinter Anerkennung. Kants Leben folgte, nach allem, was man weiß, philosophischen Grundsätzen des Respekts vor und der Achtung für Mensch und Tier, und zwar auf eine Weise, dass es durchaus ein vorbildhaftes Leben war und dies gewiss auch sein *sollte.*

Dieses ›Sollen‹ und das Streben nach Vorbildhaftigkeit verdankt sich Grundsätzen, die man sich selbst für die eigene Lebensführung vorschreiben kann. ›Vorschreiben‹ heißt: zuerst hat man einen Grundsatz; hernach folgt seine Anwendung auf eine konkrete Situation (bei der ohne Frage manches schiefgehen kann). Noch vor dem Vorschreiben hat dabei die Überlegung zu erfolgen: was möchte ich »als freyhandelndes Wesen« aus meinem Leben, was möchte ich aus meiner Person machen?[2] Kant fordert uns in Werk und Leben dazu auf, den Menschen – also auch uns selbst – nicht primär danach zu beurteilen und daran auszurichten, woher wir kommen und was uns im Rahmen unserer Existenz für Bedingungen mitgegeben wurden, sondern vielmehr

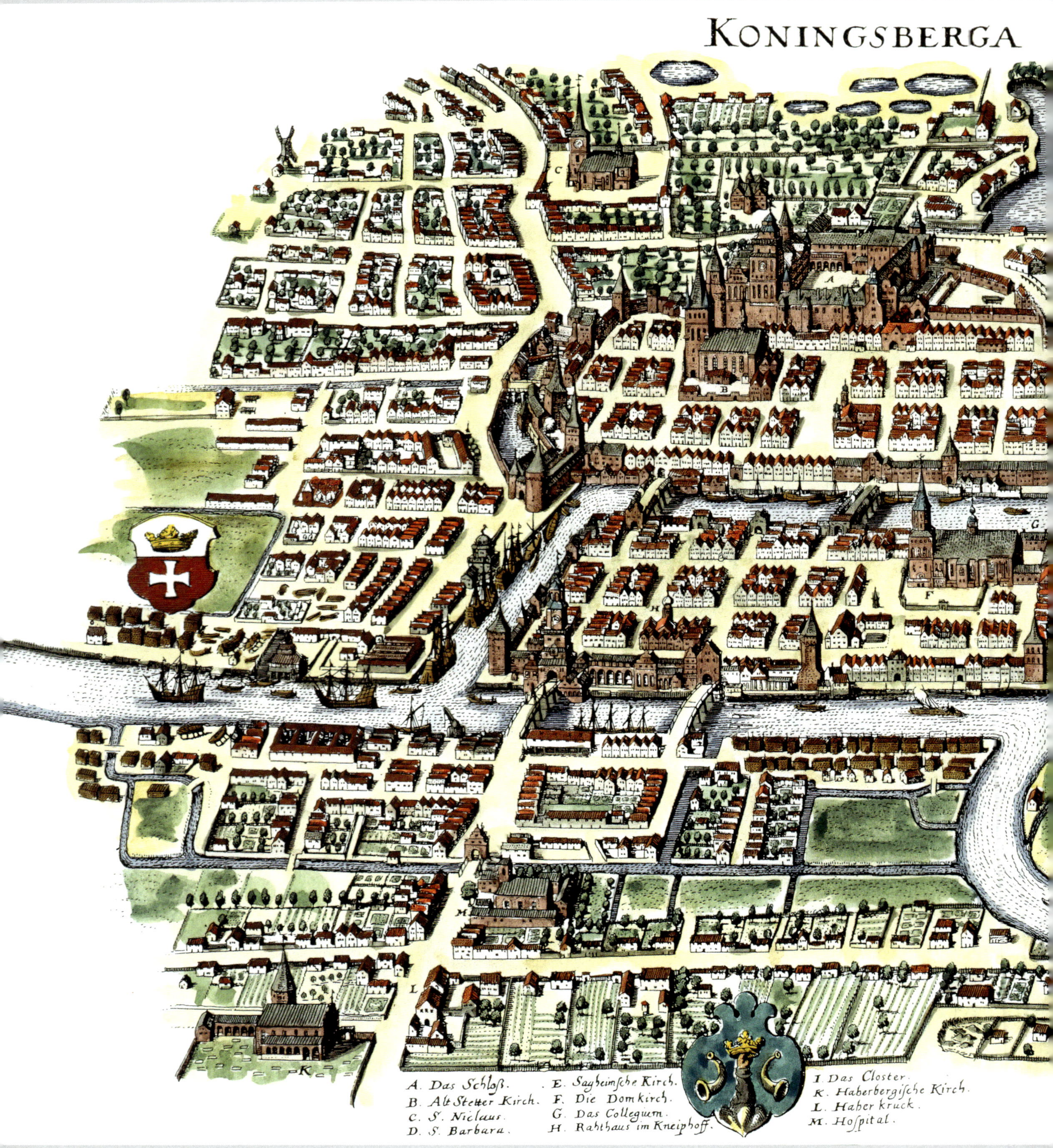
KONINGSBERGA
A. Das Schloß.
B. Alt Stetter Kirch.
C. S. Niclaus.
D. S. Barbara.
E. Sayheimsche Kirch.
F. Die Domkirch.
G. Das Collegium.
H. Rahthaus im Kneiphoff.
I. Das Closter.
K. Haberbergische Kirch.
L. Haber kruck.
M. Hospital.

Abb. 2 »Koningsberga«, Kupferstich von Matthias Merian, 1642. Im Zentrum ist der von der Pregel umflossene Kneiphof mit dem Dom und der Universität dargestellt, oberhalb davon (im Norden gelegen) das Schloss. Im Südwesten, wo Handelsschiffe den Hafen andeuten, war die »Vordere Vorstadt«, wo Kant geboren wurde und seine Kindheit und Jugendzeit verbrachte. Von dort aus kam man über die Grüne Brücke, geradeaus über besagten Kneiphof und die Krämerbrücke zum Königlichen Schloss, in dessen Nähe das Haus in der Prinzessingasse stand, das Kant 1783 erwarb. Zur Mitte des 18. Jahrhunderts hatte Königsberg etwa 50.000 Einwohner.

Abb. 3 Dieser Blick vom Pregelufer auf die Stadt dürfte dem jugendlichen Kant bestens vertraut gewesen sein. Die Sattlergasse, in der Kant aufwuchs, lag in der belebten Gegend unmittelbar am geschäftigen Zentrum des Flusshandels, wo zahlreiche Speicher und Kneipen waren und die Händler aus England, Holland oder Polen-Litauen ihre Waren umschlugen. Kants Weg in die Stadt führte über die Grüne Brücke (rechts), vorbei an der Alten Börse (rechts mit Fahne), durch das Grüne Tor (Gebäude mit Turm) in den Kneiphof. Die kolorierte Lithographie wurde von Friedrich Heinrich Bils um 1850 geschaffen.

danach, inwiefern wir diesen Horizont und diese Vorgaben hin zu einem menschlichen Menschsein verstehen, erweitern und verändern können. Auf diese Weise können wir unsere eigenen Vorbilder sein und werden.

Das vorliegende Buch widmet sich aus Anlass des dreihundertsten Geburtstags Kants vor allem der Aktualität und Vorbildhaftigkeit seiner Philosophie, ohne dabei kritische Aspekte auszuschließen. Dabei wird auch auf sein Leben und Werk einzugehen sein.[3] Immanuel Kant wurde am 22. April 1724 in Königsberg geboren und verstarb dort am 12. Februar 1804. In den folgenden fünf Abschnitten sollen einige zentrale Aspekte dieses achtzigjährigen Lebens erörtert werden.

EINE LEBENDIGE STADT

Anders als Kaliningrad heute war Königsberg zu Lebzeiten Kants eine weltoffene Stadt. Der Krönungsort preußischer Könige stand in Konkurrenz zu Berlin, gehörte der Hanse an,[4] hatte den größten Hafen der preußischen Monarchie mit Zugang zu den Weltmeeren und war das Tor zu einem großen Hinterland, mit dem ein reger Handel betrieben wurde. Die seit 1544 bestehende Universität zog Gelehrte und Studierende auch aus dem nördlich gelegenen Litauen und aus Lettland an. Kant ließ fünf seiner Bücher im vierhundert Kilometer entfernten Riga, das ebenfalls Hansestadt war, drucken.

Das Land an der Ostsee mit dem reizvollen Küstenstreifen und seinen großen Wäldern, das östliche Preußen, das nach der ersten Teilung Polens 1772 als Ostpreußen bezeichnet wurde, war seit Menschengedenken heftig umkämpft. Erst mit der Eroberung durch den Deutschen Ritterorden und mit dessen befestigter Ansiedlung in Burganlagen wie Königsberg (1255) bildete sich gegen Ende des 13. Jahrhunderts im

Baltikum eine dauerhafte, wenn auch ständig von Kriegen erschütterte, politische und kulturelle Ordnung aus.

Daran änderte auch die Dreiteilung des Landes infolge des Zweiten Thorner Friedens 1466 nichts, in dessen Folge nur der östliche Teil Preußens dem Orden verblieb – mit Königsberg, das Sitz des Hochmeisters wurde. 1525 säkularisierte der lutherisch gewordene letzte Hochmeister des Deutschen Ordens, Albrecht von Brandenburg-Ansbach, den preußischen Besitz des Ordens, legte selbst die geistlichen Würden ab, erhob sich dafür zum Herzog und empfing das neu kreierte Herzogtum Preußen als Lehen des polnischen Königs, dessen Schutz er sich unterstellte. Die landesherrliche Macht konzentrierte sich in dem aus dem Mittelalter stammenden Schloss, das früher Residenz der Hochmeister und jetzt des Herzogs war, später Sitz der Regierung, Krönungsort und neben Berlin zur zweiten Residenz Preußens wurde. Kant hat im Schloss als Bibliothekar gearbeitet und erwarb 1783 ein Haus in dessen unmittelbarer Nachbarschaft.

1618 kam das Land auf dem Weg der Vererbung an die Brandenburger Kurlinie, wurde 1638 sogar Zuflucht des kurfürstlichen Hofes und als Exklave meist von Berlin aus regiert. 1657/1660 gelang Friedrich Wilhelm, dem *Großen Kurfürsten,* die Lösung der Lehensabhängigkeit des Herzogtums Preußen von Polen – was von den Königsbergern keineswegs durchgehend begrüßt wurde.[5]

Königsberg wurde wiederholt zum Kriegsschauplatz, musste während des Siebenjährigen Krieges von 1758 bis 1761 die zaristische Besatzungsmacht ertragen und hohe Kontributionszahlungen leisten. Den Aufschwung der Stadt konnte das jedoch nicht aufhalten. Die Bürger waren genötigt, aus der Lage das Beste zu machen. Der spätere preußische Sieger, Friedrich der Große, empfand das als Kollaboration und verübelte sie den Königsberger Bürgern so nachhaltig, dass er die Stadt nie wieder besuchte. Kant hat ihn trotzdem als Aufklärer und Reformer verehrt.

In der Zeit der Besatzung pflegte der junge Privatdozent Immanuel Kant gute Kontakte zu den russischen Offizieren, hielt Vorträge über Festungsbau und Ballistik und richtete auf dem üblichen Dienstweg ein Gesuch an die zuständige Zarin Elisabeth, um die Universitätsprofessur für Logik und Metaphysik übernehmen zu können. Seine Bitte blieb unerhört, und so musste er bis 1770 warten, ehe die nunmehr wieder zuständige preußische Dienststelle in Berlin Kant den Ruf auf die erneut freigewordene Stelle erteilte. Das schon vorher an ihn ergangene Angebot einer Professur für Rhetorik und Dichtkunst hatte er abgelehnt. Eine geruhsame Zeit war das für Kant, der seinen Lebensunterhalt auch als Hauslehrer, als Bibliothekar und im Billardspiel verdiente, sicher nicht.

Mit der Konsolidierung der brandenburgisch-preußischen Herrschaft erhöhte sich der Zustrom von Menschen unterschiedlicher Herkunft und vielfältigen Glaubens nach Königsberg beträchtlich. Bereits seit dem 16. Jahrhundert hatte der Ostseeraum größere Zuwanderungen, besonders aus Schottland und anderen Teilen Westeuropas, zu verzeichnen.[6] In jungen Jahren muss Kant auch die Ankunft von 17.000 Glaubensflüchtlingen, den ›Salzburger Exulanten‹, miterlebt haben, die Königsberg auf Schiffen und über Land erreichten, auch wenn er dies nie erwähnt hat. Zu Kants Zeit wurde das System des merkantilistischen Wirtschaftens eingeführt, es entstanden Textil-Manufakturen, die insbesondere von englischen, französischen und jüdischen Kaufleuten betrieben wurden; die Wirtschaft florierte. Unter den in der Mitte des 18. Jahrhunderts 50.000 Einwohnern waren Katholiken, reformierte und lutherische Protestanten, Menschen jüdischen Glaubens sowie die unterschiedlichsten Nationalitäten.

Der Pragmatismus der Königsberger war nicht nur in Kriegszeiten ein Segen; die Stadt war aufgrund ihrer konfessionellen, ethnischen und kulturellen Vielfalt geradezu prädestiniert dafür, eine Empfänglichkeit für die Ideen der Aufklärung zu entwickeln. Die Weltoffenheit eines in friderizianischer Kultur erblühenden Handelszentrums, dessen Kais von so manch innovativer Ware, Zeitschrift oder Information weitaus frühzeitiger erreicht wurden als die eher rückständigen, noch von den Nachwirkungen des Dreißigjährigen Krieges gebeutelten Städte des Reichs, kann man nicht deutlich genug betonen.

Vielleicht lässt sich Königsberg, zumindest mit Blick auf das damalige intellektuelle Leben, eher mit London oder Paris vergleichen, was sich aber das Bildungsbürgertum im Deutschen Reich des 19. Jahrhunderts sicherlich nicht eingestehen konnte. Die kulturelle Blütezeit zwischen 1701, als sich der Brandenburger Kurfürst in der Schlosskirche zu Königsberg zum König in Preußen krönte, und 1806, dem Jahr der Niederlage Preußens gegen Napoleon in der Schlacht bei Jena und Auerstädt wird oft als das ›Königsberger Jahrhundert‹ bezeichnet. In dieser Epoche wirkten zahlreiche Denker und Literaten in der Stadt: Johann Christoph Gottsched, Johann Georg Hamann, Theodor Gottlieb Hippel der Ältere, Johann Gottfried Herder, Johann Friedrich Reichardt oder Zacharias Werner, Ernst Theodor Amadeus Hoffmann und viele andere. Man wusste in Königsberg nicht nur, was in Skandinavien,

Abb. 4 Das Königliche Schloss war das Wahrzeichen Königsbergs. Herzog Albrecht von Brandenburg hatte darin 1540 eine Bibliothek eingerichtet, die eine erstklassige protestantische Büchersammlung verwahrte. Von 1766 bis 1772 wirkte Kant als Unterbibliothekar in der damals in der Südwestecke und im Westflügel des Schlosses im einstigen Hirschsaal und den angrenzenden Räumen untergebrachten Bibliothek (im runden Turm und hinter den vier rechts anschließenden Fenstern) – es war seine erste Festanstellung. 1810 wurden die Schloss- und die Universitätsbibliothek zur Königlichen, später zur Staats- und Universitätsbibliothek Königsberg zusammengelegt; sie ging 1945 unter. Teilbestände befinden sich heute in der Universitätsbibliothek Thorn/Toruń. Die Lithographie von Heinz Mützel nach einem Gemälde von Carl Wilhelm Hübner zeigt den Altstädtischen Kirchplatz um 1836 mit den vor dem Schloss befindlichen Bürgerhäusern der Altstädtischen Bergstraße.

England und Schottland erörtert wurde, sondern auch wie in Holland, Frankreich, in den Neu-England-Staaten oder in Polen geurteilt wurde. Über den Kampf für die Unabhängigkeit der nordamerikanischen Provinzen von England wurde hier, wo viele Schotten lebten, zu denen Kant freundschaftliche Beziehungen unterhielt, heftig gestritten.

Kant ergriff 1789 leidenschaftlich Partei für die Revolution, womit er im Königsberger Freundeskreis in der Minderheit geblieben zu sein scheint. Doch das hat ihn in seiner Meinung, die er auch öffentlich vertrat, so wenig gestört wie die damit eingenommene Opposition gegen das preußische Königshaus.

Mag sein, dass diese Unbotmäßigkeit ein Grund mehr dafür war, dass ein königliches Reskript von 1792 so scharf ausfiel: Es forderte von Kant die Unterlassung seiner religionskritischen Aussagen. Der König persönlich – inzwischen ist es Friedrich Wilhelm II. – drohte ihm mit dem Entzug seiner Professur und mit der Streichung seiner Pension, sollte er nicht die Veröffentlichung derartiger Überlegungen unterlassen. In seiner Antwort bedauerte Kant, dass er den König verletzt habe, und versicherte, dies sei nicht seine Absicht gewesen. Doch im Jahr danach publizierte er den inkriminierten Text unverändert als erstes von vier Kapiteln in seiner *Religion innerhalb den Grenzen der bloßen Vernunft,* wich also in der Sache keine Handbreit zurück. Wäre Friedrich Wilhelm II. inzwischen nicht selbst in die Kritik geraten, hätte Kant entlassen werden müssen. Doch der Vorgang wurde nicht weiterverfolgt, vielleicht auch deshalb, weil der große Kritiker so großen Mut bewiesen hatte.

KEIN GEMÄCHLICHES LEBEN

Dass Kant, der in der ›Vorderen Vorstadt‹ geboren wurde und aufgewachsen war, eine schwere Kindheit hatte, nachdem sein Vater, ein Riemermeister, in der Strukturkrise, die durch das Aufkommen der Kutschen verursacht war, seine Arbeit verloren hat, ist bekannt. Der Vater blieb bis zum Lebensende ein Versorgungsfall. Die Mutter, an der das körperlich wenig robuste Kind besonders hing, starb schon vorher, als Immanuel 12 Jahre alt war. Wäre er nicht durch einen Gönner der Familie gefördert worden, hätte er weder die höhere Schule besuchen noch studieren können.

Im Studium fiel Kant durch sein besonderes Verständnis für die alten Sprachen, für die Naturwissenschaften sowie durch seine literarischen und philosophischen Interessen auf. Seine allererste Veröffentlichung: *Gedanken von der wahren Schätzung der lebendigen Kräfte und Beurtheilung der Beweise derer sich Herr von Leibnitz und andere Mechaniker in dieser Streitsache bedienet haben,* in der Kant sich in erster Linie mit der zwischen Newtonianern, Leibnizianern und Cartesianern umstrittenen Messung des Kraftaufwands und der Berechnung der Bewegung physischer Körper befasste, führte er unabhängig von jedem akademischen Mentor oder Förderer durch; ihr Vorwort liest sich wie die Unabhängigkeitserklärung eines nur seiner eigenen Einsicht verpflichteten Denkers, und das alles markiert somit den Beginn seines eigenständigen Schaffens.[7] Das Buch erschien 1749, wurde durch keine der nachfolgenden Schriften widerlegt und fand mit der Publikation der *Critik der reinen Vernunft* zu einer Bestätigung, die man in Anspruch und Folgen nur weltgeschichtlich nennen kann.

In der Folge war Kant zunächst als Hauslehrer in verschiedenen Adelsfamilien in der Umgebung Königsbergs tätig und erfüllte seine Aufgaben zur Zufriedenheit von Eltern und Schülern. Nebenbei verfasste er ein glänzend geschriebenes, mit vielen literarischen Verweisen aufwartendes Werk über die Entstehung des Kosmos und die Macht der Geometrie: *Allgemeine Naturgeschichte und Theorie des Himmels,* das 1755 erschien. Durch die darin erstmals gegebene Erklärung der Milchstraße als Ansammlung von unzähligen Sonnen, die aus weiter kosmischer Entfernung als Spiralnebel erscheinen, hat Kant bis heute einen Platz in der Geschichte der Astronomie – obwohl das epochemachende Buch nahezu 50 Jahre lang unbekannt blieb.

Vielen Lesern und Leserinnen erscheint es noch heute als Ungeheuerlichkeit, dass Kant einleitend feststellt, Gott werde in direkter Funktion zur Erklärung des Kosmos nicht gebraucht. Denn für den Autor ist Gott nur ein anerkennender Ausdruck dafür, dass überhaupt etwas ist. Gott hat die Materie zu geben. Sie ist der Stoff, der sich so bewegen lässt, dass daraus Gasnebel, Sonnen, Planeten und Lebewesen entstehen können. Also lässt Kant den Philosophen »ohne Vermessenheit« sagen: »Gebet mir Materie, ich will euch eine Welt daraus bauen«.[8] Allerdings seien die Gesetzmäßigkeiten, mittels derer wir wiederum zu Erklärungen dieser Welt gelangen, so weit weg von einem blinden Zufall, dass man mit großer Gewissheit zu der Einsicht gelangen dürfe, Gott und die Geometrie könnten nicht im Widerspruch zueinander stehen.

Abb. 5 Grundriss der Bibliothek im Königlichen Schloss (Norden ist nach rechts ausgerichtet), in der Kant arbeitete. König Friedrich der Große entschied am 18. Dezember 1765, dass der Magister Kant mit der Stelle des Unterbibliothekars betraut werden solle. Im Februar 1766 wurde die Anstellungsurkunde ausgestellt, Kant erhielt ein Salär von 62 Reichstalern. Nachdem er 1770 Professor für Logik und Metaphysik geworden war, gab er 1772 die Bibliothekarsstelle ab. Er war also ungewöhnlicherweise noch als Ordinarius in der Bibliothek angestellt, vermutlich, weil man dort Bücher aller Epochen in beeindruckender Breite zur Verfügung hatte.

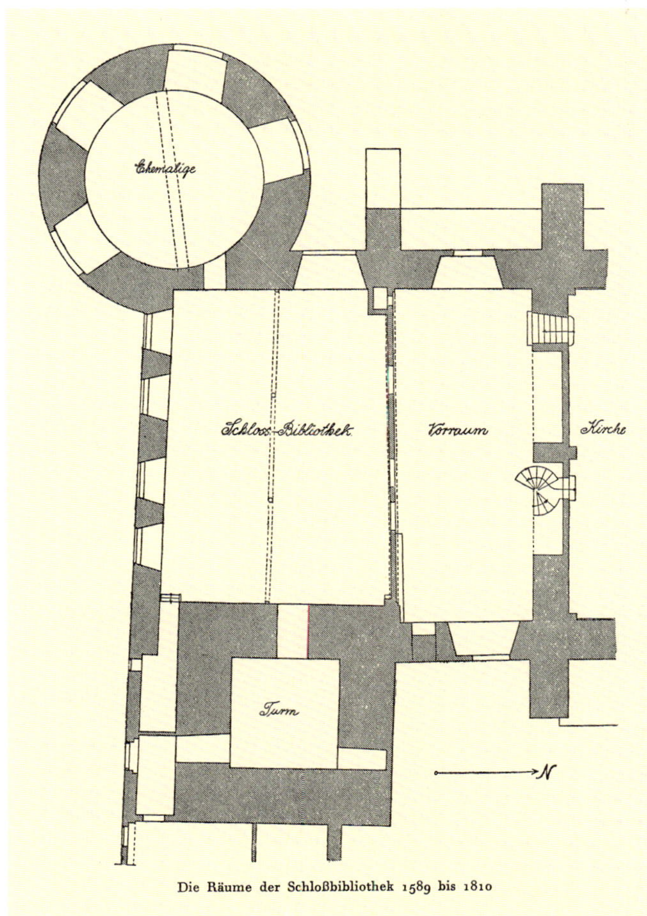

Abb. 6 Durch Vermittlung des Oberbürgermeisters und Freundes Theodor Gottlieb Hippel erstand Kant 1783 die *Alte Landhofmeisterei* von den Erben des Portraitmalers Johann Gottlieb Becker. Kants Wohnhaus stand hinter dem Schloss (der Turm des Schlosses ist links im Bild zu sehen) am *Prinzessinplatz* 86/87 (später *Prinzessinstraße,* ab 1924 *Kantstraße*) unmittelbar am Schlossgraben, es wurde 1893 abgerissen. Die kolorierte Lithographie wurde von Friedrich Heinrich Bils 1842 geschaffen.

»Kant besaß in den letzten siebzehn Jahren ein eignes Haus, das zwar mitten in der Stadt in der Nähe des Schlosses, aber in einer kleinen Nebenstraße lag, durch die selten ein Wagen fuhr. Das Haus selbst, welches acht Stuben in sich faßte, war für seine Lebensart bequem eingerichtet. Im untern Stock war auf dem einen Flügel sein Hörsaal, auf dem andern die Wohnung seiner alten Köchin; im obern Stockwerk auf dem einen Flügel sein Eßsaal, seine Bibliothek und Schlafstube; auf dem andern sein Visitenzimmer und seine Studierstube. In einer kleinen Dachstube wohnte sein Bedienter. Die Studierstube lag nach Osten und hatte eine freie Aussicht über mehrere Gärten. Es war ein angenehmer Aufenthalt, wo der Denker ruhig und ungestört seinen Ideen nachhängen konnte. Er wäre mit seiner Studierstube noch mehr zufrieden gewesen, wenn er im Sommer öfterer die Fenster hätte öffnen können; aber daran hinderte ihn der unaufhörlich Gesang der Gefangenen in der nahegelegenen Schloßvogtei. Er beschwerte sich oft gegen Hippel über diesen geistigen Ausbruch der Langenweile, allein die Sache war nicht zu ändern.« (Jachmann 1804: Sechszehnter Brief).

»Ew. Wohlgeboren waren so gütig, der Beschwerde der Anwohner am Schloßgraben, wegen der stentorischen Andacht der Heuchler im Gefängnisse, abhelfen zu wollen. Ich denke nicht, daß sie zu klagen Ursache haben würden, als ob ihr Seelenheil Gefahr liefe, wenn gleich ihre Stimme beim Singen dahin gemäßigt würde, daß sie sich selbst bei zugemachten Fenstern hören könnten (ohne auch selbst alsdann aus allen Kräften zu schreien). Das Zeugniß des Schützen, um welches es ihnen wohl eigentlich zu thun scheint, als ob sie sehr gottesfürchtige Leute wären, können sie dessenungeachtet doch bekommen; denn der wird sie schon hören, und im Grunde werden sie nur zu dem Tone herabgestimmt, mit dem sich die frommen Bürger unserer guten Stadt in ihren Häusern erweckt genug fühlen. Ein Wort an den Schützen, wenn Sie denselben zu sich rufen zu lassen und ihm Obiges zur beständigen Regel zu machen belieben wollen, wird diesem Unwesen auf immer abhelfen, und denjenigen einer Unannehmlichkeit überheben, dessen Ruhestand Sie mehrmalen zu befördern gütigst bemühet gewesen und der jederzeit mit der vollkommensten Hochachtung ist / Ew. Wohlgeboren / gehorsamster Diener I. Kant« (Brief an Hippel vom 9. Juli 1784; AA X, 391).

Kant kehrte 1755, vier Jahre nach dem Tod seines ehemaligen Lehrers Martin Knutzen, an die Universität zurück. Er lehrte dort als Privatdozent und konnte von dem Hörergeld, gelegentlich vermehrt durch die Gewinne beim Billardspiel, leben. 15 Jahre dauerte es bis zu seiner Berufung auf die Professur, die er für sich für geeignet hielt. Das Abenteuer, mit dem es ihm unter tätiger Mitwirkung des zuständigen Berliner Ministers gelang, der Entscheidung seines Fakultätskollegiums zuvorzukommen, dürfte einer der spannendsten Berufungsfälle in der deutschen Universitätsgeschichte sein. Und nachdem Kant es gewagt hatte, zu dem für die Berufung erforderlichen Inaugural-Kolloquium einen Juden, den später Berühmtheit erlangenden Marcus Herz, als offiziellen Respondenten zu bestellen, war die Empörung groß. Sie fand auch an anderen Universitäten ein Echo, das sich verstärkte, weil der endlich berufene Sonderling nach seiner akademischen Beförderung nun offenbar sein Pulver verschossen hatte und mehr als zehn Jahre gar nichts mehr publizierte.

Um diese Gerüchte hat sich Kant, soweit wir wissen, nie gekümmert. Er arbeitete an seinem Hauptwerk, der *Critik der reinen Vernunft*, die 1781 erschien und mit der er die Auffassung von der menschlichen Erkenntnis revolutionierte. Dem folgten noch im selben Jahrzehnt eine zweite, wesentlich ergänzte Auflage sowie eine umfangreiche Anleitung zum Verständnis des Werks: die *Prolegomena zu einer jeden Metaphysik, die als Wissenschaft wird auftreten können* (1783); ferner eine umfangreiche Darlegung der Schlussfolgerungen für die Prinzipien der Naturwissenschaft: *Metaphysische Anfangsgründe der Naturwissenschaft* (1786). In systematischem Anschluss an die *Grundlegung zur Metaphysik der Sitten* (1785) erschien dann 1788 die *Critik der practischen Vernunft* sowie 1790 die dritte Kritik: *Critik der Urtheilskraft*, die das ästhetische Erleben und dessen Fundament im Leben in einem völlig neuen Zugang erschloss.

Danach publizierte Kant noch acht weitere Jahre in eigener Regie sowie um die Jahrhundertwende mit Hilfe zweier Schüler und eröffnete neue Zugänge zur Politik, zur Religion, zur Organisation der Wissenschaften sowie zur Zukunft der Metaphysik. Wie Kant unter diesen Bedingungen auch noch dreimal Rektor sein, den Umbau seines 1783 erworbenen Hauses überwachen und sein geselliges Leben fortführen konnte, ist schwer vorstellbar, muss aber irgendwie möglich gewesen sein.

Etwas, das er auf das Allernötigste beschränkte, war die Korrespondenz, der in gebotener Ausführlichkeit nachzukommen von einem angesehenen Bürger und Professor in seinem Jahrhundert eigentlich zwangsläufig erwartet wurde. Kant spricht selbst über seine Faulheit im Briefeschreiben.[9] Aus manchen Jahren haben sich zwei, drei, aus manchen Jahren hat sich gar kein Brief erhalten, und selbst Jahre regen Austauschs halten für uns weniger als dreißig Briefe aus Kants Feder bereit – das ist eine magere Ausbeute, und man wird vermuten dürfen, dass viele Abreden mündlich getroffen oder jemandem zur mündlichen Übermittlung aufgetragen wurden.

In den Jahren des Wirkens Kants war Königsberg vom philosophischen Rand Europas ins Zentrum der Aufmerksamkeit gerückt. Die Zahl seiner Hörer, die sich bei Kant schon immer einfanden und zu denen sich auch Offiziere, Beamte und Kaufleute gesellten, wuchs. Es kamen Besucher von weit her, um ihn zu sehen und nach Möglichkeit mit ihm zu sprechen. Trotz seiner schwachen physischen Konstitution hat Kant alles dies bewältigt. Sein Rezept für die willentliche Förderung eines langen Lebens bestand in bestimmten diätetischen Regeln, die er selbst pünktlichst einhielt und auch weitergab.[10] So wurde zum Beispiel nur einmal am Tag gegessen. Der Grundgedanke war generell: »die Ursache eines natürlichen Todes kann man doch nicht anders als Krankheit nennen«.[11] Zwar war Kant von eher zartem Körperbau, aber eben zäh. Sein Bruder etwa hielt es für einleuchtend, dass Immanuel ein hohes Lebensalter zu erwarten habe.[12]

Unser Bild von Kant setzt sich heute aus dem zusammen, was aus seinen meistgelesenen Schriften und aus dem biographischen Material gezogen wird, das uns vor allem über die späteren Jahre informiert. Daher scheint uns sein Leben ein vergleichsweise langweiliges Gelehrtenleben gewesen zu sein. Das Problem liegt aber eher darin, dass kaum Quellen vorliegen: Weder über Kants Auftritte in der feineren Königsberger Gesellschaft noch über die seit den achtziger Jahren täglich stattfindenden Tischgesellschaften in seinem Hause gibt es hinreichend Aufzeichnungen, so dass man über die wohl verhandelten Inhalte nur spekulieren kann.

GROSSE ENTWÜRFE FÜR DIE ZUKUNFT DES MENSCHEN

Von Anfang an ging es Kant um philosophische Konzeptionen von Natur, Wissenschaft, Ethik und Kunst sowie um die sich damit für den Menschen eröffnenden Möglichkeiten, mit seiner Welt kundig, aussichtsreich und verständig umzugehen. Am deutlichsten wird das in seiner bereits erwähnten

Kosmologie, aber man kann es im Querschnitt auch durch sein ganzes Werk hindurch aufzeigen.

Das Thema der Verbindung zwischen spekulativen und moralisch-praktischen Interessen bestimmt seine 1763 erscheinende Schrift: *Der einzig mögliche Beweisgrund zu einer Demonstration des Daseins Gottes.* Hier sind bereits alle Motive seiner Widerlegung von Gottesbeweisen versammelt, die 18 Jahre später so viel Aufhebens machen wird. Ein wichtiges logisches Thema dieser Schrift sowie der *Untersuchung über die Deutlichkeit der Grundsätze der natürlichen Theologie und der Moral* (1764), in der er polemisch mit der Metaphysik umspringt, sind die ›unerweislichen Sätze‹ und ›unauflöslichen Begriffe‹. Viele Ausführungen dieser Jahre sind Teil eines fortwährend empfohlenen skeptischen Zugangs zur tradierten Metaphysik.

In das sinnfällige Zusammenspiel aller Naturerscheinung passt gleichwohl auch der Mensch mitsamt seiner Vernunft, so dass der Philosoph eine göttliche Gegenwart in ihrem notwendigen Zusammenhang mit den (ja auch mit dieser Natur zusammenstimmenden) Leistungen der Vernunft versteht, ohne dass diese Einsicht einen logischen Beweis benötigte. Den in der Beweisgrundschrift zwar nicht nachgewiesenen, wohl aber mit Vernunft und Sinnen vergegenwärtigten Gott nennt Kant »allgenugsam in Ansehung alles Möglichen und Wirklichen«.[13] Dieses sich selbst genügende Wesen hat strenggenommen gar nichts nötig, noch nicht einmal Allmacht und Allwissenheit. Also kann auch kein Mensch anderen Menschen Gottes Strafe oder Gottes Lohn in Aussicht stellen.

In anderen Arbeiten dieser Jahre ist Kants Interesse an der Einheit von spekulativen und wissenschaftlich-technischen Erwartungen bestimmend: Besonders deutlich ist das in seinem *Versuch den Begriff der negativen Größen in die Weltweisheit einzuführen* (1763), in dem er, nach dem Vorbild der Mathematik, die negativen Bestimmungen in ihren positiven Funktionen für die Erkenntnis der Natur ernst zu nehmen sucht, um so auch die *Negation* für die Naturbeschreibung zu sichern.

Damit zeigt Kant: Nicht nur in der Erkenntnis der Natur, sondern auch in der Bewertung moralischer Handlungen kommt es darauf an, den Antagonismen des Seelenlebens, die sich nicht durch die Verrechnung äußerer Handlungsgrößen erschließen lassen, zur Anerkennung zu verhelfen.

Ein Kabinettsstück psychologischer Phänomenologie, in der Kant seine Einsicht in das anthropologische Fundament der Naturerkenntnis aufblitzen lässt, ist die zehnseitige Abhandlung *Von dem ersten Grunde des Unterschiedes der Gegenden im Raume* (1768). Hier macht Kant bewusst, worin eigentlich die ›Gleichheit‹ von rechter und linker Hand besteht, die nicht nur in ihrer räumlichen Stellung zum Körper, sondern auch in ihrer anatomischen Anlage seitenverkehrt und, wenn man so will, vollkommen entgegengesetzt sind. Für eine eindeutige Unterscheidung braucht jeder selbst eine Stellung im Raum, in der er sich stets zwischen seiner rechten und linken Hand befindet.

Das Zukunftsweisende der genannten Schriften, zusammen mit den im Anschluss erscheinenden Kritiken, die die Absicherung der Prinzipien eines Denkens leisten, das seine Wahrheitsansprüche aus sich selbst heraus rechtfertigen kann, ist die Tatsache, dass hier sukzessive ein System aufgeklärten Denkens vorbereitet und vorgelegt wird und dass das Vorgehen dem kritischen Programm stets treu bleibt: es gilt, keine Voraussetzungen einzubringen, über die nicht zuvor an irgendeiner Stelle klug verhandelt worden wäre.

Die erste *Critik* arbeitet der Begründung wissenschaftlicher Erkenntnis in Physik, Psychologie und Philosophie vor, die zweite *Critik* sucht die Bedingungen für eine Lehre von Moral und Recht zu klären, und die dritte *Critik* dient sowohl der Fundierung einer Natur und Kunst umfassenden Ästhetik als auch einer bis heute gültigen Theorie des Lebendigen, in deren Mittelpunkt die Selbstorganisation physikalischer Prozesse steht. Die hier im zweiten Teil vorgelegte Theorie des Lebens lässt alle älteren Überlegungen von Aristoteles bis Leibniz hinter sich, weist auf Charles Darwin voraus und legt die systematischen Anschlussstellen frei, von denen aus sich Kants Theorien der Geschichte und der Kultur[14] begründen lassen.

Das Zukunftsweisende besteht innerhalb des Kantischen Systems zudem in der Behandlung der Religion. Ihr Nutzen besteht für Kant unter anderem darin, soziale Aufgaben zu übernehmen. Die Kirchen haben zwischen der Sphäre des Privaten und den für die Gesamtheit verantwortlichen staatlichen Instanzen zu vermitteln.[15] Kant hat hier die Lücke erkannt, durch die sich vor dem Aufkommen des Sozialstaats die gesellschaftlichen Gegensätze verschärften. Ohne es zu wissen, sind die christlichen Kirchen in Europa dem Vorschlag des kritischen Denkers gefolgt. Wenn sie sich daran erinnern würden, dass ihre Praxis einem aufgeklärten Vorschlag Immanuel Kants entspricht, könnten sie in ihrem Reden und Handeln um einiges liberaler sein.

Abb. 7 Der Historienmaler Emil Doerstling hat mehrere Gemälde zum Thema *Kant und seine Tischgenossen* in den Jahren 1892 und 1893 angefertigt. Es spielt auf die seit 1786/87 in Kants Haus regelmäßig stattfindenden Mittagstische mit geladenen Gästen an. Dargestellt sind, von links im Kreis herum: Diener Lampe (stehend), Johann Conrad Jacobi (links am Tisch), Immanuel Kant, Christian Jacob Kraus (stehend), davor Robert Motherby und Johann Georg Hamann, Johann Georg Scheffner (rechts hinten), Karl Gottfried Hagen, Ludwig Ernst Borowski, Theodor Gottlieb Hippel (vorn in der Mitte), im Hintergrund an der Wand rechts hängt das Porträt von Jean-Jacques Rousseau. Dieses Gemälde ist eine bisher wenig bekannte Version, die dank des Vereins der Freunde Kants und Königsbergs hier veröffentlicht werden kann.

DER *ENTWURF ZUM EWIGEN FRIEDEN*

Als politischer Denker legte Kant in den letzten beiden Jahrzehnten seines Wirkens zahlreiche Aufsätze und, mit der *Rechtslehre* im ersten Teil der *Metaphysik der Sitten*, auch eine Grundlegung des modernen Staates vor und ist, zuletzt mit seinem *Entwurf zum ewigen Frieden* (1795), zum paradigmatischen Philosophen der Zukunft geworden. Das kleine, bei seinem Erscheinen großes Aufsehen erregende Buch, das im revolutionären Paris auch in Raubdrucken im Umlauf kam, wurde, als Deutschland zu Beginn des 19. Jahrhunderts in weiten Teilen von napoleonischen Truppen besetzt war, bald vergessen und galt bis zu den Erfahrungen des Ersten Weltkriegs als weltfremde Träumerei. Das führt auch Nietzsches abschätziges Urteil durchaus zeitgemäß vor Augen.

Erst die Schrecken dieses Weltkriegs ließen die im 19. Jahrhundert vorherrschende negative Bewertung der Friedensschrift in die ihr gebührende Wertschätzung umschlagen. Woodrow Wilson, der vor seiner Wahl zum Präsidenten der Vereinigten Staaten Philosophie in Princeton gelehrt hatte, entnahm Kants Text Anregungen zu seinem aus vierzehn Punkten bestehenden Friedensplan. Im letzten Punkt berief er sich auf Kants Schrift, die damit im Frühjahr 1919 den auslösenden Impuls zur Gründung des *Völkerbunds* gab. Diese Gründung, die Kants Vorschlag aus dem 2. Definitivartikel wörtlich aufnahm,[16] führte zu einer Wende in der internationalen Diplomatie, auch wenn die Wirksamkeit des Völkerbunds nur von kurzer Dauer war. Nachdem Mussolini und Hitler in ihren Ländern an die Macht gekommen waren, zerfiel die Autorität der internationalen Organisation. Und mit dem Beginn des Zweiten Weltkriegs war ihr Versagen besiegelt. Doch schon 1945 wurde sie unter dem Titel der *Vereinten Nationen* neu gegründet.

Dieser Völkerbund gab sich vier Jahre später eine neue Verfassung und erhob die Wahrung der Menschenrechte zum primären Ziel seiner von allen Mitgliedern anerkannten Charta. Inzwischen gehören dieser Weltorganisation fast zweihundert Mitglieder an. Sie ist mit ihren siebzehn Unterorganisationen für Gesundheit, Handel, Umweltschutz, Verkehr und Kommunikation sowie für Erziehung und Wissenschaft unverzichtbar. Das gilt auch für die großen Fragen der Sicherung des Weltfriedens. Die Vereinten Nationen verhandeln, vermitteln und klären auf. Doch es gibt unablässig Versuche, das Ansehen der Organisation zu schmälern und ihre Tätigkeit zu behindern.

Das hätte Kant nicht überrascht. Deshalb hat er von der im Interesse des Friedens zu wünschenden ›Weltrepublik‹ abgeraten und zunächst nur behutsame Schritte zur Bildung einer europäischen Föderation empfohlen. Sein Realismus zeigt sich somit selbst noch in der Anlage seines weit in die Zukunft ausgreifenden Friedensplans.

Es hatte für ihn die höchste Priorität, den Krieg, der zwangsläufig eine Schwächung der zivilisatorischen Kräfte der Menschheit zur Folge hat, auszuschließen. Und da für Kant die Wahrung der Menschheit letztlich nicht allein an der Zivilität der Staaten, sondern zugleich an der Moralität der einzelnen Menschen hängt, ist die Sicherung des Friedens die Bedingung dafür, dass nicht nur die Menschheit, sondern auch die Menschlichkeit nicht verloren geht. Die sich steigernde Vernichtungskraft und die damit einhergehende Verrohung der Menschen in den Kriegen des 19. und 20. Jahrhunderts haben Kants düstere Ahnungen von Mal zu Mal überboten.

DAS WELTBÜRGERTUM ALS PHILOSOPHISCHE EXISTENZFORM

Um den Handlungszusammenhang zwischen der Friedenssicherung und der Erhaltung der Menschheit zu erkennen, braucht man keine apokalyptischen Visionen von ihrem Untergang. Die Notwendigkeit der Friedenssicherung ist unbedingt, und zugleich eine in der Freiheit und der sie schützenden Kultur gründende ethische Verpflichtung. Dass dies von den Philosophinnen und Philosophen nach Kant nicht erkannt worden ist, ist eine schwere Hypothek.

Dabei hat es Kant seinen Lesern leicht gemacht, ihm zu folgen. Der Entwurf *Zum ewigen Frieden* ist eine literarische Meisterleistung. Hier wie auch in vielen anderen seiner Texte wird deutlich, dass er auch als Schriftsteller Großartiges leistete. Der Text ist nach Art der damals üblichen völkerrechtlich aufgebauten Friedensverträge gegliedert. Die Anspielung auf den kurz zuvor geschlossenen Frieden zu Basel erlaubt es Kant, seinen Widerspruch gegen die kriegsgesättigte Realpolitik seiner Zeit Punkt für Punkt zu konterkarieren und die juristische Form für satirische Korrekturen zu nutzen.

Das kann freilich auch als vorbeugende Maßnahme gegen den Zugriff der Zensur gewertet werden, mit der er drei Jahre zuvor in Konflikt geraten war. So eröffnet Kant die Präambel mit einer Erläuterung des Titels »Zum ewigen Frieden«. Die Aufschrift finde sich auf dem Schild einer holländischen Gastwirtschaft, »worauf ein Kirchhof gemahlt war«.[17] Friedhof: das ist die Zukunftsvision des Aufklärers mit Blick auf eine Zeit, die sich um die Einsichten der Aufklärung nicht kümmert.

Im Text der Präambel folgt eine vertragsübliche Begrenzung der Reichweite eines Vertrags: in diesem Fall die clausula salvatoria, dass die »Staatsoberhäupter« durch ihr Vorurteil gegen die »sachleeren Ideen« der »Schulweisen« ohnehin nicht in der Versuchung stünden, dem »süßen Traum« der Philosophen Gehör zu schenken; also sollten sie durch ihre eigenen Vorurteile davor gefeit sein, in den »öffentlich geäußerten Meynungen« der Gelehrten »Gefahr für den Staat zu wittern«.[18]

Weiter unten im Text finden wir den ebenfalls in Verträgen häufig anzutreffenden Zusatz eines ›geheimen Artikels‹.[19] Kant schlägt hier die vertragliche Übereinkunft vor, dass PhilosophInnen nicht als geheime BeraterInnen fungieren dürfen, sondern nur als öffentliche KritikerInnen der Politik auftreten sollen! Insgeheim wird Öffentlichkeit vereinbart — eine kühne Volte!

So kühn wie richtig ist schließlich die Bestimmung, dass die in den Friedensverträgen übliche Berufung aller Vertragspartner auf ›Gott‹ als oberste ›Garantiemacht‹ in Anerkennung der Vielfalt der Bekenntnisse durch die Berufung auf die ›Natur‹ ersetzt werden soll. Für Kant liegt darin ein Ausdruck der Rücksicht auf die (den Atheismus einschließende) religiöse Pluralität der Menschen. Aber seine auf die lebendige Natur gegründete Theorie der Politik schließt nicht aus, hierbei auch an das alles tragende, alles erhaltende und alles fördernde Fundament des Daseins zu denken. Und das ist die Natur.

Abb. 8 Der Königsberger Dom war zugleich Universitätskirche. Zu seiner Gemeinde gehörten alle Hochschullehrer und Studierenden der Albertus-Universität. Kant war kein regelmäßiger Kirchgänger und mied eher den Gottesdienst. Es wird berichtet, er habe sich angewöhnt: »…, wenn nach beendigtem Akt des Rektoratsantritts der neue Rektor und die Professoren nach Fakultäten geordnet, sich in die Domkirche begaben, wenn er nicht selbst Rektor geworden war, an der Kirchtüre vorbeizuschreiten« (Reusch 1849, 5).

So macht Kant in seiner ausführlichen Erläuterung zum ›geheimen Artikel‹ klar, dass es das Leben ist, das die Menschen in den unterschiedlichen Gegenden der Erde suchen, und wenn sie Glück haben, kommt ihnen die Natur dabei entgegen. Bleibt aber dieses Entgegenkommen der Natur aus, wie es heute nicht nur zu befürchten, sondern in vielen Weltgegenden längst zur Realität geworden ist, bekommt die Anrufung der Natur als ›Garantiemacht‹ des Friedens einen tieferen Sinn: Nur so lange die Natur in der für die Menschen günstigen Vielfalt erhalten bleibt, hat auch die Politik eine Zukunft.

Kants kleine Schrift enthält einen, von vielen bis heute übersehenen Punkt: Das Problem des Friedens wird als Exempel einer Theorie der Politik skizziert.[20] Diese Politik ist auf das Menschenrecht gegründet, das nur unter republikanischen Bedingungen gewahrt werden kann. Um weltweit Frieden möglich zu machen, hat die Politik überall auf der Erde für die globale Sicherung dieser Rechte zu sorgen. Doch schon lange bevor das gelingt – und der Weg dahin ist nach Kant noch sehr, sehr weit – ist der einzelne Mensch, ganz gleich, wo er sich auf der Welt befindet, allein durch die Hoffnung auf eine allgemeine Verständigung unter Bedingungen des Rechts und des Friedens vor seinem Gewissen dazu verpflichtet, sich wie der Bürger und die Bürgerin einer auf das Menschenrecht gegründeten republikanischen Ordnung zu verhalten. Und wenn er und sie dazu fähig sind, können sie als Weltbürger gelten.

Als ein solcher Weltbürger hat Kant selbst gedacht und gehandelt. Seine Kritik an den bestehenden Verhältnissen ist durch einen weltbürgerlichen Geist geprägt. Und wo er nach unserem Urteil nicht weit genug gegangen ist, etwa mit Blick auf die Gleichheit der Geschlechter, der Kulturen, der zugehörigen Lebensformen, hat er, auch in seiner Kritik am Kolonialismus, die besten Gründe entwickelt, die erforderlichen Schritte selbst zu tun. Vorrangig ist, dass wir uns selbst als Weltbürger und Weltbürgerinnen verstehen, um damit zumindest die Richtung zu erkennen, in die wir zu gehen haben, und: Dass wir es uns selbst nicht erlassen können, den Weg selbst zu gehen.

Es gehört zum Selbstbegriff der Weltbürgerin und des Weltbürgers, dass sie sich nicht davon abhängig machen, woher sie kommen und wo sie sich zu Hause fühlen. Politisch gesehen, sind sie überall zu Hause, wo sie in ihrem Handeln herausgefordert sind. Gleichwohl ist es historisch nicht ohne Interesse, wo der philosophisch erstmals begründete und mit einer großen politischen Perspektive versehene Anspruch auf Weltbürgerschaft seinen geographisch-kulturellen Ursprung hat. Und der liegt zweifelsfrei in Königsberg, und man kann nur hoffen, dass diese Stadt, nach einem wechselvollen politischen Schicksal, spätestens zum dreihundertsten Geburtstag Immanuel Kants an den Weltbürger so erinnern kann, dass es allen Menschen, ob sie nun dort wohnen oder nur Besucher sind, in Königsberg möglich ist, sich als Weltbürger und Weltbürgerinnen zu verstehen.

1 Vgl. Nietzsche: *Jenseits von Gut und Böse,* § 210.

2 *Anthropologie,* Vorrede, 119.

3 Genauere biographische Informationen finden sich bei Borowski 1804, Jachmann 1804 und Wasianski 1804 (versammelt in: Gerhardt 2012). Außerdem von Interesse: Cassirer 1918, Kühn 2003.

4 Altstadt (Königsberg) trat der Hanse 1339 bei, Kneiphof später. Der eigentliche, große Königsberger Hafen entstand durch Zusammenlegung erst 1724. Vgl. Kutschke 1930.

5 Vgl. Armgart 2015 und Wüst 2015.

6 Die freie und reformierte Stadt Danzig hatte bereits seit dem 16. Jahrhundert eine starke schottische Gemeinde, und auch in den beiden folgenden Jahrhunderten emigrierten Tausende Menschen aus Schottland ins Baltikum, bevorzugt nach Ostpreußen. Vgl. dazu Gause I, 499 f., und Gause II, 9 f.

7 *Lebendige Kräfte,* 7–16.

8 *Himmelstheorie,* 230. Bei der Aufforderung: »Gebt mir Materie, ich will euch zeigen wie eine Raupe erzeuget werden könne« (ebd.), ist sich Kant weniger sicher. Dies aber nicht, weil er nicht auch überzeugt wäre, dass Pflanzen und Insekten sich aus der Materie entwickeln. Problematisch ist vielmehr eine Rechtfertigung der Gesetze für die Entstehung des Lebens. Darauf kommt er 1790 in seiner dritten *Critik* zurück, wenn er sagt, der »Newton des Grashalms« (CU, 400) sei noch nicht gefunden. Doch sein eigenes Werk lässt sich als bedeutende Vorarbeit für diesen ›Newton der Biologie‹ verstehen.

9 Vgl. im Brief Kants an Ludwig Ernst Borowski vom 6. Juni 1760 (AA X, 32): »Sie wißen mein Phlegma im Briefschreiben.«

10 Im Nachlass von Christian Jacob Kraus, dem jüngeren Kollegen und zeitweiligen Hausgenossen Kants, übrigens, wie Kant, ein Anhänger von Adam Smith, findet sich das Folgende: »Meine neue Kant'sche Diät, da ich von Mittag zu Mittag nichts als Wasser genieße, bekommt mir sehr wohl, und die Zeit, die ich durch Abschaffung des Abendessens, noch mehr aber die Heiterkeit, die ich dadurch gewinne, ist, wenn sie Stich hält, für mich ein neues Geschenk des Lebens« (Voigt 1819, 202).

11 *Streit der Facultäten,* 100.

12 Vgl. Brief von Johann Heinrich Kant vom 8. Februar 1792 (AA XI, 323 ff.; hier: 323).

13 *Beweisgrund,* 89 (vgl. auch a. a. O., 151).

14 Vgl. zur bisher kaum erörterten Kulturphilosophie Kants den Beitrag Volker Gerhardts im vorliegenden Band.

15 Vgl. dazu Gerhardt 2017.

16 *Frieden,* 354.

17 *Frieden,* 343.

18 *Frieden,* 343.

19 *Frieden,* 368.

20 Vgl. Gerhardt 1995, in dritter Auflage 2020.

– – –

Abb. 1 Ringlin: Kupferstich. akg images 352310

Abb. 2 Merian: Kupferstich. akg images 289399

Abb. 3 Bils: Lithographie. Alamy Stock Photo P5B9R3

Abb. 4 Mützel: Lithographie. Ostpreußisches Landesmuseum, MSK 1974

Abb. 5 Grundriss aus Kunert 1926, Anhang. BKGE

Abb. 6 Bils: Lithographie. Wikimedia Commons

Abb. 7 Doerstling: Ölgemälde. © 2022 Freunde Kants und Königsbergs e. V.

Abb. 8 Steiner: Fotografie. Alamy Stock Photo DET4D5

Abb. 9 Foto vom Grab Kants. © Matthias Weber, BKGE

Abb. 9 Das Grab Kants befindet sich in einem in den 1920er Jahren geschaffenen Anbau (Kenotaph) an der Ostseite des Königsberger Doms. Nach 1945 wurde die unzerstört gebliebene Grabstätte für die Bewohner Kaliningrads zu einem Anknüpfungspunkt an die deutsche Vergangenheit der Stadt. Heute wird das Grab Immanuel Kants vor allem von Touristen besucht; an seinem Geburtstag werden dort alljährlich Blumen niedergelegt. Foto: Matthias Weber, 22. April 2018.

1

ZUR GESCHICHTLICHEN STELLUNG DER KRITISCHEN PHILOSOPHIE

← **Yinka Shonibare: *Immanuel Kant*** 2008, Fiberglas, Stoffe, verschiedene Materialien; 75 × 105 × 80 cm. Die lebensgroße, an einem Schreibtisch sitzende Fiberglasfigur trägt Kleidung im Stil eines Gelehrten des 18. Jahrhunderts, die eine afrikanisch anmutende Musterung aufweist. Die Installation ist Teil der Arbeit *The Age of Enlightenment,* die in ähnlicher Weise weitere Schlüsselpersönlichkeiten der (britischen und französischen) Aufklärung inszeniert.

Shonibare stellt in seinen Arbeiten die festen Zuschreibungen angeblich authentischer personaler Identität infrage, die es in einer global verknüpften Welt so nicht mehr gibt. In einem Interview erläutert er, dass er mit seiner Kunst des Widerspruchs (›art full of contradiction‹) seine Figuren explizit als Mix aus ›weißer‹ und ›schwarzer‹ Herkunft konzipiert, um binäre Zuschreibungen zu eliminieren. Es geht ihm darum, die Zugehörigkeit aller Menschen zu einer einzigen Menschheit herauszuarbeiten. Ein Großteil seiner Arbeiten stellt eine fundamentale Kritik an allen Formen von Unterdrückung und Kolonialisierung dar.

↑ **Abb.1** Das Licht der Aufklärung erstrahlt in zahlreichen Werken des englischen Malers Joseph Wright of Derby, dessen Werke sich mit den Naturwissenschaften und den technischen Entwicklungen seiner Zeit auseinandersetzen. In dem 1766 entstandenen Ölgemälde *A Philosopher Lecturing the Orrery* wird die Sonne durch eine indirekte Lichtquelle repräsentiert, die die Gesichter der Zuhörer erhellt.

REINHARD BRANDT

Kant, die Aufklärung und ihre Grenzen

Um die Idee der Aufklärung zu verstehen, vergegenwärtige man die Dualität von Staat und Gesellschaft, in deren Spannungsverhältnis die Aufklärung lokalisiert ist (beides in ungefährer Rede). Für den Staat sind die Verwaltung und das Zwangsrecht, die Ämter und die Amtssprache reserviert; die Gesellschaft dagegen bietet die Weltöffentlichkeit und damit den Raum für je eigene Publikationen, für Kritik und Aufklärung. Wir sind Bürger dieser beiden interagierenden Welten. Hier die instrumentelle Vernunft, dort die freie Vernunft eines jeden.

Durch Aufklärung soll sich das Individuum emanzipieren; es soll aus dem Zustand, in dem Natur und Gesellschaft es belassen, durch eigene Anstrengung heraustreten und, wie es heißt, mündig werden, es soll gewissermaßen sein Selbst-Sein selbst betreiben. Das menschliche Individuum ist derart ein doppeltes Ich; es findet sich als bestimmtes vor und wird zugleich durch einen paradoxen Imperativ genötigt, nicht das schon vorhandene Sediment-Ich zu bleiben, sondern seine sittliche Bestimmung der aufgeklärten Person zu erfüllen.

Aufklärung ist hier somit kein inhaltsneutraler Begriff, es sollen keine beliebigen Sachverhalte aufgeklärt werden, sondern Aufklärung ist eine Norm der *Metaphysik der Sitten* (MS) von 1797, speziell der Ethik, sie beruht auf einem freien Selbstzwang (MS, 383) und ist im Sinne der Kultivierung des Selbst: »Geboth der moralisch-practischen Vernunft und *Pflicht* des Menschen gegen sich selbst, seine Vermögen […] anzubauen und in pragmatischer Rücksicht ein dem Zweck seines Daseyns angemessener Mensch zu seyn« (MS, 445). Wir finden die Pflicht der Aufklärung in unserer sittlichen Natur. Das spezielle Motiv der Befolgung liegt hierbei, so ist zu konjizieren, im menschlichen Gefühl der Achtung.[1]

Diese universelle Fundierung ist nicht unwichtig, weil hiermit alle Versuche, eine spezifisch christliche Quelle auszumachen, vergeblich sein müssen. Ein neuer Beitrag von Otfried Höffe, *Gibt es christliche Politik – und wenn ja, warum und wie viel?*,[2] privilegiert die christliche Tradition und übergeht die Sittlichkeitsmotive speziell der Antike. Zu diesen gehört die Achtung, auch Selbstachtung, an die in jeder Kultur appelliert werden kann, und die als sachlich notwendiges und hinreichendes Gefühlsmotiv der Vernunft gelten darf. Ein kirchlicher Impuls läuft Gefahr, sich an die Stelle des originär menschlichen zu drängen und die allgemein anthropologische Basis der Menschheitspflicht durch diese oder jene Religion zu überformen.

Aufklärung soll sein; wir sollen in die eigene Existenz und die menschliche Gesellschaft eine Dynamik der zunehmenden Klarheit bringen; unsere Existenz ist derart auf die Zukunft gerichtet, auf die Vervollkommnung und wachsende Transparenz unserer selbst. Mit der Aufklärung verbindet sich daher eine Wende des dominierenden Selbstbewusstseins aus der Vergangenheit in die Zukunft. Neben die faktische Erinnerung tritt der gesollte Entwurf, das Ich in der eigenen Gestaltung. So der Erkenntnisstand um 1784.

WAS IST AUFKLÄRUNG?

> *Aufklärung ist der Ausgang des Menschen aus seiner selbst verschuldeten Unmündigkeit. Unmündigkeit* ist das Unvermögen, sich seines Verstandes ohne Leitung eines anderen zu bedienen. […] Sapere aude! Habe Muth dich deines *eigenen* Verstandes zu bedienen! ist also der Wahlspruch der Aufklärung.[3]

So beginnt Kant die *Beantwortung der Frage: Was ist Aufklärung?* (1784). Der eigene Verstand, dessen wir uns bedienen sollen, ist nicht auf die Memorialkultur gerichtet, sondern die anstehende Rechtsgestaltung durch die reine praktische Vernunft. Daher ist das Diktum ›Die Geschichte trägt der Aufklärung die Fackel vor‹[4] nicht die Losung des neuen Selbstbewusstseins; für eine pompöse fackeltragende Geschichte ist bei Kant kein Raum, Aufklärung ist innovativ und auf die Zukunft gerichtet, ist sogleich ein Imperativ und Wahlspruch des einzelnen Menschen oder später auch einer Generation, wenn vom »Zeitalter der *Aufklärung*« (*Aufklärung*, 40, Zeile 18–19) gesprochen wird. Aufklärung ist Zeitalter, Epoche, und Pflicht, des Näheren: eine weite, ethische Pflicht der epistemischen Besitznahme.[5]

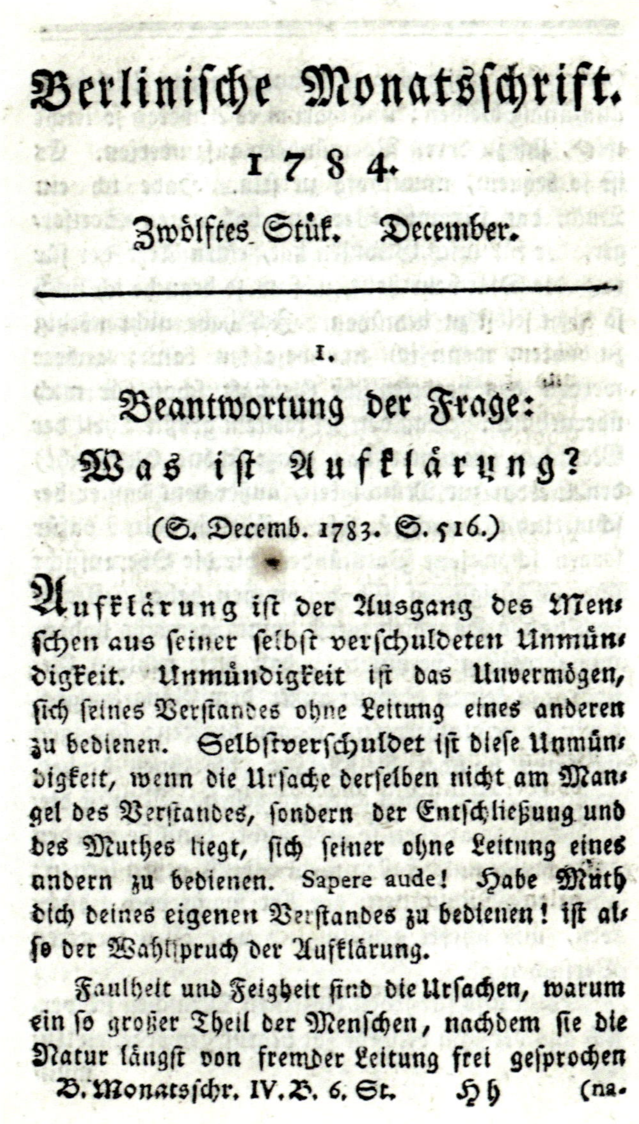

Berlinische Monatsschrift.

1784.

Zwölftes Stük. December.

1.

Beantwortung der Frage:
Was ist Aufklärung?
(S. Decemb. 1783. S. 516.)

Aufklärung ist der Ausgang des Menschen aus seiner selbst verschuldeten Unmündigkeit. Unmündigkeit ist das Unvermögen, sich seines Verstandes ohne Leitung eines anderen zu bedienen. Selbstverschuldet ist diese Unmündigkeit, wenn die Ursache derselben nicht am Mangel des Verstandes, sondern der Entschließung und des Muthes liegt, sich seiner ohne Leitung eines andern zu bedienen. Sapere aude! Habe Muth dich deines eigenen Verstandes zu bedienen! ist also der Wahlspruch der Aufklärung.

Faulheit und Feigheit sind die Ursachen, warum ein so großer Theil der Menschen, nachdem sie die Natur längst von fremder Leitung frei gesprochen (na-

B. Monatsschr. IV. B. 6. St. Hh

Abb. 2 Eine der populärsten Publikationen Kants ist sein Essay *Beantwortung der Frage: Was ist Aufklärung?*, zuerst erschienen in dem Periodikum *Berlinische Monatsschrift* (Dezemberheft 1784). Diese Frage aufgeworfen hatte Johann Friedrich Zöllner, Theologe und Mitglied der Berliner Mittwochsgesellschaft, in der *Monatsschrift* von 1783.

Jetzt, 1784: Nur durch einen Zufall ist es möglich, dass die Bürger Preußens frei sind, ihre eigene Meinung öffentlich zu äußern. Der Zufall ist gegeben in der Person des preußischen Königs, der die freie Rede und Publikation der Bürger im Rahmen der geltenden Gesetze ermöglicht – »*räsonnirt,* so viel ihr wollt, und worüber ihr wollt, *aber gehorcht!*« (*Aufklärung*, 37, Zeile 3–4).

Welches sind die Gegeninstanzen, die ihr flächendeckendes ›Räsonnirt nicht, sondern glaubt, exercirt, bezahlt‹ aussprechen und damit auch diese Publikation unterbinden könnten? Die Gegeninstanzen sind die Vertreter der zeitgenössischen feudalen Gesellschaft, des Lehr-, des Wehr- und des Nährstandes (Abb. 5) in Gestalt des Geistlichen, des Offiziers und des Finanzrats. Sie fordern vom Bürger, dass er glaubt, dass er exerziert und dass er zahlt und außerdem auf jeden Fall: dass er nicht räsoniert (*Aufklärung*, 37, Zeile 1–3). Wie kann dieses zwangsgestützte Räsonierverbot neben der königlich gestatteten Denkfreiheit möglich sein? Tatsächlich kann das eine nicht neben dem andern gelten; der Leser soll dies bemerken und gedanklich intervenieren: Das eine gehört in die Feudalgesellschaft, das zweite in die Republik. Öffentlich zu räsonieren, worüber und wie man will, ist im Prinzip nicht möglich, bevor nicht die Feudalgesellschaft abgeschafft und der Republik gewichen ist. Kant bittet den Leser, diese notwendige Folgerung selbst zu ziehen; mit gewagten Äußerungen kann jeder noch Kopf und Kragen riskieren, auch Kant.

Dass sich Autoren um 1784, fünf Jahre vor der Französischen Revolution, in einem verminten Gelände bewegten, dass dies den Lesern bekannt war und nicht coram publico gesagt werden musste (und so die Zensur zum Zensieren verlockte), wird heute leicht vergessen. Christian Wolff publizierte 1721 eine Schrift über die Ethik der Chinesen, in der diese positiv beurteilt wurde – unter Umgehung der christlichen Religion, gewissermaßen am Kirchentor vorbei. Die Hallenser Theologen meldeten diese Ungeheuerlichkeit sogleich dem König, der Wolff aus dem Land jagte, bei Strafe des Stranges, wenn er nicht binnen 24 Stunden verschwunden wäre. Der preußische Staat war eine Despotie, die nur unter der Regentschaft Friedrichs II., also durch Zufall, sich zeitweilig aufklärte und das bürgerliche Dunkel erhellte.

Es gibt, wie schon oben erläutert, zwei Sphären der öffentlichen Äußerung. Einmal können und müssen die Ständevertreter, der Geistliche, der Offizier und der Finanzrat, ihre amtlichen Mitteilungen öffentlich äußern, zum anderen gibt es die Sphäre der öffentlichen Mitteilung ohne Amtscharakter. Sie ist der notwendig globale Raum der freien Publikation (*Aufklärung*, 38, Zeile 1–8). Die erste Äußerung hat einen für das hier verhandelte Problem statischen Charakter, die zweite wirkt dynamisch durch den öffentlichen Diskurs und die in ihm mögliche Kritik.

»Was ist Aufklärung?« Eine erste Antwort gibt die Schrift selbst. Sie klärt exemplarisch auf über eine bestehende und erwünschte öffentliche Praxis der Gesellschaft. Sie kritisiert die generell bestehenden Verhältnisse: »daß selbst in Ansehung seiner *Gesetzgebung* es ohne Gefahr sei, seinen Unterthanen zu erlauben, von ihrer eigenen Vernunft *öffentlichen*

Gebrauch zu machen, und ihre Gedanken über eine bessere Abfassung derselben, sogar mit einer freimüthigen Kritik der schon gegebenen, der Welt öffentlich vorzulegen« (*Aufklärung*, 41, Zeile 17–21).

Die Schrift endet in einem seltsam verklausulierten Aufruf; das freie Denken wirke »allmählig zurük auf die Sinnesart des Volks, (wodurch dieses der *Freiheit zu handeln* nach und nach fähiger wird), und endlich auch sogar auf die Grundsätze der *Regierung*, die es ihr selbst zuträglich findet, den Menschen, der nun *mehr als Maschine* ist, seiner Würde gemäß zu behandeln« (*Aufklärung*, 41–42). Man darf registrieren, dass die Aufklärung fiktiv dazu geführt hat, dass von einem König nicht mehr die Rede ist, sondern an die Würde der nunmehr freien Bürger appelliert wird.

Was also ist Aufklärung in der hier gewählten Präzisierung des Begriffs? Zentral ist sicher die prozessuale Ablösung des Feudalstaats durch die Republik, mitgeteilt in offener und zugleich verdeckter Form, so dass man keine verbotenen Äußerungen findet (und unsere Interpretation mit Mutmaßungen zu operieren hat). Dieser Übergang geschieht für den Beobachter nicht durch historische Notwendigkeit, sondern er ist eine gewollte und gesollte Leistung des Menschen. Der Wahlspruch der Aufklärung ist ein Imperativ: »Sapere aude!« Bediene dich deines eigenen Verstandes. Mit der Republik, so erfährt man in späteren Schriften, ist die freie Rede und die Wahl der Delegierten in der Legislative verbunden. Die Publikation von 1784 unterliegt selbstverständlich noch der Zensur. Sie wird von den entsprechenden Behörden gelesen, und sie könnte verboten werden.

Wenn unsere Interpretation haltbar ist, ist Aufklärung nach Kant vor allem politisch konnotiert; sie begleitet die Bürger aus dem unfreien Feudalstaat in die Republik, in der sie ihrer Würde gemäß selbstbestimmt, gesetzgebend leben können. Die Initiative dazu muss von den Menschen selbst ausgehen, sobald jeder ein bestimmtes Alter erreicht hat. »Sapere aude!« ist ein Imperativ, der die Selbstwerdung des Individuums zur höchsten Aufgabe macht; Höheres, versteht sich, gibt es nicht.

Das Salz von Himmel und Erde ist die *Kritik;* ohne Kritik (von altgriechisch κρίνειν [krínein] = unterscheiden), so deklarieren auch die drei kantischen Hauptwerke in ihren Titeln *(Critik der reinen Vernunft, Critik der practischen Vernunft, Critik der Urtheilskraft)*, gibt es keine Philosophie und sicher keine Aufklärung und Vernunft: Es wird gesprochen von der »*Urtheilskraft* des Zeitalters, welches sich nicht länger durch Scheinwissen hinhalten läßt, [...]. Unser Zeitalter ist

Abb. 3 1740, im Jahr des Regierungsantritts Friedrichs II. von Preußen, später als »der Große« bezeichnet, immatrikulierte sich Kant an der ›Albertina‹ in Königsberg. Der König, ein Repräsentant des ›aufgeklärten Absolutismus‹, war tolerant in Fragen der Religionsausübung und der Meinungsfreiheit, solange beides die Staatsräson nicht in Frage stellte. Der Stich von Pierre Charles Baquoy (nach einem Gemälde aus dem Jahre 1795 von Nicolas-André Monsiau) zeigt den preußischen König im Gespräch mit dem französischen Aufklärer Voltaire, der von 1750 bis 1753 im Schloss Sanssouci weilte.

das eigentliche Zeitalter der Critik, der sich alles unterwerfen muß« (CrV A XI).

Kritik markiert, wogegen sich Aufklärung wendet. Beides ist auf einander zu beziehen wie Bejahung und Verneinung, Setzung und Opposition. Wenn Kant von Aufklärung spricht, ist eine Gegnerschaft mitzudenken in Form tradierter Lehre oder Schule; sie wird durch Kritik aufgelöst, und eben dadurch entsteht die Möglichkeit einer nunmehr durch Kritik gefestigten Lehre der Aufklärung. *Illuminismo, enlightenment, eluminismo* mit der zugehörigen, ihr inhärenten Kritik sind die globalen Titel der Bewegung, die die Welt zum Licht führen will.

Die Metapher der Mündigkeit, etwa oben im Zitat aus *Aufklärung*, weist darauf hin, dass nach einer Phase der natürlichen, also unverschuldeten Unmündigkeit jetzt das Ich selbst gefordert und für sein Tun und Nichttun selbst verantwortlich ist. ›Selbst‹ ist das immer wiederkehrende emphatische Verstärkungswort der Aufklärung – tue es selbst, denke selbst, schon Francis Bacon intoniert diese Selbstphilosophie, nicht die Antike, nicht das Mittelalter. Aufklärung ist durchgehend ein Gebot der Vernunft, der Vernunft selbst.

Das dritte Stichwort, das nach Aufklärung und Kritik gegenwärtig ist: die wohlgeordnete *Freiheit* eines jeden und damit aller. Zum ersten Mal in der Geschichte bündelt eine Epoche ihre Zukunft in diesem einen Wort, das im Konkreten konfus sein mag, aber klar das Ziel angibt, auf das das gesellschaftliche und staatliche Handeln der Aufklärung zielt, die gesetzlich bestimmte, geschützte Freiheit. Eine Kunstfigur: Die Freiheit eines jeden, die ohne gesetzliche Bestimmung gegen die Freiheit aller anderen das Chaos bedeutet, entspringt der praktischen Vernunft der Bürger. Das »sapere aude!« zielt nicht auf das Lösen von Kreuzworträtseln, sondern ist ein Imperativ der moralisch-praktischen Vernunft des Menschen.[6] Die Schrift *Aufklärung* entlehnt ihr von Beginn das ›soll‹, sie erzählt nicht und wünscht nicht, sondern diktiert. Also gesetzliche Freiheit als Norm.

Die normative Trias von Aufklärung, Kritik und Freiheit wird in der Schrift gebündelt und zum Thema der Menschen jetzt und in Zukunft erklärt. Man wird nicht zögern, diese Begriffe für ein verbindliches Zentrum auch der Zukunftsorientierung zu halten – was soll die ausgemachten Begriffe noch übertreffen in Theorie und Praxis?

Es wurde jedoch einem Stichwort bisher nicht die Aufmerksamkeit erwiesen, die es bei Kant findet: Es ist die Religion. Wie verhält sich die durch Aufklärung und Öffentlichkeit vertretene Position zum Geltungsanspruch des tatsächlichen Glaubens? Wir finden wieder die duale Anlage: Zum einen gibt es den amtlichen, also staatlichen Kirchenvertreter (*Aufklärung*, 38, Zeile 2–4 und 8–26), zum anderen den gelehrten Theologen, der zu aller Kritik am Kirchenglauben vor seinem Weltpublikum befugt ist (*Aufklärung*, 38, Zeile 5–8 und 26–29). Verwirrend, dass Kant den ersten, also den Vertreter des Kirchenamtes, als Privatmann führt.

Das war die These: Aufklärung und Fortschritt gehören nicht in die Amtssphäre, sondern sind Freiheitsbestimmungen des Weltbürgers. Dann doch: Der eklatante Fortschritt kann in der Sphäre der Geistlichen nicht aufgehalten werden, es lässt sich nicht verbieten, »in der Aufklärung weiter zu schreiten.« Und im bel canto der reinen Vernunft: »Das wäre ein Verbrechen wider die menschliche Natur, deren ursprüngliche Bestimmung gerade in diesem Fortschreiten besteht; und die Nachkommen sind also vollkommen dazu berechtigt, jene Beschlüsse [sc. der Fortschrittsverhinderung, R. B.], als unbefugter und frevelhafter Weise genommen, zu verwerfen« (*Aufklärung*, 39, Zeile 9–13). Das Kriterium »liegt in der Frage: ob ein Volk sich selbst wohl ein solches Gesetz auferlegen könnte« (*Aufklärung*, 39, Zeile 14–15). Sowohl in der Tonlage wie auch im Inhalt geht Kant weit über den Bereich besonderer Bestimmungen für Geistliche und Gelehrte (*Aufklärung*, 39, Zeile 18–19) hinaus und spricht zum Thema der Schrift überhaupt. Können die Gesetze vom Volk selbst erlassen sein, ist die republikanische Frage, die hier mit allem Pathos gestellt wird, und zwar für Bürger nicht als separate Wesen à la Rousseau, sondern als Zeitgenossen hier und jetzt.

»Habe Mut« – es gibt weder in der Antike noch im Mittelalter einen vergleichbaren Appell an das einzelne Subjekt, in einer Parallelaktion zum natürlichen Erwachsenwerden mit Mut die eigene geistige Mündigkeit zu wecken. Der Begriff der Aufklärung kann weder ins Griechische noch ins Lateinische zurückübersetzt werden; es gibt dieses Phänomen nicht, und es wurde entsprechend nicht benannt.

Nun ist mit dieser terminologischen Feststellung die wichtige Frage nicht beantwortet: Worin liegt die Innovation der Epoche der Aufklärung gegenüber der Antike bis hin zur Renaissance, wenn sie in der späteren Phase entsteht und zur Selbstbezeichnung führt? Was macht die Epoche der Aufklärung zum unübertroffenen Ort der Selbstfindung des Menschen? Sicher lässt sich schon eine Neuerung verbuchen: Aufklärung ist kein Zustand vereinzelter Menschen, obwohl Einzelne sie realisieren müssen. Aufklärung ist ein Aggregatzustand der ganzen Gesellschaft, den Einzelne erzeugen. Auch hier wird man verbuchen, dass ein Gedanke an eine aufzuklärende oder aufgeklärte Gesellschaft in der Antike nicht zu finden ist. Die Sophisten oder Platon und Aristoteles sprechen nicht von ›unserem Zeitalter‹; sie haben nicht die zeitgenössische oder nachfolgende menschliche Gesellschaft im Blick, wenn sie ihre Vorschläge ausbreiten, sondern Einzelne, die neugierig sind, die mehr wissen möchten. Auch Rousseau postuliert seinen Contrât social, ohne die Überlegungen an die zeitgenössischen Bürger zu binden. Hier sind seine Gedanken von lunarer Ferne, was immer ihr Autor behauptet. Kant handelt dagegen von den tatsächlichen Bürgern im Jahr 1784.

Aufklärung ist ein Projekt für die Gegenwart und Zukunft, das die Gesellschaft im Ganzen erfasst. Sie markiert entsprechend eine Zeitenwende; der Fokus ist nicht wie bislang auf die allpräsente christliche Vergangenheit gerichtet, sondern auf das vibrierende Gestaltungsfeld der Zukunft, und zwar auf das Ganze der literarischen Öffentlichkeit, nicht auf exklusive Zirkel und Universitäten. Letztere kommen und gehen, die Öffentlichkeit der Aufklärung ist dagegen global und nie mehr zu annullieren. Zu den Begriffen, mit denen sich die von Kant angesprochene Wende selbst begreift, gehört daher der der finalen Bestimmung. Auch wenn niemand genau weiß, worauf es hinausläuft, wozu wir insgesamt bestimmt sind — der Futurismus unserer Gegenwart gehört zur offenen Tagesordnung. Wir mögen uns noch so fixieren: ante Christum natum, post Christum natum; wir finden unsere Bestimmung in anderen Quadranten und hoffen, einiges Licht der uns vertrauten Aufklärung mitzubringen.

Abb. 4 Das Licht als Zeichen der Befreiung von geistigen und materiellen Fesseln ist ein zentrales Symbol der Aufklärung. Hier ist es die heiter strahlende Sonne, die über einer kultivierten Landschaft die dunklen Wolken vertreibt. Mit dem ins Bild eingearbeiteten Spruchband: »Lucem post nubila reddit« (»Nach der Dunkelheit bringt sie [die Sonne] das Licht zurück.«) deutet diese Allegorie metaphorisch das Selbstverständnis der Aufklärer an; Frontispiz zu Christian Wolff: *Vernünfftige Gedancken von Gott, der Welt und der Seele des Menschen, Auch allen Dingen überhaupt […].* Ausgabe Frankfurt & Leipzig 1736.

WIE AUFKLÄRUNG VERFEHLT WERDEN KANN

Nun soll an zwei Beispielen erläutert werden, wie Aufklärung verfehlt wird, einmal an einem realen Staat und zum zweiten an einer literarischen Darstellung. Beim ersten Fall handelt es sich um China und seine Verfassung, beim zweiten um die Schrift *Dialektik der Aufklärung* von Max Horkheimer und Theodor W. Adorno.

Chinas Verfassung: Diese interessiert hier, weil sie sich leicht als gegensätzlich zu aller Aufklärung erweisen lässt. Nimmt man die Gesamtheit der Bevölkerung eines Staates, so bietet sich folgende Alternative für die rechtlichen Qualitäten der Bürger an: Sie werden entweder vom staatlichen beziehungsweise gesellschaftlichen Ganzen gestiftet, oder sie kommen den Bürgern als Menschen zu und werden vom Ganzen anerkannt, näher bestimmt und geschützt. Im ersten Fall ist der einzelne Mensch und Bürger durch die Setzung des Ganzen mit Rechten und entsprechend auch reziproken Pflichten bestimmt, im zweiten Fall tritt der Einzelne dem neuen Ganzen mit seinen rechtlichen Attributen entgegen; er oder sie ist dann von Natur frei und gleich.

Bei den vorhergehenden Untersuchungen der Aufklärung stießen wir eindeutig auf die zweite Variante. Die Bestimmung des Menschen in der Philosophie der Aufklärungsepoche geht auf das antike Naturrecht zurück. Jedes Individuum ist im Unterschied zum Tier von Natur rechtlich bestimmt. Anders in China. Die Verfassung schreibt, dass die Bevölkerung durch Partei und Staat ihre sittlichen und rechtlichen Qualitäten erhält, das heißt erst Staat und Partei sind Schöpfer von Recht und Sittlichkeit der Menschen. Es gibt also keine Menschenrechte, die angeboren und folglich mit den Rechten der Menschen in allen anderen Ländern identisch wären.

Die *Verfassung der Volksrepublik China* ist »angenommen auf der Tagung des V. Volkskongresses am 4. Dezember 1982« mit

Abb. 5 Der Geistliche, der Offizier und der wohlhabende Bürger als Vertreter von »Lehr-, Wehr- und Nähr-Stand«. Durch Anspielung auf die mittelalterliche feudale Ständelehre (ursprünglich Adel, Klerus, Bauern) werden diese Gruppen hier als staatstragend präsentiert. Kupferstich aus Christian August Leberecht Kästner: *Unterhaltendes Allerley: Ein angenehmes und nützliches Geschenk für die Jugend.* Leipzig 1825. Der Autor war Pfarrer und Hauslehrer und verfasste Elementar- und Lehrbücher.

Änderungen aus den Jahren 1988, 1993, 1999, 2004.[7] Die *Präambel* führt in die Geschichte und die wichtigsten Merkmale und Funktionen des Staates ein. Die Grundlage sei der Sieg der Volksmassen »unter der Führung der Kommunistischen Partei Chinas, angeleitet durch den Marxismus-Leninismus und die Maozedongideen; [...] die Volksmassen werden weiterhin an der demokratischen Diktatur des Volkes festhalten und dem sozialistischen Weg folgen, ununterbrochen die sozialistischen Institutionen vervollkommnen, die sozialistische Demokratie entwickeln [...] und hart arbeiten, um die Industrie, Landwirtschaft, Landesverteidigung und Wissenschaft und Technik Schritt für Schritt zu modernisieren und China zu einem sozialistischen Land mit hochentwickelter Zivilisation und hochentwickelter Demokratie aufzubauen.«

Die *Präambel* stellt klar: Das Gebilde, das die Verfassung Chinas vorstellt, ist kein Staat im Sinne des europäischen Naturrechts oder Vernunftrechts, sondern eine ähnliche Formation mit entscheidenden Differenzen. So steht neben dem Staat gleichursprünglich die kommunistische Partei, deren rechtlicher Ursprung nicht genannt wird. In der Präambel der Verfassung wird umstandslos von der einen kommunistischen Partei gesprochen. Die Verfassung stellt die Partei als eine selbstverständliche Institution des Staates hin, ohne mit einem Wort Wesen und Genese zu begründen. Die Partei gibt es, wie es den Staat und die Geschichte und die Natur gibt.

Der Wille des Ganzen, der sich als Wille Aller auffasst, setzt souverän die Fundamente seiner Verwirklichung, er dekretiert, was dazu gehört und was nicht. »Der Staat verstärkt den Aufbau der sozialistischen geistigen Zivilisation durch die Verbreitung der Erziehung in erhabenen Idealen, moralischen Prinzipien, Kultur und Disziplin [...].« Durch den 25. Verfassungszusatz vom 14. März 2004 wurde dem Artikel 33 der Verfassung folgender Absatz eingefügt: »Der Staat respektiert und beschützt die Menschenrechte.«

Welche Menschenrechte?[8] Sind es apriorische Vernunftrechte oder wenigstens Rechte, die auch andere Staaten anerkennen und die zufällig erst 2004 in China formuliert werden? Im ersten Fall würde sich die chinesische Verfassung dazu bekennen, aus demselben Rechtsquell wie andere Nationen zu schöpfen; man könnte von einem allgemeinen Natur- oder Vernunftrecht jedes Menschen sprechen, auf das sich die chinesische Verfassung sonst nicht bezieht. Sie sieht in der Verfassung und ihren Werten ein originäres Erzeugnis nur Chinas, das, so lässt sich ergänzen, zufällig in ähnlicher Form auch in anderen Nationen zu finden ist.

Der kantische Imperativ *»Sey ein rechtlicher Mensch«* (MS, 236, Zeile 24) fordert, dass der Einzelne seine Rechtsqualität einer vor- und außerstaatlichen, wiewohl unbekannten Quelle verdankt und von ihr aus Forderungen an den Staat stellt – ein für den Kommunismus häretischer Gedanke. Die Entstehung des chinesischen Bürgers als eines sittlichen Menschen liegt in der Gesellschaft, nicht außerhalb ihrer.

Trotz der Beteuerung des Menschenrechts in der jetzigen chinesischen Verfassung wird man daran festhalten, dass ein derartiges Menschenrecht ein eingeschobener Fremdkörper in der Verfassung ist; der Chinese und die Chinesin erhalten ihre rechtliche Qualifikation gänzlich durch den Staat, dieser hat nicht nur die Aufgabe, ein angeborenes Menschenrecht gemäß der chinesischen Verfassung in Worte zu fassen. Es sei daran erinnert, dass offenbar auch Platon meint, sein idealer Staat verfüge gänzlich über die auf seinem Terrain geborenen Menschen, so dass die Herrscher sie, wenn sie bei Geburt von geringer Qualität scheinen, beiseite tun können.[9]

Der fundamentale Unterschied des chinesischen Staates zu den Rechtsgebilden, an die die Aufklärung denkt, liegt also in der Verkehrung von Einzelnem und Ganzem. In der Tradition von stoischem und römischem Recht bis zu Kant und Hegel wird der staatliche Zusammenschluss notwendig aufgrund der hypothetischen Konflikte einzelner Menschen im ›status naturalis‹ (Naturzustand). Die Einzelnen werden dabei schon als Personen bestimmt, als rechtliche Mitglieder von Familien, als vermeintliche Besitzer — sie sind die Vorgaben der Polis- und Staatsbildung. Der Staat setzt ihre physische und, qua Personen, ihre moralisch-rechtliche Existenz und ihren Willen voraus und entwickelt auf dieser Basis seine Kompetenz und seine Grenzen. Umgekehrt in der Selbstauffassung des chinesischen Staates und der Partei: Hier steht die Ganzheit von Staat und Gesellschaft am Anfang und stattet die Einzelnen mit rechtlichen Qualitäten aus, die nicht dem einzelnen Menschen entstammen, sondern dem Totum. Dies ist der Fall einer Verfassung, die grundsätzlich die Idee der Aufklärung ausschließt. Ohne eine freiheitliche Rechtsgrundlage ist Aufklärung der Bürger nur ein marginaler Dekor.

Dialektik der Aufklärung: Zweitens soll auf Horkheimers und Adornos *Dialektik der Aufklärung* verwiesen werden. Die Autoren wollen in der Schrift die Unhaltbarkeit der Aufklärung zeigen; ihnen zufolge verwandele sich der Versuch der Befreiung vom Mythos und Naturzwang in Verstrickung, vermeinte Erhellung werde Verfinsterung, Aufklärung erzeuge ihr Gegenteil und verfalle dem Mythos, der Voraufklärung.[10] Dieser erliegt jedoch auch, so unser Resümee, die Schrift selbst, die sich als Wahrheitsbehauptung aufhebt. Die Autoren der *Dialektik der Aufklärung* stellen sich mit einem Wahrheitsanspruch dem Gegenstandsbereich, den sie beurteilen, gegenüber, da sie den Text ja nicht als Gesang deklarieren. Daher gilt: *Dialektik der Aufklärung* ist der Titel einer theoretischen Darstellung mit Wahrheitsanspruch.

Im Gegensatz zum philosophischen Programm der ›Kritik‹ (wie oben ausgeführt, von altgriechisch κρίνειν [krínein] = unterscheiden) ist aber die Sprache, deren sich Adorno und Horkheimer bedienen, so gewählt, dass Präzision und Überprüfbarkeit immer wieder ausrasten. Es ist daher nicht einmal klar, was denn jeweils genau behauptet wird und wie sich der Ausdruck ›Aufklärung‹ überhaupt präzise bestimmt. Historisch gesehen habe die Aufklärung auf Grund eines falschen Ansatzes eine schlimmere Herrschaft erzeugt als die war, die sie aufzuheben versuchte. Logisch gesehen verdanke sie sich den aus der sachlichen Wirklichkeit abstrahierten Begriffen,[11] mit denen sie sich die Welt nach eigenen abstrakten Maßstäben zurechtmache — zum Zweck ihrer Beherrschung. Aufklärung sei, so Adorno, die Ursache, »warum die Menschheit, anstatt in einen wahrhaft menschlichen Zustand einzutreten, in eine neue Art von Barbarei versinkt.«[12]

Was ist Aufklärung? Kant antwortet anders und vollzieht mit seiner Schrift von 1784 eine Wende aus der Fremdbestimmung in der bisherigen Geschichte zur Selbstbestimmung in der Zukunft. Die Natur soll unser Vorbild sein; wir sind zunächst unmündig, dann wachsen wir und werden unweigerlich mündig. So auch im Staat; wir werden zuerst von anderen, vom Adel geführt, dann lösen wir uns und werden selbständige freie Bürger der Republik. Das Mündigwerden ist hier unser eigenes Werk, Aufklärung ist ein Aufruf, ein Imperativ der Selbstwerdung des Bürgers. Die Schrift *Was ist Aufklärung?* ist das Pamphlet der friedfertigen Barrikaden, und der Aufruf lautet, in Kants eigener Wendung: Bediene dich deines *eigenen* Verstandes und — handle entsprechend!

1 Vgl. dazu Kassan 2019.

2 Höffe 2019.

3 Kant: *Aufklärung,* 35.

4 Vgl. Fulda 2017.

5 Vgl. dazu Scholz 2009, 38–40.

6 Zur Losung des »Sapere aude« vgl. Kertscher 2018, 182–183.

7 Hier und für das folgende vgl. Wikipedia, Stichwort: Verfassung der Volksrepublik China.

8 Zum Begriff des Menschenrechts vgl. die vorzügliche Zusammenfassung bei Wikipedia.

9 Vgl. zum Beispiel Platon: *Politeia,* 460c 1–6.

10 Vgl. Reinalter 2018, 71–85.

11 Eine gute Darstellung und Beurteilung gibt Försterling 2016, 683–691.

12 Vgl. Försterling 2016, 684.

Abb. 1 Wright of Derby: Ölgemälde. Wikimedia Commons

Abb. 2 Faksimile der ersten Seite des Aufsatzes *Aufklärung.* Deutsches Textarchiv

Abb. 3 Baquoy: Kupferstich. Alamy Stock Photo 2B037KX

Abb. 4 Frontispiz zu Christian Wolffs *Deutscher Metaphysik* (1736). Deutsche Digitale Bibliothek — Bayerische Staatsbibliothek München, Signatur Ph.sp. 950 d-1

Abb. 5 Kupferstich aus Kästner 1825. Deutsche Digitale Bibliothek — Staatsbibliothek zu Berlin, Signatur B XXII, 251 R

Abb. 6 Minjun: Installation. Wikimedia Commons

Abb. 6 Das Motiv der lachenden Männer mit stets gleichen Gesichtern ist in den Werken des chinesischen Künstlers Yue Minjun in zahlreichen Variationen präsent. Es geht stets um die kollektive Uniformität, die ein Charakteristikum der chinesischen Gesellschaft ist. Diese Figurengruppe *A-maze-ing Laughter* besteht aus 14 Bronzestatuen, je 2,59 m hoch und 250 kg schwer. Sie steht im Morton Park in Vancouver, Kanada.

Vorſtellung und Beſchreibung des ganz erſchröcklichen Erdbebens, wodurch die Königl. Portugieſiſche Reſidenz-Stadt Liſſabon ſamt dem gröſten Theil der Einwohnern zu grunde gegangen.

Abb. 1 Flugblätter über aktuelle Ereignisse kursierten auch in Königsberg. Diese dramatische Momentaufnahme zeigt die auf dem aufgewühlten Meer in Seenot geratenen Schiffe sowie die einstürzenden und brennenden Gebäude der im Herbst 1755 von Erd- und Seebeben getroffenen Stadt Lissabon. Der kolorierte Holzschnitt wurde 1755 von Georg Caspar Pflauntz geschaffen.

STEFFEN DIETZSCH

Vom Königsberger Katheder zur Republik der Vernunft

Und was wir an gültigen Sätzen gefunden
Dran bleibt aller irdische Wandel gebunden.[1]

Immanuel Kant sei – so jedenfalls hat es Walter Benjamin empfunden – eine singuläre Gestalt im deutschen Denken, denn er markiere »die strenge Mitte zwischen dem Schulmeister und dem Volkstribunen«.[2]

KANTS URSPRÜNGLICH EUROPÄISCHER BLICK

Immanuel Kant beginnt – als Magister legens – seinen philosophischen Unterricht an der ›Albertina‹ in Königsberg im Wintersemester 1755/56 in einer europäisch dramatischen Stunde: Am 1. November 1755 wurde die Hafenstadt Lissabon durch ein Erdbeben zerstört. Da sich das auch unmittelbar auf das Handels- und Alltagsleben der Hafenstadt Königsberg auswirkte, nahm Kant Gelegenheit, seine Gelehrtenstimme zu erheben gegen eine apokalyptische Gemütslage.

Kant bemerkt seit Allerheiligen 1755 ringsum Erschrecken und Panik.[3] Aber er bemerkt auch allerlei (sogar moralisch-sittliche) Schuld-Einbildungen der Betroffenen selber, die ein sachliches Urteil über die Gründe der Katastrophe behindern – so, wie eine Flugschrift warnte: »Nicht Lissabon allein hegt Sünder: / Wen dieser Fall nicht lehrt, dem droht sein Grimm nicht minder.«[4] Er bemerkt dazu: »Weil ihnen die Furcht das Nachdenken raubt, so glauben sie in so allgemeinen Unglücksfällen eine ganz andere Art von Übel wahrzunehmen, als diejenigen sind, gegen die man berechtigt ist Vorsicht zu gebrauchen, und bilden sich ein, die Härte des Schicksals durch eine blinde Unterwerfung zu mildern, womit sie sich selbigem auf Gnade und Ungnade überlassen« (*Erdbeben,* 421).

Kant erkennt dabei eine merkwürdige Hybris des Publikums gegenüber der Natur: Wir seien zwar, so die allgemeine Meinung, auf den ersten Blick ein Teil der Natur, aber »wollen [doch] das Ganze seyn. Die Regeln der Vollkommenheit der Natur im Großen sollen in keine Betrachtung kommen, und es soll sich alles bloß in richtiger Beziehung auf uns anschicken« (*Geschichte Erdbeben,* 460). Und dabei sei, so Kant, der Mensch eben nicht geboren, »um auf dieser Schaubühne der Eitelkeit ewige Hütten zu erbauen« (ebd.), so »daß dieser Tummelplatz seiner Begierden billig nicht das Ziel aller seiner Absichten enthalten solte« (*Geschichte Erdbeben,* 431).

Kant verfasste zu den Vorgängen um jene Katastrophe in seinem ersten Semester gleich drei Texte zum Verhalten in dieser dominanten Krisensituation.[5] Kant moniert zweierlei: zum ersten gravierende Mängel an Wissen im Umgang mit solchen Katastrophen, sowohl was deren »physische Gründe« betrifft (*Erdbeben,* 422) – und nur solche interessieren Kant –, als auch was nachher daraus für unsere Selbsterhaltung folgt. Seine Aufforderung: lasst uns nicht nach einem zornigen Gott, sondern nach der wahren Ursache des Unglücks fragen: »wir haben die Ursache unter unsern Füßen« (*Betrachtung Erdbeben,* 469).

Zum zweiten sieht er, wie empirische Stimmungen die Kluft zwischen den Wahrnehmungen und den Gründen der Katastrophe vergrößern: Überwältigt von der Katastrophe übte man sich in Endzeitarithmetik, in Buß- und Gebotsmoral, in Erlösungsgewissheiten und Reinheitsphantasien. Kant bemerkt ein Verhaltens-Paradox, das in Krisenlagen immer wieder hervorbricht: »Der Mensch muß sich in die Natur schicken lernen, aber er will daß sie sich in ihn schicken soll« (*Geschichte Erdbeben,* 456). Kant rät im Begreifen der Natur auf deren eigene (langsame) Entwicklungsdynamik zu achten: »Man soll nicht durch Ungeduld das, was sie vor uns verbirgt, ihr durch Erdichtung abzurathen suchen, sondern abwarten, bis sie ihre Geheimnisse in deutlichen Wirkungen ungezweifelt offenbart« (*Erdbeben,* 426).

Kant selber lernt für sein Fach – Philosophie – auch etwas aus diesem Katastrophendiskurs: er bemerkt den Grund und die Grenzen, auf denen alle seine künftigen philosophischen Analysen und Konstruktionen der Vernunft beruhen, nämlich die »Erinnerung, wobey er [der Mensch] billig anfangen sollte, [immer gewiß zu sein] daß er doch niemals etwas mehr als ein Mensch sey« (*Betrachtung Erdbeben,* 472). Damit hat Kant am Ende seiner ersten öffentlichen Lektionen in Königsberg hier zum ersten Mal eine Formulierung seiner philosophischen Konfession gefunden, die fünfzig Jahre später als

Abb. 2 Blick über den Domhof auf das alte Universitätsgebäude, rechts die erste Grablege Kants (›Stoa Kantiana‹) als Anbau an der Nordostseite des Domchorraums; kolorierte Lithographie um 1850.

das höchste Problem einer Philosophie in weltbürgerlicher Absicht überhaupt ausgewiesen wird, nämlich: »Was ist der Mensch?«.[6] Und dementsprechend hat Kant zwischen 1772 und 1796 immer in einem Semester eine Anthropologie-Vorlesung gehalten.

KANT IM HÖRSAAL ALS AUFKLÄRER

Als Hochschullehrer für Philosophie verfolgte Kant immer eine sozusagen doppelte Absicht: Zum einen machte er seine Studenten natürlich mit dem Denken und den Denkern aus der Geschichte seines Faches bekannt; seine entsprechende Fähigkeit wurde in der Gothaischen gelehrten Zeitung — anlässlich seiner Zuwahl zum Mitglied der Königlichen Akademie der Wissenschaften zu Berlin (Frühjahr 1787) — einmal so beschrieben: er sei »eben so praktisch-fleißig, als speculativ-gelehrt, eben so populär-faßlich, als tiefsinnig«.[7] Kant folgte in seinen Kollegien, Disputatorien und Examina den in Preußen amtlich empfohlenen Lehrbüchern, die er aber gelegentlich sozusagen immer auch gegen den Strich las.[8]

Kants Grund-Differenz zu den Lehrbuch-Autoren und zur zeitgenössischen Metaphysik macht er bald deutlich. Etwa zu Johannes Nikolaus Tetens:[9] der »untersucht die Begriffe der reinen Vernunft bloß subjectiv (menschliche Natur); *ich* objektiv. Jene Analysis ist empirisch, diese transcendental«.[10] Mit Kants weitem Horizont bei der Grundlagenkritik der Philosophie kamen jene Geister, die alle auch bleibende Verdienste bei der Modernisierung der Philosophie hatten, letztlich doch nicht zurecht. Kant stellt fest: »Ich beschäftige mich nicht mit der Evolution der Begriffe wie Tetens [...] nicht mit der Analysis wie Lambert, sondern bloß mit der objectiven Giltigkeit derselben. Ich stehe in keiner Mitbewerbung mit diesen Männern«.[11] Deren Problem sei insgesamt, dass sie ihre Anstrengungen gewissermaßen immer nur halbierten; bei Johann Heinrich Lambert hat es Kant besonders bemerkt: »Lambert analysiert die Vernunft, aber die Kritik fehlt noch.«[12]

Ein Student, Christoph Cölestin Mrongovius, notierte sich in einer Metaphysik-Vorlesung Kants (Anfang der achtziger Jahre) einen Vorbehalt des Meisters:

> Bei der Metaphysic ist die Critic am unentbehrlichsten — weil man sonst sehr leicht irren kann, da sie keinen Leitfaden hat, indem sie über die Grenzen der Erfahrung steigt. [...] Wir werden in unserm Vortrage beide Methoden verbinden, zuerst dogmatisch und es hernach Schritt vor Schritt critisiren, [—] denn begleitet die Critic nicht die Dogmatic, so haben wir keinen Probirstein der Wahrheit.[13]

Zum zweiten will Kant auch im Hörsaal sicherstellen, dass beim Nachdenken über das Denken nicht das Selberdenken verloren geht, dass wir am Ende vor lauter Philosophiekundigen kaum noch Philosophen haben. Denn man kann Philosophie — auswendig — lernen, ohne danach allerdings philosophieren zu können. Dies ist eine bis heute unabgegoltene Warnung davor, die Philosophie nicht in einer gelehrten Attitüde der Philologisierung oder Historisierung, oder gar der Politisierung verschwinden zu lassen.

Schon 1765/66 mahnt Kant: »Kurz, [der Student] [...] soll nicht *Gedanken* sondern *denken* lernen«; es gelte fortan, nicht *»Philosophie lernen«*, sondern »er soll jetzt *philosophiren lernen«* (*Nachricht*, 306). Was das bedeutet, hat Kant klar definiert: »*Selbstdenken* heißt den obersten Probierstein der Wahrheit in sich selbst (d. i. in seiner eigenen Vernunft) suchen« (*Denken*, 146). Kant geht es beim Selbstdenken nicht zuerst um Erkenntnisresultate, vielmehr geht es ihm um das *Habe-Mut-dich-deines-eigenen-Verstandes-zu-bedienen*, um dann darin den Grund zu haben, »von seiner Vernunft *öffentlichen Gebrauch* zu machen« (*Aufklärung*, 36). Denn, so Kant: »Man wird die Dunkelheit seiner Erkenntnis nicht selbst gewahr. Sichtbare Dunkelheit ist der Anfang der Erleuchtung (die, wenn sie immer unterbrochen wird, schreklich ist)«.[14]

Kants frühester pädagogischer Imperativ lautet: »*philosophiren lernen* [das heißt] objektiv: [nämlich] wie man denken soll, d. i. die Regeln des richtigen Gebrauchs der Vernunft [kennen]; also ist der philosophische Geist vom Geiste einer Philosophie [zu] unterschieden und besteht in der Methode der Vernunft. Der philosophische Geist ist also original und mithin genie (denn original ist nicht: was bloß ein einziges ist, sondern was kein *ectypon* ist)«.[15] Kants Lehrtätigkeit folgt also den »Maximen«,[16] die Studierenden erstens »zu bilden

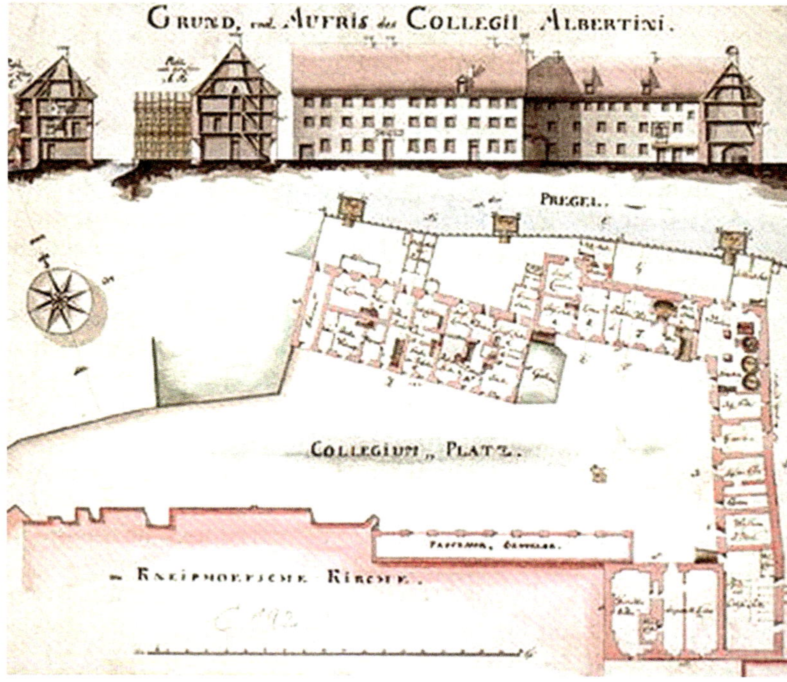

Abb. 3 Die Karte zeigt eine Kombination aus Ansicht und Aufsicht der Gebäude der Universität. Rund um den Collegium-Platz sind Wohnräume, das Auditorium Maximum sowie die Grablege der Professoren angeordnet. Die Lehre fand bei den Dozenten und Professoren zu Hause statt.

und sie zum [...] selbst urtheilen anzuführen«, das heißt, die Zuhörer sollen »nicht bloß eine historische Kenntnis ihrer Wissenschaften erlangen«. Zweitens müsse durch Examinierungen, Übungen und Ausarbeitungen geprüft werden, »ob sie das ihnen gelehrte begriffen, selbst durchschaut und beurtheilt haben, [...] [ob] ihnen die falschen Begriffe genommen und sie von der Wahrheit überzeuget werden«.[17]

Der Kantsche Weltbegriff der Philosophie hat natürlich Folgen für die Philosophie: unter anderem die, dass man gefälligst einzusehen habe, so Kant, »daß es der Philosophie sehr unnatürlich sey, eine Brodkunst zu seyn, indem es ihrer wesentlichen Beschaffenheit wiederstreitet, sich dem Wahne der Nachfrage und dem Gesetze der Mode zu bequemen, und daß nur die Notdurft, deren Gewalt noch über die Philosophie ist, sie nöthigen kann, sich in die Forme des gemeinen Beyfalls zu schmiegen« (*Nachricht*, 308).

Die herkömmliche Lehrpraxis hatte natürlich auch Folgen für den Wissens- und Disputationszustand der Studenten. So gab es in dieser Zeit entsprechenden Anlass zur Klage über Studenten, die sich »nicht die geringste Mühe machen, [...] solide argumenta mit dem ernstlichen Ausdruck und Nachdruck vorzuführen, daß deren Beweisführungen mit vielen Einbildungen von sich selbstens angefüllet wird, [...].«

Damit dies aufhöre und dieser Unfug einer übertriebenen Selbstliebe nicht weiter um sich greifen und die Universität »bey Auswärtigen nicht ein übler Ausdruck gebracht werde«, sollte künftig, so wurde es 1770 bestimmt, die Verteidigungspraxis verbessert werden. So sollte vor allem bei den philosophischen Magister-Verteidigungen strikt auf Öffentlichkeit geachtet werden, und es sollten »in der Disputier Kunst wohl erfahrene Magistri et Professores extra ordinem, und ohne daß dieses Disputantes solches vorher Kund werde, zur Opposition gezogen werden sollen«.[18]

Die Studenten des Wintersemesters 1787/1788 in Königsberg konnten in der *Praefatio* zu den angekündigten Lehrveranstaltungen folgenden Rat lesen: Erstens »achtet darauf, daß ihr euch nicht von einem schiefen Urteil oder privatem Interesse leiten laßt, sondern die Weisheit eines Beraters und eure eigene Klugheit zu Rate zieht. *Zweitens* müßt ihr kennenlernen und begreifen, was gelehrt wird. [...] [Es] irren die gewaltig, die nur [...] auf dem Papier, nicht im Geist, nur mit der Bewegung der Feder, nicht mit der wendigen Beweglichkeit des Geistes ihren Lehrer verstehen. *Drittens* wird, was die Hauptsache ist, wichtig sein, daß ihr die Lehren nicht zur Prahlerei, sondern zur Lebensführung benutzt. Denn was nützt es, gelehrter zu sein, wenn nicht ebenso besser und weiser?«.[19]

Abb. 4 Herzog Albrecht von Preußen gründete 1544 die Universität Königsberg (›Collegium Albertinum‹), die den geistigen Lebensmittelpunkt der Stadt bildete. Die Gebäude lagen nordöstlich vom Dom an der Pregel. Kant studierte ab 1740 an der ›Albertina‹, promovierte 1755 und war dort Privatdozent (Magister legens). Nach vergeblichen Bewerbungen lehnte er 1764 eine Professur für Dichtkunst als unpassend ab. 1770 erhielt er den Ruf auf die Professur für Logik und Metaphysik, ab 1780 war er Mitglied im Akademischen Senat. Zweimal war er Rektor bzw. Dekan der Universität (1786 und 1788). — Die Aufnahme entstand um 1920.

Diese Praxis der *Praefationes* gab es übrigens in Königsberg nur in der Zeit des Kantschen Ordinariats, also zwischen 1771 und 1796. Das sollte uns diese Texte — es gibt vom Dekan Kant ein halbdutzend davon — generell interessanter machen als womöglich bislang unbeachtet gebliebene Amtstexte, die uns über den Vorlesungsalltag in Königsberg im letzten Drittel des 18. Jahrhunderts nähere Auskunft geben könnten.

Es war in Königsberg den Philosophen vorgeschrieben, dass sie die Fächer, für die sie berufen wurden, also im Falle Kants: Logik und Metaphysik, wöchentlich vier Stunden in einer öffentlichen Vorlesung, das heißt unentgeltlich zu lesen hätten. So verlaufen Kants akademische Jahre auch eintönig, wie er einmal schon als junger Privatdozent (an den Freund Johann Gotthelf Lindner, am 28. Oktober 1759, nach Riga) schreibt:

> Ich meines theils sitze täglich vor dem Ambos meines Lehrpults und führe den schweeren Hammer sich selbst ähnlicher Vorlesungen in einerley tacte fort. Bisweilen reitzt mich irgendwo eine Neigung edlerer Art mich über diese enge Sphäre etwas auszudehnen allein der Mangel mit ungestühmer Stimme [...] treibt mich ohne Verzug zur schweren Arbeit zurück [...] und [ich] träume mein Leben durch.[20]

Kant war aber bei alledem immer ein gerade für die Lehre begabter ›Studentenprofessor‹. Wir kennen verschiedentlich studentische Gesten der Dankbarkeit gegenüber dem Meister: So wird am 4. März 1784 — gestiftet von »einer grösseren Anzahl von Studierenden«[21] — eine Ehrenmedaille mit seinem Bildnis übergeben. Auf der Rückseite war der Umriß des schiefen Turms zu Pisa eingraviert, mit dem Diktum: *»drohet, aber fällt nicht«;* Moses Mendelssohn gab zu Bedenken, »ob unser Freund die Allegorie nicht falsch verstehen, und uns die Schuld geben könnte, wir wollten eine Satier auf seine Critik machen?«.[22] Und wir kennen auch studentische Huldigungsadressen an Kant,[23] eine etwa vom 23. April 1786, die von 20 Kommilitonen, und vom 14. Juni 1797, von allen Studierenden der ›Albertina‹ unterzeichnet wurde. Dass, wie sich sein Kollege Karl Ludwig Poerschke erinnerte, Kant im Hörsaal, »in seinen Vorlesungen weit geistvoller [war] als in seinen Büchern«,[24] kommt in den Versen zum Ausdruck, dass die sich glücklich schätzen könnten, die Kant nicht nur aus seinen Werken, sondern aus seiner Rede kannten.

Kant hat für die philosophische Kultur neue Maßstäbe gesetzt: freier Diskurs, Witz und Laune standen ihm zu

Gebote, und er hat, wie Georg Gustav Fülleborn um 1800 schreibt, »alle denkenden Köpfe zu Untersuchungen aufgereizt, Satyren, Pasquille und Kabinettsbefehle veranlasst und (gleich der Indischen Fichte) ganze Familien junger Nebenbäume hervorgebracht«.[25]

Kant war als Hochschullehrer immer wieder auch in die Verwaltung der Universität eingebunden. Er war seit 1780 Mitglied im (zehn Professoren umfassenden) Akademischen Senat und dadurch natürlich auch mit dem höchsten Amt in der Universitätshierarchie betraut, dem Rektorat, und zwar im Sommersemester 1786 und im Sommersemester 1788.

Von seinem Berliner Dienstherrn, dem Staatsminister Freiherr Karl Abraham von Zedlitz, der das Geistliche Departement für Kirchen- und Unterrichtsangelegenheiten leitete, wurde er einmal gefragt, wie man im Studienalltag der Tendenz entgegenwirken könne, die Universität – modern gesprochen – als bloße ›Magister-Maschine‹ zu instrumentalisieren. Der Minister Zedlitz hatte, im Sinne Kants, den Studenten als *Selberdenker* im Sinne, als er wissen wollte, auf welche Weise »die Studenten auf Universitaeten von den Brodt Collegiis zuruk zu halten u. ihnen begreiflich zu machen [wäre], daß das bischen Richterey, ja selbst Theologie u. ArzneyGelahrheit unendlich leichter u. in der Anwendung sichrer wird wenn der Lehrling mehr philosophische Kenntniß hat, daß man doch nur wenige Stunden des Tages Richter, Advocat, Prediger, Arzt, u. in so vielen Mensch ist«.[26]

Wenn man einmal das Arbeits- und Aufmerksamkeitspensum Kants in Königsberg bilanzieren wollte – im Hörsaal, im Akademischen Senat und am Schreibtisch –, dann kann es uns nicht verwundern, dass er bald kräftig an seinem Verwaltungsaufwand zu sparen begann: es ist über die Jahre ein deutliches Nachlassen des bürokratischen Eros bei Kant auffällig. Am Umgang mit Amtsterminen wird das deutlich. Kants Senatorentätigkeit ist in den Senatsprotokollen genau nachvollziehbar: In den ersten fünf Jahren (seit 1780) hat er selten gefehlt, in den Neunzigern wird er schon nachlässiger und 1796 hat er wohl durchgängig geschwänzt. Man dachte schon daran, ihn (und noch einen anderen säumigen Kollegen: Gotthilf Christian Reccard) aus dem Senat zu entfernen und sie durch Adjunkte zu ersetzen. Auch Magnifizenz Kant gab mitunter Anlass zur Klage über seinen Umgang mit Verordnungen, Regeln und über sein unkonventionelles Verhalten.

Einmal hatte Kant, im Spätsommer 1786, zum Ende seines Rektorats, den – eigentlich ganz praktischen – Einfall, eine Gelegenheit zu nutzen, mehrere Sitzungen sozusagen

Abb. 5 Die von dem Medailleur Abraham Abramson geschaffene Medaille »Emanuel Kant« war ein Geschenk von Studenten zu Kants 60. Geburtstag am 22. April 1784. Der ersten Version mit der Umschrift »drohet, aber fällt nicht« folgte eine weitere mit der Umschrift »perscrutatis fundamentis stabilitur veritas« (»Die sorgfältige Erkundung der Grundlagen sichert die Wahrheit«). Aufgrund des fehlerhaften Geburtsjahrs (Nat. MDCCXXIII) soll Kant nur wenig Freude gezeigt haben. Siehe dazu Vaihinger 1898.

zusammenzulegen. Die Gelegenheit bot der Geburtstag des neuen Königs, Friedrich Wilhelm II., am 18. September 1786, um zusammen mit der Gratulation auch gleich die Agenda dreier Sitzungen (von 8 Uhr morgens bis nachmittags 13 Uhr) auf einmal zu erledigen. An diesem Tag musste ohnehin der gesamte Akademische Senat präsent sein, denn er wurde dem Nachfolger Friedrichs II. (der am 17. August gestorben war) vorgestellt. Kant schrieb an seine Kollegen, er »habe die Ehre den Vorschlag zu thun, wie die drey Versammlungen desselben [des Senats], [...] am künftigen Montage als dem königl. Geburtstage vereinigt werden könnten: wenn wir

Abb. 6 Karl Abraham Freiherr von Zedlitz und Leipe war von 1770 bis 1788 als Königlich-preußischer Staatsminister für geistliche Angelegenheiten auch für die Aufsicht über die Universität Königsberg zuständig. Zedlitz förderte die Aufklärung und war ein Anhänger der Philosophie Kants, der ihm die *Critik der reinen Vernunft* widmete. Sein Nachfolger Johann Christoph Woellner, Staatsminister von 1788 bis 1798, verschärfte die Zensur, was zu einem offenen Dissens mit Kant führte. Das Ölgemälde eines unbekannten Künstlers zeigt Zedlitz in jungen Jahren, in seinen Händen *The Works of Alexander Pope Esq. Volume III Containing his Moral Essays* (London 1751). Pope war ein Dichter, Satiriker und Essayist der englischen Aufklärung.

nämlich bald nach 8 Uhr Morgends zum examen alumnorum zusammen kämen, von 11 bis 12 Uhr dem actui oratorio beywohneten und zwischen 12 und 1 Uhr den Senatsconsess, in welchem ich nur einige wenige Sachen vorzutragen habe, hielten. Sollten indessen einige HEn Senatores diese Zeit zu Ihren nöthigen Vorträgen zu kurz finden, so kann künftigen Montag wegen des Consessus andere Entschließung genommen werden«.[27]

Bei der Huldigung selber wurde auch der Universitätsrektor Kant dem neuen König vorgestellt, doch bemühte sich Magnifizenz umgehend (und erfolgreich!) um einen Ersatzmann, der an seiner Stelle am nächsten Tag das hochherrschaftliche Zeremoniell des Hof-Gottesdienstes mitzumachen hätte. Beim Kollegen Carl Ehregott Mangelsdorff stieß er dabei auf offene Ohren. Kant hatte, wenn solche Feiern angesagt waren, eine alte Gewohnheit, nämlich: er lief, wann immer er konnte, an der großen Kirchentür vorbei, wie sich Christian Friedrich Reusch (der Sohn seines alten Tischgenossen Carl Daniel Reusch) dieser Eigenmächtigkeit Kants erinnerte.[28]

Es gab aber auch schon mal existentielle Kritik an Kants Amtsführung als Rektor; im September 1786 machte Kollege Johann Daniel Metzger (ein Gerichtsmediziner) die »Confusion und den tumultarischen Gang der Geschäfte in diesem Rectorat [Kants]«[29] bekannt. Das war sozusagen eine ›Retourkutsche‹, denn Metzger fühlte sich selber durch Kants Einsprüche seinerzeit um sein Rektorat für den Winter 1785/1786 gebracht.

Metzger konnte in seiner Kritik am Rektor Kant aber auch tatsächlich auf unkonventionelles Amtsgebaren des Philosophen verweisen. So hatte Kant schon einmal Einladungen an Kollegen vergessen oder nicht alle seine rektoralen Entscheidungen mit dem Senat abgestimmt. Man sollte die mitunter unkonventionelle Amtsführung Kants nicht zuerst als Amtsmüdigkeit bewerten — was hier zur Erscheinung kommt, ist vielmehr ein Unbehagen an der Universitätskultur, das ja von Kant auch bald zu Papier gebracht worden ist. 1796 dann scheidet Kant als Hochschullehrer aus. »Ich bitte«, so schrieb er definitiv in einer Notiz vom 26. September 1798 an den Akademischen Senat, »mich als Invaliden zu entschuldigen. Immanuel Kant«.[30] Er blieb allerdings bis Ende 1801 Mitglied des Akademischen Senats der ›Albertina‹. Danach übernimmt der Theologe Johann Gottfried Hasse Kants Senatorenplatz.

BILDUNG DER URTEILSKRAFT ALS ARBEIT FÜR DIE POLIS

Wenn Kant den Zustand seiner Gelehrtenrepublik — die er das »gelehrte gemeine Wesen« (*Facultäten*, 19) nennt — bedenkt, so bemerkt er strukturelle Konflikte zwischen den drei Fakultäten, die mit Erkenntnissen haushalten, und der Fakultät, die Erkenntnisse prüft, technisch gesprochen zwischen Interessen und Wahrheit, zwischen Verstand und Vernunft.

Dass man mit der (Lehr- und Denk-)Freiheit der Philosophischen Fakultät auch in jener Zeit obrigkeitlich aber seine Probleme haben könnte, machte einmal eine (Göttinger) Universitätsschrift deutlich, in der gewarnt wurde, »dass es doch wirklich in der Philosophie so gefährliche Lehren geben kann, dass man einem Professor, der in einer andern Facultät sehr brauchbar ist, nicht immer gestatten kann, seine philosophischen Lehren früh der unprüfenden

Jugend einzuflößen«.[31] Das kritische Potential der herkömmlichen Universität war schon strukturell beschränkt durch die Fakultätsgliederung: drei ›obere‹ Fakultäten (Theologie, Recht, Medizin) und die philosophische als ›untere‹.

Schon Christian Wolff betonte 1729 in seinem Aufsatz *In wie ferne die Philosophie keine Magd sei*, dass sich die Philosophie freizumachen habe von ihrer traditionell *dienenden* Rolle und vielmehr die *Fackel* voranzutragen und so für Erleuchtung auf den Denkwegen der anderen Fakultäten zu sorgen hätte. Kurzum, dass also »der Grund irrig seye, warum die philosophische Facultät, in Absicht auf die höhern, die niedrige genennet wird«.[32] Laut Kant folgen daraus Probleme mit der überkommenen Fakultätsgliederung der Universität: »Die 3 oberen [Fakultäten] suchen alle die untere in Mißcredit zu bringen – die erste durch vorgespiegelten Frevel gegen heilige Lehren, die zweyte durch Angriffe gegen Majestätsvorrechte oder Vorzug des Empirismus in der Staatserrichtung […] die dritte durch den Vorzug des Tappens der unmittelbaren Erfahrung des Arztes vor dem Naturkenner. Und nennen die Philosophen Theoristen, sich selbst aber practische Gelehrte«.[33]

Die unvermeidliche Folge im wissenschaftsalltäglichen Auf und Ab war es dann: »Bald verschluckte die dialectic, bald die Theologie, bald moral, bald Gesetzgebung alles«.[34]

Aber Philosophie, so Kant, sei »in Ansehung ihrer Lehren vom Befehle der Regierung unabhängig, [hat] keine Befehle zu geben, aber doch alle zu beurtheilen die Freyheit« (*Facultäten*, 19 f.). Kant sah jedenfalls, dass es damit zwischen der Philosophischen Fakultät und den, wie er sagt, »Geschäftsleuten jener oberen Facultäten« (*Facultäten*, 28) als »Werkzeuge« jeder Regierung bald schon zu einem kommunikativen Problem kommen muss, da sich beide in Ansehung der Wahrheitsfrage auf ganz unterschiedlichen Positionen befinden. Kant nennt den so anhebenden Streit der Fakultäten dann auch einen *gesetzmäßigen* Streit, der die Verkehrsform an der Universität bleiben wird.

Kant überlegt nun zunächst, die herkömmliche Hierarchie der Fakultäten einfach umzudrehen und die Untere Fakultät zur Obersten zu machen, eben, um »alles der Gesetzgebung der Vernunft zu unterwerfen«.[35] Aber: dass »Philosophen Könige würden [oder vice versa], ist nicht zu erwarten aber auch nicht zu wünschen; weil der Besitz der Gewalt […] unvermeidlich das freye Urtheil der Vernunft [verdirbt]« (*Frieden*, 369).

Um diese Konsequenz zu vermeiden, bemüht Kant nun philosophisch sozusagen die Denkfigur ›des *Dritten*‹, das heißt, er überlegt, ob man die Gelehrtenrepublik nicht gewissermaßen *republikanisch* reorganisieren sollte. Dieses Modell aus der politischen Welt, das heißt die Gewaltenteilung von Legislative und Exekutive im neuen republikanischen Staat, sollte auch im Reich des Geistes – in der Gelehrtenrepublik – ihren produktiven Sinn beweisen. Nämlich wie dort legislative und exekutive Funktionen regelbestimmt miteinander umgehen, so sollen hier *Vernunft* (das Vermögen der Einheit der Verstandesregeln unter Prinzipien) und *Verstand* (das Vermögen der Einheit der Erscheinungen vermittels Regeln) in einen wohldefinierten Diskurs eintreten.

Für die Gelehrtenrepublik – da es hier, anders als in der Politik, nicht um Kompromiss, sondern um Wahrheit geht – besteht Kant allerdings auf einem Rechtsvorbehalt: »Streit kann und soll nicht durch friedliche Uebereinkunft (amicabilis compositio) beygelegt werden, sondern bedarf (als Proceß) einer *Sentenz*, d. i. des rechtskräftigen Spruches eines Richters (der Vernunft)« (*Facultäten*, 33). Denn im Mäandern der Interessen sollte die Universität doch ihr Selbstverständnis nicht vergessen, das gerade von der kritischen Philosophie zu gestalten wäre, nämlich, wie Kant einmal an Johann Bernoulli schreibt (am 16. November 1781), immer wieder in den Wissenschaften einen »sicheren Probierstein der Warheit und des Scheins«[36] vorzulegen.

Die Idee der Universität als Mittelpunkt des geistigen Lebens einer Nation, in den Worten Alexander Jungs, als »die Pflanzschule für den mündig gewordenen, für den freien Bürger im Staat und in der Kirche«,[37] erfordere gerade von der Philosophischen Fakultät dreierlei: *freie Forschung, Öffentlichkeit* und *zensurfreie Publizistik.*

Bei Kant: Die Fakultätsordnung wäre als *parlamentarisch verfasst* zu denken: »Die Classe der obern Facultäten (als die rechte Seite des Parlaments der Gelahrtheit) vertheidigt die Statute der Regierung, indessen daß es, in einer so freyen Verfassung, als die seyn muß, wo es um Wahrheit zu thun ist, auch eine Oppositionsparthey (die linke Seite) geben muß, welche die Bank der philosophischen Facultät ist, weil ohne deren strenge Prüfung und Einwürfe die Regierung von dem, was ihr selbst ersprieslich oder nachtheilig sein dürfte, nicht hinreichend belehrt werden würde« (*Facultäten*, 35). Das ist das konsequente letzte Wort der kritischen Revolution der Denkungsart und wird von Kant in Bezug auf die Gelehrtenrepublik mit einer Metapher aus der parlamentarischen Alltagskultur in der benachbarten französischen Republik verdeutlicht.

Dieses *Rechts-Links*-Konzept wurde mit der Französischen Revolution für die politische Ordnung entworfen, wie Reinhard Brandt erörtert: »die konservative Rechte ist auf den Erhalt des Lehrbestands, die progressive Linke auf ›den Fortschritt der Einsichten und Wissenschaften‹ [Kant] bedacht«.[38] Aber Kant habe damit nicht bloß eine neue (politische) Verwaltungstechnik aufgegriffen; vielmehr habe diese ›Rechts-Links‹-Struktur auch eine *anthropologische* Disposition. Insofern nämlich, als das »auf unseren Körper und seine Orientierung im Raum bezogen ist«,[39] würde das eine ›Humanisierung‹ jener Polis der Vernunft zur Folge haben können. Dass Philosophie in dieser Polis der Vernunft links verortet wird, bedeutet eben keine (womöglich politische) Suprematie dieses Fachs, sondern weist auf die ihr eigene innere *Mobilität* hin, die im organischen Zusammenwirken auch die *Stabilität* der drei (ehemals ›oberen‹) Fakultäten unterstützt und verändert.

Kurzum: Die Gelehrtenrepublik als *Polis der Vernunft*, so wie sie Kant reflektiert, ist also weder bloß eine reformierte Universität, noch eine Staatsutopie; man könnte sie (mit einem Begriff des frühen Michel Foucault) als eine *Heterotopie*[40] definieren. In dem Sinne nämlich, »indem sie ganz real einen anderen Raum schafft, der im Gegensatz zur wirren Unordnung unseres (politischen) Raumes eine vollkommene Ordnung aufweist«.[41]

Es ist nun aber wohl nicht zufällig, dass Kant in Deutschland mit dieser Theorie der Universität zunächst fast wirkungslos blieb. Kants Universitätsvorstellung sei, so etwa Johann Gottfried Herder in seiner *Metakritik* (1799), bloß der Ausdruck der Herrschsucht der kritischen Philosophie und sei der deutschen Bildungslandschaft fremd. Auch bei der Konzipierung und Einrichtung der Berliner Universität (1810), die doch unter dem maßgeblichen Einsatz von Gelehrten erfolgte, die von den Ideen des Kantianismus geprägt waren beziehungsweise mit ihnen sympathisierten, wie Wilhelm von Humboldt, Johann Gottlieb Fichte, Heinrich Steffens oder Daniel Friedrich Schleiermacher, waren die Ideen Kants eher im Verborgenen virulent.

Und angesichts der kulturpolitischen Frontstellung, mit der diese geistige Sammlung in jener Zeit in Preußen vollzogen werden musste (gegen Napoleons sogenannte Fremdherrschaft), war es auch nicht zu erwarten, dass ausgerechnet jetzt jene doch wohl ebenfalls als fremd (kosmopolitisch) empfundene, obrigkeitsimmune Konstruktion Kants umsetzbar gewesen wäre. Hier war noch Herders Stoßseufzer, der ganz auf Kant gemünzt war, in Erinnerung: »Und nun die Philosophen mit ihrer Alleweltsbürgerschaft, die nirgends zu Hause ist?«.[42]

Also: Kants kritische Universitätspraxis ist in Preußen gescheitert; Kants zweiter Nachfolger im Amt, Johann Friedrich Herbart, hat Königsberg dann (Anfang der dreißiger Jahre) resigniert verlassen: »In Preußen erscheint Jeder als ein etwas seltsamer Mensch, der etwas unternimmt und treibt, was nicht die volle Gunst der Regierung für sich hat«,[43] kurz: »In Preußen ist Alles am Ende von der Regierung abhängig. Sie kann was sie will«.[44] Und später sieht sich auch Karl Rosenkranz veranlasst zu konstatieren: »Wir stehen [wieder] im Woellnerschen Reaktionsstadium gegen die Philosophie«.[45] Den Theologiestudenten beispielsweise wurde noch im Jahre 1834 von ihrer Fakultätsobrigkeit ausschließlich die Wolffsche Philosophie empfohlen, sie »sei die beste, was nachher gekommen, vertrage sich nicht gut mit dem Christentum und die Studierenden möchten sich daher zu [Christian] Wolff halten«.[46] Kurzum, wie Rosenkranz feststellen muss: »Die Frömmigkeit vernagelt die Köpfe«.[47]

Kants Idee einer Gelehrtenrepublik republikanischer Vernunft war natürlich *dem* politischen Ereignis der Epoche, der Französischen Revolution geschuldet; Kant nennt das ein »Geschichtszeichen« (*Facultäten*, 84).[48] Als Immanuel Kant 1804 starb, hat sein Schüler Friedrich Wilhelm Joseph Schelling in einem Nachruf den Zusammenhang von Philosophie und Revolution im Denken des Königsbergers öffentlich gemacht. Es war überaus überraschend, dass hier von Kant behauptet wurde, dass erstens »das große Ereignis der französischen Revolution ihm allein *die* allgemeine und öffentliche Wirkung verschafft hat, welche ihm seine Philosophie an sich selbst nie verschafft haben würde«, und dass zweitens »das Zusammentreffen beider gleichgewichtigen Umwälzungen« davon zeuge, »dass es ein und derselbe von lange her gebildeter Geist war, der sich nach Verschiedenheit der Nationen und der Umstände dort in einer realen, hier in einer idealen Revolution Luft schaffte«.[49]

Mit dieser Wahrnehmung zur Philosophie Kants stand Schelling in der deutschen Geistesgeschichte nicht allein da. In einer Presseankündigung für eine neue Zeitschrift — *Der europäische Beobachter* (ab 1808) — wird an diesen Zusammenhang erinnert: »durch *Kant* ist eine Geistesrevolution und durch *Frankreich* eine Staatenrevolution bewirkt worden. Beide wirken unaufhörlich fort, beide müssen große Veränderungen im öffentlichen und im Privatleben zur Folge haben«.[50] Und im Revolutionsjahr 1848 betont die *Neue Königsberger Zeitung* nochmals diesen Zusammenhang: »Die Theorie der ersten französischen Revolution, jene Erklärungen der Menschenrechte [...] waren die ersten Manifeste der Humanität und des Völkerbundes. Deutschland, [...] philosophisch durch Kant reif geworden, hörte [hier] seine eigenen Überzeugungen aussprechen«.[51] — Oder, wie das ein Journalist aus Trier kurz & bündig auf den Begriff brachte: es sei »*Kant's Philosophie* mit Recht als die *deutsche Theorie* der französischen Revolution zu betrachten«.[52]

1 Conrad Ferdinand Meyer: ›Chor der Toten‹. Erstdruck 1883. In: Meyer 1968, 198–200.

2 Benjamin 1979, 15. Vgl. auch Bacin 2004.

3 Vgl. Dietzsch 2008.

4 Zitiert bei Weber 2008, 153.

5 Es sind die folgenden Titel, alle aus dem Jahre 1756: *Erdbeben; Geschichte Erdbeben* sowie *Betrachtung Erdbeben.* Der erst- und der letztgenannte Beitrag erschien in den *Wöchentlichen Königsbergischen Frag- und Anzeigungs-Nachrichten* (im Januar und im April); der zweite Titel erschien im Februar als Buch, bei Hartung (in Quart).

6 *Logik,* 25.

7 Zitiert nach Landau 1991, 577.

8 Vgl. Hinske 2002.

9 Vgl. Krouglov 2011.

10 Erdmann 1884, 68. Vgl. Krouglov 2005.

11 Erdmann 1884, 68.

12 Erdmann 1884, 67. Vgl. dazu Stelzner 2012.

13 AA XXIX 1/2, 939.

14 AA XV, 673.

15 AA XVI, 66.

16 Vgl. Archiwum Państwowe Olsztynie, Olsztyn [im Folgenden: APO], Bestand 1646, Nr. 200; sowie Geheimes Staatsarchiv Preußischer Kulturbesitz, Dahlem, HA 20, EM 139 b, Nr. 25, Bd. 5, fol. 120–129.

17 Königlicher Spezialbefehl, Berlin, 26. May 1770. In: APO, Bestand 1646 (Universität Königsberg), Nr. 306, fol. 793 u. 795 f.

18 Etatministerium an den Akademischen Senat, 29. April 1770. In: APO, Bestand 1646 (Universität Königsberg), Nr. 306, fol. 787.

19 Vorlesungsverzeichnis für das Wintersemester 1787/1788. In: Oberhausen/Pozzo 1999, Teilband 2, 538. Dazu die deutsche Übersetzung in: Dietzsch 2003, Anhang, 306. Vgl. auch Hartmann 1994.

20 AA X, 18 f.

21 Vaihinger 1898.

22 Moses Mendelsohn an Marcus Herz, vom 18. November 1783. In: *Kant-Studien* 2 (1898), 111.

23 Vgl. AA XII, 431–435.

24 Karl Ludwig Poerschke: ›Vorlesung bey Kants Geburtstagsfeyer, den 22ten April 1812‹. In: Malter 1990, 598.

25 Fülleborn 1800, 12 f.

26 AA X, 236.

27 Rektor Kant an den Akademischen Senat, 21. Sept. 1786. In: Staatsbibliothek Berlin, Handschriftenabteilung, Autographen-Sammlung I/1469.

28 Vgl. Malter 1990, 312.

29 Bericht Metzgers vom 27. September 1786. In: APO, Bestand 1646, Nr. 202, fol. 124.

30 APO, Bestand 1646, Nr. 236, fol. 352.

31 Michaelis 1770, 15 f.

32 Wolff 1737, 71.

33 AA XXIII, 427.

34 AA XXIII, 953.

35 Ungedruckte Vorarbeit zur Einleitung des *Streit der Facultäten.* In: Bayerische Staatsbibliothek, Kantiana, Hagen 23, zitiert nach: Brandt/Stark 1987, 31.

36 AA X, 277.

37 Jung 1844.

38 Brandt 1990, 350.

39 Brandt 2003, 39.

40 Foucault 2005.

41 Foucault 2005, 20. Und, für die Hafenstadt Königsberg besonders signifikant: »Das Schiff ist die Heterotopie *par excellence*« (ebd.).

42 Herder 1810, 184.

43 Johann Friedrich Herbart an Moritz Wilhelm Drobisch, 28. November 1833. In: Herbart 1912, Band 18, 44.

44 Johann Friedrich Herbart an Wilhelm Griepenkerl, 4. Juni 1832. In: Herbart 1912, Band 17, 304.

45 Karl Rosenkranz an Karl August Varnhagen von Ense, 27. November 1838. In: Rosenkranz 1994, 174.

46 Karl Rosenkranz an Johannes Schulze, 7. August 1834. In: Rosenkranz 1994, 86.

47 Karl Rosenkranz an Leopold von Henning, 19. Februar 1836. In: Rosenkranz 1994, 105.

48 Vgl. Alexej Krouglov: *Kant und die französische Revolution.* Youtube.

49 Schelling 1860, 4.

50 Bergk 1807.

51 Gregorovius 2017, 36.

52 Marx 1975, 194.

– – –

Abb. 1 Pflauntz: Holzschnitt. akg images 119118

Abb. 2 Unbekannter Künstler: Lithographie (um 1850). © Kulturzentrum Ostpreußen, Ellingen

Abb. 3 Geheimes Staatsarchiv Preußischer Kulturbesitz, XX. HA Hist. Staatsarchiv Königsberg, AKS, Nr. F 10.655 — Wikimedia commons

Abb. 4 Foto von der Universität (um 1920). Alamy Stock Photo ID JFW2WF

Abb. 5 Abramson: Medaille »Emanuel Kant«. Alamy Stock Photo ID W574JH

Abb. 6 Unbekannter Künstler: Zedlitz-Porträt. Herder-Institut, Marburg, Bildarchiv, Inventarnummer 127726

Abb. 1 Um 1749 wurde der Salon der Madame Geoffrin zum wichtigsten Treffpunkt für Künstler, Literaten, Philosophen und Gelehrte in Paris. Marie Thérèse Geoffrin engagierte sich im Sinne der Aufklärung, unterstützte die ›Enzyklopädisten‹ und ermöglichte so, gegen die Macht verschiedener reaktionärer Kräfte im Land, die Publikation der bahnbrechenden *Encyclopédie* Diderots und D'Alemberts zwischen 1751 und 1780, auf die Kant vielfach Bezug nimmt. Das Gemälde von Anicet Charles Gabriel Lemonnier (1812) zeigt, wie in besagtem Salon ein Text von Voltaire gelesen wird.

MARCUS WILLASCHEK

Vernunft und Realismus: Zur Aktualität der kantischen Philosophie

Ist das kantische Denken im 21. Jahrhundert überhaupt noch relevant? Dass dies keine bloß rhetorische Frage ist, wird klar, wenn man sich den großen historischen Abstand klarmacht, der zwischen Kant und uns liegt. Als Kant 1724 geboren wurde, war das 1918 untergegangene Königreich Preußen, dessen Bürger und damit Untertan des Preußischen Königs Kant war, erst dreiundzwanzig Jahre alt. Als Kant 1804 starb, bestand noch das Heilige Römische Reich Deutscher Nation, das auf das 10. Jahrhundert zurückreicht – es endete erst zwei Jahre nach Kants Tod mit dem Reichsdeputationshauptschluss. Universitäten, wie die ›Albertina‹ in Königsberg, der Kant insgesamt über fünfzig Jahre angehörte und die er zweimal als Rektor leitete, waren Körperschaften eigenen Rechts, mit eigener Jurisdiktion und Strafgewalt. Kant erlebte den Siebenjährigen Krieg, die Amerikanische und die Französische Revolution. Sein berühmter Aufsatz über die Aufklärung *(»Aufklärung ist der Ausgang des Menschen aus seiner selbstverschuldeten Unmündigkeit«)*[1] markiert einen Höhepunkt, aber auch das Ende dieser Epoche europäischen Denkens. Die auf Nationalstaaten fußende Weltordnung des Wiener Kongresses von 1815 hätte er sich vielleicht noch vorstellen können, die gesellschaftlichen und politischen Entwicklungen des 20. Jahrhunderts mit ihren ideologisch motivierten Kriegen und Völkermorden sicher nicht. Kant lebte in der Ständegesellschaft und hatte jahrzehntelang einen Diener namens Martin Lampe. Er schrieb Briefe und Aufsätze mit einer Gänsefeder auf Papier, das so teuer war, dass er es mehrfach verwenden musste. Die Kommunikationsmöglichkeiten der digitalen Welt hätte er geschätzt, aber sie waren für ihn unvorstellbar. Kant trat für die Gleichheit aller Bürger vor dem Gesetz ein, nahm davon aber Frauen und Lohnarbeiter aus. Er kritisierte den Kolonialismus, glaubte aber an die Überlegenheit der Europäer. Er hatte jüdische Freunde, äußerte sich aber verächtlich über die Juden im Allgemeinen.

Es ist also keineswegs klar, inwiefern das Denken Kants heute noch Relevanz haben kann. Dass es durchaus relevant ist, möchte ich im Folgenden anhand von drei Aspekten des kantischen Denkens beispielhaft zeigen.

Wer die Bedeutung Kants für die Gegenwart thematisiert, muss zunächst nach der Bedeutung der *Philosophie* für die Gegenwart fragen. Wir können hier mit Kant zwischen dem *»Schulbegriff«* und *»Weltbegriff«* der Philosophie unterscheiden (CrV A 838 B 866). Ihrem Schulbegriff nach ist die Philosophie eine akademische Disziplin, die die Begriffe, impliziten Annahmen und leitenden Normen expliziert, die unsere spezifisch menschliche Lebensform ausmachen. Insofern zielt die Philosophie, wie Kant betont hat, in letzter Instanz auf die Beantwortung der Frage: »Was ist der Mensch?« (*Logik*, 25), wobei Kant diese Frage so weit versteht, dass sie die Natur, deren *Teil* der Mensch ist, ebenso mit einschließt wie das mögliche Göttliche, von dem er sich *unterscheidet.*

Zweitens ist die Philosophie aber auch eine *praktische*, und das heißt hier: kritische und normative Disziplin, die unsere Lebensform, deren Begriffe und Normen einer Prüfung unterzieht und zu verbessern versucht. Diesem *Weltbegriff* nach ist Philosophie »die Wissenschaft von der Beziehung aller Erkenntniß auf die wesentlichen Zwecke der menschlichen Vernunft« (CrV A 839 B 867), die letztlich auf einen ›Hauptzweck‹ hinauslaufen, nämlich den der »allgemeinen Glückseligkeit« (CrV A 851 B 879), also das Wohlergehen aller.

Wenn man nach der Bedeutung der Philosophie für die Gegenwart fragt, dann geht es primär um ihren Weltbegriff und damit um ihren Beitrag zum menschlichen Glück oder Wohlergehen. Sehen wir von der Freude am philosophischen Denken und Diskutieren ab, kann dieser Beitrag wohl nur indirekt sein. Die Philosophie entwickelt keine neuen Technologien, heilt keine Krankheiten und löst keine politischen Konflikte. Aber sie hilft uns zum Beispiel zu verstehen, was Wissenschaft und Technik für uns leisten können und was nicht, welche ethischen ›Risiken und Nebenwirkungen‹ mit bestimmten Heilverfahren einhergehen oder welche Zielvorstellungen uns bei der Lösung politischer Konflikte leiten sollten. Die Bedeutung der Philosophie für die Gegenwart beschränkt sich also nicht auf die Figur des öffentlichen Intellektuellen, der wortgewaltig in die gesellschaftlichen Debatten seiner Zeit eingreift. Wir leben in hochgradig komplexen und arbeitsteiligen Gesellschaften, in denen

Abb. 2 Der Philosoph und Mathematiker Christian Wolff war ein wichtiger Vertreter der Aufklärung. Nachdem er mit Verweis auf die konfuzianische Ethik behauptet hatte, Ethik lasse sich unabhängig von der Religion aus der reinen Vernunft herleiten, musste er seine Wirkungsstätte in Halle verlassen. Kant bezeichnet ihn als »Urheber des Geistes der Gründlichkeit« (CrV B XXXVI). Kupferstich von Johann Martin Bernigeroth (1754).

Philosophinnen und Philosophen mit ihren Überlegungen einen in vielfacher Weise vermittelten, deshalb aber keineswegs unerheblichen Einfluss auf die gesellschaftliche Entwicklung nehmen. Dieser besteht, sehr allgemein gesagt, vor allem darin, grundlegende Aspekte unserer Lebensform und unseres Welt- und Selbstverständnisses begrifflich auf den Punkt zu bringen, kritisch zu hinterfragen und Alternativen zu etablierten Denkweisen und Praktiken aufzuzeigen. Auf diese Weise kann auch die Philosophie, wie Kant es nennt, zur ›allgemeinen Glückseligkeit‹ beitragen.

Wenn Kants Philosophie also Bedeutung für die Gegenwart hat, dann nicht als totes Bildungsgut und Zitate-Steinbruch für Sonntagsreden, sondern aufgrund ihres auch nach über zweihundert Jahren unausgeschöpften diagnostischen und kritischen Potentials, aufgrund ihrer praktischen Orientierungskraft und der durch sie eröffneten Möglichkeitsräume. Damit fallen einige naheliegende und liebgewonnene Aspekte der kantischen Philosophie aus, wenn es darum geht, ihre aktuelle Bedeutung zu erklären. Die Formulierung des kategorischen Imperativs zum Beispiel, wonach man nur nach Maximen handeln solle, die man zugleich als allgemeine Gesetze wollen kann, ist zweifellos eine der bedeutendsten philosophischen Leistungen Kants. Aber es ist auch nach zweihundert Jahren Interpretation keineswegs klar, was dieser Imperativ von uns eigentlich genau zu tun verlangt. Es ist vielmehr so, dass wir in strittigen Fällen schon wissen müssen, welche Maximen moralisch erlaubt sind, um zum richtigen Ergebnis zu kommen. Er kann uns daher, wie Kant sehr wohl wusste, keine ethische Orientierung geben, die wir nicht auch auf andere Weise gewinnen können.

Aus anderen Gründen kann die aktuelle Bedeutung Kants zum Beispiel auch nicht in seiner Kritik der Gottesbeweise liegen, für die Kant in seiner Zeit berühmt (und berüchtigt) war. Dass man die Existenz Gottes weder beweisen noch widerlegen kann und man gerade deshalb, weil es über Gott kein *Wissen* gibt, rationalerweise an ihn *glauben* kann, das war zu Kants Zeit eine revolutionäre Einsicht. Heute ist sie zu einem Gemeinplatz geworden. Wenn die aktuelle Bedeutung Kants sich also nicht in seinem historischen Einfluss auf unser heutiges Denken erschöpfen soll, sondern darin besteht, dass seine Philosophie uns auch heute noch herausfordert und anregt, müssen wir an anderen Stellen suchen.

Dafür kommen natürlich eine ganze Reihe von Aspekten der kantischen Philosophie in Frage: Kants Begriff der moralischen Autonomie, sein Konzept der Menschenwürde, die Idee einer föderalen Weltfriedensordnung und sein Begriff der Aufklärung. Ich glaube aber, dass es darüber hinaus einige sehr allgemeine Züge im kantischen Denken gibt, an die es sich zu erinnern lohnt und an denen sich Kants Bedeutung für die Gegenwart in besonderer Weise zeigt, weil sie auf tiefliegende Widersprüche und Spannungen reagieren, die auch noch unser heutiges Denken prägen.

Kant war in erster Linie ein *synthetischer* Denker, dem es immer wieder gelungen ist, scheinbar unvereinbare Aussagen, Thesen und Theorien miteinander zu verbinden, oberflächliche Gegensätze und Einseitigkeiten zu überwinden und so erst zu Auffassungen durchzudringen, die ihrem jeweiligen Gegenstand in seiner ganzen Komplexität gerecht werden. Das bekannteste Beispiel für diese synthetische Kraft des kantischen Denkens, das eher unter den Schul- als den Weltbegriff der Philosophie fällt und an das ich deshalb nur kurz erinnern möchte, ist die Überwindung des Gegensatzes von Empirismus und Rationalismus in der These, dass Erkenntnis *sowohl* einen Erfahrungsbezug *als auch* eine rationale Struktur erfordert. Ein ähnliches Zusammendenken des scheinbar Unvereinbaren findet sich immer wieder in Kants Denken und ist vielleicht sein charakteristischstes Merkmal. Mit Blick auf den Weltbegriff der Philosophie und damit Kants Bedeutung für die Gegenwart möchte ich drei Beispiele für diesen synthetischen Charakter des kantischen Denkens hervorheben: erstens die Verknüpfung von Vernunftkritik mit Vernunftvertrauen; zweitens die Verbindung von anthropologischem Realismus und moralischem Idealismus in der Politik; und drittens die Vermittlung von individuellem Glücksstreben und Moral in Kants Ethik. Die Kürze dieses Beitrags erlaubt allerdings kein differenziertes Bild, sondern zwingt mich, jeweils mit breitem Pinsel zu malen.

VERNUNFTKRITIK UND VERNUNFTVERTRAUEN

Kant ist ein scharfer Kritiker der menschlichen Vernunft – und zugleich ihr vehementester Verteidiger. Wie kann das sein? Unter Vernunft versteht Kant in diesem Zusammenhang »das ganze obere Erkenntnißvermögen« (CrV A 835 B 863), was wir für unsere Zwecke als die Fähigkeit übersetzen können, ausgehend von sinnlicher Wahrnehmung und begrifflichem Denken durch logisches Schlussfolgern zu objektivem Wissen über die Welt zu gelangen.[2] Kritiker der Vernunft hat es in der Geschichte des westlichen Denkens immer wieder gegeben. Schon die antiken Skeptiker hatten zu zeigen versucht, dass rationales Denken uns unweigerlich in Widersprüche verwickelt, denen wir nur dadurch entgehen können, dass wir jeden Anspruch auf rationale Begründung und objektive Wahrheit aufgeben. Michel Montaigne knüpft im 16. Jahrhundert an diesen Gedanken an und zieht daraus, ähnlich wie David Hume zweihundert Jahre später, den Schluss, dass die Vernunft nicht in der Lage sei, unserem Handeln Orientierung zu geben. Montaigne steht damit in der Tradition eines fideistischen, das heißt eines vernunftkritischen und allein auf den Glauben setzenden Verständnisses des Christentums, das bis auf die Kirchenväter zurückgeht und unter anderem zu den pietistischen Lehrern des jungen Kant reicht. Diesen standen in Kants Zeit die Vertreter von Vernunft und Aufklärung gegenüber, die, wie Christian Wolff, das vernünftige Denken zum alleinigen Maßstab für Erkenntnis und Lebensführung machen wollten. Kant selbst stand diesem Rationalismus nahe, nahm aber auch den vernunftkritischen Impuls der Skeptiker auf, indem er in der *Critik der reinen Vernunft* zeigte, dass uns vernünftiges Denken unabhängig von Erfahrung in Fehlschlüsse und Widersprüche verwickelt. Doch bekanntlich zieht Kant daraus nicht die Konsequenz, auf die Vernunft als Erkenntnisquelle zu verzichten, sondern unterzieht sie einer Kritik, die ihre Verlässlichkeit und Reichweite genau bestimmt. Dabei handelt es sich notgedrungen um eine Kritik *an der* Vernunft *durch die* Vernunft selbst, denn, so Kant, eine andere Erkenntniskraft, die diese Aufgabe übernehmen könnte, haben wir nun einmal nicht. Kant wehrt sich unter anderem gegen Philosophen wie Friedrich Jacobi, die die Orientierung an vernünftigem Denken durch eine Berufung auf den Glauben und das Gefühl ersetzen wollen. Die menschliche Vernunft, das heißt die Orientierung an Gründen und objektiver Wahrheit, ist fehlbar und in ihrer Reichweite begrenzt, aber trotzdem unverzichtbar.

Was hat das mit uns und Kants Bedeutung für die Gegenwart zu tun? Die Antwort lautet, dass die Spannung zwischen Vernunftkritik und -vertrauen auch unser heutiges Selbstverständnis durchzieht und in unterschiedlichster Weise immer wieder aufbricht. Um nur ein aktuelles Beispiel zu nennen: Wir erleben zurzeit in vielen europäischen Ländern Konflikte zwischen einer technokratischen Führungselite auf der einen Seite und emotional aufgeheizten Protestbewegungen wie ›Pegida‹ oder den französischen Gelbwesten auf der anderen. Ohne diese Konflikte darauf reduzieren zu wollen, geht es in ihnen zumindest *auch* um den Gegensatz zwischen einem naiven Vernunftvertrauen einerseits und einer überzogenen Vernunftskepsis auf der anderen Seite. Dies wird besonders deutlich, wenn man die Ablehnung, ja Verachtung betrachtet, die Wutbürger verschiedenster Couleur den offiziellen Medien und der Wissenschaft entgegenbringen, und wie sich bei ihnen politische Unzufriedenheit mit Impfgegnerschaft, Leugnung des Klimawandels und Verschwörungstheorien verbindet. Populisten und Autokraten in aller Welt machen sich diese vernunftskeptische Haltung zu Nutze.

Es wäre nun aber nicht nur ein politischer, sondern auch ein intellektueller Fehler, auf diese irrationale Haltung zu reagieren, indem man auf der Unumstößlichkeit bestimmter wissenschaftlicher Aussagen, etwa über Klimawandel oder Impfrisiken beharrt. Ebenso wenig hilfreich ist auf politischem Gebiet der Verweis auf die angebliche Alternativlosigkeit bestimmter Maßnahmen, ob beim Bau einer Stromtrasse oder der Erhöhung des Renteneintrittsalters – so sinnvoll diese Maßnahmen auch sein mögen. Angesichts der faktisch unzähligen Handlungsalternativen, die es immer und überall

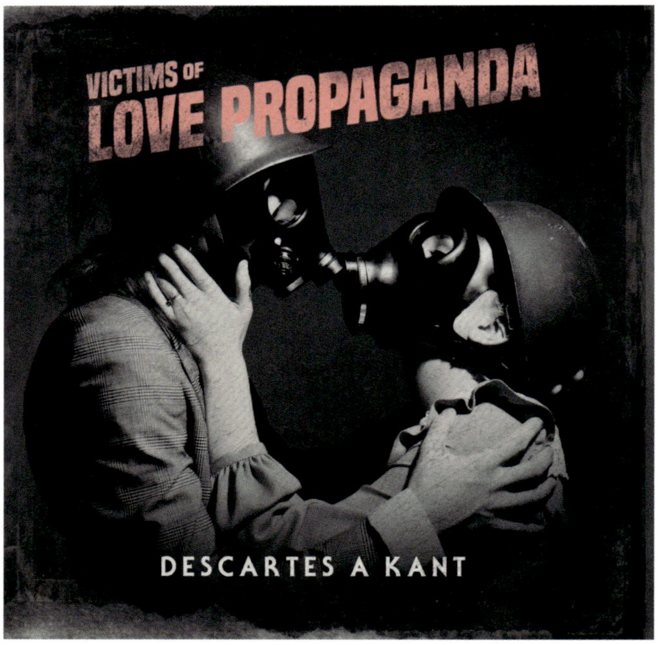

Abb. 3 Die Vielfalt der kulturellen Bezüge zwischen der Gegenwart und der Aufklärungsepoche ist mitunter überraschend – wie dieses Beispiel aus der aktuellen Musikszene: Eine 2001 in Guadalajara (Mexiko) gegründete Rockband hat sich den Namen »Descartes a Kant« gegeben und nimmt auf den Begründer des modernen Rationalismus und Wegbereiter der Aufklärung René Descartes und auf Immanuel Kant Bezug: »… we always made the analogy with Descartes and Kant: two completely opposite lines of thought within the same period of time, similar to our songs«. Cover der CD *Victims of Love Propaganda,* 2017.

gibt, kann die angebliche Alternativlosigkeit ja nur heißen, dass es keine *rationale* Alternative gibt. Doch wie sich angesichts politischer Widerstände oder technischer Schwierigkeiten immer wieder zeigt, ist keine konkrete politische Maßnahme ohne rational vertretbare Alternative. Politik ist nur allzu oft eine Abfolge verpasster Möglichkeiten, die gerade deshalb nicht genutzt wurden, weil eine bestimmte Option fälschlich für alternativlos gehalten wurde. Ebenso wenig ist irgendeine wissenschaftliche Aussage unumstößlich sicher. Tatsächlich ist die Wissenschaftsgeschichte über weite Strecken ein Friedhof widerlegter Theorien; und es gibt keinen Grund anzunehmen, dass es unseren heutigen Theorien besser ergehen wird als ihren Vorgängern.

Es liegt auf der Hand, dass ein übersteigertes Vertrauen in die eigene rationale Einsicht, sei es in Wissenschaft oder Politik, ebenso falsch ist wie der mutwillige Verzicht auf Vernunft und Wissenschaft und die ausschließliche Orientierung an Gefühlen und Intuitionen. Doch wie kann man den einen Fehler vermeiden, ohne in den anderen zu verfallen? Gerade hier kann ein Rekurs auf Kant uns weiterhelfen. Die menschliche Vernunft ist fehlbar, gar in sich widersprüchlich, und unser Wissen ist begrenzt und im Einzelnen ungewiss. Aber wir müssen daraus nicht den Schluss ziehen, auf rationale Einsicht und begründetes Wissen zu verzichten, sondern stattdessen die Grenzen unserer Vernunft und unserer Wissensansprüche feststellen und anerkennen. Das ist nicht leicht und für jeden von uns mit kognitiven Zumutungen verbunden. Dass der Klimawandel menschengemacht ist, ist keineswegs ›wissenschaftlich bewiesen‹, sondern nur die zurzeit wissenschaftlich bestbestätigte Hypothese, die sich prinzipiell als falsch herausstellen könnte. Trotzdem, und das ist die Zumutung, müssen wir sie zur Grundlage unseres Handelns machen und politische Entscheidungen treffen, die tief in unsere gewohnte Lebensweise eingreifen, ohne beanspruchen zu können, alternativlos zu sein. Nicht nur für Wutbürger ist es nicht leicht, sich mit der prinzipiellen Unsicherheit wissenschaftlicher Erkenntnisse und den Grenzen der menschlichen Vernunft abzufinden. Von Kant können wir lernen, dass dies möglich ist, ohne das Vertrauen in Vernunft und Wissenschaft zu verlieren.

ANTHROPOLOGISCHER REALISMUS UND MORALISCHER IDEALISMUS IN DER POLITIK

Damit komme ich zu einem zweiten Aspekt, in dem Kants Weise, scheinbar unvereinbare Gegensätze miteinander zu vermitteln, uns noch heute anregen und herausfordern kann. Ich meine die wirklich staunenswerte Kombination von anthropologischem Realismus und höchstem moralischem Anspruch, der Kants Schriften über Politik und Geschichte durchzieht. Wie erwähnt antwortet die Philosophie nach Kant auf die Frage: »Was ist der Mensch?«. Und zumindest eine Teilantwort besteht Kant zufolge in der ernüchternden Auskunft, dass der Mensch »aus krummem Holze« gemacht ist, aus dem »nichts ganz gerades gezimmert« werden kann (*Idee,* 23).[3] Kants Äußerungen über die Menschen, ihre Motive und Absichten, die Ehrlichkeit ihrer Äußerungen und die Verlässlichkeit ihrer Selbsteinschätzung ist von einer tiefen Skepsis geprägt: Menschen sind von Natur aus moralisch verderbte Egoisten, die sich und andere kunstvoll über ihre eigenen selbstsüchtigen Motive täuschen. Politische Institutionen sind stets dadurch gefährdet, dass Menschen dazu neigen, sie zu ihrem eigenen Vorteil zu missbrauchen. Recht und Frieden steht die menschliche Neigung zu Vertragsbruch und Gewalttätigkeit entgegen; Staaten und Politiker sind primär an der Vergrößerung ihrer Macht interessiert und nicht an friedlicher Kooperation. Kurz gesagt: Kant ist ein politischer Realist, der sich keinerlei Illusionen über die moralischen und sozialen Qualitäten der Menschen macht.

Das ist allerdings nicht das Bild von Kant, das in Öffentlichkeit, Politik und politischen Wissenschaften vorherrscht. Hier gilt Kant als ein politischer Idealist, der an Aufklärung, Fortschritt und den ewigen Frieden glaubt. Die Politik habe sich höchsten moralischen und rechtlichen Anforderungen zu unterwerfen; und selbst scheinbar utopische Ziele wie der ewige Friede seien prinzipiell erreichbar und politisch sinnvoll.

Das Verblüffende ist nun, dass beide Beschreibungen zutreffend sind: Kants politische Philosophie ist realistisch und idealistisch zugleich, Kant ist anthropologischer Pessimist *und* moralischer Idealist. Er sieht die Menschen als egoistisch und politisch verführbar an und hält zugleich daran fest, dass Politik unter dem moralischen Anspruch steht, Recht und Gerechtigkeit vollständig und ohne Einschränkungen zu realisieren und den Frieden dauerhaft zu sichern.

Die aktuelle Relevanz dieses Aspekts des kantischen Denkens dürfte auf der Hand liegen. Die Hoffnungen auf eine fortschreitende globale Demokratisierung und eine dauerhafte Weltfriedensordnung, die noch um die Jahrtausendwende berechtigt erschienen, sind verflogen; nicht Demokratie, Fortschritt und Frieden, sondern skrupelloses Machtstreben, Abbau demokratischer und rechtsstaatlicher Strukturen und gezielt eingesetzte Aggression und Desinformation bestimmen vielerorts die Politik. Man könnte angesichts dieser Entwicklungen zum Zyniker zu werden, der diese Entwicklungen der unüberwindlichen Dummheit der Menschen selbst zuschreibt, die es verdienen, betrogen und ausgebeutet zu werden. Kant war ein solcher Zynismus durchaus nicht unbekannt, doch er erlag ihm nicht. Der Grund für Kant ist, dass wir ihm nicht erliegen *dürfen:* Es ist ein Gebot der moralischen Selbstachtung, an den politischen Zielen von Rechtsstaat, liberaler Demokratie, Gerechtigkeit, internationaler Kooperation und globalem Frieden festzuhalten. Anders gesagt: ohne Rechtsstaatlichkeit, Demokratie und Frieden ist ein menschenwürdiges Leben nicht möglich.

Wir können diesen Anspruch also nicht aufgeben, ohne unsere Menschlichkeit aufzugeben. Doch nun scheinen wir vor einem Dilemma zu stehen. Einerseits zeigt ein illusionsloser Blick auf den Menschen, dass Egoismus und Trägheit der Realisierung politischer Ideale entgegenstehen, andererseits dürfen wir aus moralischen Gründen diese Ideale aber auch nicht aufgeben. Wie ist beides miteinander vereinbar?

Abb. 4 Uwe Schaaf greift in seiner digitalen Kunst in fantasievoller, teils surrealistischer Weise philosophische Themen auf. Das 2013 entstandene Werk *Sapere Aude* (»Habe Mut, dich deines eigenen Verstandes zu bedienen!«) – nach Kants ›Wahlspruch der Aufklärung‹ – ruft zum kritischen Nachdenken, zur aufmerksamen Beobachtung und zur Reflexion auf, um letztlich der Selbsterkenntnis näher zu kommen.

Kants Lösung lautet zum einen, dass es so lange sinnvoll und richtig ist, diese Ideale zu verfolgen und an ihrer Realisierung zu arbeiten, wie wir nicht sicher sind, dass ihre Verwirklichung *unmöglich* ist. Und dessen können wir uns, bei aller Skepsis gegenüber den moralischen Qualitäten des Menschen, keineswegs sicher sein. Seine Lösung ist zum anderen, dass wir den Schwächen der menschlichen Natur in der Ausgestaltung unserer politischen Institutionen Rechnung tragen müssen, etwa durch Gewaltenteilung oder, auf internationaler Ebene, durch effektive Rüstungskontrolle. Das ist kein besonders origineller Gedanke. Originell und von großer aktueller Relevanz ist aber die Konsequenz, die Kant daraus zieht: dass die moralische Fehlbarkeit und politische Korruptibilität des

Menschen kein Grund sind, von den höchsten moralischen Ansprüchen in der Politik – für Kant vor allem: vollkommene Herrschaft des Rechts und dauerhafter weltweiter Friede – auch nur ein Jota abzugehen.

Politische Realisten neigen dazu, ihre politischen Ziele vorschnell den faktischen Gegebenheiten anzupassen. Umgekehrt neigen politische Idealisten zu einem geschönten Menschenbild, das immer wieder an der Wirklichkeit scheitert. Von Kant können wir lernen, beide Fehler zu vermeiden und an einem realistischen Menschenbild festzuhalten, ohne unsere moralischen Ansprüche in der Politik aufzugeben. Wie auch die Kombination von Vernunftkritik und Vernunftvertrauen ist es jedoch keineswegs leicht, die Spannung auszuhalten, in der diese beiden Einstellungen stehen. Gerade deshalb kann Kants Philosophie uns in dieser Hinsicht immer noch anregen und herausfordern.

DAS VERHÄLTNIS VON GLÜCK UND MORAL

Damit komme ich zum dritten und letzten Aspekt des kantischen Denkens, den ich hier betrachten möchte. Ich hatte bereits erwähnt, dass die Philosophie ihrem Weltbegriff nach auf ›allgemeine Glückseligkeit‹ abzielt, was wir als ›umfassendes Wohlergehen aller‹ übersetzen können. Das mag überraschen, denn Kants Ethik stellt ja keineswegs das individuelle oder kollektive Glück in den Mittelpunkt, sondern den guten Willen des Handelnden. Dessen moralische Qualität hängt nicht von den beabsichtigten oder tatsächlichen Folgen des Handelns ab, sondern allein von der Regel oder Maxime, nach der man handelt. Wir sollen Maximen folgen, die allgemeine Gesetze sein können, oder, was für Kant auf dasselbe hinausläuft, wir sollen Menschen niemals nur als Mittel, sondern immer auch als Zweck behandeln – und zwar sollen wir das selbst dann tun, wenn es unserem Eigeninteresse und damit unserem Glück zuwiderläuft.

Wie Kant immer wieder betont, ist das Streben nach Glück keine Quelle, sondern ein Hindernis moralischen Handelns. Analog gilt das auf kollektiver Ebene: Staatliches Handeln zielt nicht darauf ab, die Bürger glücklich zu machen, sondern ihre Rechte zu sichern. Wenn man unter Utilitarismus in der weitesten Bedeutung die Auffassung versteht, dass das Ziel menschlichen Handelns darin bestehen sollte, Glück zu maximieren, dann lehnt Kant den Utilitarismus auf allen Ebenen ab: das richtige Handeln des Einzelnen wie des Staates zielt nicht auf die Maximierung des individuellen oder kollektiven Glücks, sondern auf die Achtung vor der Würde eines jeden Menschen und auf den Schutz der daraus erwachsenden Rechte. Der Grund dafür ist nach Kant, dass nur so moralische Pflichten und bürgerliche Rechte mit der Autonomie des Menschen, seiner freien Selbstbestimmung, vereinbar sind. Die ausschließliche Orientierung am Glück, so Kant, ist eine Form von Fremdbestimmung: Wenn ich nur mein eigenes Glück verfolge, lasse ich mich von meinen natürlichen Neigungen fremdbestimmen; und wenn der Staat versucht, das Glück seiner Bürger zu maximieren, maßt er sich an, für sie zu beurteilen, was sie glücklich macht. Beides, so Kant, ist mit der Autonomie des Menschen unvereinbar.

Man kann die liberale Stoßrichtung dieses kantischen Gedankens begrüßen und trotzdem die Sorge haben, dass Kant hier zu weit geht. Seit der Antike hatte die Ethik im individuellen Glück das höchste Gut und letzte Ziel menschlichen Handelns gesehen und nur darüber gestritten, wie dieses näher zu bestimmen sei. Und seit jeher ist es ein Kriterium guter politischer Herrschaft, dass sie sich um das Wohlergehen der Bürger sorgt. Diese Glücksorientierung scheint auf der Hand zu liegen – so sehr, dass vielen Menschen der Utilitarismus selbstverständlich erscheint. Man denke nur an die Reaktionen auf das Verfassungsgerichtsurteil, das verbietet, bei einem Terrorangriff das Leben unschuldiger Flugzeuginsassen gegen das einer größeren Zahl von Opfern aufzurechnen, weil das gegen die Menschenwürde und den Schutz des Lebens verstoße. Dieses Urteil stößt in weiten Teilen der Bevölkerung auf Unverständnis, und zwar deshalb, weil sich der Gedanke kaum abweisen lässt, dass der Tod einer größeren Zahl von Menschen eben auch einen größeren Schaden – das heißt eine größere Einbuße an Glück – bedeutet. Fast alle modernen Staaten sehen es als ihre Aufgabe an, das Glück ihrer Bürger zu befördern; viele orientieren sich dabei an Glücksindizes wie dem World Happiness Report, die zunehmend neben rein wirtschaftliche Parameter wie den des Bruttoinlandsproduktes treten.

Weder das Aufrechnen von Opfern noch staatliche Glücksmaximierung sind aus kantischer Sicht akzeptabel. Doch das bedeutet nicht, dass Kant sich den verbreiteten utilitaristischen Intuitionen völlig verschließt. Vielmehr bemüht er sich, sie in seine Ethik und politische Philosophie zu integrieren, ohne den Stellenwert von Autonomie und Menschenwürde dadurch zu kompromittieren. Erstens ist das Streben nach dem eigenen Glück Kant zufolge ein notwendiger Bestandteil der menschlichen Natur. Zweitens ist es sogar eine moralische Pflicht, sich um das eigene Wohl-

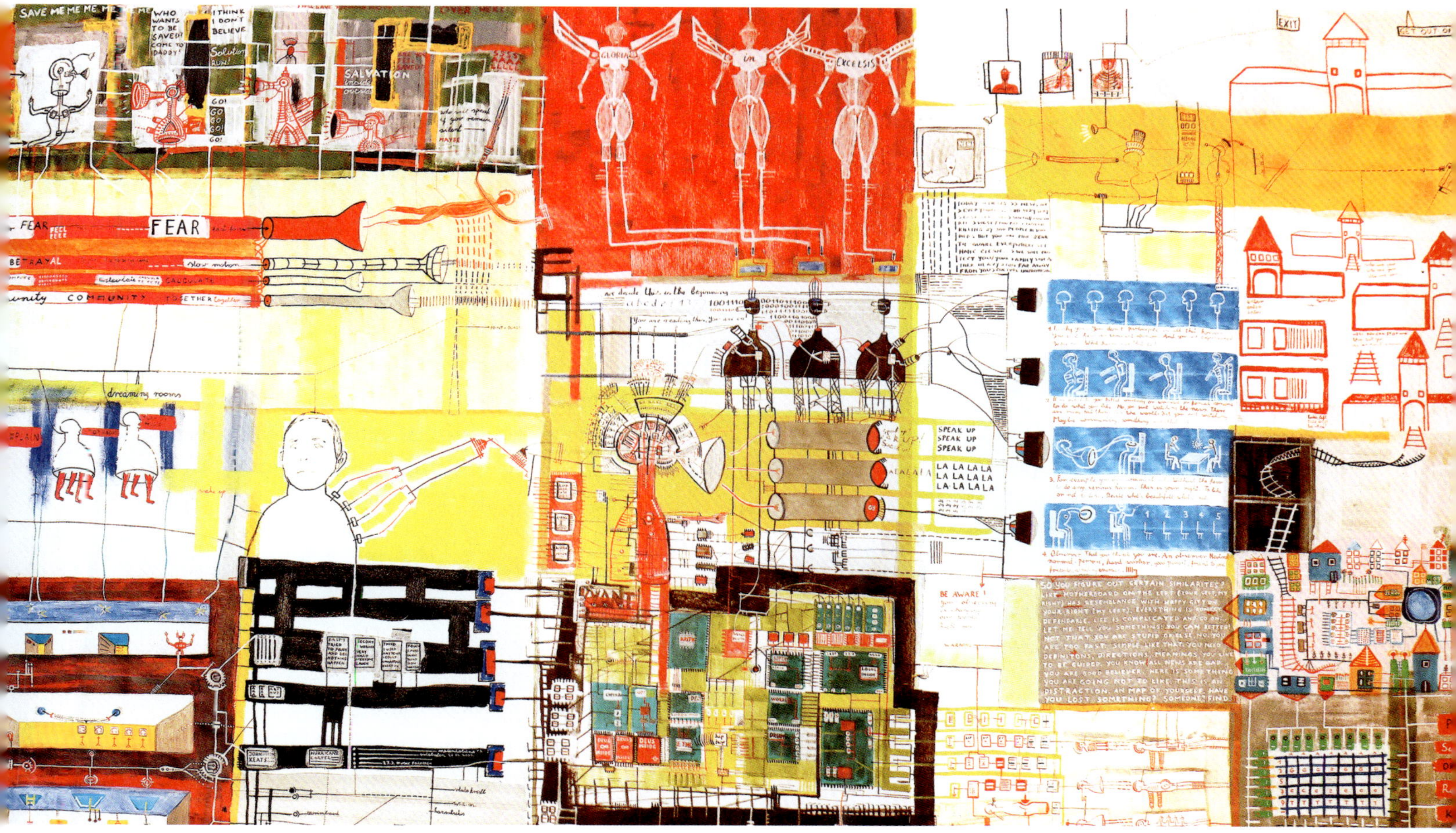

Abb. 5 »Ich habe dieses Stück als Reaktion auf die heftige Diskussion darüber gemalt, ob es im digitalen Zeitalter Philosophie gibt« – so erläutert Leo Katunarić Kadele das Werk *Immanuel Kant on Facebook*. Es ist das Ergebnis einer 2007 in Zagreb veranstalteten, sieben Tage und Nächte dauernden Performance, in der sich der Künstler gemeinsam mit dem Publikum mit dem Arbeitsprinzip von Computern, sozialen Netzwerken und der durch sie entstehenden künstlerischen und kulturellen Produktion auseinandersetzte.

ergehen zu sorgen, sofern dies eine Bedingung dafür ist, dass man moralisch handlungsfähig bleibt. Drittens ist es Kant zufolge moralisch geboten, das Glück anderer Menschen zu befördern und sich ihre Zwecke selbst zu eigen zu machen. Viertens darf sich auch der Staat um das Glück seiner Bürger kümmern, sofern sie dies in entsprechenden Gesetzen beschlossen haben. Und fünftens ist das umfassende Ziel vernünftigen Handelns, das ›höchste Gut‹, nach Kant keineswegs allein der gute Wille, sondern die Verbindung von Tugend und Glückseligkeit, oder, wie Kant auch sagt, die durch Glücks*würdigkeit* bedingte Glück*seligkeit.* Anders gesagt: Das höchste Gut ist eine Welt, in der alle Menschen in dem Maße glücklich sind, wie sie es aufgrund der moralischen Qualität ihres Handelns verdienen. Ich glaube, dass es genau eine solche Welt ist, die Kant meint, wenn er von einer ›allgemeinen Glückseligkeit‹ als letztem Zweck der Philosophie spricht.

Kants Einstellung zur Glückseligkeit und ihrer moralischen Relevanz ist also weitaus komplexer als das Klischee einer glücksfeindlichen Gesinnungsethik erwarten lässt. Sie wirft viele Fragen auf, denen ich hier nicht nachgehen kann. Stattdessen möchte ich mich auf eine abschließende Bemerkung beschränken: Indem Kant das menschliche Glück zum Gegenstand moralischer Pflichten und zu einem Bestandteil des höchsten Guts macht, gesteht er ihm einen Eigenwert zu, der nicht auf den Wert von vernünftiger Autonomie und Menschenwürde reduzierbar ist. Dass es moralisch geboten ist, menschliches Glück zu befördern, *setzt bereits voraus,* dass es sich dabei grundsätzlich um etwas Gutes und Erstrebenswertes handelt. Ohne diese Voraussetzung wäre völlig unklar, warum es überhaupt moralisch relevant sein sollte, ob ein Mensch glücklich ist oder nicht. Mit anderen Worten: Glück ist im Rahmen der kantischen Ethik zwar ein *bedingtes* Gut – das heißt es ist nur dann gut, wenn es auf moralisch erlaubte Weise erreicht werden kann. Aber es ist kein *abgeleitetes* Gut – der Wert des menschlichen Glücks ist weder bloß der eines Mittels zum Zweck der Pflichterfüllung noch ist er vom kategorischen Imperativ oder von Werten wie Autonomie und Würde abgeleitet. Menschliches Glück oder Wohlergehen ist ein ursprüngliches, auf nichts anderes reduzierbares Gut (wenn auch eben nur unter der Bedingung seiner moralischen Zulässigkeit). Das ist ein abstrakter, nicht leicht zu fassender Gedanke, aber wenn wir über die Aufgaben und Grenzen des Sozialstaats, Glücksindizes oder das Aufrechnen von Menschenleben nachdenken, kann er uns helfen der Versuchung zu widerstehen, Autonomie und Menschenwürde gegen Glück und Wohlergehen auszuspielen.

SCHLUSS

Aus dem riesigen Universum kantischen Denkens, das von den Grundlagen der Physik bis zur Kunsttheorie und von der Logik bis zur physischen Geographie reicht, habe ich von vielen möglichen Aspekten drei hervorgehoben, in denen sich die aktuelle Bedeutung Kants in besonderer Weise zeigt, weil sie gedankliche Spielräume eröffnen, die uns sonst vielleicht verschlossen blieben. Dies waren: die Verbindung von Vernunftkritik und Vernunftvertrauen, von Realismus und Idealismus in der Politik und von Autonomie und Glück in der Ethik. In allen drei Bereichen zeigt sich die besondere Fähigkeit Kants, scheinbar Gegensätzliches und Unvereinbares zusammenzudenken. Ich glaube, dass Kants Philosophie nicht zuletzt aufgrund dieses synthetischen Charakters seines Denkens bis heute von ungebrochener Aktualität ist.

Das bedeutet natürlich nicht, dass es nicht auch zahlreiche Aspekte des kantischen Denkens gibt, die aus heutiger Sicht unhaltbar sind: neben manchen überholten naturwissenschaftlichen Thesen ist hier vor allem die Tatsache zu nennen, dass Kant bei den ›vernünftigen Wesen‹, die er in den Mittelpunkt seiner Philosophie stellte, vor allem an weiße Männer gedacht hat, während er Frauen und Menschen anderer Hautfarbe die Vernunftfähigkeit und damit die Menschlichkeit nur eingeschränkt zusprach. Auch wenn Kant Frauen weitgehende Rechte zugestand, er den Begriff der Menschenrasse, den er lange verteidigt hatte, schließlich verwarf und er den Kolonialismus kritisierte, gibt es an Kants zum Teil misogynen, rassistischen und anti-jüdischen Äußerungen nichts zu beschönigen — hier irrte Kant.

Man würde es sich zu leicht machen, diese Irrtümer aus ihrem historischen Kontext heraus zu erklären. Natürlich erlag Kant hier denselben Vorurteilen wie die allermeisten seiner Zeitgenossen. Aber diese Zeitgenossen waren eben nicht *Kant,* sie verfügten nicht über seinen kritischen Scharfsinn, seine souveräne Urteilskraft und vor allem sein visionäres Verständnis menschlicher Würde und politischer Freiheit und Gleichheit. Es ist daher eine bedrückende Frage, warum Kant in diesen zentralen Punkten hinter den Einsichten seiner eigenen Philosophie zurückblieb. Doch tatsächlich liegt auch darin noch ein Aspekt der Bedeutung Kants für die Gegenwart, nämlich uns dafür zu sensibilisieren, dass auch unser eigenes Welt- und Selbstverständnis, wie dasjenige Kants, zweifellos blinde Flecken hat und daher vorurteilslose Kritik und fortwährende Aufklärung heute ebenso unverzichtbar sind wie zu Kants eigener Zeit.

1 Dies ist der Beginn der Schrift *Beantwortung der Frage: Was ist Aufklärung?* (*Aufklärung,* 35).

2 Vgl. CrV A 288 B 355.

3 Vgl. *Religion,* 100.

Abb. 1 Lemonier: Ölgemälde. Wikimedia Commons

Abb. 2 Bernigeroth: Kupferstich/Frontispiz. © Universitätsbibliothek Salzburg, Signatur G 891 II. Wikimedia Commons

Abb. 3 CD-Cover. © Descartes a Kant

Abb. 4 Schaaf: digitale Arbeit. © Uwe Schaaf, kunstnet.org

Abb. 5 Kadele: Acrylbild. © Kadele

Abb. 6 Meese: Lithographie. Stedelijk Museum Amsterdam, Objektnummer 2007.1.0112(1–9)5. © VG Bild-Kunst, Bonn 2021

Abb. 6 Der für seine provozierenden Arbeiten bekannte Jonathan Meese präsentiert Kant in Uniform, unter anderem mit Eisernem Kreuz ausgestattet und mit einem recht grotesk ausgearbeiteten Gesicht. Diese Lithographie ist Teil der Mappe *Große Philosophen* (2007).

2

DIE DREI KRITIKEN

← **René Magritte:** ***La Raison Pure*** **(Die reine Vernunft), 1948** Magritte transportiert in seinen surrealen Bildern komplexe philosophische Aussagen. Sein Ziel war es, mit seiner Malerei eine der Sprache ebenbürtige Ausdrucksform zu etablieren. Zur Aufschlüsselung der Ikonographie dieses Gemäldes kann das Antlitz des Tieres im Vordergrund, das menschliche Züge hat und sehr lebendig wirkt, in den Blick genommen werden. Es wird im Kontrast zu der bühnenartig inszenierten Szenerie im Hintergrund präsentiert. Die in dieser Szenerie enthaltene einzelne menschliche Figur, winziger als der Wald aus Blättern, könnte man als Repräsentant einer dystopischen Realität lesen.

↑ **Abb. 1** Joseph Beuys' Auflagenobjekt (Multiple), ein sogenanntes Readymade, trägt den Titel *Ich kenne kein Weekend.* Es entstand 1971–1972. Eine Maggiflasche und eine Reclam-Ausgabe der *Critik der reinen Vernunft* stecken in einer Art Aktenkoffer. Die Anordnung der drei Gegenstände ergibt unter anderem eine Anspielung auf die deutschen Nationalfarben Schwarz-Rot-Gold.

DIETMAR HEIDEMANN

Das Neue in der *Critik der reinen Vernunft*

EINLEITUNG

Kant unterscheidet in der *Anthropologie in pragmatischer Hinsicht* (1798) zwei Arten produktiver geistiger Tätigkeit: das Erfinden und das Entdecken. Eine Entdeckung, wie etwa die Entdeckung Amerikas durch Kolumbus, könne zwar verdienstvoll sein, so Kant, doch sei die Erfindung von etwas höher zu schätzen. Denn was entdeckt werde, existiere ja schon, was aber erfunden werde, sei originäres Produkt des Künstlers oder Genies, das »*musterhaft* ist«, so dass »es verdient als Beyspiel (exemplar) nachgeahmt zu werden« (*Anthropologie,* 224). Kant denkt hierbei nicht nur an das ästhetische Genie. Auch Isaac Newton und Gottfried Wilhelm Leibniz seien in ihren jeweiligen Disziplinen Genies, nämlich wissenschaftliche Genies, und hätten durch ihren »erfinderischen« Geist »in Allem Epoche« gemacht (*Anthropologie,* 226). In eine solche Reihe epochemachender Genies möchte man Kant selbst stellen. Denn auch wenn Kant, wie aus der Ästhetik in der *Critik der Urtheilskraft* (CU, § 47) hervorgeht, letztlich skeptisch ist, ob es (wissenschaftliche) Genies überhaupt geben kann, da der menschliche Geist in seiner Produktivität doch letztlich nichts zu erschaffen vermag, sondern immer nur Gegebenes — wenn auch auf gänzlich innovatorische Weise — modellieren kann, wird man ihm doch attestieren dürfen, mit der kritischen Philosophie zu gänzlich *neuen,* originären Einsichten gelangt zu sein.

Würde man eine Liste dieser Innovationen zusammenstellen, so dürften darin wohl insbesondere folgende Theorieelemente, Beweise und Prinzipien seiner Philosophie nicht fehlen:

- Raum und Zeit als Formen der Sinnlichkeit.
- Die synthetische Erkenntnis a priori.
- Der transzendentale Idealismus.
- Die transzendentale Deduktion der reinen Verstandesbegriffe.
- Der Grundsatz der Kausalität.
- Die Durchführung der Metaphysikkritik in der transzendentalen Dialektik.
- Der kategorische Imperativ als Prinzip moralischen Handelns.
- Die Zweckmäßigkeit als Prinzip der reflektierenden Urteilskraft.
- Der föderalistische Kosmopolitismus.

Diese philosophischen Neuerungen sind nicht freischwebend. Ihre Möglichkeit hängt von einer Grundeinsicht ab, die in ihrer Reichweite kaum zu überschätzen sein dürfte und das eigentlich ›Neue‹ der *Critik der reinen Vernunft* (CrV) darstellt. Bei dieser Grundeinsicht handelt es sich um die Erkenntnis, dass die Anschauung *repraesentatio singularis,* also *einzelne* Vorstellung, und nicht *repraesentatio universalis,* also *allgemeine* Vorstellung (Begriff) ist. Dass diese Unterscheidung von Anschauung und Begriff fundamentale Bedeutung für Kant hat, wird unmittelbar ersichtlich daran, dass die in der obigen Liste aufgeführten Errungenschaften kritischer Philosophie allesamt von ihr abhängen. So können zum Beispiel Raum und Zeit nur dann als Formen der Sinnlichkeit erwiesen werden, wenn die Anschauung sich nicht auf begriffliches Vorstellen zurückführen lässt. Ebenso kann der Beweis der objektiven Gültigkeit der reinen Verstandesbegriffe nur geführt werden, wenn es eine nicht-begriffliche sinnliche Anschauung in Raum und Zeit gibt. Und selbst die praktische Philosophie inklusive des föderalistischen Kosmopolitismus kann nur dann zur Geltung kommen, wenn Freiheit nicht denkunmöglich ist, was wiederum voraussetzt, dass moralisches Wissen nicht durch intellektuelle Anschauung erzielt werden kann, weil die uns allein mögliche Anschauung sinnlich-rezeptiv ist.

Im Folgenden soll gezeigt werden, dass Kants eminente Innovation in der CrV in ebendieser Einsicht besteht, nämlich dass Anschauung *repraesentatio singularis* ist. Mit dieser These wird nicht bestritten, dass Kant in seinem kritischen Hauptwerk weitere Neuerungen erzielt hat, etwa mit der transzendentalen Raum-Zeit-Lehre, der Kategoriendeduktion, der Antinomie der reinen Vernunft oder überhaupt mit dem Begriff der Transzendentalphilosophie.[1] Doch niemand vor Kant hat den ursprünglichen Gedanken erfasst, dass

Abb. 2 Auf diesem Ausschnitt erkennt man deutlicher, dass auf das Buchcover der Titel des Readymades und Beuys als sein ›Autor‹ aufgestempelt wurden.

unser sinnlich-anschauliches Vorstellen sich fundamental von unserem begrifflichen Vorstellen unterscheidet. Ich werde im ersten Teil dieses Beitrags daher zunächst ausführen, dass die Philosophie der Neuzeit, auf die ich mich hier beschränke, zwar zwischen Anschauung und Begriff beziehungsweise Sinnlichkeit und Verstand differenziert, dass die dabei markierten Unterschiede jedoch nicht kategorischer Natur sind und als solche nicht die Sache selbst treffen. Erst Kant zeigt, wie sich im zweiten Teil dieses Beitrags ergeben wird, worin der eigentliche Unterschied zwischen Anschauung und Begriff beziehungsweise Sinnlichkeit und Verstand tatsächlich besteht. Dabei zeichnet er die Anschauung als *repraesentatio singularis* aus, als *einzelne Vorstellung* und damit als gegenüber dem Begrifflichen eigenständige, nicht-reduzierbare Vorstellungsart, deren Fehlinterpretation als theoretische Hauptquelle grundlegender Irrtümer der Philosophie angesehen werden muss.

ANSCHAUUNG IN DER PHILOSOPHIE DER NEUZEIT

In der Philosophie der Neuzeit gehen Metaphysik und Metaphysikkritik oft Hand in Hand. Ihrem Selbstverständnis nach treten nicht wenige Philosophen dieser Epoche als Neubegründer oder Reformer der Metaphysik auf, zumeist nicht ohne eine Kritik vormaliger Metaphysik durchzuführen. So will etwa René Descartes in seinen frühen *Regulae ad directionem ingenii* von wahrscheinlich 1628 die Irrtümer vormaliger Metaphysik aufdecken, um sie daraufhin in seiner eigenen Metaphysik zu korrigieren. Einer der Grundfehler vormaliger Metaphysik ist für Descartes methodologischer Natur und besteht im mangelhaften Verständnis von Anschauung oder Intuitus. Der Intuitus ist für Descartes wie für viele andere Philosophen seiner Zeit ein fundamentales Erkenntnisvermögen, weil sich durch den Intuitus notwendige Wahrheiten erkennen lassen. Gemäß Descartes' rationalistischem Intuitionismus ist die menschliche Erkenntnisfähigkeit mit einer dem deduktiven Schließen übergeordneten kognitiven Kapazität des intuitiven Erfassens rein begrifflicher oder propositionaler Sachverhalte ausgestattet. In den *Regulae* führt Descartes daher einen, wie er sagt, »neuen Gebrauch« *(»novum usum«)* von »Intuition« ein. Demnach bedeutet »Intuition« das gegenüber der sinnlichen Wahrnehmung und der Einbildungskraft klare und deutliche Begreifen des reinen Geistes »durch das Licht der Vernunft« *(»rationis luce«)*, das zur unbezweifelbaren Erkenntnis notwendiger Sachverhalte führt. Neben der Erkenntnis, dass beispielsweise ein Dreieck von drei Linien oder eine Kugel von nur einer Oberfläche umgrenzt ist, ist für Descartes die einfache, nichtreflexive Einsicht, dass »ich existiere« und dass »ich denke«, prominentestes Beispiel für eine rationale Intuition, für einen »intuitus mentis«, wie es später in den Erwiderungen auf die zweiten Einwände Marin Mersennes gegen die *Meditationen* heißt.[2]

Für Descartes steht dabei von vornherein fest, dass die Intuition oder Anschauung ein intellektuelles und kein sinnliches Erkenntnisvermögen wie später bei Kant ist. Bei allen Unterschieden in den Einzelheiten, ist dies im Grunde die Standardauffassung des neuzeitlichen Rationalismus. Sie ist anzutreffen zum Beispiel auch bei Baruch de Spinoza, für den gemäß der *Ethik* das intuitive Wissen (scientia intuitiva) neben Meinung und Vernunft die dritte, nämlich vollkommene Gattung der Erkenntnis ist. Das intuitive Wissen versorgt uns nach Spinoza mit der unmittelbaren adäquaten Wesenserkenntnis der Dinge, ist also metaphysische Wesenserkenntnis.[3] Auch für Spinoza ist die Intuition mithin ebenfalls kein sinnliches, sondern ein intellektuelles Vermögen, da es letztlich begrifflich verfasstes Wissen hervorbringt. Um ein drittes Beispiel aus der rationalistischen Tradition anzuführen: In den *Meditationes de Cognitione* teilt Leibniz Erkenntnis so ein, dass die Art der intuitiven Erkenntnis (cognitio intuitiva) die vollkommenste Erkenntnis ist. Vollkommen ist

Abb. 3 Titelblatt der Erstausgabe der *Critik der reinen Vernunft,* erschienen 1781 in deutscher Sprache in Riga im Verlag von Johann Friedrich Hartknoch. Dieser war vor seiner Selbständigkeit in Riga bei dem Königsberger Buchhändler Johann Jakob Kanter angestellt gewesen, in dessen Haus Kant mehrere Jahre gewohnt hatte. Das Hauptwerk Immanuel Kants kennzeichnet einen Wendepunkt in der Philosophie der Moderne.

die intuitive Erkenntnis, so Leibniz in den *Nouveaux Essais,* »lorsque l'esprit apperçoit la convenance de deux idées immediatement par elles mêmes sans l'intervention d'aucune autre. En ce cas l'esprit ne prend aucune peine pour prouver ou examiner la verité. C'est comme l'oeil voit la lumière, que l'esprit voit que le blanc n'est pas le noir, qu'un cercle n'est pas un triangle, que trois est deux et un«.[4] Leibniz konzipiert intuitive Erkenntnis damit nicht nur als eine unmittelbare, sondern zugleich als wahrheitsgarantierende Erkenntnis. Sie sei darüber hinaus »la plus claire et la plus certaine« und ermöglicht mithin metaphysische Einsichten in apriorische Sachverhalte.[5] Auf Leibniz und dessen Bedeutung für die Etablierung des Neuen in der CrV wird im nächsten Abschnitt noch einmal zurückzukommen sein.

Diese Konzeption der Intuition als einer Form zwar unmittelbarer, aber gleichwohl intellektueller Erkenntnis, ist nicht nur in der rationalistischen, sondern ebenso in der empiristischen Tradition anzutreffen. Nach John Locke etwa erwirbt der menschliche Geist intuitives Wissen (intuitive knowledge) durch die innere Wahrnehmung psychischer Aktivitäten. So nehme er in bestimmten Fällen unmittelbar die Übereinstimmung oder Nichtübereinstimmung von

Ideen oder Vorstellungen wahr (perceives). Dieses Wissen sei intuitiv zu nennen. Intuitives Wissen wie »White is not Black« oder »a Circle is not a Triangle«, so Locke im *Essay Concerning Human Understanding,* besitze den höchsten Grad an Gewissheit, sei zweifelsresistent, evident und insofern wahr, bedürfe keiner zusätzlichen Vergewisserung und fungiere in der Hierarchie menschlichen Erkennens als das sichere Fundament des Wissens.[6] Selbst David Hume, der sich als bekennender gemäßigter Skeptiker entschieden gegen die Möglichkeit epistemischer Gewissheit ausspricht, lässt intuitives Wissen zu, wenn er, wie im *Treatise,* die Erkenntnis von Ähnlichkeitsbeziehungen oder Gegensätzen als »intuition« bezeichnet.[7]

Die Liste mit weiteren Beispielen neuzeitlicher Philosophen vor Kant, die der Intuition oder Anschauung eine zentrale epistemologische Funktion zuschreiben, ließe sich fortsetzen — man denke etwa an Christian Wolff, Alexander Gottlieb Baumgarten, George Berkeley oder insbesondere auch an Thomas Reid. An den genannten Beispielen wird deutlich, dass der Anschauung in der vorkantischen Philosophie der Neuzeit im Grunde durchgängig die Eigenschaft zugeschrieben wird, ein epistemisch unmittelbares, das heißt ein nicht durch begriffliche Inferenzen vermitteltes Wissen zu generieren, aber gleichwohl ein intellektuelles Vermögen zu sein, das Quelle begrifflich oder propositional verfassten metaphysischen Wissens ist. Vor dem Hintergrund dieses hier lediglich in seinen Grundlinien skizzierten Befundes soll nun im zweiten Teil dieses Beitrags gezeigt werden, dass Kants Neubestimmung der Anschauung einen *der* entscheidenden Wendepunkte der Philosophie der Neuzeit markiert.

KANT: ANSCHAUUNG ALS EINZELNE VORSTELLUNG

Dass die Anschauung für Kant alles andere als ein kognitives Vermögen ist, mit dessen Hilfe wir auf unvermittelte, letztlich holistische Weise Erkenntnis erwerben, geht bereits aus der vor allem auch gegen die Metaphysik gerichteten Lehre von der synthetischen Erkenntnis a priori der Einleitungen in die CrV hervor. Der Grundgedanke ist denkbar einfach: Während analytische Urteile Erkenntnis lediglich erläutern, wird sie durch synthetische Urteile erweitert. Will die Metaphysik »unsere Erkenntniß a priori erweitern« (CrV B 18) können, so muss diese wesentlich aus synthetischen Urteilen a priori bestehen. Also ist ein rechtfertigendes »Drittes nöthig, worin allein die Synthesis zweener Begriffe entstehen« kann (CrV A 155 B 194), so dass die Erweiterung der Erkenntnis möglich ist. Für dieses Dritte gibt es nur zwei mögliche Kandidaten: *Anschauung* oder *Begriff.* Da nach Kant nur die Anschauung die Funktion der Erkenntniserweiterung übernehmen kann, denn durch Begriffe werden Erkenntnisse lediglich erläutert, kann die Anschauung nicht Begriff sein. Anschauung und Begriff müssen also als grundsätzlich verschiedene Erkenntnisquellen beziehungsweise Vorstellungsarten bestimmt werden.

Damit ist natürlich noch nicht gezeigt, was die Anschauung ihrer Natur nach ist. Zu dieser Erkenntnis gelangt Kant in seiner Auseinandersetzung mit der Leibniz-Wolffschen Theorie des klaren und dunklen Vorstellens. Entscheidend ist neben dem semikritischen Aufsatz *Von dem ersten Grunde des Unterschieds der Gegenden im Raum* (1768), in dem Kant gegen Leibniz bereits die theoretische Eigenbedeutung der Anschauung aufweist, die Inauguraldissertation *De mundi sensibilis atque intelligibilis forma et principiis* (*De forma,* 1770). Im Anschluss an die Einführung von Sinnlichkeit und Verstand als alleinigen Quellen der Erkenntnis heißt es dort:

> Hieraus erhellt, daß mit Unrecht die sinnliche Erkenntniß als eine verworrene, und die Verstandeserkenntniß als eine deutliche erklärt wird. Denn dies sind nur logische Unterschiede, welche das Gegebene, was aller logischen Vergleichung unterliegt, gar nicht berühren. Die sinnlichen Begriffe können sehr deutlich und die des Verstandes sehr verworren sein.[8]

Kant kritisiert an dieser Stelle Wolff und implizit Leibniz dafür, die Lehre von den verworrenen und deutlichen Vorstellungen »zum grossen Schaden der Philosophie«[9] verbreitet zu haben. Leibniz' Theorie des verworrenen beziehungsweise dunklen und klaren beziehungsweise deutlichen Vorstellens versteht Kant als Grundlagentheorie wahrer und falscher Erkenntnis im allgemeinen, aber insbesondere in der Metaphysik. In den *Meditationes de Cognitione, Veritate et Ideis* von 1684 resümiert Leibniz diese Theorie folgendermaßen:

> Die Erkenntnis ist also entweder dunkel oder klar und die klare Erkenntnis wiederum entweder verworren oder deutlich, die deutliche Erkenntnis aber entweder inadaequat oder adaequat und gleichfalls symbolisch oder intuitiv; wenn aber die Erkenntnis zugleich adaequat und intuitiv ist, so ist sie am vollkommensten.[10]

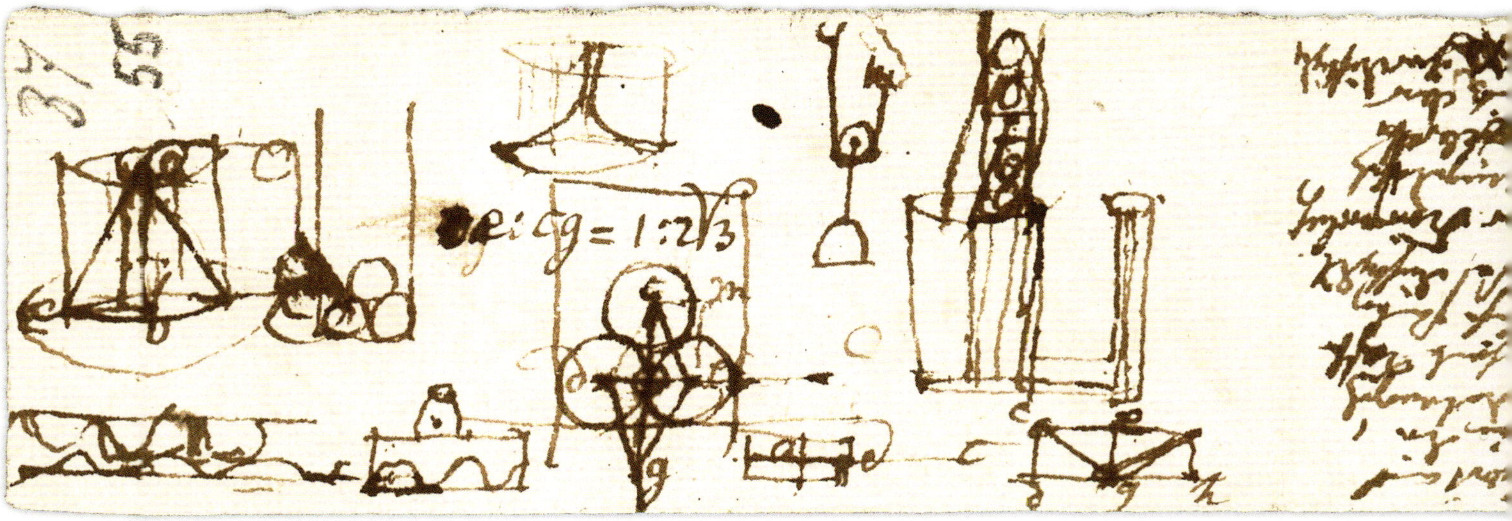

Abb. 4 Geometrische Berechnungsskizze Kants aus dem *Opus postumum* (Loses Blatt 37, Seite 1, Conv. IV, Seite 55), aus der zweiten Hälfte der 1780er Jahre.

Leibniz konzipiert seine Ideen- oder Vorstellungstheorie gemäß einem Stufenmodell, das anders als die kantische Theorie nicht von einem kategorialen Unterschied zwischen sinnlich-anschaulichen und begrifflichen Vorstellungen ausgeht, sondern diesen anhand der Zu- und Abnahme von Bewusstseinsgraden expliziert. Diese lassen sich als Stufen der kognitiven Transparenz des Bewusstseins verstehen, so dass man auch von einem Transparenzmodell sprechen kann, demzufolge sinnliche und begriffliche Erkenntnis durch Grade kognitiver Differenziertheit mentaler Gehalte spezifiziert sind. So seien sinnliche Vorstellungen *dunkel* und begriffliche Vorstellungen *klar.* Der Grundunterschied zwischen dunklen und klaren Vorstellungen ist dabei nicht derselbe wie zwischen verworrenen und deutlichen Vorstellungen. Dunkel sind diejenigen Vorstellungen, die zu keiner Erkenntnis beziehungsweise keinem Wiedererkennen ausreichen, zum Beispiel wenn ich in der sinnlichen Wahrnehmung die von mir schon früher wahrgenommene Blume nicht von anderen Objekten hinreichend unterscheiden kann. In diesem Fall habe ich eine dunkle Vorstellung einer Blume.[11] Hingegen ist eine Vorstellung beziehungsweise Erkenntnis klar, wenn ich die vorgestellte Sache wiedererkennen kann. Sie sei klar, aber verworren, wenn ich nicht ausreichend viele Merkmale angeben kann, die dem vorgestellten Gegenstand zukommen, zum Beispiel wenn ich Farben oder Gerüche in der Wahrnehmung klar unterscheiden kann, ohne dies zugleich rein begrifflich adäquat ausdrücken zu können. Klar und deutlich sei eine Vorstellung, die es erlaubt, ein Ding von einem anderen mit Hilfe einer ausreichend großen Anzahl von Merkmalen zu unterscheiden, so wie sie in eine Nominaldefinition eingehen.[12]

Nun können klare Vorstellungen deutlich, darüber hinaus aber auch inadäquat sein, etwa wenn die in eine Vorstellung eingehenden Teilvorstellungen klar, aber nur verworren erkannt werden. Wird aber *alles,* was in einen Begriff oder eine Vorstellung eingeht, »deutlich erkannt« oder »wenn man die bis zum Ende durchgeführte Analyse kennt, so ist die Erkenntnis adaequat«.[13] Die klare, deutliche und zugleich adäquate Vorstellung beziehungsweise Erkenntnis ist der systematische Ort metaphysischer Erkenntnis, die Leibniz letztlich als intuitive Erkenntnis versteht, in der alle in einen Begriff eingehenden Vorstellungen in größter, vollkommenster Klarheit zugleich erfasst werden.[14] Ob der Mensch »eine vollkommene Analyse der Begriffe« zustandezubringen vermag »bis zu den absoluten Attributen GOTTES, nämlich zu den ersten Ursachen und dem letzten Grund der Dinge«, lässt sich nach Leibniz nicht sagen.[15] Ganz grundsätzlich gilt aber für Leibniz, »qu'encor les *perceptions remarquables* viennes par degrés de celles qui sont trop petites pour estre remarquées«.[16] Wird durch graduelle kognitive Transparenzzunahme des Bewusstseins eine klare, deutliche und zugleich adäquate Vorstellung erlangt, so ist in Leibniz' Gradationsmodell die vollkommene, nämlich *intuitive* Erkenntnis erreicht. Solche intuitive Erkenntnis in ihrer Vollkommenheit ist dabei nach Leibniz letztlich allein Gott möglich.

Leibniz' Kontinuumsmodell des dunklen und klaren Vorstellens, das Kant auch Wolff zuschreibt, stellt einen vermögenstheoretischen Monismus dar, der ein einziges, nämlich das Vorstellungsvermögen ansetzt, auf dessen Grundlage Erkenntnis anhand der graduellen, kontinuierlichen Steigerung der kognitiven Durchsichtigkeit der eigenen mentalen Zustände, des Bewusstseins, erklärt wird. Der Leibnizsche Vermögensmonismus geht insofern davon aus, dass die Möglichkeit der Erkenntnis von der graduellen kognitiven Transparenz beziehungsweise Intransparenz des Bewusstseins abhängt. Im Leibnizschen Vermögensmonismus erblickt Kant den systematischen Grundfehler aller neuzeitlichen Metaphysik und darüber hinaus. Denn das menschliche Erkenntnisvermögen zeichnet sich nach Kant nicht durch einen kognitiven Monismus aus, der zwischen den Vorstellungen der Sinnlichkeit und des Verstandes keinen gattungsmäßigen, kategorialen Unterschied macht, sondern durch den kognitiven Dualismus von Sinnlichkeit und Verstand als irreduzibler, weil kategorial distinkter Vermögen. Demnach ist menschliche Erkenntnis nur möglich durch die Kooperation von Sinnlichkeit und Verstand als deren Quellen oder Stämmen und lässt sich nicht mit Hilfe eines kognitiven Transparenzkriteriums anhand von Klar-Dunkel-Graden des Bewusstseins erklären.

In seiner Metaphysikkritik präsupponiert Kant den Vermögensdualismus von Sinnlichkeit und Verstand und damit den Unterschied von Anschauung und Begriff jedoch nicht einfach, um den Leibnizschen Vermögensmonismus zurückzuweisen. Kants Widerlegung der Leibniz-Wolffschen Auffassung ist zunächst immanent und erst darauf folgen die Argumente für den eigenen Dualismus von Sinnlichkeit und Verstand als irreduzibler Vermögen beziehungsweise für Anschauung und Begriff als deren spezifische Vorstellungsarten.[17] Die Unhaltbarkeit des Vermögensmonismus ist dabei für Kant von der kritischen Wende an das bleibende Grundargument gegen die Leibniz-Wolffsche Metaphysik und verwandte Theorien. Wie ein roter Faden durchzieht es noch die Preisschrift über die *Fortschritte* der Metaphysik (1804), derzufolge das Übel aller Metaphysik »die Ermangelung aller Anschauung a priori [war], welche man als Prinzip gar nicht kannte, die vielmehr Leibnitz intellectuirte, d. i. in lauter verworrene Begriffe verwandelte« (*Fortschritte,* 281 f.). Die verfehlte Auffassung, dass »Anschauung von Begriffen der Dinge, nur dem Grade des Bewußtseyns nach nicht specifisch unterschieden sey« (*Fortschritte,* 278), macht Kant in den *Fortschritten* sogar gegen alle Prinzipien, die Leibniz in seiner Metaphysik vertritt, geltend, und zwar gegen klassische metaphysische Theoreme wie den »Grundsatz der Identität des Nichtzuunterscheidenden«, den »Satz des zureichenden Grundes«, gegen das »System der vorherbestimmten Harmonie« sowie überhaupt die »Monadologie« (*Fortschritte,* 281–285).

Den Wendepunkt hin zur systematischen Neubestimmung der Anschauung stellt die CrV dar, nachdem Kant in *De forma* hierzu bereits einige Andeutungen gemacht hatte. Auch in der CrV moniert Kant die Gleichsetzung der Anschauung mit der verworrenen und des Begriffs mit der klaren Vorstellung. Denn die Disjunktion: verworren – klar beziehungsweise undeutlich – deutlich sei nur logisch-komparativ und berühre gar nicht den Inhalt oder das ›Gegebene‹ der Erkenntnis, worauf es bei der Unterscheidung zwischen sinnlich-anschaulicher und intellektuell-begrifflicher Erkenntnis aber ankommt. Nach Kant kann das Sinnliche auch deutlich und das Intellektuelle auch verworren vorgestellt werden. Dies zeige die Klarheit der geometrischen Erkenntnis und die metaphysische Erkenntnis, die zuweilen dunkel bleibe. Im Übrigen mache die undeutliche Vorstellung etwa des Begriffs des Rechts diesen nicht zu einem sinnlichen Phänomen, wie Leibniz und Wolff behaupten müssten, denn der Begriff »RECHT« (CrV A 43 B 61) erscheine ja nicht, sondern werde gedacht. Im Grunde müsste Kant diese Kritik gar nicht explizit machen, da zur Widerlegung der Leibnizschen Theorie der Hinweis darauf genügt, worum es sich bei der Anschauung allein handelt. Diese Neubestimmung der Anschauung gegenüber alternativen (älteren) Auffassungen erfolgt in der CrV auf eine Weise, die vermuten lässt, dass sich Kant selbst ihrer Reichweite nicht bewusst war. Im Folgenden werden diejenigen fünf Eigenschaften der Anschauung herausgearbeitet, die zeigen, dass er in der CrV tatsächlich eine philosophische Entdeckung macht, auf die sich weite Teile seiner Philosophie stützen. Dabei handelt es sich um die Eigenschaften der *Singularität, Sinnlichkeit, Unmittelbarkeit* sowie *Inklusion* und *Koordination* der Teile:

Die Eigenschaft der *Singularität:* In der transzendentalen Ästhetik definiert Kant »Anschauung« als diejenige »Vorstellung, die nur durch einen einzigen Gegenstand gegeben werden kann« (CrV A 32 B 47). Ähnlich heißt es in der *Logik* (1800): Die »Anschauung« als eine »mit Bewußtseyn auf ein Object bezogene« Vorstellung »ist eine *einzelne* Vorstellung *(repraesentatio singularis)*« (*Logik,* 91). Was Kant damit meint, ist die repräsentationale Tatsache, dass die kognitive Fähigkeit der Anschauung immer nur einzelne Gegenstände vorstellen kann, das heißt *diesen* einzelnen Tisch und *diesen* einzelnen Stuhl und nicht Tisch oder Stuhl in irgendeinem generellen Sinne. Singularität der Vorstellung ist dabei

Abb. 5 Gottfried Wilhelm Leibniz, ein Hauptvertreter der Frühaufklärung, wird oft als letzter Universalgelehrter bezeichnet. Seine Arbeiten in den Bereichen Theologie, Philosophie und Geschichte, seine naturwissenschaftlichen Entdeckungen und seine Erfindungen waren bahnbrechend und sind aktuell bis in die Gegenwart. Kants *Critik der reinen Vernunft* und andere seiner Schriften zeigen eine intensive Auseinandersetzung mit Leibniz' Metaphysik und Monadologie. Ölgemälde von Bernhard Francke (um 1695).

eine Eigenschaft, die nicht nur unserer Art der Anschauung in Raum und Zeit, sondern der »Anschauung überhaupt« zukommt. Denn da Kant im ersten Beweisschritt der transzendentalen Deduktion der reinen Verstandesbegriffe davon ausgeht, dass »die reinen Verstandesbegriffe [frei] sind von [der; D. H.] Einschränkung [auf das räumlich-zeitliche Mannigfaltige; D. H.]« und sich eben »auf Gegenstände der Anschauung überhaupt [...] erstrecken« (CrV B 148), nimmt er offenbar an, dass auch »Anschauung überhaupt« generell ein Mannigfaltiges vorstellt, das Gegenstand der Synthesis durch Verstandesbegriffe ist. Der Unterschied zwischen einem Synthetisierten und Regeln a priori der Synthesis setzt dabei die Unterscheidung von Anschauung und Begriff voraus, das heißt von Anschauung als einzelner und Begriff als allgemeiner Vorstellung, als *repraesentatio generalis.* Würde Kant den Unterschied zwischen Anschauung und Begriff nicht auch für die »Anschauung überhaupt« geltend machen und mit ihr etwa eine Anschauungsart bezeichnen, für die das Vorgestellte zwar etwas Gegebenes wäre, das aber zugleich allgemein ist und nicht noch erst synthetisiert werden müsste, um Gegenstand der Erkenntnis sein zu können, so würde es sich um eine radikal andere Art der Anschauung handeln, etwa um intellektuelle Anschauung, die sich zu unserer sinnlichen Anschauung in kein positives Verhältnis setzen lässt. Das heißt also, Anschauung muss grundsätzlich verstanden werden als einzelne Vorstellung, nämlich als *repraesentatio singularis.*

Die Eigenschaft der *Sinnlichkeit:* Des weiteren ist unsere Anschauung sinnliche und eben nicht intellektuelle Anschauung. In vermögenstheoretischer Hinsicht bedeutet das Prädikat ›sinnlich‹ zunächst einmal nichts anderes als dass das Vorgestellte nicht von der Anschauung selbst spontan hervorgebracht, sondern aufgrund von Rezeptivität gegeben wird. Anschauung, so Kant in der transzendentalen Ästhetik, »findet aber nur statt, so fern uns der Gegenstand gegeben wird; dieses aber ist wiederum, uns Menschen wenigstens, nur dadurch möglich, daß er das Gemüth auf gewisse Weise afficire. Die Fähigkeit, (Receptivität) Vorstellungen durch die Art, wie wir von Gegenständen afficirt werden, zu bekommen, heißt *Sinnlichkeit.* Vermittelst der Sinnlichkeit also werden uns Gegenstände *gegeben,* und sie allein liefert uns *Anschauungen*« (CrV B 33).

Allerdings sollte hierbei klar sein, dass es von sinnlicher Anschauung unterschiedliche Realisationen geben kann, und zwar insofern als die menschliche sinnliche Anschauung eine solche in Raum und Zeit ist. Es ist zumindest denkbar, dass es andere Arten sinnlicher Anschauung geben könnte, die nicht räumlich-zeitlich bestimmt sind.

Die Eigenschaft der *Unmittelbarkeit:* Neben Singularität und Sinnlichkeit ist Unmittelbarkeit eine weitere Eigenschaft, die Kant der Anschauung zuschreibt. Nach Kant ist *»Anschauung«* die »Art« der repräsentationalen Bezugnahme, durch die sich Erkenntnis »unmittelbar« auf »Gegenstände« bezieht (CrV B 33). Eine Vorstellung bezieht sich dann unmittelbar auf ihren Gegenstand, wenn sie keiner höheren oder niederen, das heißt reflektierter Vorstellungen bedarf, um einen Gegenstand zu repräsentieren. Die direkte Referentialität der Anschauung lässt sich anhand ihres Unterschieds zur indirekten Referentialität des Begriffs verdeutlichen. Kant zufolge ist ein Begriff anders als die Anschauung nicht einzelne *(repraesentatio singularis),* sondern allgemeine Vorstellung, nämlich *repraesentatio universalis* oder *communis.*[18] Als allgemeine Vorstellung kann sie nur aufgrund gemeinschaftlicher Merkmale gebildet werden. Ein Begriff ist mithin eine distributive Vorstellung, die »einer unendlichen Menge von verschiedenen möglichen Vorstellungen (als ihr gemeinschaftliches Merkmal)« zukommt (CrV B 40). Begriffe sind daher abstrahierte Vorstellungen, indem das Besondere oder Einzelne durchgegangen und daraufhin verglichen wird, was ihm gemeinsam ist. Begriffsbildung impliziert also einen Reflexionsprozess, in dessen Verlauf Vorstellungen oder Merkmale als das vielem gemeinschaftlich Zukommende herausgegriffen werden. Die Komplexion dieser Vorstellungen, das heißt der Merkmale, ist der Begriff (CrV A 32 B 48). *Unmittelbarkeit* ist eine Eigenschaft, die nicht nur unserer Anschauung, sondern auch anderen Arten der Anschauung zukommt, sofern diese singuläres und sinnliches Vorstellen sind. Denn alle Arten singulär-sinnlicher Anschauung implizieren den Unterschied zwischen einem gegebenen Mannigfaltigen und Begriffen als abstrakten Vorstellungen. Da abstrakte Begriffe indirekt-referentiell sind, müssen diese Anschauungsarten direkt-referentiell, also unmittelbar sein. Das heißt jede dem Menschen allein mögliche Art der Anschauung muss unmittelbare Vorstellung sein, weil Begriffe mittelbare Vorstellungen sind, und Vorstellungen entweder unmittelbar oder mittelbar repräsentieren.[19]

Die Eigenschaften der *Inklusion* und *Koordination:* Wie das dritte und vierte Raum- sowie das vierte und fünfte Zeitargument der transzendentalen Ästhetik in der zweiten Auflage der ersten *Critik* zeigen, verbindet Kant mit der Unmittelbarkeit und damit der Nicht-Diskursivität eine bestimmte Art der internen Struktur der Anschauung. Während ein Begriff als Merkmalskomplexion eine distributive Vorstellung ist, die andere Vorstellungen unter sich enthält, kann die Anschauung andere Vorstellungen immer nur in sich enthalten. Denn die Teile der Anschauung lassen sich nur als Einschränkungen, also inklusiv vorstellen und sind insofern in der Anschauung koordiniert. Da ein diskursiver Begriff andere abstrakte Vorstellungen nur unter sich enthalten kann, sind Begriffsbeziehungen Subordinationsverhältnisse von höheren und niederen Vorstellungen. Was für unsere Anschauung gilt, scheint analog ebenso auf alle Arten singulär-sinnlicher Anschauung zuzutreffen. Da diese direkt-referentielle und also nicht diskursive Vorstellungsarten sind, lässt sich die in ihnen gegebene Mannigfaltigkeit der Teile ebenfalls nur als Einschränkungen gegebener Anschauung und folglich nur inklusiv als koordinierte Teile vorstellen.[20]

Mittels dieser Eigenschaften zeichnet Kant die Anschauung auf eine fundamental *neue* Weise aus, und zwar so, dass sie als singulär-sinnliche, unmittelbare und hinsichtlich ihrer Teile inklusiv-koordinative Vorstellungsart inkompatibel ist mit dem Verständnis von Anschauung beziehungsweise Intuition der philosophischen Tradition, etwa bei Descartes, Spinoza, Leibniz oder auch Wolff. In ebendiesem Verständnis der Anschauung besteht das wesentlich Neue der *Critik der reinen Vernunft.*

SCHLUSS: ANSCHAUUNG NACH KANT

Wer sich Kants grundsätzliche Neubestimmung der Anschauung in der CrV vergegenwärtigt und sich in ihren Konsequenzen klar macht, nämlich dem Nachweis der Unmöglichkeit der Metaphysik als Wissenschaft, wird sich verwundert die Augen reiben angesichts der Renaissance der Anschauung als metaphysisches Erkenntnisvermögen im Deutschen Idealismus. Insbesondere Johann Gottlieb Fichte und Friedrich Wilhelm Schelling, aber auch andere Philosophen dieser Epoche, bemühen sich in ihren Theorien in unterschiedlichen Ansätzen um eine Restitution der Anschauung als intellektuelles Vermögen, als intellektuelle Anschauung. Bei allen Unterschieden im Einzelnen, und wohl auch nicht in bewusster Absicht, knüpfen sie erneut die Bänder mit der frühneuzeitlichen Tradition und deren vermögenstheoretischem Intellektualismus, die Kant durch seine Neubestimmung der Anschauung als nicht-begriffliches Vermögen noch abrupt durchtrennt hatte. Dabei muss doch erstaunen, dass keiner der Idealisten sich darum bemüht, Kants Theorie der Anschauung im Einzelnen zu widerlegen, so wie sich Kant selbst in der CrV und anderen Schriften im Detail mit den Anschauungs- beziehungsweise Vorstellungstheorien insbesondere Leibniz' und Wolffs auseinandersetzt. Die Theorien der Anschauung, das heißt der intellektuellen Anschauung, die in den Konzeptionen der idealistischen Geschichte des Selbstbewusstseins bei Fichte und Schelling durch Leistungen des vorstellenden Bewusstseins genetisch hervorgebracht werden, stehen insofern als bloße Gegenbehauptungen neben der kantischen Theorie, ohne sie überwunden zu haben. Dies gilt ebenso für Georg Wilhelm Friedrich Hegel. Auch wenn Hegel selbst in der *Phänomenologie des Geistes* das Projekt einer eigenen idealistischen Geschichte des Selbstbewusstseins verfolgt, und zwar durchaus auch gegen die Konzeptionen intellektueller Anschauung bei Fichte und Schelling, legt auch er keine eigenständige Auseinandersetzung mit der kantischen Anschauungslehre vor, selbst in der *Wissenschaft der Logik* nicht.

Bei aller gut begründeten philosophischen Wertschätzung für die deutschen Idealisten ist dies ein echtes Versäumnis, dessen Ursache nicht zuletzt in der Nichtbeachtung dessen liegt, was Kant als philosophisch unabdingbar erachtet: die kritische Bestimmung der Bedingungen der Möglichkeit menschlicher Erkenntnis.

1 Zur diesbezüglichen Gesamteinschätzung der CrV vgl. Allison 2004.

2 Vgl. Descartes 1908, 368 f. (Regula III), und Descartes 1964, 127 f., 366 f.

3 Vgl. *Ethik* II, 40, 2 (Spinoza 1977, 203–211).

4 Vgl. Leibniz 1882, IV, 2, § 1.

5 Ebd.

6 Vgl. Locke 1991, Buch IV, Kap. II, § 1, ebenso §§ 2 ff., 14 f., Kap. III, § 1 ff. sowie Kap. XVII.

7 Hume 1978, 81.

8 *De forma,* 394 f., nach der Übersetzung Julius Hermann von Kirchmanns, in: Kirchmann 1870, 143.

9 *De forma,* 395, ebd., 144.

10 Leibniz 1996, 33.

11 Vgl. ebd.

12 Vgl. a. a. O., 33–35.

13 Vgl. a. a. O., 35–37.

14 Vgl. a. a. O., 37–39.

15 Vgl. a. a. O., 41–43.

16 Vgl. Leibniz 1882, XXVIII (Preface).

17 Siehe Heidemann 2002.

18 Vgl. einen Brief an Jacob Sigismund Beck vom 3. Juli 1792: AA XI, 346–348; hier: 348.

19 Zu weiteren Einzelheiten siehe Heidemann 2002.

20 Vgl. zum größeren Zusammenhang Unruh 2007, besonders 189–240. Spezifisch zur Frage nach den Gründen der Diskursivität von Begriffen vgl. Heidemann 2017.

Abb. 1 und 2 Beuys: Readymade. © VG Bild-Kunst, Bonn 2021

Abb. 3 Titelblatt der *Critik der reinen Vernunft.* Foto von H.-P. Haack, Wikimedia Commons

Abb. 4 © Staatsbibliothek Berlin, Sammlung Preußischer Kulturbesitz, Ms. germ. fol. 1702. Loses Blatt 37, Seite 1, Conv. IV, Seite 55

Abb. 5 Francke: Ölgemälde. Braunschweig, Herzog Anton Ulrich-Museum, Inventar-Nr. 558, Wikimedia Commons

Abb. 6 Blume: Vier Fotografien und ein Textblatt. Städtische Sammlung Erlangen, Inventar-Nummer 1001548.1-4. © VG Bild-Kunst, Bonn 2021

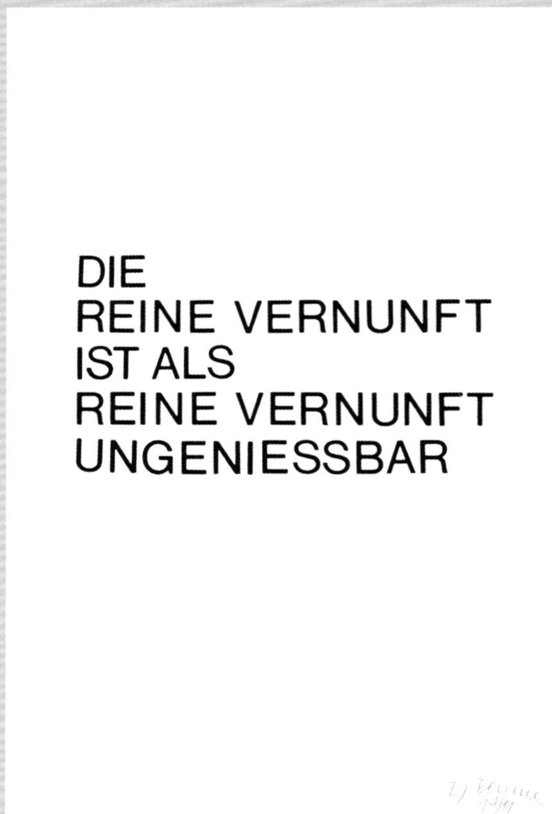

Abb. 6 *Kant zuliebe – Die reine Vernunft ist als reine Vernunft ungenießbar* (1981), insgesamt vier Fotografien und ein Textblatt auf Fotopapier von Bernhard Johannes Blume. Der für die ›reine Vernunft‹ stehende weiße Gegenstand erweist sich hier als für menschliche Sinne ungenießbar.

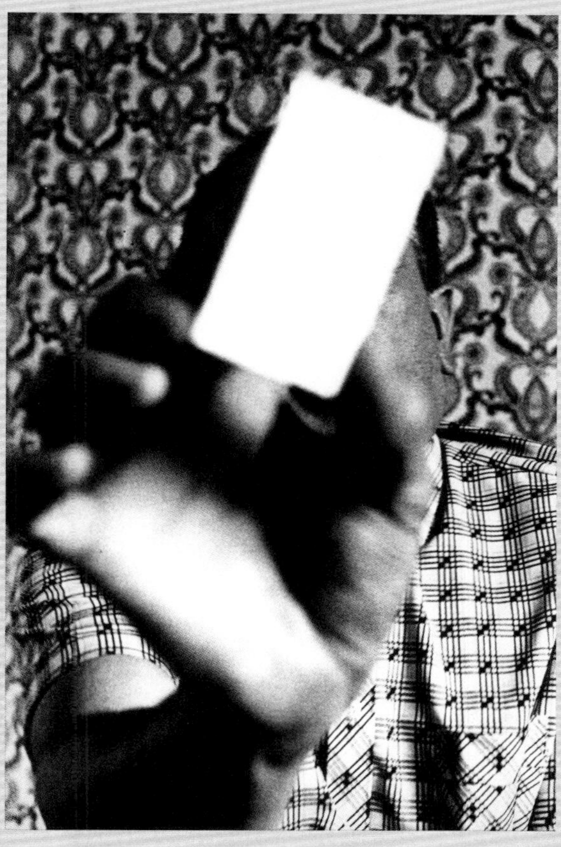

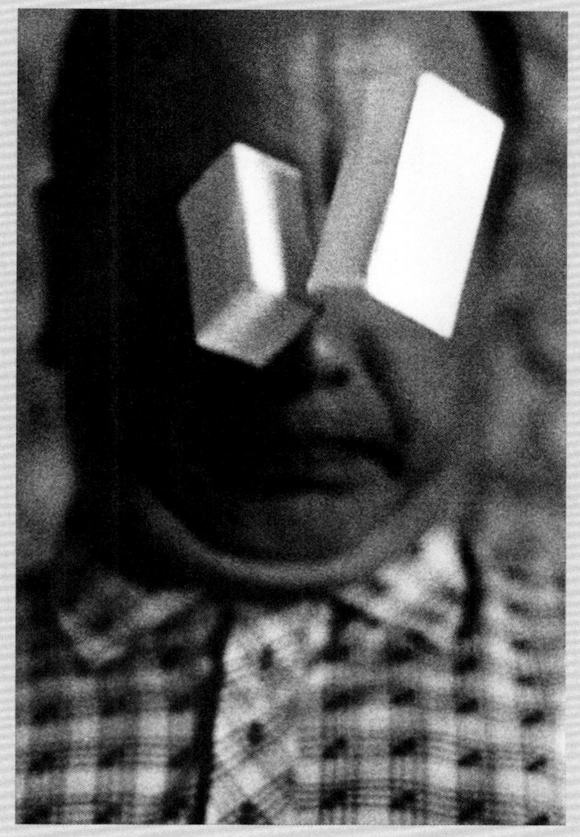

Abb. 1 In der Gesamtansicht der Installation von Adrian Piper, *The Probable Trust Registry: The Rules of the Game #1–3* (Das Verzeichnis der wahrscheinlich Vertrauenswürdigen: Die Spielregeln Nr. 1–3) aus dem Jahre 2013, werden die performativen und partizipativen Komponenten dieser Arbeit deutlich. Vor drei grauen Wänden befinden sich goldene Empfangstresen, hinter denen jeweils ein Rezeptionist oder eine Rezeptionistin für die Besucher zum Gespräch bereitstehen. Jede Wand ist mit einer in goldenen Lettern ausgeführten Selbstverpflichtung versehen:

I WILL ALWAYS BE TOO EXPENSIVE TO BUY.
I WILL ALWAYS MEAN WHAT I SAY.
I WILL ALWAYS DO WHAT I SAY I AM GOING TO DO.

JENS TIMMERMANN

Das Neue in Kants *Critik der practischen Vernunft*

Es ist eine besondere Herausforderung, das Neue in Kants *Critik der practischen Vernunft* (CpV) zur Geltung zu bringen. Denn die Schrift aus dem Jahr 1788 enthält offenbar weit weniger Neuigkeiten als seine anderen kritischen Hauptwerke, die *Critik der reinen Vernunft* von 1781/87 (CrV A/B) und die *Critik der Urtheilskraft* von 1790. In diesen beiden Büchern stellt uns Kant zum ersten Mal überhaupt seine eigene Erkenntnistheorie und Metaphysik und seine Ästhetik und Naturphilosophie vor. Die mittlere *Critik* hingegen ist ein vergleichsweise kurzes Buch über das Pflichtprinzip, das wir schon aus der brillanten kleinen *Grundlegung zur Metaphysik der Sitten (Grundlegung)* von 1785 kennen. Was also hat die *Critik der practischen Vernunft* Neues zu bieten?

DAS OBERSTE PRINZIP DER SITTLICHKEIT

Werfen wir zuerst einen Blick auf die *Grundlegung.* In ihr stellt sich Kant der Frage, wie das oberste Prinzip ethischen Handelns lautet, aus dem sich einzelne Gebote ableiten oder doch zumindest erklären lassen. Die Antwort war und ist höchst umstritten. Nicht wenige Philosophen vom Fach leugnen, dass es ein solches oberstes Prinzip überhaupt gibt; und diejenigen, die sich an der Frage versuchen, schlagen sehr unterschiedliche Lösungen vor. Utilitaristen verfechten die Ansicht, eine Handlung sei dann moralisch korrekt, wenn sie Menschen und andere empfindungsfähige Wesen so glücklich wie möglich macht. Kant entgegnet, Glück sei uns zwar lieb und teuer, aber nicht der einzige Wert im Leben und erst recht nicht der wichtigste. Vertreter eines ethischen Egoismus halten Handlungen für richtig, die dem Akteur so einträglich wie möglich sind. Kant spricht einer solchen Theorie die Geltung als ›ethisch‹ oder ›moralisch‹ ab. Was im eigenen Interesse ist und was man tun soll, seien zweierlei Ding. Perfektionisten behaupten, eine Handlung sei dann geboten, wenn und weil sie den Handelnden vollkommener macht. Kant hält diese These für inhaltsleer, denn sie verweise lediglich auf die Frage, worin unsere Vollkommenheit besteht. Sein eigener Kandidat ist bekannt. Es ist der »categorische Imperativ«. Wir dürfen nur nach einer solchen subjektiven Verhaltensregel oder — wie Kant sie nennt — *»Maxime«* handeln, wenn wir auch wollen können, sie solle ein allgemeines Gesetz werden (*Grundlegung*, 402; auch *Grundlegung*, 421).[1]

Im weiteren Verlauf der *Grundlegung* präsentiert Kant gleich mehrere Varianten des kategorischen Imperativs, die alle einen speziellen didaktischen Zweck erfüllen. Die zweite Nebenformel ist besonders anschaulich und eindrucksvoll:

> *Handle so, daß du die Menschheit, sowol in deiner Person, als in der Person eines jeden andern, jederzeit zugleich als Zweck, niemals bloß als Mittel brauchest.*[2]

Der Grundgedanke dieser Formulierung ist der, dass man Personen — andere Menschen, aber auch sich selbst — nicht so behandeln darf wie Sachen. Sachen sind für uns nichts als Mittel zu den von uns verfolgten Zwecken. Sie sind austauschbar und haben einen Preis. Personen dürfen wir also nie als solche ›bloßen Mittel‹ behandeln. Sie haben legitime Interessen und sollen deshalb für uns ›Selbstzweck‹ sein. Personen haben deshalb, anders als Sachen, eine *Würde.* Man beachte, dass sich für Kant ethisch gutes und böses Handeln nicht allein auf andere Menschen bezieht. Das wird in der oben zitierten Formel sehr deutlich. Für ihn gibt es auch Pflichten gegen die eigene Person, etwa die, sein Leben nicht zu vergeuden oder gar wegzuwerfen. Damit steht er noch in der Tradition der Antike, die erst im 20. Jahrhundert von rein altruistischen Ethiken überschattet werden wird.

Neu an dem soeben skizzierten Prinzip ist jedoch nur dessen Buchstabe, nicht sein Geist. In der Ethik vertraut Kant nämlich auf den gesunden Menschenverstand. Jeder vernunftbegabte, erwachsene Mensch fällt leicht korrekte moralische Urteile. Er orientiert sich dabei implizit an dem Prinzip, das Kant den »categorischen Imperativ« nennt. Die Explikation ist Aufgabe der Philosophie. (Auf ähnliche Weise sind Muttersprachler in der Lage, grammatikalisch korrekte von falschen Sätzen zu unterscheiden, ohne die entsprechende Regel benennen zu können. Das gehört dann in das Gebiet der Linguistik.) Tatsächlich gibt es in allen Kulturen

Abb. 2 Der erste der drei Empfangstresen steht vor der Selbstverpflichtung: *I WILL ALWAYS BE TOO EXPENSIVE TO BUY* – Adrian Piper ist Konzeptkünstlerin und analytische Philosophin und lehrte unter anderem an den Universitäten Georgetown, Harvard und Stanford. Sie tritt für eine Synthese von Kunst und Philosophie ein und setzt sich künstlerisch insbesondere mit der Philosophie Kants auseinander.

moralische Faustregeln für den Alltagsgebrauch, etwa die Goldene Regel oder die Überlegung, was denn wäre, wenn alle so handelten wie man selbst. Auch sie sind – zum Teil unvollständige, unvollkommene – Prinzipien, denen letztlich das moralische Gesetz des kategorischen Imperativs zugrundeliegt. Weit schwieriger ist es, das, was wir für richtig erkennen, auch zu tun. Denn manchmal steht das Sollen im Widerspruch zu dem, was wir gerne täten oder was uns vermutlich auf lange Sicht glücklich macht.

DIE AUTONOMIE DES WILLENS

Das Neue in der *Grundlegung* ist aber nicht nur die philosophisch präzise Formulierung des moralischen Imperativs, sondern auch seine Begründung als Prinzip der Autonomie des menschlichen Willens. Kant führt den Autonomiebegriff, den er der Staatslehre entlehnt, in die Ethik ein. Aus ihr ist er heute gar nicht mehr wegzudenken. Doch Autonomie bedeutet Kant etwas ganz anderes als etwa der heutigen Medizinethik, wenn sie die Autonomie von Patienten thematisiert. Kants Autonomie kennt, erstens, keine Grade. Sie kommt einem Willen entweder zu oder nicht, und je nachdem, welch ein Modell des Willens eine Theorie voraussetzt, im erweiterten Sinn dann auch einer ethischen Theorie. Zweitens spricht Kant von Autonomie im Wortsinn, denn es geht ihm um die Frage, woher ein Wille seine Handlungsgesetze nimmt. Der Gesetzesbegriff ist aus der modernen Autonomiediskussion weitgehend verschwunden; sie dreht sich nur noch um Selbstbestimmung, nicht mehr um *Gesetzgebung* durch das eigene Selbst. Für Kant braucht der Wille Gesetze, weil er ein Kausalvermögen ist. Nach ›Werten‹ kann er sich nicht richten, wenn sie sich nicht in Gesetze übersetzen lassen. Drittens kennt Kant einen Gegenbegriff zur Autonomie, nämlich die ›Heteronomie‹ (vermutlich eine Wortschöpfung, die von ihm selbst stammt). Autonomie ist Selbstgesetzgebung des Willens. Heteronomie herrscht, wenn der Wille das Gesetz seines Handelns aus einer anderen Quelle als sich selbst bezieht – und da Kant den Willen mit praktischer Vernunft gleichsetzt, bedeutet das: aus einer anderen Quelle als der reinen praktischen Vernunft.

Dies ist der Grundgedanke der kritischen Ethik Kants. Wenn ein moralischer Imperativ unbedingt sein soll, kann er nicht von externen Bestimmungsgründen abhängen. Denn dann beruhte der Geltungsanspruch des Gesetzes, nach dem man handeln soll, darauf, dass man einen bestimmten Zweck verfolgen will. Wer Kaffee trinken möchte, muss Bohnen mahlen. Dieses Gesetz stammt aus der Erfahrung. Diktiert wird es ihm von seinem Kaffeedurst. Und so richtig es in der Theorie auch ist: für den, der keinen Kaffee zubereiten möchte, ist es bar jeder praktischen Bedeutung. Solch ein Gesetz kann ein moralischer Imperativ nicht sein. Er betrifft, so Kants feste Überzeugung, alle moralischen Akteure gleichermaßen und hängt nicht von ihren individuellen Präferenzen ab. Moralische Gesetze sind nicht deshalb gültig, weil sie uns von außen – von außerhalb der menschlichen Vernunft, sei es von der Natur, der Gesellschaft, der Obrigkeit oder von Gott – auferlegt werden. Also sind sie Sache der Selbstgesetzgebung, d. h. der Autonomie, und damit ein Ausdruck unserer menschlichen Freiheit.

DIE RECHTFERTIGUNG DES MORALPRINZIPS IN DER *GRUNDLEGUNG*

Kurzum: in der Moral sollen wir etwas tun, nicht weil wir etwas anderes wollen, sondern einzig und allein deshalb, weil es moralisch geboten ist, ganz gleich, ob wir uns etwas davon versprechen oder nicht; und das ist nur auf der Grundlage der Autonomie des Willens möglich. Dies ist, wie Kant sehr wohl weiß, eine ausgesprochen ehrgeizige philosophische

These. Zumindest in der *Grundlegung* gibt er das auch zu:

> Und hierin liegt eben das Paradoxon: daß bloß die Würde der Menschheit, als vernünftiger Natur, ohne irgend einen andern dadurch zu erreichenden Zweck, oder Vortheil, mithin die Achtung für eine bloße Idee, dennoch zur unnachlaßlichen Vorschrift des Willens dienen sollte, und daß gerade in dieser Unabhängigkeit der Maxime von allen solchen Triebfedern die Erhabenheit derselben bestehe, und die Würdigkeit eines jeden vernünftigen Subjects, ein gesetzgebendes Glied im Reiche der Zwecke zu seyn; denn sonst würde es nur als dem Naturgesetze seiner Bedürfniß unterworfen vorgestellt werden müssen.[3]

Unter Verweis auf die menschliche Erfahrung können wir die Geltung eines solchen unbedingten moralischen Gebotes nicht belegen. Ja, es kommt noch schlimmer: die Beobachtung menschlicher Handlungen lässt seine Geltung sogar eher zweifelhaft erscheinen. Handlungen, die nicht nur pflichtmäßig sind, sondern auch aus den richtigen Beweggründen geschehen, lassen sich selbst in unserem eigenen Tun nie genau ermitteln, geschweige denn in den Handlungen anderer. Wir können unsere Maximen — die Prinzipien, nach denen wir tatsächlich handeln — nicht erkennen. Unser moralisches Bewusstsein ruht auf der Voraussetzung menschlicher Willensfreiheit. Doch wo wir auch hinsehen: der Lauf der Natur, deren Teil wir sind, gehorcht deterministischen Gesetzen, die der Freiheit keinen Raum lassen. Es regen sich Zweifel an der von Kant philosophisch explizierten Moral der gesunden Menschenvernunft. Ist sie vielleicht nur ein Hirngespinst, ein Luftschloss, eine ebenso schöne wie unrealistische Idee?

Der Kant der *Grundlegung* nimmt diese milde Art der Skepsis[4] ernst und liefert deshalb im dritten Abschnitt (III) der Schrift das, was er mit den Rechtsgelehrten seiner Zeit eine ›Deduktion‹ nennt: die Verteidigung unseres Anspruchs, von moralischen Begriffen — so wie sie im Alltagsgebrauch angelegt und in den vorangehenden Abschnitten expliziert wurden — überhaupt einen legitimen Gebrauch zu machen. Gerechtfertigt wird in *Grundlegung* III also letztlich der Anspruch kategorischer moralischer Gebote.

Kants Strategie im Deduktionskapitel der *Grundlegung* ist nun grob die, zu zeigen, wie ein kategorischer Imperativ allem Anschein zum Trotz möglich ist. Wenn ihm dies gelingt, kann er den Wissensdurst des oben skizzierten, durchaus wohlwollenden Skeptikers vielleicht stillen. Zu diesem Zweck behauptet Kant, unser Vermögen, reine Vernunftbegriffe oder »Ideen« zu bilden, sei ein Beweis dafür, dass wir uns in unserem Denken von den Bedingungen der Erfahrung lösen können. Das aber ist uns nur als ›Intelligenzen‹ möglich, als Mitglieder einer »Verstandeswelt«. Wir können unsere Handlungen folglich aus zwei Standpunkten heraus betrachten: als Sinnenwesen, die als solche den Kausalgesetzen der Natur unterworfen sind, und als freie Vernunftwesen (siehe *Grundlegung*, 452). In der Welt der Vernunftwesen ist das moralische Gesetz ein deskriptives Gesetz des Wollens. Für uns, die wir sowohl Vernunft- als auch Sinnenwesen sind, ist es jedoch präskriptiv oder, um Kants Sprache zu sprechen: nötigend. Der Kern der Deduktion findet sich in einem einzigen Absatz. Er sei hier vollständig zitiert:

> Und so sind categorische Imperativen möglich, dadurch, daß die Idee der Freyheit mich zu einem Gliede einer intelligibelen Welt macht, wodurch, wenn ich solches allein wäre, alle meine Handlungen der Autonomie des Willens jederzeit gemäß seyn *würden*, da ich mich aber zugleich als Glied der Sinnenwelt anschaue, gemäß seyn *sollen*, welches *categorische* Sollen einen synthetischen Satz a priori vorstellt, dadurch,

Abb. 3 Die Besucherinnen und Besucher können sich für die jeweilige Selbstverpflichtung individuell registrieren lassen, einen Vertrag mit sich selbst abschließen, um so der Gemeinschaft der *wahrscheinlich Vertrauenswürdigen* beizutreten. Jede und jeder Einzelne kann sich verpflichten, fortan das eigene Handeln an dem jeweiligen ethischen Prinzip auszurichten. Für die Registrierung gelten 12 Regeln, *The Rules of the Game Performance Instructions,* in welchen unter anderem Vertraulichkeit, spätere Kontaktherstellung zwischen den *wahrscheinlich Vertrauenswürdigen* und die dauerhafte Aufbewahrung der unterschriebenen Verträge durch die Adrian Piper Research Archive (APRA) Foundation Berlin festgelegt wird.

> daß über meinen durch sinnliche Begierden afficirten Willen noch die Idee ebendesselben, aber zur Verstandeswelt gehörigen, reinen, für sich selbst practischen Willens hinzukommt, welcher die oberste Bedingung des ersteren nach der Vernunft enthält; ohngefähr so, wie zu den Anschauungen der Sinnenwelt Begriffe des Verstandes, die für sich selbst nichts als gesetzliche Form überhaupt bedeuten, hinzu kommen, und dadurch synthetische Sätze a priori, auf welchen alle Erkenntniß einer Natur beruht, möglich machen.[5]

Auf die Einzelheiten der Deduktion können wir hier in dem uns abgesteckten Rahmen nicht weiter eingehen. Wichtig ist, dass Kant direkt im Anschluss behauptet, »[d]er practische Gebrauch der gemeinen Menschenvernunft bestätig[e] die Richtigkeit dieser Deduction« (*Grundlegung*, 454). Dann folgt das Beispiel des, wie Kant ihn nennt, »ärgste[n] Bösewicht[s]«, der *als freies Vernunftwesen* ein anständiger Kerl sein möchte — wie übrigens alle anderen, weniger argen Menschen auch. Diesen Wunsch verspürt er Kant zufolge vor allem, wenn man ihn mit Fällen der Redlichkeit, der standhaften Befolgung guter Maximen, der Teilnehmung am Schicksal anderer und des allgemeinen Wohlwollens konfrontiert, und zwar gerade dann, wenn das gute Handeln durch die Opfer, die dabei zu erbringen sind, nicht im Interesse des Handelnden sind. Sein jahrelanger schlechter Lebenswandel macht es äußerst unwahrscheinlich, dass aus dem Wunsch, anständig zu sein, irgendwann mehr als ein Wunsch werden wird. Dennoch erkennt der Bösewicht in seinem Wünschen die Autorität des moralischen Gesetzes an.

Abb. 4 Der zweite Empfangstresen steht vor der Selbstverpflichtung: *I WILL ALWAYS MEAN WHAT I SAY.* Im Jahre 2015 wurde Adrian Pipers gesamte Installation *The Probable Trust Registry: The Rules of the Game #1–3* bei der Biennale di Venezia mit dem Goldenen Löwen ausgezeichnet.

DIE KRITIK DES PRAKTISCHEN VERNUNFTVERMÖGENS

Der dritte und letzte Abschnitt der *Grundlegung* samt seiner Deduktion des kategorischen Imperativs als Autonomieprinzip enthält, so Kant, den Kern einer zweiten *Critik*, einer »Critik der reinen practischen Vernunft«. Was sonst noch zu einem solchen kritischen Projekt gehört, scheint nicht von so großer Dringlichkeit (siehe *Grundlegung*, 391). Warum schreibt Kant dann kaum drei Jahre später ein Buch mit dem Titel *Critik der practischen Vernunft?*

Dafür gibt es mindestens zwei Gründe. Erstens geht die zweite *Critik* von 1788 vor allem in ihren mittleren und späteren Teilen weit über die *Grundlegung* hinaus. Kant arbeitet seine Theorie der moralischen Motivation aus, die in der *Grundlegung* in einer Fußnote abgehandelt wurde; er wendet sich wieder den großen, aus der *Critik der reinen Vernunft* bekannten Fragen der Metaphysik zu; er umreißt eine neue Vernunftantinomie und löst sie auf; er legt das Fundament für einen reinen Vernunftglauben an Gott und an die Unsterblichkeit der Seele; und er liefert Grundzüge einer ethischen Methode, die uns dabei helfen soll, bessere Menschen zu werden. Zweitens hat Kant offenbar nach Erscheinen der *Grundlegung* seine philosophischen Ansichten überdacht und in einigen Punkten revidiert. Kernthesen des früheren Buches werden gegen kritische Rezensenten verteidigt, etwa eine hedonistische Konzeption vom menschlichen Glück und der Vorrang des formalen Sittengesetzes vor dem Begriff des Guten: das moralische Gesetz bestimme, was gut ist, nicht ihrerseits eine vorhergehende Vorstellung von einem Wert das Gesetz. Eine ›Deduktion‹ des obersten Moralprinzips ist, sagt Kant jetzt allerdings, weder möglich noch nötig. An seine Stelle tritt das berühmte Lehrstück vom moralischen Bewusstsein als dem alleinigen ›Factum der reinen Vernunft‹.

KANTS FACTUMSLEHRE

Kant deutet mit dem »Factum« an, dass der kategorische Imperativ jetzt — anders als noch in der *Grundlegung* — keiner weiteren Begründung bedarf oder zugänglich ist. Der kategorische Imperativ gilt in der zweiten *Critik* als ›Grundgesetz der reinen practischen Vernunft‹ und hat damit Verfassungsrang. Seine Formulierung lautet: »Handle so, daß die Maxime deines Willens jederzeit zugleich als Princip einer allgemeinen Gesetzgebung gelten könne« (CpV, 30). Der Gedanke, das Moralbewusstsein sei ein »Factum«, wird dann so eingeführt:

> Man kann das Bewußtseyn dieses Grundgesetzes ein Factum der Vernunft nennen, weil man es nicht aus vorhergehenden Datis der Vernunft, z. B. dem Bewußtseyn der Freyheit (denn dieses ist uns nicht vorher gegeben), herausvernünfteln kann, sondern weil es sich für sich selbst uns aufdringt als synthetischer Satz a priori, der auf keiner, weder reinen noch empirischen Anschauung gegründet ist, ob er gleich analytisch seyn würde, wenn man die Freyheit des Willens voraussetzte, wozu aber, als positivem Begriffe, eine intellectuelle Anschauung erfodert werden würde, die man hier gar nicht annehmen darf. Doch muß man, um dieses Gesetz ohne Mißdeutung als *gegeben* anzusehen, wohl bemerken: daß es kein empirisches, sondern das einzige Factum der reinen Vernunft sey, die sich dadurch als ursprünglich gesetzgebend (sic volo, sic jubeo,) ankündigt.[6]

Doch was verbirgt sich hinter dem rätselhaften Ausdruck? Zu Kants Lebzeiten gab es zwei übliche Bedeutungen des Wortes »Factum«, und beide waren Kant geläufig. In der Religions- oder Geschichtsphilosophie bedeutet es – wie in der Naturwissenschaft – eine *Tatsache,* in der Rechtswissenschaft dagegen eine dem Menschen zurechenbare *Tat.*

Die Frage, in welcher Bedeutung sich Kant in der *Critik der practischen Vernunft* des Wortes bedient, wird seit langem kontrovers diskutiert. Doch im Grunde können Stellen wie die soeben zitierte klarer nicht sein. Betrachten wir den letzten Satz. Das Wort »Factum« bezeichnet hier eindeutig eine Tatsache, denn nur so ergibt die Gegenüberstellung von empirischen und rein vernünftigen Fakten Sinn. Zudem sagt Kant, das moralische Gesetz sei »gegeben«. Auch das weist unmissverständlich auf ›Tatsache‹ als Wortbedeutung hin. Es ist allerdings zu unterscheiden zwischen der Bedeutung des Wortes und der Theorie, die sich hinter diesem Wort verbirgt. Das »Factum« ist eine Tatsache, doch es ist eine solche, die aus der Tätigkeit der Vernunft hervorgeht, d. h. eine Tatsache, die von der reinen Vernunft selbst geschaffen oder hergestellt wird (Genitivus subjectivus).[7] Es ist keine Tatsache, die der Vernunft gegeben wird. Das wäre für Kant tatsächlich ein unzulässiger Dogmatismus. Gegeben ist uns das »Factum« – das ›Grundgesetz‹ mit seinem unbedingten Geltungsanspruch – vielmehr in unserem Bewusstsein, wenn wir moralische Urteile fällen und sie als für uns gültig anerkennen.

Wie sich Kant das vorstellt, wird noch zu zeigen sein. An dieser Stelle wollen wir lediglich noch festhalten, dass das »Factum« stark an das noch immer vorhandene moralische Bewusstsein des »ärgste[n] Bösewicht[s]« erinnert, das in der *Grundlegung* die »gemeine Menschenvernunft« verkörperte und die Richtigkeit der Deduktion des dritten Abschnitts bestätigte. Das, was dort bestätigt wurde, ist jetzt, in der zweiten *Critik,* entfallen. Somit muss das sittliche Bewusstsein des einzelnen Menschen gleichsam auf eigenen Füßen stehen und die ganze Last der Begründung tragen.

DIE DEDUKTION DER FREIHEIT

Der Deduktionskandidat »Grundgesetz« zieht somit seine Bewerbung zurück. Doch eine *Critik* braucht ein Deduktionskapitel, und so füllt in der CpV eine andere Deduktion die entstandene Lücke. Es ist die Deduktion der Freiheit des Willens. Ihr dient das Bewusstsein der absoluten Autorität des moralischen Gesetzes – also das »Factum« – als Basis:

> Etwas anderes aber und ganz Widersinnisches tritt an die Stelle dieser vergeblich gesuchten Deduction des moralischen Princips, nemlich, daß es umgekehrt selbst zum Princip der Deduction eines unerforschlichen Vermögens dient, welches keine Erfahrung beweisen, die speculative Vernunft aber (um unter ihren cosmologischen Ideen das Unbedingte seiner Causalität nach zu finden, damit sie sich selbst nicht widerspreche,) wenigstens als möglich annehmen mußte, nemlich das der Freyheit, von der das moralische Gesetz, welches selbst keiner rechtfertigenden Gründe bedarf, nicht blos die Möglichkeit, sondern die Wirklichkeit an Wesen beweiset, die dies Gesetz als für sie verbindend erkennen.[8]

Illustriert wird der Schluss von der Geltung der Moral auf die Freiheit des menschlichen Willens durch ein wichtiges Doppelbeispiel etwas weiter oben im Text der CpV. Kant stellt dort die Frage, wie wir wissen können, dass unser Wille frei ist. Einen theoretischen Zugang zu unserer Willensfreiheit gebe es nicht. Vielmehr entdecke »Sittlichkeit uns zuerst den Begriff der Freyheit« (CpV, 30) — nicht die Notwendigkeit zu handeln in einem weiten Sinn, denn bei nicht-moralischem Wollen herrscht Heteronomie, keine Autonomie, und also auch keine Freiheit. Jemand, der »von seiner wollüstigen Neigung vorgiebt, sie sey, wenn ihm der beliebte Gegenstand und die Gelegenheit dazu vorkämen, für ihn ganz unwiderstehlich«, ändert schnell sein Urteil, wenn man ihm droht, ihn »sogleich nach genossener Wollust« an den Galgen zu bringen. In dieser Wahl ist er nicht frei. Denn die Antwort wird ihm, je nach Situation, von seinem stärkeren Lebenswillen vorgegeben, also letztlich von seinem unvermeidlichen, natürlichen Hang zur eigenen Glückseligkeit; und derjenige, der ihm mit dem Galgen droht, kann sein Verhalten mit äußeren Anreizen steuern.

Ganz anders verhält es sich, sagt Kant, wenn man ihm eine moralische Entscheidung abverlangt. Dann ist er nicht mehr manipulierbar:

> Fragt ihn aber, ob, wenn sein Fürst ihm, unter Androhung derselben unverzögerten Todesstrafe, zumuthete, ein falsches Zeugniß wider einen ehrlichen Mann, den er gerne unter scheinbaren Vorwänden verderben möchte, abzulegen, ob er da, so groß auch seine Liebe zum Leben seyn mag, sie wol zu überwinden für möglich halte. Ob er es thun würde, oder nicht, wird er vielleicht sich nicht getrauen zu versichern; daß es ihm aber möglich sey, muß er ohne Bedenken einräumen. Er urtheilet also, daß er etwas kann, darum weil er sich bewußt ist, daß er es soll, und erkennt in sich die Freyheit, die ihm sonst ohne das moralische Gesetz unbekannt geblieben wäre.[9]

Die Freiheit, die der moralisch Urteilende in sich erkennt, ist Freiheit in einem sehr starken Sinn. Es ist *transzendentale* (absolute) Freiheit, nicht die komparative, kompatibilistische Handlungsfreiheit, also nicht — wie sich Kant später im Text der zweiten *Critik* ausdrückt — »die Freyheit eines Bratenwenders [...], der auch, wenn er einmal aufgezogen worden, von selbst seine Bewegungen verrichtet« (CpV, 97).

Von seiner Handlungsfreiheit macht auch der Mann im ersten Teil des Beispiels Gebrauch. Er ändert ungehindert seine Meinung darüber, was in seinem Interesse ist. Doch dies ist nicht die Art der Freiheit, die wir bei moralischen Entscheidungen brauchen, die uns also auch nur in moralisch relevanten Situationen offenbar wird. Es ist auch nicht die Freiheit, deren Existenz in der *Critik der reinen Vernunft* unausgemacht bleiben musste.

Das Beispiel ist übrigens Teil des phänomenologischen Scheideverfahrens des Empirischen vom Rationalen in der zweiten *Critik*. Kant vergleicht es mit der analytischen Chemie. Wir haben, so Kant, ein Gespür dafür, ob uns die Vernunft bei unseren Entscheidungen hilft (wie im ersten Beispiel) oder ob sie uns unbedingt eine Handlung gebietet (wie im zweiten). Findet sein Publikum bei sich diese Unterscheidung wieder, so werden — hofft Kant — alle Zweifel an der Gültigkeit des moralischen Prinzips zerstreut.[10] Es hinterlässt deutliche Spuren im allgemeinen Alltagsgebrauch aller Menschen und bedarf dann auch keiner gesonderten Begründung. Der »Bösewicht« der *Grundlegung* steht wiederum Pate.

VOM PRIMAT DES PRAKTISCHEN

Damit erschließt sich uns auch die Bedeutung des ›Primats‹ der reinen praktischen Vernunft. Kant meint damit nicht, dass Praxis irgendwie wichtiger ist als die sprichwörtlich graue Theorie, sondern einen »Vorzug« des praktischen Vernunftinteresses gegenüber dem Interesse der theoretischen Vernunft (CpV, 119). Die praktische Philosophie darf und kann uns Antworten auf Fragen liefern, die die theoretische Philosophie aufwirft, ohne sie beantworten zu können. Sie beschränkt sich in dem, was sie für wahr hält, nicht auf das, »was *speculative* Vernunft für sich, ihr aus ihrer Einsicht darreichen« kann. Denn sie hat »für sich ursprüngliche Principien a priori, mit denen gewisse theoretische Positionen unzertrennlich verbunden« sind (CpV, 120). Diese Positionen sind dergestalt, dass die theoretische Philosophie sie unbeantwortet lassen muss, sie also weder beweisen noch widerlegen kann. Praktische Vernunft hilft uns da, wo die theoretische nicht weiterkommt — *darin* besteht ihre Vorrangstellung. Genauer: aus der Perspektive als praktisch Urteilende und Handelnde wissen wir, dass wir frei sind; und wir glauben an Gott und an die Unsterblichkeit der menschlichen Seele. Dies sind die drei Postulate der reinen praktischen Vernunft. Sie entsprechen den drei Gegenständen der klassischen speziellen Metaphysik, doch der Zugang zu ihnen ist nunmehr nicht theoretisch, sondern praktisch.[11] Der Glaube an Gott und an die Unsterblichkeit der Seele entspringt dabei einem Bedürfnis der reinen praktischen Vernunft:

> Also ist dieses ein *Bedürfniß in schlechterdings nothwendiger Absicht,* und rechtfertigt seine Voraussetzung nicht blos als

erlaubte Hypothese, sondern als Postulat in practischer Absicht; und, zugestanden, daß das reine moralische Gesetz jedermann, als Gebot, (nicht als Klugheitsregel,) unnachlaßlich verbinde, darf der Rechtschaffene wol sagen: ich *will,* daß ein Gott, daß mein Daseyn in dieser Welt, auch außer der Naturverknüpfung noch ein Daseyn in einer reinen Verstandeswelt, endlich auch daß meine Dauer endlos sey, ich beharre darauf und lasse mir diesen Glauben nicht nehmen; denn dieses ist das einzige, wo mein Interesse, weil ich von demselben nichts nachlassen *darf,* mein Urtheil unvermeidlich bestimmt, ohne auf Vernünfteleyen zu achten, so wenig ich auch darauf zu antworten oder ihnen scheinbarere entgegen zu stellen im Stande seyn möchte.[12]

Der Glaube ruht auf dem Bewusstsein von der Gültigkeit des moralischen Gesetzes als einem Ausdruck vernünftigen Wollens.

Abb. 5 Der dritte Empfangstresen steht vor der Selbstverpflichtung: *I WILL ALWAYS DO WHAT I SAY I AM GOING TO DO.* Das Werk verhandelt auf dialogische Weise, wie Vertrauen gebildet wird und zielt damit auf die Grundlagen zwischenmenschlicher Beziehungen ab. In einem größeren Zusammenhang wirft es aber auch ganz praktische Fragen zu demokratischen Prozessen und individueller Verantwortung auf, denn es fordert die Besucherinnen und Besucher nicht nur zu einer Aktion – einem persönlichen Bekenntnis – auf, sondern bringt sie dazu, über ihr tägliches Handeln und dessen Konsequenzen auf politischer, ökonomischer und sozialer Ebene nachzudenken. So wird der *kategorische Imperativ* Kants unmittelbar mit unserem Alltag verknüpft erlebt und verstanden.

KANTS PROJEKT EINER ZWEITEN *CRITIK*

Nun können wir endlich den ersten Absatz der Vorrede zur zweiten *Critik* verstehen, in dem Kant den Titel des Buches erklärt. Seine Leser erwarten, wenn überhaupt, eine Schrift mit dem Titel »Critik der *reinen* practischen Vernunft«, in Analogie zur *Critik der reinen Vernunft.* 1788 fehlt das Wörtchen »rein«. Denn die neue *Critik* »soll blos darthun, *daß es reine practische Vernunft gebe,* und critisirt in dieser Absicht ihr ganzes *practisches Vermögen.* Wenn es ihr hiemit gelingt, so bedarf sie das *reine Vermögen selbst* nicht zu critisiren, um zu sehen, ob sich die Vernunft mit einem solchen, als einer bloßen Anmaßung, nicht *übersteige* (wie es wol mit der speculativen geschieht). Denn wenn sie, als reine Vernunft, wirklich practisch ist, so beweiset sie ihre und ihrer Begriffe Realität durch die That, und alles Vernünfteln wider die Möglichkeit, es zu seyn, ist vergeblich« (CpV, 3).

Dass es reine praktische Vernunft gibt – dass die Vernunft, bloß auf sich selbst gestellt, Handlungsanweisungen geben kann und uns in die Lage versetzt, ihnen Folge zu leisten – zeigt Kant durch das Scheideverfahren am Anfang der zweiten *Critik.* Die *reine* praktische Vernunft entzieht sich damit jeder weiteren kritischen Überprüfung. Anders als die reine theoretische oder ›spekulative‹ Vernunft verwickelt sie sich nicht in Widersprüche, die eine Metaphysik unmöglich machen. Hier ist klar zu sehen, dass Kant skeptische Einwürfe wie die, die das Projekt des dritten Abschnitts der *Grundlegung* motivieren, nun nicht mehr recht ernst nimmt. Wenn jeder erwachsene, vernünftige Mensch als Akteur, aus der Perspektive der ersten Person, das moralische Gesetz mit seinem unbedingten Anspruch ernst nimmt, ob er es nun letztlich befolgt oder nicht, dann lässt es sich auch nicht wegvernünfteln.

Ziehen wir Bilanz. Was hat man vom Neuen in der *Critik der practischen Vernunft* zu halten? Einiges mag uns pessimistisch stimmen. Mit ihren knapp dreihundert Originalseiten ist die zweite *Critik* nicht nur ein deutlich kürzeres Buch als die *Critik der reinen Vernunft* (mit ihren rund neunhundert Seiten) oder die *Critik der Urtheilskraft* (mit über fünfhundert Seiten), das auf den ersten Blick weit weniger Neuigkeiten enthält. Kant verabschiedet sich in ihr auch von einem Vorhaben, dessen Berechtigung man nicht leicht von der Hand weisen kann: der Besänftigung eines milden, vernünftigen, forschenden Skeptizismus. Den Platz der Deduktion nimmt ein robustes Moralbewusstsein ein, das in der *Grundlegung* nur bestätigende Funktion hatte. Man kann dies als Eingeständnis einer Niederlage deuten, aber auch als einen Akt der weisen Bescheidung philosophischer Ansprüche. Das letzte Wort ist darüber sicher noch nicht gesprochen. Wir dürfen andererseits nicht vergessen, dass Kant in der zweiten *Critik* zu den Kernfragen der klassischen Metaphysik zurückkehrt und auf neuer, ethischer Grundlage positive Antworten gibt.[13] Auch wenn wir wiederum Vorbehalte hegen und uns etwa sein moralischer Gottesbeweis nicht auf Anhieb überzeugt, so verbirgt sich hinter seiner Strategie doch der hochinteressante Gedanke, dass uns die Akteursperspektive Zugang zu Wahrheiten verschafft, die uns vom Standpunkt des Beobachters aus verborgen bleiben. Wenn jede philosophische Veröffentlichung so viel Neues böte, wäre uns und der Sache sehr geholfen.[14]

1 Dies ist wohlgemerkt nicht nur das Prinzip gebotenen oder richtigen, sondern auch ethisch guten Handelns. Ein Wille, der sich von diesem Prinzip leiten lässt, ist ein guter Wille, d. h. ein Wille von ganz besonderem, unbedingtem, uneingeschränktem Wert (siehe zum Beispiel *Grundlegung,* 402 und 437).

2 *Grundlegung,* 429.

3 *Grundlegung,* 439.

4 Radikalere Spielarten des moralischen Skeptizismus – etwa Amoralismus oder Nihilismus – hat Kant erst gar nicht im Blick.

5 *Grundlegung,* 454.

6 CpV, 31, Zeile 24–34. Das lateinische Zitat am Ende ist übrigens ein Seitenhieb auf einen einflussreichen Kritiker der *Grundlegung,* den Rügener Pastor Hermann Andreas Pistorius. In seiner 1786 erschienenen Rezension wirft Pistorius Kant ein Juvenal-Zitat an den Kopf (»stat pro ratione voluntas«), das Kant an dieser Stelle zu seinen Gunsten wendet. Autonomie ist für Pistorius unverständlicher Starrsinn, für Kant Ausdruck des menschlichen Willens.

7 Darum lautet die Folgerung, die Kant direkt nach dem obigen Zitat zieht: »Reine Vernunft ist für sich allein practisch, und giebt (dem Menschen) ein allgemeines Gesetz, welches wir das *Sittengesetz* nennen« (CpV, 31).

8 CpV, 47.

9 CpV, 30.

10 Mit solchen Beispielen sollen Heranwachsende zur Achtung für das moralische Gesetz erzogen werden. In der »Methodenlehre« der *Critik der practischen Vernunft* empfiehlt Kant historische Beispiele wie das von Heinrich VIII., der einen Höfling dazu zwingen möchte, vor Gericht falsch gegen Anne Boleyn auszusagen. Der Drohung, auch er werde seinen Kopf verlieren, zum Trotz bleibt der Höfling standhaft. Dies erwecke im jugendlichen Zögling den lebhaften Wunsch, »selbst ein solcher Mann seyn zu können« – wenn auch nicht in dessen misslicher Lage (vgl. CpV, 156). Kant kannte das Beispiel aus David Humes *Geschichte Englands.*

11 Schon in der »Methodenlehre« der *Critik der reinen Vernunft* sagt Kant zum moralischen Gottesglauben, man solle nicht sagen, »*es ist* moralisch gewiß, daß ein Gott sey etc., sondern, *ich bin* moralisch gewiß etc.« (CrV A 829 B 857).

12 CpV, 143.

13 In der »Elementarlehre« der CrV findet sich primär ablehnende Kritik an Theoremen und Methoden der hergebrachten Metaphysik, in der »Methodenlehre« hingegen Argumente, die an die *Critik der practischen Vernunft* erinnern und schließlich durch sie ersetzt werden.

14 Weiterführende Literatur: Beck 1974; Höffe 2012; Reath/Timmermann 2010; Willaschek 1992.

– – –

Abb. 1 Ausstellungsansicht: Adrian Piper: *The Probable Trust Registry: The Rules of the Game #1–3,* Hamburger Bahnhof – Museum für Gegenwart, Sammlung Staatliche Museen zu Berlin, Nationalgalerie, 2017. Foto: David von Becker. © Adrian Piper Research Archive (APRA) Foundation Berlin

Abb. 2 Ausstellungsansicht: Adrian Piper: *The Probable Trust Registry,* Elizabeth Dee Gallery, New York, 2014. Foto: E. Frossard. Courtesy Elizabeth Dee Gallery. © Adrian Piper Research Archive (APRA) Foundation Berlin

Abb. 3 Ausstellungsansicht: Adrian Piper: *The Probable Trust Registry,* Elizabeth Dee Gallery, New York, 2014. Foto: Bartholomew Ryan. Courtesy Elizabeth Dee Gallery. © Adrian Piper Research Archive (APRA) Foundation Berlin

Abb. 4 und 5 Ausstellungsansicht: Adrian Piper: *The Probable Trust Registry: The Rules of the Game #1–3,* Hamburger Bahnhof – Museum für Gegenwart, Sammlung Staatliche Museen zu Berlin, Nationalgalerie, 2017. Foto: Thomas Bruns. © Adrian Piper Research Archive (APRA) Foundation Berlin

Abb. 6 Unbekannter Künstler: Kupferstich. Privatbesitz Timmermann

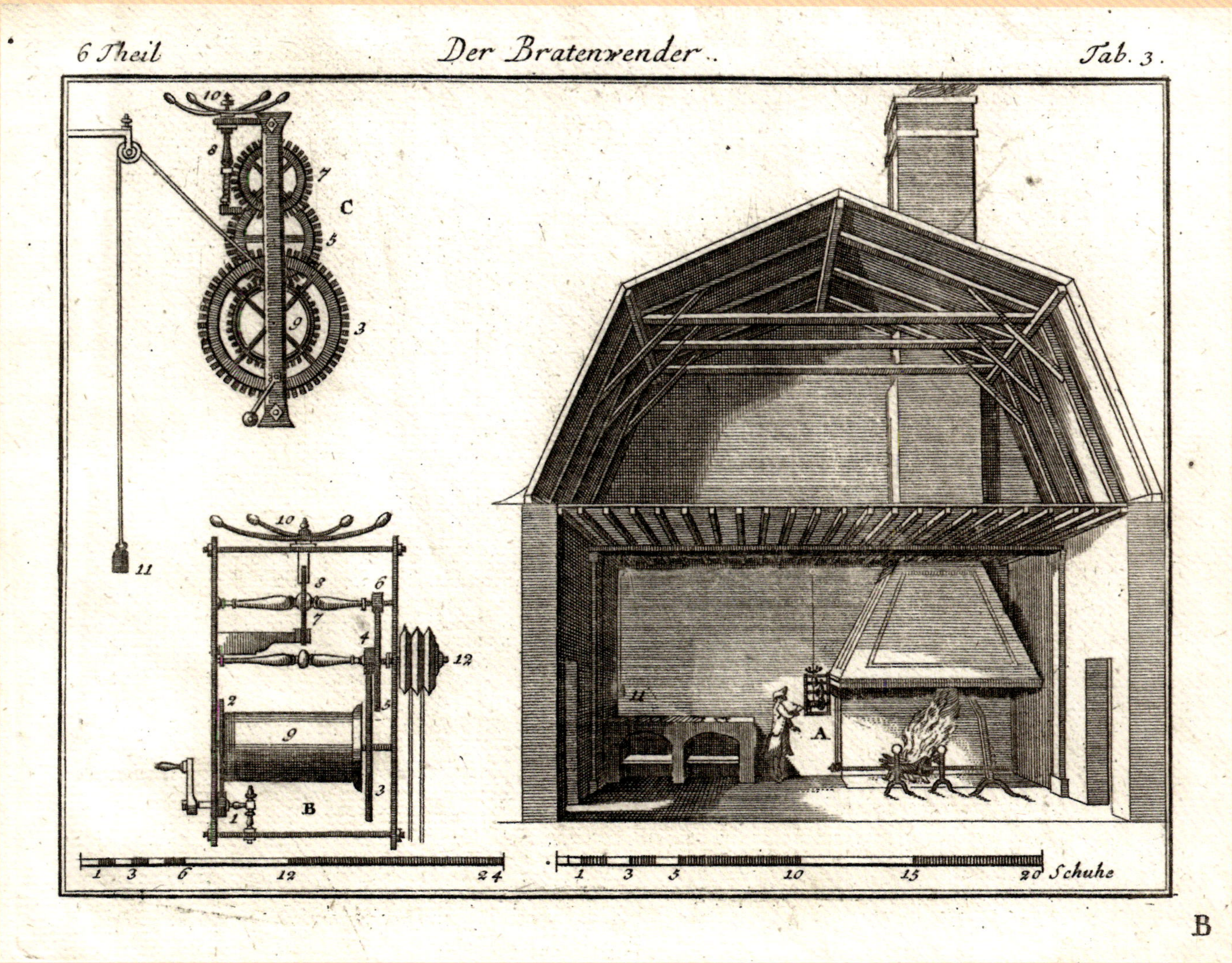

Abb. 6 Kants eindringliche Metapher von der »Freyheit eines Bratenwenders« (*Critik der practischen Vernunft,* 97) wird hier durch einen Kupferstich von etwa 1750 veranschaulicht. Kant verwendet das Beispiel, um zwischen einem absoluten Freiheitsbegriff und der bloßen Handlungsfreiheit eines ›weichen‹ Determinismus zu unterscheiden. Der Kupferstich entstammt dem 6. Teil von Noël Antoine Pluches *Schauplatz der Natur.*

Abb. 1 Unter Kants Beispielen in der *Critik der Urtheilskraft* werden zum einen mineralische Kristallisationen angeführt, die »oft überaus schöne Gestalten, wie sie die Kunst nur immer ausdenken möchte«, gäben (*Critik der Urtheilskraft,* 349); zum anderen die grüne Farbe »eines Rasenplatzes, die bereits Grundlage eines formalen Geschmacksurteils sein könne (*Critik der Urtheilskraft,* 224).

Die Arbeit *The Holly Jelly* des Künstlerduos Gerda Steiner und Jörg Lenzlinger verbindet diese Beispiele wie zufällig. Steiner und Lenzlinger setzen in ihren In-situ-Installationen natürliche Fundstücke und andere Objekte mit der Zeit chemischen Prozessen aus. Dadurch erfahren die Kunstwerke eine langsame Metamorphose. Kristalle wachsen, andere Wucherungen verändern die Objekte und damit die gesamte Installation. So wird der Blick auf die Kräfte von Natur und Künstlichkeit, von Zeit und Raum geöffnet.

ANDREA MARLEN ESSER

Das Neue in Kants *Critik der Urtheilskraft*

»Durch das *Neue*«, sagt Kant in seiner Schrift zur Anthropologie, »wozu auch das Seltene und verborgen Gehaltene gehört, wird die Aufmerksamkeit belebt« (*Anthropologie*, 163, Zeile 14–15). Ganz in diesem Sinne ist nun die Aufmerksamkeit auf die *Critik der Urtheilskraft* (CU) zu lenken und das Neue in dieser nicht mehr ganz neuen Schrift aus dem Verborgenen zu ziehen. Drei Fragen sind zu stellen:

Erstens: Was ist in der CU neu, wenn man sie zu den beiden ersten Kritiken und anderen Schriften, die Kant bis zum Erscheinen der dritten Kritik verfertigt hat, in Bezug setzt? Das ist keine triviale Frage, denn in der dritten Kritik tritt eine ganze Reihe an ›alten‹ Themen wieder auf, die Kant schon seit Beginn seines philosophischen Arbeitens beschäftigt haben. Neben den zentralen Themen – der Ästhetik des Schönen und Erhabenen sowie der Teleologie und Physikotheologie – finden sich in der CU auch viele konkrete Beispiele und sogar ganze Passagen aus früheren Schriften wieder. Einiges, was etwa schon in den *Beobachtungen über das Gefühl des Schönen und Erhabenen* (1764) zu lesen war oder in *Der einzig mögliche Beweisgrund zu einer Demonstration des Daseyns Gottes* (1763), scheint Kant in die dritte Kritik einfach nur übernommen zu haben. So kann man hier Ausführungen über Physiognomie oder Anekdoten und Witze lesen, die Kant bereits in Vorlesungen aus den 1770er Jahren zur Erläuterung seiner Gedanken verwendet hat. Manche InterpretInnen meinen daher, dass Kant in der CU eher Altes als Neues zusammengestellt und in einen vorgeblich systematischen Zusammenhang gefügt hat. In dieser Hinsicht bin ich in meiner Beschäftigung mit der dritten Kritik allerdings zu einer deutlich anderen Überzeugung gelangt. Diese wird im Folgenden dargelegt und begründet. Die zentrale Erkenntnis lautet: Frühe Themen und Beispiele verändern sich durch die Integration in den Argumentationszusammenhang der CU.

Zweitens ist aus der philologischen Arbeit und aus den Sachanmerkungen der gerade entstehenden Neuedition der CU im Rahmen der Akademie-Ausgabe zu zeigen, dass und wie wir versuchen, dieses Neue auch in der Edition sichtbar zu machen und zu welchen neuen Einsichten man auf der Grundlage dieser Edition gelangen kann.[1]

Den Schluss bilden einige Bemerkungen zur systematischen Funktion, die den Beispielen innerhalb der Theorie der Urteilskraft zukommt.

NEUES GEGENÜBER DEN ANDEREN BEIDEN KRITIKEN UND IN BEZUG AUF ANDERE SCHRIFTEN

Dass die Frage nach dem Neuen in der dritten Kritik keine triviale Frage ist, liegt nicht allein daran, dass man in der CU mit so vielen, bereits bekannten Themen konfrontiert wird, sondern auch daran, dass dieser Text ein Problem angeht, das sich durch vorangegangene Schriften und insbesondere durch die beiden ersten Kritiken überhaupt erst stellt. Dass es zu einer dritten Kritik gekommen ist, verdankt sich zum einen der systematischen Fragestellung, wobei damit nicht ein äußerlicher Systemzwang gemeint ist, sondern die argumentativ drängende Frage, ob und wie die beiden ›Gebiete‹ der Vernunft (wie es Kant ausdrückt) – also die Einsichten aus der Kritik der theoretischen und der praktischen Vernunft – miteinander zusammenhängen. Und zum anderen war es eine für Kant selbst ›überraschende‹ Einsicht, die zu der Ausarbeitung einer *Critik der Urtheilskraft* geführt hat und die ihm für diesen Zusammenhang gleichsam den Weg gewiesen hat: Nämlich die Einsicht, dass sich ästhetische Urteile insbesondere, aber auch teleologische Urteile über Zweckmäßigkeitsverhältnisse an Gegenständen der Natur tatsächlich mit Bezug auf ein transzendentales Prinzip rechtfertigen lassen. Das hat Kant nach eigener Aussage selbst lange nicht für möglich gehalten. Noch in der *Critik der reinen Vernunft* (CrV) hat er für die ästhetischen Urteile eine solche Aussicht – also eine Allgemeinheit dieser Urteile – explizit für ›verfehlt‹ abgetan.[2]

Mit Blick auf den Zusammenhang von theoretischer und praktischer Vernunft ergibt sich das systematische Problem, kurz gesagt, daraus, dass sich auf den Naturbegriff (wie er unter anderem in der CrV dargelegt wird) und den Freiheitsbegriff (wie ihn die zweite Kritik und vorher die *Grundlegung zur Metaphysik der Sitten* entwickelt) ganz verschiedene und scheinbar inkompatible Gesetzgebungen gründen (nämlich Naturgesetze und Freiheitsgesetze). Es konnte zwar, wie Kant betont, in der CrV gezeigt werden, dass sich ein Zusammenbestehen dieser Gesetzgebungen »wenigstens ohne Widerspruch [...] denken« lässt (CU, 175, Zeile 11). Aber damit ist, wie in der Einleitung der CU noch einmal betont wird, ja noch nicht das Problem gelöst, ob und wie beide Gesetzgebungen sich in unserer Erfahrungswelt auch tatsächlich ›ausüben‹ (CU, 174, Zeile 27) lassen.

Nun könnte man sich fragen, was diesem Problem ein so großes Gewicht verleiht, dass seine Bearbeitung eine Untersuchung im Rahmen einer weiteren Kritik erzwingt. Dazu muss man sich vielleicht klar machen, dass es bei dieser Frage nach der Realisierungsmöglichkeit (im Unterschied zur Denkmöglichkeit) um nichts weniger geht, als um die Frage, ob denn der Freiheitsbegriff und die entsprechenden Gesetze (der Moral und des Rechts) überhaupt Wirkungen auch in der Erfahrungswelt entfalten können. Denn es könnte ja sein, dass sich die Macht des Freiheitsgesetzes bloß darauf beschränkt, dass wir uns moralisch legitime und verbindliche Zwecksetzungen und Maximen nur in der Vorstellung entwerfen können. Doch wenn sich keine Verbindung und kein Zusammenhang zwischen den Gesetzen der Natur und der Freiheit nachweisen ließen, dann blieben die normativen Zwecksetzungen auf der Grundlage des Freiheitsbegriffs eben auch *nur* Vorstellungen und — wie die berühmte Formulierung in der Einleitung der dritten Kritik lautet: beide Gebiete wären ›unübersehbar‹ durch eine ›Kluft‹ getrennt (CU, 175, Zeile 36). Die moralischen Gesetze aus dem Freiheitsbegriff und die Gesetze aus dem Naturbegriff ständen dann so zueinander, »gleich als ob es so viel verschiedene Welten wären« (CU, 176, Zeile 3–4). Die realistischen und die idealistischen Anteile in der Philosophie Kants ließen sich dann aber — entgegen Kants Absicht — nicht produktiv miteinander verbinden. Das ›Kluft‹-Problem, mit dem die CU ringt, ist also deshalb so brisant, weil eine solche ›Kluft‹ die Realität der Moral und ihre Ansprüche gefährdete. Die moralischen Gesetze sollen aber in der Welt verwirklicht werden; doch dieser Forderung könnte gar nicht entsprochen werden, wenn der zentrale Begriff der Moralphilosophie, der Begriff der Freiheit, in der Erfahrungswelt keine Wirkungen zeigen könnte.

Es ist dieses Problem, das Kant in der dritten Kritik in systematischer Hinsicht beschäftigt: Und damit geht es also um nichts weniger als um den Nachweis, dass die jeweiligen Gesetzgebungen von Natur und Freiheit, auch wenn sie inhaltlich strikt voneinander unterschieden werden müssen, dennoch in einer, nämlich dieser Welt, mit Aussicht auf Erfolg ›ausgeübt‹ beziehungsweise ihre Gesetzgebungen realisiert werden können. Mit diesem Nachweis soll auch gezeigt werden, dass die begrifflich theoretische Differenzierung dieser beiden Gesetzgebungen keineswegs in einen problematischen Dualismus zweier getrennter Welten in der Praxis des Handelns führt.

Neu ist die Lösung, die Kant in der CU für dieses Problem entwickelt. Dies ist auch in einigen Briefen dokumentiert, in denen Kant berichtet, dass ihn die Auseinandersetzung mit dem systematischen Problem der scheinbar zwei getrennten Welten auf ein neues Prinzip geleitet habe. Dieses neue Prinzip ist das Prinzip der Zweckmäßigkeit und es wird der ›reflektierenden Urteilskraft‹ zugeschrieben. Die ›reflektierende Urteilskraft‹ ist nichts weniger als ein ›neues‹ Vermögen; um es etwas weniger psychologisierend zu formulieren, könnte man sagen: als reflektierende Urteilskraft wird die Möglichkeit bezeichnet, Urteile mit Bezug auf den Begriff der Zweckmäßigkeit zu rechtfertigen. Dadurch lässt sich zeigen, dass diese Urteile nicht völlig beliebig sind, sondern dass sich, wenn sie bestimmte, allgemeine Bedingungen berücksichtigen, über sie mit Bezug auf diese Bedingungen auch argumentieren und streiten lässt. Die betreffenden Urteile werden der Kritik des Geschmacks und der Teleologie zugeordnet: Es sind die Geschmacksurteile über das Schöne und Erhabene und die teleologischen Urteile über ganz bestimmte Gegenstände der Natur, die Organismen. Beide Urteilsarten bilden deshalb Untersuchungsgegenstände der dritten Kritik, weil sie es erlauben — nur indirekt, aber immerhin — eine Beziehung zwischen den beiden bereits erwähnten Gebieten der scheinbar getrennten Welten herzustellen.

In den beiden Urteilsarten — im ästhetischen und im teleologischen Urteil — wird der Begriff der Zweckmäßigkeit also nicht (wie in der CrV) nur auf das System der Gesetze bezogen, sondern in ihnen wird dieser Begriff zur Reflexion auf die Besonderheiten konkreter Einzelgegenstände genutzt. Weil diese Einzelgegenstände zufällige, empirisch vorliegende Naturgegenstände, also Produkte der Natur sind, sie aber gleichwohl Formen zeigen, die sich für unsere Reflexion in zweierlei Hinsicht (ästhetisch beziehungsweise teleologisch) als zweckmäßig und angemessen erweisen, so bestärken sie uns in der Hoffnung, dass die Natur auch insgesamt für uns zweckmäßig eingerichtet ist.

Zur Schließung der erwähnten systematischen Kluft sind vorrangig die ästhetischen Urteile geeignet, weil sie das

Zweckmäßigkeitsprinzip ›heautonom‹ (ein Ausdruck, der in der CU ebenfalls neu auftritt) verwenden und die Zweckmäßigkeit bestimmter Formen sich ohne weitere begriffliche Vermittlung in der ästhetischen Beurteilung als unmittelbares Lustgefühl bemerkbar macht. Die teleologischen Urteile können zur Schließung der Kluft dagegen nur über die begriffliche Bestimmung des Gegenstandes sowie auf dem Weg der Ethikotheologie, die sich als Resultat einer »*consequenten* Denkungsart« (CU, 294, Zeile 19) ergibt, und insofern also lediglich mittelbar beitragen. Eine Bestärkung unseres zweckmäßigen Verhältnisses zur Welt können wir allerdings durchaus auch aus der Beurteilung der in der Natur tatsächlich vorkommenden Organismen ziehen. Denn zur Erklärung ihrer besonderen Funktionsweise kann der Zweckbegriff erfolgreich zur Anwendung gelangen, der seinen Ursprung nicht in der Natur, sondern in unserer Praxis hat. Diese beiden Beurteilungsmöglichkeiten, die ästhetische und die teleologische, geben uns daher immerhin eine Aussicht, eine Hoffnung, dass wir in einer Welt, die uns auf der Grundlage dieses Begriffs solche Erlebnisse und Erfahrungen ermöglicht, auch die Forderungen aus dem Sittengesetz, unsere moralischen Zwecksetzungen also, erfolgreich zur Geltung bringen. Die *Critik der practischen Vernunft* (CpV) konnte keine solche Angemessenheitserfahrung mit der Natur anführen. Sie musste sich demgegenüber auf die bloße Forderung beschränken, dass der Anspruch des Sittengesetzes zu verwirklichen sei.

Warum diese ästhetischen und teleologischen Urteile so wichtig sind und dass die Frage nach dem Zusammenhang nicht nur eine Frage des Theoriedesigns ist, beantwortet Kant übrigens auch mit einer Antwort aus dem Gebiet der Praxis. Dadurch kommt noch eine weitere Neuigkeit in den Blick, die in der CU entwickelt wird: Über die Möglichkeit, eine Haltung zur Welt durch Urteile zu befestigen, die uns eine (nicht-religiöse) Hoffnung geben, dass wir auch unsere moralischen Vorstellungen in der Welt realisieren können, ist nun die Verbindung zwischen den scheinbar getrennten Welten auch etwas, das wir in moralischer Hinsicht berücksichtigen sollen. Der moralische Anspruch wird so gesehen in der CU noch weiter in die Konsequenzen entwickelt — und dies mündet in eine von Kant sogenannte: ›moralische Teleologie‹.

Was es damit auf sich hat, ist an einer Stelle zu erläutern, die zugleich auch einen Einblick in die editorischen und interpretatorischen Herausforderungen verschaffen kann. Thema dieser Passage ist die moralische Teleologie:

> Folglich giebt es allerdings eine moralische Teleologie; und diese hängt mit der *Nomothetik* der Freyheit einerseits, und der der Natur andererseits, eben so nothwendig zusammen, als bürgerliche Gesetzgebung mit der Frage, wo man die executive Gewalt suchen soll, und überhaupt in allem, worin die Vernunft ein Princip der Wirklichkeit einer gewissen gesetzmäßigen, nur nach Ideen möglichen, Ordnung der Dinge angeben soll, Zusammenhang ist.[3]

Es sind solche ›Satzungetüme‹, mit denen man sich als LeserIn und EditorIn auseinandersetzen muss, denn sie konfrontieren bereits beim ersten Lesen mit der Frage, ob darin überhaupt grammatikalisch und semantisch alles mit rechten Dingen zugeht oder nicht. Doch wenn man beim Lesen des Satzes in Gedanken die Ellipsen und Bezüge ergänzt (im Folgenden in eckigen Klammern), dann lässt sich eine grammatikalisch korrekte und verständliche Lesart gewinnen:

> Folglich giebt es allerdings eine moralische Teleologie; und diese [die moralische Teleologie] hängt mit der *Nomothetik* der Freyheit einerseits, und der [Nomothetik] der Natur andererseits, eben so nothwendig zusammen[,] als bürgerliche Gesetzgebung mit der Frage, wo man die executive Gewalt suchen soll, und [als, wie] überhaupt in allem, worin die Vernunft ein Princip der Wirklichkeit einer gewissen gesetzmäßigen, nur nach Ideen möglichen, Ordnung der Dinge angeben soll, [dieser] Zusammenhang ist. (CU, 448, Zeile 7–13)

In diesem Satz geht es nämlich darum, den Allsatz, der nach dem Beispiel folgt (»und [als] überhaupt in allem, worin die Vernunft […] Zusammenhang ist«), zu betonen und damit den für die CU zentralen Gedanken herauszustellen, um den es Kant geht. Dieser liegt darin, kritisch geprüfte, vernünftige Zusammenhänge zwischen unseren Einsichten und Erkenntnissen herzustellen. Das besondere Anliegen der CU drückt sich in der Forderung aus, dass die Vernunft auch gezwungen ist, für jede gesetzmäßige Ordnung nach Ideen ein Prinzip der Wirklichkeit anzugeben. Auch dieser Zusammenhang ist also in allem, womit sich die Vernunft in dieser Weise beschäftigt, anzugeben. Weshalb dies so wichtig ist, erläutert Kant in dieser Passage anhand einer Analogie aus dem Bereich des Politischen. So wie zu einer vollständigen Beschreibung des Staates nicht nur die Angabe der Verfassung gehört, sondern auch die der Exekutive, weil beides in einem (vernünftigen) Begriff des Staates notwendig zusammenhängt, so hängen in einer moralischen Teleologie auch die Nomothetik der Freiheit mit der Nomothetik der Natur notwendig zusammen.

Aus diesem Gedanken lässt sich auch eine Bestätigung dafür gewinnen, dass man Ideen, die auf der Freiheitsidee gründen, in dem Sinne systematisch erörtern muss, als man eben nicht nur die normative Dimension begründen, sondern auch die entsprechende Exekutive präzisieren muss: das heißt, dass die Bedingungen anzugeben sind, unter denen das normativ Geforderte ausgeführt (›exekutiert‹) werden kann. Es gehört nach Kant zu der Bestimmung des jeweiligen Begriffs eben dazu, dass auch noch die Bedingungen, unter denen das normativ Geforderte verwirklicht werden kann, mitreflektiert werden. Das ist ganz schlicht gesagt eine Forderung der schon erwähnten ›consequenten Denkungsart‹.

Die ›moralische Teleologie‹ verlangt also von uns, die Natur und insgesamt die Welt unter der Perspektive der Ausführungsbedingungen unserer moralischen Normativität zu betrachten. Dabei macht sie uns klar, dass wir Teil dieser Welt sind, dass wir uns also gar nicht von der Welt und den anderen Wesen in ihr isolieren können (während die CrV und die CpV die Aufgabe übernommen hatten zu zeigen, dass wir auch zur intelligiblen Welt gehören, vgl. dazu CrV B 839). Entsprechend müssen wir einsehen, dass wir unabhängig von den Bedingungen und den Zusammenhängen in dieser Welt das moralisch Geforderte gar nicht verwirklichen können. Das hat aber auch zur Folge, dass, wenn wir tatsächlich und konsequent der Forderung des kategorischen Imperativs entsprechen wollen, wir uns die Natur und die Welt zumindest so denken müssen (aber deswegen nicht schon darauf schließen dürfen, dass es tatsächlich so sei), als habe sie ein moralischer Urheber so eingerichtet, dass wir unsere moralischen Zwecksetzungen in ihr verwirklichen können.

Abb. 2 Die Idee einer konzipierten Natürlichkeit kam im England des 18. Jahrhunderts auf und hatte mit einer neuen Form des Landschaftsgartens, in bewusster Absetzung zur französischen Gartengestaltung, auch weit über England hinaus großen Erfolg. Ihre Theoretiker sahen es nicht mehr als Aufgabe an, die Natur in vorgegebene mathematische Linien zu zwingen, sondern orientierten sich an der Tradition englischer Landschaftsmalerei. Kupferstich aus dem in Deutschland prominenten mehrbändigen Werk *Theorie der Gartenkunst* von Christian Cay Lorenz Hirschfeld (Hirschfeld 1779).

AUSGEWÄHLTE BEISPIELE — GARTENKUNST, ROMANE UND RENTIERE

Von dieser Analogie und der damit verbundenen Forderung, dass in allem, was aus unserer Vernunft hervorgeht, ein Zusammenhang herstellbar sein muss, werde ich zu den angekündigten Beispielen übergehen. Es ist ein großer Schritt von den Höhen der systematischen Abstraktion in die Niederungen der Beispiele. Aber die Vernunft fordert zumindest die Suche nach Zusammenhängen und entsprechender Hypothesenbildung. Dies gilt auch für die Fülle an Beispielen und Themen, mit denen uns die dritte Kritik konfrontiert. Ein wenig irritierend ist, wie schon erwähnt, dass viele Themen und Beispiele der CU schon in früheren Schriften auftreten. So wie bei dem editorischen Problem ist auch zu den ausgewählten Beispielen zu erläutern, was die Neuedition an Neuem beiträgt, und zu zeigen, dass es zwischen den Beispielen und der systematischen Fragestellung einen Zusammenhang gibt. Dies ist durchaus eine Herausforderung, denn die Beispiele, auf die man trifft, sind sehr verschieden. So nennt Kant den ›Kanariensekt‹, um an ihm das Urteil über das Angenehme zu erläutern. Oder er wirft die Frage auf, ob Farben schön sein können und ob etwa die ›grüne Farbe‹ in besonderer Weise schön zu nennen ist. Im Zusammenhang mit der Analytik des Erhabenen werden die Eisgebirge, der Krieg und die Pyramiden als Beispiele angeführt. Und in der Teleologie erfährt man dann auch noch etwas über die Kristallbildung, über die Äthertheorie und über die Frage, worin manche Autoren der Zeit die Zweckmäßigkeit von Mücken, Bandwürmern und Träumen erkannten. Obwohl dies nur eine kleine Auswahl ist, angesichts der Fülle an Beispielen und Themen, auf die in der dritten Kritik angespielt wird, kann man durchaus den Eindruck gewinnen, dass diese Themen eher bunt zusammengewürfelt und deshalb ›ohne Zusammenhang‹ sind.

Abb. 3 In der zeitgenössischen französischen Gartenkunst, wie sie im Garten des Schlosses von Versailles verwirklicht wurde, zeigt sich die damalige Ästhetik. Der hier abgebildete Garten des Château de Chaville ist repräsentativ für die strenge Konzeption französischer Gärten. Chaville liegt im Südwesten von Paris, ganz in der Nähe von Versailles. Kupferstich von Gabriel Pérelle (1680).

Doch an drei Fällen ist zu zeigen, was bei näherer Betrachtung aus den Beispielen sichtbar werden kann: Erstens an einer Bemerkung zur englischen Gartenkunst, zweitens an einer Erwähnung der Romane, weinerlichen Schauspiele und Robinsonaden und schließlich drittens am Beispiel der Rentiere.

ERSTER FALL: DIE GARTENKUNST

> [D]aher der englische Geschmack in Gärten [...] die Freyheit der Einbildungskraft wohl eher bis zur Annäherung zum Grotesken treibt, und in dieser Absonderung von allem Zwange der Regel eben den Fall setzt, wo der Geschmack in Entwürfen der Einbildungskraft seine größte Vollkommenheit zeigen kann.[4]

Wenn man über den ›Geschmack in Gärten‹ im 18. Jahrhundert recherchiert, trifft man erstens auf eine Diskussion darüber, ob die sogenannte ›Lustgärtnerei‹ und die Gartenkunst im allgemeinen als Kunst gelten können, und zweitens auf eine ganze Reihe von Beiträgen, die den im Anfang des 18. Jahrhunderts aufkommenden neuen ›englischen Geschmack‹ in der Gartenkunst wegen seiner Natürlichkeit und Regellosigkeit loben. Der englische Geschmack wird dem als prunkvoll beurteilten, italienischen sowie dem als streng und einförmig kritisierten französischen Geschmack in der Gartenkunst gegenübergestellt: »Keine andere Nation«, kann man etwa bei Christian Cay Lorenz Hirschfeld lesen, »kann Parks in einer solchen Menge und von einer solchen Schönheit aufweisen, als die Engländer besitzen«,[5] und: »(e)ndlich erhob sich ein neuer Geschmack in den Gärten, der englände, der dem französischen fast ganz entgegengesetzt ist«.[6] Dieser neue Geschmack wird wegen seiner Mannigfaltigkeit, seiner Abwechslung und der ›schönen Unordnung‹, die darin herrscht, gelobt.

Kant erwähnt den englischen Geschmack in Gärten nur beiläufig, aber doch deutlich erkennbar als ein positives Beispiel. Er nimmt damit Stellung zu einer Diskussion seiner

THE
LIFE,
And Strange Surprizing
ADVENTURES
OF
ROBINSON CRUSOE,
Of YORK, Mariner:
Who lived eight and twenty Years all alone in an un-inhabited Island on the Coast of America, near the Mouth of the Great River of Oroonoque;
Having been cast on Shore by Shipwreck, wherein all the Men perished but himself.
With an ACCOUNT how he was at last as strangely deliver'd by Pyrates.
Written by Himself.
The Fourth Edition.
To which is added a Map of the World, in which is Delineated the Voyages of ROBINSON CRUSOE.
LONDON: Printed for W. Taylor at the Ship in Pater-Noster-Row. MDCCXIX.

Abb. 4 Der seit dem ersten Drittel des 18. Jahrhunderts explodierende europäische Markt für allgemein verkäufliche Literatur förderte neben den weiterhin florierenden Erbauungsschriften insbesondere den Absatz von Romanen und leichten Geschichten. Daniel Defoes *Robinson Crusoe* war einer der populären Romane dieser Zeit. Dies ist das Frontispiz und das Deckblatt der englischen Erstausgabe vom April 1719; in eben diesem Jahr erschienen in London noch drei weitere Auflagen.

Zeit und demonstriert zugleich, dass es auf der Grundlage seiner Theorie des ästhetischen Urteils begründet möglich ist, eine Position zu der Frage zu beziehen, ob Gärten ein Gegenstand ästhetischer Beurteilung sein können und worin der Vorzug eines bestimmten Stils von ›Lustgärtnerei‹ liegen könnte. Hier handelt es sich seiner Ansicht nach um eine Kunst, in der die Forderung eingelöst wird, als Natur zu scheinen. Dies leistet die im Stil eher artifizielle französische Gartenkunst möglicherweise nicht, weil sie wegen ihrer ›steifen Regelmäßigkeit‹ Gefahr läuft, in die Nähe der langweiligen Pfeffergärten zu rücken. Freilich müssen diese Überlegungen am konkreten Beispiel, also an einem einzelnen Garten, sei er auf der Grundlage englischer oder französischer Geschmacksvorstellungen entworfen, geprüft werden; denn das ästhetische Urteil ist ja ein einzelnes und kann keine generellen Aussagen machen. Doch die ästhetische Idee, die in der jeweiligen Gartenkunst verwirklicht wird, birgt eine größere oder geringere Potentialität für die ästhetische Reflexion.

ZWEITER FALL: DIE ROMANE, WEINERLICHEN SCHAUSPIELE UND ROBINSONADEN

In der CU findet man kritische Bemerkungen zu diesen literarischen Genres, wie etwa an den folgenden Stellen:

> Romane, weinerliche Schauspiele, [...] die mit [...] sogenannten edlen Gesinnungen tändeln, [machen] in der That aber das Herz welk, und für die strenge Vorschrift der Pflicht unempfindlich [...].[7]

> [D]ie erträumte Glückseligkeit auf einem der übrigen Welt unbekannten Eylande, mit einer kleinen Familie, seine Lebenszeit zubringen zu können, welche die Romanschreiber, oder Dichter der Robinsonaden, so gut zu nutzen wissen [...].[8]

Vor der nachteiligen Wirkung der Romanlektüre warnt Kant auch in anderen Schriften und Vorlesungen. Als Beispiele nennt er in diesen Zusammenhängen die im 18. Jahrhundert viel gelesenen Romane *Pamela* oder *Clarissa* von Samuel Richardson. Der Ausdruck ›weinerliche Schauspiele‹ spielt vermutlich auf Lessings Übersetzung der ›cómedie larmoyante‹ in ›weinerliches Lustspiel‹ an.[9]

In den Vorlesungsnachschriften zur Ästhetik äußert sich Kant noch etwas ausführlicher, aber auch dezidierter:

> Romane sind theils durch die leeren Wünsche von Glückseeligkeit, womit sie das menschliche Herz aufblähen, theils durch die Affecten und Nervenkrankheiten, die sie erregen, schädlich. Die Aufmerksamkeit und das Gedächtniß werden durch sie schwächer, weil sie das Gemüth in eine angenehme Zerstreuung ziehen; sie sind demnach die nachtheiligste Lectüre.[10]

Auch zum Wert und zu den Gefahren der Romanlektüre gibt es eine durchaus weitverzweigte zeitgenössische Debatte. Kants Ausführungen sind so gesehen nicht Ausdruck seiner Privatvorliebe oder persönlichen Abneigung, sondern haben ebenfalls den Status einer Stellungnahme. Diese ist auf der Grundlage seiner Theorie gefällt und macht einmal mehr deutlich, dass Kant seine transzendentalphilosophisch begründete ästhetische Theorie keineswegs als wertneutrale, wissenschaftstheoretische Reflexion versteht. Vielmehr zeigt sich an solchen Stellen, dass diese Theorie in der Anwendung auch eine begründete Kritik an Programmen und Strukturen ganzer Genres sowie an konkreten Gestaltungen ermöglichen soll. An dem Beispiel der Romane lässt sich auch eine

Synthesis bemerken, die zwischen Ästhetik und Moral hergestellt wird. Solche Verbindungen stellt Kant auch im Kontext anderer Beispiele her und bedient sich hier des Verfahrens der Analogie. So kann man auch in der ›moralischen Teleologie‹ auf sie treffen, wenn darin die Anwendungsbedingungen des Guten reflektiert werden. Denn unter der Perspektive der moralischen Teleologie muss man Romane und weinerliche Schauspiele als für die Anwendung und Realisierung des moralisch Gesollten als möglicherweise hinderlich beurteilen. Sich – wie bei der Lektüre solcher Literatur – edlen Gesinnungen und emotionaler Erbauung hinzugeben und es dabei zu belassen, ist moralisch kritikwürdig. Romane, weinerliche Schauspiele (weniger übrigens: Robinsonaden) bestärken eine Haltung der Inaktivität, in der das intensive Gefühl an die Stelle der Tat tritt.

DRITTER FALL: ETWAS ANDERS ANGELEGT IST DER BEZUG AUF DIE RENTIERE

> [D]er Lappländer findet dort Thiere, die diese Gemeinschaft bewirken (Rennthiere), die an einem dürren Moose, welches sie sich selbst unter dem Schnee hervorscharren müssen, hinreichende Nahrung finden, und gleichwohl sich leicht zähmen, und der Freyheit, in der sie sich gar wohl erhalten könnten, willig berauben lassen.[11]

Zu den Rentieren findet man einige Ausführungen bei Georges-Louis Leclerc de Buffon,[12] und es ist nicht ausgeschlossen, dass Kant auch aus den Darstellungen des von ihm geschätzten Johann Friedrich Blumenbach geschöpft hat: »Das Rehnthier ist bey alle dem überaus wohlfeil zu ernähren: es lebt von dürrem Laub, und vorzüglich von Rehnthier-Moos, das es unter dem Schnee hervorscharrt«.[13] Auch in Carl von Linnés Vollständigem *Natursystem* wird darauf hingewiesen, dass die Rentiere »von den lappländischen Kräutern, besonders aber vom Rennthiermooß« leben.[14]

Zu den Rentieren hat sich zur Mitte des 18. Jahrhunderts ebenfalls eine kleine Debatte gebildet. Darin geht es um ihren sehr bescheidenen Lebensstil, aber vor allem um ihre Nützlichkeit für den Menschen. Kant bezieht sich auf diese Diskussion, ihm aber geht es dabei vor allem um die Kritik und Zurückweisung eines bestimmten Gebrauchs des Prinzips der Zweckmäßigkeit in dieser Diskussion: um den unkritischen Gebrauch der von Kant so genannten ›äußeren und relativen Zweckmäßigkeit‹. Seine Kritik lautet: Wenn man unter dieser Form der Zweckmäßigkeit die Welt betrachtet, dann kann man in der Tat zwischen allem einen Zusammenhang herstellen, aber dieser Zusammenhang ist dann auf einer nicht zu rechtfertigenden, hoch problematischen Verwendung des Begriffs gegründet. Auf der Grundlage der relativen Zweckmäßigkeit ist es möglich, alle Gegenstände durch Mittel und Zweckverhältnisse miteinander zu verbinden. Entsprechend wären die Rentiere für uns zweckmäßig, weil wir sie vor unsere Schlitten spannen können, und wir wiederum wären als Futter dann Mittel und damit zweckmäßig für die Eisbären, und die Eisbären wiederum können auf Grund ihres Fells als Mittel der Bekleidung für uns als zweckmäßig gelten – und so weiter. Man wird aber von diesen relativen Zweckverhältnissen letztlich nicht auf eine konkrete Erklärung der Verhältnisse und der Gegenstände geleitet, sondern einfach ohne Abschluss weitergetrieben – möglicherweise auch bis zu absurden Konsequenzen.

Um die Unabschließbarkeit der relativen Zweckmäßigkeitsverhältnisse zu vermeiden, könnte man allenfalls so verfahren wie die sogenannten Physikotheologen. Sie schließen aus der Tatsache, dass sich solche Zweckverhältnisse in der Welt feststellen lassen, auf den Willen und die Existenz eines Gottes. Ihre Erklärung für die entdeckten Zweckverhältnisse und für die besondere Existenz der darin stehenden Gegenstände liegt darin, dass Gott die Welt nach seinen Zwecken so eingerichtet hat. Das aber ist keineswegs Kants Position,

Abb. 5 Abbildung eines Rentiers in einer kargen Landschaft, in der es sich die Nahrung unter dem Schnee hervorscharren muss. Der Kupferstich eines unbekannten Künstlers entstammt der englischen Ausgabe der *Allgemeinen und speziellen Geschichte der Natur* des Georges-Louis Leclerc, Comte de Buffon, im Original in 36 Bänden zwischen 1749 und 1788 erschienen und in zahlreiche Sprachen übersetzt.

sondern eine Position, die er als eine der ›faulen Vernunft‹ diskreditiert. Die Physikotheologen sind seiner Ansicht nach gar nicht um eine pünktliche wissenschaftliche Erklärung auf der Grundlage von Ursache und Wirkungsverhältnissen bemüht. Statt Erklärungen auf dieser Grundlage so weit wie möglich voranzutreiben, wechseln sie einfach gleich zur teleologischen Erklärungsart (auf der Grundlage einer *causa finalis*) und sparen sich so die wissenschaftliche Forschung, die auf der Grundlage einer *causa efficiens* vollzogen werden müsste. Im Unterschied zu dieser Vorgehensweise verlangt Kant, dass wir auf das teleologische Urteilen erst dann ausgreifen dürfen, wenn wir mit unseren Kausalerklärungen auf der Grundlage der causa efficiens nicht mehr weiterkommen (wie das etwa im Falle des Organismus und dessen innerer Zweckmäßigkeit der Fall ist). Das teleologische Urteil verschafft uns dann aber keine wissenschaftliche Erklärung, sondern gibt uns die Möglichkeit mit seiner Hilfe Hypothesen zu bilden, deren konkrete Vorschläge wir aber wiederum auf der Grundlage der causa efficiens bestätigen müssen.

Kant hat also auch mit den Beispielen aus der Physikotheologie kritisch zu einem Zweckbegriff Stellung genommen, mit dem Berichte und Studien seiner Zeit teilweise und seiner Ansicht nach unkritisch arbeiteten. An diesen Beispielen hat er versucht zu zeigen, dass es nicht haltbar ist, Verhältnisse äußerer Zweckmäßigkeit als tragfähige teleologische Urteile zu propagieren und auf ihrer Grundlage dann auch auf einen Gott zu schließen, dessen Wille sich hier realisiert finden solle. Diese kritische Perspektive ist an manchen Stellen leicht zu übersehen, insbesondere dann, wenn nicht klar wird, dass es gar nicht Kants eigene Beispiele sind, sondern solche, die aus prominenten Debatten seiner Zeitgenossen stammen.

DIE SYSTEMATISCHE FUNKTION DER BEISPIELE

Die englischen Gärten, die Romane, die Rentiere sind nur drei Beispiele. Die gemeinsame Funktion dieser Beispiele besteht zum einen darin, dass Kant damit Stellung bezieht zu den aktuellen Debatten seiner Zeit, und außerdem auch noch darin, dass er an ihnen und mit ihnen die *synthetische* Kraft seines neu etablierten Vermögens exemplifizieren will. Man könnte vielleicht sagen: Kant versucht, die Kraft der *reflektierenden Urteilskraft* gleichsam performativ zu beweisen. An den Beispielen soll deutlich werden, dass die reflektierende Urteilskraft Zusammenhänge schaffen kann innerhalb so disparater Felder wie der Schönheit, der Erhabenheit, der Moral und der Natur. Und in ihrer Entfaltung kann man einsehen, dass es keine einfachen und keine trivialen Zusammenhänge sind, aber doch immerhin solche, die uns darin bestärken, dass wir uns in der Forschung darum bemühen können, auf weitere erklärende Naturgesetze zu gelangen und — was für Kant wohl das Wichtigste ist: dass wir darin fortfahren, die Freiheitsidee und das moralisch Geforderte in dieser Welt zu verwirklichen.

1 Hier sind diejenigen zu nennen, die bei der Edition über die Jahre mitgewirkt haben: Dr. Olrik Santozki, Dr. Maja Schepelmann und apl. Prof. Dr. Andreas Eckl.

2 Vgl. dazu CrV B 35 A 21.

3 CU, 448, Zeile 7–13.

4 CU, 242, Zeile 28–33.

5 Hirschfeld 1782, 48.

6 A. a. O., 70.

7 CU, 273, Zeile 10–13.

8 CU, 276, Zeile 9–12.

9 Vgl. Lessing 1754.

10 AA XXV/2, 980.

11 CU, 369, Zeile 4–11.

12 Buffon: *Allgemeine Naturgeschichte,* Bd. 6, 213.

13 Blumenbach 1788, 127.

14 Linné 1773, 395 f.

Abb. 1 Steiner/Lenzlinger: Installation. © Gerda Steiner & Jörg Lenzlinger

Abb. 2 Pérelle: Kupferstich. Wikimedia Commons

Abb. 3 Unbekannter Künstler: Kupferstich. In: Hirschfeld 1779, 230. © Deutsche Digitale Bibliothek

Abb. 4 Unbekannter Künstler: Kupferstich. In: Defoe 1719. Wikimedia Commons

Abb. 5 Unbekannter Künstler: Kupferstich. In: *Buffon's Natural History.* Tafel 150, zum Artikel »Rein Deer«. London 1815. Collection of the Wagner Free Institute of Science Library & Archive. Alamy Stock Photo RH2MB4

Abb. 6 de vries: Collage. © herman de vries, Fotograf: Bruno Schneyer, Zeil am Main

Abb. 6 Für herman de vries ist die Natur und ihre genaue Beobachtung, vor allem ihrer zyklischen Prozesse und Gesetzmäßigkeiten, die Grundlage seiner künstlerischen Arbeit. Er archiviert und katalogisiert Gesammeltes in eindrucksvoller Vielfalt und bringt seine naturwissenschaftlich genauen Studien zurück in die Kunst – ein künstlerisches Beispiel reflektierender Urteilskraft im kantischen Sinn. Collage *the return of beauty,* 17 Objekte auf Papier (2003).

Abb. 1 In der berühmten Aufforderung Kants »Habe Mut Dich Deines eigenen Verstandes zu bedienen« ist ein mehrschichtiger und mehrteiliger Prozess angesprochen. Dieses Stilleben *Still Life With Kant and Descartes* (1998) von Jacob Collins gibt einen Eindruck davon. Es zeigt etwas versteckt zwei Porträts: Descartes' Bildnis befindet sich an der Wand oberhalb, Kants Bildnis unterhalb der schmalen Tischfläche.

BIRGIT RECKI

Kants Kritik der Vernunft als Theorie der Freiheit

(VERNUNFT-)KRITIK ALS PROJEKT DER AUFKLÄRUNG

»Habe Muth dich deines *eigenen* Verstandes zu bedienen«, so übersetzt Kant das ›Sapere aude‹ des Horaz,[1] und statuiert mit der eigenwilligen Übersetzung gleich ein performatives Exempel. Mit seinem Aufsatz von 1784 wird deutlich, in welchen immer auch praktischen Kontext er sein Projekt einer Kritik der Vernunft einordnet. Was Kant in seinem reifen Werk zum Programm und im Verfahren der Kritik zur philosophischen Methode macht, ist der gute Wille zur Befreiung aus der Unmündigkeit. In der Konsequenz der Kritik der Vernunft: der Erörterung ihrer Leistungen und Grenzen, die das volle Vertrauen in die Fähigkeit der Vernunft zu solcher Selbst-Kritik impliziert, erweist sich sein Denken als genuin aufklärerisch. Es war auch 1781 schon der Anspruch der Vernunftaufklärung, den Kant in Erinnerung brachte:

> Unser Zeitalter ist das eigentliche Zeitalter der *Critik,* der sich alles unterwerfen muß. *Religion,* durch ihre *Heiligkeit,* und *Gesetzgebung* durch ihre *Majestät,* wollen sich gemeiniglich derselben entziehen. Aber alsdenn erregen sie gerechten Verdacht wider sich, und können auf unverstellte Achtung nicht Anspruch machen, die die Vernunft nur demienigen bewilligt, was ihre freie und öffentliche Prüfung hat aushalten können.[2]

Freie und öffentliche Prüfung ist das Leitmotiv des kritischen Denkens, wo auch immer es ansetzt. Wie die Idee der Freiheit ist auch der in der Forschung weniger stark beachtete Anspruch auf Öffentlichkeit ein tragendes Element des kantischen Kritizismus: Für Kant steht schon die Erkenntnis in ihrer Bindung an das Medium des Begriffs durch dessen Anspruch auf allgemeine Geltung im Horizont intersubjektiver Verständigung und Kritik; wo er die begriffliche Allgemeinheit als *allgemeine Mitteilbarkeit* der Urteile anspricht,[3] macht er die Einsicht in deren öffentlichen Charakter explizit. Nicht erst für den wissenschaftlichen Forschungsprozess, in dessen organisierter Form das Interesse an Erkenntnis methodisch kulminiert, sondern schon für jede Erkenntnis, die mit Geltungsanspruch auftritt – und wie sich schon bald herausstellen wird, auch für die Verfassung des moralischen Bewusstseins, ist damit der Modus von Öffentlichkeit als konstitutiv begriffen. In der Reflexion auf das Moralkriterium: nämlich die *Verallgemeinerungs*tauglichkeit der Handlungsmaxime, operiert das normative Bewusstsein Kant zufolge geradezu mit einem Präparat von Öffentlichkeit (*Grundlegung*, 421 ff.). Und speziell für die Politik fordert er in der *transzendentalen Formel des öffentlichen Rechts* die Legitimitätsprüfung des Handelns im Gedankenexperiment der »Publicität«: Verträgt die Maxime ihre öffentliche Bekanntgabe an das Publikum? (*Frieden*, 381).[4]

Freie und öffentliche Prüfung also soll die im Eingangszitat geforderte Kritik leisten. ›Kritik‹ ist ein Lehnwort aus dem Griechischen (von krínein: unter-/entscheiden, beurteilen) und bedeutet die methodische Einschätzung nach begründeten Maßstäben. Während wir heute, weiterhin überzeugt von der Unverzichtbarkeit kritischen Bewusstseins und kritischer Auseinandersetzung, den Ausdruck umgangssprachlich meistens mit der *negativen Bewertung* identifizieren, meint der philosophische Sprachgebrauch zu Kants Zeit überhaupt die *Erörterung von Geltungsansprüchen* und dabei gleichermaßen die *Abwägung von Wert und Unwert* der kritisierten Sache. Bei Kant prägt sich diese zweiwertige Bedeutung des Kritisierens in dem Programm der Erörterung von Leistungen *und* Grenzen der Vernunft aus.

Die einzige Autorität, die in der allseitigen Kritik der Geltungsansprüche (von Religion und Gesetzgebung, also: Politik – und Kant hätte umstandslos auch die Wissenschaft hinzunehmen können) vorausgesetzt wird, ist die Vernunft als Instanz des Erkennens, des Denkens und Urteilens. Das aber wäre eine Inkonsequenz – *wenn* es denn so gemeint wäre, dass die Vernunft dabei im toten Winkel steht: Man kann nicht alles und jedes mit dem Anspruch und den Mitteln der Vernunft kritisieren, und diese selbst unkritisiert auf sich beruhen lassen. Die Frage muss schon auch lauten, ob die Vernunft das, was ihr als dem Instrument der Kritik zugetraut wird, auch zu leisten vermag. Eben dieser Frage geht Kant nach in dem Buch, in dessen Vorrede er vom *Zeitalter der Critik* spricht. Wenn er dann 1784 dem Menschen, den er als Adressaten seiner Überlegungen unterstellt, Mut machen will, sich seines eigenen Verstandes zu bedienen, dann beruht dies nach den Erträgen der Vernunftkritik auf der zuversichtlichen Einschätzung, dass dieser Mut nicht auf Sand gebaut wäre. Der Verstand als Vermögen der Begriffe und die Einbildungskraft als Vermögen der Anschauungen, insbesondere deren Zusammenwirken in der empirischen Erkenntnis, haben die freie und (qua wissenschaftlicher Forschungsfrage) öffentliche Prüfung auf ihre (gemeinsame) Leistungskapazität und deren Grenzen bereits hinter sich und sind als belastbar erwiesen.

In allen drei Instanzen seiner kritischen Philosophie untersucht Kant, *was* die Vernunft auf Grund *welcher* Vermögen

Abb. 2 John Milton argumentiert in diesem Traktat von 1644 gegen die Vorzensur, mit genau dem Argument, das bei Kant auch hinter der Forderung nach Publizität steckt: Aussagen müssen öffentlich zugänglich sein, dann wird durch die einsetzende öffentliche Prüfung, jedenfalls nach Miltons Auffassung, immer die Wahrheit siegen. Enthalte man der Öffentlichkeit Texte vor, begehe man ein Verbrechen.

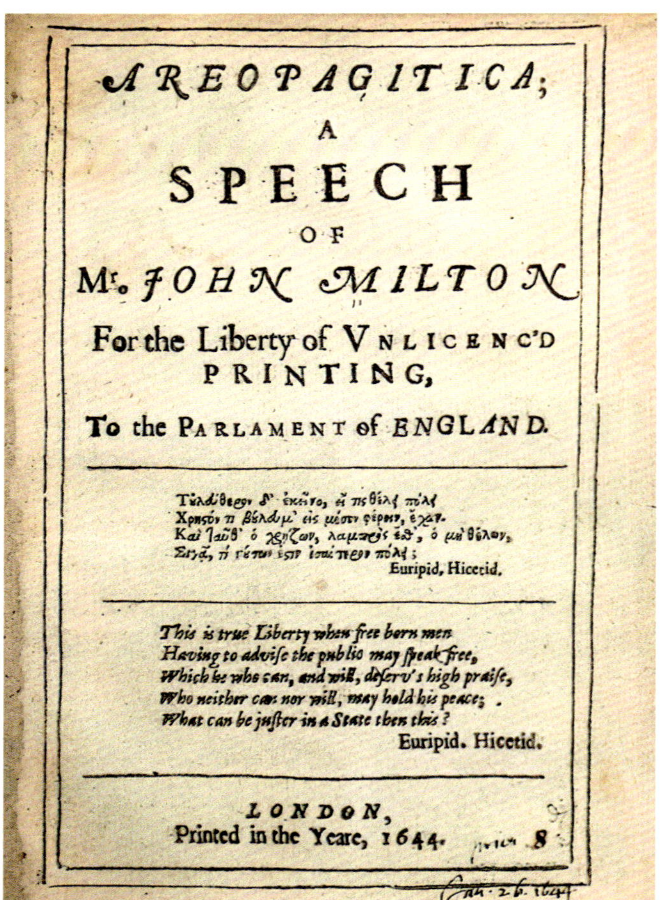
AREOPAGITICA;
A
SPEECH
OF
Mr. JOHN MILTON
For the Liberty of UNLICENC'D
PRINTING,
To the PARLAMENT of ENGLAND.

Τοὐλεύθερον δ' ἐκεῖνο, εἴ τις θέλει πόλει
Χρηστόν τι βούλευμ' εἰς μέσον φέρειν, ἔχων.
Καὶ ταῦθ' ὁ χρῄζων, λαμπρὸς ἔσθ', ὁ μὴ θέλων,
Σιγᾷ, τί τούτων ἔστιν ἰσαίτερον πόλει;
Euripid, Hicetid.

This is true Liberty when free born men
Having to advise the public may speak free,
Which he who can, and will, deserv's high praise,
Who neither can nor will, may hold his peace;
What can be juster in a State then this?
Euripid. Hicetid.

LONDON,
Printed in the Yeare, 1644.

in welchem Maße leisten kann. Die Vernunft ist in diesen kritischen Analysen sowohl Gegenstand der Kritik als auch kritisierende Instanz, denn wir haben keine anderen Mittel der Kritik als solche, die wir uns im Einsatz vernünftigen Denkens selbst, und: wiederum durch die Vernunft verschaffen. Weil Kant dies ausdrücklich so verstanden wissen will, steht die Vernunft im Titel seiner Bücher sowohl als *genitivus obiectivus* wie auch als *genitivus subiectivus. Critik der reinen Vernunft* 1781 – *Critik der practischen Vernunft* 1788 – *Critik der Urtheilskraft* 1790: allemal ist Kritik *der* Vernunft Selbstkritik der Vernunft – die Kritik *an* der Vernunft *durch* die Vernunft, mit den ihr eigenen Mitteln.

WAS ABER IST VERNUNFT?

Die Vernunft ist ein intellektuelles und rationales Vermögen, »das sich über die Schranken, worin alle Thiere gehalten werden, erweitern kann« – und so den Menschen instand setzt, »sich selbst eine Lebensweise auszuwählen« (*Anfang*, 112).[5] So spricht Kant 1786 offenbar in anthropologischem Interesse, und schon zwei Jahre vorher hatte es in einer stark generalisierenden Formulierung, die zugleich den Vorteil hat, das zuversichtliche *Selbstverständnis des aufgeklärten Menschen* zu artikulieren, geheißen:

> Die Vernunft in einem Geschöpfe ist ein Vermögen, die *Regeln und Absichten des Gebrauchs* aller seiner Kräfte weit über den Naturinstinkt zu erweitern, und kennt keine Grenzen ihrer Entwürfe.[6]

Bei beiden Formulierungen handelt es sich nicht um Definitionen, sondern um Explikationen, die eine Definition bereits voraussetzen. Kant kann sich zu dieser Zeit bereits auf einen Begriff der Vernunft als »das ganze obere Erkenntnißvermögen« berufen (CrV A 835 B 863) – auf einen Oberbegriff, den er in seinen spezifischen Differenzen analysiert hat. Thematisch ist ein ganzes Spektrum elementarer kognitiver Fähigkeiten (Erkennen, Wissen, Urteilen, Denken), deren Gemeinsamkeit die rationale Leistung des Begriffs ist. Die Vernunft in diesem umfänglichen Sinne umfasst in der *Critik der reinen Vernunft* (CrV) neben dem Verstand als »Vermögen der *Erkenntnisse*« (CrV B 137), als Vermögen sich durch Begriffe etwas vorzustellen und *»Vermögen zu urtheilen«* (CrV A 69 B 94), auch das Vermögen der autonomen Hervorbringung von Prinzipien (CrV A 11) und Ideen (CrV A 311 B 368), damit zu rein begrifflicher Spekulation und zu verschiedenen Modi der Reflexion. 1785 qualifiziert Kant die praktische Vernunft als Vermögen der Zwecksetzung im Handeln, als Willen: »[S]o ist der Wille nichts anders, als practische Vernunft« (*Grundlegung*, 412) – und als *guten* Willen die Fähigkeit, nach Grundsätzen zu handeln, die der rationalen Prüfung auf ihre Legitimität standhalten; so bleibt es auch in der *Critik der practischen Vernunft* (CpV).[7] Und in der *Critik der Urtheilskraft* (CU) wird zum Komplex der Vernunft-Leistungen ein Vermögen der Reflexion auf wechselnde Perspektiven hinzukommen, exemplarisch behandelt am ästhetischen Urteil über Schönes und Erhabenes und an der teleologischen Spekulation über die Zweckmäßigkeit der lebendigen, ja: der ganzen Natur, das für die umsichtige Orientierung im Ganzen einer Welt unentbehrlich ist.[8]

Immer wieder einmal muss in der Vermittlung der kantischen Theorie und Terminologie der Begriff des Vermögens gegen ein gewisses Misstrauen verteidigt werden. Man muss sich hier nicht ohne Not irritieren lassen; es handelt sich *nicht* um die verkappte Sparkassen-Metaphorik, die mancher spätere Leser beargwöhnte. Hilfreich ist der Befund, dass im Terminus ›Vermögen‹ dieselbe indogermanische Sprachwurzel steckt wie in ›Möglichkeit‹ [*moc*]. *Vermögen ist Potential.* Man kann auch von Fähigkeit oder von Kapazität sprechen – und hat damit allemal Leistungen im Prospekt.[9]

Vernunft ist demnach ein Inbegriff rationaler Fähigkeiten. Sie enthält in sich nicht nur generell ein elementares Momentum der Aktivität, sondern auch speziell die Fähigkeit der Motivierung zum Handeln. Es geht Kant in seiner kritischen Philosophie darum, die Leistungen und die Grenzen der menschlichen Vernunft zu ermessen, damit wir als sinnlich-vernünftige Wesen wissen, was wir sind und was unsere Stellung in der Welt ist; worauf wir uns als sinnliche, dabei endliche, irrtums- und illusionsanfällige Wesen in der Welt gleichwohl verlassen können und welche Restriktionen wir dabei zu akzeptieren haben.

WIE GEHT KANT VOR?

Der systematische Horizont seiner Vernunftkritik wird erkennbar an dem Leitfaden, den er in der CrV in der Formulierung von drei Fragen gibt: »1. *Was kann ich wissen?* 2. *Was soll ich thun?* 3. *Was darf ich hoffen?*« (CrV A 805 B 833). Später ergänzt er diese Fragen um eine abschließende vierte: »4) Was ist der Mensch?«, und er erläutert: »Die erste Frage

Abb. 3 Caspar David Friedrichs um 1818 entstandenes unsigniertes Gemälde, das erst im 20. Jahrhundert den Titel *Wanderer über dem Nebelmeer* erhielt, gehört zu den bekanntesten Werken der deutschen Frühromantik. Zum Zusammenhang von Kants Konzept des Erhabenen und Schönen und Friedrichs Werken wird seit einiger Zeit in der Kunstgeschichte geforscht.

beantwortet die *Metaphysik,* die zweyte, die *Moral,* die dritte, die *Religion,* und die vierte, die *Anthropologie.* Im Grunde könnte man aber alles dieses zur Anthropologie rechnen, weil sich die drey ersten Fragen auf die letzte beziehen« (*Logik,* 25).[10] Die drei Fragen bilden sich ab in der Aufteilung der vernunftkritischen Problemstellung in theoretische Philosophie (Erkenntnistheorie und Ontologie), praktische Philosophie (Moralphilosophie und politische Philosophie) sowie Theologie und Religionsphilosophie; und sie lassen sich im Rückblick auf Kants System der Vernunftkritik den drei Kritiken zuordnen: Die erste Frage *Was kann ich wissen?* der CrV, in der die Prinzipien, die Leistungen und die Grenzen der Erkenntnis erörtert werden, in der mit dem Unterschied zwischen empirischer Erkenntnis und bloßem Denken auch der Unterschied zwischen Wissen und Glauben herausgearbeitet wird; die zweite *Was soll ich tun?* der CpV, in der das Prinzip der Moral und der Geltungsanspruch des Sittengesetzes behandelt werden, von dem sich Kant zutraut zu zeigen, dass es das Gesetz ist, das sich ein mit freiem Willen begabtes Wesen aus vernünftiger Einsicht selbst gibt[11] – und die dritte *Was darf ich hoffen?* stärker noch als der *Religion* (1793) der CU, wo Kant in der Auseinandersetzung mit den ästhetischen Gefühlen angesichts der schönen und erhabenen Natur und mit der produktiven Naturkraft, die im künstlerischen Genie am Werke ist, den Gedanken einer zweckmäßigen Natur und des in ihr wirkenden Willens entwickelt, den er hier bis zur ultimativen Konsequenz einer schöpfungstheologischen Spekulation entwickelt.

Dieser Dreiteilung gemäß sollen im Folgenden der Mensch als sinnlich-vernünftiges: als erkennendes, handelndes und reflektierendes (dabei fühlendes) Wesen, und die Geltungsansprüche seiner theoretischen, praktischen und ästhetischen beziehungsweise teleologischen Urteile dargestellt werden.[12] Mit dem Selbstverständnis des Menschen wird aber, wie sich dann zeigen wird, die Freiheit dieses vernünftigen Wesens zum Thema.

1. *Was kann ich wissen?* Die Kritik der Vernunft setzt ein als Kritik und Theorie der Erkenntnis.[13] Zunächst musste die Erkenntnis auf sichere Fundamente gestellt werden: die empirische Erkenntnis ebenso wie die metaphysische Erkenntnis der Philosophie. Wie einen Refrain wiederholt Kant in der Vorrede zur zweiten Auflage der CrV (1787) seine Absichtsbekundung, er habe *die Metaphysik* – und damit meint er hier die philosophische Lehre von den ersten Prinzipien aller Erkenntnis – *auf den sicheren Gang einer Wissenschaft bringen* wollen (CrV B VII und öfter). Die leitende Intuition, mit der Kant Epoche macht, besteht darin, dass diese ersten Prinzipien, die sicheren Fundamente der Erkenntnis, diejenigen allgemeinen und notwendigen *Bedingungen ihrer Möglichkeit* sind, die *in den Subjekten* der Erkenntnis selbst wirksam sind. Es sind die Strukturen unserer Intelligenz – ausgeprägt in den Formen der Sinnlichkeit und des Verstandes. Die methodische wie sachliche Pointe des Gedankens liegt damit in der Zuwendung der erkenntnistheoretischen Untersuchung zum Subjekt der Erkenntnis.

> Bisher nahm man an, alle unsere Erkenntniß müsse sich nach den Gegenständen richten; aber alle Versuche über sie a priori etwas durch Begriffe auszumachen, wodurch unsere Erkenntniß erweitert würde, gingen unter dieser Voraussetzung zu nichte. Man versuche es daher einmal, ob wir nicht in den Aufgaben der Metaphysik damit besser fortkommen, daß wir annehmen, die Gegenstände müssen sich nach unserem Erkenntniß richten [...].[14]

In Analogie zum *methodischen Perspektivenwechsel* des Nikolaus Kopernikus, der bei seinem Versuch, die »Himmelsbewegungen« zu erklären, erst Erfolg hatte, nachdem »er den Zuschauer sich drehen, und dagegen die Sterne in Ruhe ließ«, schlägt Kant für die Metaphysik vor, »was die *Anschauung* der Gegenstände betrifft, es auf ähnliche Weise [zu] versuchen. Wenn die Anschauung [*und so auch der Begriff*, B. R.] sich nach der Beschaffenheit der Gegenstände richten müßte, so sehe ich nicht ein, wie man a priori von ihr etwas wissen könne; richtet sich aber der Gegenstand (als Object der Sinne) nach der Beschaffenheit unseres Anschauungsvermögens, so kann ich mir diese Möglichkeit ganz wohl vorstellen« (CrV B XVI f.).

Die Gegenstände müssen sich nach unserer Erkenntnis »richten«, diese metaphorische Formulierung besagt: Wir können die Dinge nur so erkennen, wie es unsere Erkenntnisbedingungen zulassen – wie sie sich uns, vermittelt durch die formalen Vorgaben unseres Erkenntnisvermögens: durch die Anschauungen unserer Sinne und durch die Begriffe unseres Verstandes, präsentieren. Diese ›Kopernikanische Wende‹ der Untersuchungsrichtung von der objektiven Welt (den Objekten) zum Subjekt der Erkenntnis, wo es um die Rekonstruktion von deren ersten Prinzipien, von allgemeinen und notwendigen Bedingungen aller Erkenntnis geht, hat Heinrich von Kleist in einem Brief an seine Verlobte in einer anschaulichen Analogie verständlich zu machen gesucht:

> Wenn alle Menschen statt der Augen grüne Gläser hätten, so würden sie urtheilen müssen, die Gegenstände welche sie dadurch erblicken, sind grün und nie würden sie entscheiden können, ob ihr Auge ihnen die Dinge zeigt, wie sie sind, oder ob es nicht etwas zu ihnen hinzuthut, was nicht ihnen, sondern dem Auge gehört. So ist es mit dem Verstande.[15]

Die Intuition, dass das Subjekt im Erkennen zu den Dingen strukturell etwas ›hinzutut‹, das den Konstanten seiner intellektuellen Leistung geschuldet und von der Verfassung der Erkenntnisobjekte dann unablösbar ist, motiviert die Untersuchung als Analyse der Erkenntnisleistungen.

Die These, die Kant damit vertritt: Was für uns Wirklichkeit sein kann, bestimmt sich nicht nach den Dingen, sondern nach unserer Auffassung von den Dingen. Wenn wir wissen wollen, was als Gegenstände der Erkenntnis in Betracht kommt, dann haben wir die allgemeinen und notwendigen Bedingungen zu analysieren, durch die wir überhaupt erst Gegenstände der Erfahrung haben können. Es ist die analytische Konzentration auf die allgemeinen und notwendigen *Bedingungen der Möglichkeit von Erfahrung*, die a priori, das heißt als Voraussetzung aller Erfahrung im Subjekt der Erfahrung wirksam sein müssen, für die Kant den Ausdruck ›transzendental‹ und ›Transzendentalphilosophie‹ einführt.

Als solche transzendentalen Bedingungen der Möglichkeit von Erkenntnis, als formgebende Leistungen der erkennenden Subjekte untersucht Kant die Formen der reinen Sinnlichkeit: alle sinnliche Wahrnehmung unterliegt den Formen von Raum und Zeit; und der Verstandesfunktion der Begriffe (Kategorien), durch die sinnliche Eindrücke überhaupt in die Form eines Gegenstandes gebracht werden. Die theoretische Konsequenz, die er aus dieser programmatischen Vorgabe ableitet, ist der Gedanke, den wir als *transzendentalen Idealismus* bezeichnen: dass wir die *Dinge* nicht so erkennen, *wie sie an sich selbst betrachtet sind*, sondern nur so, *wie sie* – vermittelt durch unsere Erkenntnisbedingungen – *uns erscheinen* (›Ding an sich‹ und ›Erscheinung‹).[16]

In dieser Grundlegung der Erkenntnis ist der Mensch selbst noch in *dem* Modus, in *der* Einstellung als ein tätiges und selbsttätiges Wesen begriffen, die man nach geläufigem Verständnis gerade vom Handeln absetzt. Denn die apriorischen Bedingungen der Möglichkeit von Gegenständen der Erkenntnis müssen allemal in Funktionen der vernünftigen Vermögen und damit in Leistungen des erkennenden Subjekts liegen. In auffälliger Weise bezeichnet Kant sie im Terminus technicus der Synthesis (Zusammenfassung) denn auch als Handlungen:

> Ich verstehe aber unter *Synthesis* in der allgemeinsten Bedeutung die Handlung, verschiedene Vorstellungen zu einander hinzuzuthun, und ihre Mannigfaltigkeit in einer Erkenntniß zu begreifen.[17]

Unter methodischer Reduktion auf das Elementare begreift Kant die theoretische Einstellung zu den Dingen im Akt der Erkenntnis als *eine Art zu handeln*, und schon in diesem ›Handeln‹, das er an der Funktion des menschlichen Verstandes betont, macht sich ein Modus von Freiheit geltend. Später in der Dritten Antinomie macht Kant gegen die These vom Naturdeterminismus im Begriff der ›*absoluten Spontaneität* der Ursachen‹ eine »transscendentale Freyheit«[18] geltend, von der sich herausstellt, dass sie »negativ als Unabhängigkeit von empirischen Bedingungen« und »positiv durch ein Vermögen« charakterisiert ist, »eine Reihe von Begebenheiten von selbst anzufangen«.[19] Es sind dies Bestimmungen, die auch auf diejenige Spontaneität schon zutreffen, die Kant dem Verstand in der Synthesis-Leistung der Erkenntnis zuspricht.

2. *Was soll ich tun?* Nicht allein wo es um die ersten Prinzipien der Erkenntnis, sondern auch wo es um das Prinzip der Moral geht, verfolgt Kant den methodischen Ansatz der Kopernikanischen Wende, dieser *Revolution der Denkungsart*, die sich in der Frage nach allgemeinen und notwendigen Bedingungen der Möglichkeit von Erfahrung methodisch auf die selbsttätige und gerichtete Aktivität des Subjekts konzentriert. »Es ist überall nichts in der Welt, ja überhaupt auch außer derselben zu denken möglich, was ohne Einschränkung für gut könnte gehalten werden, als allein ein *guter Wille*«, so lautet der erste Satz der *Grundlegung*.[20] In der Fokussierung eines weiteren Vermögens der Vernunft läuft er darauf hinaus, dass auch die Bedingung der Möglichkeit des moralisch guten Handelns – und damit des Handelns überhaupt[21] – in dessen Subjekt aufzusuchen ist: im Akteur. Zum Thema wird vor allem der von einsichtigen Grundsätzen bestimmbare Wille, der sich im Handeln artikuliert. Moralisch ist die rechtfertigungsfähige Handlung – diejenige Handlung, die sich nach einem geprüften und der universalen Geltung für tauglich befundenen Grundsatz richtet.

> *[H]andle nur nach derjenigen Maxime, durch die du zugleich wollen kannst, daß sie ein allgemeines Gesetz werde.*[22]

Es ist die praktische Vernunft, der freie Wille, der sich Kant zufolge das Sittengesetz auferlegt, das keine bestimmte Handlung vorschreibt, sondern die bloße Form der Gesetzesgeltung artikuliert, und gerade *dadurch* als abstrakte Formel auf *jede* konkrete Handlung zu deren Prüfung angewendet werden kann.

3. *Was darf ich hoffen?* Und ein weiteres Mal appliziert Kant seine Methode in der ästhetischen Theorie. Es geht in der CU 1790[23] um das Schöne und das Erhabene: um die schöne und erhabene Natur und um die schöne Kunst als Produkt des Genies.[24] Auch diesen Bereich des Ästhetischen geht Kant im Sinne der Kopernikanischen Wende an: Er bestimmt das Schöne und das Erhabene, indem er in der Analyse der ästhetischen Urteile die Bedingungen der Möglichkeit *ihrer* Erfahrung im erlebenden Subjekt – und die Kunst, indem er die Bedingungen ihrer Hervorbringung im künstlerischen Subjekt untersucht. Ebenso wie zuvor die Erkenntnis als Leistung des Verstandes (der theoretischen Vernunft) und das Handeln als Leistung der praktischen Vernunft soll

auch das Ästhetische aus seinem eigenen Prinzip begriffen werden – als Leistung dessen, was Kant als das Zusammenwirken von Verstand oder Vernunft und Einbildungskraft im Begriff der reflektierenden Urteilskraft anspricht. Auch im Erleben des Schönen und Erhabenen rekonstruiert Kant derart Prinzipien, die im spontanen Einsatz aller Erfahrung als deren formgebende Konstanten wirken. In der Analyse des ästhetischen Urteils als einer offenen Reflexion, einer gedanklich-emotiven Bewegung des Suchens angesichts eines animierenden Eindrucks hält Kant vor allem eines fest: Wir sehen im Blick auf das, was wir schön finden, von jeglichem Nutzenaspekt ab. Dieses ›uninteressierte Wohlgefallen‹ führt er zurück auf eine vom äußeren Zweck der Erkenntnis entlastete und doch innerlich zweckmäßige Verfassung der subjektiven Erkenntnisvermögen, sofern sie sich mit dem ästhetischen Objekt wie *in einem freien Spiel* befassen. Wir genießen hier »die Freyheit, uns selbst irgend woraus einen Gegenstand der Lust zu machen«,[25] einer Lust in Gedanken, die sich einstellt, wenn wir nach Kants Analyse mit dem Gegenstand gleichsam frei spielen.[26]

»Die Schöne Dinge zeigen an, daß der Mensch in die Welt passe und selbst seine Anschauung mit den Gesetzen seiner Anschauung stimme«, hatte Kant 1771 formuliert.[27] Da das gesteigerte »Lebensgefühl«, das er in der dritten *Critik* analysiert,[28] das Subjekt des Erlebens die Zweckmäßigkeit seiner eigenen Verfassung für die Aufnahme der Formen der Dinge erleben lässt, kann in dieser Einstellung auf die Dinge die Intuition aufkommen, dass die Welt, die Natur insgesamt zweckmäßig eingerichtet sei – der spekulative Gedanke, der in der erlebten Harmonie mit der Welt entspringt und dem Kant daraufhin im zweiten Teil des Buches nachgeht.[29]

KANTS KRITIK DER VERNUNFT – EINE THEORIE DER FREIHEIT

Der Dreh- und Angelpunkt des gesamten vernunftkritischen Denkens, der sich bereits in der Kopernikanischen Wende ankündigt, ist die Konzeption von Freiheit als Spontaneität und als Selbstbestimmung,[30] mit der Kant auch das Selbstverständnis des modernen Menschen auf den Begriff gebracht hat. Zur Verdeutlichung sei der Gang der Untersuchung rekapituliert: Die Einsicht in die Prinzipien der Erkenntnis, die in deren Subjekten wirken, soll nach Kant der Erkenntnis gerade die Grundlage gewährleisten, die sie für die Belastbarkeit ihrer Erträge bis hin zum sicheren Gang als Wissenschaft braucht, welche wiederum für die belastbare Orientierung in der äußeren Wirklichkeit entscheidend ist; die Einsicht in das Prinzip der Willensbestimmung, das heißt in die Geltung eines Gesetzes, die niemand anders haben kann als das vernünftige Wesen, das imstande ist, sich selbst das Gesetz zu geben, soll dessen Handeln die sichere Grundlage der praktischen Orientierung geben; die reflexive Vergewisserung über die Passung des Menschen in seiner epistemischen Verfassung zum Ganzen der Welt soll (anhand der Zweckmäßigkeit, derer sich der ästhetisch über Schönheiten der Natur urteilende Mensch als eines Prinzips der Verknüpfung zwischen sich und der Welt bewusst wird) ihm ein letztes fehlendes Element seiner Orientierung in der Welt vermitteln: die begründete Hoffnung auf die Realisierung von Tugend und Glück – denn das bedeutet es, *in die Welt zu passen.*[31]

Diese tragende Rolle für das Weltverhältnis und Selbstverständnis des vernünftigen Wesens können die Prinzipien, die Kant im Gang seiner kritischen Erkundungen eruiert, als in der Vernunft liegende Bedingungen der Möglichkeit alles für Menschen Wirklichen allemal nur als Leistung, als Funktion, als aktives Potential spielen. Nur eine einsichtige Aktivität kommt in Frage *als Prinzip* einer auf Vernunftansprüche gegründeten Welt. Hier liegt der Grund für die Auszeichnung der Vernunft in ihrem Charakter *als Vermögen:* Die gesuchte sichere Grundlage kann nicht in etwas Statischem gesehen werden, sondern nur in einer *dynamis,* einem Potential, genauer dem einer konstant als wirksam sich ausweisenden Leistung, deren Eigenart darin zu sehen ist, dass sie aus eigenem Vermögen entspringt.

Aus eigenem Vermögen ist der Mensch als Subjekt für die methodische Belastbarkeit seiner Erkenntnis, seines Handelns und überhaupt seiner Orientierung in der Welt zuständig. Man muss es explizit machen: Dieses eigene Vermögen ist als eine selbständige Kraft vorauszusetzen. Und solche Selbständigkeit muss *mit anderen Worten* als Unabhängigkeit von bestimmenden Ursachen der äußeren, der sinnlichen Welt begriffen werden.

Tatsächlich ist aber ebendies Kants erste Bestimmung des Begriffs von Freiheit: Unabhängigkeit von äußeren bestimmenden Ursachen. In der Erkenntniskritik handelt Kant von der Spontaneität des Verstandes in der Hervorbringung seiner Begriffe – und *Spontaneität* ist Selbsttätigkeit. Tatsächlich begreift er bereits die Leistungen des Verstandes bei der Subsumtion von Eindrücken unter Begriffe oder bei der Verknüpfung der Begriffe zu Urteilen als eine Art von Handlung,

Abb. 4 Der Astronom, Mathematiker und Kartograph Nikolaus Kopernikus leitete mit seiner Schrift *De revolutionibus orbium coelestium* (1543) die Abkehr von dem bis dahin gültigen geozentrischen Weltbild ein. Die nach ihm benannte Kopernikanische Wende repräsentiert auch die Haltung, sich der Grenzen jeder, insbesondere wissenschaftlicher Erkenntnis bewusst zu sein. Das Nikolaus-Kopernikus-Denkmal wurde vom dänischen Bildhauer Bertel Thorvaldsen im Jahre 1822 geschaffen und steht heute vor dem Hauptsitz der Polnischen Akademie der Wissenschaften in Warschau.

für die er den Begriff der *Synthesis* reserviert. Selbsttätigkeit betont Kant auch im praktischen Handeln, das ebenso wie die Erkenntnis *prima facie* spontan sein muss. Hier wird Kant entschiedener als im Fall der *Synthesis:* Um einem Akteur in der Welt Freiheit *des Willens* zuschreiben zu dürfen, reicht es nicht, dass dieser sich *selbst* bewegt, ja es reicht nicht einmal, dass er sich *von selbst* bewegt, wie Kant in der unvergessenen Metaphorik der »Freyheit eines Bratenwenders« eingeschärft hat (CpV, 97). Um die Freiheit des Willens als etwas begreifen zu dürfen, das vor Fremdbestimmung durch heteronome Einflüsse gesichert ist (seien es, wie in der Grundlegungsargumentation der Dritten Antinomie Kausalfaktoren überhaupt, seien es wie in der Argumentation der *Grundlegung* naturale Neigungen der Sinnlichkeit), müssen wir ihn so denken, dass er sich aus eigener Kraft *sein Gesetz* gibt. Freiheit erweist sich in letzter Instanz am Vermögen der eigenen Gesetzgebung: Nur *als Autonomie* ist Freiheit letztlich ausgewiesen. Diese Einsicht ist es, die Kant zu dem entscheidenden Gedanken seiner Ethik führt, zur Kulmination der Freiheit des Willens im Handeln nach dem Sittengesetz, das für ein nicht *per se* aus Vernunftgründen bestimmtes Wesen die Form eines Befehls mit unbedingtem Geltungsanspruch, eines kategorischen Imperativs annimmt. — Und *last not least:* Auch in der Reflexion auf ästhetische Eindrücke realisiert, wie es die Metapher vom *freien Spiel der Erkenntniskräfte* pointiert, das Subjekt eine Weise seiner Freiheit: die Freiheit, sich unabhängig von Interessen und Zweckbestimmungen aller Art in lustvoller Weise auf seine Eindrücke einzulassen.

SCHLUSS

Mit seinem Programm einer Kritik der Vernunft hat Kant Epoche gemacht, indem er das menschliche Weltverhältnis und Selbstverständnis in allen seinen Dimensionen auf eine neue methodische Grundlage stellt. Er hat damit, in den Ausdrücken zu sprechen, die er selbst für diese Leistung gewählt hat, eine ›Revolution der Denkungsart‹ vollzogen.

Worin liegt die epochale Innovation, die Kant in die Welt gebracht hat und von der wir bis heute zehren? Sie liegt gleichermaßen in der Entwicklung neuer methodischer Standards bei der Rekonstruktion des Begriffs von der menschlichen Vernunft aus ihren mitteilbaren Leistungen ebenso wie ihren Grenzen (Erkennen, Denken, Handeln, Reflektieren inklusive Fühlen) wie in der Einsicht, dass diese Funktionen ebenso viele Modi der Freiheit sind. Freiheit ist nach der tragenden Intuition, in der die Moderne sich auf Kant berufen kann, prinzipiell das Merkmal selbstbestimmten Handelns, auf welcher Ebene es sich auch immer vollzieht. Wo der Mensch sich in seinem Anspruch auf Erkenntnis, als moralisch und politisch verantwortlicher Akteur, in seinem Anspruch auf Schönheit, in seinem religiösen Glauben als frei behauptet, da definiert er sich als ein Wesen, das sich in seinem Handeln grundsätzlich selbst bestimmen kann: aus eigenen Motiven, eigenen Einsichten, eigenen Gründen, so dass das Entscheidende am aktiven Vollzug seines Lebens nicht durch äußere, fremde, heteronome Faktoren welcher Art auch immer erklärt werden kann.

Kants Kritik der Vernunft, die auf den tätigen Anteil des vernünftigen Wesens an seiner Wirklichkeit als Wirksamkeit fokussiert, ist koextensiv mit der Theorie der Freiheit vernünftiger Wesen. Seine Kritik der Vernunft ist Theorie der Freiheit in der Interdependenz ihrer Dimensionen.

1 *Aufklärung* (1784), 35. – Siehe dazu Emundts 2000.

2 CrV A XI, Anm.

3 CU, § 9, 217, und § 21, 239.

4 Siehe dazu Blesenkemper 1987. Generell zum methodischen Status von Öffentlichkeit siehe Gerhardt 2012a.

5 Siehe dazu Recki 2009.

6 *Idee,* 18 f.; Hervorhebung von der Verfasserin.

7 Siehe Höffe 2012.

8 Siehe Düsing 1968.

9 Die aktivisch-prozessuale Pointe der Vermögens-Metapher lässt sich mit Ernst Cassirers methodologischer Unterscheidung auf den Punkt bringen: ›Vermögen‹ ist kein Substanzbegriff, sondern ein Funktionsbegriff; siehe Cassirer 1910.

10 Zum Charakter des kantischen Unternehmens als einer rationalen Anthropologie siehe Gerhardt 2002.

11 Siehe Timmermann 2003.

12 Siehe dazu Recki 2004.

13 Siehe Mohr/Willaschek 1998; Höffe 2003.

14 CrV B XVI.

15 Heinrich von Kleist: Brief an Wilhelmine von Zenge vom 22. 3. 1801, zitiert nach Cassirer 1919, 401.

16 Siehe dazu Prauss 1971 und Prauss 1974.

17 CrV A 77 B 103.

18 CrV A 446 B 474.

19 CrV A 553 f. B 581 f.; siehe schon CrV A 448 ff. B 476 ff.

20 *Grundlegung,* 393. – Siehe dazu Kaulbach 1988 und Puls 2016.

21 Siehe dazu Willaschek 1992.

22 *Grundlegung,* 421.

23 Siehe dazu Höffe 2008.

24 Siehe dazu Recki 2014.

25 CU, § 5, 210.

26 CU, § 9, 216–219.

27 Reflexion 1820a (AA XVI, 127).

28 CU, § 1, 204.

29 Siehe eingehender dazu Recki 2001.

30 Siehe dazu Gunkel 1989.

31 Vgl. Recki 2016.

Abb. 1 Collins: Ölgemälde. © Adelson Galleries, New York

Abb. 2 Titelblatt der Rede *Areopagitica.* Wikimedia Commons

Abb. 3 Friedrich zugeschrieben: Ölgemälde. © bpk/Hamburger Kunsthalle/Elke Walford

Abb. 4 Thorvaldsen: Bronzestatue. Alamy Stock Photo DWECNG

Abb. 5 Freiheitsstatue als Souvenir. Alamy Stock Photo BH26F6

Abb. 5 In der CrV findet sich Kants erste Bestimmung des Begriffs von Freiheit, die Freiheit ganz allgemein als Unabhängigkeit von Ursachen im Sinne der Naturgesetzlichkeit kennzeichnet. Wie Kant später ausführt, ist Freiheit zudem verkoppelt mit Autonomie. Freiheit des Willens heißt: sich aus eigener Kraft und motiviert durch Vernunft das Gesetz zu geben, dem man sich als ›freier‹ Mensch bewusst unterwirft. Diesen Autonomiebegriff hat Kant auch in seine politische Philosophie übertragen. Insofern war die amerikanische Unabhängigkeitserklärung am 4. Juli 1776 ein Ausdruck bürgerlicher Autonomie und ein Akt der Freiheit.

3

SYSTEMATISCHE LEISTUNGEN DER KRITISCHEN PHILOSOPHIE

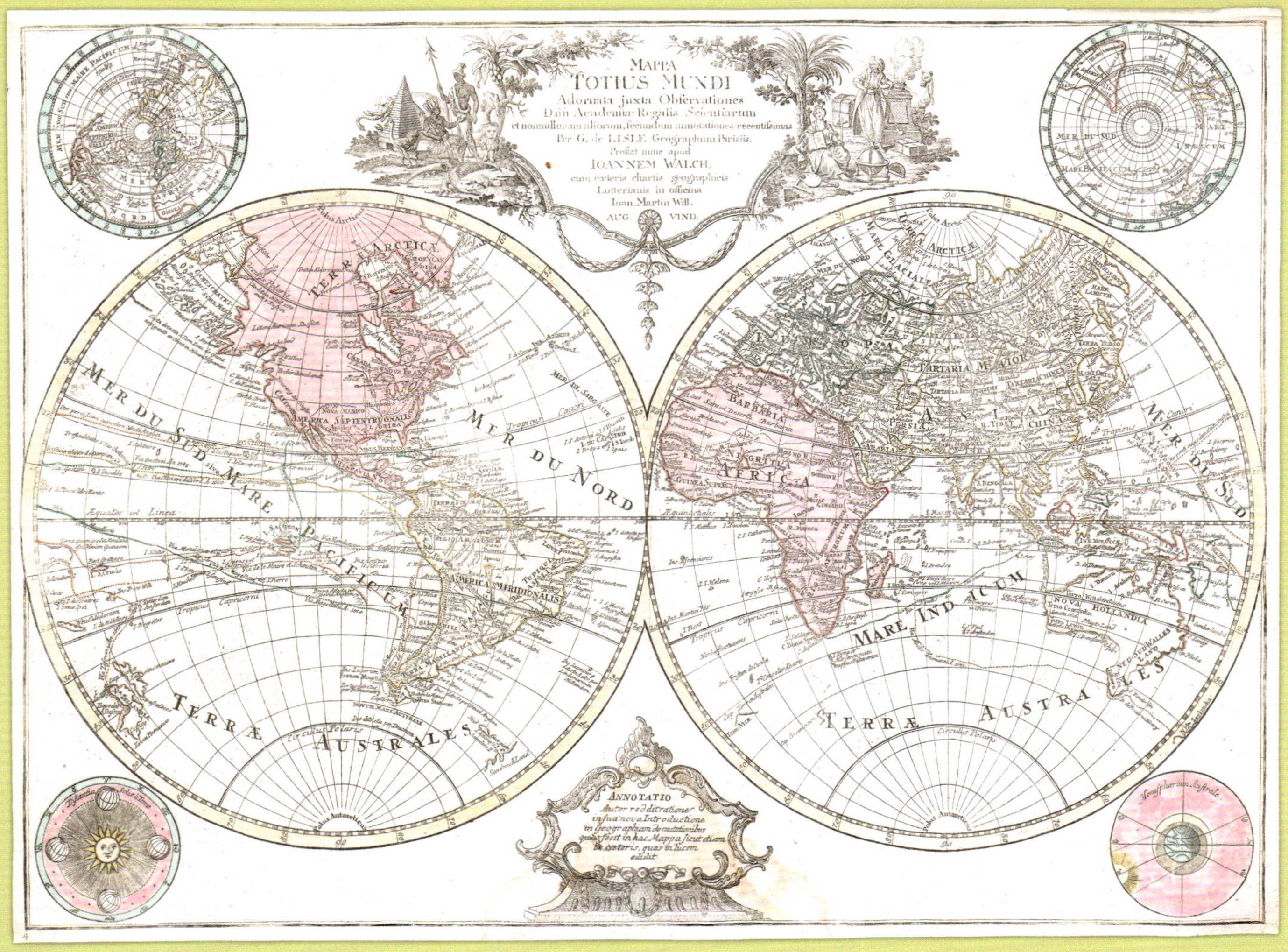

↑ **Abb. 1** Diese Karte von 1775 zeigt das geographische Wissen über die Erde sechs Jahre vor dem Erscheinen der *Critik der reinen Vernunft*. Auf der Verständigungsgrundlage des noch bis in das 18. Jahrhundert hinein verbreiteten Latein als universeller Wissenschaftssprache sowie des in kultivierten Kreisen allgemein verbreiteten Französisch waren insbesondere Philosophen und Naturwissenschaftler in den damals miteinander im Austausch befindlichen Teilen der Welt gut über aktuelle Ereignisse sowie neue Erkenntnisse und Gedanken informiert.

Kant war in seinem Denken kosmopolitisch und hatte über nationale Grenzen hinweg andere Länder und Kulturen im Blick. Er las die wichtigsten Journale, die aus auch weiter entfernten Gegenden ihren Weg nach Königsberg fanden, sowie von theoretischen Traktaten über Reiseberichte aller Couleur und Lexika bis hin zu Romanen alles, was er in die Hände bekam, und dieses in vermutlich umfassender Breite, denn er war neugierig auf alles, was in der Welt und mit den Menschen geschah.

← **Jack Levine: *The Feast of Pure Reason* (Das Fest der reinen Vernunft), 1937** Der Künstler ist ein Vertreter der US-amerikanischen ›Social Realist School‹ der 1930er Jahre. Dieses Bild zeigt einen Polizisten, einen Vertreter der Unterwelt und einen Unternehmer im Anzug mit Zigarre und Spazierstock. Man mag hier Sozialkritik, bezogen auf Zustände von Korruption und Ausbeutung arbeitender Menschen, lesen. Auch der Aufklärung (als historischem Ereignis) ist verschiedentlich eine enge Verbindung zur Herrschaft der Reichen und intellektuell Mächtigen vorgeworfen worden.

OTFRIED HÖFFE

Der wahre Weltbürger: Zur philosophischen und politischen Aktualität Kants

Heute verstehen wir die Ausdrücke ›Weltbürger‹ und ›Kosmopolit‹ vor allem politisch: Mit dem Ehrentitel darf sich schmücken, wer von den vielen Grenzen, die die Menschen trennen, vor allem die staatlichen, aber auch die ethnischen, sprachlichen und religiösen Barrieren relativiert. Seit ihren Anfängen kennt die Philosophie aber eine umfassendere, nicht bloß politische Bedeutung. Gegen den hochnationalen Partikularismus seiner Hellenen erklärt der Philosoph Demokrit, der Atomtheoretiker aus Abdera und vielseitigste Forscher vor Aristoteles: »Dem weisen Mann steht die ganze Erde offen, das Universum ist das Vaterland der guten Seele«.[1] Der Grund liegt auf der Hand. Nicht aus dem kontingenten Umstand, dass Demokrit aus seiner Heimatstadt vertrieben, insofern vaterlandslos wurde, steht ihm der ganze Globus offen. Es ist vielmehr das Medium seiner Profession, der Philosophie, und zugleich das eines jeden Menschen, das jede politische Grenze übersteigt, nämlich die allgemeinmenschliche Vernunft.

Trotzdem denken von den Großen der Philosophie nur wenige wirklich kosmopolitisch. Die überragende Ausnahme, Immanuel Kant, ist als erstes Weltbürger im Sinne eines Bürgers, den man schon zu Lebzeiten vielerorts und heute in aller Welt studiert.

Um diese Wertschätzung zu verdienen, ist Kant Weltbürger in einem zweiten Sinn. Dank seiner Neugier auf so gut wie alles, was in der Welt geschieht: von der Naturforschung über Entdeckungsreisen bis zur Politik, erwirbt er eine ungewöhnlich breite Weltkenntnis. Ihretwegen ist sein angeblich abstrakt-formalistisches Denken in Wahrheit höchst erfahrungsgesättigt.

In noch höherem Maße ist Kant in einem dritten, wahrhaft philosophischen Sinn ein Weltbürger. Denn er entfaltet eine weltbürgerliche, kosmopolitische Philosophie, und dies gilt nicht bloß für die Politik im engeren Sinn, sondern für zahlreiche weitere Dimensionen, von denen drei skizziert seien: Den historischen wie sachlichen Anfang bildet die Philosophie eines Weltbürgers im Wissen. Es folgt – übrigens schon im Rahmen der Wissenstheorie – die Philosophie eines Weltbürgers in der Moral. Erst danach und vor allem in deren Rahmen entwickelt Kant die Philosophie eines politischen Weltbürgers, nämlich die Theorie einer weltumfassenden Rechts- und Friedensordnung.[2]

EIN EPISTEMISCHER KOSMOPOLITISMUS

Alle drei Dimensionen gewinnen heute, im Zeitalter der Globalisierung, eine neue Aktualität. Denn dort, wo höchst unterschiedliche Kulturen dieselbe Welt nicht wie bisher bloß ›im Prinzip‹, sondern für alle sichtbar und erlebbar miteinander teilen, dort braucht es ein auf ähnlich sichtbare Weise kulturunabhängiges Denken. Es bedarf einer inter- und transkulturell gültigen Argumentation. Bindet man sie an ein normatives Minimum von interkultureller Koexistenz, an elementare Bedingungen von Rechtsstaat und Demokratie, so kann sie politisch und wegen der globalen Dimension kosmopolitisch: weltbürgerlich, heißen. Kosmopolitisch ist sie freilich nicht im rechtlichen, sondern epistemischen, das heißt aufs Wissen bezogenen Verständnis.

Die entsprechende Kosmo-Polis ist bei Kant in mindestens zwei Hinsichten demokratisch verfasst. Erstens steht sie im Dienst an der Allgemeinheit aller Menschen. Zweitens zählt keinerlei Privaturteil, sondern die »Einstimmung aller Urtheile« und die Gültigkeit für jedermann (CrV A 821 f. B 848 f.). Wegen dieser demokratischen Verfasstheit kann man die erste von Kant entwickelte Kosmopolis eine ›epistemische Weltrepublik‹ nennen.

Kosmo*politisch* ist die kritische Philosophie besonders in der *Critik der reinen Vernunft* (CrV), weil diese von einer typisch politischen Lage ausgeht, von der Philosophie als einem Kampfplatz endloser Streitigkeiten, insbesondere zwischen Rationalismus und Empirismus. Nach dem Rationalismus eines René Descartes, Baruch de Spinoza und Gottfried Wilhelm Leibniz soll die reine, von aller Erfahrung freie Vernunft zu eigener Erkenntnis fähig sein. Für drei erfahrungsfreie Gegenstände gebe es nämlich eine zweifelsfreie Erkenntnis: für die Seele ihre Unsterblichkeit, für den Willen dessen Freiheit und für Gott die Existenz. Nach dem Empirismus John

Lockes, in gewisser Weise auch David Humes dagegen ist alle Erkenntnis auf Erfahrung angewiesen, folglich eine Erkenntnis erfahrungsfreier Gegenstände unmöglich.

Kant schlägt sich in diesem Streit nicht auf eine der Seiten, sondern unterwirft den Streit dem Verfahren einer liberalen Demokratie, womit er den kosmo*politischen* Aspekt zu deren moderner Gestalt, dem demokratischen Rechtsstaat, steigert. Denn der Streit soll nicht durch Willkür und Macht, sondern im Gegenteil durch das Recht und dessen öffentliche Verantwortung, also ein Gericht, entschieden werden.

Wie das Titelwort *Critik* besagt, führt die CrV einen förmlichen Gerichtsprozess durch, genauer einen Zivil-, keinen Strafprozess. Die reine Vernunft wird nicht eines Verbrechens angeklagt, wohl aber werden ihr zu hohe Ansprüche vorgeworfen. Nach Maßgabe von Gesetzen, die Kant im Verlauf der *Critik* zutage fördert, werden die berechtigten Ansprüche der Vernunft gesichert, die unberechtigten dagegen zurückgewiesen.

Auch das Ziel des Prozesses ist politischer Natur; es bestehe nämlich – heißt es später – im ewigen Frieden in der Philosophie.[3] Der Friede, der durchaus Wettstreit zulässt, ist für Kant nicht bloß eine sozialtheoretische, sondern eine umfassende, auch die Welt des Wissens einschließende Aufgabe.

Kants epistemischer Kosmopolitismus widerspricht der neuerdings beliebten Skepsis gegen ein kultur- und epochenunabhängiges Denken. Diesem erkenntnistheoretischen Historismus oder auch einer postmodernen Beliebigkeit stellt er ein Wissen entgegen, das »für jedermann gültig ist, so fern er nur Vernunft hat« (CrV A 821 B 848). Kant bündelt es im Begriff von erfahrungsunabhängigen Voraussetzungen aller Erfahrung. Diese Voraussetzungen, das synthetische Apriori, bedeuten nichts weniger als eine nichtrelativierbare, schlechthin kultur- und geschichtsunabhängig gültige Erkenntnis. Deren wichtigste Elemente sind bekannt, auch weithin anerkannt, etwa Raum und Zeit als reine Anschauungsformen oder die Kategorie der Kausalität als Bedingung, um Veränderung, also Ereignisfolgen, als objektiv zu erkennen: Ohne Raum und Zeit kann man nichts wahrnehmen; ohne ein Ursache-Wirkungsdenken kann man eine Ereignisfolge wie beispielsweise ›erst sinkt die Temperatur, dann gefriert das Wasser‹ nicht als objektiv erkennen. Wie die Menschenrechte die Kerngrammatik des Sozialen ausmachen, so bilden derartige Elemente die Kerngrammatik des Wissens, den Kern der *einen* epistemischen Welt.

›Völkerrecht‹ bedeutet am historischen Ursprung, in Rom, als *ius gentium*, weniger das Recht, das die internationalen Beziehungen *zwischen* den Völkern (im Sinne von Staaten) regelt. Es meint das bei allen Völkern de facto anerkannte Recht, das daher internationale Privat- und Handelsrechtsbeziehungen regeln kann. In diesem Sinn haben die von Kant herausgearbeiteten Elemente den Charakter eines epistemischen Völkerrechts.

In erkenntnistheoretischer Hinsicht leben wir schon jetzt in einer inter- und transkulturell gemeinsamen Welt. Augenfällig trifft es für Kants Muster von Wissenschaft zu, für die Mathematik und Physik, zusätzlich auch für die Chemie, ferner für die Lebens- und die Ingenieurwissenschaften, im Rahmen eines Methodenpluralismus sogar für die Geistes- und Sozialwissenschaften; denn sie werden in aller Welt gleicherweise unterrichtet. Nur ein Beispiel: Weltweit wird dieselbe Physik: von der (quantentheoretischen) Mikrophysik bis zur (relativitätstheoretischen) Astrophysik, betrieben. Allenfalls bieten einige Kulturen diesen Wissenschaften ein stärkeres, andere ein schwächeres Willkommen oder unterdrücken sie sogar.

Kant geht es um die apriorische Begründung von Wissenschaft. Ihretwegen sind wir alle *epistemische* Weltbürger, das heißt zur Erkenntnis der gemeinsamen Welt sowohl berufen als auch fähig. Für beide Hinsichten, die Aufforderung und die grundsätzliche Fähigkeit, verfügen wir alle über dasselbe gemeinsame Vermögen, die allgemeinmenschliche Vernunft.

Noch aus einem anderen Grund ist Kants CrV so attraktiv. Sie nimmt eine doppelte Gratwanderung vor, einmal die schwierige Gratwanderung zwischen einer Über- und einer Unterbewertung der Philosophie, zum anderen die nicht minder schwierige eines Über- und eines Unterschätzens der Naturwissenschaften. Dem immer wieder aufbrechenden Szientismus bedeuten die Wissenschaften nicht bloß viel, sondern so gut wie alles. Dem stellt der schlichte Kontrahent eine umfassende Wissenschaftsskepsis entgegen. Im Widerspruch zu beiden erkennt Kant das überragende Gewicht der Wissenschaften an und weist trotzdem jeden intellektuellen Imperialismus zurück. Zum Beispiel versteht er zwar die Faszination, die die Mathematik, ›dieser Stolz der menschlichen Vernunft‹ (CrV A 464 B 492), seit Platon auf zahllose Philosophen ausübt. Denn in ihren drei Bausteinen zeichnet sie sich durch eine vorbildliche Gründlichkeit aus: bei den Begriffen durch Definitionen, bei den Grundsätzen durch Axiome und bei den Beweisen durch Demonstrationen (CrV A 726 B 754). Infolgedessen gibt sie ›das glänzendste Beispiel‹ einer sich ›von selbst glücklich erweiternden‹ und doch erfahrungsfreien Wissenschaft ab (CrV A 712 B 740; B X ff.). Trotzdem erliegt Kant nicht der genannten Faszination. Denn in keinem der drei Stücke kann die Philosophie die Mathematik nachahmen (CrV A 713 B 741). Der Grund liegt nicht etwa im anderen Gegenstand, sondern allein in der Methode (CrV A 714 ff. B 742 ff.):

Während die Mathematik beispielsweise ihre Begriffe selbst macht (CrV A 730 B 758), daher im strengen Sinn definiert, vollständig abgrenzt, leistet die Philosophie nur eine Erklärung gegebener Begriffe, vorgenommen durch eine Zergliederung, deren Vollständigkeit nie apodiktisch gewiss ist. Die Folge liegt auf der Hand, »daß es sich für die Natur der Philosophie gar nicht schicke, [...] sich mit den Titeln und Bändern der Mathematik auszuschmücken, in deren Orden sie doch nicht gehöret«. Trotzdem ist die Philosophie keine zweitrangige Wissenschaft. Dem Vorzug der Mathematik, der skizzierten Gründlichkeit, stellt sie ihre eigene Gründlichkeit entgegen, eine Kritik, die »vermittelst hinreichender Aufklärung unserer Begriffe, den Eigendünkel der Speculation auf das bescheidene, aber gründliche Selbsterkenntniß« zurückführt (CrV A 735 B 763).

Ein anderes Beispiel: Kant zeigt, dass die gesamte Natur, also auch unsere neuronalen Prozesse, Gesetzmäßigkeiten unterworfen ist und trotzdem die Freiheit sich – im Gegensatz zu den Theorien einiger Hirnforscher – widerspruchsfrei denken lässt. Damit tritt er der neueren Hirnforschung, genauer: ihren offensiven Missionaren, entgegen, die da glauben, mit gewissen Experimenten die Willensfreiheit widerlegen zu können. Der Naturforscher Kant würde sich beispielsweise für die einschlägigen Versuche, etwa die Libet-Experimente, interessieren; der Naturphilosoph wäre von ihnen nicht grundsätzlich überrascht; und der Erkenntniskritiker Kant würde die Folgerung, es gäbe keine Willensfreiheit, folglich auch keine strafrechtliche Schuldfähigkeit, keine Privatautonomie, keine Selbstbestimmung und deren Verletzung, vermutlich auch keine Menschenrechte und keine darauf gründende Selbstgesetzgebung, diese angeblich radikale Folgerung würde Kant für übereilt halten.

Für erkennbar hält er die Willensfreiheit aber nicht. Damit widerspricht er auch der anderen Streitpartei und erklärt lediglich, trotz einer umfassenden Herrschaft der Naturgesetze sei die Willensfreiheit denkbar, aber auch nur denkbar, nicht erkennbar. Denn für die Erkenntnis braucht es das Zusammenwirken von zwei grundverschiedenen Erkenntniskräften: der Sinnlichkeit, die etwas Äußeres passiv aufnimmt, und dem Denken, das das Aufgenommene aktiv verarbeitet. Bei der Freiheit gibt es aber – man muss einschränken: zunächst – nur das Denken, so dass sie sich zwar widerspruchsfrei denken, nicht aber auch erkennen lässt.

Abb. 2 Kants Philosophie ist als Systemphilosophie und als innovativ konzipierte Transzendentalphilosophie in vieler Hinsicht eine ›welttragende‹ Philosophie, weil sie Geltungsansprüche und Anwendungsfragen mit großem Aufwand an Begründungsarbeit klärt. Aufklärung schiebt sich so unter die Welt, um ihre Bürde klug zu tragen, ihr Leid zu wenden und die Menschlichkeit zu kultivieren.

Symbolisch lässt sich das mit der mythologischen Figur von Atlas, der die Welt auf seinen Schultern trägt, versinnbildlichen. Hier ist sie zu sehen in einer Arbeit von Gustav Herold: *Atlas, die Erdkugel tragend, unterstützt von Dampf und Elektrizität* (1886/87). Die Figurengruppe ist sechs Meter hoch, über vier Tonnen schwer und befindet sich auf dem Dach des Hauptbahnhofs in Frankfurt am Main.

Kant lehnt aber nicht bloß die Selbstüberschätzung der Einzelwissenschaften ab. Sorgfältig darauf bedacht, ihnen nicht ins Gehege zu kommen, wendet er sich lediglich jenen Vor- und Grundfragen zu, für die die Einzelwissenschaften über keine Kompetenz verfügen. Nehmen wir als Beispiel das Interesse an umfassenden Weltbildern. Weil Philosophen dafür seit längerem ausfallen, kommen vornehmlich Naturwissenschaftler ihm nach. Früher waren es eher die Physiker, heute sind es mit wachsendem Selbstbewusstsein die Lebenswissenschaftler, etwa Hirnforscher, die sich noch eine umfassende Weltsicht zutrauen. Da sich die einschlägigen philosophischen Debatten aber vom Alltagsverstand weit

Abb. 3 Thomas Morus veröffentlichte 1516 in Leuven den auch heute noch bekannten utopischen Roman *De optimo rei publicae statu deque nova insula Utopia* (Vom besten Zustand des Staates und der neuen Insel Utopia). 1517 und 1518 erschienen Ausgaben in Paris und Basel und etwas später überall in Europa. Der Roman ist in Dialogform geschrieben, der Autor selbst tritt als einer der Dialogpartner auf. Abgebildet ist der Titel-Holzschnitt der Erstausgabe.

entfernt haben, droht die Gefahr, dass sich professionelle Fachkenntnisse mit philosophischem Dilettantismus verbinden, so dass die ganzheitlichen Weltbilder naiv ausfallen.

Die Alternative lautet, frei nach Platons Philosophenkönigssatz: Wenn nicht entweder die Naturforscher zu Philosophen werden oder die Philosophen sich gründlich mit der Naturforschung befassen und beides zusammenkommt, philosophische und naturwissenschaftliche Kompetenz, gibt es kein Ende des Unheils mit ganzheitlichen Weltbildern. Für den philosophischen Part steuert nun die *Critik* die bis heute entscheidende Klärung bei, die Antwort auf die Frage nämlich, welcherart Ganzheit überhaupt möglich ist. Die zwei ersten Teile, die ›Ästhetik‹ und die ›Analytik‹, entfalten die schon genannten konstitutiven Elemente der Natur*erkenntnis*, also Raum und Zeit als reine Anschauungsformen und die Kausalität als eine der reinen Denkformen. Der dritte Teil, die ›Dialektik‹, vervollständigt diese Überlegungen um regulative Elemente der Natur*forschung*, die in Prinzipien einer möglichen Vollständigkeit liegen.

Bis heute streitet in der Erkenntnistheorie der Positivismus mit der Metaphysik. Auch wenn die beiden Positionen unter anderen Namen auftreten, ist der Grundstreit ziemlich klar: Nach Ansicht der Metaphysik hat sie einen eigenen, nur ihr zugänglichen Gegenstand, das Unbedingte, von vielen auch Absolutes genannt; und dieser Gegenstand lasse sich auch erkennen. Dem tritt der Positivismus vor allem mit drei Strategien entgegen. Entweder hält er das Unbedingte für einen rein eingebildeten Gegenstand, für ein Hirngespinst. Oder er bestimmt es empirisch, als unmittelbar zugängliche Beobachtungsdaten, als Protokollsätze, wie der frühe Logische Positivismus sagt. Oder er lehnt es begründungslogisch ab. Denn für (deduktive) Begründungen gebe es nur drei Möglichkeiten, die allesamt nicht zu einem Unbedingten gelangen: den infiniten Regress, den (dogmatischen) Abbruch des Verfahrens und den Begründungszirkel.

Bei Kant lernen wir zweierlei: zum einen, warum der Streit immer wieder aufflackert, zum anderen, wie er sich gleichwohl schlichten ließe. Der Streit taucht deshalb immer wieder auf, weil beide Seiten einer zu einfachen Alternative verhaftet sind. Der Positivismus erklärt zu Recht, dass der Vernunft mangels Anbindung an Erfahrung keine Erkenntnis offenstehe; Kant vertritt die auf den ersten Blick geradezu positivistische These: »nur in der Erfahrung ist Wahrheit« (*Prolegomena*, 374). Demgegenüber kann das Unbedingte als jene Totalität der Bedingungen, die die gesamte Gegenstandserkenntnis zu einer Einheit bringt, verstanden werden. Deshalb ist die geradezu positivistische These antipositivistisch zu ergänzen: Ohne die Suche nach Einheit, beispielsweise nach einer für alle Naturkräfte geltenden Grundkraft oder auch nach einer Weltformel, gibt es keinen zusammenhängenden Verstandesgebrauch. Die Wahrheit konstituiert sich zwar nur in der Erfahrung, die volle (›zureichende‹) Wahrheit aber nur in dem vernunftgebotenen unendlichen Forschungsprozess. Und dieser erfolgt in drei Richtungen: Erstens sucht man größte Einheit, zweitens größte Mannigfaltigkeit und drittens ein Maximum an Zusammenhängen.

Schon ein kurzer Blick in die Geschichte der Naturforschung spricht für Kant: Physiker etwa suchen nach einer einzigen Grundkraft oder nach einer universalen Weltformel.

Biologen wollen die Fülle der Lebensprozesse aus Grundvorgängen erklären, die allen Lebewesen gemeinsam sind. Auch Wirtschafts- und Sozialwissenschaftler versuchen in allgemeinen Theorien die Fülle der empirischen Elemente und Kräfte auf möglichst wenige Grundelemente und Grundkräfte zurückzuführen. Sie alle folgen also Kants erstem Prinzip, dem der Gleichartigkeit des Mannigfaltigen. Die Wissenschaftler suchen aber auch nach immer feineren Unterschieden in den Phänomenen der natürlichen und sozialen Welt. Damit erkennen sie das komplementäre Prinzip der Verschiedenartigkeit an.

Trotz dieser Bestätigung durch die Erfahrung können jedoch die beiden Prinzipien ebensowenig wie das dritte, das der Kontinuität, aus der Erfahrung stammen. Denn die Erfahrung ist stets begrenzt, den Prinzipien geht es aber um jene unbegrenzte, absolute Vollständigkeit, die für die Fähigkeit, alle Erfahrung zu überschreiten, also für die (hier: theoretische) Vernunft charakteristisch ist. Da keine Erfahrung an diese absolute Vollständigkeit heranreicht, bezeichnen die Vernunftideen ein Ziel, das die Forschung beherrscht und trotzdem bei ihrem Fortgang stets ins Unerreichbare zurückweicht. Darin sind sie dem Fluchtpunkt manchen Gemäldes vergleichbar, der außerhalb liegt und gleichwohl die Perspektive bestimmt. Ähnlich folgt die Forschung den Vernunftideen, ohne deren Gehalt, die absolute Vollständigkeit des Wissens, jemals zu erreichen.

EIN MORALISCHER KOSMOPOLITISMUS

Auch angesichts eines moralischen Kosmopolitismus widerspricht Kant einem radikalen Relativismus und Skeptizismus. In ihrer ethischen Form bezweifeln beide Positionen die Möglichkeit einer allgemeingültigen Moral. Demgegenüber verlangt der kategorische Imperativ, die Grundsätze unserer Lebensführung, sogenannte Maximen, in den Blick zu nehmen und dann lediglich denjenigen Maximen zu folgen, die als ein im strengsten Sinn allgemeines Gesetz gedacht oder gewollt werden können.

›Allgemein‹ heißt hier erstens, nicht für eine gewisse Situation gültig zu sein, sondern für ein ganzes Leben, zweitens nicht nur für mein Leben, sondern für das Leben und Zusammenleben aller Menschen, daher drittens für jede Kultur und Epoche. Und sollte es handlungsfähige Lebewesen auch außerhalb der Menschheit geben, so wären viertens auch sie denselben moralischen Geboten und Verboten unterworfen, etwa dem rechtsmoralischen Verbot von Betrug und Mord und dem tugendmoralischen Gebot, Notleidenden zu helfen.

Zweifellos ist diese Ansicht Kants anspruchsvoll, sogar provokativ; unserem Zeitalter der Globalisierung ist sie aber auch höchst willkommen. Denn die entsprechende Moral setzt von Grund auf alle kulturellen Besonderheiten beiseite; ein etwaiger Eurozentrismus ist Kants Moralphilosophie von Grund auf fremd. Erneut wird Kant durch die Wirklichkeit bestätigt, denn die genannten Gebote und Verbote finden wir in so gut wie allen Kulturen und Epochen; sie haben daher den Rang eines moralischen Völkerrechts. Ebenfalls haben sie Vernunftcharakter, weil sie die hier entscheidende Erfahrung, die Bindung an Triebe, Bedürfnisse und Interessen sowie deren Erfüllung, das eigene Glück, übersteigen.

POLITISCHER KOSMOPOLITISMUS

Kosmopolitisch ist Kant drittens im Rechts- und Staatsdenken. Ich nenne exemplarisch nur das eine, offensichtliche Element. Es ist die Theorie einer internationalen Rechts- und Friedensgemeinschaft, die in der großen politischen Philosophie des Abendlandes, immerhin von Platon und Aristoteles über Thomas Hobbes, John Locke und Jean-Jacques Rousseau bis zu Georg Wilhelm Friedrich Hegel, fehlt. Von Kant wird dieses Defizit überwunden. In einer schmalen Abhandlung, bei einem Umfang von kaum zehn Prozent der CrV, der Schrift *Zum ewigen Frieden*, führt Kant die entscheidenden Denkmotive, die bislang neben- oder gegeneinander liefen, zu einer Einheit. Er verbindet das Rechts- und Staatsdenken seit Platon und Aristoteles mit dem stoischen Kosmopolitismus, aber ohne dessen häufig apolitischen Grundzug. Er kennt das Völkerrecht der frühen Neuzeit ebenso wie Augustinus' Gedanken des ewigen Friedens, den er aber nicht mehr dem Jenseits vorbehält, sondern zu einer Aufgabe des Diesseits, näherhin des Rechts nach seinem moralischen Begriff erklärt.

Darin liegt die *erste große Innovation*. Von religiösen und theologischen Momenten freigesetzt, wird der Friede zu einem rein säkularen Begriff. Auf seiner Grundlage entfaltet Kant eine so umfassende und zugleich wohldurchdachte Philosophie einer globalen Rechtsordnung, dass sie bis heute das maßgebliche Muster aller entsprechenden Versuche darstellt. Ob diese von Philosophen, Politikwissenschaftlern oder Völkerrechtlern, selbst von Ökonomen kommen – sie sind bis heute an Kant zu messen.

Der Text ist ein eminent politischer Traktat, enthält er doch die Grundzüge einer vollständigen Rechts- und Staatsphilosophie und darüber hinaus die Prinzipien ihrer Umsetzung in reale Politik.

Obwohl Kant den Krieg mit Ausnahme der Selbstverteidigung kompromisslos ächtet, unterzieht er sich als erstes der Mühe, das Geächtete, solange es noch wirklich ist, zu reformieren. In den vorläufigen Bestimmungen (›Präliminarartikeln‹) skizziert er eine Veränderung der Kriege um eines beständigen Friedens willen.

Seine *zweite große Innovation* besteht nun in dieser friedensfunktionalen Kriegsreform. Mindestens zwei ihrer Forderungen bleiben bis heute aktuell: dass man stehende Heere nach und nach abschaffen solle (Prinzip Abrüsten statt Wettrüsten); dass man sich in die Verfassung und Regierung anderer Staaten nicht gewalttätig einmischen darf, da sie das Recht haben, sich selbst zu reformieren (Interventionsverbot; angesichts der ihm damals unbekannten systematischen Völkermorde würde er aber eine humanitäre Intervention wohl kaum rundum ablehnen).

Die endgültigen Bestimmungen (›Definitivartikel‹) behandeln die drei Stufen des öffentlichen Rechts. Auf der ersten Stufe, beim ›Staatsrecht‹ nennt Kant zwei Antriebskräfte für eine globale Friedensordnung: auf der negativen Seite die Erfahrung mit den Schrecken des Krieges, auf der positiven Seite den Republikanismus, der sich in etwa auf eine liberale Demokratie beläuft. Da man hier nämlich die Bürger um Zustimmung ersuchen muss, werden sie — sagt Kant — schon aus Selbstinteresse kaum einen Angriffskrieg beginnen.

Dritte Innovation: Der Philosoph hält die Bürger von Demokratien nicht etwa für moralisch besser. In aller Nüchternheit beruft er sich lediglich auf das aufgeklärte Selbstinteresse der Bürger, das wiederum in Demokratien weit stärker als in Diktaturen zum Zuge komme.

Die neuere Politikwissenschaft hält unter Hinweis auf Kant liberale Demokratien für friedfertig und erwartet aus einer weltweiten Demokratisierung ein ebenso weltweites Ende aller Kriege. Dagegen drängen sich allerdings Einwände auf. Wird beispielsweise der Krieg nicht an den Staatsgrenzen geführt, so spüren die Bürger seine Schrecken viel weniger und noch einmal weniger, wenn sich der Krieg gegen einen deutlich schwächeren Feind richtet. Weiterhin läßt sich an fremden Kriegen verdienen; ferner können sie das Prestige und die Macht wachsen lassen oder von innenpolitischen Schwierigkeiten ablenken. Andererseits werden gewisse Kriege auch aus demokratieunabhängigen Ursachen, namentlich der Waffenentwicklung, vermieden: Wegen der verheerenden Folge der Zweitschlagfähigkeit gibt es bei einem Atomkrieg nur Verlierer.

Nicht zuletzt kann sich die bisherige Friedfertigkeit von Demokratien abschwächen, sobald die vertrauten Gegensätze, nicht nur der West-Ost-Konflikt, dahinschmelzen, oder die meisten Staaten demokratisch geworden sind. Deshalb ist eine weniger optimistische Gesamtbilanz unvermeidbar: Auch wenn eine Demokratisierung aller Staaten die Chancen eines globalen Friedens steigert, die Demokratisierung überdies aus rechtsmoralischen Gründen geboten ist, kann man ohne global gültige Regelwerke, ohne ebenso globale Organisationen und ohne deren Recht auf öffentliche Gewalt, kurz — werden wir sehen — ohne eine subsidiäre und föderale Weltrepublik mit einem dauerhaften Weltfrieden kaum rechnen.

Auf der dritten Stufe, dem ›Weltbürgerrecht‹, vertritt Kant — *vierte Innovation* — ein qualifiziertes Kooperationsrecht: Der Händler darf seine Güter, der Forscher sein Wissen, selbst der Missionar seine Religion offerieren, freilich ohne gewalttätig zu werden. Ob es Individuen, Gruppen, Firmen, auch Völker beziehungsweise Staaten betrifft und ob dann wirtschaftliche, kulturelle oder touristische, auch politische Interessen verfolgt werden, bleibt sich gleich. In jedem Fall darf man andernorts anklopfen, hat aber kein Recht auf Einlass. Man hat lediglich ein Besuchsrecht, kein Gastrecht. Die etwa durch Großbritannien nach dem Opiumkrieg (1840–1842) erzwungene Abtretung Hongkongs und Öffnung chinesischer Häfen für den Handel und die später von den USA erzwungene Öffnung japanischer Häfen für denselben Zweck hätte Kant daher scharf kritisiert.

Ob es zur Kooperation kommt oder nicht — in jedem Fall sind beide Seiten zu schützen. Weder darf man die Ankömmlinge töten, versklaven oder ausrauben noch umgekehrt die Einheimischen unterwerfen, ausbeuten oder versklaven. Politisch relevant ist Kants scharfe Abrechnung mit der damaligen Kolonialpolitik. Von Süd-, Mittel- und Nordamerika über Afrika bis Australien dürften nach Kants Kriterium so gut wie alle Koloniebildungen der Neuzeit ein klares Unrecht sein: denn »die Einwohner rechneten sie für nichts« (*Frieden,* 358).

Kants qualifiziertes Kooperationsrecht ist mehr als nur negativ ein Verbot unrechter Kolonialisierung und positiv mehr als ein internationales Privatrecht, vor allem Handelsrecht. Weil es Wissenschaft, Kultur und Tourismus einschließt, beläuft es sich auf einen Anspruch, der heute, im Zeitalter der Globalisierung, besonders aktuell ist: Alle

Menschen haben ein Recht auf eine umfassende, trotzdem bescheidene Kooperationsgemeinschaft. Das universale Besuchs-, nicht Gastrecht bedeutet, dass man nicht auf persönliche und kollektive Eigenarten verzichten müsse. Kants Weltbürgerrecht verbindet ein Recht auf universale Kooperation mit einem Recht auf Differenz.

Für die mittlere Stufe, das ›Völkerrecht‹, entwickelt Kant — *fünfte Innovation* — die Idee eines Friedensbundes aller Staaten. Gegen einen Staat, der sich aus den weiter fortbestehenden Staaten zusammensetzt, gegen eine föderale Weltrepublik, bleibt er zwar skeptisch. Hier wäre Kant mit seinen eigenen Grundgedanken fortzuentwickeln. Denn das Vernunftgebot, dass über alle Konflikte zwischen den Menschen nicht die private Meinung und Gewalt entscheiden darf, sondern nur das Recht und seine öffentliche (staatsförmige) Sicherung, gilt auch für Konflikte zwischen Staaten. Die primäre Rechtssicherung obliegt allerdings den Einzelstaaten, die daher den Rang von Primärstaaten behalten. Die aus den weiterhin bestehenden Staaten aufzubauende globale Rechtsordnung — nennen wir sie eine Weltrepublik — ist nur als rechtsförmige Koexistenz, auch Kooperation, legitim, als ein Sekundärstaat (Völkerstaat im Sinne eines Staates von Staaten) mit relativ wenigen Kompetenzen, folglich als föderale und subsidiäre Weltrepublik.

Auf Dauer ist es zwar rechtsmoralisch geboten, global zuständige Gerichte einzurichten, ebenso Instanzen für global geltende Gesetze und für deren Durchsetzung. Es braucht also eine Weltjustiz, ein Weltparlament und eine Weltregierung, zumindest gewisse Äquivalente. Aus pragmatischen Gründen (um Erfahrungen zu sammeln), auch aus rechtsmoralischen Gründen (weil man die Staaten nicht mit Gewalt in eine globale Rechtsordnung zwingen darf) ist die Weltrepublik für lange Zeit aber nichts anderes als der Inbegriff all der Rechtsinstitutionen, die man nach und nach für die verschiedenen staatenübergreifenden Konfliktthemen der Welt einrichtet. Eine weitergehende Weltrepublik darf man nur dann schaffen, wenn sie gegen die großen Gefahren gewappnet ist, als da sind Bürgerferne, Überbürokratisierung, Machtakkumulation und mangelnde politische Öffentlichkeit.

Nach dem Muster der damaligen Friedensverträge enthält Kants Friedensschrift auch einen Geheimartikel — mit der feinen Ironie, dass dieser nichts anderes fordert, als jede Geheimhaltung zu unterlassen. Statt dessen sei »über die allgemeine Maximen der Kriegsführung und Friedensstiftung« (*Frieden*, 369) eine freie und öffentliche Diskussion zu erlauben. Angesichts der Praxis internationaler Politik

Abb. 4 Der Friedenspalast in Den Haag wurde 1913 fertiggestellt und ist Sitz des Internationalen Gerichtshofs, des Ständigen Schiedshofes, der Haager Akademie für Völkerrecht und einer bedeutenden Völkerrechtsbibliothek. Der Bau im Stil der Neorenaissance am Carnegieplein in einer Parklandschaft im Norden der Stadt ist öffentlich zugänglich, verfügt über ein Besucherzentrum und beherbergt eine permanente Ausstellung über die Geschichte der Friedensbewegung.

ist diese Forderung revolutionär (und, hier die *sechste Innovation*), vergleichbar mit der grundlegenden Veränderung, der sogenannten kopernikanischen Wende, die Kant in der CrV für die Erkenntnis- und Gegenstandstheorie unternimmt. Die Friedensschrift wendet die generelle Forderung nach Publizität aus der CrV auf das inner- und zwischenstaatliche Recht an, fordert, jede staats- und völkerrechtliche Maxime auf ihre innere Ehrlichkeit zu überprüfen und erklärt jede Maxime, die diesem Test nicht standhält, für rechtsmoralisch verboten.

Entgegen einem beliebten Vorwurf gibt sich Kant mit einem bloßen Sollen nicht zufrieden, weder in der Moralphilosophie noch in seiner Friedensphilosophie. Unter dem Titel: »Von der Garantie des ewigen Friedens« (*Frieden*, 360) entwirft er auch eine Theorie der Realisierbarkeit, genauer — *siebente Innovation* — eine Sozialgeschichte der Menschheit, die lediglich von der Natur, insbesondere der Zwietracht der Menschen, und doch vom Frieden als Endzweck bestimmt ist. Der für die Kulturentwicklung generell entscheidende Faktor, die Zwietracht (*Idee*, 24–26), führe nämlich zur Besiedelung selbst der »unwirthbarste[n] Gegenden« (*Frieden*, 363), trage überdies zur Kultur bei (CU, § 83), diene sogar der Moral, da sie einen Altruismus zugunsten der jeweiligen Gemeinschaft und vor allem den Übergang vom Natur- zum

Rechts- und Staatszustand befördere: Der Krieg nötige die Menschen, »in mehr oder weniger gesetzliche Verhältnisse zu treten« (*Frieden*, 363).

Hier erweise sich der Krieg als eine List der Natur (des Menschen): als ein Mittel zum Zweck seiner Abschaffung. Selbst dann ist aber keine soziale Entropie: kein Wärmetod der Weltgesellschaft, zu befürchten. Denn die Vielfalt, auch Konkurrenz der Sprachen, nicht zuletzt die Handels-, Wissenschafts- und Kulturkonkurrenz bleiben erhalten. *Alleinzuständig* für den globalen Frieden ist der globale Rechts- und Staatszustand also nicht. Außer den politischen gibt es auch gesellschaftliche, namentlich wirtschaftliche Beziehungen. Auf sie hat man allerdings kein Anrecht; sie erfolgen in aller Freiwilligkeit. Der hier zuständige Antrieb, Kants zweite, jetzt wirtschaftssoziologische These zur Ausbildung einer Weltgesellschaft heißt: Handelsgeist. Und weil »unter allen, der Staatsmacht untergeordneten, Mächten (Mitteln), die *Geldmacht* wohl die zuverläßigste seyn möchte« (*Frieden*, 368), liege im Handelsgeist — genereller: in den Vorteilen, die sich aus jederart, auch wissenschaftlicher und kultureller Kooperation ergeben — eine Antriebskraft zur Globalisierung. Sie führt freilich nur zu einer Weltgesellschaft und weder zu einem Völkerbund noch zu einer Weltrepublik.

Die Friedensschrift bringt also, in eine klare Rangfolge gebracht, vier Gesichtspunkte der Friedenssicherung zusammen: (a) Das Leitziel bildet der Völkerbund oder aber die Weltrepublik. (b) Das Leitziel einzurichten, hilft die republikanische beziehungsweise die demokratisch-liberale Verfassung der Einzelstaaten. Dieses Prinzip Demokratisierung (im Sinne eines demokratischen Rechtsstaates) wird (c) negativ durch die »Drangsale des Krieges« (*Frieden*, 351) und (d) positiv durch den Handelsgeist ergänzt, denn dieser könne »mit dem Kriege nicht zusammen bestehen« und bemächtige »früher oder später sich jedes Volks« (*Frieden*, 368). Die »große Künstlerin, *Natur*« bediene sich also der natürlichen Zwietracht der Menschen, um »Eintracht selbst wider ihren Willen emporkommen zu lassen« (*Frieden*, 360): Die Menschen schließen sich aus durchaus selbstsüchtigen Motiven zu einzelnen Staaten zusammen, die wiederum zunächst untereinander Krieg führen, auf Dauer aber, aus Interesse an Handel und Wohlstand, in Frieden miteinander leben.

Den Völkern, die sich der einschlägigen Reform unterziehen, verleiht Kant einen Ehrentitel, der Kants Demokratisierung des Philosophenkönigssatzes vollendet; er nennt sie »königliche [...] Völker« (*Frieden*, 369). An die Stelle des Königs tritt das Volk, an die Stelle herausragender Individuen also die Gesamtheit der Betroffenen. Und sie, das Volk, darf sich nur dann den Ehrentitel des ›Königlichen‹ zulegen, wenn es sich einem von der Rechtsmoral geforderten Kriterium unterwirft. Kant rechtfertigt nicht die bloße Demokratie, sondern eine der Rechtsmoral verpflichtete und damit ›königliche Demokratie‹. Um legitim zu sein, muss sie sich selbst »nach Gleichheitsgesetzen« beherrschen (*Frieden*, 369), also dafür sorgen, dass »Keiner den andern wozu rechtlich verbinden kann, ohne daß er sich zugleich dem Gesetz unterwirft, von diesem wechselseitig auf dieselbe Art auch verbunden werden zu *können*« (*Frieden*, 350). Ein Volk ist königlich, wenn jeder Bürger gleichsam ein König ist, freilich kein über allen Gesetzen thronender, absolutistischer, sondern jener an die eigenen Gesetze gebundene konstitutionelle König, der Gesetzgeber und dem Gesetz Unterworfener zugleich ist. Und weil dieses zugleich durch die Rechtsmoral geboten ist, zeichnen sich ›königliche Völker‹ nicht durch ein ungewöhnlich hohes Bildungsniveau aus, sondern durch das moralisch Gute. Kants *achte Innovation* besteht also in der demokratischen Uminterpretation des Philosophenkönigssatzes. An die Stelle des gerechten Königs tritt die gerechte Verfassung eines dann königlichen Volkes.

Die *neunte Innovation* schließlich tritt im Vergleich zu den früheren Utopien zutage, zu Thomas Morus' *Utopia* und der Fülle von Staatsromanen, die im 16. und 17. Jahrhundert die soziale und politische Einbildungskraft auf Reisen schicken, daher ›voyages imaginaires‹, fiktive Reisen, heißen. Bei Kant geht nicht mehr die Phantasie, die Einbildungskraft, sondern die reine praktische Vernunft auf Reisen. Sie hebt den ewigen Frieden in den Rang einer »unmittelbaren« rechtsmoralischen Pflicht:[4] Von der Selbstverteidigung abgesehen (*Frieden*, 345), ist der »Krieg als Rechtsgang schlechterdings verdammt« (*Frieden*, 356).

Vom römischen Militärtheoretiker Vegetius (4. Jahrhundert n. Chr.) stammt das Motto, dem die meisten Staaten bis heute zu folgen pflegen: ›Wenn du den Frieden willst, so rüste für den Krieg.‹ (›Si vis pacem, para bellum‹). Dem setzt Kant der Sache nach den Satz entgegen: ›Wenn du den Frieden willst, so sorge für — politische — Gerechtigkeit‹ (›Si vis pacem, para iustitiam‹). In seiner eigenen Formulierung: »Trachtet allererst nach dem Reiche der reinen praktischen Vernunft und nach seiner *Gerechtigkeit*, so wird euch euer Zweck (die Wohlthat des ewigen Friedens) von selbst zufallen« (*Frieden*, 378).

1 Diels/Kranz 68B 247.

2 Weitere Überlegungen zu diesem Themenfeld und Auseinandersetzungen mit der reichen Literatur in: Höffe 1999, besonders Teil II, und Höffe 2012, besonders Kapitel 4.

3 Vgl. Kants Schrift *Verkündigung* (1796).

4 *Frieden,* 356, Zeile 4; vgl. auch *Frieden,* 362, Zeile 9; *Frieden,* 364, Zeile 9; *Frieden,* 378, Zeile 19–22.

Abb. 1 Unbekannter Künstler: Kupferstich. © Hessisches Staatsarchiv Darmstadt, Signatur P23 Nr. 186

Abb. 2 Herold: Bronzestatue. © Oleksii Sergieiev dreamstime 88023644

Abb. 3 Unbekannter Künstler: Holzschnitt. Bibliothéque Nationale de France, Dirk Martens, 1516

Abb. 4 Foto vom Friedenspalast. Alamy Stock Photo DKRJFM

Abb. 5 Knudsen: Kant-Denkmal. Foto: © Ja Sam Khayari (Kreativnomade), 2017

Abb. 5 Das Kant-Denkmal des Bildhauers Knud Knudsen wurde 1969 auf dem öffentlichen Teil des Schulgeländes der Immanuel-Kant-Schule in Rüsselsheim errichtet. Die abstrakte raumgreifende Plastik besteht aus fünf etwa 10 Meter hohen, kantigen, sich in beide Richtungen verjüngenden Strahlen, die kreisförmig angeordnet sind. In der Mitte dieser Strahlen ist im Boden eine Platte eingelassen mit dem bekannten Zitat: »Der bestirnte Himmel über mir und das moralische Gesetz in mir« (CpV, 161). Der Bezug zum Kosmischen wird durch die im Boden markierten vier Himmelsrichtungen bekräftigt.

Abb. 1 Das Ölgemälde im Stil des Phantastischen Realismus von Werner Horvath trägt den Titel *Garten des Friedens – Hannah Arendt, Mahatma Gandhi, Bertha von Suttner, Immanuel Kant.* Der Maler komponiert eine surreale Traumwelt, in der sich die FriedensaktivistInnen Hannah Arendt (links), Mahatma Gandhi (Mitte), Bertha von Suttner (rechts) und Immanuel Kant (rechts unten in pflanzlich anmutender Gestalt) begegnen.

PAULINE KLEINGELD

Kant über Freiheit und Frieden

Kant beginnt sein berühmtes Buch *Zum ewigen Frieden* 1795 mit einem kraftvollen, ironischen Bild – mit dem eines Friedhofs auf dem Schild einer Gaststätte, unter der Inschrift ›Zum ewigen Frieden‹. Der wahre Friede, so wird Kant in seinem Buch ausführen, ist gerade *nicht* der des Friedhofs, sondern der Friede durch Recht.

Wer heutzutage Kaliningrad besucht und durch den schönen Park auf der ›Kant-Insel‹ Kneiphof spaziert, dürfte sich leicht an dieses Bild des Friedhofs erinnern. Weil Hitler Moskau bombardiert hatte, bombardierte Stalin mehrmals Königsberg, und durch die alliierten Bombardements von 1944 sowie den Kampf um die Stadt 1945 wurde sie völlig zerstört. Die Sowjets rissen später die Ruinen der Stadt nieder, mit Ausnahme der Ruinen der Kathedrale. Heute ist die ganze Insel Kneiphof – der ehemalige Altstadtteil, in dem Kant einige Zeit wohnte – ein Park. In seiner grünen Radikalität verkörpert er die totale Vernichtung durch den Krieg.

Die mit dem Krieg – auch dem Verteidigungskrieg – einhergehende Zerstörung stiftet laut Kant keinen Frieden. Der ›wahre Friede‹ könne, so behauptet er, nur durch die Gründung eines weltweiten ›gesetzlichen Zustandes‹, also *durch Recht,* herbeigeführt werden.

In *Zum ewigen Frieden* bespricht Kant die Bedingungen, unter denen dem Krieg als solchem ein Ende bereitet werden kann. Der ›ewige‹ Friede bedeutet nicht das Ende dieses oder jenes Krieges, sondern das dauerhafte Ende des Krieges überhaupt. Kurz gesagt gibt es nach Kant die folgenden drei Hauptbedingungen für den wahren Frieden:

Erstens: Staatsverfassungen sollen *›republikanisch‹* sein. Damit ist eine Staatsverfassung gemeint, in der die Staatsbürger, mittels ihrer Abgeordneten in der Legislative, selbst die Gesetze geben, und in der die legislative, exekutive und richterliche Gewalt voneinander getrennt sind. Dies entspricht also in etwa dem, was wir heute eine ›indirekte Demokratie‹ nennen.

Zweitens: Staaten sollen einen *Völkerbund* bilden, der beabsichtigt, den Krieg aus der Welt zu schaffen; das Endziel ist eine internationale Föderation mit öffentlichem Recht.

Drittens: Die Interaktion zwischen Staaten und Fremden auf ihrem jeweiligen Gebiet soll nur mit beiderseitiger Zustimmung und ohne Feindseligkeit (mit *›Hospitalität‹*) stattfinden. Als Beispiel einer Verletzung dieses Rechts erwähnt Kant den europäischen Kolonialismus. Außer diesen drei Kernelementen erwähnt Kant noch einige Vorbedingungen. Diese umfassen zum Beispiel die Bedingung, dass stehende Heere abgeschafft werden (wie in den Einzelstaaten der USA); dass Staaten sich nicht militärisch in die Verfassung und Regierung anderer Staaten einmischen; und dass Staaten keine anderen Staaten durch Vererbung, Tausch, Kauf oder ähnliches erwerben können – wie zum Beispiel durch königliche Eheschließungen oder einen Kolonientausch.

Das waren 1795 radikale Thesen. Die meisten europäischen Staaten, einschließlich Preußen, waren zu dieser Zeit Autokratien. Es war die Zeit der europäischen Revolutionskriege, und die Französische Republik war bereits auf dem Vormarsch. Die meisten Staaten Europas waren zudem aktiv am Imperialismus in Übersee beteiligt. Das heißt: In einem autokratischen Staat fordert Kant zur Republik auf; inmitten eines sich im Krieg befindenden Kontinents fordert er zum Friedensbund auf; und in einer Welt im Griff des europäischen Imperialismus verurteilt er den Kolonialismus.

Dennoch ist *Zum ewigen Frieden* keineswegs ein naives Buch. Kant vertritt weder einen romantischen Optimismus hinsichtlich der Friedfertigkeit von Staaten (wie etwa der junge Friedrich Schlegel[1]), noch ein rosiges Menschenbild (er behauptete ja sogar, dass jeder Mensch einen ›Hang zum Bösen‹ habe; siehe *Religion,* 28–39). Er erwartet, dass sich Fortschritte zunächst meist aus Eigeninteresse ergeben werden, weil die Folgen des Krieges letztendlich einfach zu grausam sind (*Idee,* 24–26; siehe auch *Frieden,* 368). Wichtige Elemente von Kants Friedensentwurf, die bis heute einigermaßen verwirklicht wurden, wie zum Beispiel der Völkerbund nach dem Ersten Weltkrieg, die UN und die Genfer Konventionen nach dem Zweiten Weltkrieg, waren in der Tat eine Reaktion auf unvorstellbare Grausamkeiten.

Kants Theorie des Friedens ist aber in erster Linie eine *normative* Theorie, das heißt, eine Theorie darüber, was

Abb. 2 Der etwa 10 Hektar große, einst selbständige Stadtteil Kneiphof wurde von der Pregelinsel gebildet. Er war dicht bebaut, wie auf diesem Foto, das zwischen 1930 und 1940 entstand, gut zu erkennen ist. Rechterhand (im Osten) liegt der Dom mit dem Vorplatz und mit den sich im Nordosten zum Neuen Pregel und zur Lomse hin anschließenden Gebäuden der alten Universität. Eng drängen sich die zahlreichen Geschäftshäuser auf dieser Insel. Ganz im Westen befand sich die Hauptgeschäftsstraße Königsbergs, die Kneiphöfische Langgasse.

angestrebt werden *soll* — und warum. Seine normativen Argumente für die These, dass der Friede befördert werden soll, und dafür, auf welche Art und Weise dies geschehen kann, sind in der heutigen Friedensdiskussion noch immer sehr präsent. Im Folgenden seien sie näher ausgeführt.

EINE WICHTIGE VORGESCHICHTE

Kant vertritt die soeben skizzierten philosophischen Positionen erst ab den 1790er Jahren. In den 1780er Jahren — also in der Zeit, in der er die *Grundlegung zur Metaphysik der Sitten* und die *Critik der practischen Vernunft* schreibt — verteidigt Kant noch eine ganz andere politische Theorie. Erstens verteidigt er, zum Beispiel in seiner politik- und rechtsphilosophischen Vorlesung *Naturrecht Feyerabend*[2] und im Aufsatz *Was ist Aufklärung?*, noch die aufgeklärte Autokratie. Er vertritt noch gar nicht die Auffassung, dass die Bürger das Wahlrecht haben sollten; es genüge, normativ gesprochen, wenn der Autokrat Gesetze gibt, die das Volk sich selbst ›hätte geben können‹ (*Aufklärung*, 39).

Zweitens verteidigt Kant in dieser Zeit noch nicht den freiwilligen und zwanglosen Völkerbund wie in *Zum ewigen Frieden*, sondern behauptet lediglich, dass die Staaten einen staatsähnlichen Bund bilden sollen, mit ›Gesetzen des vereinigten Willens‹ und einer ›vereinigten Macht‹, diese durchzusetzen — also eine Föderation mit Zwangsgewalt (*Idee*, 24).

Kant verteidigt drittens in den 1780er Jahren noch eine Rassenhierarchie, in der ›Weiße‹ die höchste Stufe einnehmen. Die anderen sogenannten Rassen haben, so Kant, jeweils angeborene rassenspezifische Defizite, aufgrund derer sie nicht dazu geeignet seien, sich selbst zu regieren.[3] Daher vertritt er auch die Auffassung, dass nicht-europäische Völker ›glücklicher‹ seien unter europäischer kolonialer Regierung, und dass bestimmte Rassen dazu geschaffen zu sein scheinen, als Sklaven zu dienen.[4]

Die Verteidigung des Wahlrechts der Bürger, die Idee eines egalitären Völkerbundes ohne Zwangsmittel und die scharfe Verurteilung des Kolonialismus finden sich in Kants Schriften erst ab circa 1793 und 1794. Kant hat seine Auffassungen also radikal geändert. Letzteres gilt jedoch nicht für seine Auffassung hinsichtlich der Rechte und natürlichen Vermögen von Frauen. Noch in den späten 1790er Jahren verneint Kant zum Beispiel, dass Frauen die ›aktive‹ Staatsbürgerschaft (das Wahlrecht) erhalten und sich vor Gericht selbst verteidigen dürfen sollten. Wegen seiner ›natürlichen Überlegenheit‹ habe der Mann das Recht zum Befehl, und die Frau solle gehorchen: Er ist ihr Herr und Vormund (MS, 279). Kant hat die ausnahmslose bürgerliche Unmündigkeit von Frauen immer verteidigt, obwohl dies ganz klar zu theoretischen Ungereimtheiten führt, wie auch nachfolgend deutlich werden wird. Es ist aber nicht die Aufgabe des vorliegenden Aufsatzes, diese Problematik eingehend zu diskutieren. Sie sei hier nur als wichtige Ergänzung zu dem, was in den nächsten Abschnitten ausgeführt wird, erwähnt.

DAS ANGEBORENE RECHT AUF FREIHEIT

Kants Friedensentwurf wirft die Frage auf, warum er zunächst auf die Republik zu sprechen kommt, also auf die *interne* Verfassung des Staates, wenn das Problem des Krieges doch das *externe* Verhalten der Staaten betrifft. Daher ist zu zeigen, wie die drei Kernelemente zusammenhängen. Dazu müssen wir uns das philosophische Fundament der kantischen Friedenstheorie vor Augen führen, das Kant in der *Rechtslehre* der *Metaphysik der Sitten* ausführt. Dieses Fundament ist das angeborene Recht einer jeden Person auf Freiheit.

Das Recht auf Freiheit ist nach Kant das einzige ›angeborene Recht‹. Ein angeborenes Recht ist ein Recht, das jeder Mensch einfach durch seine Geburt hat. Es ist ein Recht, das man nicht erst erwerben oder verdienen muss. Auf den ersten Blick mag ein individuelles Recht auf Freiheit eine wenig aussichtsreiche – weil zu individualistische – Grundlage für eine Theorie des weltweiten Friedens sein. Der Schein trügt jedoch. Denn Kant berücksichtigt sogleich, dass es mehr als nur ein einziges Individuum gibt. Wenn *jeder* einzelne Mensch ein Recht auf Freiheit hat, dann haben es *alle.* Dieser Umstand führt zu der Frage, wie das Recht auf Freiheit eines jeden mit dem gleichen Recht aller anderen Menschen vereinbart werden kann – und mit dieser Frage setzt Kants Rechtslehre an. Die Rechtslehre hat somit von Anfang an einen kosmopolitischen Geltungsbereich.

Kant formuliert das ›angeborene Recht auf Freiheit‹ folgendermaßen:

> FREYHEIT (Unabhängigkeit von eines andern nöthigender Willkühr), sofern sie mit jedes anderen Freyheit nach einem allgemeinen Gesetz zusammen bestehen kann, ist dieses einzige, ursprüngliche, jedem Menschen, kraft seiner Menschheit, zustehende Recht.[5]

Kant steht offenkundig in der Tradition der republikanischen politischen Theorie. In gut-republikanischer Manier definiert er hier *Freiheit* als ›Unabhängigkeit von eines Anderen nötigender Willkür‹. In der anglophonen Diskussion heißt dies ›non-domination‹.[6] Kant beschreibt das angeborene Recht auf Freiheit also nicht als ein Recht auf bestimmte substantielle Leistungen, wie zum Beispiel als ein Recht auf Privateigentum. Stattdessen definiert er es als ein Recht auf Koexistenz ohne Abhängigkeit von der Willkür eines Anderen, das heißt, als ein Recht, nicht von einem Anderen *beherrscht* zu werden – als das Recht, sein *eigener Herr* zu sein.

Kant behauptet daher, dass das angeborene Recht auf Freiheit daher gleichzeitig ein angeborenes Recht auf *Gleichheit* ist (die beiden sind ›nicht unterschieden‹, behauptet er: MS, 238). Es ist ein Recht auf »angebohrne *Gleichheit,* d. i. die Unabhängigkeit nicht zu mehrerem von Anderen verbunden zu werden, als wozu man sie wechselseitig auch verbinden kann; mithin die Qualität des Menschen sein *eigener Herr* (sui iuris) zu seyn« (MS, 237 f.).

Meine ›Unabhängigkeit‹ bedeutet also nicht, dass meine Freiheit keinen Einschränkungen unterworfen ist, sondern, dass sie keinen *willkürlichen* Einschränkungen unterworfen ist, das heißt keinen Einschränkungen, die einseitig der Willkür Anderer entstammen. Reziproke Einschränkungen und sich selbst auferlegte Einschränkungen beeinträchtigen die so definierte Freiheit nicht.

Drittens, schreibt Kant, beinhaltet das angeborene Recht auf Freiheit »die Befugniß, das gegen andere zu thun, was an sich ihnen das Ihre nicht schmälert, wenn sie sich dessen nur nicht annehmen wollen; dergleichen ist ihnen bloß seine Gedanken mitzutheilen, ihnen etwas zu erzählen oder zu versprechen [...], weil es bloß auf Ihnen beruht, ob sie ihm glauben wollen oder nicht« (MS, 238).

Das heißt unter anderem, dass man ein Recht hat, auf andere zuzugehen, sie anzusprechen, die Interaktion oder einen Besuch vorzuschlagen. Aber es heißt auch, dass man kein Recht auf Interaktion, Besuch oder Zusammenarbeit hat.

DIE AUFGABE DES FRIEDENS

Die Republik: Die nächste Frage lautet: *Wie* vereinbart man das Freiheitsrecht eines jeden mit dem gleichen Recht aller anderen? *Wie* sollen die freien und gleichen Menschen ihre Koexistenz gestalten, so dass nicht einige über andere herrschen? Man erwartet natürlich die Antwort: dadurch, dass sie den Naturzustand verlassen. Denn im Naturzustand sind die Schwächeren der Willkür der Stärkeren unterworfen. Aber wie lässt sich die Freiheit im Staat gewährleisten?

Kants Antwort lautet: dadurch, dass die Individuen selbst, kollektiv, allgemeine Gesetze geben, denen sie sich alle gleichermaßen unterwerfen. Freiheit heißt also nicht, dass man keinen Gesetzen unterworfen ist, sondern dass man keinen Gesetzen unterworfen ist, die der Willkür eines *Anderen* entstammen. Kollektive *Selbst*gesetzgebung ist also Kants Antwort. Diese soll aber nicht die Form einer direkten Demokratie annehmen, wie es Jean-Jacques Rousseau befürwortet hatte, denn letztere macht eine wahre Gewaltentrennung unmöglich. Weil in einer direkten Demokratie alle Bürger sowohl gesetzgebende als auch exekutive Gewalt innehaben, sei eine direkte Demokratie laut Kant ›notwendig despotisch‹ (*Frieden*, 352). Deshalb soll die Selbstgesetzgebung indirekt stattfinden, also in einem repräsentativen System, durch selbstgewählte Abgeordnete in der Legislative. Ein solches System nennt Kant die ›wahre‹ oder ›reine‹ Republik, und die ›einzige rechtmäßige Verfassung‹ (MS, 340, 341). Er schreibt:

> Alle wahre Republik aber ist und kann nichts anders seyn, als ein repräsentatives System des Volks, um im Namen desselben, durch alle Staatsbürger vereinigt, vermittelst ihrer Abgeordneten (Deputirten) ihre Rechte zu besorgen.[7]

Die Staatsbürger sind die ›zur Gesetzgebung vereinigten Glieder‹ des Staats, und ›nur die Fähigkeit der Stimmgebung macht die Qualifikation zum Staatsbürger aus‹ (MS, 314).

Kants Charakterisierung des aktiven Bürgers in der Republik zeigt deutlich, dass er die Republik als die politische Verkörperung des angeborenen Menschenrechts auf Freiheit versteht. Der Bürger hat die folgenden Eigenschaften:

> [Die] gesetzliche Freyheit, keinem anderen Gesetz zu gehorchen, als zu welchem er seine Beystimmung gegeben hat – bürgerliche Gleichheit, keinen Oberen im Volk, in Ansehung seiner zu erkennen, als nur einen solchen, den er eben so rechtlich zu verbinden das moralische Vermögen hat, als dieser ihn verbinden kann: drittens das Attribut der bürgerlichen Selbstständigkeit, [...] folglich die bürgerliche Persönlichkeit in Rechtsangelegenheiten durch keinen Anderen vorgestellt werden zu dürfen.[8]

Die entscheidenden Merkmale des Bürgers sind also die Freiheit, Gleichheit und Selbständigkeit (und das Recht, für sich selbst sprechen zu dürfen). In der Diskussion des angeborenen Freiheitsrechtes wurde ›Selbständigkeit‹ unter ›Gleichheit‹ gefasst (MS, 237), hier aber gesondert aufgeführt. Das dritte Merkmal wird von Kant in verschiedenen Texten immer wieder anders bestimmt, wie es übrigens auch in Frankreich noch lange Zeit der Fall war: Die ›Fraternité‹ wurde erst Jahre später als die ›Liberté‹ und ›Égalité‹ kanonisiert. Hier ist aber nur von Wichtigkeit, dass Kant mit den Eigenschaften des Bürgers gerade die Themen wieder aufgreift, die er in seiner Diskussion des angeborenen Freiheitsrechts erwähnt hatte.

Hier sei nebenbei angemerkt, dass man in diesen Passagen auch deutlich sehen kann, wie schlecht Kants These, dass die Freiheit ein *Menschen*recht ist, sich mit seiner These verträgt, dass Frauen das Wahlrecht abgesprochen bleiben soll, und dass der Mann ihr Herr und Vormund sei. Kants Einschränkung des Wahlrechts auf wirtschaftlich ›selbständige‹ Männer ist ebenfalls problematisch, aber für solche Männer soll es immer die Möglichkeit geben, sich vom passiven zum aktiven Zustand emporzuarbeiten; für Frauen gibt es diese Möglichkeit nicht (MS, 315).

Der Völkerbund: Angesichts dessen, was im vorigen Abschnitt ausgeführt wurde, versteht man leicht, dass die Republiken ihre Beziehungen zueinander ebenfalls republikanisch gestalten sollten, und zwar dadurch, dass sie sich kollektiv selbstgegebenen Gesetzen unterwerfen. Kant behauptet in der Tat, das Ideal sei eine föderative Weltrepublik mit öffentlichen Gesetzen und Zwangsgewalt, also eine föderative Republik der Republiken.

Es ist daher etwas überraschend, dass Kant in *Zum ewigen Frieden* die Bildung eines Völkerbundes ohne Zwangsmittel befürwortet. Er schreibt, dass das Völkerrecht auf einen Föderalismus *freier* Staaten gegründet sein soll (*Frieden*, 354). Und es könnte sogar den Anschein erwecken, als gebe er das Ideal einer föderativen Weltrepublik auf, mit der Begründung, dass die Staaten dies nicht *wollen.* Kant sagt ja:

> Für Staaten, im Verhältnisse unter einander, kann es nach der Vernunft keine andere Art geben, aus dem gesetzlosen

Abb. 3 Am Ende des Zweiten Weltkriegs wurde der Gebäudebestand Königsbergs durch Bombardements und weitere Kampfhandlungen nahezu vollständig zerstört. Nach 1945 wurden verbliebene Gebäude und Trümmer auf dem Kneiphof abgetragen und zum Wiederaufbau von Leningrad eingesetzt. Vom Dom blieb nur eine Ruine mit dem Kant-Grabmal erhalten. In den 1970er Jahren wurde auf der Insel ein Park angelegt, in dem Kunstwerke und heute auch historische Fotos gezeigt werden, die an die frühere Gestalt des Kneiphofs erinnern. Der 1992 begonnenen Wiederaufbau des Doms ist inzwischen abgeschlossen. Ungewiss ist, ob mittlerweile erarbeitete Pläne zur Rekonstruktion des Kneiphofs insgesamt realisiert werden.

> Zustande, der lauter Krieg enthält, herauszukommen, als daß sie, eben so wie einzelne Menschen, ihre wilde (gesetzlose) Freyheit aufgeben, sich zu öffentlichen Zwangsgesetzen bequemen, und so einen [...] *Völkerstaat* [...], der zuletzt alle Völker der Erde befassen würde, bilden. Da sie dieses aber nach ihrer Idee vom Völkerrecht durchaus nicht wollen [...], so kann an die Stelle der positiven Idee *einer Weltrepublik* [...] nur das *negative* Surrogat eines den Krieg abwehrenden, bestehenden und sich immer ausbreitenden *Bundes*, den Strom der rechtscheuenden, feindseligen Neigung aufhalten, doch mit beständiger Gefahr ihres Ausbruchs.[9]

Diese Passage wird meistens so gelesen, als behaupte Kant, dass das normative Ideal der Vernunft empirisch nicht durchführbar sei, weil die Staaten es nicht wollen, und dass es deshalb auf die realistischere Forderung nach einem Völkerbund ohne Zwangsmittel reduziert werden muss. Wenn die Passage aber so gelesen wird, hört sie sich ziemlich un-kantisch an. Kant hat ja selbst eine ganze Reihe von Aufsätzen veröffentlicht, in denen er behauptet, dass es völlig unzulässig ist, eine normative Theorie aufgrund von praktischen Schwierigkeiten aufzuweichen oder aufzugeben. Deswegen hat Kants Verteidigung des Völkerbundes bei vielen den Ruf, inkonsistent zu sein.

Wie jedoch an anderer Stelle ausgeführt,[10] lässt sich die Passage auch anders lesen. Denn wenn die Republik die Freiheit jedes Menschen verkörpern soll, und zwar mittels kollektiver Selbstgesetzgebung, dann kann es *kein Recht* auf Seiten anderer Staaten geben, ein Volk militärisch dazu zu zwingen, einem Völkerstaat beizutreten. Das wäre dann ja nichts anderes als eine Art der Beherrschung der Bürger jener Republik. Aufgrund des individuellen Rechts auf Freiheit bleibt also nur das Bestreben, zunächst einmal einen freiwilligen Bund zu gründen. Der Zutritt zu einer Föderation sollte, nach kantischen Prinzipien, das Ergebnis einer freien Entscheidung der Bürger sein. So verstanden ist Kants Verteidigung des zwanglosen Bundes konsistent.[11]

Kants Behauptung, dass Staaten die Bildung eines freiwilligen und zwanglosen Staatenbundes anstreben sollten, wenn sie (noch) keine stärkere Föderation bilden wollen, impliziert ferner keineswegs, dass er damit das Endziel eines internationalen Rechtszustandes aufgibt. Das Endziel bleibt eine republikanische Föderation mit öffentlichem Recht, das heißt eine »weltbürgerliche Verfassung« (*Frieden*, 358) — oder, wie er es in der Rechtslehre nennt: ein Völkerstaat (MS, 350). Nur darf dieser nicht durch Zwang erreicht werden. Deshalb ist das Völkerrecht auf die Beförderung eines freiwilligen Bundes eingeschränkt.

Das Weltbürgerrecht: Das Völkerrecht gilt zwischen Staaten. Seine Rechtssubjekte sind Staaten, und Individuen kommen nur als deren Bürger oder Vertreter (zum Beispiel Botschafter) in den Blick. Es sagt nichts über die Beziehung zwischen Staaten und Fremden aus, also zwischen Staaten und ihnen nicht angehörigen Personen. Diese Beziehung ist Gegenstand des Weltbürgerrechts. Das Weltbürgerrecht gilt zwischen »Menschen und Staaten, in äußerem auf einander einfließendem Verhältnis stehend, als Bürger eines allgemeinen Menschenstaats« (*Frieden*, 349, Anm.). In der *Metaphysik der Sitten* erwähnt Kant ›Völker‹ und ›Erdbürger‹ als die Subjekte des Weltbürgerrechts (MS, 353). Im Weltbürgerrecht werden Individuen unmittelbar als Menschen überhaupt, als ›Erdbürger‹, betrachtet — also ganz unabhängig davon, ob sie überhaupt eine Staatsangehörigkeit besitzen.

Kant beschränkt das Weltbürgerrecht auf das ›Hospitalitätsrecht‹. Dieser Ausdruck soll nicht den Eindruck erwecken, als sei es ein Recht, als Gast behandelt zu werden. Das Weltbürgerrecht ist stattdessen das Recht, ›sich zum Verkehr untereinander anzubieten‹, aber nicht ein Recht, fremdes Gebiet zu betreten, es sei denn, eine Zurückweisung würde zum ›Untergang‹ des Fremden führen (*Frieden*, 358).

Das Weltbürgerrecht betrifft erstens Fälle, in denen fremde Einzelpersonen Staaten besuchen oder besuchen möchten: Fälle, in denen Personen unabsichtlich auf das Territorium eines fremden Staats geraten, wie etwa Schiffbrüchige, und Fälle, in denen Personen das Betreten eines Staates beantragen, wie Flüchtlinge oder Geschäftsleute. Kant behauptet, dass Staaten Menschen, deren Leben in Gefahr ist, das Betreten des Staates nicht verweigern dürfen, denn das bedeute deren ›Untergang‹; und dies sei keine Frage der Philanthropie, sondern des Rechts (*Frieden*, 357). Kant verteidigt also bereits das heutige Prinzip der ›non-refoulement‹ (Nichtzurückweisung). In anderen Fällen haben Staaten aber das Recht, die Einreise zu verweigern. Zum Beispiel: Kant behauptet, dass China und Japan das Recht haben, europäischen Handelsdelegationen und Missionaren den Zugang zu verweigern, jedoch nicht in feindseliger Weise.

Zweitens betrifft das Weltbürgerrecht Fälle, in denen Staaten fremde Gebiete betreten, oder betreten möchten, die von anderen Menschen bereits bewohnt sind. Kant behauptet hier, dass Staaten weder das Recht haben, nichtstaatliche Völker zu zwingen, einen Staat zu gründen, noch das Recht, sich deren Gebiet anzueignen. Er kritisiert vehement das Vorgehen der europäischen Staaten in Übersee. Sie stellten den ›Besuch‹ fremder Länder mit deren ›Eroberung‹ gleich, und deren Einwohner ›rechneten sie für nichts‹ (*Frieden*, 358; vgl. MS, 352 f.; auch 266).

Das Weltbürgerrecht ist also das Recht von Staaten und ihnen nicht angehörenden Personen, sich zum Besuch oder zur Interaktion *anzubieten* — und nicht das Recht, fremdes Territorium zu betreten, oder das Recht auf Interaktion. Die Adressaten haben ihrerseits das Recht, die Anfrage zu verweigern, aber nicht mit Feindseligkeit, und nicht, wenn dies zum ›Untergang‹ des Anderen führt.

Kant sagt nur sehr wenig über die Begründung des Weltbürgerrechts. Es ist aber klar, dass auch hier das angeborene Recht auf Freiheit eine wichtige Rolle spielt. Das Recht, sich zur Interaktion oder zum Besuch anzubieten, ist deutlich mit dem dritten Aspekt des angeborenen Rechts auf Freiheit verwandt, nämlich der Befugnis, auf andere zuzugehen und den Kontakt zu suchen, solange man Anderen nicht bereits dadurch Schaden zufügt.

Kants Theorie des Friedens hat also eigentlich eine ziemlich einfache theoretische Struktur. Die Grundlage der drei Hauptelemente des ewigen Friedens ist das angeborene Recht auf Freiheit eines jeden Menschen, das heißt das Recht, nicht willkürlich von Anderen beherrscht zu werden.

1. Dieses Recht erfordert die kollektive (wenn auch indirekte) Selbstgesetzgebung, also eine Republik.

2. Dieses Recht verbietet es, Völker in eine Föderation mit Zwangsgewalt zu zwingen. Daher ruft Kant zur Bildung eines Völkerbundes auf, ohne das Endziel einer republikanischen Föderation aufzugeben.

3. Dieses Recht erfordert die Beschränkung der Interaktion zwischen Staaten und den nicht diesen Staaten angehörenden Personen auf *freiwillige* Interaktion, es sei denn, eine Verweigerung führt zum Untergang des Anderen.

Abb. 4 »Der Friedenszustand unter Menschen, die nebeneinander leben, ist kein Naturzustand [...]. Er muß also gestiftet werden.« Unter diesem Motto verleiht die Freiburger Immanuel Kant-Stiftung alle zwei bis drei Jahre ihren Kant-Weltbürger-Preis. Mit diesem durch eine Jury vergebenen Preis werden international Bürger ausgezeichnet, die in besonderer Weise dem freien Wort und der offenen Information verpflichtet sind und zivilcouragiert handeln.

DIE ANNÄHERUNG AN DEN FRIEDEN

Der wahre Friede erfordert also grundsätzlich den weltweiten Rechtszustand — aber lässt er sich auch (zumindest approximativ) verwirklichen? Die Entwicklung einer normativen Theorie ist das eine. Zu zeigen, dass diese nicht völlig weltfremd und unausführbar ist, kann jedoch wesentlich schwieriger sein. Kant versucht daher in mehreren Texten nachzuweisen, dass der Friede nicht unmöglich ist.

Er behauptet *erstens,* dass die Ausführbarkeit des Ideals der Republik durch das menschliche Eigeninteresse gewährleistet ist. Autokratischen Herrschern despotischer Staaten fällt es relativ leicht, einen Krieg anzufangen, denn sie können ihre Untertanen die Kosten tragen lassen. Dadurch werden despotische Staaten aber letztendlich von innen heraus zusammenbrechen, meint Kant, was wiederum die Bildung einer Republik ermöglicht, weil die Untertanen einsehen, dass ihrem Eigeninteresse am besten durch die Gründung einer Republik gedient ist. Kant glaubt, dass der Untergang des *Ancien Régime* und die Gründung der Französischen Republik deutliche Beispiele dieser Dynamik sind (MS, 341 f.).

Kant argumentiert *zweitens,* dass *gerade* die Republik dem Frieden förderlich ist. Im Gegensatz zu einem Autokraten, werden die Bürger einer Republik nur ungern einen Krieg anfangen, denn sie müssen ihn selbst bezahlen, wenn nicht sogar selbst führen. Sie tragen selber alle finanziellen und persönlichen Kosten. Kant behauptet, dass eine Republik daher von Natur aus zum Frieden neige (*Frieden,* 351).

Das ist eine klare These, die man im Prinzip empirisch prüfen kann (obwohl es natürlich immer schwierig ist, zu bestimmen, ob ein gewisser Staat den kantischen Kriterien hinreichend Genüge tut, um als echte ›Republik‹ zu gelten). Man könnte leicht denken, dass Kants These falsch ist, weil Kant sicherlich die Macht von Populisten, die die Bürger trotzdem zum Krieg verführen, unterschätzt hat. Der Politologe Michael Doyle hat in den 1980er Jahren Kants These empirisch getestet. Er behauptet, dass sie zwar in der uneingeschränkten Form, in der Kant sie vertritt, nicht zutrifft, dass sie aber in eingeschränkter Form doch empirisch bestätigt wird. In ihrem Verhalten gegenüber Nicht-Republiken sind Republiken zwar nicht friedfertiger als andere Staaten. Aber in den vergangenen zweihundert Jahren hat kaum (wenn überhaupt) eine Republik jemals einen Krieg gegen eine andere Republik begonnen.[12] Also scheint die republikanische Staatsform doch einen gewissen positiven Einfluss zu haben. Natürlich kreist die Diskussion seitdem um die Frage, ob es vielleicht andere Erklärungen dieses Phänomens gibt.

Kant behauptet *drittens,* dass ein Völkerbund auch ohne Zwangsgewalt dem Frieden förderlich ist. Es ist natürlich nicht so, als ob der Völkerbund sofort den Krieg aus der Welt schaffen würde — das weiß Kant auch. Dadurch, dass der Bund einen Rahmen für Verhandlungen, Vermittlungen und Zusammenarbeit bietet, werden Kant zufolge jedoch mitunter Kriege verhütet. Im Laufe der Zeit — und vor allem, wenn sich immer mehr Staaten zu Republiken wandeln — ist eine zunehmende Annäherung an das Friedensideal möglich.

Schon eine geringe Reduzierung der Kriege wird in dieser Hinsicht einen positiven Beitrag leisten. Mehr Friede ermöglicht eine größere Pressefreiheit, größere bürgerliche Freiheit, bessere Schulen sowie eine öffentliche Debatte über Moral, Religion und Politik. Mit anderen Worten: Der Friede ermöglicht Aufklärung und Bildung in allen wichtigen Angelegenheiten (*Idee,* 27 f.; *Frieden,* 366 f.). Letztere haben ihrerseits einen positiven Einfluss auf den Frieden,[13] da der Friede somit nicht nur durch Eigeninteresse gesichert wird, sondern auch durch Moralität.

Kant sagt nur wenig zu der Frage nach der institutionellen Verkörperung des Weltbürgerrechts und dem Weg dorthin. Er behauptet, dass das Weltbürgerrecht vom ›Handelsgeist‹ gefördert werde: Der Handel bringt Geld ein, der Friede ist dem Handel förderlicher als der Krieg, also dient der Friede dem Eigeninteresse (*Frieden,* 368). Staaten werden daher den Frieden fördern und den Krieg durch Vermittlungen abzuwehren suchen. Kant macht aber nicht klar, ob der Eigennutz das Weltbürgerrecht *aller* Menschen fördern soll. Der Handelsgeist kann ja auch manchmal dazu führen, Rechtsverletzungen sozusagen buchstäblich ›in Kauf zu nehmen‹, damit der Handel nicht beeinträchtigt wird. Und beim europäischen Kolonialismus — also bei dem, was Kant als grobe *Verletzung* des Weltbürgerrechts anführt — spielte gerade der Handelsgeist eine wichtige Rolle. Auf welche Weise der Handelsgeist das Weltbürgerrecht genau ›garantieren‹ soll, bleibt also unklar.

Wir sollten aber nicht vergessen, welchen Status Kants Bemerkungen zur (approximativen) Ausführbarkeit des Friedens innehaben. Sein Anliegen ist keineswegs, den künftigen Frieden empirisch vorherzusagen. Es geht ihm auch nicht darum, eine ›pragmatische‹ Lösung des Problems des Krieges anzubieten. Es geht Kant primär darum, dass nur der Friede, der auf *Recht* beruht, ein wahrer Friede ist — und das ist eine *normative* Aussage. Seine auf Grundlage rein normativer Prinzipien entwickelte Theorie wirft aber die Frage auf, ob die Aufgabe, den ewigen Frieden näher zu bringen, nicht von vornherein unmöglich ist: ob also das Ideal nicht eine ›leere Idee‹ darstellt (*Frieden,* 386). Die sogenannte ›Garantie‹ des Friedens durch das Eigeninteresse von Menschen und Staaten dient bei Kant dazu, plausibel zu machen, dass eine Annäherung an das normative Ideal möglich ist. Historische Beispiele gelungenen Fortschritts, wie das der Französischen Republik, bieten dafür zusätzliche Bestätigung (aber keinen theoretischen Beweis). Dies dient als Ermutigung und als Grund zur Hoffnung für das moralische Subjekt, das sich seiner Pflicht bewusst ist, auf den ewigen Frieden hinzuarbeiten. Denn primär ist der ewige Friede Kant zufolge eine *Aufgabe.*[14]

1 Siehe Schlegel 1796.

2 Vorlesung *Naturrecht Feyerabend:* AA XXVII, 1382.

3 Vgl. zum Beispiel AA XV, 877 f.

4 Vorlesung *Physische Geographie Dohna,* 241; Vorlesung *Physische Geographie Dönhoff,* 178–178. Für weitere Belegstellen und Diskussion siehe Kleingeld 2007 und Kleingeld 2014.

5 MS, 237.

6 Allerdings dürfen die Unterschiede zwischen dem Neorepublikanismus, wie er einflussreich von Philip Pettit vertreten wird, und der kantischen Variante nicht übersehen werden. Pettit vertritt einen konsequentialistischen Republikanismus, und die Idee der gemeinsamen Selbstgesetzgebung der Bürger nimmt dabei eine weniger zentrale Stelle ein. Vgl. Pettit 1997.

7 MS, 341.

8 MS, 314.

9 *Frieden,* 357.

10 Siehe Kleingeld 2012, Kap. 2.

11 Es könnte den Anschein erwecken, als gebe es dennoch eine Inkonsistenz: Hinsichtlich des individuellen Naturzustandes spricht Kant den Individuen die Befugnis zu, einander zu zwingen, den Naturzustand zu verlassen, aber hinsichtlich des internationalen Naturzustandes spricht er Staaten eine solche Befugnis ab. Für eine Diskussion von Kants ›republikanischer‹ Argumentation, die diese beiden Positionen miteinander vereinbart, siehe Kleingeld 2012, 45–46 und 53–58.

12 Doyle 1983, 205–235 und 323–353.

13 Vgl. Vorarbeiten zur *Metaphysik der Sitten.* In: AA XXIII, 353 f.

14 Ich danke Michael Weh für sprachliche Korrekturen.

– – –

Abb. 1 Horvath: Ölgemälde. © Werner Horvath

Abb. 2 Foto vom Kneiphof. © Bildarchiv Ostpreußen, Bild ID 18236

Abb. 3 Wikimedia Commons

Abb. 4 Foto vom Stiftungspreis. © Immanuel Kant-Stiftung Freiburg 2004/2006, Skulptur: Dieter Wirner, Foto: Hartmut W. Schmidt

Abb. 5 Inschrift auf den Westwall-Relikten. © Ralf Peters, Foto: Marcel Zanjani, LVR-Amt für Bodendenkmalpflege im Rheinland

Abb. 5 Die Westwallrelikte des Ersten und Zweiten Weltkriegs beim Hollerather Knie im Landkreis Euskirchen in Nordrhein-Westfalen stehen unter Denkmalschutz. Seit Ende 2016 sind auf einer Reihe der abseits im Wald gelegenen Westwall-Höcker (Panzersperren) die neun Artikel aus dem Traktat *Zum ewigen Frieden* von Immanuel Kant zu finden. Denkmalrechtlich war die Anbringung dieser Inschrift durch den Kölner Künstler Dr. Ralf Peters nicht erlaubt, was zu Diskussionen über den Umgang mit diesen Hinterlassenschaften des Krieges führte.

Abb. 1 Am 10. Dezember 1948 verabschiedeten die Vereinten Nationen in Paris die Allgemeine Erklärung der Menschenrechte. Als Vorsitzende der UN-Menschenrechtskommission war Eleanor Roosevelt maßgeblich an der Ausarbeitung der Erklärung beteiligt; hier ist sie mit einem Plakat der Deklaration in spanischer Sprache zu sehen. Der erste Artikel lautet: »Alle Menschen sind frei und gleich an Würde und Rechten geboren«.

RAINER FORST

Menschenwürde und Menschenrechte nach Kant

DER SINN DER MENSCHENRECHTE

Obwohl Immanuel Kant seine Philosophie des Rechts und der Politik im Zeitalter der revolutionären Erklärungen der Menschenrechte entwickelt hat, finden wir bei ihm keine Konzeption der Menschenrechte in dem Sinne, in dem sie etwa 1789 in der *Déclaration des Droits de l'Homme et du Citoyen* der Französischen Nationalversammlung verkündet wurden. Seine *Rechtslehre* aber beruht auf der Prämisse eines einzigen, ›angeborenen‹ oder ›ursprünglichen‹, jedem Menschen »kraft seiner Menschheit zustehende[n] Recht[s]« (MS, 237). Verbindet man dieses fundamentale Menschenrecht mit der in Kants Moralphilosophie entfalteten Konzeption der Würde des Menschen, lässt sich eine kohärente Theorie der Menschenrechte und der Menschenwürde ›nach Kant‹ entfalten — also auf Kant beruhend und doch über ihn hinausgehend. Das Besondere an dieser Theorie ist, dass sie die emanzipatorische Pointe der Menschenrechte unterstreicht, die in alternativen Ansätzen oft verloren geht.

Unser Verständnis von normativen Begriffen ist an paradigmatische Vorstellungen davon gebunden, was ihre vorrangige Funktion ist. Die Menschenrechte sind hierfür ein Paradebeispiel. Einige Interpretationen konzentrieren sich auf ihren moralischen Kern als Schutz grundlegender menschlicher Interessen und versuchen diese zu bestimmen. Manche heben stattdessen ihre Rolle als kulturübergreifende Lingua franca hervor und suchen nach Definitionen und Rechtfertigungen, die von einem (aufgeklärten) ›übergreifenden Konsens‹ aller Kulturen und Gesellschaften gebilligt werden könnten. Andere wiederum verorten die Idee der Menschenrechte in der internationalen Politik oder Rechtspraxis als Standard politischer Legitimität, dessen Verletzung internationale Maßnahmen rechtfertigt.

Jeder dieser Ansätze hat Vorzüge und Mängel, auf die ich hier nicht im Detail eingehen kann.[1] Doch möchte ich argumentieren, dass keiner von ihnen den *politischen* und *emanzipatorischen Sinn* der Menschenrechte richtig erfasst: dass diese Rechte in gesellschaftlichen Auseinandersetzungen erkämpft wurden (und werden), um einen rechtlichen, politischen und sozialen Status der Nichtbeherrschung *(non-domination)* von Personen innerhalb einer politischen normativen Ordnung zu schaffen — einen Status von freien und gleichen Personen, die *zugleich* gleichberechtigte AdressatInnen und AutorInnen der rechtlichen, politischen und sozialen Grundstruktur ihrer Gesellschaft sind. Kants Philosophie ist der geeignete Bezugspunkt, um diesen Sinn der Menschenrechte zu verdeutlichen, weil sie hervorhebt, worum es politisch geht: um den Status von Personen als gleichberechtigte normative Autoritäten in Bezug auf die Rechtfertigung ihrer normativen Ordnung. Menschenrechte realisieren diesen Status.

Die Idee eines solchen Verständnisses der Menschenrechte soll anhand eines Bildes erklärt werden. Es ist einer Sammlung von Fotografien entnommen, die während des Arabischen Frühlings 2011 auf dem Tahrir-Platz in Kairo aufgenommen wurden. Die Bilder zeigen Menschen dabei, wie sie Schilder hochhalten, die Präsident Mubarak auffordern, zurückzutreten und die Macht an eine demokratisch gewählte Regierung zu übergeben; manche fordern schlicht ›Freiheit‹ oder ›Gerechtigkeit‹. Auf einem Bild (Abb. 2) ist ein Mann zu sehen, der ein Schild hält, auf dem »Genug der Demütigung« steht.[2] Das Bild sagt nicht nur viel über den Begriff der Würde als Fundament der Menschenrechte, es teilt uns auch etwas Wichtiges über den politisch-moralischen Sinn der Menschenrechte mit. Denn wie sollen wir verstehen, von welcher Demütigung der Aktivist »genug« hat (ohne genau wissen zu können, was der Demonstrant im Sinn hatte)?

Das Foto hilft, den Anspruch und die Politik der Menschenrechte in den politischen Kontext zu setzen, in dem wir sie sehen sollten; dieser Kontext ist der Kampf für grundlegende Formen der Anerkennung als rechtliche, politische und soziale Akteure, die es nicht verdienen, von einem korrupten Regime autokratisch unterdrückt zu werden. Die Demütigung, die enden soll, ist nicht nur eine partikulare Form der Zugangsverweigerung zum Arbeitsmarkt oder zu sozialen Institutionen. Es geht um mehr, nämlich um die Verweigerung einer angemessenen Respektierung als rechtliche, politische und soziale Autorität, als jemand, der ›zählt‹, zumindest insofern, als es nicht andere sind, die sich anmaßen,

Abb. 2 Während des Arabischen Frühlings 2011 wurde dieses Bild auf dem Tahrir-Platz in Kairo aufgenommen. Auf dem Schild des Mannes steht »Genug der Demütigung«.

ihm oder ihr zu sagen, was sein oder ihr Platz innerhalb der Gesellschaft ist.[3] Das Schild des Protestierenden formuliert nicht nur den Anspruch, entsprechende Rechte zu haben; mehr noch enthält es den Anspruch, eine normative politische Autorität zu sein bezüglich der Frage, welche Rechte und Pflichten BürgerInnen überhaupt haben. Das ist die volle Bedeutung der hier gemeinten Emanzipation: Sie besteht nicht in der Forderung nach diesem oder jenem Recht oder nach sozialen Chancen, sondern sie klagt das Recht dazu ein, das institutionelle Regime, dem man unterworfen ist, mitzubestimmen. Die Demütigung, die es zu überwinden gilt, ist eine umfassende Erfahrung, und der Anspruch, sie zu überwinden, folgt der ebenso umfassenden normativen Vorstellung, dass man AutorIn von Rechten zu sein anstrebt.

Das bedeutet, dass wir Menschenrechte nicht ›vertikal‹ verstehen dürfen als Rechte oder Privilegien, die Subjekten von einem Herrscher oder einer Regierung gewährt werden; das entspräche der älteren Tradition der Erlangung von Status-Anerkennung durch einen Herrscher, wie es zum Beispiel die Feudalherren taten, als sie König Johann I. von England 1215 die Magna Charta abrangen. Die Emanzipation von politischer Demütigung impliziert vielmehr, dass die Rechte, die jemand hat, solche sind, die sich die Mitglieder einer Gesellschaft auf Grundlage ihres gegenseitigen Respekts als gleiche normative Autoritäten innerhalb ihrer sozialen Ordnung wechselseitig zuerkennen und *einander* gewähren. Die Nichtbeherrschung, auf die ich hier abziele, setzt nicht nur den Besitz bestimmter Rechte voraus, sondern sie fordert primär, dass autonome Personen die Autorität sind, die diese Rechte mitbestimmen. Es handelt sich also um ein ›horizontales‹ Verständnis der Menschenrechte. Die Beherrschung und Demütigung, die es zu überwinden gilt, ist eine zweifache: Zum einen besteht die Beherrschung darin, dass einem Rechte, die Menschen als rechtlich, politisch und sozial Gleiche haben sollten, verweigert werden, zum anderen besteht sie darin, innerhalb der eigenen normativen Ordnung nicht gleichberechtigt mitsprechen zu dürfen. Wirft man einen Blick auf die französische Erklärung der

Menschen- und Bürgerrechte und auf die Forderungen von Protestierenden in Menschenrechtskämpfen weltweit, dann wird deutlich, dass hierin die Kernbotschaft derjenigen besteht, die Menschenrechte einfordern.

Es sind somit nicht nur von Kant inspirierte politische PhilosophInnen, die Menschenrechtsbewegungen in einem solchermaßen dichten normativen Vokabular der Würde oder der Emanzipation beschreiben; im Gegenteil: Es sind die sozialen Akteure selbst, die sich einer solchen Sprache bedienen, um ihren Forderungen nach vollem Respekt und Menschenrechten Ausdruck zu verleihen — als fundamentaler Anspruch der Gerechtigkeit unter normativ Gleichen, die nicht nur EmpfängerInnen, sondern auch AutorInnen der Rechte sind, die sie haben. Die Ansprüche, als TrägerInnen von Rechten und normative Autoritäten respektiert zu werden, wenden sich zwar an das Regime, dem man angehört; doch was sie eigentlich bedeuten, ist, dass es nicht dem Regime obliegt, diese Ansprüche zu verweigern oder ihre Bedeutung autokratisch zu bestimmen. In einem gewissen Sinne sind die Menschenrechte bereits der Gegenstand eines horizontalen Prozesses der Verständigung und Rechtfertigung unter denen, die sich als Gleiche auf dem Platz versammeln (und darüber hinaus unter der Gemeinschaft aller, die davon betroffen sind). Diejenigen, die Schilder wie auf diesem Foto hochhalten, ›haben‹ diese Rechte bereits in einem moralischen Sinne, auch wenn ihnen ihre kollektive politisch-rechtliche Bestimmung und Verwirklichung noch verwehrt wird.

DER GRUND DER MENSCHENRECHTE

Um den Menschenrechten auf den philosophischen Grund zu gehen, ist es wichtig zu verstehen, dass diese Rechte, auch wenn sie auf einen rechtlichen, politischen und sozialen Status zielen und nur in einem demokratischen Kontext auf gerechtfertigte Weise realisiert werden können, einen ›Grund‹ haben, der sowohl moralischer als auch transzendentaler Natur ist: Die Autonomie der Person mit einem »Recht auf Rechtfertigung«.[4] Hier kommen wir zu einer reflexiven Einsicht bezüglich des Grundes der Menschenrechte: Sie sind Rechte von und zwischen autonomen, gleichberechtigten Autoritäten im Raum normativer Gründe, die den Respekt für eine solche Autonomie und Autorität ausdrücken, materialisiert im Hinblick auf die rechtliche, politische und soziale Welt und die Gefahren der Beherrschung. Ihr Grund ist der Respekt füreinander als moralisch gleiche und rechtfertigende Wesen, die sich der praktischen Vernunft bedienen, und die an nichts anderes gebunden sind als an das, was rechtfertigende Gleiche und Freie voneinander verlangen können. Der rechtfertigende Grund der Menschenrechte liegt in der Anerkennung unseres Status, rechtfertigende Wesen zu sein.

Kants Philosophie formuliert die Verbindung zwischen dem vorrangigen und ›unantastbaren‹ moralischen Status als Person, der die Menschenrechte begründet, und dem aktiven, konstruktiven Aspekt dieses Status als Gesetz-Geber und nicht nur als Gesetzes-Empfänger. Kants Begriff der *Würde* einer autonomen Person mit seinem Doppelcharakter der Forderung nach bedingungslosem moralischen Respekt als Gleiche und nach einer Operationalisierung im Modus der diskursiven Rechtfertigung[5] zwischen Gesetzgebern im Raum der Gründe kombiniert Moral, Recht und Politik in geeigneter Weise, um Menschenrechte zu begründen.

Abb. 3 Das Gemälde von Jean-Jacques François Le Barbier *Déclaration des Droits de l'Homme et du Citoyen* (ca. 1789) hält die 17 Artikel der am 26. August 1789 von der französischen Nationalversammlung verkündeten Erklärung fest. Während eine gekrönte Frau aus dem Dritten Stand sich aus den Ketten befreit hat, zeigt der Engel mit dem Zepter auf das göttliche Auge der Vorsehung und verweist mit der Hand auf die Menschenrechte.

Er kann erklären, warum die Präambel der *Allgemeinen Erklärung der Menschenrechte* von 1948 mit dem Prinzip beginnt, dass »die Anerkennung der angeborenen Würde und der gleichen und unveräußerlichen Rechte aller Mitglieder der Gemeinschaft der Menschen die Grundlage von Freiheit, Gerechtigkeit und Frieden in der Welt bildet«, und was die Begriffe »angeboren« und »unveräußerlich« bedeuten sollen, ohne sich auf einen quasi-religiösen Grund für diesen Status berufen zu müssen. Sie bedeuten, dass die Grundlage der Menschenrechte der Respekt für jede andere Person ist, die keine andere Qualifikation für diesen Status benötigt, als ein Mensch zu sein. Diese Art des Respekts ist, wie Kant (MS, 237) sagt, aufgrund des einzigen »*angebohrne*[n] Recht[s]« der Menschen gefordert.

Die Vorstellung eines angeborenen Rechts auf Unabhängigkeit und Autonomie überbrückt die Kluft zwischen Moral und Recht. Im Reich der Moral hat eine Person Kant zufolge einen Status als *»Zweck an sich selbst«*, als Wesen also, dessen Zwecke innerhalb der Grenzen der Reziprozität gleichermaßen respektiert werden müssen und nicht von anderen instrumentalisiert werden dürfen. Dies erklärt er aus der »Idee der *Würde* eines vernünftigen Wesens, das keinem Gesetze gehorcht als dem, das es zugleich selbst giebt« (*Grundlegung*, 434). Alle Wesen mit solcher Würde sind gleichberechtigte Gesetzgeber im »Reich der Zwecke« und können über sich selbst und andere nur mittels reziprok und allgemein rechtfertigbarer Normen herrschen, wie es dem kategorischen Imperativ nach heißt:

> Unser eigener Wille, so fern er, nur unter der Bedingung einer durch seine Maximen möglichen allgemeinen Gesetzgebung, handeln würde, dieser uns mögliche Wille in der Idee, ist der eigentliche Gegenstand der Achtung, und die Würde der Menschheit besteht eben in dieser Fähigkeit, allgemein gesetzgebend, obgleich mit dem Beding, eben dieser Gesetzgebung zugleich selbst unterworfen zu seyn.[6]

Um zu verstehen, warum Kant hier den Begriff der Würde verwendet, müssen wir die Formulierung von der »Würdigkeit eines jeden vernünftigen Subjects, ein gesetzgebendes Glied im Reiche der Zwecke zu seyn« (*Grundlegung*, 439), betrachten. Damit betont Kant den Status oder Rang von Personen als moralisch gleichgestellte und aktive Gesetzgeber, sprich: als normative Autoritäten, die keinen anderen Normen unterworfen sind als denjenigen, die, dem kategorischen Imperativ entsprechend, von der eigenen Vernunft gerechtfertigt werden können. Der kategorische Imperativ verlangt von Personen, sich gegenseitig als rechtfertigende Gleiche, als zwecksetzende Selbstzwecke zu respektieren, und als Selbstzweck geachtet zu werden bedeutet, keiner Handlung oder Norm unterworfen zu sein, die nicht allgemein und reziprok gerechtfertigt werden kann. Wie Kant in der *Grundlegung* erklärt, impliziert, sich eines Anderen als Mittel zu bedienen, indem ihm zum Beispiel ein falsches Versprechen gemacht wird, dass dieser »unmöglich in meine Art, gegen ihn zu verfahren, einstimmen und also selbst den Zweck dieser Handlung enthalten« kann (*Grundlegung*, 429 f.).

Die moralische Pflicht zur und das Recht auf Rechtfertigung drücken aus, was es heißt, Andere als Zwecke an sich selbst und als gleiche normative Autoritäten im Raum der Rechtfertigungen oder Normen zu respektieren. Damit ist die Würde nicht der erste ›Grund‹ der Menschenrechte. Vielmehr ist dies der evaluative Begriff, der den Status einer moralischen Person als gleiche und autonome normative Autorität ausdrückt, wie Kant betont: »*Autonomie* ist also der Grund der Würde der menschlichen und jeder vernünftigen Natur« (*Grundlegung*, 436). Würde, Gleichheitsstatus und normative Autorität — all diese Begriffe bilden eine Einheit, die auf der Idee der moralischen Autonomie von Personen mit einem grundlegenden Recht auf Rechtfertigung beruht. Dieser fundamentale Anspruch, in seiner Würde als normativ rechtfertigende gleiche Person respektiert und in dieser Stellung nicht ignoriert oder unterdrückt zu werden, erklärt die Forderung nach der Freiheit von »Demütigung«, die der Mann im Bild oben äußert. Er bringt zur Geltung, dass keine Regierung, an der er nicht als Freier und Gleicher teilhaben kann, ausreichend begründete normative Autorität über ihn hat. Für die Begründung der Menschenrechte bedeutet dies, dass jede Person einen unwiderlegbaren Anspruch auf all die Rechte hat, die freie und gleiche Personen, welche die Notwendigkeit der Realisierung ihres Status als gleiche normative Autoritäten in der Welt der Politik und des Rechts anerkennen, einander gegenseitig gewähren und garantieren müssen.

In einer kantischen Perspektive bedarf es einer Vermittlung zwischen der moralischen und der rechtlich-politischen Ebene. Dies leistet Kants »angebohrenes« oder »ursprüngliches« Recht der Menschen. Kant führt es als das einzige »natürliche« Recht ein und als Begründung für die rechtfertigbare Form von Gesetzen, die freien und gleichen Mitgliedern eines Reichs der Zwecke auferlegt werden können. Noch

Abb. 4 Demonstration von Frauenrechtlerinnen (›Suffragetten‹), London 1912. Die Frauenwahlrechtsbewegung war international. Neuseeland gewährte 1893 als erstes Land Frauen das Wahlrecht, gefolgt von Australien (1902), Finnland (1906), Norwegen (1913), Dänemark (1915), Kanada (1917), Österreich, Deutschland, Polen und Russland (alle 1918).

bevor er vom angeborenen Recht spricht, betont er die natürliche rechtliche Pflicht, sich selbst und andere als Zwecke an sich selbst anzusehen (MS, 236). In diesem Zusammenhang führt er das angeborene Recht ein:

> Freyheit (Unabhängigkeit von eines andern nöthigender Willkühr), sofern sie mit jedes anderen Freyheit nach einem allgemeinen Gesetz zusammen bestehen kann, ist dieses einzige, ursprüngliche, jedem Menschen, kraft seiner Menschheit, zustehende Recht.[7]

Dieses Recht auf Unabhängigkeit unter dem allgemeinen Gesetz lässt sich als Recht auf Nichtbeherrschung interpretieren,[8] und es gilt in diesem Zusammenhang, *beide* von Kant unter den Titeln des privaten und des öffentlichen Rechts diskutierten Aspekte zu betonen: das Recht auf rechtlich abgesicherte Unabhängigkeit und das Recht, an der allgemeinen Gesetzgebung teilzuhaben. Dies sind die zwei Aspekte des (in meiner Formulierung) moralischen Rechts auf Rechtfertigung im Raum des Rechts und der Politik: nur von strikt reziprok und allgemein gültigen Gesetzen gebunden zu werden und Co-AutorIn dieser Gesetze zu sein, wie Kant es in seiner republikanischen politischen Theorie betont.

Dabei ist die Frage, ob sich bei Kant eine explizite Theorie von Menschenrechten findet, nicht die wichtigste. Zentral ist, dass in dieser Perspektive die Form und Rechtfertigung aller Rechte oder berechtigten Ansprüche strikt reziprok und allgemein sein muss, in Übereinstimmung mit dem allgemeinen Begriff des Rechts als »Inbegriff der Bedingungen, unter denen die Willkühr des einen mit der Willkühr des andern nach einem allgemeinen Gesetze der Freyheit zusammen vereinigt werden kann« (MS, 230). Das natürliche Recht der Freiheit ist daher keine Basis für die

Abb. 5 Die Arbeit *Grundgesetz 49* von Dani Karavan verbindet einen Außenhof des Jakob-Kaiser-Hauses mit dem Haus der Fraktionen des Deutschen Bundestages und ist unmittelbar an der Spreepromenade in Berlin gelegen. In die 19 Glasscheiben, die eine Höhe von drei Metern haben, sind die Grundrechtsartikel des Grundgesetzes in der Fassung von 1949 eingraviert.

›Ableitung‹ einer Liste von Rechten oder Pflichten oder Prinzipien der Gerechtigkeit, sondern enthält das moralische Kriterium der Rechtfertigung jeglicher Rechte oder Gerechtigkeitsansprüche sowie des Prinzips des freien und gleichen Status aller, die dem Recht unterworfen sind. Aus diesem Grund ist das Recht auf Freiheit – oder, in meiner Lesart, das Recht auf Rechtfertigung – das Fundament einer prozeduralen *Konstruktion* grundlegender Menschenrechte. Jeder konstruktivistische Ansatz, der basale moralische Kriterien der Rechtfertigung der Konstruktionen sowie der Stellung der konstruierenden Akteure beinhaltet, muss auf einem reflexiven Verständnis des moralischen Rechts auf Rechtfertigung unter gleichen normativen Autoritäten basieren. Das angeborene Recht Kants drückt diese Stellung und solche Kriterien aus. Es ist daher formal und substantiell zugleich, der Grund der autonomen Konstruktion von Recht(en) und trotzdem keine Basis für deren nichtdiskursive Ableitung.

DIE KONSTRUKTION DER MENSCHENRECHTE

Vor diesem Hintergrund definiere ich das *Konzept* der Menschenrechte so, dass diese moralisch begründete, rechtlich und politisch garantierte Rechte sind, die den grundlegenden Anspruch von Personen ausdrücken, nicht sozial oder politisch dominiert zu werden und normative Autoritäten desjenigen Regimes an Rechten und Pflichten zu sein, dem sie angehören. In Menschenrechten spiegelt sich die Erkenntnis, dass der Status, freie und gleiche Personen zu sein, auf zweifache Weise durch das Recht abgesichert werden muss: Die betreffenden Personen müssen sowohl AutorInnen als auch AdressatInnen des Rechts sein. Dementsprechend sind diese Rechte horizontal gerechtfertigt als solche, die freie und gleiche normative Autoritäten einander nicht verweigern können. Sie haben aber auch eine darauf basierende vertikale Rechtfertigung als Rechte, die politische oder soziale Akteure und Institutionen respektieren müssen und die der Staat sichern muss.

Dieser Ansatz betont sowohl den für die Menschenrechte essenziellen moralischen Kern gegenseitigen Respekts als auch ihre spezifische Funktion, nur diejenigen Rechte einzuschließen, die notwendig sind, um als nichtbeherrschte Freie und Gleiche im sozialen und politischen Raum abgesichert zu sein. Klassisch ›liberale‹ Rechte schützen diesen Status ebenso wie politische oder soziale Rechte, die Schutz bieten gegen rechtliche, politische oder soziale Beherrschung. Diese Perspektive beinhaltet Leitfäden für die Art, in der eine *Konzeption* der Menschenrechte bestimmt werden müsste, nämlich durch eine diskursive Konstruktion, in der all diejenigen, für die diese Rechte gelten, als rechtfertigende Akteure beteiligt sind. Das bedeutet, dass jede Konzeption der Menschenrechte für einen partikularen Kontext auf eine diskursive Weise gerechtfertigt werden muss.

Es lassen sich drei Kontexte unterscheiden, in denen die Konstruktion einer Konzeption der Menschenrechte verortet werden muss. Der erste ist der moralisch-politische Kontext einer *grundlegenden Liste allgemeiner Menschenrechte.* Diese enthält all jene Rechte, die angesichts der bisherigen menschlichen Erfahrungen verschiedener Beherrschungsformen zwischen Freien und Gleichen derselben politischen und rechtlichen Ordnung nicht zurückweisbar sind. Der Bezug zur historischen Erfahrung ist wichtig, weil jede konkrete Konzeption von Menschenrechten das Resultat eines offenen Lernprozesses ist. Die Liste der Menschenrechte ist das Ergebnis einer diskursiven Konstruktion, und sie ist notwendig als maßgeblicher Bezugspunkt für jeglichen Disput darüber, ob ein bestimmtes Recht tatsächlich als Menschenrecht gelten kann. Sie ist allgemein und vage gehalten und muss in weiteren politisch-rechtlichen Konstruktionen diskursiv konkretisiert werden. Eine allgemeine moralisch-politische Konzeption dieser Rechte ist jedoch unentbehrlich. Auf dieser Ebene des Konstruktivismus sammeln und testen wir die besten moralischen Argumente für bestimmte Rechte, um die Stellung von Personen als frei von Beherrschung und als gleiche politisch-rechtliche Autoritäten innerhalb ihrer normativen Ordnungen zu sichern.

Der zweite Kontext der Konstruktion einer Konzeption von Menschenrechten ist der *politische Kontext des Staates,* der die Aufgabe hat, grundlegende Menschenrechte zu sichern. Ferner muss der Staat sicherstellen, dass die konkrete Bestimmung und Interpretation dieser Rechte gegenüber all denjenigen rechtfertigbar ist, für die sie gelten. Dabei geht es nicht darum, ein Set an moralisch vorkonstruierten Menschenrechten ›anzuwenden‹. Vielmehr bestimmt und interpretiert die konstruktive Gestaltung der Grundrechte auf dieser Ebene, was es in einer politischen Gemeinschaft etwa bedeutet, Meinungsfreiheit, ein Recht auf politische Partizipation oder einen angemessenen sozialen Status zu haben. Menschenrechte werden hier durch einen diskursiven politischen Konstruktivismus bestimmt, und es ist wichtig anzumerken, dass dies eine Form der Rechtfertigung durch die Beteiligten *selbst* ist. Wenn es um Grundrechte geht, müssen alle an der Bestimmung dieser Rechte, als politisch Gleiche und als kritische TeilnehmerInnen, beteiligt sein, die reflexiv über ihren eigenen Status und den von anderen nachdenken und gegebene rechtliche und politische Formen transzendieren, um sie zu verbessern. So sind Menschenrechte zugleich Grundlage und Resultat solcher Konstruktionen: Sie sind in abstrakter Form die Grundlage solcher Konstruktionen, da die allgemeine moralisch-politische Konzeption den Rechtfertigungshintergrund für jede rechtlich-politische Bestimmung liefert, sowohl prozedural als auch substantiell. Vor diesem Hintergrund muss eine politische Gemeinschaft bestimmen, was es bedeutet, Rechte zu realisieren und zu sichern, die niemandem gerechtfertigterweise verweigert werden können (was die Rechte von Nicht-Mitgliedern einschließt).

Das Ergebnis ist eine konkrete Konzeption der Menschenrechte für eine politische Gemeinschaft. Jedoch muss diese Konzeption mit dem allgemeinen moralischen Konzept in Übereinstimmung stehen und von diesem Standpunkt aus kritisierbar sein. Nicht bestreitbare Kern-Menschenrechte stellen ein diskursives Veto gegen nichtrechtfertigbare Grundrechts-Konstruktionen dar: Einzelne oder Gruppen haben die normative Macht, die konkrete Bestimmung eines Grundrechtes, etwa der Geschlechtergleichheit, zurückzuweisen, wenn die Mehrheit einer politischen Gemeinschaft zum Beispiel glaubt, dass die Zwangsehe in Übereinstimmung mit diesem allgemeinen Recht stünde, oder wenn eine Mehrheit glaubt, sie könne Minarette verbieten, ohne das Menschenrecht auf Religionsfreiheit zu verletzen.

Während es viele politische Kontexte der diskursiven Konstruktion dieser Art gibt, in denen partizipierende Gleiche ihre normative Ordnung in einer nicht-willkürlichen Art festlegen, findet eine weitere moralisch-politische Konstruktion auf der *internationalen* beziehungsweise *supranationalen Ebene* statt. Das ist der dritte Kontext, den es zu analysieren gilt. Hier bedarf es der Konstruktion einer Konzeption der Menschenrechte, die in internationalen Erklärungen, Abkommen und Verträgen festgeschrieben ist, wobei diese Normen und mögliche Sanktionen im Falle einer Verletzung als völkerrechtlich bindend verstanden werden. Die Akteure der Konstruktion sind in diesem Kontext sowohl Staaten mit bestimmten Auffassungen von Grundrechten als auch Personen, die bestimmte Ansprüche stellen, die möglicherweise von denen ihrer Staaten abweichen. In den Konzeptionen, die sich auf dieser internationalen Ebene finden, zeigt sich, verglichen mit den politischen Konzeptionen innerhalb von Staaten, eine ›dünnere‹ Vorstellung von Menschenrechten. Zum Beispiel kann hier kein bestimmtes Modell demokratischer Organisation formuliert werden, wohl aber das allgemeine Recht auf demokratische Partizipation. Dass ein solches Recht existiert, muss auf allen drei Ebenen, also im Rahmen der allgemeinen moralischen Konzeption, der besonderen staatlichen Konzeption und der internationalen Konzeption, betont werden. Andererseits würde die Pointe der Menschenrechte verloren gehen, die besagt, dass man nicht gezwungen werden kann, in einer normativen Ordnung zu leben, in der nicht alle, als Gleichberechtigte, Teil der relevanten Rechtfertigungsautorität sind. Auf dieser Ebene müssen sich Überlegungen anschließen, welche Menschenrechtsverletzungen zu welchen Sanktionen führen sollten und durch welche Prozeduren und Akteure dies legimitiert werden könnte. In dieser Hinsicht geht diese Konzeption über Kants Vorstellungen des Völkerrechts als eines nicht-interventionistischen Friedensrechts hinaus, wie er es in der Schrift *Zum ewigen Frieden* (1795) formuliert hat.

Mit Kant aber bleibt die reflexive, emanzipatorische Wahrheit der Menschenrechte festzuhalten: Wenn Menschenrechte auf dem Grundrecht aufbauen, in seinem Status als normative Autorität gesichert zu sein, frei von rechtlicher, politischer und sozialer Beherrschung, und die normative Ordnung, der man unterworfen ist, mitbestimmend, dann müssen diese Rechte von ihren TrägerInnen selbst konstruiert werden. Menschenrechte drücken die Autonomie freier und gleicher GesetzgeberInnen und GesetzesadressatInnen aus und schützen sie zugleich.

1 Für eine detaillierte Besprechung der verschiedenen Ansätze siehe Forst 2011, Kap. 2.

2 Khalil 2011, 87. Der Fotograf, Hossam el Hamalawy, hat dankenswerterweise die Erlaubnis erteilt, das Bild hier abzudrucken.

3 Das Buch zeigt auch viele Frauen, die ähnliche Schilder halten, und die historische Dialektik von Befreiung und Unterdrückung hat viele Facetten, wie die post-revolutionären Entwicklungen in Ägypten zeigen, angefangen bei der Herrschaft der Muslim-Brüderschaft bis hin zur Militärherrschaft, die auf Erstere folgte. Normative gesellschaftliche Fortschritte sind ein rares Gut.

4 Vgl. Forst 2007.

5 Dieser Aspekt von Kants Ansatz wird von Onora O'Neill und von der Diskursethik in ihren jeweiligen Interpretationen betont: vgl. O'Neill 1989; Habermas 1983.

6 *Grundlegung,* 440. — Wegen solcher Aussagen wird oft behauptet, dass für Kant nur rational autonome Wesen mit Würde behandelt werden müssen und daher menschliche Wesen, die diese rationalen Kapazitäten noch nicht oder nicht mehr besitzen, keinen solchen Anspruch auf Respekt haben. Das ist ein Missverständnis. Erstens unterscheidet diese Interpretation nicht ausreichend zwischen der Würde vernünftiger Akteure als handelnde Subjekte und der Würde von Menschen als Objekten von Handlungen. In Bezug auf Letzteres spricht Kant stets von menschlichen Wesen als Repräsentanten der Menschheit ohne jegliche weitere Qualifikation. Zweitens liest diese Ansicht eine empirische Fähigkeit in die noumenale, nicht-empirische Charakteristik einer Person hinein, was das Gegenteil von Kants Ansatz ist. Er bekräftigt vielmehr, dass die Vorstellung von Personen als autonome Selbstzwecke »nicht aus der Erfahrung entlehnt« (*Grundlegung,* 431) ist, sondern eine allgemeine moralische Zuschreibung an menschliche Wesen darstellt, die eben keinen Rationalitätstest bestehen müssen, bevor sie als Selbstzweck gelten.

7 MS, 237.

8 Ripstein 2009.

Abb. 1 Foto mit E. Roosevelt und einem Plakat der Allgemeinen Erklärung der Menschenrechte. Alamy Stock Photo EX6JW8

Abb. 2 Foto vom Tahrir-Platz. © Hossam el Hamalawy 2011

Abb. 3 Le Barbier: kolorierter Stich. akg images 1335683

Abb. 4 Foto, England, 1912. Alamy Stock Photo BRPRWE

Abb. 5 Karavan: Glas-Installation. Alamy Stock Photo WJ83DH

Abb. 6 Foto von der Generalversammlung der Vereinten Nationen. akg images 2820741

Abb. 6 Die Generalversammlung der Vereinten Nationen tritt jährlich im September in New York zusammen. Jeder Mitgliedstaat hat dort eine Stimme.

Abb. 1 Timm Ulrichs neodadaistische Installation präsentiert einen Tisch, auf dem eine Ausgabe der *Critik der reinen Vernunft* liegt. Unter das zu kurze Tischbein ist eine Ausgabe der *Critik der practischen Vernunft* geschoben.

TOBIAS ROSEFELDT

Autonomie als Prinzip. Kants Theorie moralischer Normativität

UNBEDINGTHEIT UND AUTONOMIE

Moralische Normativität zeichnet sich durch praktische Unbedingtheit aus. Wenn etwas moralisch gut ist, dann ist es schlechthin gut, nicht gut für etwas anderes. Und wenn etwas moralisch geboten ist, dann sollen wir es schlechthin tun, nicht weil wir etwas anderes dadurch erreichen wollen. Kinder glücklich zu machen, ist nicht deswegen gut, weil glückliche Kinder weniger Probleme machen. Es ist schon für sich selbst etwas Gutes. Und Kindern ein Leben ohne existentielle Nöte zu ermöglichen ist nicht deswegen moralisch gefordert, weil wir dadurch besser unser Ziel erreichen, später einmal von ihnen versorgt zu werden, sondern es ist einfach schlechthin das, was zu tun ist.

Für Kant war die Unbedingtheit moralischer Forderungen ein Datum, das nicht zu bezweifeln ist. Wenn überhaupt moralisch gesollt wird, dann ist dieses Sollen kategorisch. Man mag das bestreiten, aber das soll heute nicht unser Thema sein. Ich möchte mich hier auf Kants Antwort auf die Frage konzentrieren, wie es solches moralisches und unbedingtes Sollen überhaupt geben kann. Kant fand das – zu Recht – in hohem Maße erklärungsbedürftig. Er hat selbst eine Erklärung der Möglichkeit unbedingten Sollens gegeben, die allerdings mindestens ebenso erklärungsbedürftig ist. Der Kern seiner Erklärung lautet: Unbedingtes moralisches Sollen kann es dann und nur dann geben, wenn der Inhalt solchen Sollens unserem eigenen Willen entspringt. In der *Grundlegung zur Metaphysik der Sitten* (1785) schreibt er:

> Es ist nun kein Wunder, wenn wir auf alle bisherige Bemühungen, die jemals unternommen worden, um das Princip der Sittlichkeit ausfündig zu machen, zurücksehen, warum sie insgesamt haben fehlschlagen müssen. Man sahe den Menschen durch seine Pflicht an Gesetze gebunden, man ließ es sich aber nicht einfallen, daß er *nur seiner eigenen* und dennoch *allgemeinen Gesetzgebung* unterworfen sey, und daß er nur verbunden sey, seinem eigenen, dem Naturzwecke nach aber allgemein gesetzgebenden, Willen gemäß zu handeln. [...] Ich will [...] diesen Grundsatz das Princip der AUTONOMIE des Willens [...] nennen.[1]

Das Prinzip der Autonomie besagt also: Wir müssen nur solchen Gesetzen unbedingt Folge leisten, die wir uns selbst gegeben haben.

Von all den vielen Neuerungen, die wir Kants Philosophie verdanken, ist seine Erfindung einer Moral der Autonomie vermutlich die einflussreichste gewesen, und sie ist auch diejenige, die heute noch den größten Kredit zu haben scheint. Die Idee, dass sich bestimmte nicht-empirische Gehalte der Struktur des Subjekts und seiner eigenen Gesetzgebung verdanken, ist auch ein zentraler Bestandteil von Kants theoretischer Philosophie: Die raum-zeitliche Struktur der natürlichen Welt resultiert laut Kant aus unseren subjektiven Formen der Anschauung, und die Gesetze, die wir in dieser Welt vorfinden, will er verstehen als Gesetze, die unser Verstand der Natur vorschreibt. Das sind ebenfalls wichtige und historisch einflussreiche kantische Thesen. Doch es sind auch Thesen, die sehr eng an Kants Idealismus hinsichtlich der raum-zeitlichen Welt geknüpft sind, und zu denen sich aus genau diesem Grund heute kaum mehr jemand bekennen mag. Aber dass wir unserem Handeln und Wollen ein eigenes Gesetz vorschreiben und dass diese Form der Selbstgesetzgebung im Zentrum unseres Selbstverständnisses als praktischer und moralisch verpflichteter Wesen steht, das ist ein Gedanke, dem auch heute noch viele etwas abgewinnen können.[2]

Man könnte fast sagen: Autonomie hat heute eine so gute Presse und ihr Lob ist so sonntagsredentauglich, dass wir in Gefahr sind, zu vergessen, wie merkwürdig und durch und durch fragwürdig Kants Autonomiethese eigentlich ist. Gewiss, mit Autonomie verbinden wir alle ein politisches republikanisches Ideal, an dem wir alle nicht rütteln wollen. Wir glauben zu Recht mit Kant daran, dass es ein fundamentales Recht auf Autonomie im Sinne von freier Selbstbestimmung gibt und eine Pflicht sie zu schützen und politisch wirklich werden zu lassen. Aber das oben zitierte Prinzip der Autonomie ist keine These über diese republikanische Auto-

Abb. 2 Man kann das eigene Handeln insofern als von einem göttlichen Willen abhängig auffassen, als die Sanktionierung im Falle fragwürdiger oder moralisch falscher Handlungen durch eben diesen Gott erfolgt. So wurde es (und wird es noch) im christlichen, jüdischen und muslimischen Raum über Jahrhunderte hinweg gelehrt und geglaubt. Eine zentrale Rolle spielt damit die Gesetzgebung Gottes, die unter anderem in den Zehn Geboten präskriptiv vorliegt. Deckenfresko *Gottvater* (1609) von Cesare Sermei in der Unterkirche von San Francesco in Assisi (Umbrien).

nomieforderung. Es besagt nicht, dass es ein moralisches und also unbedingtes Gebot ist, Autonomie zu ermöglichen. Es besagt, dass sich alle moralischen und also unbedingten Gebote unserer eigenen autonomen Gesetzgebung verdanken. Behauptet wird nicht die Existenz eines Rechts *auf* oder einer Pflicht *zur* Autonomie, sondern die Erklärung der Existenz von Pflichten *durch* Autonomie. Wie sich zeigen wird, ist das eine sehr viel schwieriger zu verteidigende und auch entschieden weniger sonntagsredentaugliche These.

Um sie zu plausibilisieren, werde ich in drei Schritten vorgehen: Zuerst werde ich Kants Meisterargument für das Prinzip der Autonomie vorstellen. Dann werde ich zwei Einwände präsentieren, die darauf abzielen, zu zeigen, dass autonom gegebene Gesetze nicht notwendigerweise moralische Gesetze sein müssen und es bei genauerem Hinsehen nicht einmal sein können. Ich werde auch eine typische kantianische Reaktion auf die beiden Einwände darstellen und zeigen, dass sie scheitert. Im letzten Teil mache ich den Versuch, Kants Autonomiebegriff noch einmal ganz anders zu verstehen und dadurch seine These zum Zusammenhang von Autonomie und Moral zu retten.[3]

WESHALB ÜBERHAUPT AUTONOMIE?

Kant präsentiert ein Meisterargument für die Annahme, dass nur selbstgegebene Gesetze unbedingte Verbindlichkeit haben können. Um dieses Argument zu verstehen, ist es hilfreich, sich zuerst einmal eine der möglichen alternativen Erklärung von unbedingter Geltung anzusehen. Auf der Grundlage von Kants Kritik an dieser Alternative kann man meines Erachtens am besten verstehen, weshalb er auf die Idee einer Moralfundierung aus Autonomie kam.

Für Kant haben praktische Gesetze jedenfalls für uns Menschen die Form von Imperativen, das heißt Geboten. Wir dürfen ruhig annehmen, dass er dabei die sprachliche Form der christlichen Zehn Gebote vor Augen hatte: ›Du sollst nicht töten!‹, ›Du sollst nicht falsch Zeugnis reden wider deinen Nächsten!‹. Das sind dem Inhalt nach moralische Forderungen, und ihr Forderungscharakter kommt in der sprachlichen Form eines Befehls oder Gebots zum Ausdruck. Wo ein Gebot ist, da ist jemand, der gebietet, und jemand, dem geboten wird. Im Falle der biblischen Geschichte der Zehn Gebote sind die Rollen so verteilt: Der Gebietende ist Gott, und der, dem geboten wird, ist der Mensch. In dieser Geschichte ist eine Erklärung der unbedingten Geltung moralischer Forderungen zumindest implizit enthalten. Geboten, die Gott an uns richtet, ist unbedingt Folge zu leisten, Geboten eines weltlichen Fürsten oder denen des eigenen Ehepartners unter Umständen nicht. Dass das so ist, verdankt sich der besonderen Autorität Gottes als eines allwissenden und allgütigen Wesens.

Die philosophische Version dieser alttestamentarischen Moralbegründung nennt man ›theistischen Voluntarismus‹. Der theistische Voluntarismus ist zu Kants Zeiten eine ›live option‹ und wurde von einigen von Kants Vorgängern vertreten.[4] Er kommt in zwei Spielarten vor, als voluntaristische Begründung des Inhalts moralischer Forderungen und als voluntaristische Begründung der Verbindlichkeit moralischer Forderungen. Der Inhaltsvoluntarismus ist die weit weniger attraktive Position. Er behauptet, dass das moralisch Gute deswegen moralisch gut ist, weil Gott es will. Wenn das so wäre, dann könnte allerdings Gott nicht deswegen das Gute wollen, weil es gut ist. Das hieße aber, dass Gott gar keine Gründe für sein Wollen hätte, was seiner Natur als vernünftigem Wesen zu widersprechen scheint. Also ist es plausibel anzunehmen, dass der Inhalt des moralisch Geforderten nicht durch Gottes Willen festgelegt wird. Das anzuerkennen, schließt aber nicht die Annahme aus, dass es am Willen Gottes liegt, dass das moralisch Geforderte für uns verbindlich ist, das heißt dass wir unbedingt das tun sollen, was moralisch gut ist. Laut dem Verbindlichkeitsvoluntarismus ist genau dies der Fall: Moralische Forderungen haben für uns Menschen unbedingte Geltung, weil Gott von uns will, dass wir ihnen nachkommen.

Kant hält diese Erklärung der Verbindlichkeit moralischer Forderungen für inakzeptabel. In der zuvor schon zitierten Passage begründet Kant seine These, dass nur selbstgegebene Gesetze unbedingte Verbindlichkeit für uns haben, folgendermaßen:

> Denn, wenn man sich ihn nur als einem Gesetz (welches es auch sey) unterworfen dachte: so mußte dieses irgend ein Interesse als Reiz oder Zwang bey sich führen, weil es nicht als Gesetz aus *seinem* Willen entsprang, sondern dieser gesetzmäßig von *etwas anderm* genöthigt wurde, auf gewisse Weise zu handeln. Durch diese ganz nothwendige Folgerung aber war alle Arbeit, einen obersten Grund der Pflicht zu finden, unwiederbringlich verlohren. Denn man bekam niemals Pflicht, sondern Nothwendigkeit der Handlung aus einem gewissen Interesse heraus. Dieses mochte nun ein eigenes oder fremdes Interesse seyn. Aber alsdann mußte der Imperativ jederzeit bedingt ausfallen, und konnte zum moralischen Gebote gar nicht taugen.[5]

Abb. 3 Von Lucas Cranach dem Älteren sind eine Reihe verschiedener Darstellungen des Sündenfalls im Paradies erhalten. Dieses Ölgemälde von 1526 trägt den schlichten Titel *Adam und Eva*.

Die Grundidee dieser kantischen Überlegung besteht darin, dass wir etwas darüber lernen können, was eine moralische Forderung sein kann und wer sie an uns stellen kann, indem wir uns den Fall ansehen, in dem jemand einer solchen Forderung folgt. Das ist insofern plausibel, als moralische Forderungen erfüllbar sein müssen. Was wir aus prinzipiellen Gründen nicht tun können, kann auch nicht von uns gefordert werden. Nun verlangt eine moralische Forderung von uns, moralisch zu handeln. Moralisches Handeln besteht für Kant aber nicht nur darin, eine bestimmte äußerliche Handlung zu vollziehen, zum Beispiel nicht zu lügen, sondern es besteht darin, diese Handlung aus dem richtigen Grund auszuführen, nämlich deswegen, weil es moralisch gefordert ist, (und nicht etwa deswegen, weil man Angst hat, beim Lügen erwischt zu werden).

Kants Kernthese gegen nicht-autonome Moralkonzeptionen wie etwa den theistischen Voluntarismus lautet nun: Für jede Forderung, die nicht unserem eigenen Wollen entspringt, ist es unmöglich, dieser Forderung nachzukommen und dabei moralisch zu handeln. Warum ist das so? Nun, um einer Forderung nachzukommen, muss diese Forderung für mich ein Handlungsgrund werden. Ist die Forderung Ausdruck des Willens eines anderen, zum Beispiel Ausdruck davon, dass Gott von mir will, dass ich mich nach dem Gebot richte, dann muss dieses Wollen des anderen für mich zum Handlungsgrund werden. Ein Handlungsgrund ist das Wollen eines anderen aber für mich niemals ohne weiteres. Es ist ja das Wollen eines anderen, und was der andere will, ist nicht notwendigerweise das, was ich will. Es wird nur dadurch handlungswirksam für mich, dass ich — wie Kant es nennt — ein Interesse an dem Wollen des anderen nehme. Nur wenn ich ein eigenes Interesse daran habe, das zu tun, was der andere von mir will, kann mir dieses fremde Wollen einen Grund zum Handeln geben. Dieses Interesse, so Kant, verdirbt nun aber den moralischen Charakter unseres Handelns. Wie moralisch richtig auch immer das sein mag, was ein anderer von mir fordert, wenn ich es nicht einfach deswegen tue, weil es moralisch gefordert ist, sondern deswegen, weil ich ein eigenes Interesse habe, dem Wollen des anderen zu entsprechen, handle ich nicht moralisch. Konkretisiert auf den Fall der göttlichen Forderung lautet die Überlegung: Wer — wie der theistische Voluntarist — sagt, dass er dem moralischen Gesetz folgt, weil Gott von ihm will, diesem Gesetz zu folgen, gibt eine unvollständige Antwort. Gottes Wollen gibt uns nur dann einen Handlungsgrund, wenn wir ein Interesse daran haben, das zu tun, was Gott von uns will. Dieses Interesse kann sich zum Beispiel daraus ergeben, dass wir Gottes Strafe fürchten oder auf seine Belohnung hoffen. Aber wer aus diesen Gründen handelt, der handelt nicht moralisch. Und also kann keine Forderung, der wir nachkommen müssen, weil Gott sie an uns richtet, eine moralische Forderung sein.

Findet man diese Überlegung plausibel, dann ist auch klar, weshalb sich das Problem, das Kant für Positionen wie den theistischen Voluntarismus aufzeigt, nicht stellt, wenn die moralische Forderung nicht Ausdruck eines anderen, sondern unseres eigenen Willens ist. Denn wenn das, was moralisch gesollt wird, letztlich nichts anderes ist als das, was man selbst will, dann gibt es die Kluft zwischen eigenem und fremdem Wollen gar nicht, zu deren Überbrückung ein zusätzliches und die Moralität meines Handelns untergrabenden Interesse nötig war. Um das zu tun, was ich selbst will, brauche ich kein *zusätzliches* Motiv. Nur dann also, wenn das moralisch Gesollte das eigentlich von mir Gewollte ist, kann ich moralisch handeln, indem ich das Gesollte tue. Und deshalb können moralische Gebote nur solche sein, die Ausdruck unseres — in Kants Worten — »eigenen [...] allgemein gesetzgebenden, Willens« sind. Das ist Kants Meisterargument für das Prinzip der Autonomie.

Damit es überhaupt Moral geben kann, müssen wir also selbst an die Stelle von Gott treten und uns gewissermaßen selbst die Tafeln der moralischen Gebote überreichen. Macht man sich klar, dass unser eigenes Wollen für Kant die Rolle einnimmt, die Gottes Wollen im theistischen Voluntarismus spielt, kann man ihm — in gewissem Sinne — sowohl einen Inhaltsvoluntarismus als auch einen Verbindlichkeitsvoluntarismus zuschreiben. Obwohl wir uns die Inhalte der Moral nicht willkürlich aussuchen — dazu gleich mehr —, legt die Struktur unseres Wollens fest, was allein der Inhalt der moralischen Forderung sein kann. Das ist das Thema des zweitens Abschnitts der *Grundlegung.* Und die Verbindlichkeit dieser Forderung versucht Kant im dritten Abschnitt der *Grundlegung* dadurch zu erklären, dass er sie als Ausdruck unseres eigenen auf uns selbst gerichteten Wollens versteht.[6] Die kantische Autonomieethik vollendet also das, was die Schlange in der biblischen Sündenfallgeschichte bereits angekündigt hatte: »Ihr werdet sein wie Gott«, wobei deren Anhänger der Schlange an dieser Stelle ins Wort fallen würden, um selbstbewusst zu ergänzen: ... und zwar nicht nur, weil wir wie Gott *wissen,* was gut und was böse ist, sondern auch deswegen, weil wir es allererst festlegen.

ZWEI EINWÄNDE

Das Meisterargument macht sehr gut deutlich, was der Charme der kantischen Engführung von Autonomie und Moral ist. Wenn man das moralische Sollen mit dem eigenen autonomen Wollen identifiziert, vermeidet man genau das Problem, an dem laut Kant heteronome Moralkonzeptionen scheitern. Aber handelt man sich durch dieses Manöver nicht andere und mindestens ebenso gewichtige Probleme ein? Ja, das tut man. Ich möchte im Folgenden kurz zwei solche Probleme diskutieren.

Das erste Problem kann man auf den folgenden Nenner bringen: Es ist einsichtig, dass sich bei Gesetzen, die wir uns aus eigenem Willen selbst gegeben haben, nicht die Frage nach einem weiteren über diese Gesetzte hinausgehenden Grund dafür stellt, ihnen zu folgen. Insofern erfüllen selbstgegebene Gesetze eine notwendige Bedingung für moralische Gesetze. Aber nicht alle Gesetze, die wir uns selbst geben, sind moralische, das heißt unbedingt verbindliche Gesetze. Und also kann das Selbstgegebensein von Gesetzen nicht deren unbedingte Geltung erklären.

Ich möchte zur Illustration dieses Punkts noch einmal zur biblischen Sündenfallgeschichte zurückkommen, genauer zur Interpretation, die Kant von ihr gibt. In seiner wunderbaren Schrift über den *Mutmaßlichen Anfang der Menschengeschichte* (1786) entwirft Kant eine spekulative Entstehungsgeschichte des Menschen als eines vernünftigen und moralischen Wesens. Er tut dies, indem er Details der biblischen Sündenfallsgeschichte in wissenschaftlich akzeptabler Weise reinterpretiert, und damit unter anderem eine Geschichte des Erwachens der Freiheit in der natürlichen Welt erzählt. Ich will mich hier auf einen Moment dieser Geschichte beschränken, nämlich Kants Interpretation des Griffs zum Feigenblatt. Dazu schreibt er:

> Der Mensch fand bald: daß der Reiz des Geschlechts, der bei den Thieren bloß auf einem vorübergehenden, größtentheils periodischen, Antriebe beruht, für ihn der Verlängerung und so gar Vermehrung durch die Einbildungskraft fähig sei, welche ihr Geschäft zwar mit mehr Mäßigung, aber zugleich dauerhafter und gleichförmiger treibt, je mehr der Gegenstand *den Sinnen entzogen* wird, und daß dadurch der Ueberdruß verhütet werde, den die Sättigung einer bloß thierischen Begierde bei sich führt. Das Feigenblatt […] war also das Produkt einer […] Aeusserung der Vernunft […]. Denn eine Neigung dadurch inniglicher und dauerhafter zu machen, daß man ihren Gegenstand den Sinnen entzieht, zeigt schon das Bewußtsein einiger Herrschaft der Vernunft über Antriebe […].[7]

Was Kant in diesem Fall als »Herrschaft der Vernunft« beschreibt, kann durchaus in einem gewissen Sinne als Autonomie begriffen werden. Zumindest ist das möglich, wenn man »Autonomie« in dem Sinne versteht, in dem dieser Begriff in der gegenwärtigen Debatte verwendet wird.[8] Diese Debatte ist stark von der Freiheitskonzeption von Harry Frankfurt geprägt.[9] Laut Frankfurt sind Menschen frei, weil sie nicht nur Wünsche und Neigungen haben, denen sie in ihrem Handeln ausgeliefert sind, sondern sich zu diesen Wünschen noch einmal reflexiv verhalten können und Wünsche zweiter Ordnung dazu haben können, welche Wünsche erster Ordnung sie haben möchten und inwieweit diese handlungswirksam werden sollen. Das ist sicher ein mögliches Verständnis von

Abb. 4 Das Feigenblatt ist, so Kant 1786, das »Produkt einer […] Aeusserung der Vernunft« (*Muthmaßlicher Anfang der Menschengeschichte,* 112) – aber die Vernunft wird hier gar nicht gegen die Sinne tätig, sondern unterstützt und verstetigt vielmehr das Begehren und damit die Neigung, und zwar durch Beschränkung des direkten Anblicks. Sie bewirkt so einen Anreiz für die Phantasie. Detail einer Skulptur.

Autonomie und Selbstbestimmung. Aber es gibt keinen direkten Zusammenhang zwischen der Tatsache, dass wir uns eine Regel in diesem Sinne selbst gegeben haben, und der Tatsache, dass diese Regel den Status moralischer Forderungen hat. Wie Kants Beispiel zeigt, kann auch die Regel, die eigenen Geschlechtsorgane durch Kleidung zu verhüllen, um die Lust des Gegenübers »inniglicher und dauerhafter« zu machen, eine selbstgegebene Regel und Äußerung der Vernunft sein. Aber sie ist sicher keine moralische Regel. Nennen wir dieses Problem das *Problem der Unterbestimmung moralischer Inhalte durch das Merkmal des Selbstgegebenseins.*

Der zweite Einwand ist eine Verschärfung des ersten. Er besagt nicht nur, dass es viele selbstgegebene Regeln gibt, die nicht den Charakter moralischer Verbindlichkeit haben, sondern bestreitet darüber hinaus, dass es irgendwelche selbstgegebenen Regeln geben kann, die diesen Charakter haben.[10] Denn wenn man die Rede von Selbstgebung wirklich ernst meint, dann muss diese Selbstgesetzgebung so etwas wie eine freie Wahl beinhalten. ›Das Gesetz gilt, *weil* ich es mir selbst gegeben habe‹ impliziert ›Das Gesetz würde nicht gelten, wenn ich es mir nicht selbst gegeben hätte, was ebenfalls möglich gewesen wäre‹. Aber das scheint gerade der Unbedingtheit moralischer Forderungen zu widerstreiten. Gesetze, deren Geltung von meiner Wahl dieser Gesetze abhängt, haben also gerade keine unbedingte Gültigkeit.

Abb. 5 *Yes we Kant!* lautet das Motto einer Serie von Werken Hester Reeves, die 2017 im Kunsthuis SYB (Beetsterzwaag, Niederlande) in Verbindung mit dem Centre for Philosophy and Visual Art (King's College, London) entstand. Ausgehend von Vorlesungen über die *Grundlegung zur Metaphysik der Sitten* wird darin angesprochen, »ob Fragen nach der menschlichen Natur und Moral über die Grenzen des Wissens hinausgehen«. Reeves Werke berühren den Status der Künstlerin als moralischer Akteurin und sie fragen nach der moralischen Kompetenz der Kunst. *Paradise on Earth: Kant in the Kunsthuis Hester Reeve,* Selbstporträt 2017.

Nennen wir dieses Problem das *Problem der fehlenden normativen Kraft selbstgegebener Gesetze.*

Es gibt eine klassische kantianische Antwort auf diese beiden Probleme. Diese Antwort basiert auf einer Verdoppelung des moralischen Subjekts. Am Anfang der *Ethischen Elementarlehre* der *Metaphysik der Sitten* (1797) schreibt Kant, dass die Idee einer Pflicht gegen sich selbst einen Widerspruch enthalten würde, wenn verpflichtendes und verpflichtetes Ich dasselbe wären:

> Man kann diesen Widerspruch [...] dadurch ins Licht stellen: daß man zeigt, der Verbindende (auctor obligationis) könne den Verbundenen (subiectum obligationis) jederzeit von der Verbindlichkeit (terminus obligationis) lossprechen; mithin (wenn beyde ein und dasselbe Subject sind) er sey an eine Pflicht, die er sich auferlegt, gar nicht gebunden: welches einen Widerspruch enthält.[11]

Da in einer Ethik der Autonomie jeder moralischen Verpflichtung eine Selbstverpflichtung zu Grunde liegt, ist das genannte Problem das autonomer moralischer Verpflichtung überhaupt. Es ist genau das gerade genannte Problem der fehlenden normativen Kraft selbstgegebener Gesetze: Wenn ein Gesetz nur deswegen gilt, weil ich es mir selbst gegeben habe, scheine ich mich von der Geltung auch jederzeit wieder lossprechen zu können. Und das heißt aber: Das Gesetz gilt gerade nicht unbedingt.

Kant löst den Widerspruch, indem er den ›auctor obligationis‹ und das ›subiectum obligationis‹ auf zwei verschiedene Instanzen verteilt.[12] Die verpflichtende Instanz ist der *homo noumenon,* der Mensch als rein vernünftiges Wesen und Teil der intelligiblen Welt. Das verpflichtete Subjekt ist der *homo phaenomenon,* der Mensch als vernünftiges Naturwesen, das heißt als Teil der phänomenalen Welt, dessen Wollen zumindest partiell unvernünftig ist. Diese Zweiteilung bietet das Potential einer Lösung beider von mir genannter Probleme. Das *Problem der Unterbestimmung moralischer Inhalte durch das Merkmal des Selbstgegebenseins* wird dadurch gelöst, dass das gebietende Subjekt mit einem reinen Vernunftwesen identifiziert wird. Ein reines Vernunftwesen will nur das, was vernünftig ist, und das fällt für Kant zusammen mit dem, was moralisch richtig ist.

Das Problem der fehlenden normativen Kraft selbstgegebener Gesetze wird dadurch gelöst, dass sich das verpflichtete phänomenale Subjekt gar nicht von der Verbindlichkeit des an ihn gerichteten Gebots lossprechen kann, indem es sich zum Beispiel ein anderes Gesetz wählt. Es selber hat sich das Gesetz ja gar nicht ausgesucht, sondern sieht sich nur mit diesem, beziehungsweise mit der Forderung des verpflichtenden, noumenalen Subjekts, diesem zu folgen, konfrontiert.

Kann die Strategie der Subjekt-Verdoppelung die beiden Probleme lösen? Wenn man von allgemeinen Vorbehalten gegenüber Kants Rede einer Unterscheidung zwischen noumenaler und phänomenaler Welt absieht – ja. Aber befriedigend ist die Strategie für Freunde des kantischen Projekts trotzdem nicht. Denn unter Voraussetzung einer Verdoppelung des Ichs gerät dieses Projekt nun wieder in genau diejenige Schwierigkeit, die Kant an heteronomen Moralbegründungen moniert hatte und die ihn allererst dazu gebracht hatten, unbedingte Verbindlichkeit durch Autonomie zu erklären. Der homo noumenon will seinem Wesen nach immer nur das Vernünftige und tritt der Willkür des homo phaenomenon als unverfügbare Instanz gegenüber. In diesen Hinsichten ähnelt er dem gebietenden Gott des theistischen Voluntarismus. Aber genau auf Grund dieser strukturellen Ähnlichkeit zu Gott ergibt sich die Frage, wie der homo phaenomenon jemals der an ihn gerichteten Forderung des homo noumenon folgen können soll, ohne dabei das Ziel moralischen Handelns gerade zu verfehlen. Wenn homo noumenon und homo phaenomenon verschieden sind, dann scheinen die Überlegungen aus Kants Meisterargument zu greifen und sich nun mit voller Kraft gegen Kants Autonomiekonzeption selbst zu kehren. Denn wenn das, was der homo phaenomenon will, nicht notwendig mit dem koinzidiert, was der homo noumenon will, dann braucht der erstere einen Grund — ein zusätzliches Interesse — das zu tun, was der homo noumenon von ihm will, genauso wie wir ein zusätzliches Interesse brauchten, um das zu tun, was Gott von uns will. Und es ist nicht zu sehen, weshalb dieses zusätzliche Interesse am Wollen eines anderen in diesem Falle nicht genauso moralzerstörend sein sollte, wie es das im theistischen Voluntarismus war.

AUTONOMIE DES WILLENS STATT AUTONOMIE DES SUBJEKTS

Heißt das, dass wir Kants Prinzip der Autonomie aufgeben müssen? Nein. Aber ich halte die beiden genannten Probleme und die Unzulässigkeit, mit einer Ich-Verdoppelung darauf zu reagieren, für schwerwiegend genug, um dasjenige Autonomieverständnis, das ich bei der Konstruktion der Probleme zu Grunde gelegt habe, als Grundlage des Geltungsanspruchs der Moral zurückzuweisen. Dass sich Subjekte frei und souverän selbst Gesetze geben, ist zweifellos etwas, das einen eigenen moralischen Wert hat, und zweifellos auch etwas, dessen Möglichkeit wir politisch realisieren sollen. Aber es ist nichts, das uns hilft, den Charakter der Unbedingtheit moralischer Forderungen zu verstehen.

Dieses Verständnis von Autonomie ist aber auch gar nicht das einzige Verständnis von Autonomie, das wir bei Kant finden. Ja es ist nicht einmal das, das in seinen Schriften zur Moralfundierung vorherrscht. Autonomie wird dort nicht — oder zumindest nicht primär — als Eigenschaft von *Subjekten* aufgefasst. Autonomie ist vielmehr eine Eigenschaft des *Willens* dieser Subjekte. Nicht Subjekte geben sich selbst Gesetze, sondern ihrem Willen entspringt ein diesem Willen eigenes Gesetz. So beschreibt es Kant:

> Autonomie des Willens ist die Beschaffenheit des Willens, dadurch derselbe ihm selbst (unabhängig von aller Beschaffenheit der Gegenstände des Wollens) ein Gesetz ist.[13]

Aber was heißt das? Wie kann man Selbstgesetzgebung anders verstehen denn als Verhältnis eines Subjektes zu sich selbst? Was kann es heißen, dass ein menschliches Vermögen wie der Wille sich selbst ein Gesetz ist? Und inwiefern gerät ein solches Autonomieverständnis weder in Konflikt mit den beiden oben genannten Einwänden, noch mit Kants eigenem Meisterargument für Autonomie? Abschließend soll — mit sehr grobem Pinselstrich — eine Antwort auf diese Fragen skizziert werden.

Die Grundidee, was unter der Autonomie eines Vermögens für Kant zu verstehen ist, ist die folgende: Vermögen sind Fähigkeiten etwas bestimmtes zu tun. Dieses Tun hat eine spezifische ihm eigene Form. Ein Vermögen ist autonom, wenn es nicht nur in der Fähigkeit besteht, nach dieser eigenen Form zu wirken, sondern wenn es die ihm eigene Form selbst zu seinem Inhalt machen kann. Diese Explikation von Autonomie von Vermögen als besonderes Verhältnis von Form und Inhalt könnte man auch anhand der oberen Erkenntnisvermögen Verstand und Vernunft weiter explizieren. Ich will mich hier auf das ›obere Begehrungsvermögen‹, das heißt den Willen, beschränken. Zum Willen schreibt Kant Folgendes:

> Ein jedes Ding der Natur wirkt nach Gesetzen. Nur ein vernünftiges Wesen hat das Vermögen, *nach der Vorstellung* der Gesetze, d. i. nach Principien, zu handeln, oder einen *Willen.* Da zur Ableitung der Handlungen von Gesetzen *Vernunft* erfodert wird, so ist der Wille nichts anders, als practische Vernunft.[14]

Der Wille ist ein Vermögen zu handeln, das heißt kausal in die Welt einzugreifen. Genauer ist er ein Vermögen, durch die Vorstellung von Gesetzen in die Welt einzugreifen. Die einfachste Weise, sich zu verdeutlichen, weshalb der Wille etwas mit der Vorstellung von Gesetzen zu tun hat, ist den Willen als Vermögen des Handelns aus Gründen zu verstehen. Wer aus einem bestimmten Grund handelt, der erkennt zumindest implizit eine allgemeine Regel an, die besagt, dass das gewählte Handeln für jedermann vernünftig ist, der diesen Grund hat. Handeln aus Gründen ist deswegen immer schon auf allgemeine Regeln und unsere Vorstellung und Anerkennung dieser Regeln bezogen. Allgemeinheit, so könnte man das formulieren, ist die Form alles Handelns und Wollens aus Gründen.

Oft ist Allgemeinheit allerdings auch *bloß* die Form unseres Handelns und Wollens. Wenn ich Kleidung anlege, um die sexuelle Lust meines Gegenübers zu steigern, dann ist der letzlich gewollte Inhalt — dasjenige, was mich dazu bringt, wirklich zu handeln – nicht der praktischen Vernunft selbst entsprungen, sondern von anderer Seite vorgegeben. Genau das nun soll bei der autonomen Aktivität dieses Vermögens anders sein. Es soll wirksam werden können, ohne dass ihm Inhalte von außen vorgegeben werden. Die Inhalte sollen dem Vermögen selbst entspringen. Das kann aber nur heißen, dass die dem Vermögen eigene Form selbst zum Inhalt wird. Die Allgemeinheit, die Form alles vernünftigen Wollens ist, (also auch solchen vernünftigen Wollens, das auf Ziele gerichtet ist, die durch unsere sinnliche Natur vorgegeben sind) muss selber zum gewollten Inhalt werden. Dieser Inhalt kann deswegen nur lauten: Nur solche Regeln zu wollen, die geeignet dafür sind, allgemein gültig zu sein. Und das ist, wie wir wissen, für Kant genau der Inhalt der grundlegenden moralischen Forderung, des kategorischen Imperativs.[15] Deswegen deckt sich der Inhalt der moralischen, das heißt unbedingten Forderung mit dem einzigen Inhalt, der sich aus unserem Willen selbst ergibt. Und genau deswegen ist die Autonomie des Willens das Prinzip der Moral.

Ich schlage also vor, dass man Kants Meisterargument für dieses Prinzip als Argument dafür verstehen sollte, dass es kein moralisches Handeln geben könnte, wenn unser Wille nicht einen eigenen, seiner eigenen Form entspringenden Inhalt haben könnte. Das Vernünftige einfach nur deswegen zu tun, weil es das Vernünftige ist, das geht nur dann, wenn das Vernünftige zu tun selbst und ganz allein Inhalt unseres Wollens werden kann, das heißt wenn unser vernünftiger Wille nicht nur ein Vermögen ist, auf vernünftige Weise vorgegebene Ziele zu verfolgen, sondern auch das Vermögen, das Ziel zu verfolgen, vernünftig zu sein. Darin besteht Autonomie des Willens.

Wir sehen, dass die Explikation des Begriffes der Autonomie eines Vermögens als Eigenschaft dieses Vermögens seine ihm eigene Form zu seinem Inhalt zu machen, nicht auf den Gedanken angewiesen ist, dass sich ein Subjekt selbst ein Gesetz gibt, so wie sich die Bürger eines demokratischen Staates selbst Gesetze geben können. Damit ist meines Erachtens das Problem der *Unterbestimmung moralischer Inhalte durch das Merkmal des Selbstgegebenseins* gelöst, mit dem das republikanische Autonomieverständnis zu kämpfen hatte. Vermögenstheoretisch verstandene Autonomie kann nur einen einzigen Inhalt haben.

Haben wir dadurch auch schon erklärt, weshalb uns der dem Willen selbst entspringende Inhalt in Form eines unbedingt verbindlichen Sollens entgegentritt? Nein, das haben wir nicht. Um das zu tun, kann Kant nicht umhin, einen theoretischen Zug zu machen, den wir eben als Unterscheidung zwischen homo noumenon und homo phaenomenon kennen gelernt haben. *Sollen* gibt es nur, wenn der autonome Inhalt unseres Willens zwar einerseits von uns gewollt wird – er ist ja ein Inhalt *unseres* Willens – andererseits aber auch nicht – er ist ein noch zu realisierender und insofern in Frage stehender Inhalt. Nur wenn letzteres der Fall ist, ist es sinnvoll davon zu sprechen, dass dieser Inhalt Inhalt unseres Willens sein *soll.* Um die Einwände zu vermeiden, die ich vorher gegen die Strategie der zwei Subjekte vorgebracht habe, dürfen wir dieses Einerseits-andererseits nun allerdings nicht verstehen als Eigenschaften zweier verschiedener Entitäten. Homo noumenon und homo phaenomenon müssen dasselbe sein, sonst wird die Moralbegründung heteronom, aber sie müssen zugleich auch verschieden sein, sonst gibt es gar kein Sollen.

Wir können das wieder in ein theologisches Bild fassen: Wenn wir, wie es die Schlange im Paradies versprochen hatte, als autonome Subjekte sind wie Gott, dann sollten wir tunlichst so sein wie der christliche Gott. Dieser ist zugleich Gott *und* Mensch und, weil er keines von beiden ganz ist, noch ein drittes. Kant hat diese »trinitarischen« Implikationen seiner Moral der Autonomie nicht thematisiert, und vielleicht stößt seine Philosophie bei dem Versuch, Identität und Verschiedenheit der beiden Relate des praktischen Selbstverhältnisses miteinander zu vermitteln, an ihre Grenzen. Dieser Versuch wird wenig später Gegenstand der intensiven Auseinandersetzung mit Kants Autonomiekonzeption, die Johann Gottlieb Fichte in seinem *System der Sittenlehre* (1798) unternimmt. Über das Subjekt und das Objekt moralischen Selbstbewusstseins schreibt Fichte dort: »Beide sind auch in der That eins; aber darauf, dass sie als verschiedene erscheinen, beruht die ganze Ichheit«.[16] Was auch immer man von Fichtes Versuch einer Analyse dieser »Ichheit« hält, er macht deutlich, dass das kantische Projekt, moralische Normativität in Autonomie zu fundieren, nur dann Chancen auf Erfolg hat, wenn man es mit einer grundlegenden Bestimmung des Wesens des Menschen und seines Selbstverhältnisses verbindet.

1 *Grundlegung*, 432 f.

2 Wichtige zeitgenössische VertreterInnen einer von Kant inspirierten Ethik sind Onora O'Neill (O'Neill 1975), John Rawls (Rawls 1980) oder Christine Korsgaard (Korsgaard 1996).

3 Einen Überblick über die Relevanz des Autonomiebegriffs für Kants Philosophie und für die gegenwärtige Moralphilosophie bieten die Beiträge in Sensen 2013. Eine exzellente Darstellung der Entwicklung von Kants Autonomiekonzeption findet sich in Bacin/Sensen 2018.

4 Zum Beispiel von Baumgarten und Crusius (zu den historischen Bezügen von Kants Theorie normativer Verbindlichkeit zu der seiner Vorgänger vgl. Klemme 2017).

5 *Grundlegung*, 432 f.

6 In Rosefeldt 2018 habe ich eine ausführlichere Interpretation dieses Gedankens entwickelt.

7 *Muthmaßlicher Anfang*, 112 f.

8 Für einen Überblick über diese Debatte vgl. Christman 2018.

9 Vgl. Frankfurt 1987.

10 Dieser Einwand wird Kant z. B. gerne von Hegelianern gemacht (vgl. Pinkard 2002; Stern 2012).

11 MS, *Tugendlehre*, 417.

12 Vgl. *Grundlegung*, 451–455, und *Tugendlehre*, 418.

13 *Grundlegung*, 440.

14 *Grundlegung*, 412.

15 Vgl. *Grundlegung*, 420 f.

16 Vgl. Fichte 1845, 131.

– – –

Abb. 1 Ulrichs: Installation. Foto: Roland Schmidt, Hannover. © VG Bild-Kunst, Bonn 2021

Abb. 2 Sermei: Fresko. akg images 414524

Abb. 3 Cranach: Ölgemälde. Wikimedia Commons

Abb. 4 Unbekannter Künstler, unbekannte Skulptur (Detail). Alamy Stock Photo EHT287

Abb. 5 Reeve: Selbstporträt. © Hester Reeve 2017

Abb. 6 Reeve: Installation. © Hester Reeve 2017

Abb. 6 In *Yes we Kant!* zeigt Hester Reeve traditionelle handwerkliche Herstellungsweisen, sie verwendet Leinenstoff, sie arbeitet ohne Farben, die Pinsel sind unbenutzt. Der auf dem Boden ausgelegte Malerkittel mit den weiteren Utensilien sei ein »unvermeidlich unmöglicher Ausdruck des Erkennens«. Das Handwerk hinter der Kunst wird als unsichtbarer Vorgang an die Stelle der Kommunikation gesetzt. Reeves Arbeiten sind dem Nachdenken über die künstlerische Autonomie und der Gestaltung eines guten Lebens auf Erden gewidmet: »a complicated work of love«. *Diagram in Homage to Artist Substance III,* Leinen, geschnitzte Malerpinsel und Bücher.

Abb. 1 Fortuna, die Göttin des Glücks und Schicksals, wurde oft mit verbundenen Augen dargestellt. Blindlings scheint sie ihre Gaben zu verteilen. Das Gemälde *Fortuna* (1754) des schlesischen Malers Tadeusz Kuntze steht ganz in dieser ikonographischen Tradition. Kuntze war ein Zeitgenosse Kants.

BEATRIX HIMMELMANN

Kant und das Glück

Wird gefragt, was für die Gestaltung des menschlichen Lebens wesentlich ist, so kommt dem Glück und dem Streben nach Glück in der Einschätzung Kants nicht der höchste Wert zu. Anders als es ein bis heute wirkmächtiges Vorurteil nahelegt, unterschätzt Kant aber auf der anderen Seite das Streben des Menschen nach Glück keineswegs.

Eine Auseinandersetzung mit Kants Begriff des Glücks kann sich an den folgenden Fragen orientieren:

1. Glück — was ist das?
2. Nach Glück streben — warum und wie tun wir das?
3. Gerechtes Glück — gibt es das?

GLÜCK — WAS IST DAS?

Kant spricht vom Glück in vielfacher Weise. Er benutzt neben dem einfachen Ausdruck ›Glück‹ nicht selten die Formulierung ›Glückseligkeit‹. Letztere wird im heutigen Sprachgebrauch allein dann herangezogen, wenn von Glück in emphatischer Weise die Rede ist. Diese Konnotation gilt für Kants Verwendung des Wortes ›Glückseligkeit‹ nicht. Allenfalls bringt er darin eine Art Glück zum Ausdruck, das nicht als Episode, sondern als eine Erfüllung gedacht ist, die einzelne Situationen übergreift.

Damit gerät bereits eine wichtige Unterscheidung zwischen zwei Sorten von Glück in den Blick, der Kant nachgeht. ›Glück‹ als episodisches Phänomen einer mir und Anderen willkommenen Fügung der Dinge ist gemeint, wenn Kant zum Beispiel von der Möglichkeit spricht, »blind« und »auf gut Glück« ein Erzvorkommen zu entdecken (*Anthropologie*, 223), oder davon, dass Friedensaussichten wachsen, »wenn das Glück es so fügt: daß ein mächtiges und aufgeklärtes Volk sich zu einer Republik […] bilden kann« (*Frieden*, 356). Hier ist Glück im Sinne von ›fortuna‹, ›chance‹, ›luck‹ angesprochen.

Was Glück jenseits solch fragiler Fügungen ist, wie sie sich im Lauf der Dinge und unabhängig von den eigenen Anstrengungen formieren und wieder auflösen, bestimmt Kant in einer vielzitierten Stelle aus der *Critik der reinen Vernunft* so: »Glückseligkeit ist die Befriedigung aller unserer Neigungen, (so wol extensive, der Mannigfaltigkeit derselben, als intensive, dem Grade, und auch protensive, der Dauer nach)« (CrV A 806 B 834). Es ist deutlich, dass Glück hier als eine Erfüllung avisiert wird, die in jeder Hinsicht vollständig ist. Als solche schwebt sie den Menschen, so sieht es Kant, wenigstens als »Idee« vor. Idee ist sie, weil sie der Vorstellung nach »ein absolutes Ganze[s], ein Maximum des Wohlbefindens, in meinem gegenwärtigen und jedem zukünftigen Zustande« enthält (*Grundlegung*, 418). Damit ist von vornherein klar, dass es sich niemals wird realisieren lassen. Dieses Ganze ist etwas, das wir in Gedanken haben, aber nie sein oder leben können.

Verliert Kant also die lebensweltlich jederzeit beschränkte Wirklichkeit des Glücks aus den Augen? Nein, das tut er nicht. Er trägt der notwendigen Begrenztheit jedes empirisch erstrebten oder je gelebten Glücks dadurch Rechnung, dass er die Idee vom Glück zwar für unverzichtbar und — wie wir sehen werden — philosophisch gehaltvoll hält. Doch er nimmt ihr in pragmatisch-praktischer Perspektive die Spitze, indem er sie in dieser Perspektive als eine »schwankende Idee« qualifiziert (*Grundlegung*, 399). Schwankend ist die Idee des Glücks, weil die Menschen sich von der ›Summe‹ der Befriedigung aller ihrer Neigungen niemals einen bestimmten und sicheren Begriff machen können. Gleichwohl wünschen sie sich eine solch umfassende Erfüllung. Alles, was zu ihr gehören könnte, aber kann nur empirisch gekannt und angestrebt werden. Als solches unterliegt es dann auch den Grenzen des Empirischen: Es ist partikular und veränderlich, es ist durch besondere zeitliche und räumliche Umstände geprägt, es ist vergänglich und so weiter.

Die Menschen werden also in ihrem Glücksstreben immer wieder auf Grundsätze der Erfahrung zurückgreifen müssen, die fallibel sind. Das heißt, sie können sich in ihrer Einschätzung der Mittel und auch der Ziele, die sie sich setzen, um zum Glück zu gelangen, irren. Beides, die Wahl der Mittel und der Ziele, kann nur gelingen, wenn die eigenen Neigungen und Kräfte im Verhältnis zu den spezifischen

Tatbeständen und Kräften, die in der Welt gegeben sind, richtig beurteilt werden. Jeder und jede kann ermessen, wie schwierig es ist, zu einer auch nur einigermaßen korrekten Erkenntnis dieser vielen Faktoren zu kommen, die jeweils im Spiel sind und in Wechselwirkung stehen. Entsprechend betont Kant den Gesichtspunkt des uns fehlenden Einblicks in das Zusammenspiel der Dinge und Kräfte im Verhältnis zu unseren Wünschen. Selbst der »einsehendste und zugleich allervermögendste« Mensch wäre heillos überfordert, sollte er sagen, »was ihn wahrhaftig glücklich machen werde«: »darum, weil hiezu Allwissenheit erforderlich seyn würde« (*Grundlegung*, 418).

Nicht zuletzt aufgrund der epistemischen Schranken, die gleichsam mathematisch verfahrende Kalkulationen unserer Glücksaussichten zum Scheitern verurteilen, kommt dem je individuellen Profil des Entwurfs, den die Einzelnen sich von ihrem Glück machen, ein besonderes Gewicht zu. Kein präzis bestimmter Begriff der Vernunft vermag, so Kant, solche Entwürfe zu leiten. Vielmehr muss das individuell angestrebte Glück als ein »Ideal [...] der Einbildungskraft« angesehen werden (ebd.).

Die Idee ist ein allgemeiner Begriff, durch den etwas — zum Beispiel Tugend, Recht oder Gerechtigkeit — in Vollkommenheit vorgestellt wird. Damit ist von vornherein klar, dass nichts in der Erfahrung solchen Ideen jemals vollständig entsprechen könnte. Auch der oben zitierte Begriff vom Glück, wie ihn Kant in der ersten *Critik* formuliert, scheint von dieser Art zu sein. Kant ist der Meinung, dass wir Ideen für unser Handeln in der Welt brauchen, weil wir immer wieder einen »Maßstab« benötigen, anhand dessen wir unser Tun und Lassen orientieren können.[1]

Abb. 2 Nach Kant wird Glück nicht einfach im Erleben persönlicher Lust gefunden, die aus der Befriedigung entsprechender Neigungen entsteht. Die Diskrepanz zwischen bloßer Sättigung des Begehrens und Glückserfüllung spiegelt sich auch in der Vorstellung des Schlaraffenlandes, wie sie hier Pieter Bruegel der Ältere in seinem Gemälde *Schlaraffenland* (um 1587) ins Bild setzt.

Die Vorstellung vom Glück allerdings, so präzisiert Kant seine Analyse, ist gerade keine Idee der Vernunft wie die Tugend, wie das Recht oder die Gerechtigkeit. Diese enthalten in der Freiheit des Menschen gründende Forderungen der Vernunft, denen gefolgt werden soll, auch wenn dies bedeutete, dass sinnlich fundierten Neigungen dann nicht entgegengekommen werden könnte. Die Erfüllung der Neigungen aber ist der zentrale Gedanke der Glücksvorstellung. Sie kann deshalb nicht unabhängig von der sinnlichen Verfassung des Menschen verstanden werden und auf bloßer Vernunft beruhen. So kann sie keine Idee der Vernunft sein. Vielmehr muss die Vorstellung vom Glück, die dem Menschen wie unscharf auch immer vor Augen steht, als ein ›Ideal der Einbildungskraft‹ gelten.

Ein Ideal, definiert Kant, ist eine »Idee, nicht bloß in concreto, sondern in individuo« (CrV A 568 B 596). Das heißt, es wird »in einzelner Darstellung« ein Muster dessen, was in der Idee in seiner Vollkommenheit gedacht wird, vorgestellt (CU, 232). So handelt es sich beim Ideal jeweils nicht um eine die Idee erschöpfende, sondern um ihre *exemplarische* Darstellung. Weil das »Vermögen der Darstellung« im allgemeinen die Einbildungskraft ist, nennt Kant solcherart Ideales in einem erläuternden Sinn auch ein »Ideal der Einbildungskraft« (ebd.). Vollkommenes Glück also ist ein bloßes Gedankending, das in seiner bloß formal bestimmten Beschaffenheit (siehe oben) nichtssagend ist. Exemplarisch vorgestelltes oder exemplarisch wirkliches Glück dagegen, wie es konkret, anschaulich, gehaltvoll und durchaus unvollständig sich darbietet, eben in Gestalt eines »Ideal[s] der Einbildungskraft«, vermag dem Einzelnen als Bezugspunkt entsprechender Ambitionen zu dienen.

Aufschlussreich ist, dass Kant nur an einer einzigen anderen prominenten Stelle seines Werkes noch einmal vom Ideal der Einbildungskraft handelt. Neben dem Glück ist es die Schönheit, die sich nicht als Idee der Vernunft, sondern allenfalls als Ideal der Einbildungskraft in maßstäblicher Weise begreifen lässt (ebd.). Nach Analogien zwischen Glück und Geschmack zu suchen, bietet sich deshalb an. Kant betont, dass es »keine objective Geschmacksregel« geben könne, »welche durch Begriffe bestimmte, was schön sey«. Zur Begründung führt er an, dass »alles Urtheil aus dieser

Quelle [...] ästhetisch [ist]«, und das heiße: »das Gefühl des Subjects, und kein Begrif eines Objects, ist sein Bestimmungsgrund« (CU, 231). Diese Einschätzung lässt sich ohne Abstriche auf das Prädikat ›Glück‹, ›glücklich‹ übertragen. Auch hier gilt, dass es keine objektive Regel geben kann, welche durch Begriffe (oder Ideen der Vernunft) bestimmte, was glücklich sei.

So verstanden, vertritt Kant sicher keine objektivistische Theorie des Glücks (oder des Schönen). Allerdings wird man sie auch nicht als subjektivistisch im Sinne von relativistisch (miss)verstehen dürfen. Wenn auch von dem in Disposition und Ausformung seiner Neigungen ganz individuell verfassten einzelnen Subjekt nie abgesehen werden darf, wenn von dessen Glück die Rede ist, so ist doch nicht beliebig, was als solches anzusehen ist. Zwar zeigt sich das Glück wie das Schöne nur in einzelnen Gestalten und individuell. Es erschöpft sich aber nicht im Vorliegen mehr oder weniger angenehmer privater Gefühle als Ergebnis der Befriedigung dieser oder jener Neigungen. Die Kunst liegt darin, diesen eine Form zu geben, die sie in einen individuell passenden Lebensentwurf integriert. Der darf allerdings nicht zur Erstarrung der Lebensgestaltung führen. Wir müssen so flexibel bleiben, dass wir auf Widerfahrnisse, wie sie uns jederzeit im Guten und im Schlechten zustoßen können, in offener Weise zu reagieren vermögen. Verfügbare und unverfügbare Elemente greifen ineinander, wenn es um Möglichkeit und Wirklichkeit des Glücks geht.

NACH GLÜCK STREBEN — WARUM UND WIE TUN WIR DAS?

Auch wer den Anteil des Unverfügbaren am Glück betont, das sich gar nicht erstreben lässt, wird das Gewicht der eigenen Aktivität nicht unterschätzen, ohne die kein glückliches Leben zu haben ist. Zwar gibt es zweifellos Zufallsglück oder *fortuna,* eine Fügung der Dinge, die ganz mit meinen Wünschen und Absichten übereinstimmt. Nicht ich selbst und meine Anstrengungen werden in diesem Fall als Ursprung dieser günstigen Konstellation der Dinge gelten, sondern es ist der Zufall, der sie auf diese Weise verbunden hat. Im Ernst wird jedoch kaum jemand annehmen, sich aller eigenen Gestaltung seines Lebens enthalten zu können, um sich im Guten und im Schlechten allein dem zu überlassen, was Andere oder was der Zufall so oder anders einrichten. Mit jedem noch so alltäglichen Tun und Lassen bewirken wir in der Regel etwas am Lauf der Dinge, das auf uns als Urheber zurückgeht. Und darum wissen wir. Allein weil wir uns in dieser Weise selbst thematisieren können, können Fragen wie die nach dem Glück sich überhaupt stellen. Nur wer von sich, seinen Wünschen und Zielen einerseits und seinen Fähigkeiten, seiner Wirksamkeit und seiner Endlichkeit andererseits weiß, in wie beschränktem Maß auch immer, kann um das Glück als Erfüllung seines Verlangens besorgt sein. Er oder sie wird nach Glück streben, das heißt, versuchen, es durch geeignetes Handeln zu befördern. Die Anerkennung des Glücksstrebens als eine zentrale humane Eigenschaft reicht bekanntlich bis dahin, dass der »pursuit of happiness« ausdrücklich zu den unveräußerlichen Rechten des Menschen gezählt wird, die uns vom Schöpfer verliehen seien.[2] Doch nach Glück streben, wie macht man das?

Im Gegensatz zu Nietzsche, dem das Glücksstreben ein Thema vor allem der angelsächsischen, utilitaristisch geprägten Denktradition zu sein scheint und der schreibt: »Der Mensch strebt *nicht* nach Glück; nur der Engländer thut das«,[3] nimmt Kant das Auslangen des Menschen nach Glück ernst und wichtig. Er versteht es als eine im Menschen angelegte »Absicht«, die wir »insgesamt nach einer Naturnothwendigkeit *haben*« (*Grundlegung,* 415). Dass wir diese Absicht verfolgen und nach Glück streben, bildet für jeden von uns ein »Problem«, das er oder sie sich nicht ausgesucht hat, sondern das einem jeden »durch seine endliche Natur selbst« ›aufgedrungen‹ ist, wie Kant hervorhebt (CpV, 25). Der Mensch ist ein durch und durch »bedürftiges Wesen«, und seine Vernunft, sagt Kant, hat »einen nicht abzulehnenden Auftrag von Seiten der Sinnlichkeit, sich um das Interesse derselben zu bekümmern und sich praktische Maximen, auch in Absicht auf die Glückseligkeit dieses und wo möglich auch eines zukünftigen Lebens, zu machen« (CpV, 61).

Kant buchstabiert solche praktischen Maximen nirgends zusammenhängend und im Detail aus. Und er ist sehr zurückhaltend, was konkrete und inhaltlich bestimmte Anweisungen fürs Glücklichsein angeht. Allenfalls eine vorsichtige *»Rathgebung«* sei möglich, »die aber bloß unter subjectiver gefälliger Bedingung, ob dieser oder jener Mensch dieses oder jenes zu seiner Glückseligkeit zähle, gelten kann« (*Grundlegung,* 416). Kant gesteht die relative Schwäche der Vernunft, wenn sie zum Glück des Einzelnen leiten soll, freimütig ein. Das wurde bereits im vorhergehenden Textabschnitt deutlich.

Trotz dieser Vorbehalte lassen sich aber wesentliche und auf formale Aspekte beschränkte kantische Maximen des

Glücksstrebens identifizieren.[4] Sie betreffen den klugen Umgang mit den eigenen Neigungen, welche es auch seien, in deren umfassender Erfüllung Kant menschliches Glück begründet sieht. Die Menschen müssen sich nach Kant zu ihren sinnlichen Antrieben, die sie hierhin und zugleich dorthin ziehen, verhalten. Genauer haben sich die Einzelnen unter eine selbst aufgegebene Disziplin zu stellen (vgl. CU, 432 ff.). »Ohne Disciplin seiner Neigungen kann der Mensch nichts erhalten«, heißt es in einer Ethik-Vorlesung Kants.[5] Kultur als Herrschaft über sich selbst ist erforderlich, wo die Natur uns mit Antrieben aller Art allein als »Leitfäden« ausgestattet, ihre Ausformung (oder Vernachlässigung) aber ganz uns selbst überlassen hat (CU, 432). Organ dieser Herrschaft über sich selbst ist die Vernunft.

Selbstherrschaft oder Autokratie ist für Kant mitnichten ein Instrument der Unterdrückung des Begehrens. Im Gegenteil bedarf dieses, weil es menschliches Begehren ist, der durch Vernunft vorzugebenden Struktur. Die Sinnlichkeit des Menschen ist so beschaffen, dass sie die formende, kultivierende Kraft der Vernunft zur Stillung ihrer eigenen Bedürfnisse nötig hat. »Natürliche Neigungen«, schreibt Kant, seien, *»an sich selbst betrachtet, gut«* und daher »unverwerflich« (*Religion,* 58). Deshalb sei es »nicht allein vergeblich, sondern es wäre auch schädlich und tadelhaft, sie ausrotten zu wollen« (ebd.). Eine so verstandene Askese fände Kants Beifall nicht. Aber, sagt Kant, man muss natürliche Neigungen »bezähmen, damit sie sich untereinander nicht selbst aufreiben, sondern zur Zusammenstimmung in einem Ganzen, Glückseligkeit genannt, gebracht werden können« (ebd.). Die Vernunft, die solches leiste, sei die *Klugheit.* Wie jedoch sieht eine kluge Gestaltung unseres Begehrens, die zu unserem Glück vonnöten ist, aus?

Vor allem eines hebt Kant hervor: Niemals sollten wir uns an einzelne Gefühle und Neigungen derart binden, dass wir sie nicht mehr im Lichte der Gesamtheit unserer Gefühle und Neigungen sehen und in ihrem ›Wert‹ prüfen können. Damit nämlich würden wir auf eine Fähigkeit Verzicht leisten, die uns Menschen auszeichnet: die mit unserer Vernunft als »Vermögen der Ideen« (CU, 266) gegebene Fähigkeit, ein Ganzes in Gedanken zu haben und alles Einzelne, empirisch Beschränkte an der Idee dieses Ganzen messen zu können. Lassen wir uns nun von einem bestimmten Gefühl, einem Affekt, oder einer bestimmten Neigung, einer Leidenschaft, gleichsam zur Gänze ausfüllen, so wird unser Sinnen und Trachten auf einen einzigen Punkt und eine einzige Perspektive zusammengezogen. Die Folge ist, dass unsere Vernunft außer Kraft gesetzt wird, weil sie ihrer Urteilsfunktion nicht nachkommen kann – der Bewertung eines Gefühls nach dem Begriff eines Maximums an Wohlbefinden, der Bewertung des Gegenstandes einer Neigung im Horizont der Idee von der Summe aller Neigungen.

Ein Ganzes, das über die Beschränkung alles Empirischen hinausweist, niemals selbst sein, aber doch im Blick haben und das eigene Leben anhand solcher Vorstellungen begreifen und orientieren zu können – dieser mit seiner Vernunftbegabung einhergehende Vorzug des Menschen wäre preisgegeben. Zwar muss er sich spätestens in seinem Tun unweigerlich festlegen – auf die Verfolgung dieser Neigung unter Ausschluss jener. Dadurch bestimmt er sich spezifisch. Doch tut er dies, wenn er es mit Vernunft tut, im Bewusstsein und vor dem Hintergrund eines Horizontes alternativer Möglichkeiten. Er nimmt *seine,* notwendig beschränkte Perspektive ein und bezieht *seinen* individuellen Standpunkt – doch sehenden Auges und nicht blind. Und wir sollten nicht meinen, die im Licht der Vernunft stehenden Gefühle könnten nicht die zutiefst empfundenen und die im Licht der Vernunft ergriffenen Neigungen nicht unsere intensivsten Begehrungen sein. Das unterstreicht Kant ausdrücklich (vgl. *Anthropologie,* 253 f.). Er sieht hier keine Alternative zwischen Vernunft und Gefühl – auch und erst recht in Hinsicht auf das Glück nicht.

GERECHTES GLÜCK – GIBT ES DAS?

Unberechenbarkeit und Kontingenz sind Merkmale des Glücks, die mit ihm unlösbar verbunden sind. Zwar lassen sich diese oder jene Empfehlungen, Ratschläge oder gar Maximen formulieren, die ein glückliches Leben befördern helfen, und einige solcher Überlegungen wurden soeben diskutiert. Doch niemand kann sich einen zuverlässigen Plan anfertigen, der sie oder ihn – falls sie nur klug kalkulieren – sicher zum Glücklichsein führt. Niemand kann ja auch nur zweifelsfrei für sich selbst sagen, was genau sie oder ihn glücklich machen wird. Denn dies kann von jedem Individuum »blos empirisch erkannt werden« (CpV, 25). Das heißt, es muss ausprobieren und verschiedenste Erfahrungen machen, um zu sehen, was »sein besonderes Gefühl der Lust und Unlust« (ebd.) anspricht und ausfüllt und sich dann auf solcher Grundlage festlegen. Wer aber hätte die Zeit, die Ressourcen, die Talente, um wirklich *alles* zu kosten und zu prüfen, was ihm oder ihr attraktiv erscheint? Zufällig gegebene Bedingungen werden wesentlich mitbestimmen, von welchen Lebenszielen sich jemand Glück verspricht.

Hat nun jemand das gefunden, worin sie oder er für sich »seine Glückseligkeit zu setzen habe« (ebd.) und das eigene Tun und Trachten entsprechend gebunden, so ist auch damit noch längst nicht alles gewonnen. Nicht nur kann das Streben nach der Art der Lebenserfüllung, der man sich verschrieben hat, ganz fruchtlos bleiben. Jene »besondere Ungunst des Schicksals« oder »kärgliche Ausstattung einer stiefmütterlichen Natur«, wie sie Kant im Zusammenhang der scheiternden Durchsetzung moralischer Zwecke an der bekannten Stelle zu Beginn der *Grundlegung* (394) in Anschlag bringt, kämen dann auch hier zum Tragen. Aber selbst wenn das Ersehnte zur Wirklichkeit geworden ist, kann es die nach Glück Verlangenden dennoch enttäuschen. Es fühlt sich anders an, als sie sich vorgestellt hatten. Oder aber das Glücklichsein, die Befriedigung, die sie aus der Realisierung des Begehrten ziehen, hält nicht an. »Abänderungen« des Gefühls der Lust und Unlust »in einem und demselben Subject« finden statt, die zur Umorientierung von Bewertungen und zur Neuausrichtung des Strebens nach Erfüllung führen (vgl. CpV, 25).

Deutlich dürfte sein, dass die Erfüllung, die wir Glück nennen, sich nicht berechnen, sich nicht ein für alle Mal und definitiv bestimmen, sich nicht einmal direkt intendieren lässt. Denn allein über unabhängige Ziele, deren Sache wir uns zu eigen machen, können wir es zu treffen versuchen. So ist Kants Klage verständlich, dass es ein »Unglück« sei, »daß der Begriff der Glückseligkeit ein so unbestimmter Begriff ist, daß, obgleich jeder Mensch zu dieser zu gelangen wünscht, er doch niemals bestimmt und mit sich selbst einstimmig sagen kann, was er eigentlich wünsche und wolle« (*Grundlegung*, 418). Grundsätze und Prinzipien, seien sie auch noch so ausgeklügelt und auf individuelle Bedingungen zugeschnitten, reichen auf diesem Feld des Praktischen nicht hin, vor allem weil wir uns das Netz der involvierten Faktoren in ihrer Verknüpfung nicht transparent machen können. Die Verhältnisse der hier wirkenden Kräfte sind uns in ihrer Komplexität schlicht undurchschaubar.

So tritt – jedenfalls aus der uns möglichen Perspektive – gleichsam an allen Ecken und Enden der Zufall in sein Recht. Der Zufall, sagt Kant in seiner Metaphysik-Vorlesung, ist »das blinde Ungefähr«.[6] Er fällt heraus aus dem von uns immer schon unterstellten und oft auch bestätigten »Zusammenhange der Dinge«, demzufolge sie in gesetzmäßig strukturierten Verhältnissen der Wirkung und Wechselwirkung stehen.

Abb. 3 Demokrit gilt als einer der ersten Philosophen, der in seiner Lehre Überlegungen zur Euthymia, zur Heiterkeit und Ausgeglichenheit der Seele anstellte. Das Motiv des lachenden Demokrit in der bildenden Kunst bringt die Verbindung von Philosophie und Glück zum Ausdruck. Denn Euthymia entsteht nach Demokrit nicht aus der Lust schlechthin, sondern aus der Begrenzung und Unterscheidung der Lüste. Zeichnung, Jan van der Bruggen zugeschrieben, Datum unbekannt.

Sehen wir nun statt Gesetzmäßigkeit »das blinde Ungefähr« oder den Zufall walten, so muss das »vernunftwidrig« erscheinen.[7] Sind doch Verstand und Vernunft Organe der Erhellung von Zusammenhängen dadurch, dass wir uns mit ihrer Hilfe und vornehmlich anhand des Kausalprinzips das, was geschieht oder geschehen soll, aus- und offenlegen. Was nun »in aller Absicht«, und wir müssen wohl lesen: ›in aller Hinsicht‹ zufällig ist, argumentiert Kant, bildet eine »Ausnahme aller Gesetze und Gründe«.[8] Als solches irritiert es uns. Der Zufall liefert keinen »Erklärungsgrund von Begebenheiten«. Es gibt Kant zufolge nur zwei Erklärungsgründe, die unsere Vernunft kennt und auf die sie zurückgreift, wenn sie die Dinge beurteilt: Freiheit und Natur. Mit der Annahme eines »blinden Ungefähr« sind beide gleich unverträglich. So steht der Zufall der auf Freiheit beruhenden Absicht

Abb. 4 Unberechenbarkeit und Kontingenz sind nach Kant untilgbare Merkmale des Glücks, trotz aller klugen Strategien, die wir ersinnen und einsetzen mögen. In dem gestischen, abstrakten Gemälde von Cy Twombly mit dem Titel *Empire of Flora,* das er 1961 in einer für ihn persönlich glücklichen Lebensphase gemalt hat, kommt diese Dynamik, die vom Zufall ausgehen kann, zum Ausdruck.

ebenso entgegen wie dem, was sich als Naturgeschehen unabhängig von den Intentionen verschiedener Akteure vollzieht und dabei allgemein gültigen Gesetzmäßigkeiten folgt.

Irritierend ist der Zufall in erster Linie dann, wenn er die in unserem Selbstverständnis als freie Wesen wurzelnden Ordnungen zu konterkarieren scheint. Unsere Vorstellungen der angemessenen Korrelation von Einsatz und Gewinn, von Leistung und Erfolg, von Verdienst und seiner Anerkennung geraten ins Wanken. Fragen nach der Gerechtigkeit werden wach. Sollte etwa derjenige, der sein Glück auf Wegen sucht, die Anderen die Aussichten auf ihr Glück verschließen, sich eines ungetrübten Wohlergehens erfreuen dürfen, während jene ungerecht leiden und sich um ihre Lebenserfüllung betrogen finden? Kant ist überzeugt, dass Fragen wie diese die Menschen nicht loslassen. »Sobald die Menschen über Recht und Unrecht zu reflectiren anfingen, [...] mußte sich«, schreibt er in der dritten *Critik,* »das Urtheil unvermeidlich einfinden: daß es im Ausgange nimmermehr einerley seyn könne, ob ein Mensch sich redlich oder falsch, billig oder gewaltthätig verhalten habe, wenn er gleich bis an sein Lebensende, wenigstens sichtbarlich, für seine Tugenden kein Glück, oder für seine Verbrechen keine Strafe angetroffen habe. Es ist: als ob sie in sich eine Stimme wahrnähmen, es müsse anders zugehen« (CU, 458).

An exakt diese »Stimme« unserer Vernunft knüpft Kant mit seinem Gedanken vom »höchsten Gut« an (vgl. CpV, 110 f.). Die Menschen können nicht anders, als dieser Stimme nachzugehen und sie mit genaueren Artikulationen zu versehen. Sie überlegen, wie das offensichtliche Missverhältnis zwischen einem »Weltlauf«, der die Sonne über Gerechte wie Ungerechte gleichermaßen scheinen lässt, und ihren moralischen Ansprüchen »ausgeglichen« werden kann (CU, 458). Die Idee einer gerechten Verbindung von Moral und Glück kann nach Kants Überzeugung niemals verloren werden oder in Vergessenheit geraten.

Es ist ebenso schmerzlich wie evident, dass *uns* prinzipiell die Kräfte fehlen, Verhältnisse, die dieser Idee einer gerechten Verbindung von Moral und Glück entsprechen, auch Wirklichkeit werden zu lassen. Wer sollte für den angemessenen Ertrag unserer gewissenhaften Anstrengungen und legitimen Ambitionen im Ganzen sorgen? Hier führt Kant den Gedanken an einen mächtigen und moralischen Gott ein, von dem sich erhoffen lässt, dass er das von uns selbst nicht zu Leistende *ergänze.*[9] So ist das Glück am Ende für Kant nicht nur etwas, das wir uns wünschen und dem wir auf mehr oder weniger kluge und erfolgreiche Weise nachgehen, sondern nicht weniger etwas, das wir uns gerechterweise erhoffen. Nur in der zuletzt genannten Perspektive hat das Streben nach Glück für Kant einen Wert.

Warum genau aber ist dies so? Mit klug oder unklug eingesetzter Vernunft streben die Menschen nach Glück, und jede und jeder tut dies aufgrund des Prinzips der »Selbstliebe«. So nennt Kant das Prinzip, sich die je eigene Glückseligkeit »zum höchsten Bestimmungsgrunde der Willkühr zu machen« (CpV, 22). Es lebt jedoch niemand für sich allein, sondern wir befinden uns in ständigem Austausch mit Anderen und anderem. Entsprechend ist die menschliche Selbstliebe ein sehr komplexes Phänomen. In einer zentralen Passage der Religionsschrift buchstabiert Kant sie genauer aus: Sie ist genauer besehen ›vergleichende Selbstliebe‹. So lautet der »Titel der zwar physischen, aber doch *vergleichenden* Selbstliebe (wozu Vernunft erfordert wird) […]: sich nämlich nur in Vergleichung mit andern als glücklich oder unglücklich zu beurtheilen« (*Religion,* 27).

Kant hebt die soziale Dimension individueller Selbstliebe hervor, und er analysiert die Subtilität und Dynamik, die diese Dimension dem menschlichen Glücksstreben hinzufügt. Neigungen, *»sich in der Meinung Anderer einen Werth zu verschaffen«,* bilden sich aus (ebd.). Der eigene Rang und die eigene Reputation werden zum Problem. Rivalität und die Sorge, nicht übervorteilt zu werden, die sich nun mit der Selbstliebe verbinden, münden in den Drang, wenigstens vorsichtshalber eine Position der »Überlegenheit« über Andere zu erreichen und zu sichern. Daraus wiederum entspringen nach Kant Feindseligkeit, Neid und Herrschsucht, in die sich die entsprechenden Neigungen verkehren. An sich nämlich, so argumentiert Kant, schließt der natürliche Wetteifer die »Wechselliebe« nicht aus; er interpretiert ihn vielmehr als Antriebskraft der menschlichen Kultur (ebd.).

Wäre also das Glücksstreben nach dem Prinzip der Selbstliebe, das in kultivierter und kluger Weise die Wechselliebe einschließt, in Kants Augen von alles überragendem Wert? Nein. Denn diese Konzeption ließe den Gesichtspunkt des gerechten Glücks außer Acht. Liebe des Anderen als Neigung ist ihrer Natur nach schwankend, was ihre Reichweite, ihre Beständigkeit, ihre Stärke angeht. Unberechenbarkeit und Kontingenz, die sich als Merkmale des Glücks zeigten, kennzeichnen diese Liebe nicht minder. Klugheit und Kultur mögen ihr eine gewisse Stabilität verleihen, so dass sie sogar als einzige und grundlegende Triebkraft des guten menschlichen Handelns gelten könnte. Doch Kant teilt eine solche Ansicht nicht.

Er legt dar, dass es noch eine ganz andere Quelle menschlichen Handelns gibt. Und nur sie ist Ausweis spezifisch menschlicher Freiheit. Sicherlich setzt das Streben nach Glück Wahlfreiheit oder, wie Kant sagt, »freye Willkühr« (MS, 213) voraus, wie sie sich zum Beispiel in individuellen Glücksentwürfen manifestiert. Doch beschränkt sich das Anwendungsfeld dieser Art von Freiheit offensichtlich auf den jeweils gegebenen Bestand individuell vorhandener Neigungen, Begehrungen und Bedürfnisse, mit denen in kluger und kultivierter Weise umzugehen ist. Die kluge Vernunft ist insofern eine Subkompetenz theoretischer Vernunft.[10] Aber wir sind Kant zufolge auch mit reiner praktischer Vernunft begabt, das heißt mit Vernunft, die »für sich selbst practisch« ist.[11] Sie operiert im Gegensatz zur klugen theoretischen Vernunft unabhängig von allen Neigungen, welche die offensichtlichen, sozusagen auf der Hand liegenden Antriebe individuellen Handelns bilden und deren Befriedigung im Ganzen in der Idee des Glücks vorgestellt wird.

Praktische Vernunft hat ihre eigene Wirksamkeit, ihre »Causalität«, wie Kant formuliert.[12] Dadurch kann sie unseren Willen kraft eines eigenen Gesetzes und damit als Kausalität der Freiheit (vgl. CpV, 15) direkt und unmittelbar bestimmen. In dieser Freiheit als Selbstgesetzgebung besteht für Kant Moralität. Die Maximen unseres Handelns, die natürlicherweise Ausdruck individuellen Glücksstrebens sind, sollen wir von einem ganz anderen, nämlich dem moralischen Standpunkt aus in den Blick nehmen. Können wir es zum Beispiel als ein Gesetz menschlichen Handelns wollen, wenn im Verfolg des je eigenen Glückes gelogen, betrogen und übervorteilt wird, um von Schlimmerem zu schweigen? Wenn wir dies im Ernst nicht wollen können, dann sollten wir es im einzelnen Fall auch nicht tun.

Darin, diese Freiheit zu haben, liegt eine Würde, die sich von Rang und Reputation, wie sie die Selbstliebe erstrebt, unterscheidet und die jedem Menschen in gleichem Maße zukommt. Gäbe es diesen Standpunkt der Freiheit nicht, könnten Fragen nach Gut und Böse, Gerechtigkeit und Ungerechtigkeit sich nicht einmal stellen. Jeder würde allein mit dem befasst sein, was im Licht des engen Horizontes individuellen Glücksstrebens gut oder schlecht ist, selbst wenn die Belange der ihm Nächsten und Liebsten vermutlich mit berücksichtigt würden. Aber die Menschen sind fähig, solche Grenzen zu überschreiten, im Denken und auch im Handeln. Genau das bringt Kant eindrücklich zum Ausdruck, wenn er im bekannten Beschluss der zweiten *Critik »das moralische Gesetz in mir«* und den *»bestirnte[n] Himmel über mir«* in einem Atemzug aufruft und von beiden sagt, dass sie Welten vorstellen, die »wahre Unendlichkeit« haben. Dennoch liegen sie nicht im Dunkeln, sondern: »ich sehe sie vor mir und verknüpfe sie unmittelbar mit dem Bewußtseyn meiner Existenz« (CpV, 161 f.).

Die weiter oben analysierte Unzulänglichkeit unserer Einsicht in das, was uns wahrhaft glücklich macht, erscheint in dieser Perspektive gar nicht so sehr als Mangel denn als Vorzug (vgl. CpV, 146 ff.). Sie erleichtert die Konzentration auf die Gestaltung des Lebens nach Maßgabe der praktischen Vernunft, der zufolge die moralische, unserer Freiheit geschuldete Form der Existenz deren wesentliche Bestimmung ist. Sie bildet den unverzichtbaren Rahmen für jede Glückserfüllung, wie Kant überzeugend darlegt. Der oft gegen ihn erhobene Vorwurf des Rigorismus mag allenfalls die ein oder andere zugespitzte Formulierung treffen, läuft der Sache nach aber wohl ins Leere.

1 Vgl. *Natürliche Theologie Volckmann nach Baumbach,* AA XXVIII, 1131–1132.

2 *Declaration of Independence,* 4. Juli 1776, in: Beeman 2012, 2.

3 Friedrich Nietzsche: *Götzen-Dämmerung.* In: Nietzsche Werke, Bd. 6, 61.

4 Vgl. die ausführlichere Darstellung in Himmelmann 2003, 149–189.

5 *Moralphilosophie Collins,* AA XXVII, 361.

6 *Metaphysik L1 (Pölitz),* AA XXVIII, 199.

7 Ebd.

8 Ebd., 200.

9 Vgl. *Religion,* 139, 171; CpV, 128.

10 Vgl. Kants Ausführungen zur Unterscheidung theoretischer von praktischen Vernunftprinzipien in den Einleitungen zur *Critik der Urtheilskraft.* In: CU, 171–173, und in: AA XX, 195–197.

11 Vgl. *Grundlegung,* 461, und MS, 214.

12 Vgl. CrV A 547 B 575; *Grundlegung,* 448.

– – –

Abb. 1 Kuntze: Ölgemälde. Wikimedia Commons

Abb. 2 Bruegel der Ältere: Ölgemälde. Wikimedia Commons

Abb. 3 Van der Bruggen zugeschrieben: Zeichnung. Alamy Stock Photo W57R58

Abb. 4 Twombly: Ölgemälde. Alamy Stock Photo RKD4EM

Abb. 5 Hashimoto: kolorierte Zeichnung. © Tokyo University Enryó Research Center Collection

Abb. 5 Der japanische Philosoph Inoue Enryō verifizierte zwei Vertreter des Westens, Sokrates und Kant, sowie zwei des Ostens, Buddha und Konfuzius, die in seinen Augen die Philosophie schlechthin repräsentierten. Alle vier widmeten sich den Möglichkeiten und Wegen, Weisheit und Glück zu erreichen, und sind in diesem Gemälde mit dem Titel *Die vier Weltweisen* vereint; bis heute werden sie im Schrein der vier Weisen im Philosophenpark in Nakano (bei Tokio) verehrt. Der Maler Hashimoto Gahō hatte das Werk 1895 auf Wunsch von Inoue Enryō geschaffen, der bei seinem Besuch Königsbergs 1902 der Stadt eine Kopie überreichte.

Abb. 1 Schönheit par excellence? Dieses Aquarell *Iris, Narzisse, Schachbrettblume* (um 1630) von Georg Flegel als schön zu bezeichnen, dürfte die Zustimmung vieler finden. Nach Kant ist das Schöne eine besondere, den Geist belebende Erfahrung des Augenblicks, die zu vielerlei Gedanken anzuregen vermag. Begriffe wie den der Vollkommenheit weist Kant für das Schöne zurück; das wäre ein logisches (da es ein begriffliches ist), aber nicht ein ästhetisches Reflexionsurteil.

VIOLETTA L. WAIBEL

Kant und das Schöne – in der Kunst

Was ist schön? Was ist das, Schönheit? Schönheit und Schönheitsversprechen sind in der heutigen Gesellschaft omnipräsent: Schönheitswettbewerbe, Schönheitsoperationen, Schönheitschirurgie, Schöner Wohnen, Schönheit von innen heraus, Werbeversprechen, mit diesem und jenem Mittel schöner werden zu können, weil Schönheitsfehler korrigierbar sind, und und und …

Davon einmal abgesehen zählt das Schöne neben dem Wahren und dem Guten zu den drei großen Ideen, die mit der Philosophie Platons in enger Verbindung stehen. Philosophinnen und Philosophen gehen wiederholt der Frage nach, wie diese zueinander ins Verhältnis zu setzen sind. Kants Denken über das, was schön ist, dürfte den Ideen von Platon näher sein als den Vorstellungen von Schönheit, die heutzutage eine breite Öffentlichkeit beschäftigen.

Kants Konzeption vom Schönen nimmt Maßstab an der Natur, um diese dann auch in der Kunst zu bestimmen. Allerdings laufen die Linien des Schönen in der Natur und in der Kunst zusammen, wie diese Stelle in der *Critik der Urtheilskraft* (CU) deutlich macht:

> An einem Producte der schönen Kunst muß man sich bewußt werden, daß es Kunst sey, und nicht Natur; aber doch muß die Zweckmäßigkeit in der Form desselben von allem Zwange willkürlicher Regeln so frey scheinen, als ob es ein Product der bloßen Natur sey. Auf diesem Gefühle der Freyheit im Spiele unserer Erkenntnißvermögen, welches doch zugleich zweckmäßig seyn muß, beruht diejenige Lust, welche allein allgemein mittheilbar ist, ohne sich doch auf Begriffe zu gründen. Die Natur war schön, wenn sie zugleich als Kunst aussah; und die Kunst kann nur schön genannt werden, wenn wir uns bewußt sind, sie sey Kunst, und sie uns doch als Natur aussieht.[1]

In dieser Textstelle verdichten sich auf eindrucksvolle Weise wichtige Argumentationslinien Kants zur Idee dessen, was nach seiner Vorstellung als schön beurteilt werden darf. Worum es Kant geht, ist eine spielerische Freiheit, die sich in einem schönen Gegenstand der Natur ebenso wie in den schönen Gegenständen der Kunst manifestiert, frei von Zwang, von Gewolltem, von Willkür, von Zweckrationalität. Der Ort, an dem Kant über dieses spielerisch sich ineinander Spiegeln des Schönen von Natur und Kunst spricht, ist in der CU dort zu finden, wo er überhaupt und vor allem über das Schöne in der Kunst spricht. Kant entfaltet nur Grundlinien einer Theorie der Kunst. Dem geht eine ausführliche Analytik des Schönen (und Erhabenen) voraus, die Kant am Leitfaden seiner Erkenntnistheorie entwickelt, in deren Zentrum die Frage nach den vermögenstheoretischen Bedingungen und Reichweiten der Geltung des Urteils über das Schöne (und Erhabene) stehen. Mithin sind es vier kategoriale Momente, die das Urteil über das Schöne bestimmen, nämlich das der Qualität des Urteils als einem interesselosen Gefühl des Wohlgefallens (§§ 1–5), der Quantität des Urteils als einem einzelnen Urteil, das ohne Begriffe und dennoch allgemein gefällt (§§ 6–9), der Relation des Urteils, wonach das Schöne der Form der subjektiven Zweckmäßigkeit folgt, ohne jedoch auf der Vorstellung eines Zwecks zu beruhen, weshalb Kant die Formel von der Zweckmäßigkeit ohne Zweck geprägt hat (§§ 10–17), und das Moment der Modalität des Urteils, wonach das Schöne als subjektiv notwendig vorgestellt werden muss, auch wenn es nicht auf einem Begriff beruht (§§ 18–22). Diese vier Momente folgen Kants Kategorienordnung aus der *Critik der reinen Vernunft* (CrV).[2] In der Analytik des Schönen werden diese Momente, die in jedem Urteil stets zusammen auftreten und nur in ihrem Zusammenwirken ein Urteil ausmachen, nacheinander untersucht. Kant entfaltet seine Konzeption des Schönen im Hinblick auf das Schöne in der Natur, die mit Abweichungen und Einschränkungen auf das Schöne in der Kunst übertragbar ist. Die sukzessive Darstellung der Urteilsmomente, die faktisch immer zusammen und in einem Nu auftreten, mag Grund für die gelegentlich bemerkte sprachliche Redundanz der CU sein. Diese dritte *Critik* Kants, die 1790 erschien, besteht aus zwei Teilen, nämlich der *Critik der ästhetischen Urtheilskraft* und der *Critik der teleologischen Urtheilskraft.*

Den Terminus ›Ästhetik‹ verwendet Kant im Ausgang vom griechischen Wort αἴσθησις (aísthēsis), was sich mit

›Wahrnehmung‹, ›Empfindung‹ übersetzen lässt. Im Gegensatz zur *Transzendentalen Ästhetik* in der CrV, die sich mit den reinen Formen der Sinnlichkeit von Raum und Zeit beschäftigt, geht es hier in der CU um konkrete Sinnlichkeit, in deren Zentrum die Urteile über das Schöne und das Erhabene stehen. Wenn sich die Analytik des Schönen zunächst an den Erscheinungen in der Natur orientiert, so ist zu fragen, was genau Natur ist, die der Kunst gegenübersteht. Zum Mindesten ist das durch Natur Hervorgebrachte dem durch menschliche Bearbeitung Erzeugten entgegengesetzt. Auf das weite Feld der genauen wechselseitigen Abgrenzung aber auch des ineinander Verflochtenseins dessen, was (noch) als Natur und was (schon) als Kunst zu bezeichnen ist, hat sich Kant in diesem Zusammenhang nicht genauer eingelassen.[3]

Kants Frage in seiner Ästhetik nach dem, was als schön (oder erhaben) gelten kann, ist zugleich die Frage, wie Urteile beschaffen sind, durch die etwas zu Recht als schön (oder erhaben) beurteilt wird. Vom Erhabenen wird im Weiteren keine Rede sein.

Was heißt es also Kant zufolge, dass etwas zu Recht als schön beurteilt wird? Die Beispiele des alltäglichen Gebrauchs des Prädikats des Schönen, die ich eingangs angeführt habe, lassen sich mit Aristoteles als πολλαχῶς λέγεσθαι (pollachôs légesthai), als ein vielfältiges Sagen vom Schönen bezeichnen. Schön ist nicht gleich schön, lässt sich auch mit Kant deutlich machen, der zu Beginn seiner Analytik des Geschmacksurteils eine dreigliedrige Typologie der Gefühle der Lust und der Unlust aufstellt, nämlich rein sinnlich subjektive, private Gefühle, dann durch reflektierende Urteilskraft hervorgebrachte und drittens mit Vernunft einhergehende moralische Gefühle. Zunächst sind die Grundzüge der Beurteilung des Schönen in der Natur herauszuarbeiten, an dem Kant seine Vorstellung der Kritik des Schönen ausrichtet. Nur hier ist das zu beobachten, was Kant ›freie Schönheit‹ nennt. Das Kunstschöne setzt Kant in Beziehung zum Naturschönen. Für beide Bereiche gilt, dass Schönheit sowohl in der Natur als auch in der Kunst von Kant als Ausdruck eines freien Spiels der Geistesvermögen der Einbildungskraft und des Verstandes verstanden wird.

Kunst ist überdies Ausdruck von Freiheit. Sie verdankt sich stets einem gestalterischen Wollen, sei es auch nur ein Wollen, das Wort, Ton oder Bildnerisches der Form nach zu bearbeiten sucht. Diese komplexe Struktur gilt es, im Kunstschönen zu verstehen. Im Hinblick sowohl auf Natur als auch auf Kunst spielt mithin eine eigentümliche Form der Freiheit eine zentrale Rolle, die in den Fokus gerückt wird.

DAS ERSTE MOMENT: DIE ERFAHRUNG DES SCHÖNEN IST DER QUALITÄT NACH EIN GEFÜHL, DAS KANT INTERESSELOSES WOHLGEFALLEN NENNT

Wenn Kant vom Schönen spricht, so macht er deutlich, dass dieses nicht von begrifflicher Natur ist. Etwas als schön zu beurteilen verlangt, eine konkrete Erfahrung zu machen, die auf einem Gefühl beruht, allerdings auf einem ganz besonderen, emphatisch zu nennenden Gefühl, das Kant auch als interesseloses Wohlgefallen bezeichnet. Dies ist alles andere als selbsterklärend. Es gilt, dieses ganz besondere Gefühl unter hunderten von anderen Gefühlen genau zu erfassen und von anderen Gefühlen zu unterscheiden. In Kants Sprache werden Gefühle zunächst in zwei große Klassen geteilt, in solche der Erfahrung von Lust, und solche der Unlust; man könnte auch, mit Baruch de Spinoza, sagen, in positive, die Lebensenergie erweiternde und in negative, die Lebensenergie hemmende Gefühle. Unlustgefühle spielen beim Erhabenen eine Rolle, werden jedoch in der CU ansonsten nicht besonders bedacht, geht es doch in erster Linie um die Frage, was das Schöne ist.

Kant unterscheidet nun weiter rein empirische Gefühle von solchen Gefühlen, die mit rationalen Momenten, mit Begriffen verbunden sind. Rein empirische Gefühle sind immer Privatsache, sie sind Erfahrung eines einzelnen Subjekts. Typologisch steht dafür das Gefühl des Angenehmen. Viele Dinge und Erfahrungen, die gemeinhin als schön bezeichnet werden, sind oftmals dem rein sinnlichen, bloß subjektiven Gefühl des Angenehmen zuzurechnen. Die Welt des Designs, des Schöner Wohnens, der Schönheitskuren für ein besseres Aussehen dürfte nicht selten zu dem zählen, was mit Kant als bloß empirisch Schönes, oder genauer als Angenehmes zu bezeichnen wäre.

Dem stehen Gefühle entgegen, die mit rationalen Momenten verbunden sind. Achtung, Respekt, Ehrfurcht, Bewunderung sind Gefühle, die mit einer sittlichen Beurteilung von Sachverhalten oder einer Beurteilung von Größe einhergehen, und daher nicht unmittelbar, nicht als Sinnenreiz gefallen, sondern aufgrund von ideellen Vorstellungen. Dies sind Gefühle, die rational, durch Begriffe der Vernunft und der Normativität ausgelöst werden. Diese beiden Klassen von Gefühlen, die rein sinnlichen eines unmittelbaren Gefallens (oder Mißfallens) wie die rational begründeten Gefühle sittlich schöner (oder sittlich verwerflicher) Handlungen in einem platonischen Sinn und vollkommener Gestaltungen treffen nicht das, was Kant im eigentlichen, emphatischen Sinn das Schöne nennt. Vielfach grenzt Kant in der CU das Schöne gegen das Angenehme und das Gute ab, ohne die beiden letzteren explizit als schön zu bezeichnen, wie dies in der Tradition der Ästhetik des Empirismus und Rationalismus häufig anzutreffen ist.

Dieser erste Überlegungsgang Kants hat zum Ziel, die Urteilsform des Geschmacksvermögens als eine solche zu bestimmen, die durch ein bloßes Gefühl des Wohlgefallens oder Missfallens, nicht jedoch durch Begriffe geleitet wird. Überdies ist das mit dem Schönen verbundene Gefühl weder mit einem subjektiv privaten noch mit einem objektiv verallgemeinerbaren Interesse oder Begehren verbunden. Deshalb nennt Kant das Geschmacksurteil auch interesselos, eine nicht ganz glückliche terminologische Bestimmung, die vielfach zu Missverständnissen geführt hat und führt. Das Schöne lädt auch nach Kants Verständnis zum Verweilen und Betrachten ein, es weckt belebende Kräfte, es vermag in Schwung zu versetzen, ohne jedoch ein aneignendes Begehren auszulösen.

Ob man heutzutage nun offen sein will für Kants emphatischen Begriff des Schönen oder nicht, ist die eine Sache. Gleichwohl gilt es, Kants Bestimmung zu verstehen. Ich halte seine Analyse für weitsichtig und in vielen Hinsichten bis heute für tragfähig. Wie man es auch sonst von Kant kennt, handelt er nicht von einer Ontologie des Schönen, sondern von dem, was Menschen als schön zu beurteilen vermögen, wenn sie denn ein reifes Urteil ausgebildet haben oder auszubilden fähig sind. Wie gesagt, man kann vieles für schön halten, πολλαχῶς λέγεσθαι (pollachôs légesthai), es gibt heute und seit jeher ein vielfältiges Sagen vom Schönen. Aber hier gilt es, den Sinn zu verstehen, den Kant herausgearbeitet hat.

DAS ZWEITE MOMENT: DIE ERFAHRUNG DES SCHÖNEN IST DER QUANTITÄT NACH EIN EINZELNES URTEIL, DAS GLEICHWOHL ALLGEMEIN GEFÄLLT

Wie ist nun das Urteil über das Schöne in der Natur näher einzugrenzen? Das Schöne löst ein Gefühl aus, das, wie bereits deutlich wurde, weder ein rein empirisch sinnliches Gefühl ist, noch auch ein rationales, mit Begriffen verbundenes. Kant verortet das Schöne genau dazwischen. Wird etwas als schön beurteilt, so ist unabdingbar erforderlich, dass der

Abb. 2 Schönheit im Abstrakten Expressionismus des 20. Jahrhunderts? *Untitled* (um 1964) von Joan Mitchell – ein Gemälde, eine ästhetische Idee, die Gedanken, Deutungen weckt: ein lebhaftes Spiel von Formen, von Farben, von Bewegung und Flächigkeit, eine ruhende Mitte, bald opakes, bald irisierendes Farbenspiel, farbige Pinselstriche nach oben, nach unten, zweckmäßige Wechselverhältnisse für das Auge, und doch: freie Kunst ohne Zweck.

zu beurteilende Gegenstand auch in wirklicher Gegenwart sinnlich erfahren werden kann. Der Gegenstand ist sinnlich gegeben, aber die Schönheit ist nicht eine Eigenschaft des Gegenstandes, wie es all die Eigenschaften sind, die unmittelbar durch die fünf Sinne, also das Sehen, Hören, Tasten, Riechen, Schmecken, erfahren werden können. Es ist auch nicht bloß das subjektive Empfinden eines inneren Zustandes der Lust. Kant betont, dass das Schöne durch ein Reflexionsurteil zustande kommt, das allerdings begriffslos ist. Dies veranlasst Kant im Anschluss an die Analytik auch, von einem unbestimmten Begriff zu sprechen.[4] Wie kommt dies zu Stande?

Kants Erkenntnistheorie zufolge ist es für ein vollgültiges Erkenntnisurteil nötig, dass sinnlich gegebenes Datenmaterial in Verbindung gebracht wird mit Begriffen. Es ist unabdingbar, dass Anschauungen und Begriffe zusammentreffen

Abb. 3 Freie Schönheit oder anhängende Schönheit? Das Gemälde *Venus vor dem Spiegel* (um 1614) von Peter Paul Rubens zeigt ein komplexes Spiel von Blickbegegnungen, in die auch der Betrachter hineingezogen wird. Das Gesicht der Frauengestalt, in einer Drehbewegung nach links gerichtet, ist für den Betrachter nur im Halbrelief zu sehen; im Spiegel aber, den Amor hält, blickt Venus den Betrachter direkt an. Bemerkenswert: ebenmäßig schön ist das Spiegelbild der Frau, nicht in gleichem Maße ist es der seitwärts gerichtete Kopf der Frauengestalt. Nun, Tatsache ist – das wusste auch Rubens: Menschen rücken sich für ihr Spiegelbild stets zurecht, ändern bemerkt oder unbemerkt die zufällige Pose, um sich in günstigster Ansicht zu zeigen.

und miteinander verbunden werden. In diesem Kontext steht der Terminus Anschauung für Wahrnehmungen und Auffassungen aller fünf Sinne, die begrifflich verarbeitet werden müssen, um zu Erkenntnissen zu führen. Die Vermögen des Geistes, die diese mentalen Leistungen vollziehen, sind die Einbildungskraft (für die Verarbeitung des wahrgenommenen sinnlichen Datenmaterials) und der Verstand (als rationalem Vermögen, das die Mannigfaltigkeit des aufgenommenen Datenmaterials zu solchen Einheiten verbindet, wie sie uns in Begriffen und Urteilssätzen begegnen).

Einbildungskraft und Verstand, die im wachen, Strukturierung und Orientierung schaffenden Bewusstsein stets am Werk sind, sind es nun auch, denen im sogenannten Reflexionsurteil über das Schöne eine herausragende Rolle zukommt. Die immer schon und stets tätigen Vermögen geraten Kants Erklärung zufolge in einigen Fällen in ein *Spiel* miteinander, das sich abseits von Begriffen vollzieht. Das von der Einbildungskraft aufgefasste, sinnlich gegebene Datenmaterial trifft in der Weise auf den regelgeleiteten und Ordnung schaffenden Verstand, dass die beiden Vermögen durch bestimmte Proportionen und stimmige Formen miteinander in Schwingung und mithin in eine besondere Stimmung versetzt werden. Diese besondere Stimmung ist es, die durch das begriffslose und doch rationale Spiel der Vermögen das besondere Gefühl auslöst, wonach eine Sache, ein Sachverhalt als schön beurteilt werden kann. Kant spricht in diesem Zusammenhang von einem freien Spiel von Einbildungskraft und Verstand, das mit einer belebenden Kraft auf das Gemüt, also auf den Geist, einhergeht. Er schreibt:

> Die Erkenntnißkräfte, die durch diese Vorstellung ins Spiel gesetzt werden, sind hiebey in einem freyen Spiele, weil kein bestimmter Begrif sie auf eine besondere Erkenntnißregel einschränkt. Also muß der Gemüthszustand in dieser Vorstellung der eines Gefühls des freyen Spiels der Vorstellungskräfte an einer gegebenen Vorstellung zu einem Erkenntnisse überhaupt seyn. Nun gehören zu einer Vorstellung, wodurch ein Gegenstand gegeben wird, damit überhaupt daraus Erkenntniß werde, *Einbildungskraft* für die Zusammensetzung des Mannigfaltigen der Anschauung, und *Verstand* für die Einheit des Begrifs der die Vorstellungen vereinigt.[5]

Kant hält bemerkenswerterweise fest, dass sich zugleich mit dem sich einstellenden freien Spiel der Erkenntnisvermögen eine allgemeine Mitteilbarkeit über das als schön Beurteilte behaupten lässt:

> Dieser Zustand eines *freyen Spiels* der Erkenntnißvermögen, bey einer Vorstellung wodurch ein Gegenstand gegeben wird, muß sich allgemein mittheilen lassen: weil Erkenntniß, als Bestimmung des Objects, womit gegebene Vorstellungen (in welchem Subjecte es auch sey) zusammen stimmen sollen, die einzige Vorstellungsart ist, die für jedermann gilt.[6]

Es ist nicht der unmittelbare sinnliche Eindruck, sondern das freie Spiel der Vermögen, das das besondere Gefühl erzeugt, welches anzeigt, dass eine Sache schön ist. Aus diesem rationalen Moment des Spiels der Vermögen gewinnt Kant ein gewichtiges Argument. Weil es die Proportion der Vermögen ist, ist das Gefühl nicht empirisch, also nicht a posteriori begründet, sondern a priori. Daher ist möglich, was Kant als subjektiv allgemeine Mitteilbarkeit bezeichnet, die sich nicht auf einen Begriff, einen Logos berufen kann, wohl aber in einem Urteil ihren Grund hat, das auf unbestimmten, freien und wohlgeformten Proportionen beruht, die die Vermögen in Schwung setzen können.

Die Erfahrung des Schönen stellt sich ein, sobald das belebende Spiel der Vermögen sich eingestellt, sich ereignet hat. Obwohl Schönheit nie anders denn durch den wirklich gegebenen konkreten Gegenstand erfahren werden kann, und insofern immer ein Urteil ist, das fallweise und je einzeln vollzogen wird, ist diese Erfahrung gleichwohl eine solche, die, wie Kant wiederholt behauptet, allgemein mitteilbar ist. Wie diese allgemeine Mitteilbarkeit denkbar ist, wird von Kant weiter vertieft im Zusammenhang der Frage der Modalität des Urteils vom Schönen. Dem wird zunächst nachgegangen, um dann zum Dritten Moment zu gelangen, an dem sich die Urteile vom Schönen in Natur und Kunst differenzieren. Entgegen Kants eigener Reihenfolge komme ich daher nun zur Frage, wie eine subjektive Notwendigkeit eines Urteils zu begründen ist, das auf einem durch Reflexion hervorgerufenen Gefühl beruht.

DAS VIERTE MOMENT: DIE ERFAHRUNG DES SCHÖNEN IST DER MODALITÄT NACH EIN ZWAR NICHT AUF EINEM BEGRIFF BERUHENDES ABER GLEICHWOHL SUBJEKTIV NOTWENDIGES URTEIL, DAS ALLGEMEIN GEFÄLLT

Die allgemeine Mitteilbarkeit dessen, was sich als schön erfahren lässt, erlaubt, auch von anderen Subjekten Zustimmung erwarten zu dürfen, jedenfalls Zustimmung von solchen Subjekten, die über eine entwickelte Urteilsfähigkeit verfügen.[7] Es ließe sich manches dazu sagen, wie man zu einer reifen Urteilsfähigkeit gelangt, auch wenn diese nicht erlernt werden kann, wie man etwa das Alphabet oder das Einmaleins lernt. Die allgemeine Mitteilbarkeit des Reflexionsurteils vom Schönen schafft eine gewisse Nähe zum Erkenntnisurteil, mit dem es freilich nicht verwechselt werden darf. Dem Urteil vom Schönen schreibt Kant überdies zu, der Modalität nach ein notwendiges Urteil zu sein. Allerdings nicht in der Weise, wie die Bestimmung von Zusammenhängen der Kausalität, mithin von Ursachen und Wirkungen, ein objektiv notwendiges und allgemeingültiges Urteil möglich machen,[8] auch nicht ein notwendiges Urteil, zu dem das Sittengesetz verbindet, sondern ein subjektiv notwendiges Urteil.[9]

Da das Urteil keinen Begriff sondern nur ein Gefühl bestimmt, gleichwohl aber aufgrund des Reflexionsmomentes allgemein mitteilbar ist, schreibt ihm Kant exemplarische Geltung zu. Kant sucht herauszuarbeiten, wie es denkbar ist, dass ein nie anders denn subjektiv erfahrbares Gefühl wie das vom Schönen gleichwohl eine besondere Form notwendiger Geltung beanspruchen kann. Da die Antwort nicht in der allgemeinen Geltung von Begriffen liegen kann, führt er die Idee eines Gemeinsinns ein, der vom Konzept des gemeinen (Menschen-)Verstandes, zu Kants Zeiten vielfach diskutiert,[10] klar zu unterscheiden ist. Die subjektive Notwendigkeit des Schönen, die exemplarisch gilt, macht die Annahme der Idee eines Gemeinsinns erforderlich:

> Also nur unter der Voraussetzung, daß es einen Gemeinsinn gebe (wodurch wir aber keinen äußern Sinn, sondern die Wirkung aus dem freyen Spiel unsrer Erkenntnißkräfte, verstehen), nur unter Voraussetzung, sage ich, eines solchen Gemeinsinns kann das Geschmacksurtheil gefällt werden.[11]

Der Gemeinsinn, den Kant hier in Anspruch nimmt, ist nicht identisch mit dem gesunden Menschenverstand, dem man zutraut, auch ohne tiefere Reflexion und begründetes Wissen unmittelbar das Richtige und Zuträgliche zu ›erkennen‹ und danach zu handeln. Der hier in Frage stehende Gemeinsinn ist das Vermögen, über ein entwickeltes und reifes Urteilsvermögen in Fragen des Geschmacks vom Schönen zu verfügen, und solche ästhetische Geschmacksurteile aufzustellen, die allgemein gelten, obwohl sie nicht auf Begriffen beruhen, und dennoch von jeder anderen (urteilsfähigen) Person Zustimmung erwartet werden darf. Kant spricht sogar von einer »idealische[n] Norm«, die reifen, entwickelten Urteilen vom Schönen innewohnt. Daher ist von einer subjektiven (auf einem Gefühl beruhenden) Notwendigkeit die Rede, die intersubjektive Geltung beansprucht.[12]

Die idealische Norm, die unbestimmte Idee des Schönen, die verlangt, dass etwas notwendig als schön angesehen wird, wenn auch bloß subjektiv notwendig, weil auf einem besonderen Gefühl (und nicht auf einem Begriff) beruhend, und gleichwohl doch erwarten lässt, dass es allgemein und von jeder zu einem reifen ästhetischen Urteil fähigen Person zugestanden wird, steht systematisch nicht nur mit der allgemeinen Mitteilbarkeit des Zweiten Moments in engem Zusammenhang, sondern auch mit dem Dritten Moment des

Urteils vom Schönen, der subjektiven Zweckmäßigkeit, die hier zuletzt bedacht wird, weil sich mit diesem Moment das Schöne in Natur und in der Kunst ausdifferenziert.

Das freie Spiel von Einbildungskraft und Verstand generiert allgemeine Mitteilbarkeit, aber keinen Begriff im üblichen Sinn, sondern einen Begriff, der keinerlei Bestimmung hat. Dieser unbestimmte Begriff drückt nichts anderes als die subjektive Zweckmäßigkeit der Vermögen aus, die sich in ihrem Spielen miteinander manifestiert. Dies veranlasst Kant, von einem Gemeinsinn zu sprechen, den Vernunftwesen miteinander teilen, die mithin das Schöne einander mitteilen können.

DAS DRITTE MOMENT: DIE FORM DES SCHÖNEN IST DER RELATION NACH ALS ZWECKMÄSSIG ZU BEZEICHNEN, MIT DER GLEICHWOHL KEIN ZWECK VERBUNDEN IST

Das berühmte freie Spiel von Einbildungskraft und Verstand steht in enger Verbindung mit der reflektierenden Urteilskraft, die ein Zusammenstimmen der beiden Vermögen, eine Regelhaftigkeit ohne feste Regeln ›bemerkt‹ und die Anzeige des Gefühls des Schönen auslöst, das sich zugleich als belebende Kraft erweist. Das freie Spiel der Vermögen führt bereits eine allgemeine Mitteilbarkeit bei sich, die sich als Gemeinsinn begreifen lässt, der subjektiv notwendige Zustimmung und Geltung von anderen erwarten lässt. Das belebende Spiel der Vermögen verdankt sich einer Regelhaftigkeit ohne feste Regeln, die sich nicht zu einem Begriff zusammenfügen, sondern zu einem focus imaginarius verdichten, den Kant in die Formel einer ›Zweckmäßigkeit ohne Zweck‹ fasst. Alles menschliche Tun richtet sich auf einen Zweck, einen Begriff, in dem sich Intentionen bündeln. Die Erfahrung des Schönen bei Kant zeichnet sich jedoch dadurch aus, dass Begriffe in ihr keine Rolle spielen. Die Konzepte der Tradition, das Schöne durch mathematische oder begriffliche Regel- und Ordnungskriterien rational festzulegen oder durch den Terminus der Vollkommenheit auszuzeichnen, weist Kant entschieden zurück. An deren Stelle setzt Kant die Vorstellung vom Schönen als subjektiver Zweckmäßigkeit, die jedoch keinen Zweck, keinen Begriff festlegt und sich nach keinem Zweck bestimmt, daher als Zweckmäßigkeit ohne Zweck treffend bezeichnet ist. Es gibt ein Spiel der Proportionen, aber keines, das als Maß und Rezeptur dienen könnte.

Damit gewinnt das, was Kant zufolge als schön bestimmt und beurteilt werden darf, einen ungeheuren Freiraum. Es gibt keine festen Regeln, wodurch das Schöne vorab bestimmbar wäre. Dieser Freiraum, der lediglich durch das lusterzeugende Spiel der Vermögen umgrenzt ist, gibt Anlass zur Behauptung, dass Kants Konzeption der Schönheit weder historisch gebunden noch an Kulturkreise fixiert ist. Alte wie neue, traditionelle wie moderne, heutige Kunst, Kunst jedes erdenklichen Kulturkreises kann nach dieser Konzeption als schön beurteilt werden. Was erforderlich ist, ist dies: den Schönheitssinn vor dem Hintergrund kultureller Gepflogenheiten so zu schulen, dass man zu einem reifen Urteil fähig ist.

Nun unterscheidet Kant eine freie von einer anhängenden Schönheit. Letztere reserviert er insbesondere dem Menschen, aber auch Kunstwerken, etwa der Architektur, deren Schönheit eng in Verbindung zu denken ist mit dem inneren Zweck, den sie zu erfüllen haben.

Beim Menschen wie beim Kunstwerk kommt etwas hinzu, das der Natur nicht zuzuschreiben ist. Der Mensch handelt stets nach Zwecken, als Vernunftwesen ist er, so Kant, Zweck an sich und damit unabdingbar mit den Forderungen der Moral verbunden. Kunstwerke werden nach der Vorstellung Kants zwar nicht um Willen bestimmter Zwecke geschaffen, das wäre eine Instrumentalisierung, die auch viele Theoretikerinnen und Theoretiker der Ästhetik und Kunst, aber auch zahlreiche Künstlerinnen und Künstler zurückweisen. Werke der Kunst dienen dieser Konzeption zufolge keinen Zwecken, sind also nicht Mittel zu einem außer ihrer selbst liegenden Zweck. Gleichwohl folgt aber jedes Kunstwerk einer oder mehreren künstlerischen Absichten und Ideen. Kunstwerke haben einen Stoff, der in vielfacher Hinsicht bearbeitet werden muss, sie sind bestimmt durch einen Formwillen, adressieren sich an die Geschichte der Kunst, sind geformt von spezifischen Menschenbildern, Kunstwerke stimmen zu, grenzen sich ab. Diese werkbezogenen, immanenten Zwecke sind Produkte der Gedankenarbeit der künstlerischen Schaffensprozesse, die sich mittelbarer oder unmittelbarer auch den RezipientInnen der Werke mitteilen.

Wissenschaften wie die Literatur- oder Musikwissenschaft, die Kunstgeschichte und andere, haben vieles Erhellende und Erschließende über Kunstwerke zu sagen. Diese Begriffsarbeit, die sowohl die Gedankenarbeit der Künstlerinnen und Künstler zu rekonstruieren beabsichtigt, als auch gattungsspezifische und historische Bezüge sowie noch vieles andere herauszuarbeiten sucht, ist es jedoch nicht,

Abb. 4 *Beethoven mit dem Manuskript der Missa solemnis* (1820), ein Gemälde Joseph Karl Stielers. Kunst und Genie, wer denkt dabei nicht an Ludwig van Beethoven, den Schöpfer zahlreicher herausragender Kompositionen, die bis heute die Menschen in den Konzertsälen der Welt zu begeistern vermögen? Die wohl genialste Bestimmung des Genies hat Kant in Worte gefasst, wonach dies »das Talent (Naturgabe)« ist, »durch welche die Natur der Kunst die Regel giebt« (*Critik der Urtheilskraft,* 307, § 46). Beethoven galt bereits in seiner Zeit als Ausnahmemusiker. Mythos und Wirklichkeit verschränken sich, das Image des Genies pflegte er selbst ebenso, wie Maler und Förderer dies dankbar aufnahmen und fortspannen, auch, um sich selbst darin zu sonnen. Komponieren, Schreiben, Porträtmalerei – differente Sprachen nähern sich einem gemeinsamen Narrativ.

die die Schönheit von Kunstwerken auszeichnet, jedenfalls nicht unmittelbar. Diese Problematik der verschiedenen Perspektiven auf Werke der Kunst reflektiert Kant auf eine bemerkenswerte Weise, wenn er schreibt:

> Ein Geschmacksurtheil würde in Ansehung eines Gegenstandes von bestimmtem innern Zwecke nur alsdann rein seyn, wenn der Urtheilende entweder von diesem Zwecke keinen Begrif hätte, oder in seinem Urtheile davon abstrahirte.[13]

Es gibt also offenkundig Kontexte, in denen ein Gegenstand unmittelbar und frei von weiteren Überlegungen als schön erfahren wird; in anderen stellen sich Begriffe (der Vollkommenheit) angesichts eines möglichen Zwecks des dargestellten Gegenstandes ein. Bei Kunstwerken kommt man oft nicht umhin, etwas als der Kunstgattung angemessen, dem Subjekt entsprechend gelungen zu beurteilen. Die Frage der Schönheit und des inneren Zwecks des Kunstwerkes oder der Schönheit eines Menschen überlagern und vermischen sich hier. Beide Hinsichten führen zu einem angemessenen Urteil:

> [D]er eine [urtheile] nach dem, was er vor den Sinnen; der andere nach dem, was er in Gedanken hat. Durch diese Unterscheidung kann man manchen Zwist der Geschmacksrichter über Schönheit beylegen, indem man ihnen zeigt, daß der eine sich an die freye, der andere an die anhängende Schönheit halte, der erstere ein reines, der zweyte ein angewandtes Geschmacksurtheil fälle.[14]

Wir können uns bei der Betrachtung von Kunstwerken auf verschiedene Ebenen der reinen oder der anhängenden Schönheit begeben und je nach Einstellung bald Begriffe zulassen, bald diese ausblenden. Wichtig ist, das jeweilige Interesse am Kunstgegenstand, sein rationales Erfassen oder sein sinnliches Erfahren genau zu kennen, um zu wissen, worüber man im speziellen Fall urteilt; ob nämlich ein Kunstwerk schön ist und das Gefühl anspricht, oder ob es nach rationalen Gesichtspunkten künstlerischer Fertigkeiten beurteilt wird.

Über das hinaus, was Kant hier sagt, ist überdies vorstellbar, dass die rationale, begriffliche Erschließung von Kunstwerken auch die Lust, die das Schöne hervorruft, zu verstärken vermag.

PRODUKTIONSÄSTHETISCHE ASPEKTE DES SCHÖNEN

Kant entwickelt über weite Strecken seiner Analytik der ästhetischen Urteile eine Theorie der Rezeption des Schönen in Natur und Kunst, doch hat er auch gewichtige Worte über künstlerische Produktivität zu sagen. Im Horizont der Genieästhetik seiner Zeit findet Kant eine im Wortsinn herausragende Bestimmung des künstlerischen Genies, die weithin prägend war:

> *Genie* ist das Talent (Naturgabe), welches der Kunst die Regel giebt. Da das Talent, als angebornes productives Vermögen des Künstlers, selbst zur Natur gehört, so könnte man sich

> auch so ausdrücken: *Genie* ist die angeborne Gemüthsanlage (ingenium), *durch welche* die Natur der Kunst die Regel giebt.[15]

Der Künstler und die Künstlerin haben selbstverständlich ihr Handwerk zu lernen, ob dies nun Farbe und Pinsel, Stein und Meißel, Ton und Kompositionslehre, Baumaterial und Statik sind. Gleichwohl repräsentieren herausragende Künstler und Künstlerinnen die Individualität, die im Wissen um Tradition, Technik und Themenwahl originale Kunstwerke hervorzubringen vermag. Was im rezeptionsästhetischen Kontext die besondere Fähigkeit der reflektierenden Urteilskraft der Betrachterin und des Betrachters ist, das sind in produktionsästhetischer Hinsicht der Künstler und die Künstlerin, die nicht bloß die Fähigkeit haben, Kunstwerke von Originalität hervorzubringen, sondern das besondere, originale Werk zugleich zu einem schönen Werk zu gestalten. Dies gelingt nicht durch Einhaltung und Nachahmung bekannter Regeln, sondern dadurch, dass bei allem Wissen der Künstlerin, des Künstlers deren Natur, man darf wohl sagen: deren lebendiges Unbewusstes, solche neue Formen und Regeln schaffen, die das belebende Spiel der Vermögen in Schwung versetzen, wodurch Sinn und Denkvermögen gleichermaßen beschäftigt sind und zu einer geistvollen Einheit finden.

Die Kunst, die Kant schöne Kunst nennt, ist, wie die Schönheit überhaupt, nicht durch feste Regeln bestimmbar. Die Künstlerin, der Künstler, das Genie ist es, das die Regeln schafft. Die großen Künstlerinnen und Künstler sind es somit, die exemplarische Werke hervorbringen, an denen man sowohl das Beurteilungsvermögen, als auch, als angehende Künstler oder Künstlerinnen, das Produktionsvermögen schult, um in sich die Kräfte zu erregen, die zu einem freien Spiel der Vermögen fähig sind. Die geglückte Verbindung von gedanklicher Kraft und Stringenz zur Schaffung oder Beurteilung von inneren Zwecken der Kunst, von denen Kant spricht, mit derjenigen Freiheit, die Schönheit erfahren oder hervorbringen lässt, bezeichnet Kant als geistvoll. Den Geist, der Kunst rezeptiv oder produktiv zu beleben vermag, versteht Kant als ein Prinzip:

> *Geist* in ästhetischer Bedeutung, heißt das belebende Princip im Gemüthe. Dasjenige aber, wodurch dieses Princip die Seele belebt, der Stof, den es dazu anwendet, ist das, was die Gemüthskräfte zweckmäßig in Schwung versetzt, d. i. in ein solches Spiel, welches sich von selbst erhält und selbst die Kräfte dazu stärkt.[16]

Das Moment der belebenden Kraft schließt die hier vorgetragenen Überlegungen zusammen mit dem Spiel von Einbildungskraft und Verstand, das Kant zufolge ohnehin der Schlüssel zum besonderen, zwar rational durch Reflexion aber ohne Begriffe ausgelösten Gefühls des Schönen darstellt. Ihm schreibt Kant belebende Kraft ebenso zu wie allgemeine Mitteilbarkeit. Das belebende Prinzip des Geistes verbindet Kant in einem weiteren Gedankenschritt mit dem Konzept einer ›ästhetischen Idee‹.[17] Schönheit als durch reflektierende Urteilskraft ausgelöstes Gefühl, als freies Spiel der Vermögen, als subjektive Zweckmäßigkeit ohne Zweck, als unbestimmter Begriff, als allgemeine subjektive Mitteilbarkeit dank eines nicht auf Begriffen beruhenden Gemeinsinns, als Freiheit; und nun auch noch: eine durch den Geist belebte ästhetische Idee. In dieser Bestimmung versammeln sich alle übrigen, die Kant zuvor sukzessiv herausgearbeitet hat.

Vor allem die Kunst, aber nicht nur sie, auch die Natur, ist dann als schön zu beurteilen, wenn sich in ihr eine ästhetische Idee manifestiert. Es ist das besondere Gefühl des Schönen, das das sprachbegabte Vernunftwesen Mensch anregt, dieser Erfahrung sich sprachlich zu vergewissern und zu bemächtigen, das veranlasst, den Geist zu fassen, der wortlos seine Präsenz mitteilt. Der Geist, seine belebende Kraft setzt mithin ein Sprachspiel der Annäherung in Gang, das immer auch im Wissen darum geschieht, dass diese Annäherung stets vorläufig ist. Die ästhetische Idee treibt fort, zum Verweilen ebenso wie zum gedanklichen Erfassenwollen der Schönheit mit Worten, mit Analogien, mit belebter Lebensenergie, die vielleicht auch Neues, Neue Werke, Neue Kunst, Neue Musik, hervortreibt.

Schönheit ist für Kant etwas ganz Besonderes, wie ich zu zeigen versuchte. Niemandem ist es verwehrt, vom Schönen, von schönen Dingen in einem mit Kants Vorstellungen nicht kompatiblen Sinn zu sprechen: πολλαχῶς λέγεσθαι (pollachôs légesthai). — Für Kant jedenfalls gilt, dass das Schöne in Natur und Kunst von Geist belebt ist und einlädt, seine ästhetische Idee vielstimmig auszudeuten.

1 CU, 306 (§ 45).

2 CrV A 80 B 106.

3 Zu verschiedenen Bedeutungsmomenten von ›Natur‹ bei Kant vgl. den Artikel ›Natur‹ (für den die Redaktion verantwortlich zeichnet) in: *Kant-Lexikon*, Bd. 2, 1630–1634.

4 CU, 340 f. (§ 57).

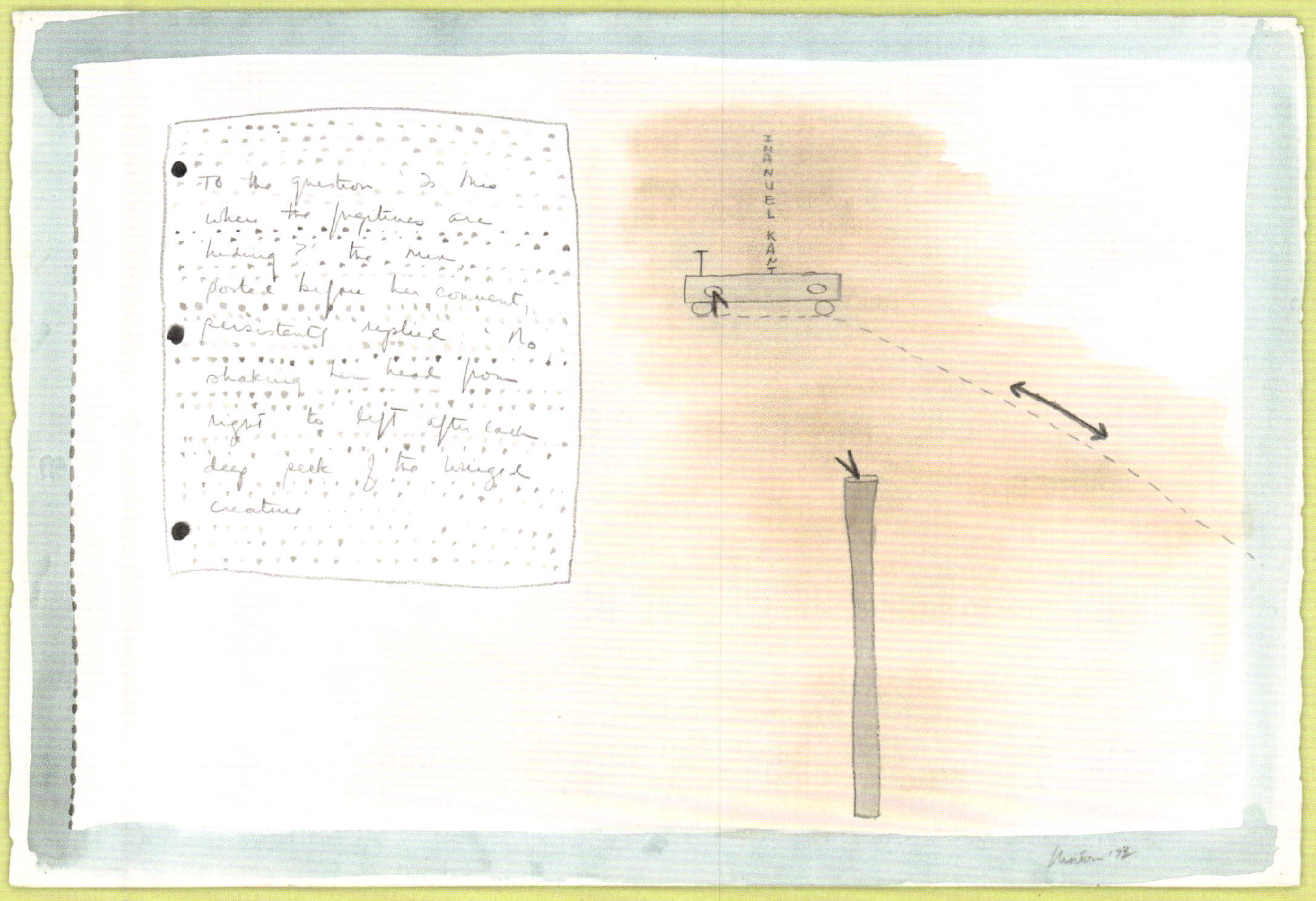

5 CU, 217 (§ 9).

6 Ebd.

7 Vgl. dazu vor allem CU, 281–285 (§ 32 und 33).

8 Vgl. CrV, ›Postulate des empirischen Denkens überhaupt‹, A 218–235 B 265–287. Vgl. dazu auch Waibel 2013.

9 CU, 237 (§ 18).

10 Vgl. etwa Jacobi 1789, 401, wo vom »Sensus communis im höheren Verstande« die Rede ist. Vgl. ferner den anderen Gebrauch des Terminus Gemeinsinn/sensus communis für den gesunden Menschenverstand in Kant: *Anthropologie,* 139.

11 CU, 238 (§ 20).

12 CU, 239 (§ 22).

13 CU, 231 (§ 16).

14 Ebd.

15 CU, 307 (§ 46).

16 CU, 313 (§ 49).

17 CU, 314 (§ 49).

– – –

Abb. 1 Flegel: Aquarell. bpk/Kupferstichkabinett, SMB/Jörg P. Anders

Abb. 2 Mitchell: Ölgemälde. © Estate of Joan Mitchell

Abb. 3 Rubens: Ölgemälde. bpk/Walter Wachter

Abb. 4 Stieler: Ölgemälde. akg images 290041

Abb. 5 Morton: Zeichnung. © Estate of Ree Morton, courtesy Alexander and Bonin, New York; Museum of Modern Art (MoMA), New York, The Judith Rothschild Foundation Contemporary Drawings Collection Gift (purchase, and gift, in part, of The Eileen and Michael Cohen Collection). Acc. no.: 2477.2005; Digital image, The Museum of Modern Art, New York/ Scala, Florence

Abb. 5 Ist Kant zufolge politische Kunst auch schöne Kunst? Einerseits nein, und manchmal darf man sagen: ja, auch. Von Ree Morton, die der feministischen, postminimalistischen Kunstbewegung der 1970er Jahre zugerechnet wird, stammt die Zeichnung *Immanuel Kant* (aus dem Jahr 1973). Die Zeichnung steht in Verbindung mit ihren Installationen *Sister Perpetua's Lie* und *Is This Where the Fugitives Are Hiding* und zeigt eine Szene aus Raymond Roussels absurd-fantastischer Erzählung *Impressions d'Afrique* (1910). In dieser riskiert die fromme Nonne Perpetua ihr eigenes Leben, um etwas zu tun, das Kant (scheinbar) zurückweist, nämlich: lügen, um Leben zu retten. Kants Beitrag gegen Benjamin Constant mit dem Titel *Ueber ein vermeintes Recht aus Menschenliebe zu lügen* (aus dem Jahr 1797) und andere Äußerungen in seinen moralphilosophischen Schriften haben zahlreiche kontroverse Diskussionen und eben auch künstlerische Stellungnahmen nach sich gezogen, die bis heute anhalten. Nonne Perpetua, Ree Morton – schöner Geist als Kunstreflexion, ein anderer Begriff von Schönheit!

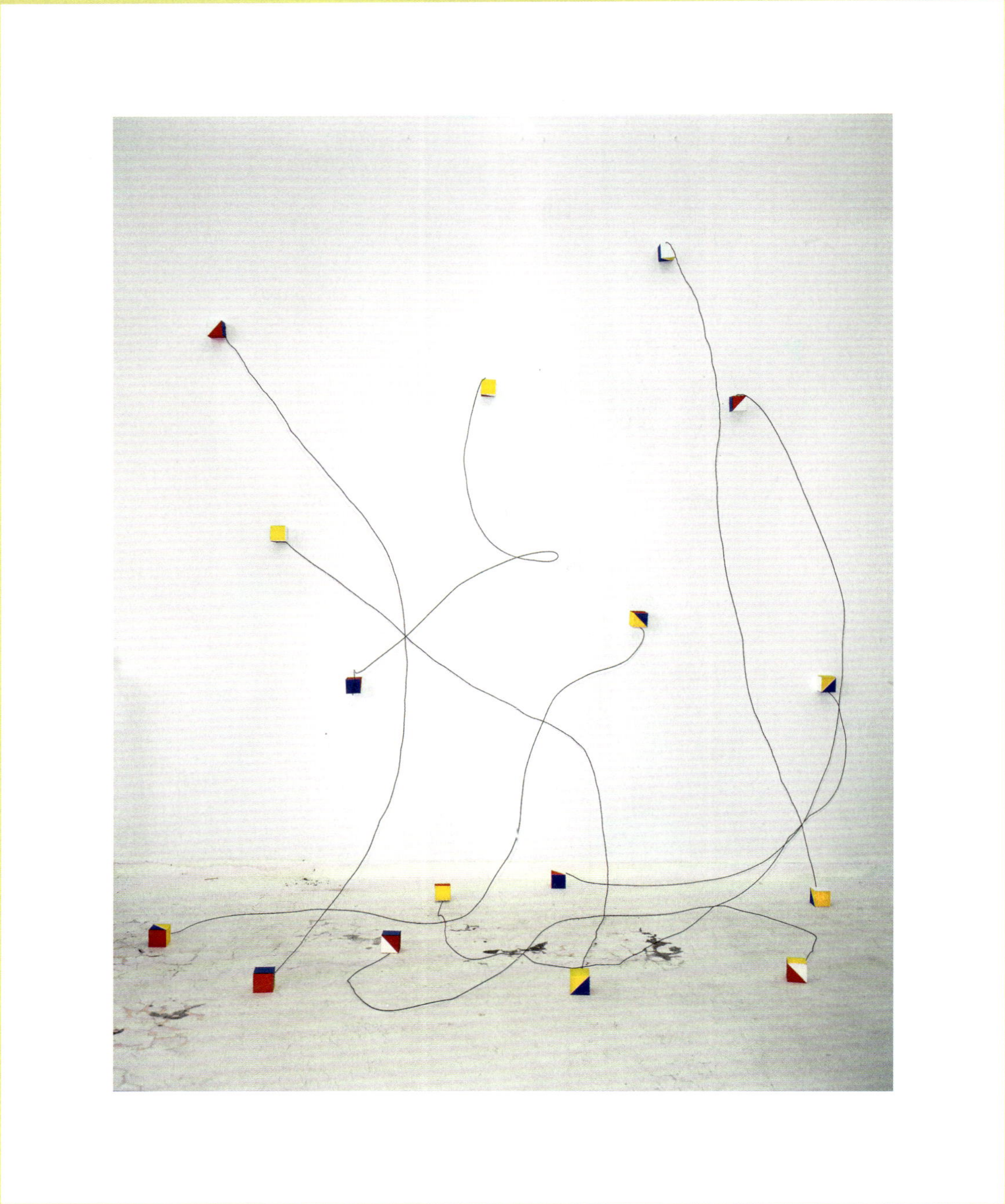

Abb. 1 Laurent Millet: *Les derniers jours d'Emmanuel Kant* (Die letzten Tage des Immanuel Kant), 2008/2009. Insgesamt 12 Fotografien; im Folgenden die Abb. 1, 2, 3, 6, 7, 8, 9, 10. Die Fotoserie geht auf die 1827 veröffentlichte Novelle *The Last Days of Immanuel Kant* des britischen Schriftstellers Thomas De Quincey zurück, die das epochemachende Wirken Kants mit der gegen Ende seines Lebens abnehmenden Kraft des Philosophen als Mensch kontrastiert. Das oben abgebildete Foto trägt den Titel *Calmez vous Monsieur Kant* (Beruhigen Sie sich, Monsieur Kant).

ANGELA BREITENBACH

Kants Theorie des Lebens

Kants Philosophie setzt sich mit dem breiten Spektrum des menschlichen Daseins auseinander. Da geht es ihm zum einen um eine Theorie der Erkenntnis und um die grundlegenden Verstandesgesetze, nach denen wir Menschen die Natur erkennen können. So macht Kant in der *Critik der reinen Vernunft* (CrV) deutlich, dass unser Wissen über die Natur notwendig auf der Erkenntnis von Ursache-Wirkungs-Zusammenhängen beruht. Zum anderen geht es Kant auch um eine Theorie der Freiheit und um die grundlegenden Moralgesetze, nach denen wir als menschliche Vernunftwesen handeln sollen. Nach Kants Vorstellung in der *Critik der practischen Vernunft* haben Handlungen nur dann einen moralischen Wert, wenn sie frei, also nicht fremdbestimmt sind, sondern allein auf Vernunftgründen beruhen. Natur und Naturerkenntnis einerseits, Freiheit und freie Handlung andererseits, stellen sich so als zwei zentrale Sphären des menschlichen Daseins heraus.

Und dann gibt es da noch die Lebewesen. In der *Critik der Urtheilskraft* (CU) stellt Kant 1790 klar, dass der enge Fokus auf kausal-mechanische Naturerklärungen, den man aus Kants Naturverständnis in der ersten Kritik ableiten mag, nur eine unvollständige Darstellung dessen bieten könne, was unter den Begriff der Natur fällt. Denn alles Lebendige scheint die Vorstellung einer strikt kausal bestimmten und kausal-mechanisch erklärbaren Natur zu sprengen. Kant zufolge sind Lebewesen nämlich nicht allein nach Ursache-Wirkungs-Zusammenhängen erklärbar; sie sind vielmehr treffender nach Begriffen zu beurteilen, die wir mit der Freiheit und der freien Handlung verbinden – insbesondere nach Begriffen des Zwecks und der Zweckmäßigkeit. Was sind das aber für Wesen, die einerseits Teil der Natur sind, andererseits nach Zweckbegriffen beurteilt werden müssen?

Kant entwickelt seine Theorie des Lebens vor Charles Darwins Evolutionstheorie, vor der Entdeckung der DNA von James Watson, Francis Crick und Rosalind Franklin und viele Jahre vor den großen Fortschritten, die die Lebenswissenschaften seit diesen einschneidenden Entwicklungen gemacht haben. Trotzdem – obwohl Kant sich nicht auf den heutigen Stand der Lebenswissenschaften beziehen kann – hat seine Theorie des Lebens auch heute immer noch Aktualität. Diese Aktualität beruht auf Kants charakteristischer Verknüpfung von Natur und Freiheit, oder Natur und Vernunft, nämlich auf Kants Versuch, die *Kluft* dieser beiden Bereiche menschlichen Daseins zu überbrücken. Diese Verknüpfung hat höchste Bedeutung nicht nur für Kants Philosophie der Lebenswissenschaften, sondern für sein gesamtes Denken sowie für zentrale wissenschafts- und moralphilosophische Fragen, die weit über Kant hinausgehen.

Um das darzulegen, soll zunächst Kants charakteristischer Organismusbegriff erläutert werden. Anschließend sollen die Funktionen dieses wichtigen Begriffs für die kantische Philosophie der Biologie sowie seine weiterführende Bedeutung für die Erkenntnistheorie und Moralphilosophie bei Kant und über Kant hinaus betrachtet werden. Die Theorie des Lebens stellt sich so als zentrales und unersetzliches Stück des gesamten kantischen Denkens heraus.

KANTS ORGANISMUSBEGRIFF

Kant stellt in seiner Theorie des Organismus zwei zentrale Thesen auf: Erstens ist das Besondere an den Organismen – also das, was sie von der nicht-lebendigen Natur unterscheidet – nicht kausal-mechanisch erklärbar. Zweitens muss der spezielle, organismische Charakter der Lebewesen nach einer Analogie mit der Zwecktätigkeit und Zielgerichtetheit des menschlichen Vernunftvermögens verstanden werden.

Die Unmöglichkeit mechanischer Erklärung: Kant entwickelt seinen Organismusbegriff in der »Critik der teleologischen Urtheilskraft«, dem zweiten Teil der *Critik der Urtheilskraft.* Diesen zweiten Teil leitet Kant mit folgendem Beispiel ein:

> [W]enn man z. B. den Bau eines Vogels, die Höhlung in seinen Knochen, die Lage seiner Flügel zur Bewegung, und des Schwanzes zum Steuern [...] anführt; so sagt man, dass dieses alles nach dem bloßen *nexus effectivus* in der Natur, ohne noch eine besondere Art der Causalität, nämlich die

der Zwecke *(nexus finalis)*, zu Hülfe zu nehmen, im höchsten Grade zufällig sey [...].[1]

Kant betont in diesem Beispiel, dass der Bau eines Vogels eine erstaunlich zweckmäßige Organisation aufweise: Die dünnwandigen und mit Luft gefüllten Knochen machen den Vogelkörper leicht genug, um ihn auch bei längeren Flügen über der Erde zu halten; durch die Position der Flügel und ihre aufs Feinste aufeinander abgestimmten Bewegungen kann er sich in der Luft fortbewegen; die Einstellungen des Schwanzes ermöglichen die Steuerung der Flugrichtung und so weiter. Dieses zweckhafte Zusammenspiel der Organe des Vogels macht das Besondere an Lebewesen deutlich. Organismen zeichnen sich dadurch aus, dass ihre Teile eine *Funktion* innerhalb des Ganzen haben; die Teile scheinen auf die Existenz und das Überleben des gesamten Lebewesens ausgerichtet zu sein.

Kants erste These ist nun, dass wir diese zweckhafte Einheit der Lebewesen nicht anhand kausal-mechanischer Ursachen erklären können. Mit Blick auf kausal-mechanische Gesetze können wir zwar aufdecken, wie sich verschiedene Materieteile durch die wechselseitigen Einwirkungen ihrer Kräfte aufeinander zu einem komplexen Ganzen zusammenfügen. Wir können dagegen nicht erklären, wie die Wirkungen der Teile von dem komplexen Ganzen abhängen und auf dieses Ganze ausgerichtet sind. Dies ist Kant zufolge das grundlegende Problem für jeglichen Versuch, Lebendiges kausal-mechanisch zu erklären. Denn in den zweckmäßig anmutenden Organismen scheint das Ganze nicht allein *Wirkung* der Eigenschaften und Kräfte der Teile zu sein, sondern selbst *Ziel* der Veränderungen, die sich innerhalb der Materie abspielen. Wir erfahren Lebewesen nicht als nur durch die Eigenschaften der Materie und durch mechanische Zusammensetzung bestimmt, sondern auch als selbst bestimmend und zielangebend. Kant wendet sich also ganz klar gegen die Vorstellung von Organismen als Maschinen, die man bei Descartes und anderen findet. Kant charakterisiert Organismen vielmehr als *Naturzwecke:* Organismen sind *natürliche* Wesen, die durch *Zweckmäßigkeit* ausgezeichnet sind.

Abb. 2 Laurent Millet: *Ne faites pas l'enfant Monsieur Kant* (Seien Sie kein Kind, Monsieur Kant). Der französische Fotograf und Installationskünstler Laurent Millet interpretiert in seinen Werken vielfach Gedanken und Realitätsbegriffe, Fragen materieller oder metaphysischer Existenz sowie die An- oder Abwesenheit von Erinnerung, Bewusstsein und Wahrnehmung.

Die Notwendigkeit teleologischer Betrachtung: Jetzt stellt sich aber die Frage, wie diese besondere Zweckmäßigkeit von Organismen zu verstehen ist, wenn sie nicht kausal-mechanisch erklärt werden kann. Was heißt es, dass die Teile eines Organismus für das Ganze da sind, dass ihre Form und Verknüpfung untereinander von der Form des Ganzen abhängt und für diese Form zweckmäßig ist?

In einer kleinen Schrift *Über den Gebrauch teleologischer Prinzipien in der Philosophie* (*Teleologie,* 1788) schreibt Kant: »*Zwecke* haben eine gerade Beziehung auf die *Vernunft*«.[2] Zwecke sind nach Kant immer Zwecke einer Vernunft, die selbst Zwecke setzt. Sie sind das, worauf eine gerichtete Handlung abzielt. Folgen wir Kant in dieser Auffassung, so ist der Begriff des *Naturzwecks* höchst problematisch. Denn weder kennen wir eine Vernunft, die die Natur nach Zwecken hervorbringt (zum Beispiel einen höchsten Welturheber), noch erkennen wir eine der Natur selbst innewohnende und nach Zwecken handelnde Vernunft. – Die Natur ist nicht vernünftig, wie kann sie also zweckmäßig sein?

Kants Antwort auf diese Frage ist vielschichtig. Zwar attestiert er dem Begriff des Naturzwecks einen klaren »Widerspruch«.[3] Dieser Widerspruch stellt ihm zufolge aber kein grundsätzliches Problem für den Gebrauch des Begriffs dar, wenn wir diesen Begriff nur richtig verstehen. Der Widerspruch löst sich auf, so argumentiert Kant, insofern wir den Begriff des Zwecks nicht *bestimmend* auf Dinge in der Natur anwenden, sondern ihn lediglich *reflektierend* auf die Dinge

Abb. 3 *Laurent Millet: Encore un effort Monsieur Kant* (Noch eine Anstrengung, Monsieur Kant). Einige Fotografien/Installationen der Serie wecken Assoziationen zu naturwissenschaftlichen Modellen, etwa aus der Chemie. Bei diesem Objekt kann man auch ein Spiel mit Fragen der Schwere und Gravitation erkennen.

projizieren. Demnach können wir zwar keine Zwecke in der Natur erkennen. Wir können Lebewesen aber so betrachten, *als ob* sie zweckmäßig eingerichtet und auf den Zweck ihrer eigenen Existenz und ihres eigenen Überlebens ausgerichtet seien. Kants zweiter These zufolge, beruht unser Verständnis von Organismen als *Naturzwecke* daher auf einer analogischen *Als-ob-Betrachtung.*

Diese zweite These wird meines Erachtens oft missverstanden. Das liegt hauptsächlich daran, dass die Analogie, auf die sich Kants Organismusbegriff stützt, leicht mit der zu Kants Zeiten als Gottesbeweis verbreiteten Analogie von Lebewesen und Kunstprodukten verwechselt wird. Nach dieser Analogie mit der Kunst stellen wir uns das Verhältnis der Ursache zur Wirkung, das heißt der Ursache des Organismus zu seiner tatsächlichen Form, analog zum Verhältnis von Künstler und Kunstprodukt vor. Lebewesen werden demnach so betrachtet, als ob sie das Produkt der zielgesteuerten Handlung einer intelligenten Ursache seien. Kant macht dagegen deutlich, dass die Analogie mit der Kunst den Begriff des Naturzwecks nicht ausreichend erhellt: man sage, so schreibt er, »von der Natur und ihrem Vermögen in organisirten Producten bey weitem zu wenig, wenn man dieses ein *Analogon der Kunst* nennt«.[4] Der Grund ist, dass Organismen nicht nur zweckmäßig organisiert, sondern auch selbst-organisierende Wesen sind. Ein Kunstprodukt ist der materiell realisierte Zweck eines Künstlers; er ist somit ein der zwecksetzenden Ursache *externer* Zweck. Ein Organismus erzeugt sich dagegen *selbst.* Das heißt, dass der Zweck, auf den hin gerichtet die Funktion der Teile zu verstehen ist, in der Erhaltung des Lebens des Organismus selbst besteht.

Kant spricht daher auch davon, dass »ein Ding [...] als Naturzweck [existiert], *wenn es von sich selbst* [...] *Ursache und Wirkung ist*«.[5] Ein Baum, so ein weiteres Beispiel Kants, sei in dreifacher Hinsicht Ursache und Wirkung seiner selbst: Einerseits »erzeugt er sich selbst der *Gattung* nach«, indem er sich innerhalb seiner Art oder *species* fortpflanzt. Andererseits erzeugt er sich in seinem Wachstum auch »als *Individuum*«.[6] Und drittens erzeugt er sich, indem sich seine Teile wechselseitig hervorbringen und erhalten. In diesen drei Momenten des Sich-selbst-Hervorbringens und Organisierens, unterscheidet sich der Organismus ganz offensichtlich von einem Kunstprodukt, das immer der Zweck einer ihm äußerlichen, handelnden Ursache ist.

Wenn Kant nun behauptet, dass wir den Begriff eines Naturzwecks »nach einer entfernten Analogie mit unserer Caussalität nach Zwecken«[7] denken, so muss dies also von der Analogie mit der Kunst unterschieden werden. Meines Erachtens geht es Kant nicht um die Analogie mit einem Kunstprodukt, sondern mit der Vernunft und ihrer Zwecktätigkeit selbst. Die systematische Organisiertheit der Teile im Ganzen und die Fähigkeit des Organismus zur Selbstorganisation muss demzufolge nach der Analogie mit der systematischen Einheit und der Zweckgerichtetheit des menschlichen Vernunftvermögens begriffen werden. Und hier meint Kant eine Analogie mit dem gesamten Vernunftvermögen — dem theoretischen wie auch praktischen. Wir betrachten den Organismus demnach, als ob er wie das gesamte Vernunftvermögen systematisch auf seinen eigenen Zweck, das heißt auf seine eigene Existenz und seinen eigenen Fortbestand, ausgerichtet sei und als ob er dabei seine innere Organisation selbst hervorbringe.[8]

DIE FUNKTIONEN DER ANALOGIE FÜR KANTS THEORIE DES LEBENS

Kant stellt also erstens fest, dass die spezielle Zweckmäßigkeit der Lebewesen nicht nach kausal-mechanischen Gesetzen erklärt werden kann. Und er behauptet zweitens, dass diese Zweckmäßigkeit nur anhand der Analogie mit unserer eigenen Vernunft nachvollziehbar ist. In Bezug auf den Begriff des Organismus drängt sich nun aber die Frage auf,

Abb. 4 Kant betont in der *Critik der Urtheilskraft,* dass der Bau eines Vogels eine erstaunlich zweckmäßige Organisation aufweise. Denn das Lebendige ist für ihn nicht ausschließlich auf der Grundlage kausal-mechanischer Prinzipen erklärbar. Die dritte Kritik ist sehr reich an Bildern, Metaphern und naturwissenschaftlichen Beispielen. Die Künstlerin Andrea Büttner hat in einer eigenen Ausgabe dieser kantischen Schrift versucht, diese Vorstellungswelt mittels historischer und zeitgenössischer Abbildungen sichtbar zu machen (Büttner 2014).

Das Aquarell *Flügel einer Blauracke* von Albrecht Dürer (1512) ist eines ihrer vielen Bildbeispiele.

was uns die Analogie zur Vernunft denn eigentlich bringt. Inwieweit hilft eine Als-ob-Betrachtung, wenn unser Ziel die Erkenntnis der Natur und die Erklärung biologischer Zusammenhänge ist? Wenn wir wissen wollen, welche Eigenschaften Lebewesen tatsächlich auszeichnen und welchen Gesetzmäßigkeiten diese Lebewesen unterliegen, geht es uns nicht nur darum, wie wir aus Gründen subjektiver Einschränkungen die Natur in unseren Reflexionen betrachten. Es geht uns um wissenschaftliche Erklärung und objektive Erkenntnis. Was bringt uns zu diesem Zweck also eine *Analogie?* Es scheint, dass der Analogie trotz ihrer in gewisser Hinsicht subjektiven Begründung innerhalb der kantischen Theorie des Lebens zwei wichtige Funktionen zukommen.

Heuristik: Obwohl Kants Organismusbegriff auf einer Analogie beruht, ist dieser Begriff trotzdem – oder vielmehr gerade deshalb – von unmittelbarer Bedeutung für die Erkenntnis und Erklärung von Lebendigem. Zwar können wir Lebewesen nicht als zweckmäßig erkennen, und wir können deshalb auch nicht zu teleologischen Erklärungen im engen Sinne kommen. Dennoch hat die Analogie mit der Zweckmäßigkeit der Vernunft eine indirekte, heuristische Funktion für die Suche nach wissenschaftlichen Erklärungen.

So werden mithilfe von teleologischen Begriffen wie ›Zweck‹ und ›zweckmäßig‹ aber auch ›Funktion‹ oder ›Programm‹, Forschungsfragen formuliert, die die biologische Forschung steuern. Indem wir zum Beispiel nach der Funktion des Herzens fragen, richten wir den Blick auf die kausale Rolle, die das Herz im Körper spielt, oder auch auf die evolutionären Vorteile, die Lebewesen mit Herzen besonderer Struktur haben. Die Erklärungen, die wir auf diese Weise aufdecken, sind Kausalerklärungen: systemtheoretische oder evolutionstheoretische zum Beispiel. Sie sind Erklärungen bestimmter Eigenschaften von Organismen, ihrer Ursachen und Wirkungen. Die analogische Betrachtung von Teilen der Natur als zweckmäßig organisiert und zielgerichtet dient hier als heuristische Methode, die indirekt wissenschaftliche Erklärung und objektive Erkenntnis als Ziel hat.

Diese teleologische Heuristik hat auch in der jüngeren Philosophie der Biologie viel Aufmerksamkeit erfahren. Teleologische Begrifflichkeiten sind demnach zulässig innerhalb einer auf Kausalerklärungen abzielenden Wissenschaft, wenn sie lediglich eine heuristische Rolle spielen, und keine ontologischen Aussagen über die Natur der Lebewesen treffen.

So verteidigen einige jüngere Wissenschaftsphilosophen die Verwendung teleologischer Begrifflichkeiten in der Biologie selbst nach Darwin und sogar nach Watson, Crick und Franklin.

Erfahrungsgrundlage: Die Bedeutung von Kants analogisch konzipiertem Organismusbegriff für die Lebenswissenschaften geht aber noch tiefer. Kant zeigt nämlich nicht nur, *dass* die teleologische Betrachtung von Organismen eine heuristische Funktion in den Lebenswissenschaften hat, er erklärt auch, *warum* wir nicht um diese Heuristik herumkommen. Der Grund ist, dass schon unsere Erfahrung von Lebendigem auf derselben Analogie beruht. Die Lebenswissenschaften bedienen sich teleologischer Begrifflichkeiten als heuristische Werkzeuge, gerade weil wir Lebewesen nicht anders als teleologisch erfahren können. So beurteilen wir einen Teil der Natur bereits dann schon teleologisch, wenn wir ihn einfach als einen lebendigen Organismus wahrnehmen. Indem wir zum Beispiel einen Baum als lebendige Einheit begreifen, betrachten wir seine Organe als Teile eines systematisch organisierten Ganzen, die zum Überleben und zur Entwicklung des Ganzen beitragen. Und wenn wir das Sehorgan eines Vogels als Auge verstehen, so betrachten wir es als Teil einer größeren Einheit, von der die Existenz des Auges abhängt und innerhalb derer das Auge die Funktion hat, dem Vogel das Sehen zu ermöglichen. Schon auf der Ebene unserer Erfahrung von lebendiger Natur ist eine teleologische Perspektive daher unverzichtbar.

Dies bedeutet aber auch, dass die Erfahrung von Lebendigem eine spezielle Art der Erfahrung ist: Sie ist nicht gleichzusetzen mit der empirischen Erkenntnis, insbesondere mit der Erkenntnis von Kausalzusammenhängen in der Natur. Als Ergebnis reflektierender Urteile ist die Erfahrung von Lebendigem eher der ästhetischen Erfahrung ähnlich. Wie im Falle des Schönheitsbegriffs wird der Begriff des Naturzwecks der Natur nicht bestimmend zugeschrieben; vielmehr nutzen wir den Begriff, um über gegebene Naturdinge zu reflektieren. Und trotzdem ist diese Reflexion Grundlage dafür, dass wir überhaupt zwischen dem, was wir als lebendig und nicht-lebendig erfahren, unterscheiden können.

Teleologische Begrifflichkeiten in der Biologie stellen nach Kant also zum einen ein heuristisches Hilfsmittel bei der Suche nach Kausalerklärungen dar; zum anderen beruht die Notwendigkeit dieser Heuristik für die Lebenswissenschaften auf der Tatsache, dass wir die Natur immer schon teleologisch beurteilen müssen, um sie überhaupt als lebendig oder organisiert verstehen zu können. Auch wenn die teleologische Analogie nach dem kantischen Ansatz also nicht selbst empirische Erklärungen der Natur liefert, hat sie trotzdem eine zentrale Stellung in der Biologie. Die kantische Einsicht, dass neben einem kausal-mechanischen Naturbegriff auch ein teleologisches Verständnis der Natur notwendig ist, nimmt auf diese Weise eine zentrale Stellung für unsere Erkenntnis und Erklärung von Lebendigem ein. – Und zwar nicht, indem Kant eine wissenschaftliche Theorie des Organismus formuliert (die dann entweder ein Vorläufer Darwins oder aber nach Darwin längst veraltet ist), sondern indem er aufzeigt, wie sich unsere spezielle Erfahrung von Lebendigem zu unserem Versuch verhält, Lebewesen wissenschaftlich zu erforschen und zu erklären. Eine teleologische Heuristik ist deshalb notwendig für die Biologie, weil wir Teile der Natur nur nach teleologischen Begriffen überhaupt als Lebewesen einordnen können.

DIE WEITERE BEDEUTUNG DES KANTISCHEN ORGANISMUSBEGRIFFS

Eingangs wurde auf die beiden Sphären menschlichen Daseins Bezug genommen, die Kant einander gegenüberstellt: Erkenntnis, Verstand und Natur auf der einen Seite, Handlung, Vernunft und Freiheit auf der anderen Seite.

Abb. 5 Kant entwickelte seinen Organismusbegriff in Abgrenzung zu rein mechanistischen Vorstellungen der Natur, die im 18. Jahrhundert sehr verbreitet waren und zum Beispiel im Bau von Automaten ihren Ausdruck fanden. Jacques de Vaucanson war seinerzeit der berühmteste Konstrukteur von Automaten. Als ein Meisterwerk gilt seine *Mechanische Ente* (zuerst präsentiert 1738). Sie bestand aus mehr als vierhundert beweglichen Einzelteilen, konnte mit den Flügeln flattern, schnattern und Wasser trinken sowie verdauen. Hier ein Stich aus einer Zeitschrift aus dem 19. Jahrhundert.

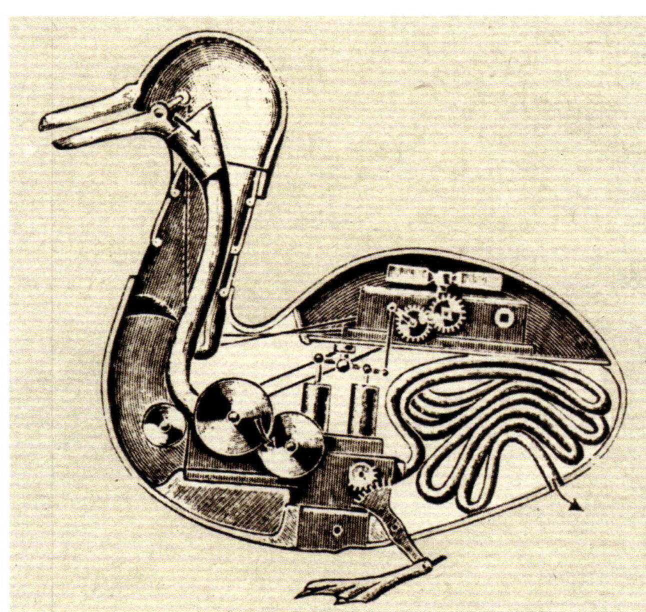

Abb. 6 Laurent Millet: *Vous vous trompez Monsieur Kant* (Sie irren sich, Monsieur Kant). Millets Installationen thematisieren auch durch ihre Formgebung sowie durch die Ausnutzung von Lichtreflexen, Schattierungen und Perspektiven den Zweifel an der Zuverlässigkeit sinnlicher Wahrnehmung überhaupt.

Wie sich nun gezeigt hat, bringt Kants analogisch konzipierter Organismusbegriff diese beiden Sphären miteinander in Verbindung. Die Analogie der Natur mit unserer eigenen, zwecktätigen Vernunft hat daher auch eine wichtige Bedeutung für die beiden Bereiche von Erkenntnis und Handlung sowie — darüber hinaus — für ihr Verhältnis, also für die Überbrückung der »unübersehbare[n] Kluft« zwischen Natur und Freiheit, die Kant selbst bedauert.[9]

Einheit der Wissenschaften: Wie wir gesehen haben, kommt den Lebenswissenschaften bei Kant eine besondere Stellung zu: Sie unterscheiden sich von den anderen Naturwissenschaften durch ihren Bezug auf einen teleologischen Organismusbegriff. Dies wirft nun die Frage auf, wie die Biologie mit dem Rest der Naturwissenschaften, allen voran der Chemie und der Physik, die keinen Platz für teleologische Begrifflichkeiten haben, zu vereinbaren sei.

In diesem Zusammenhang mag man insbesondere an die Idee der »Einheit« denken, die Kant in den Mittelpunkt seiner Erkenntnistheorie stellt.[10] Nach dieser Idee liegt es Kant zufolge in unserer Natur, dass wir versuchen, Einheit in die Vielzahl der Verstandeserkenntnisse zu bringen. Diese Vorstellung wird manchmal als Vorläufer der positivistischen Konzeption einer Einheit der Wissenschaften verstanden, die die frühe Wissenschaftstheorie des 20. Jahrhunderts beherrscht hat. Dieser zufolge sind die Einzelwissenschaften letztlich in den Grundlagen der Physik verankert und auf diese reduzierbar. Biologie wird damit am Ende — zumindest in einem anzustrebenden Ideal — auf Physik reduziert. Da der teleologische Organismusbegriff für Kant aber notwendig und irreduzibel ist, scheint dies einem solchen Einheitsverständnis zu widersprechen. Wie passt Kants Verständnis der lebendigen Natur also gleichzeitig mit dem Schwerpunkt zusammen, den er auf die Einheit der Erkenntnis und die Einheit der Wissenschaft legt?

Die Antwort hierauf ist, dass Kant einen eigenen, von dem der Positivisten zu unterscheidenden, nicht-reduktionistischen Einheitsbegriff in seiner Erkenntnistheorie verfolgt. Und interessanterweise benutzt Kant gerade hier den Organismusbegriff, um Licht auf diesen Einheitsbegriff zu werfen. Kant bringt dies zum Ausdruck, wenn er von der Vernunft und ihren Erkenntnissen als einem »Gliederbau« spricht.[11] Er schreibt hier, in der Vorrede zur zweiten Auflage der *Critik der reinen Vernunft,* dass die Vernunft eine »für sich bestehende Einheit ist, in welcher ein jedes Glied, wie in einem organisirten Körper, um aller anderen und alle um eines willen dasind«.[12] Entsprechend der Analogie mit einem Lebewesen beschreibt Kant die Teile der Vernunft, als seien sie von der Gesamtheit der Vernunft abhängig und auf diese Gesamtheit ausgerichtet. Die Glieder der Vernunft, die in ihr gefassten Erkenntnisprinzipien, wirken Kant zufolge wie Organe erst zusammen und in Beziehung auf das Ganze als Prinzipien der Erkenntnis.

Abb. 7 Laurent Millet: *Un peu de sérieux Monsieur Kant* (Ein wenig Ernst, Monsieur Kant). Eine rote und eine pinkfarbene Folie, wie man sie als Farbfilter aus der Fotografie kennt, sind in Form eines griechischen Kreuzes an einer weißen Wand befestigt. Mit dem roten Kreuz mag man Aspekte der Fragilität menschlichen Lebens verknüpfen, doch die anderen Teile der Installation werfen weitere Fragen auf.

Hieraus kann man eine alternative Konzeption zum positivistischen Begriff der Einheit der Wissenschaft ablesen: Die Einheit der Wissenschaft ist bei Kant eine pluralistische Einheit; sie ist die Einheit einer Vielzahl von Wissenschaften, also einer Vielzahl von Erkenntnisbereichen. Ihre Einheit besteht in ihrer gemeinsamen Ausrichtung auf vollständige Erkenntnis der Natur. Sie besteht nicht in der Reduktion auf eine Grundlagenwissenschaft. Die Biologie kann und muss daher nicht auf die Physik reduziert werden. Kurz, die Einheit der Wissenschaft ist pluralistisch in eine Vielzahl von Wissenschaften und Erkenntnisfeldern eingeteilt und gleichzeitig teleologisch auf ein gemeinsames Ziel, nämlich das der vollständigen Erkenntnis, ausgerichtet.

Kants Organismus-Analogie zur Vernunft wirft somit Licht auf unser Ziel, die Natur vollständig zu erkennen und unsere Erkenntnisse in einer Wissenschaft zu vereinen. Sie tut dies, indem der Organismus eine bestimmte Art der Einheit, nämlich eine teleologisch organisierte und zweckmäßig ausgerichtete Einheit unterschiedlicher Glieder, veranschaulicht und verdeutlicht.

Abb. 8 Laurent Millet: *Ne vous fatiguez pas Monsieur Kant* (Ermüden Sie nicht, Monsieur Kant). Wie der beleuchtete Gegenstand im Einzelnen wahrgenommen werden kann, hängt wesentlich von den räumlichen Gegebenheiten, von Wand und Boden, vom Verhältnis der Leuchtstoffröhren zur schiefen Ebene und von deren spezifischer Beschaffenheit ab.

Wertschätzung der Natur: Die Organismus-Analogie ist aber nicht nur für den Bereich der Erkenntnis von weiterführender Bedeutung; sie hat außerdem Implikationen für die andere Sphäre menschlichen Daseins, den Bereich der Handlung. Wie wir gesehen haben, wird die lebendige Natur Kant zufolge nach der Analogie mit der uns eigenen, zwecksetzenden Vernunft betrachtet. Lebewesen werden damit auch nach der Analogie mit dem Vermögen betrachtet, das uns selbst als *moralische* Wesen kennzeichnet. Es stellt sich nun die Frage, ob konsequenterweise nicht auch die Stellung der lebendigen Natur in unseren *moralischen* Überlegungen neu überdacht werden muss.

Der zentrale Gedanke ist also der, dass die Analogie, anhand derer wir die Natur überhaupt erst als lebendig und systematisch organisiert begreifen, auch für die Ethik von Relevanz ist. Denn das, was bei der teleologischen Beurteilung auf die Natur projiziert wird, besteht in der zweckgerichteten Tätigkeit der menschlichen Vernunft. Dieser Vernunftfähigkeit wird in Kants Moraltheorie der Status eines Zwecks an sich und eines unbedingten Werts zugesprochen. Wenn wir die Natur also nach der Analogie mit der zweckgerichtet handelnden Vernunft betrachten, und wenn diese Vernunft wiederum die Grundlage aller Wertzuschreibung ist, so beurteilen wir die lebendige Natur nach der Analogie mit etwas, das für uns einen Zweck an sich darstellt. Insofern wir in unserer Reflexion über die lebendige und organisierte Natur von einer Analogie mit der freien Vernunft des Menschen ausgehen, beziehen wir uns also gleichzeitig auf eine Analogie mit etwas, das unbedingten Wert besitzt. Es drängt sich also die Schlussfolgerung auf, dass wir auf der Grundlage der teleologischen Analogie die Natur beurteilen müssen, *als ob* sie ein Zweck an sich sei.

Im Einklang mit dieser Folgerung ist es nicht überraschend, dass Kants Beschreibung von Organismen in der ›Critik der teleologischen Urtheilskraft‹ eine nicht zu übersehende Parallele zum kategorischen Imperativ in seiner Zweck-Mittel-Formulierung aufweist. Kant verdeutlicht hier zum einen, dass ein »organisirtes Wesen [...] nicht bloß Maschine« sei,[13] zum anderen weist er darauf hin, dass ein *»organisiertes Produkt der Natur* [...] *das* [darstellt], *in welchem alles Zweck und wechselseitig auch Mittel ist«.*[14] Kant zufolge müssen wir Lebendiges in der Natur also nicht lediglich als mechanisch bestimmte Maschine, sondern immer auch als Zweck betrachten.

Der direkte Zusammenhang zwischen unserem Verständnis von Natur und der Analogie mit unserem eigenen Vernunftvermögen bedeutet, dass die analogisch verstandene Zweckhaftigkeit der Natur einen wiederum analogisch konzipierten Wert der Natur impliziert. Wenn wir die Natur nun immer schon nach der Analogie mit etwas betrachten, das als ein Zweck an sich und als ein unbedingter Wert *beurteilt* wird, so hat dies direkte, praktische Konsequenzen. Denn wollen wir in unserem Denken und Handeln konsequent sein, so müssen wir mit der Natur auch nach der Analogie mit der menschlichen Vernunft wie mit einem Zweck an sich *umgehen.* Die Analogie mit dem Vernunftvermögen des Menschen hat folglich auch als Grundlage unseres praktischen Umgangs mit der Natur zu gelten: Wie wir die lebendige Natur niemals bloß aus der mechanistischen Perspektive als Maschine, sondern immer auch aus der teleologischen Perspektive als Naturzweck betrachten müssen, so haben wir sie auch *»jederzeit zugleich als Zweck, niemals bloß als Mittel«* zu behandeln.[15]

Die erstaunliche Konsequenz der Analogie — erstaunlich, wenn man bedenkt, dass Kant als Vordenker einer speziell für Vernunftwesen konzipierten Moraltheorie gilt — besteht also darin, dass Kants teleologisches Naturverständnis die Grundlage bietet für eine analogische Übertragung unserer Verpflichtung gegenüber dem Menschen auf unsere Verpflichtung gegenüber der lebendigen Natur.

LEBEN: VON DER NATUR ZUR FREIHEIT

Kant setzt die Bereiche von Natur und Freiheit in seinem Begriff des Organismus zueinander in Beziehung. Kants Theorie des Lebens stellt sich dadurch als zentraler Baustein seines gesamten Denkens heraus. Dadurch, dass wir Lebendiges in der Natur nach dieser Analogie als ›Naturzweck‹ erfahren, haben wir damit ganz konkret in der Natur, wenn auch keinen Beweis, so doch so etwas wie eine Andeutung — oder einen »Wink«[16] — dass Natur und Vernunft vereinbar sein könnten: nämlich als Natur, die selbst auf die Verwirklichung und Erhaltung der Vernunft abzielt und ausgerichtet ist. Und so ein Wink ist besser als nichts.

Abb. 9 Laurent Millet: *Une illusion Monsieur Kant* (Eine Illusion, Monsieur Kant). Die verwendeten Materialien, die Weiß- und Grautöne, das Spiel von Licht und Schatten und das Fehlen starker Kontraste oder Konturen tragen zu dem Eindruck bei, dass die Wirklichkeit verschwimmt.

1 CU, 360.

2 *Teleologie,* 182.

3 CU, 370.

4 CU, 374.

5 CU, 370.

6 CU, 371.

7 CU, 375.

8 Diese Lesart der kantischen Organismus-Analogie habe ich in Breitenbach 2009 näher ausgeführt. Zwei einschlägige Alternativen finden sich bei Ginsborg 2015 und McLaughlin 1989.

9 CU, 175.

10 CrV A 645 B 673.

11 CrV B XXII f.

12 CrV B XXIII.

13 CU, 374.

14 CU, 376.

15 *Grundlegung,* 429.

16 CU, 300.

Abb. 1–3 Millet: Fotografien von Installationen. © Laurent Millet

Abb. 4 Dürer: Aquarell Albertina Wien. Wikimedia Commons

Abb. 5 Unbekannter Künstler: Kupferstich akg images 4218720

Abb. 6–10 Millet: Fotografien von Installationen. © Laurent Millet

Abb. 10 Laurent Millet: *Tout va bien Monsieur Kant* (Alles in Ordnung, Monsieur Kant). Der weiße Stern, der mit Fäden verbunden ist, die an den Schweif eines Kometen erinnern, geht hier in seiner weißen Umgebung nahezu auf.

Abb. 1 Die Buchstaben des Namens ›Kant‹ muten in diesem Gemälde des polnischen Malers Zbigniew Rogalski 2003 brüchig und vergänglich an; das ›n‹ etwa ist nicht vollständig sichtbar. Man kann vielschichtige Überlegungen zu Fragen der Präsenz des Philosophen und zu seiner Wirkung in der Welt anschließen.

VOLKER GERHARDT

Kants Theorie der Kultur. Natur und Freiheit in ihrer geschichtlichen Verbindung

Zu den Kuriositäten der deutschen Wissenschaftsgeschichte gehört, dass sich vor inzwischen fast fünfzig Jahren eine neue wissenschaftliche Disziplin in erklärter Opposition zu Kant und damit zugleich als zukunftsweisender Ersatz der Philosophie als ganzer etablierte. Allein darin lag eine Hochschätzung der singulären Bedeutung Kants, auch wenn dessen Geltung mit dieser Negativauszeichnung definitiv als erledigt angesehen werden sollte. Nun sollte es nicht länger um die Vernunft und ihre phantasmagorischen Leistungen gehen, sondern um jenes leibhaftige, lebendige, gesellschaftlich-anschauliche und wirklichkeitsgesättigte Geschehen, in dem alles das zu finden ist, was der Vernunft zugrunde liegt, doch von ihr angeblich als bloß ›empirisch‹ und insofern als rein zufällig und somit als philosophisch unerheblich übergangen wird.[1]

Die wissenschaftlichen Disziplinen, in denen dieser Paradigmenwechsel vollzogen werden sollte, erhielten in Anlehnung an die ›cultural studies‹ im angelsächsischen Raum – und offenbar in Unkenntnis der Tatsache, dass bereits die Kantianer Heinrich Rickert und Ernst Cassirer, von Max Weber und Georg Simmel und vielen anderen unterstützt, eben diesen Begriff in Vorschlag gebracht hatten – den Namen der ›Kulturwissenschaften‹. Nach dem Zeitgeist der siebziger und achtziger Jahre sollten diese neuen Kulturwissenschaften, nicht nur die Philosophie, sondern alles, was seit Wilhelm Dilthey unter dem Titel der ›Geisteswissenschaften‹ firmierte, ablösen. Dass gerade auch unter dem Einfluss Diltheys seit dem Jahrhundertbeginn die »Kulturphilosophie« nicht nur als Beschäftigung mit den »verinnerlichten Daseinsakten« des Menschen,[2] sondern mit Blick auf die historischen, sozialen und ökonomischen »Lebensformen« geradezu in Mode kam, wurde dabei nicht beachtet.[3]

Im Rückblick kann gar nicht in Zweifel stehen, dass die seit den achtziger Jahren in Deutschland neu aufgebauten Kulturwissenschaften ein breites Forschungs- und Theoriefeld erschlossen haben. Ihre Vertreter haben uns zwar nicht von der exklusiven Modernitätsfähigkeit der von ihnen inaugurierten neuen Paradigmen überzeugt;[4] aber sie haben, im Großen und Ganzen durch ihre einfallsreiche und allemal auch geisteswissenschaftlich angelegte Arbeit an Einzelphänomenen neue Themen erschlossen und mitunter beachtliche Einsichten beigesteuert.[5] Durch die Innovationskraft ihrer Forschungen konnten sie den neuen Disziplinen einen anerkannten Platz im Konzert der Wissenschaften sichern. Nur der Philosophie haben sie das Wasser nicht abgraben können, was ihr manche Kulturwissenschaftler bis heute übelnehmen.

Das kann und konnte niemanden wundern, der die mit extremen historischen Fehlurteilen aufwartende Wiedererfindung der Kulturwissenschaften verfolgte. Nur zu dem Kuriosum, dass man diese Kulturwissenschaften in eine Frontstellung gegenüber Kant zu bringen suchte, wurde damals wenig gesagt, vielleicht auch deshalb, weil die damals federführende Begriffsgeschichtsschreibung die philosophische Wahrnehmung des Begriffs der *Kultur* im deutschen Sprachraum primär Johann Gottlieb Herder und weniger Immanuel Kant gutgeschrieben hat.[6] Dieses historisch nachwirkende Missverständnis gilt es zu korrigieren. Daran möchte ich mich mit einer Anmerkung in systematischer Absicht beteiligen, die auch das Ziel verfolgt, eine bislang kaum beachtete epochale Leistung Kants kenntlich zu machen.

KULTUR IN DER EVOLUTION DES MENSCHEN

Auch wenn Thema und Problem der *Kultur* nicht zu den zentralen Themen der schulmäßigen Kant-Interpretation gehören, gibt es doch Wörterbuchartikel und spezielle, meist pädagogische, kulturhistorische, anthropologische, zuweilen auch politische Interpretationen, die erkennen lassen, dass Kant der Kultur einen hohen Stellenwert in der Bewertung sowohl der individuellen wie auch der gesellschaftlichen und geschichtlichen Genese des Menschen beimisst.[7] So gibt es in den Vorlesungen zur Pädagogik[8] und zur Anthropologie sowie in den geschichtsphilosophischen Reflexionen Kants aufschlussreiche Erläuterungen zur Bedeutung der Kultur in ihrem unverzichtbaren Beitrag zur Entfaltung der spezifisch

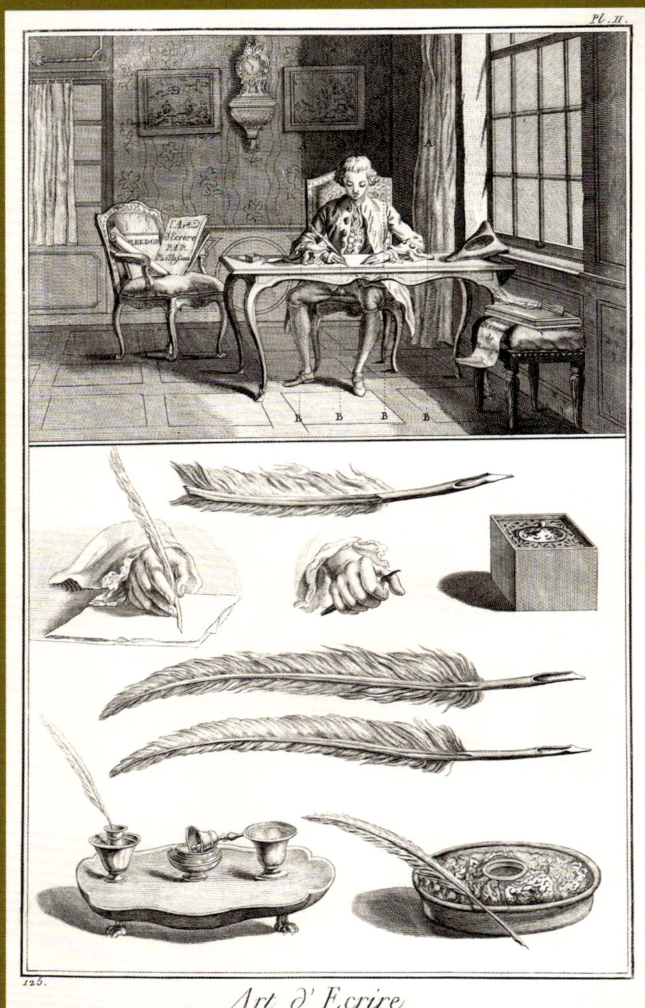

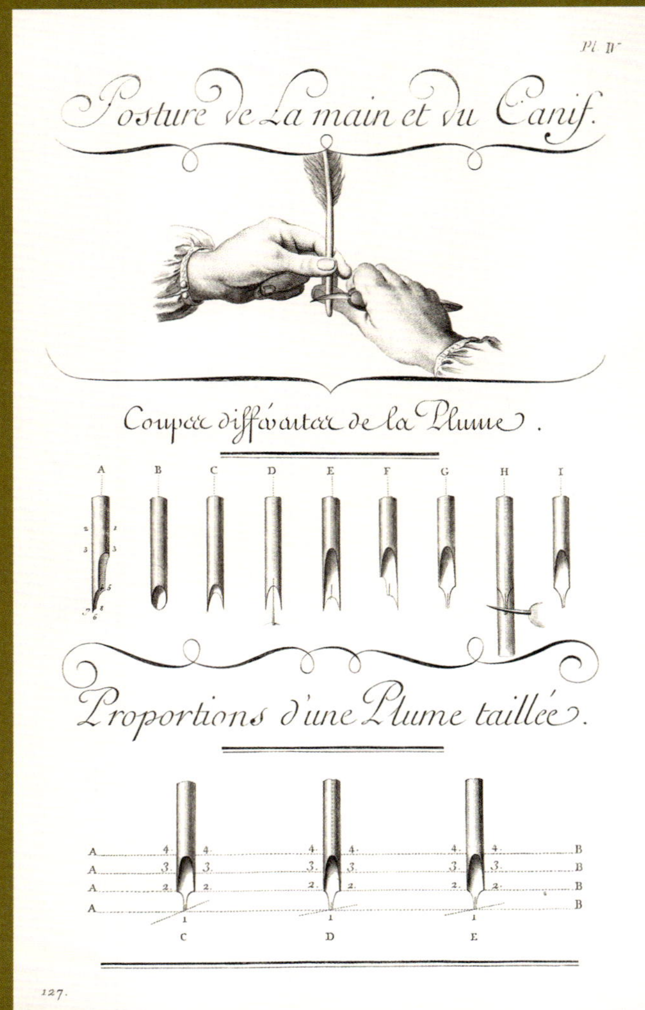

Abb. 2 und 3 Abbildungen zur Kunst des Schreibens aus der *Encyclopédie* Diderots und D'Alemberts. Sprechen und eben auch Schreiben sind zwei bemerkenswerte Errungenschaften der menschlichen Kultur und durchaus Zeichen der menschlichen Entwicklung.

menschlichen Kräfte. Ein Beispiel findet sich in Kants *Anthropologie in pragmatischer Hinsicht* (1798):

> Der Mensch ist durch seine Vernunft bestimmt, in einer Gesellschaft mit Menschen zu sein und in ihr sich durch Kunst und Wissenschaften zu *cultiviren,* zu *civilisiren* und zu *moralisiren,* wie groß auch sein thierischer Hang sein mag, sich den Anreizen der Gemächlichkeit und des Wohllebens, die er Glückseligkeit nennt, *passiv* zu überlassen, sondern vielmehr *thätig,* im Kampf mit den Hindernissen, die ihm von der Rohigkeit der Natur anhängen, sich der Menschheit würdig zu machen.[9]

Hier wird deutlich, dass Kant in der von ihm inaugurierten Neubestimmung des Evolutionsbegriffs,[10] die *Kultur* als ein unverzichtbares Moment in der Entwicklung des Menschen *als Gattungswesen* begreift. Den Terminus der ›Evolution‹ übernimmt er bekanntlich von Gottfried Wilhelm Leibniz, kritisiert aber dessen schematische, nur auf die Entfaltung bereits bestehender Anlagen beschränkte Bedeutung (CU, 423 f.).

Leibniz hatte angenommen, im Keim eines jeden Lebewesens sei von Anfang an die gesamte Folge aller seiner Nachfahren in schier unendlicher Verschachtelung angelegt.[11] Damit aber wäre die belebte Natur auf ein Programm der bloßen Abfolge immer gleicher Generationen festgelegt. Kants Verständnis des Begriffs der ›Evolution‹ erlaubt hingegen Veränderungen durch Lernen oder äußere Einwirkungen, deren organische oder habituelle Folgen vererbt werden können. Erst dadurch wird eine Variation in der Generationenfolge möglich, so dass es zu wahrhaft lebendigen Veränderungen kommen kann. Damit gibt er bereits Raum für das, was heute ›Mutation‹ genannt wird.[12] Erst damit wird die Verwendung des Evolutionsbegriffs im Kontext eines lebendigen Geschehens möglich, das sowohl in der Entwicklung von Individuen wie auch mit Blick auf unberechenbare historische Prozesse in Gestalt und Verhalten der Lebewesen grundsätzlich Neues hervorbringen kann. Die Verwendung des Kulturbegriffs zeigt darüber hinaus, dass die Innovation durch Evolution das Entstehen und Werden einer Gattung überhaupt betrifft und somit auf die alles Lebendige umfassende Theorie Darwins vorausweist.[13]

Das gilt zumindest für den Menschen, von dem Kant erwartet, dass er sich aktiv an seiner Genese als Spezies beteiligt. Und zu dieser Spezies, so wie wir sie vorfinden und uns als ihr zugehörig begreifen, gehört, dass sie zivilisiert sein kann und unter moralischen Selbstansprüchen steht.

Darin liegt die erste systematisch relevante kulturtheoretische Einsicht Kants: Die Kultur zeigt an, dass der Mensch als tierisches Wesen, allererst durch eigene Anstrengung zu dem wird, der er ist. Dabei stehen Zivilität und Moralität offenkundig unter der Bedingung eines Handelns aus eigener Einsicht, das Widerstände überwindet. Dieses Handeln, so sehr es auf etwas ausgerichtet ist, das ihm entgegensteht, ist auf *Freiheit* gegründet, muss sich aber an etwas bewähren, das ihm entgegensteht. Schon hier wird deutlich, dass Freiheit nicht in reiner Selbstbezüglichkeit besteht.

Zunächst aber ist wichtig zu sehen, dass Freiheit überhaupt als eine essenzielle Bedingung der Kultur angesehen wird. Wie bei der Zivilisation und Moral rechnet Kant die Kultur einem Wesen zu, das über Vernunft verfügt. Der Mensch, so heißt es, sei »durch seine Vernunft bestimmt«, »sich [...] zu *cultiviren*«. Man kann also nicht unterstellen, dass der Mensch auf einer Vorstufe seines Werdens, allein durch Natur veranlasst, gleichsam absichtslos — und wie von fremden Mächten — in den Zustand der Kultur überführt wird.

Man könnte durchaus annehmen, dass es zunächst bloße Naturelemente der Sorge für den Nachwuchs, der natürlichen Arbeitsteilung, des aufrechten Gangs oder des (auch bei den Tieren weit verbreiteten) Spieltriebs sind, die den Menschen wie von selbst kultivieren. Doch so ist es bei Kant offenkundig nicht gemeint! Seine Formulierung spricht vielmehr für die Annahme, dass der noch nicht kultivierte Frühmensch nur durch eigene Bemühungen, die sowohl die Kultivierung seines Körpers wie auch die seiner Seele zum Ziel haben, also in bewusster Absicht und Auswahl sowie in Auseinandersetzung mit Verhältnissen, die er zu ändern versucht, in einen Zustand der Kultur gelangt.[14]

Wie gehört, sind auch »Kunst und Wissenschaften« an der Genese der Kultur beteiligt. Wollte man sie bereits zur vorkulturellen Natur des Menschen rechnen, könnte man sich die Ausgrenzung eines eigenen Bereichs der Kultur womöglich ganz ersparen. Denn gesetzt, es verhielte sich tatsächlich so, dass bereits die Vernunft selbst als ein Naturvermögen anzusehen ist, welches den Menschen nötigt, sich derart aus eigenem Impuls zum Kulturwesen zu entwickeln, so dass er daraufhin, ohne eine eigene Absicht und ohne eigene Einsicht nötig zu haben, fähig würde, sich äußere Gesetze zu geben, und es schließlich auch nicht abweisen könnte, sich selbst einer moralischen Selbstgesetzgebung zu unterwerfen: Was hieße das für die kategoriale Unterscheidung zwischen Natur und Vernunft?

Ich neige zu der Ansicht, dass man sie dann gar nicht mehr nötig hätte. Zur Vernunft brauchte es unter diesen Bedingungen gar nicht erst zu kommen. Sie bedarf jedoch des Widerstandes eines *anderen ihrer selbst.*

NATURIMMANENTER ÜBERGANG VON DER NATUR ZUR FREIHEIT

Gesetzt, wir würden tatsächlich einen *naturimmanenten Übergang* von der Rohigkeit zur Kultiviertheit und zu den guten Sitten annehmen: Welche Folgen hätte das für das Verständnis der Freiheit, die damit zumindest ihren Ursprung in der Natur haben müsste? Könnte eine solche Freiheit dann wirklich noch als unabhängig von der Natur gedacht werden?

Und schließlich: Was würde angesichts des noch vollkommen zur Natur gehörenden Ursprungs der Kultur aus der kategorialen Polarität von Natur und Freiheit, für deren gleichwohl mögliche Vereinbarkeit miteinander ganze Generationen von Kantianern so viele überzeugende Argumente vorgetragen haben?

Es gibt einen kleinen Text, in dem Kant uns von der Dramatik solcher Fragen zu entbinden scheint: Ich meine seinen bereits unter vernunftkritischen Auspizien verfassten *Muthmaßlichen Anfang der Menschengeschichte* (1786). Doch bei genauer Lektüre zeigt er, dass Kant auf eine Entwicklung hinweist, die sich bereits unter Bedingungen einer sukzessiven Ablösung von den Direktiven der Natur vollzieht, also Freiheit in Anspruch nimmt, ohne durch ihren Impuls aus der Natur heraus zu führen.

In einer entmythologisierenden Paraphrase der alttestamentlichen Vertreibung des Menschen aus dem Paradies werden *vier Stufen* der kulturellen Entwicklung des frühgeschichtlichen Menschen unterschieden. Sie fallen zweifelsfrei in den Vorgang einer sich vollziehenden Entwicklung der Kultur, so dass mit der vierten Stufe der Punkt erreicht ist, der dem Menschen in zwei weiteren Schritten seine, die Kultur vollendende zivile und moralische Selbstzähmung abverlangt. Aber schon vorher geht die kulturelle Evolution des Menschen über bloße Natur hinaus:

Auf der *ersten Stufe* überwindet der Mensch das göttliche Verbot, vom Baum der Erkenntnis zu essen. Kant deutet es als Instinktverbot, von dem sich der Mensch befreit und damit eine erste Erfahrung seiner eigenen Freiheit macht. Sie folgt einer vergleichenden Einsicht aus der Beobachtung anderer Lebewesen und gewiss noch nicht aus der Ausrichtung eines eigenen Gesetzes, erlaubt aber das ungeahnte Glück in der Erfahrung, »sich eine eigene Lebensweise« auswählen zu können (*Anfang*, 112). So wird man selbst von Tieren nicht sprechen können, die sich auf die Wanderschaft zu besseren Weideplätzen oder Brutgebieten begeben.

Abb. 4 Die vier Phasen der alttestamentlichen Vertreibung der Menschen aus dem Paradies wurden im Stundenbuch des Herzogs von Berry in einer Miniatur auf einem Blatt zusammengefasst. Zwischen 1413 und 1416 entstand diese berühmte Buchmalerei der Brüder von Limburg.

Wie wenig sich der so weit gekommene Mensch noch auf einer bloßen Naturstufe befindet, macht der *zweite Schritt* deutlich, in dem der Mensch durch seine im ersten Schritt »rege gewordenen Vernunft« die Erfahrung macht, einer nicht länger periodisch eingeschränkten sexuellen Appetenz unterworfen zu sein (ebd.). Mit der Entfristung seiner sexuellen Bedürfnisse lernt der Mensch, sie nicht nur zu steigern, sondern sie auch von sich aus zu begrenzen.

Es ist bewegend, mit welcher Empathie Kant hier das entgrenzte und erhöhte Begehren mitsamt seiner Lenkung durch Reiz und Scham zu schildern vermag! Der Vorgang der Kultivierung ist hier bereits in seiner tief ins Innere reichenden seelischen Dimension erfasst.

Wie sehr aber das Gefühl auch durch ein Wissen in Anspruch genommen werden kann, macht Kant im *dritten Schritt* deutlich, wenn er das dem vernunftgeleiteten Menschen vorbehaltene Bewusstsein von der eigenen Sterblichkeit als vorletztem Schritt der Kultivierung exponiert. Auch die Dialektik, mit der die sichere Aussicht auf das eigene Ende in eine »Erwartung des Künftigen« übergeht, könnte einem den Atem verschlagen.[15]

Schließlich wird im *vierten Schritt* dem Menschen seine Überlegenheit gegenüber den Tieren bewusst, die er zähmen, züchten, zu seinem vielfachen Nutzen einsetzen und schließlich zu seinem Vorteil scheren, schlachten, verzehren oder opfern kann. Wie Kant diese Erfahrung, immer noch in literarischer Parallele zur biblischen Schöpfungsgeschichte, beschreibt, bringt heutige Leser leicht gegen den vermeintlich speziesistisch triumphierenden Philosophen auf. Kant lässt den Menschen mit herrischem Nachdruck zum Schafe sagen: ›Dein Pelz gehört mir‹.[16]

Doch das ist nur eine Anspielung auf *Genesis* 1, 28–30,[17] und wer Kant deshalb für egoistisch und herzlos hält, sollte nicht übersehen, dass eben diese Erfahrung der Herrschaft des Menschen über die Natur der Anlass für die zur Kultivierung gehörende Leistung der Zivilisierung und Moralisierung ist (*Anfang*, 115 ff.). Nur die können ihn veranlassen, hütend, schützend und artgerecht mit den Tieren umzugehen. Doch auch die Hege und Pflege der Natur durch den Menschen bleibt an die intelligible Verantwortlichkeit gebunden, die der Mensch als kulturelle Verpflichtung aus seiner physisch und intellektuell begründeten Überlegenheit übernehmen kann. Und dass hier sogar ein Vernunftgebot für den Menschen besteht, sieht man auch heute augenblicklich, wenn etwa durch eine epidemische Erkrankung der Tiere der Anspruch besteht, dass der Mensch sowohl die noch nicht betroffenen Tiere wie auch sich selbst vor der Seuche schützt.

So sehr diese Schilderung auf den ersten Blick den Schluss begünstigt es sei allein Natur, die hier als Subjekt der Kultivierung für die ersten Erfahrungen der Freiheit, der Scham und der durch die begrenzte Lebenszeit mehr oder weniger einsichtig verfolgte Selbstbeschränkung in der Endlichkeit des eigenen Daseins benannt werden kann; so wenig darf man übersehen, dass Kant seine ›Muthmaßung‹ über die mögliche frühgeschichtliche Evolution, ganz nach biblischem Vorbild, unter eine Vorbedingung stellt: Der Mensch, dessen kulturelle Entwicklung er hier rekonstruiert, konnte bereits nicht nur »sprechen«, sondern zusammenhängend »reden« und »mithin denken« (*Anfang*, 110).

Hier also hat es die Vernunft als eine von bloßer Natur emanzipierte Größe bereits gegeben, ehe der Mensch sich die Erfahrung verschaffen konnte, sich selbst eine kulturelle Lebensweise aussuchen, sich selbst beherrschen und seine Gegenwart und Zukunft gestalten zu können.

Abb. 5 Den Gängelwagen erwähnt auch Kant in seinem Aufsatz *Beantwortung der Frage: Was ist Aufklärung?* von 1784, als Sinnbild für eine der Aufklärung und der Kultivierung des Menschen feindliche Idee. Er war im 18. Jahrhundert ein bekanntes Mittel einerseits zur Einschränkung kindlicher Autonomiebestrebungen und andererseits dazu gedacht, das Kind beim eigenständigen Gehenlernen zu unterstützen. Die natürliche Neugier des Kindes wird im Gängelwagen gezügelt und gelenkt; schmerzhafte, aber möglicherweise wertvolle Erfahrungen kann es in dieser Gehhilfe kaum machen. Lithographie von François Boucher, einem französischen Künstler des Rokokos, um 1770.

DER SPÄTE AUFTRITT DER KULTUR

Alles das spricht dafür, dass sich die Kultur, so sehr sie der Natur in ihren Problemen, Techniken, Institutionen und Risiken verbunden bleibt, mit Hilfe der ihr entstammenden Vernunft über die bloße Natur hinaus entwickelt hat! Das schließt zwar nicht aus, die Kultur als eine »Form der Natur«[18] zu bezeichnen, ja, es dürfte sogar möglich sein, eine »Naturgeschichte der Freiheit« zu schreiben,[19] weil sowohl die Kultur wie auch Vernunft und Freiheit nicht nur ihren Ausgang von der Natur zu nehmen haben, sondern in den Konditionen des Handelns sowie in den innewohnenden Risiken der Natur in uneingeschränkter Nachhaltigkeit verbunden bleiben.

Das wissen wir unter dem Eindruck der ökologischen Krise nicht erst seit dem vergangenen Jahrhundert. Erdbeben, wie etwa jenes vom 1. November 1755 in Lissabon, das Kant als junger Mann so kundig kommentierte, auch Vulkanausbrüche oder Überschwemmungen konnten und können die Kultur bedrohen, ja, sogar zerstören. Die Sintflut ist im *Gilgamesch-Epos*, im biblischen Bericht über die Arche Noah oder im Platonischen *Politikos* zwar göttlichen Ursprungs, besteht aber nur im Ansteigen der Fluten – ist also lediglich ein in der Erhöhung des Wasserspiegels bestehendes Ereignis, das allen auf das Land angewiesenen Lebensformen, vornehmlich also der menschlichen Kultur, ein Ende machen kann.

Kants *Muthmaßlicher Anfang* belegt darüber hinaus, dass die Natur auch in der Entwicklung der Kultur etwa mit der Erweiterung der Nahrungspalette, durch die Ablösung von der Periodizität des sexuellen Verlangens oder im Wissen von der Unausweichlichkeit des Todes eine höchst beachtliche Rolle spielt. Da sie an der weiteren Entwicklung der Kultur – nicht zuletzt in der Tatsache einer sich in allen kulturellen Leistungen fortsetzenden Evolution – einen essenziellen Anteil hat, könnten wir fragen, warum Kant überhaupt auf die Unterscheidung zwischen Natur und Kultur so großen Nachdruck legt?

Abb. 6 Salvador Dalí: *Monumento a Kant,* Detail (Abbildung aus Breton 1991, 304). »Aber meine Lieblingslektüre war Kant«, schrieb Dalí in seiner Autobiographie über seine Jugend – und weiter: »Ich verstand fast nichts von dem, was ich las, und dies an sich erfüllte mich bereits mit Stolz und Befriedigung. [...] Ich glaubte, dass ein Mann wie Kant, der solche wichtigen und nutzlosen Bücher schrieb, ein wirklicher Engel sein musste! Meine Begier, das zu lesen, was ich nicht verstand, war stärker als mein Wille und muss einem starken Bedürfnis nach geistiger Nahrung für meine Seele gehorcht haben, und ebenso wie Kalziummangel im geschwächten Organismus gewisse Kinder blind und unwiderstehlich dazu bringt, den Kalk und Verputz von Wänden zu brechen und zu essen, genau so muss mein Geist dieses kategorischen Imperativs bedurft haben, den ich zwei Jahre hintereinander kaute und kaute, ohne dass es mir gelang, ihn zu schlucken. Aber eines Tages schluckte ich ihn doch.« (Dalí 1984, 173)

Die Frage liegt nahe, wenn wir vom Geniestreich des dreißigjährigen Magisters ausgehen, der 1755 eine *Allgemeine Naturgeschichte und Theorie des Himmels* veröffentlicht hat, in der er Gott nur noch als Urheber der rohen Materie benötigt, um in der Folge alles kosmische Geschehen, einschließlich der Entstehung des Lebens auf der Erde zu einem sich selbst genügenden Naturprozess zu erklären. Auch der dort dann vergleichsweise spät erfolgende Auftritt eines Lebewesens, das sich selbst als ›Mensch‹ bezeichnet, ist mit allem, was der Mensch allmählich wird und was immer er auf der Erdoberfläche anrichtet, ein Naturereignis.

Und in der auch literarisch höchst eindrucksvollen Schilderung der Kosmogenese, zu der das spekulative Narrativ vom Werden des Menschen gehört, kann der gebildete junge Autor, ohne auch nur eine einzige Lebensäußerung des Menschen zu vernachlässigen, auf den Begriff der Kultur verzichten!

Der Terminus kommt, um es ausdrücklich zu sagen, in der *Theorie des Himmels* nicht nur nicht vor; er fehlt hier auch gar nicht, weil Kant alles kosmische, geophysikalische, biologische und anthropologische Geschehen zu allen gewesenen und zu allen kommenden Zeiten ausschließlich als Natur versteht.

Und so frage ich: Warum bleibt es dabei nicht auch beim kritischen Kant? Man könnte ihm zugestehen, dass er in der Systematik der Lebensformen mit zunehmender Konkretion, auch eine sich relativ spät entwickelnde Erscheinungsform gesellschaftlichen Lebensvollzugs des Menschen mit dem Namen der ›Kultur‹ versieht, so wie man in der Geschichte des Menschen auch zwischen Altertum, Mittelalter und Neuzeit unterscheiden kann, ohne auch nur einen Augenblick einen Zweifel aufkommen zu lassen, dass alle historischen Ausprägungen des menschlichen Daseins ihr Gemeinsames darin haben, dass sie Geschichte sind! Warum verfährt Kant mit der Kultur nicht auf gleiche Weise und rechnet sie, in welcher Form auch immer, einfach dem Naturgeschehen zu?

KULTUR ALS »ANBAU« UNTER DEM ANSPRUCH DES MENSCHLICHEN WILLENS

Die Antwort ist so naheliegend und einfach, dass sich ein mit Kant vertrauter Hörer vermutlich fragt, wie jemand, der den Anschein erwecken will, er verstehe etwas von Kant, überhaupt eine solche Frage stellen kann: Gleichwohl lohnt es sich, die Antwort ausdrücklich zu machen, denn sie verrät, dass Kant zwar aus seiner Rousseau-Lektüre die Rede von der Kultur im gesellschaftlichen Konnex der Gegenwart kennt,[20] sich im eigenen Gebrauch des Begriffs aber nicht auf einen eingeführten Schulgebrauch stützt.[21] Er übersetzt den bei Cicero vorkommenden Begriff *cultura* wiederholt in den deutschen Begriff des »Anbaus« und hält sich damit eng an die ursprünglich agronomische Verwendung des Begriffs in der lateinischen Sprache.[22]

Damit betont Kant die Aktivität des Menschen in seiner absichtsvollen und zugleich eingreifenden und allemal mühevollen Arbeit an der Natur. In dieser bewussten Tätigkeit, bei der es um Rodung, Urbarmachung und Bepflanzung von Böden, um die Aussaat von Getreide und dessen Ernte sowie um die dauerhafte Pflege und Bewässerung von Äckern und Weideland geht, stellt sich der Mensch auf die gegebene Natur ein, müht sich in und an ihr ab und ist dabei genötigt, sich selbst einiges abzuverlangen.

Zur Kultur, wie Kant sie versteht, gehört die ausdrückliche Ausrichtung auf eine Natur, in deren Kultivierung sich der Mensch selbst kultiviert! Das ist ein Kreisprozess, der möglich ist, weil der Mensch die Natur nur deshalb bearbeiten kann, weil er selbst in seiner körperlichen Konstitution zur Natur gehört. Gleichwohl liegt in seiner Ausrichtung auf sie eine Differenz, die für Kant entscheidend ist.

Denn in seiner Absicht stellt sich der Mensch der Natur, auf die sich seine Anstrengung richtet, entgegen. Er muss es nicht tun, aber er tut es und kann dafür seine guten Gründe haben. Und indem er die zu seinem Gegenüber gemachte Natur modifiziert, sucht er sie nach seinem Willen zu lenken und macht sich damit zum Exempel seiner eigenen Freiheit. Darin also liegt für den durch seine eigene Vernunftkritik belehrten Kant — in aller Anerkennung der Zugehörigkeit des Menschen zur Natur und in aller Angewiesenheit der Kultur auf Natur die kategoriale Differenz zwischen beiden Seiten — obgleich sie auf einander verwiesen sind.

KULTUR ALS ÜBERGANG VON DER NATUR ZUR FREIHEIT

Das Ergebnis der begrifflichen Klärung dürfte nicht nur für jene von einschlägiger Bedeutung sein, die dazu neigen, den Kulturbegriff naturalistisch zu deuten. Es dürfte nicht viele Kantianer geben, die an einer derartigen Deutung Interesse haben. Doch sie wäre sehr wohl begründet: Kants Kosmologie aus dem Jahre 1755 hat ihren paradigmatischen Rang bis heute durch die Bestätigung, welche die Darstellung durch die späteren Erträge der Naturwissenschaften, insbesondere auch die Astronomie und die Evolutionstheorie, gefunden hat.

Nicht nur aus Gründen des Respekts gegenüber den empirischen Wissenschaften überhaupt, sondern auch in der Achtung vor den speziellen Einsichten der Evolutions- und der Systemtheorie wäre es unverzeihlich, sie unter dem Rubrum des ›vorkritischen Denkens‹ abzulegen, das den methodologischen Standards der kritischen Philosophie nicht genügt. Im Gegenteil: Vieles von dem, was Kant in seiner kritischen Philosophie, insbesondere in seiner *Critik der Urtheilskraft* und in seinen geschichtsphilosophischen Einsichten selbst zu Tage fördert, nötigt uns, das mit guten Gründen methodologisch Getrennte unter dem Anspruch des Lebens und der gesellschaftlichen Verständigung — wenn nicht als Einheit, so doch als unter pragmatischen Gesichtspunkten: notwendig Verbundenes zu denken.

Es genügt daher nicht, sich angesichts der von Kant mit den bekannten (und in ihrer Triftigkeit anerkannten) vernunftkritischen Gründen exponierten Trennung von empirischer Natur und transzendentaler oder praktisch-moralischer Freiheit auf die Kompatibilität des Reiches der Natur mit dem Reich der Freiheit zu berufen! Wir müssen sehen, dass es in Geschichte, in Erziehung und im gesellschaftlichen Handeln, insbesondere im Erleben der Kunst sowie im Verständnis des Lebens nicht nur eine ›kompatible‹, sondern auch eine ›kooperative‹ Verbindung von mindestens pragmatischer Verlässlichkeit gibt!

Und der Begriff der Kultur zeigt an, dass es diese Verbindung von Vernunft und Leben nicht nur in der Form einer vorkritischen Alltagsannahme gibt, sondern auch in einer unter kritischen Konditionen von Kant selbst aufgenommenen Begrifflichkeit! Wir finden sie im Begriff der Kultur, den Kant nach 1781 mehr als hundertmal gebraucht, um einen Übergang anzuzeigen, den der Mensch nicht nur mit kritischem Anspruch, sondern auch im Vertrauen auf die Verlässlichkeit der Natur und auf seine eigene psycho-physische Konstitution unterstellt. Es wäre daher zu wenig, die Kultur nur als Beispiel für die Kompatibilität von Freiheit und Natur anzusehen. Sie ist vielmehr ein Begriff für die durch menschliches Handeln ermöglichte Verbindung von Freiheit und Natur, die daher auch größere theoretische Beachtung verdient. Die Kultur zeigt in ihren geschichtlich-gesellschaftlichen Manifestationen, dass Freiheit und Natur sich nicht nur nicht widersprechen oder sich gar wechselseitig ausschließen müssen. Vielmehr ist die Kultur der geschichtliche Wirkungsraum, in dem allgemeine Natur und menschliche Freiheit symbiotische Verbindungen eingehen können, die, solange sie das Dasein des Menschen stützen und fördern, als realgeschichtliches Exempel für die empirische Wirksamkeit der menschlichen Freiheit angesehen werden können.

Der Begriff der Kultur bezeichnet somit einen spezifischen Handlungsraum, in dem sich Natur und Freiheit zu einer realen Wirkungsgröße verbinden, die dauerhaft Erfolg haben kann, aber, wie alles Menschliche, auch scheitern kann. Doch es ist keineswegs nur die Auszeichnung der Kultur als eines spezifischen Handlungsraums, in dem sich die Natur und Freiheit produktiv ergänzen: Sie konturieren sich in dieser Kooperation zugleich in ihrem prinzipiellen Gegensatz und treten als Vernunft und als die von ihr unterschiedene Natur in ihrer wechselseitig aufeinander angewiesenen Gegensätzlichkeit überhaupt erst hervor! ›Reine‹ Vernunft kann nur in der methodologischen Abgrenzung von dem erfahren werden, womit sie in Einlassung und Widerstand überhaupt erst in ihrer möglichen Eigenart begriffen werden. So gehört die Kultur bereits zur Genese dessen, was wir als Vernunft, Autonomie oder als Freiheit erfahren.

Was daraus für das kritisch-theoretische Verständnis des Verhältnisses von Natur und Freiheit folgt, hat Kant selbst im § 83 der *Critik der Urtheilskraft* unter dem Titel eines »letzten Zwecks der Natur als eines teleologischen Systems« skizziert.[23] Hier gibt er eine Definition, die Natur, Vernunft und Leben im Begriff der Kultur verknüpft: »Die Hervorbringung der Tauglichkeit eines vernünftigen Wesens zu beliebigen Zwecken überhaupt (folglich in seiner Freyheit) ist die *Cultur.*«[24]

Wie diese Verknüpfung begründet wird, wie sie zu verstehen ist und welche Konsequenzen sich daraus für die kritische Philosophie ergeben, würde eine mindestens ebenso ausführliche Darlegung erfordern, wie die bisherige Herleitung des Kulturbegriffs in Kants Denken vor 1790. Also muss nach den zuvor gegebenen Hinweisen die Feststellung genügen, dass Kant mit dem Begriff der *Kultur* die gesellschaftliche Einheit benennt, zu der sich die Menschheit als Ganze im Gebrauch ihrer Vernunft entwickelt hat. Sie ist als die Form der menschlichen Natur anzusehen, ohne die sie nicht allein ihre Vernunft und ihre Freiheit, sondern auch ihre Zukunft verliert. Zur *Kultur* gehört somit alles, was der Mensch zu einem selbstbestimmten Leben braucht, also nicht allein die Kunst und die Wissenschaft, sondern auch das Recht und die Moral, die es ihrerseits jedem Menschen ermöglichen können muss, sich für oder gegen eine Religion zu entscheiden.

KULTUR — EINE LÜCKE IN DER KANT-REZEPTION

Im Vergleich mit der längst nicht mehr überschaubaren Flut von Publikationen zu den Begriffen der *Vernunft,* der *Natur* und der *Freiheit* — oder auch nur des *Dinges an sich* —, ist die skizzierte kulturphilosophische Perspektive der kritischen Philosophie so gut wie unbeachtet geblieben. Wir können hier kaum mehr tun, als uns darüber zu wundern,[25] dies umso mehr, als die ersten bedeutenden Denker nach Kant, wie zum Beispiel Friedrich Schiller, Wilhelm von Humboldt, Friedrich Daniel Ernst Schleiermacher, Johann Gottlieb Fichte, Friedrich Willhelm Joseph Schelling und Georg Willhelm Friedrich Hegel dieser Verbindung durchaus ihre Aufmerksamkeit geschenkt haben. Selbst Johann Wolfgang Goethe, der zu den wenigen Großen der Epoche nach Kant gehörte, die sich nicht durch Kant für ein neues Zeitalter begeistern ließen, hat die *Critik der Urtheilskraft* gelesen und war durch den Ganzheitsbegriff der Konzeption des Lebens, die im Begriff der Kultur ihre geschichtliche Vollendung findet, beeindruckt.[26]

Doch nach Hegels und Goethes Tod wurde Kants Idee einer kulturellen Einheit von lebendiger Natur und der auf Freiheit gegründeten menschlichen Kultur rasch vergessen. Lediglich der junge Marx erkannte die entwickelte menschliche Gesellschaft als »durchgeführten Naturalismus des Menschen«, und darin zugleich als »durchgeführte Humanisierung der Natur«[27] — und meinte damit, der Geist-Befangenheit der Philosophie Hegels zu entkommen, nahm aber die Freiheit in Anspruch, die nach Kant zu eben dieser Verbindung unter dem Titel der Kultur gehört. Doch Marx schrieb das 1844 im Pariser Exil, als er bereits aus Preußen vertrieben war und das Vertrauen in das zuvor so beredt verteidigte Menschenrecht verloren hatte.

Wie gründlich das über Kants Kulturtheorie hereinbrechende Vergessen war, belegt das Beispiel Friedrich Nietzsches. Der hatte sich 1872 in seiner ersten philosophischen Schrift *Über die Geburt der Tragödie aus dem Geiste der Musik* als Erneuerer der Kultur präsentiert, eine Vorstellung, der er bis in seine letzten Notizen treu geblieben ist, auch dann noch, als er die Metamorphose des Menschen zum Übermenschen propagierte.

Dass Nietzsche von Kants philosophischer Auszeichnung des Lebens und der Kultur nichts gewusst haben soll, wie manche seiner Interpreten annehmen, ist kaum vorstellbar. Gewiss: Nietzsche hat keine Kantstudien betrieben und seine später so entschiedene Kritik an Kants Konzeption des Dinges an sich sowie an dessen Vernunftphilosophie und vornehmlich an der darauf basierenden kritischen Moralphilosophie ist weitestgehend auf Sekundärliteratur gestützt.[28]

Auch deshalb muss hier über die Angemessenheit von Nietzsches Urteilen über Kant nicht gesprochen werden.

Doch angesichts seines originären Interesses an einer Verbindung von Kunst und Leben, die er in sein ethisch-moralisch eingefärbtes Programm zu einer »Selbstüberwindung« einzubinden suchte,[29] ist es doch höchst verwunderlich, dass er sich zu keiner Zeit auf Kants Konzeption der Kultur als einer natur- und menschheitsgeschichtlichen Verbindung von Kunst und Leben bezogen hat. Denn als Nietzsche noch glaubte, sein Studium durch die Vorlage einer Dissertation abschließen zu müssen, hatte er sich mit der Absicht getragen, über ›Kants Teleologie‹ zu promovieren. Damit hatte er sich für eben das Thema entschieden, das Kant dazu genötigt hatte, seine Theorie des Lebens vorzulegen und sie in eine Philosophie der Kultur münden zu lassen.

So wenig wir von Nietzsches Kant-Lektüre wissen: Erwiesen ist, dass er in Kants *Critik der Urtheilskraft* gelesen, Stellen angestrichen und Exzerpte gemacht hat. Das war zwar zu einer Zeit, als der Plan zur Dissertation längst aufgegeben war; aber die Ausarbeitung seines kulturphilosophischen Spätwerks lag noch vor ihm. Er hätte also noch die Gelegenheit gehabt, auf Kants Programmpunkt einzugehen. Doch das geschah offenbar nicht, und so blieb das von Kant in den Blick genommene Ziel einer systematischen Verbindung aller Kräfte des menschlichen Lebens und der menschlichen Vernunft in der epochalen Leistung der Kultur unbeachtet. Schade, denn vom Standpunkt der Vernunftkritik gab und gibt es keinen Einwand gegen eine Zusammenfassung der in den philosophischen Fakultäten versammelten Wissenschaften unter dem Titel der Kulturwissenschaften.

Als Nietzsche Anfang der achtziger Jahre des 19. Jahrhunderts daran ging, zunächst mit der *Fröhlichen Wissenschaft*, dann durch die Maske seines *Zarathustra*, alsbald auch in *Jenseits von Gut und Böse* und schließlich in der *Götzen-Dämmerung* nach einer ›Philosophie der Zukunft‹ zu suchen, hatte der spätere Herausgeber der Akademie-Ausgabe der Werke Kants, Wilhelm Dilthey, bereits den neuen Titel für die philosophischen Wissenschaften in Umlauf gebracht: Es war der Begriff der ›Geisteswissenschaften‹.[30]

Doch als hundert Jahre nach Dilthey junge Geisteswissenschaftler in Deutschland daran gingen, diesen durchaus fragwürdigen Obertitel ihrer Disziplin gegen den der ›Kulturwissenschaften‹ auszutauschen und sich dabei auch gegen die angebliche Vorherrschaft des Kantianismus zu wehren suchten, wussten sie offenbar ebenso wenig wie Nietzsche, dass sie in Kant einen Verbündeten für ihre Suche nach einem angemessenen Begriff gehabt hätten! Wohl aber hätten sie wissen können, dass der eigenständigste und gewiss produktivste Kantianer ihres eigenen Jahrhunderts, nämlich Ernst Cassirer, bereits 1942 den Vorschlag gemacht hatte, statt von ›Geisteswissenschaften‹ von ›Kulturwissenschaften‹ zu sprechen.[31] Das, so denke ich, sollte ein weiterer Grund sein, Kant auch als einen Philosophen der modernen Kultur zu begreifen.

1 Vgl. einschlägig dazu: Böhme/Böhme 1983. Vgl. kritisch dazu besonders: Gerhardt 1976 und Gerhardt 2007a.

2 Zitiert nach Perpeet 1976, Sp. 1311.

3 Zu nennen sind Namen wie die von Ludwig Stein, Rudolf Eucken oder Alois Dempf.

4 Ich erinnere nur an die sensationellen Verheißungen Friedrich Kittlers, die zu ihrer Zeit auch gerne ›postmodern‹ genannt wurden.

5 Vgl. beispielhaft Krämer 1988. Hinzu kommen die zahlreichen Untersuchungen zu den neuen technischen Medien, die von der Philosophie erst spät in Betracht gezogen wurden, die frühgeschichtlichen Themen sowie die Aufmerksamkeit für das Alltagsleben und für die aufschlussreichen Verbindungen zu den Literatur-, Film- und Theaterwissenschaften.

6 Vgl. als Beleg dafür Perpeet 1976. Dabei kann nicht in Zweifel stehen, dass Herder mit seinen *Ideen zur Philosophie der Geschichte der Menschheit* (1784–1791) einen nachwirkenden Anstoß zur philosophischen Beschäftigung mit der Kultur gegeben hat. Aber dass Kant als Anreger im Hintergrund gestanden hat und schon bei Erscheinen der ersten Bände der Herderschen Untersuchung zentrale Einwände gegen die Euphemismen der Studien Herders gemacht hat, wurde dabei wenig beachtet. Dass Herder insbesondere in seiner Betonung des Zusammenhangs von Kultur und Humanität große Verdienste hat, darf hingegen nicht bestritten werden! Er hat das jeweils *Besondere* der volksnahen Kulturen exponiert, während Kant, wie er selbst in seiner Rezension von Herders *Ideen* kenntlich macht, das *Allgemeine* des Kulturbegriffs hervorhebt.

7 Vgl. die Stellensammlungen im Lexikon von Eisler sowie im *Kant-Lexikon;* vgl. auch besonders: Kleingeld 1995 mit einer vielbeachteten Interpretation zum Verhältnis von Kultur und Fortschritt.

8 Vgl. insbesondere Kant: *Pädagogik,* 449: »Cultur«, die *Belehrung* und *Unterweisung* umfasst, wird hier die »Verschaffung der Geschicklichkeit« genannt. Betont wird überdies – wie bei Platon – die Nähe zur Politik!

9 Kant: *Anthropologie,* 324 f.

10 Vgl. dazu genauer: Gerhardt 2010a sowie Gerhardt 2010b.

11 Wie in einer russischen Matroschka, die auch selbst noch ihre Urpuppe und ausnahmslos alle auf sie folgenden Puppen enthält.

12 Die überzeugenden Beispiele Kants sind *Missbildungen* bei lebensfähigen Lebewesen wie auch erworbene *Geschicklichkeiten,* die sich nach ihrer Bewährung in der Lebenspraxis weiter vererben lassen.

13 Siehe dazu Gerhardt 2010b.

14 Dazu siehe Kant: *Pädagogik,* Einleitung: »Disciplin und Zucht ändert die Thierheit in die Menschheit um« (441). »Die Menschengattung soll die ganze Naturanlage der Menschheit durch ihre eigne Bemühung nach und nach von selbst herausbringen« (ebd.). »Der Mensch hat aber von Natur einen so großen Hang zur Freyheit, daß, wenn er erst eine Zeitlang an sie gewöhnt ist, er ihr Alles aufopfert« (442).

15 *Anfang,* 113.

16 Wörtlich: »[D]en Pelz, den du trägst, hat dir die Natur nicht für dich, sondern für mich gegeben«. Der Mensch zieht daher dem Tier den Pelz ab und legt ihn sich selber an! (*Anfang,* 114).

17 In *Genesis* 3, 21, ist es Gott selbst, der den Menschen die Kleidung aus den Fellen der Tiere macht und anzieht.

18 Zu dieser Formel siehe: Gerhardt 2019.

19 Siehe dazu: Gerhardt 2007b.

20 Jean-Jacques Rousseau verwendet den Begriff bereits im ersten *Discours* von 1750. Die ihm voraus liegende neuzeitliche Debatte kennt den Begriff seit der Cicero-Rezeption in der italienischen Renaissance. In Deutschland ist Samuel Pufendorf der Autor, der den *status culturae* dem *status naturalis* gegenüberstellt.

21 Damit erweist er sich auch als unabhängig von der Leistung Herders, auf den er sich in seiner Rezension durchaus anerkennend bezieht. Herder dürfte seinerseits aus seiner Studienzeit bei Kant einiges in sein Verständnis der Kultur mit aufgenommen haben. Kants Verwendung des Kulturbegriffs ist aber von dem Gebrauch, den Herder von dem Begriff macht, unterschieden. Das belegt auch Kants Rezension der *Ideen* Herders.

22 CrV A IX und 10; *Prolegomena,* 364; CU, 379 u. 381; *MS,* 444; *Religion,* 20.

23 CU, 429–434.

24 CU, 431.

25 Ausnahmen in der Philosophie des 20. Jahrhunderts sind Ernst Cassirer und Heinrich Rickert. Vor ihnen hatten schon Wilhelm Dilthey und Georg Simmel für eine Beachtung des Kulturbegriffs gesorgt, ohne freilich Kants Rolle dabei hervorzuheben. Siehe dazu insbesondere Dörflinger 2000 sowie Breitenbach 2009.

26 Siehe dazu Molnár 1994.

27 Marx 1968, 538.

28 Kuno Fischer hat mit seiner souveränen Gesamtdarstellung der neuzeitlichen Philosophie Einfluss auf Nietzsches Kant-Kritik gehabt; noch im Studium hatte Nietzsche unter dem Einfluss von Arthur Schopenhauers Kant-Kritik gestanden; später kamen Eindrücke hinzu, die er von Afrikan Spir und Friedrich Albert Lange aufgenommen hat.

29 Das ist das Programm in Nietzsches *Götzen-Dämmerung* von 1888.

30 Vgl. Dilthey 1883.

31 Vgl. Cassirer 2007, 357–490. Der Sache nach hatte Cassirer bereits im ersten Band seiner *Philosophie der symbolischen Formen* (1923) für den Begriff der Kulturwissenschaft optiert.

– – –

Abb. 1 Rogalski: Ölgemälde. © bpk/Nationalgalerie im Hamburger Bahnhof, SMB, Sammlung Marx/Thomas Bruns

Abb. 2 und 3 Unbekannter Künstler: Kupferstiche. akg images 7311422 (links) und akg images 7312682 (rechts)

Abb. 4 Paul, Johann und Herman Limburg: Miniaturmalerei. bpk/RMN — Grand Palais/ René-Gabriel Ojéda

Abb. 5 Boucher: Lithographie. Wikimedia Commons

Abb. 6 Dalí: Installation. © Archives Charles Ratton – Guy Ladrière, Paris © Salvador Dalí, Fundació Gala-Salvador Dalí/VG Bild-Kunst, Bonn 2021

Abb. 7 Dalí: Installation. © Archives Charles Ratton – Guy Ladrière, Paris © Salvador Dalí, Fundació Gala-Salvador Dalí/VG Bild-Kunst, Bonn 2021; Man Ray: Fotografie. © Man Ray 2015 Trust/VG Bild-Kunst, Bonn 2021

Abb. 7 Salvador Dalí: *Monumento a Kant* (1936). Die Aufnahme zeigt einen Blick in die *Exposition surréaliste d'objets*, Galerie Charles Ratton, Paris 1936 — in der Mitte befindet sich das Kant-Monument. Die Installation besteht aus einem mit Bernstein besetzten Marmorsockel, in den eine Bronze-Miniatur der bekannten, 1946 verschollenen Kant-Gedenktafel von der ehemaligen Schlossmauer in Königsberg eingearbeitet ist. Die darüber angeordneten, eingetauchten Schreibstifte in Kombination mit der Flasche stehen für ein ›Delirium des Schreibens‹ und zeigen die Überwältigung durch das philosophische System Kants an. Der Fotograf war Man Ray.

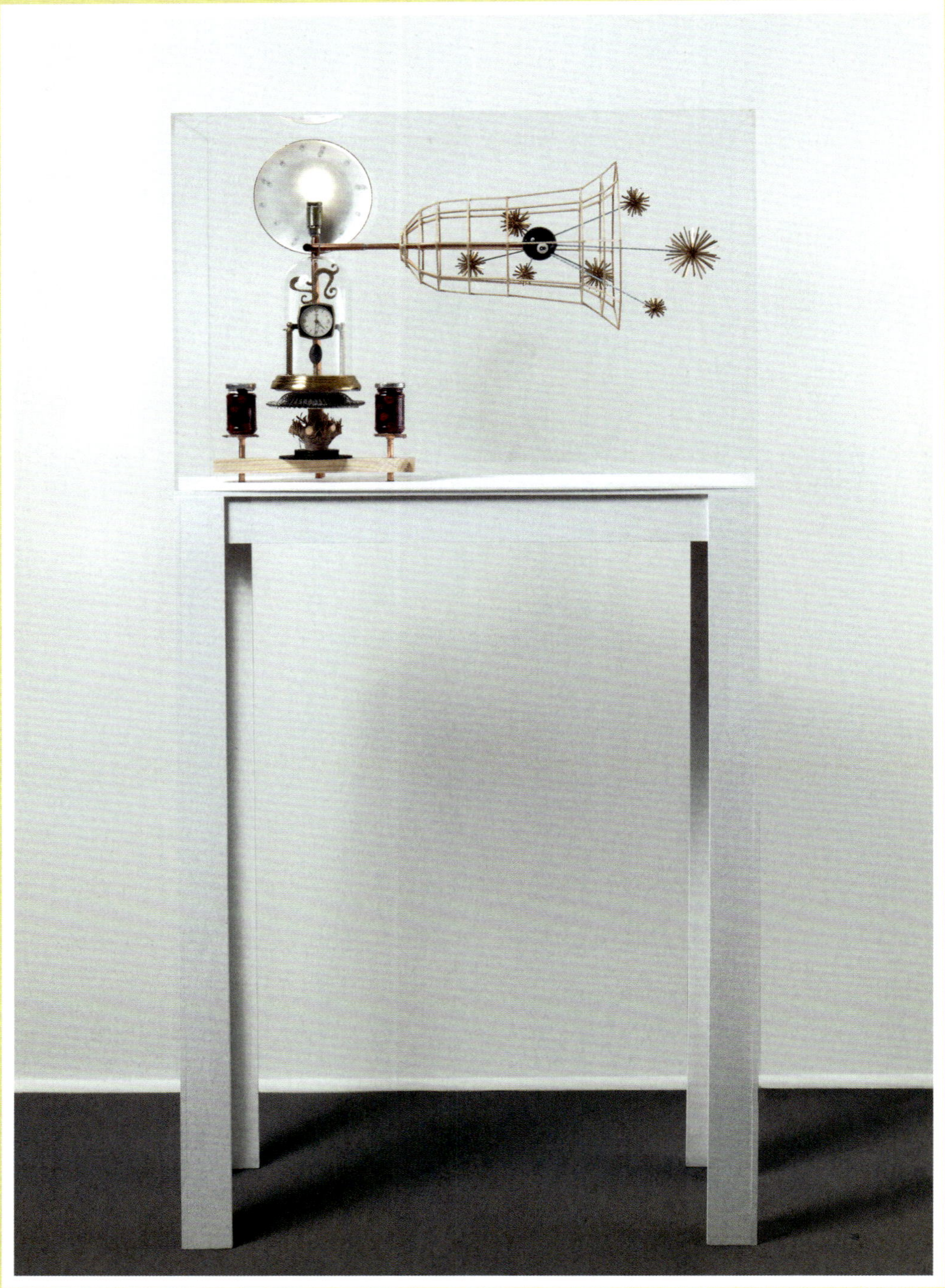

Abb. 1 *The Expanding Universe*: *Big Bang* (Holz, Kupfer, Uhr, Teller, Glas, Hörspiel, Glühbirne, Glas, Kirschen, Lack; Maße: 180 × 90 × 35 cm) ist eine Arbeit von Björn Dahlem, die in seiner Ausstellung *Die Theorie des Himmels III – Focus Imaginarius* 2010 in Berlin zu sehen war. Der Begriff ›focus imaginarius‹ stammt aus der frühneuzeitlichen Physik und Optik. Kant greift ihn auf und erweitert seine Bedeutung erkenntnistheoretisch, und zwar vor dem Hintergrund bestimmter philosophischer Fragestellungen, bei denen auch Dahlem ansetzt.

ERIC WATKINS

Der bestirnte Himmel über mir, das moralische Gesetz in mir

Gegen Ende der *Critik der practischen Vernunft* (CpV) findet sich einer der bekanntesten Sätze Kants. Darin lenkt Kant die Aufmerksamkeit auf zwei Dinge, die für sein eigenes philosophisches System von zentraler Bedeutung sind, die aber auch jedem, der nur ein klein wenig nachdenkt, unmittelbar *zugänglich* sind: »Zwey Dinge erfüllen das Gemüth mit immer neuer und zunehmender Bewunderung und Ehrfurcht, je öfter und anhaltender sich das Nachdenken damit beschäfftigt: *Der bestirnte Himmel über mir, und das moralische Gesetz in mir.*« (CpV, 161)

Unsere erste unmittelbare Reaktion auf diese kurze Textstelle ist folgende: ›Ich verstehe genau, was Kant meint!‹ Alle haben wir diese Erfahrung schon einmal gemacht. Als Kinder, wenn wir nachts zu den Sternen aufgeschaut haben, ist es uns passiert, dass wir uns in Staunen darüber verloren haben, wie gewaltig die Schöpfung ist, in welch atemberaubender und geordneter Weise sie sich uns darbietet und was wohl unser eigener Platz in diesem Universum sein mag. Wir können nicht anders, als die gewaltige Größe des Universums zu bewundern. Schon allein die Erde ist groß, doch sie ist bloß ein Planet mittlerer Größe in unserem Sonnensystem, das selbst nur eine kleine Ansammlung innerhalb der Milchstraße darstellt, die ihrerseits gerade einmal eine von über einhundert Milliarden Galaxien ist. Obwohl wir angesichts eines derart gigantischen Universums nahezu völlig bedeutungslos erscheinen müssen, räumt Kant dem Menschen offenbar einen besonderen Stellenwert ein.

Was uns genauso fasziniert, ist die Beobachtung, dass das Universum kein großes ungeordnetes Chaos ist, sondern in einer erstaunlich geordneten Weise funktioniert, ganz als folge alles einer Art einheitlichem Prinzip oder Plan. In der Tat sind wir, wenn wir zum bestirnten Himmel aufschauen, versucht zu glauben, ein intelligenter Verstand müsse die Welt, so wie sie ist, entworfen haben, scheint es doch völlig abwegig, dass all das nur durch einen großen Zufall entstanden sein könnte.

Wenn wir diese beiden Punkte miteinander verbinden, können wir uns diese eigenartige Empfindung von *Bewunderung* und *Ehrfurcht* verständlich machen, die wir beim Anblick des Universums als großes Ganzes verspüren. Es ist faszinierend und einschüchternd zugleich, dass eine scheinbar unendliche Zahl von Dingen einheitlich nach einem in sich geschlossenen Plan zu agieren scheint, einem Plan, der sich unseres unmittelbaren Zugriffs entzieht, selbst wenn wir insgeheim daran glauben, dass nichts in diesem Ausmaß durch bloßen Zufall geschehen könne. Wir sind fest davon überzeugt, dass es zumindest prinzipiell eine Möglichkeit geben muss, all das zu verstehen. Mehr noch, so stellt Kant fest, entwachsen wir nie dieser Erfahrung; viele von uns machen sie im Kindesalter, doch Kant ist der Ansicht, dass sie mit der Zeit und je mehr wir darüber nachdenken immer intensiver wird. Auf den Grund hierfür werde ich später noch zurückkommen.

Die zweite Sache, die Kant an dieser Stelle in den Blick nimmt, ist unsere Erfahrung der Moral. Es ist ein ebenso eindrucksvolles Erlebnis – obgleich es möglicherweise weniger stark bemerkt wird – wenn wir auf unser moralisches Gewissen aufmerksam werden und feststellen, dass wir dazu verpflichtet sind, bestimmte Handlungen zu tun und andere zu unterlassen. Kant zufolge ist das, was den Menschen von Tieren und anderen Lebewesen unterscheidet, die Tatsache, dass wir über ein moralisches Verständnis verfügen und es uns nicht ausschließlich um das eigene Überleben, unser Glück, oder ein bloßes Weiterkommen in der Welt, gleichgültig welche Mittel dafür nötig sind, geht. Diese Vorstellung spiegelt sich in unserer alltäglichen Praxis des Lobens und Strafens und darin, dass wir uns gegenseitig für unser Handeln verantwortlich machen, wider. Kant will uns darauf hinweisen, dass es sich hierbei um etwas handelt, das in unserem Inneren stattfindet. Andere können mir zwar aufzeigen, was sie für meine moralischen Verpflichtungen halten, ab einem gewissen Punkt muss ich sie jedoch selbständig anerkennen; sie haben ihren Ort in meinem Inneren. Wenn wir auf Soziopathen und Psychopathen treffen, denen ein Verständnis für ›richtig‹ und ›falsch‹ vollständig zu fehlen scheint, finden wir es zutiefst beunruhigend. Denn es fällt uns schwer, sie als vollwertige Personen zu betrachten, was eine höchst befremdliche Erfahrung ist, da sie, obgleich sie äußerlich genauso aussehen wie du und ich, in einem wesentlichen Punkt anders sind als wir. Aus diesem Grund ist nach Kant unser moralisches Wesen eine grundlegende und unverzichtbare *innere* Eigenschaft eines spezifisch menschlichen Daseins und Erlebens. In dieser Textstelle beschreibt er unsere natürliche Reaktion auf diese bemerkenswerte Tatsache: Bewunderung, dass unser Dasein in dieser Hinsicht außergewöhnlich ist, aber gleichzeitig auch Ehrfurcht für die Lage, in die es uns versetzt.

Falls uns das, was in dieser Textstelle beschrieben wird, bekannt vorkommt — falls wir uns mit den Erfahrungen, von denen sie spricht, identifizieren können — so könnte ein zweiter Gedanke darin bestehen, zu glauben, Kant habe damit aus seiner Sicht alles Wesentliche erfasst. Angenommen die Philosophie beschäftigt sich mit der Frage, in welcher Beziehung der Mensch zu allem anderen steht, sowohl zu dem, was in seinem Inneren, als auch zu dem, was außerhalb von ihm ist, dann ist man geneigt zu denken, Kant habe seine Philosophie in einem einzigen Satz auf den Punkt gebracht. Ich denke, dass eine solche Behauptung dem Grunde nach richtig ist, jedoch nicht so einfach auf der Hand liegt. Daher scheint es mir sinnvoll zu sein, zu sehen, was uns Kant selbst als Erläuterung anbietet. Die Textstelle setzt sich wie folgt fort:

> Beide darf ich nicht als in Dunkelheiten verhüllt, oder im Ueberschwenglichen, außer meinem Gesichtskreise, suchen und blos vermuthen; ich sehe sie vor mir und verknüpfe sie unmittelbar mit dem Bewußtseyn meiner Existenz. Das erste fängt von dem Platze an, den ich in der äußern Sinnenwelt einnehme, und erweitert die Verknüpfung, darin ich stehe, ins unabsehlich-Große mit Welten über Welten und Systemen von Systemen, überdem noch in grenzenlose Zeiten ihrer periodischen Bewegung, deren Anfang und Fortdauer. Das zweyte fängt von meinem unsichtbaren Selbst, meiner Persönlichkeit, an, und stellt mich in einer Welt dar, die wahre Unendlichkeit hat, aber nur dem Verstande spürbar ist, und mit welcher (dadurch aber auch zugleich mit allen jenen sichtbaren Welten) ich mich, nicht wie dort, in blos zufälliger, sondern allgemeiner und nothwendiger Verknüpfung erkenne. Der erstere Anblick einer zahllosen Weltenmenge vernichtet gleichsam meine Wichtigkeit, als eines *thierischen Geschöpfs,* das die Materie, daraus es ward, dem Planeten (einem bloßen Punct im Weltall) wieder zurückgeben muß, nachdem es eine kurze Zeit (man weiß nicht wie) mit Lebenskraft versehen gewesen. Der zweyte erhebt dagegen meinen Werth, als einer *Intelligenz,* unendlich, durch meine Persönlichkeit, in welcher das moralische Gesetz mir ein von der Thierheit und selbst von der ganzen Sinnenwelt unabhängiges Leben offenbart, wenigstens so viel sich aus der zweckmäßigen Bestimmung meines Daseyns durch dieses Gesetz, welche nicht auf Bedingungen und Grenzen dieses Lebens eingeschränkt ist, sondern ins Unendliche geht, abnehmen läßt.[1]

Angesichts der Gefühle, die wir ihnen gegenüber empfinden, sieht sich Kant darin bestätigt, dass die Verbindungen, die wir zum bestirnten Himmel über uns und dem moralischen Gesetz in uns haben, weder unklar noch dunkel sind, noch handele es sich bei ihnen um unbestimmte Gegenstände, über die man nichts weiter als Spekulationen anstellen könnte. Stattdessen unterstreicht er den Gedanken, dass sie unmittelbar mit dem Bewusstsein meiner Existenz verbunden sind. Wie Kant, vielleicht mit etwas unheilvollem Unterton feststellt, ist meine Verknüpfung mit der Sinnenwelt kontingent; dass ich hier stehe anstatt dort, ist kontingent, und vielleicht will Kant hier auch vorsichtig darauf hinweisen, dass mein Körper zu einem bestimmten Zeitpunkt sterben wird.

Meine Verbindung mit dem moralischen Gesetz hat ihren Ursprung aber eben darin, dass ich nicht nur einen räumlich-zeitlich lokalisierten Körper besitze, sondern auch eine Person bin, das heißt jemand, dem Handlungen zugerechnet werden können. Interessanterweise deutet Kant an, dass mein unsichtbares Selbst ebenso Teil einer Welt ist wie mein körperliches Selbst, obgleich die unsichtbare Welt, der es angehört, nicht mithilfe der Sinne, sondern nur mit dem Verstand erfasst werden kann. Doch wie ist diese unsichtbare Welt beschaffen? Kant behauptet, dass sie »wahre Unendlichkeit« besitzt und dass ich mich selbst als mit dieser Welt verknüpft erkenne — und zwar nicht bloß kontingenterweise, sondern in einem notwendigen und allgemeinen Sinne. Dies klingt einigermaßen rätselhaft, und die Verknüpfung mit meiner Existenz ist alles andere als unmittelbar einleuchtend. Positiv gefasst ist Kant offenbar der Überzeugung, dass unsere Persönlichkeit uns ein Leben offenbart, das unabhängig von der Sinnenwelt ist und, mehr noch, »meinen Werth, als einer Intelligenz, unendlich [erhebt]«. Das heißt, es ist nicht unser tierisches Wesen, sondern unser Status als Intelligenz und als moralisches Wesen, der uns unendlichen Wert verleiht. Aber was ist das Besondere an unserer Persönlichkeit, das uns diesen unendlichen Wert zuteilwerden

Abb. 2 Angesichts der Weite und Größe des Universums und der Natur, insbesondere in Relation zu unserer eigenen Kleinheit und Vereinzelung empfinden wir Menschen Bewunderung und Ehrfurcht.

lässt? Auf den ersten Blick und ohne weiteres Nachdenken ist dies nicht eindeutig. Was genau sind die notwendigen und allgemeinen Verknüpfungen, die die unsichtbare Welt ausmachen? Auch dies bleibt hier offen. Aus diesem Grund sehen wir uns an dieser Stelle einigen drängenden Fragen ausgesetzt.

KANTS BEGRIFF DES GESETZES IM KONTEXT: DAS MORALISCHE GESETZ UND NATURGESETZE

Um diese Textstelle und die Fragen, die sich daraus ergeben, besser zu verstehen, ja um überhaupt einige grundlegende Prinzipien der kantischen Philosophie nachzuvollziehen, scheint es hilfreich, Kants Begriff des Gesetzes in seinem größeren historischen Kontext zu betrachten. Die Textstelle legt durch ihre Hervorhebung des moralischen Gesetzes bereits nahe, dass es eine Verbindung zum Gesetzesbegriff gibt, jedoch wird nicht näher erläutert, was das moralische Gesetz ist oder in welcher Beziehung ich als Person zu ihm stehe. Ich möchte im Folgenden kurz auf einige Aspekte des kantischen Gesetzesbegriffs eingehen, ehe wir zu dieser Stelle zurückkehren und seine Bedeutung erklären.

Das moralische Gesetz: Der Begriff des Gesetzes hat seinen Ort vor allem im Bereich des Politischen. Könige und Regierungen erlassen Gesetze und sind dazu befugt und angehalten, sie durchzusetzen. Ebenso liegt uns viel daran, festzustellen, ob bestimmte Gesetze gerecht oder ungerecht sind. Ungeachtet der Differenzen, die wir in dieser Frage mit Blick auf die Details haben mögen, halten wir die Herrschaft des Rechts gemeinhin für einen grundlegenden und unschätzbar wichtigen Bestandteil unserer politischen Realität. Niemand steht über dem Gesetz, andernfalls wären Chaos und Anarchie, oder zumindest Not und Elend, die unausweichlichen Alternativen. Zwar stimmt Kant einer solchen Verwendung des Gesetzesbegriffs im politischen Kontext zu, will jedoch noch einen Schritt weitergehen, indem er den Begriff des Gesetzes über seine Verwendung im politischen Bereich erweitert und auf den Bereich der Moral ausdehnt. Die Tatsache, dass wir moralische Verpflichtungen haben, kann auf vielerlei Weisen ausgedrückt werden und bedürfte dafür nicht unbedingt der Bezeichnung eines moralischen Gesetzes. Man könnte ebenso gut sagen, dass man eine bestimmte Handlung X ausführen oder nicht ausführen solle oder dass eine gute Person, das heißt jemand mit einem guten Charakter, Handlung Y ausführen müsse beziehungsweise nicht ausführen dürfe. Kant hingegen, ganz in der Naturrechtstradition, die das europäische Denken der frühen Neuzeit dominierte, geht dazu über, all unsere moralischen Verpflichtungen als Fälle eines einzigen Prinzips, das er als moralisches Gesetz bezeichnet, zu betrachten. Diesem Verständnis nach müssen sämtliche unserer besonderen moralischen Verpflichtungen aus einem einzigen moralischen Gesetz folgen, wodurch dem Begriff des moralischen Gesetzes eine besonders bedeutende und elementare Funktion zukommt.

Kant entfaltet insbesondere in der *Grundlegung zur Metaphysik der Sitten* mit großer Ausführlichkeit und Gründlichkeit den Gedanken, dass unsere moralischen Verpflichtungen aus dem moralischen Gesetz hervorgehen müssen. Das moralische Gesetz muss, so Kants Argument, im, wie er ihn nennt, kategorischen Imperativ (im Unterschied zu hypothetischen Imperativen) zum Ausdruck kommen, und er stellt im Anschluss daran eine Reihe von Formulierungen des kategorischen Imperativs auf, die unsere alltäglichen moralischen Überzeugungen einfangen sollen. Die sogenannte Allgemeine-Gesetzes-Formel etwa bringt zum Ausdruck, dass Moral für jede Person gleich ist und notwendigerweise gleich sein muss; versucht man dagegen, für sich selbst Ausnahmen zu machen, handelt man unmoralisch. Die sogenannte Menschheitsformel betont die Einsicht, dass es falsch ist, andere Menschen zu instrumentalisieren, sondern dass alle Menschen es verdienen, als Zwecke und nicht bloß als Mittel behandelt zu werden. Während jede Sache einen Preis hat, zu dem sie erworben und verkauft und dadurch als bloßes Mittel gebraucht werden kann, sind Personen hiervon ausgeschlossen, da sie eine unveräußerliche Würde besitzen, die eine solche Form der Bewertung und Instrumentalisierung verbietet.

Obwohl auf diesen beiden Formulierungen des kategorischen Imperativs — mit gutem Grund — das Hauptaugenmerk der Forschung liegt, sollte man zwei weitere jedoch nicht übersehen: Die ›Reich-der-Zwecke-Formel‹ und die ›Autonomieformel‹. Die erste besagt, dass wir so handeln sollen, als würden wir einem Reich der Zwecke angehören — eine Formulierung, die religiöse Anklänge besitzt. Diese Formulierung hilft uns, eine der oben gestellten Fragen zu beantworten: Mit der unsichtbaren Welt, zu der wir gehören, ist die moralische Gemeinschaft gemeint, deren Mitglieder wir sind. Die Moral knüpft somit ein unsichtbares, jedoch äußerst reales Band, das jeden einzelnen von uns zu einem großen moralischen Ganzen vereinigt. Nach dieser Vorstellung ist das moralische Gesetz das allgemeine und notwendige Prinzip, das uns alle kraft unseres Personseins zu diesem Ganzen verbindet. Auf diese Weise hilft uns die Reich-der-Zwecke-Formel, einige der ansonsten rätselhaft klingenden Formulierungen in unserer Textstelle aus der CpV zu verstehen.

Die Autonomieformel besagt, dass wir uns selbst als autonome Wesen, das heißt nicht nur als *Subjekte* des moralischen Gesetzes, sondern als dessen *Urheber* begreifen müssen. Wir selbst sind die Gesetzgeber des moralischen Gesetzes; es gibt demnach keine fremde Autorität, die uns sozusagen gegen unseren Willen dazu zwingen würde, das moralische Gesetz als verbindlich anzuerkennen.

An dieser Stelle seien mir zwei kurze Exkurse erlaubt. *Erstens:* Kant ist in der Lage, trotz seiner Betonung der Autonomie eine modifizierte Version der göttlichen Gebotstheorie der Moral zu vertreten. Kant zufolge kann Gott auch unter diesen Annahmen als ein Wesen vorgestellt werden, das uns befiehlt, was wir zu tun haben — jedoch, und hierin liegt der entscheidende Unterschied, nur soweit, als Gott Vernunft hat, besitzt sein Gebot uns gegenüber Kraft und nicht, weil er etwa über die Macht verfügt, jedes beliebige Gebot, das er von uns einfordert, durchzusetzen. Vielmehr lässt uns die Religion nach Kant (zumindest teilweise) die Gebote, die wir uns selbst geben, gleichzeitig als Gebote betrachten, die auch Gott uns in dieser Form geben würde und tatsächlich gibt. Ebenso denkt Kant, dass uns Gott für falsches Tun bestrafen und uns belohnen wird, wenn wir gut gehandelt haben, jedoch schließt er ausdrücklich aus, dass uns Furcht vor Strafe oder Hoffnung auf Belohnung in unserem Handeln motivieren sollten.

Zweitens: Der Begriff der Autonomie erlaubt es Kant, etwas aufzulösen, was andernfalls ein unlösbares Problem bleibt: Wie können wir frei sein, wo wir doch gleichzeitig durch die Herrschaft des Rechts Verpflichtungen unterliegen und in diesem Sinne unfrei sind? Indem wir uns das moralische Gesetz selbst auferlegen, gibt es nichts Äußeres oder von uns und unserer Vernunft Verschiedenes, von dem man sagen könnte, es zwinge uns oder schränke unsere Freiheit ein. Auf diese Weise vermag Kant die Freiheit als wesentliche Eigenschaft von Personen beizubehalten und unser Handeln gleichzeitig von einem im vollen Sinne rechtmäßigen Gesetz bestimmen zu lassen.

Mit diesen zwei kurzen Ergänzungen verstehen wir nun, was uns Kants Bemerkungen zum moralischen Gesetz, gemeinsam betrachtet mit den verschiedenen Formulierungen des kategorischen Imperativs, die es in unterschiedlicher Weise zum Ausdruck bringen, sagen wollen. Erstens: Nach Kant ist das Wichtigste an uns in moralischer Hinsicht, dass wir in all unseren verschiedenen Verpflichtungen von *einem* moralischen Gesetz bestimmt werden. Zweitens: Das moralische Gesetz ist für uns notwendigerweise verbindlich – nicht für uns als bloße Tiere, sondern kraft unseres unsichtbaren vernünftigen Wesens. Drittens: Dieses Gesetz vereinigt uns notwendig zu einer einzigen moralischen Gemeinschaft, die aus der Art, wie wir uns dieses Gesetz selbst auferlegen, hervorgeht.

Naturgesetze: Ein zweiter Kontext, in dem der Begriff des Gesetzes in der Frühen Neuzeit Verwendung findet, sind die Naturwissenschaften mit ihren dramatischen Umbrüchen: In der Astronomie trat das heliozentrische Weltbild an die Stelle geozentrischer Vorstellungen des Universums; teleologische Deutungen der Welt wurden von rein mechanistischen Erklärungsmodellen abgelöst; eine mathematisch fundierte Physik stellte das Primat der Theologie in Frage; die Substanzmetaphysik, die sich mit Wesenseigenschaften und der ersten Materie befasst hatte, wurde zugunsten einer sparsameren Ontologie der Körper in Bewegung aufgegeben. Inmitten all dieser verschiedenen Lehrstreitigkeiten fand jedoch ein großer richtungsweisender Wandel statt, der das letzte *Ziel* der Naturwissenschaft betraf. Anstatt zu versuchen, Einsichten in die substantiellen Wesenseigenschaften, ihre Kausalkräfte und ihre zweckmäßige Einrichtung zu gewinnen, hofften viele Naturforscher in der Frühen Neuzeit darauf, eine überschaubare Zahl mathematisch exakter Gesetze formulieren zu können, mit denen sich der künftige Zustand der Welt mit viel größerer Genauigkeit und Zuverlässigkeit vorhersagen ließe als zuvor. Galileo Galilei war ein wichtiger Wegbereiter für dieses Vorhaben durch seine Entdeckung des Gesetzes vom freien Fall, das Aristoteles' Konzeption der Körperbewegungen, das bis dahin weithin geteilt worden war, widersprach. Daneben spielte René Descartes eine besonders entscheidende Rolle, da er den

Abb. 3 Kant mit einem heliozentrischen Modell an seinem Schreibtisch sitzend. Ein kolorierter Stich aus dem 18. Jahrhundert mit der Signatur F. Birck.

Bereich naturwissenschaftlicher Forschung um die Aufgabe erweiterte, nicht bloß Bewegungsgesetze zu finden, die die Zustände einer kleinen Gruppe von Körpern beschreiben konnten, sondern Naturgesetze zu entdecken, die für alle Körper gültig sein würden. Descartes' Erbe besteht zu einem großen Teil darin, dass man infolgedessen dazu überging, das letzte Ziel der Naturwissenschaften im Auffinden solcher Naturgesetze zu sehen.

Eine Hauptaufgabe einer so verstandenen Naturphilosophie lag zum Beispiel darin, die kleinstmögliche Zahl mathematisch exakter Naturgesetze aufzustellen, mit der sich die größtmögliche Menge an Phänomenen erklären ließe. Eine der größten Errungenschaften der frühneuzeitlichen Naturwissenschaft war Isaac Newtons Formulierung dreier Bewegungsgesetze, die erfolgreich die Bewegungen von Körpern in unterschiedlichen Umgebungen beschreiben konnten und von denen das Gesetz der universellen Gravitationskraft hergeleitet werden konnte – ein einziges Gesetz, das in der Lage war, die Bewegungen aller Körper zu erklären, sowohl der

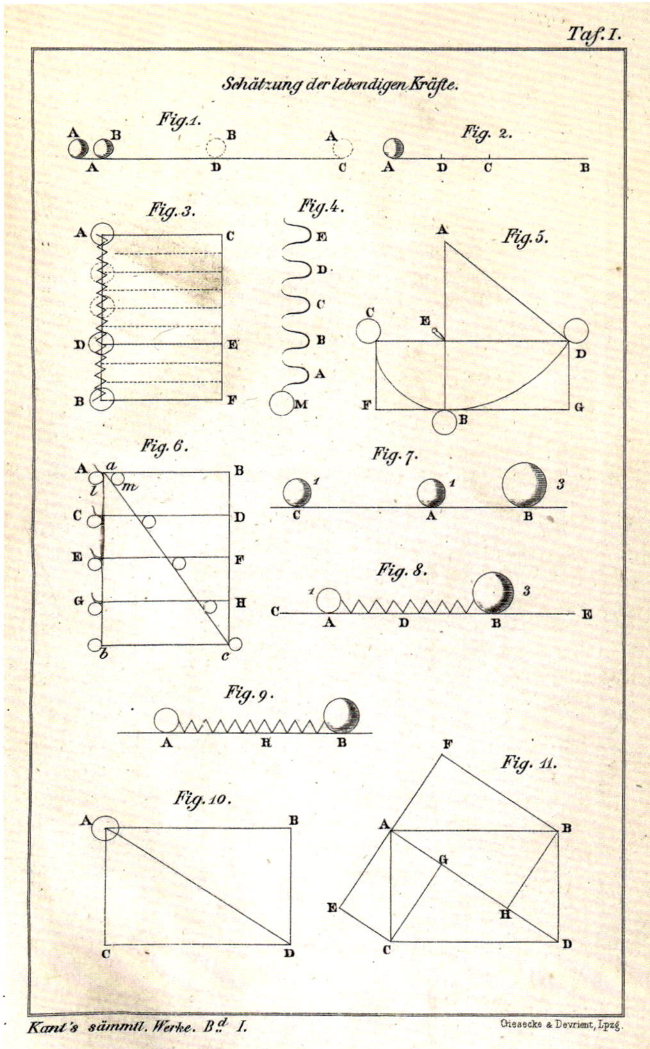

Abb. 4 In einigen Schriften Kants finden sich mathematische Zeichnungen, mit deren Hilfe bestimmte geometrische Argumentationen geführt werden. Hier die Abbildung einer Tafel, die zu Kants erster Schrift *Gedanken von der wahren Schätzung der lebendigen Kräfte und Beurtheilung der Beweise, deren sich Herr von Leibnitz und andere Mechaniker in dieser Streitsache der Schrift bedient haben, nebst einigen vorhergehenden Betrachtungen, welche die Kraft der Körper überhaupt betreffen* (Königsberg 1749) gehört. Sie entstammt der zweiten Werke-Ausgabe Gustav Hartensteins (Hartenstein 1867/1868, Bd. 1).

himmlischen als auch der irdischen. Newtons Physik wurde dadurch zum Paradigma der Naturwissenschaft der kommenden Jahrhunderte.

Zusätzlich suchten viele Naturphilosophen dieser Zeit, eine Erklärung der Naturgesetze zu liefern, die sich nicht in empirischer Anwendbarkeit erschöpft. Empirische Evidenz ist zwar stets ein gutes Zeichen, als Begründung jedoch niemals ausreichend; stattdessen wäre eine weitaus solidere Grundlage geschaffen, wenn man die Notwendigkeit der Naturgesetze in irgendeiner Weise demonstrieren könnte. Descartes leitete seine drei Bewegungsgesetze aus der Unwandelbarkeit Gottes ab, Newton sah seine drei Bewegungsgesetze als Axiome an. Auch Kant versuchte in der *Critik der reinen Vernunft* und den *Prolegomena*, eine besondere transzendentale Begründung des Grundbegriffs eines Naturgesetzes zu liefern, während er in den späteren *Metaphysischen Anfangsgründen der Naturwissenschaft* eine apriorische Rechtfertigung seiner drei Gesetze der Mechanik unternahm. Insoweit war Kant ebenfalls ein Anhänger der Auffassung, dass notwendig geltende Naturgesetze einen unabdingbaren Teil der Naturwissenschaft ausmachen.

Wenn wir also die räumlich-zeitliche Welt verstehen wollen, so denkt Kant — ganz ähnlich wie Newton —, dass Naturgesetze für alle Körper, wo immer sie sich auch in Raum und Zeit befinden, notwendig gelten. Zwar gibt es verschiedene Arten von Naturgesetzen, jedoch gelten sie alle notwendig, und idealerweise verbinden sie alle empirischen Gegenstände zu einer einzigen räumlich-zeitlich und kausal zusammenhängenden Welt, analog zu Newtons Gesetz der universellen Gravitationskraft. Dieser Gedanke ist wichtig für unsere Textstelle in der CpV, da wir nun sehen, dass das, was uns in der sinnlichen Welt mit allem übrigen verbindet, die Kausalgesetze sind, die über das hinausreichen, was uns unsere Sinne offenbaren. Tatsächlich stammt unser Wissen im Bereich der Physik über das ganz Große wie das ganz Kleine nahezu immer aus Wissensformen, die über ein bloßes Wahrnehmen hinausgehen. Vielmehr handelt es sich dabei um Arten des Wissens, das auf Schlussfolgerungen basiert und hierfür komplexe Kausalgesetze einbezieht. Genau deshalb, weil sie so weitreichend und komplex sind, wird unsere Bewunderung für sie immer größer, je vertrauter wir mit ihnen werden.

Dieser Überblick über Kants Begriff des Gesetzes und seinen historischen Kontext zeigt uns, dass für Kant sowohl die sichtbare wie die unsichtbare Welt jeweils aufgrund von Gesetzen verknüpft werden: die sichtbare Welt auf Grundlage der Naturgesetze, die unsichtbare Welt auf Basis des moralischen Gesetzes.

ZWEI OFFENE FRAGEN

Diese Darstellung des kantischen Gesetzesbegriffs erlaubt uns nun, einige der Fragen, die im Anschluss an die obige Textstelle aufgetaucht sind, zu beantworten, da wir nun besser verstehen, welche Rolle Gesetze spielen. Gleichzeitig bleiben nach wie vor zwei wichtige Fragen offen: Erstens, wie genau hängen die sichtbare und unsichtbare Welt miteinander zusammen? Zweitens, wie kann Kant den Begriff ›Gesetz‹ sowohl für das moralische Gesetz als auch für Naturgesetze verwenden? Also: was ist die Grundbedeutung von ›Gesetz‹, die beiden Verwendungen gemeinsam ist?

Kant verfügt über einen eindeutigen Begriff von ›Gesetz‹, der sowohl auf Naturgesetze als auch auf das moralische Gesetz anwendbar ist, trotz der Tatsache, dass sie in verschiedenen Kontexten entstehen und in verschiedenen Bereichen der Philosophie Anwendung finden.[2] Die Kernbedeutung von ›Gesetz‹ ist bei Naturgesetzen und dem moralischen Gesetz einheitlich und beinhaltet zwei begriffliche Bestandteile: Erstens fordert der Begriff des Gesetzes eine objektiv oder notwendig geltende Regel, wobei der Aspekt der Notwendigkeit entscheidend ist. Zweitens kann ein Gesetz nur dann Gültigkeit besitzen, wenn eine zuständige Autorität es für einen bestimmten Bereich, in dem es gelten soll, kraft eines entsprechenden Gesetzgebungsakts erlassen hat. Dieses ist in beiden Fällen auf unterschiedliche Weise erfüllt.

Betrachten wir zunächst den Aspekt der Notwendigkeit. Empiristische Vorstellungen von Naturgesetzen gehen davon aus, dass Gesetze bloß gewohnheitsmäßige Verallgemeinerungen aus den verschiedenen Ereignissen sind, die um uns herum stattfinden. Infolgedessen wären die Naturgesetze kontingent. Im Unterschied dazu zeichnet sich ein Naturgesetz aus nezessitaristischer Sicht durch Bezug auf die Tatsache aus, dass Naturgesetze bestimmen, was in der Welt geschieht. Kant schlägt sich in dieser Frage auf die Seite der Nezessitaristen (obgleich mit einigen eigenständigen Abweichungen).

Ähnliches gilt für das moralische Gesetz. Empiristische Auffassungen des moralischen Gesetzes behaupten, dass der moralische Charakter einer Handlung von kontingenten Umständen (zum Beispiel Knappheit an Ressourcen) abhängt. Nezessitaristische Konzeptionen des moralischen Gesetzes bestehen darauf, dass bestimmte Handlungen unmoralisch sind, und sich daran nichts aufgrund der zufälligen Konsequenzen, die sie zur Folge haben, ändert. Erneut ist Kant, wie wir gesehen haben, ein klarer Anhänger einer nezessitaristischen Sichtweise (obgleich auch in diesem Fall in einer eigenständigen und originären Variante, wie etwa die verschiedenen Formulierungen des kategorischen Imperativs zeigen).

Auch wenn man weitere Fragen an einen so verstandenen Begriff der Notwendigkeit richten könnte, kommen wir nun zum zweiten Begriffsbestandteil, der dafür erforderlich ist, dass etwas ein *Gesetz* ist. Dieser Aspekt kann in der Formulierung ›Kein Gesetz ohne Gesetzgeber‹ auf den Punkt gebracht werden. Es gibt eine Vielzahl von Notwendigkeiten, die keine Gesetze sind. Man denke zum Beispiel an die Notwendigkeit von Straßenverkehrsregeln, um einen sicheren Verkehr zu gewährleisten; hier bedarf es natürlich eines Gesetzgebers, um bestimmte Gesetze zu erlassen. Was einem Gesetz die notwendige Geltung verleiht, ist die Tatsache, dass es durch einen Gesetzgebungsakt erlassen wird. Im Fall der Naturgesetze vertraten viele Denker der Frühen Neuzeit in unterschiedlichen Spielarten die Auffassung, dass Gott dieser Gesetzgeber sei. Viele gingen davon aus, Gott müsse für die Naturgesetze verantwortlich sein, da er der Schöpfer von allem ist, und zwar sowohl der Dinge, die es auf der Welt gibt, als auch der Art, wie sie miteinander interagieren. Aus mehreren Gründen vertritt Kant die Position, dass wir selbst die Gesetzgeber der Naturgesetze oder zumindest der allgemeinsten apriorischen Gesetze sein müssen. An einer bekannten Stelle fordert Kant: »so klingt es zwar anfangs befremdlich, ist aber nichts desto weniger gewiß, wenn ich in Ansehung der letztern sage: *der Verstand schöpft seine Gesetze* (a priori) *nicht aus der Natur, sondern schreibt sie dieser vor*« (*Prolegomena*, 320). Die Gründe, aus denen Kant zu dieser Behauptung gelangt, sind vielschichtig und höchst kontrovers.

Allerdings kann man auch auf einfacherem Weg nachvollziehen, wie man einer solchen Position etwas abgewinnen oder sie zumindest verstehen kann. Hierzu stelle man sich vor, dass die Naturwissenschaft nicht ohne wissenschaftliche Theorien auskommt, und dass wissenschaftliche Theorien nicht möglich sind, ohne dass wir wissenschaftliche Begriffe erfinden, mit denen wir unsere Vorstellungen davon, wie die Dinge sein müssen, auf die Welt projizieren. (Man erinnere sich daran, dass Newtons Begriff der Masse vor der Einführung in seiner Theorie nicht existiert hatte). Aufgabe der Naturwissenschaften ist es nicht, alle Beobachtungen, die wir über die Welt machen, bloß zu sammeln, genauso wenig wie die Geschichtswissenschaft lediglich ein Buch ist, in dem alle vergangenen Ereignisse aufgeschrieben und festgehalten werden. Stattdessen entwerfen die Naturwissenschaften Modelle und nehmen theoretische Entitäten an; diese Entitäten sind dabei in entscheidendem Ausmaß von uns (und unseren Theorien) abhängig. Kant betont, dass Naturgesetze nichts anderes sind. Hierzu bringen wir, wenn wir Naturwissenschaft betreiben, von uns aus die Vorstellung mit, dass die Gegenstände, die wir untersuchen, in einer kausalen und gesetzmäßigen Verbindung zueinander stehen müssen; diese Vorstellung ist etwas, das wir an die Welt anlegen und das somit aus uns kommt. Kurzum, es ist für Kant unser eigener Verstand, der der Welt die Gesetzmäßigkeit der Naturgesetze vorschreibt, und nicht Gott.

Das gesetzgebende Element tritt im Fall des moralischen Gesetzes in gleicher Weise in Erscheinung wie bei den Naturgesetzen, nur mit dem Unterschied, dass es hier viel leichter einzusehen und möglicherweise auch anzuerkennen ist. Während man die Vorstellung, dass Gott das moralische Gesetz erlässt, aufrechterhalten kann, ist es für Kant in Wirklichkeit die praktische Vernunft, die aus sich selbst heraus das moralische Gesetz gibt, unabhängig davon, ob man die Person, die das Gesetz erlässt, als Gott oder als menschliches Wesen betrachtet. Das findet sich in Kants Autonomieformel wieder. So sind wir nicht nur Subjekt des moralischen Gesetzes — das heißt wir sollen das Richtige tun, ob wir wollen oder nicht —, sondern wir geben uns dieses Gesetz selbst. Es ist *unser* Gesetz und niemand anderes kann es uns gegen unseren Willen auferlegen.

Allerdings sollte man daraus nicht schließen, das gesetzgebende Element mache das moralische Gesetz für uns zu etwas Optionalem und wir könnten uns unserer moralischen Verpflichtungen dadurch entziehen, indem wir uns einfach kein Gesetz auferlegten. Betrachten wir hierzu den ersten Bestandteil des Begriffs: Das moralische Gesetz ist *notwendig,* nicht kontingent. Nimmt man diese zwei Punkte zusammen, sehen wir, dass wir uns nach Kants Verständnis kraft unserer Vernunft (und nicht auf Grundlage irgendwelcher zufälligen Neigungen, die wir haben oder nicht haben, oder bestimmter Entscheidungen, die wir treffen oder nicht treffen) notwendigerweise das moralische Gesetz selbst auferlegen, genauso wie es notwendig ist, dass wir der Natur eine Gesetzmäßigkeit in Form der Naturgesetze vorschreiben.

Versteht man Kants allgemeinen Gesetzesbegriff so, dass er diese beiden Bestandteile, Notwendigkeit und Gesetzgebung, umfasst, und untersucht man, wie dieser Begriff sowohl auf Naturgesetze als auch auf das moralische Gesetz zutrifft, erhalten wir nun eine Antwort auf die erste unserer beiden Fragen, wie es einen einheitlichen Begriff des Gesetzes geben kann, der eine gemeinsame begriffliche Basis für die Rede von Naturgesetzen und dem moralischen Gesetz bildet.

Mehr noch. Wir haben damit auch die Grundlage für eine Antwort auf unsere zweite Frage geschaffen. Wir haben gesehen, dass die sichtbare und die unsichtbare Welt mit Hilfe von Gesetzesbegriffen beschrieben werden können. Dies ist möglich, weil Gesetze die formalen Prinzipien sind, die Entitäten zu einer einzigen Welt verknüpfen, sowohl in der sichtbaren Welt, die von den Naturwissenschaften erforscht wird, als auch in der unsichtbaren Welt, der wir kraft unserer Vernunft angehören. Darüber hinaus können wir aber auch einsehen, dass wir mit der sichtbaren sowie der unsichtbaren Welt mittels dieser Gesetze in einer besonders wichtigen Weise verknüpft sind. Gerade weil Kant die Position vertritt, dass Gesetze unser als Gesetzgeber bedürfen, die die Macht besitzen, solche notwendigen Gesetze vorzuschreiben, ergibt sich die Konsequenz, dass wir Menschen als vernünftige Wesen sogar noch fundamentaler sind als die Gesetze. Dies liegt darin begründet, dass der Mensch selbst Quelle und Ursprung der Gesetze ist, die über alles herrscht (in der sichtbaren wie der unsichtbaren Welt). Hieraus können wir nun verstehen, weshalb Kant davon überzeugt ist, dass es etwas gibt, was den Menschen über alles andere erhebt und ihm einen unendlichen Wert verleiht: Es ist unsere Fähigkeit, der sichtbaren und der unsichtbaren Welt, in der wir leben, *Gesetze zu geben.* Hierdurch zeichnen wir uns und unsere besondere Beziehung zur Welt aus. Aus diesem Grund rühren die »Bewunderung« und »Ehrfurcht«, die wir empfinden, wenn wir mit der sichtbaren und der unsichtbaren Welt in Kontakt kommen, nicht nur von den Gesetzen her, die diese Welten beherschen und die sie zu dem machen, was sie sind. Der Grund hierfür liegt insbesondere auch darin, dass wir selbst in einem letztverbindlichen Sinn Urheber und Ursprung dieser Gesetze sind.

Übersetzung aus dem Englischen:
Johannes Nickl, University of St Andrews, Schottland

1 CpV, 161f.

2 Für eine ausführliche Auseinandersetzung mit der Frage, wie Kant diesen Zusammenhang entfaltet, siehe Watkins 2019.

– – –

Abb. 1 Dahlem: Installation. © Björn Dahlem, Ankauf Sammlung Mudam Luxembourg 2011; © Foto: Roman März

Abb. 2 Foto eines Abendhimmels. Alamy Stock Photo 2AAGMCX

Abb. 3 Birck: kolorierter Stich. imago images/ Leemage 0063618957

Abb. 4 Kant: Tafeln. Bayerische Staatsbibliothek, URL: opacplus.bsb-muenchen.de/title/ BV020090970 am Ende des Buches

Abb. 5 Mohler: Comic. URL: existentialcomics.com/comic/202

Abb. 5 Diese Comic-Sequenz, in der Kants Einzigartigkeit und philosophische Größe freundlich ironisiert wird, ist Teil eines umfangreichen Webcomic-Projekts des US-amerikanischen Software-Entwicklers Corey Mohler mit dem Titel *Existential Comics*. Seit 2013 veröffentlicht Mohler diese Comics; derzeit umfasst seine Arbeit die Beschäftigung mit mehr als 120 PhilosophInnen.

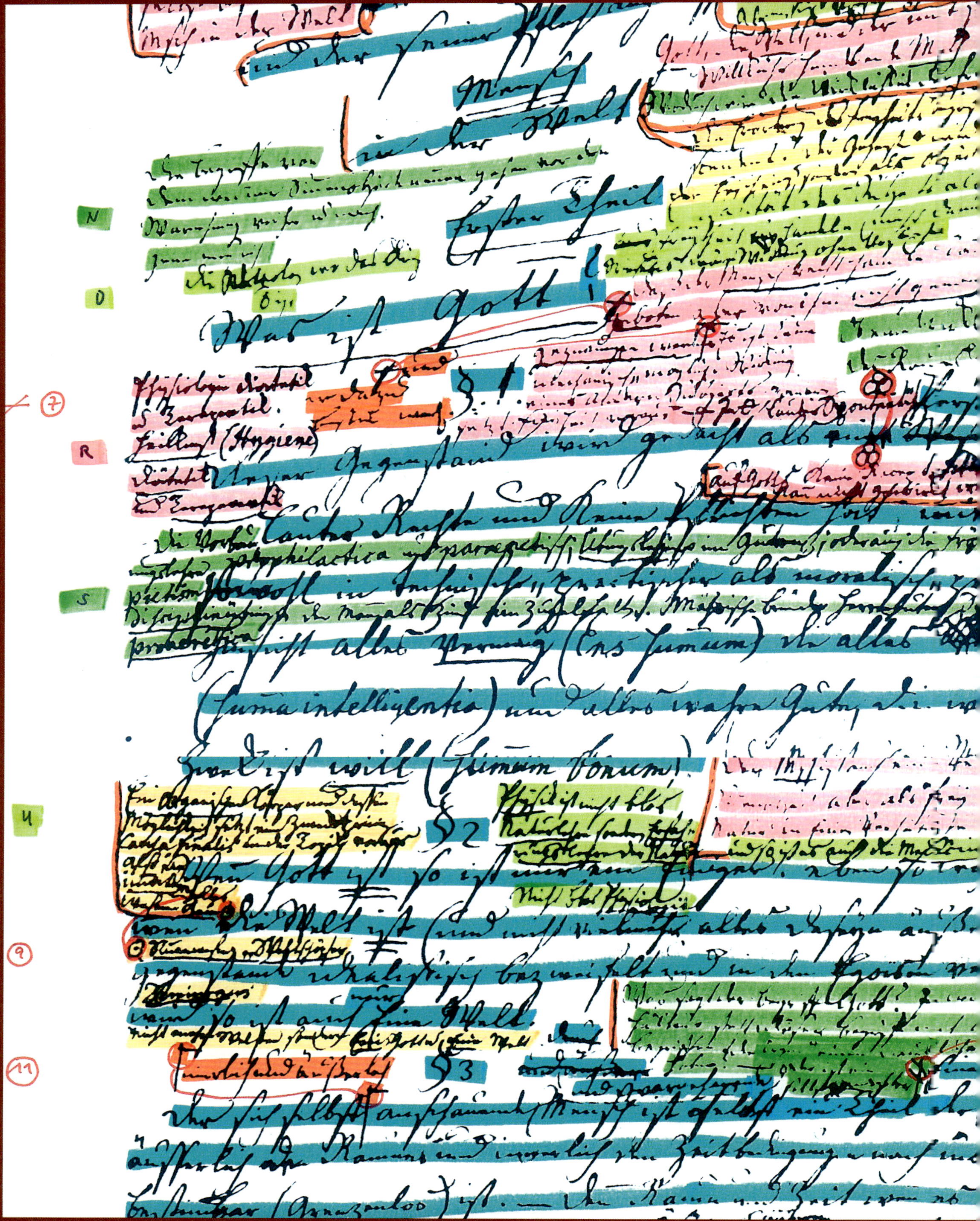
Erster Theil
Was ist Gott
§ 1
(Ens summum)
(summa intelligentia)
§ 2
§ 3

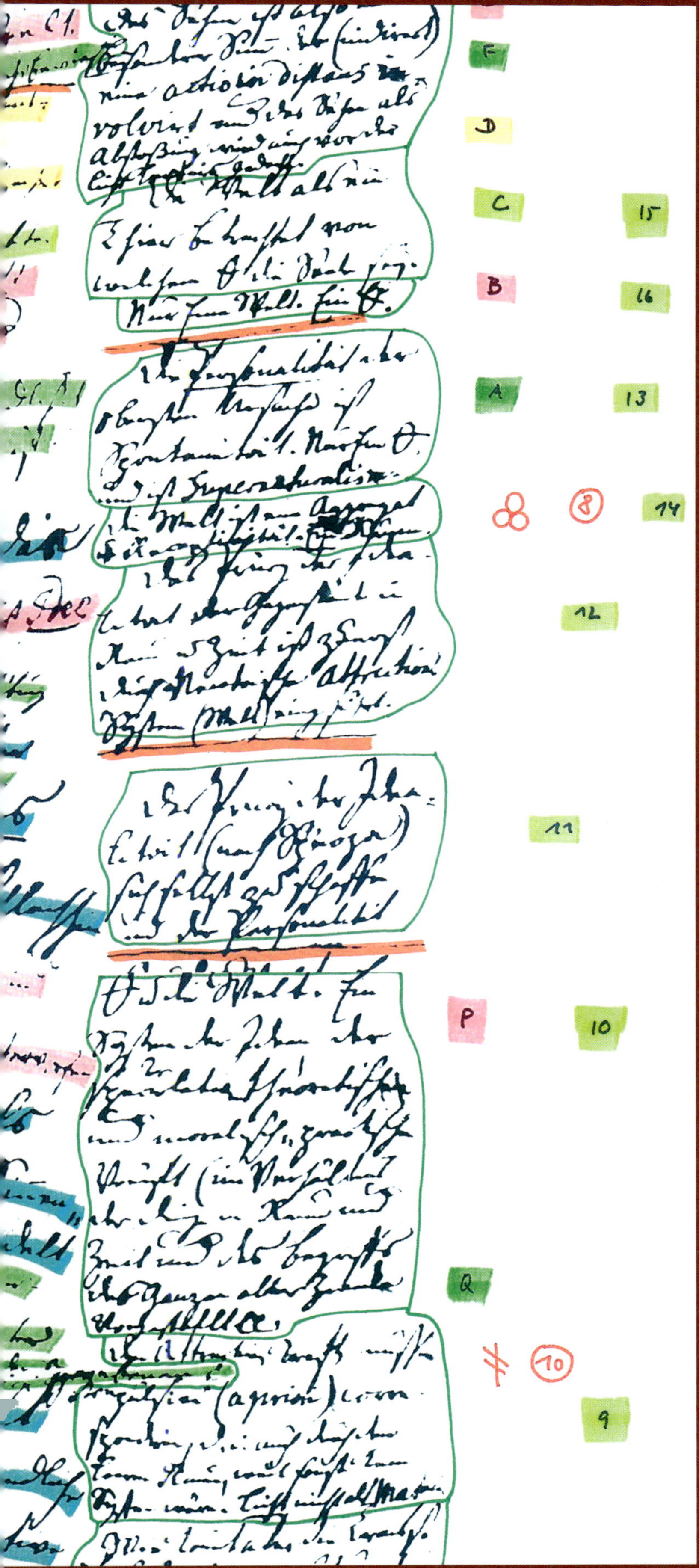

4

GRUNDLAGE DER WIRKUNGSGESCHICHTE: TEXT-EDITIONEN

← **Kopie einer Handschrift Immanuel Kants** Aus dem Manuskript Ms. germ. fol. 1702, Convolut I, 19, mit Markierungen für die Neuedition des *Opus postumum* in den Bänden XXI und XXII der Nachlass-Abteilung der Akademie-Ausgabe von *Kant's gesammelte Schriften,* die von der Berlin-Brandenburgischen Akademie der Wissenschaften herausgegeben wird. Die Neuedition dieses Nachlasswerkes liegt in den Händen von Eckart Förster und Jacqueline Karl.

↑ **Abb. 1** Der Bildhauer Joseph Mattersberger fertigte um 1795 nach eigenen Zeichnungen eine Porträtbüste von Immanuel Kant an, für die ihm der Philosoph, der kunsthistorischen Forschung zufolge, selbst Modell gesessen hat. Die Originalbüste ist seit 1945 verschollen. Die Abbildung zeigt einen Eisennachguss, den die Künstlerin Anna-Franziska Schwarzbach nach einer Gipsnachbildung der Mattersberger-Büste in Zusammenarbeit mit der Gießerei Lauchhammer angefertigt hat. Bei Lauchhammer ließ schon Joseph Mattersberger seine bildhauerischen Arbeiten abgießen und setzte damit wesentliche Impulse für den künstlerischen Eisenguss Anfang des 19. Jahrhunderts. Er hatte mit dieser Büste ein für die Aufklärungszeit ungewohnt naturalistisches und gleichzeitig antikisierendes Porträt geschaffen, das allerdings von den Zeitgenossen abgelehnt wurde, da es augenscheinlich keine idealisierte Auffassung von Kant im Sinn hatte. Ein derart nahbarer Kant mit offenem Kragen und ohne Perücke entsprach nicht den gesellschaftlichen Konventionen öffentlichkeitstauglicher Darstellung seiner Zeit. Heute erscheint diese Büste wie eine Vorbotin der Moderne.

JACQUELINE KARL

Das *neue Opus postumum* – ein Werkstattbericht

Ab Mitte der 1790er Jahre arbeitet Kant an einem Werk, welches er selbst als »sein Hauptwerk, ein *Chef d'œuvre*«,[1] bezeichnet hat. Es sollte den »Schlußstein«[2] seiner Kritischen Philosophie bilden. Das Ausgangsproblem ist der Übergang von der rationalen Metaphysik der Natur zu den empirischen Wissenschaften, vornehmlich der Physik, Chemie und Biologie. Im Prozess der philosophischen Überlegungen werden immer weitere Teile der Kritischen Philosophie einbezogen: neben naturphilosophischen und erkenntnistheoretischen Themen auch moralphilosophische und theologische Probleme. Daraus entwickelt sich gegen Ende von Kants Bemühungen die Konzeption eines grundlegenden Werkes zur Transzendentalphilosophie. Die Aufgabe, vor der Kant steht und die er zu lösen versucht, ist nämlich nichts Geringeres, als einen Übergang zwischen den durch die Vernunftkritik getrennten Bereichen der Kritischen Philosophie zu finden.

Dieses Werk wird nun innerhalb der Akademie-Ausgabe neu herausgegeben, und zwar, wie bisher auch, in den Bänden XXI und XXII. Was genau bedeutet *neues Opus postumum?* Grundsätzlich Neues zur vorliegenden alten Edition in der Akademie-Ausgabe ist schnell aufgeführt: Durch die Neuedition von Kants Nachlasswerk wird die Ausgabe von Artur Buchenau und Gerhard Lehmann von 1936 und 1938 ersetzt, und zwar durch eine historisch-kritische Edition. Im Unterschied zur Ausgabe Lehmanns, die einen diplomatischen Abdruck eines auch mit dem Titel *Opus postumum* bezeichneten Manuskriptes wiedergibt, das jedoch *nicht* mit dem Nachlasswerk identisch ist, und zwar weder in der Chronologie noch im Textbestand, wird in den neuen Bänden der *vollständige* Text des Nachlasswerkes in *chronologischer* Abfolge präsentiert. Damit kommen auch die Texte zum Abdruck, die dem ›Übergangswerk‹ zugeordnet werden können, sich aber außerhalb des Manuskriptes befinden. Alle anderen gleichfalls in der Handschrift enthaltenen Texte, die nicht zum Nachlasswerk gehören, wie zum Beispiel Vorarbeiten zur *Critik der practischen Vernunft* und anderen Werken, Briefentwürfe und ebenso die Alltagsnotizen des greisen Kant, werden eliminiert. Neben der abweichenden inhaltlich bedingten Textauswahl und der chronologischen Anordnung der Manuskriptteile werden auch die in den bisherigen Editionen des *Opus postumum* vorkommenden Lesefehler, falsche oder unnötige Texteingriffe, inkorrekte Zuordnungen von einzelnen Textteilen und Zusätzen sowie fehlerhafte Interpretationen von Kants Verweisen innerhalb des Manuskripts korrigiert beziehungsweise, wenn sie nicht vorhanden sind, möglichst ergänzt. Verantwortliche HerausgeberInnen sind Eckart Förster (Berlin) und die Verfasserin, die auch für die neue Transkription und die editorische Bearbeitung zuständig ist.[3]

Kant hat bis zum Ende seiner Kräfte an diesem Projekt gearbeitet, konnte sein Vorhaben aber nicht mehr zu Ende führen. In dem nachgelassenen Manuskript im Umfang von 580 Seiten liegt kein fertiges Werk, aber auch kein Fragment vor. Was wir vorfinden, das sind zahlreiche Vorarbeiten auf den später so genannten ›Losen Blättern‹ und, da Kant mehr als einmal versucht hat, das Problem des ›Übergangs‹ zu lösen, mehrfach synchron und diachron bearbeitete Entwürfe – neben dem Oktaventwurf sind dies 13 Entwürfe auf Foliobögen. Das von Kant intendierte Werk ist vielmehr als ein ›Arbeitsmanuskript‹ mit experimentellem Charakter zu bezeichnen. Es enthält neben reinschriftlichen Texten immer wieder Neuansätze, Wiederholungen, eine Vielzahl von teilweise mehrfachen Korrekturen sowie zahlreiche Zusätze und Notate.

Die eigentliche editorische Arbeit und das mit ihr verbundene *Neue* besteht nun zumeist im Detail: in einer oft akribischen, langwierigen und auch mühsamen Arbeit am Einzelnen und am Manuskript. Die Handschrift zu lesen und schwer oder kaum lesbare Stellen zu entziffern, ist die eine Seite, die andere: die Zuordnung von einzelnen Textteilen und der chronologische Nachvollzug der Niederschrift auf der einzelnen Manuskriptseite oder einem ganzen Foliobogen. Deshalb wurde zunächst parallel zur Transkription eine chronologische Analyse der Niederschrift vorgenommen, die von der Arbeitsweise des Autors Kant ausging. Aus dem handschriftlichen Nachlass, der Korrespondenz und Berichten von Zeitgenossen ist der Kant-Forschung annähernd bekannt, dass die kantischen Schriften einen mehrstufigen

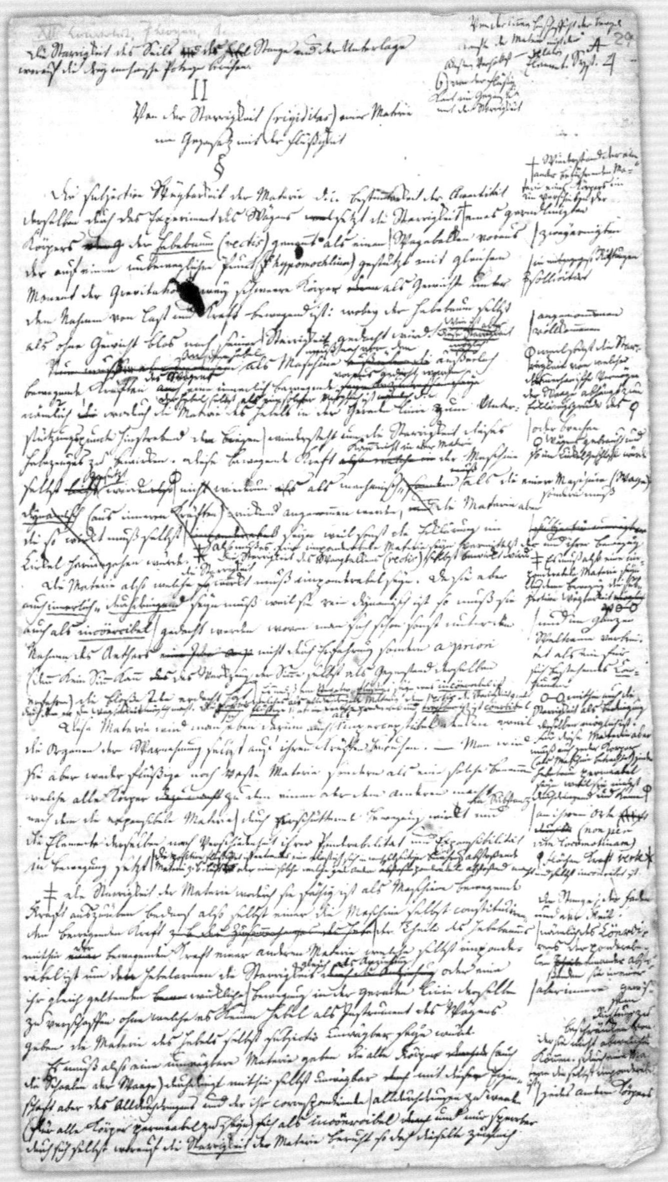

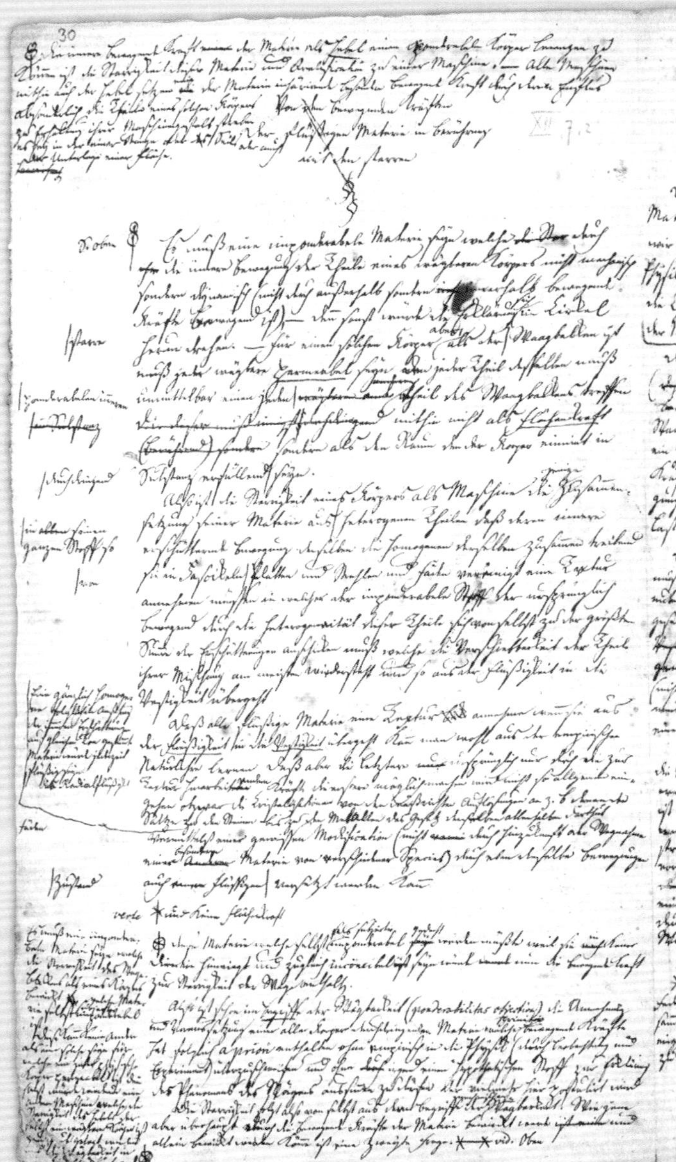

Abb. 2 und 3 Auf diese beiden handschriftlichen Seiten Kants aus dem *Opus postumum* (8. Entwurf, Convolut XII, Seite 29 und 30 nach neuer Paginierung) nimmt im Folgenden das erste Beispiel Bezug, mit dem die Besonderheiten der editorischen Bearbeitung veranschaulicht werden sollen. In diesem ersten Beispiel geht es um Probleme der Zuordnung später eingefügter Zusätze Kants.

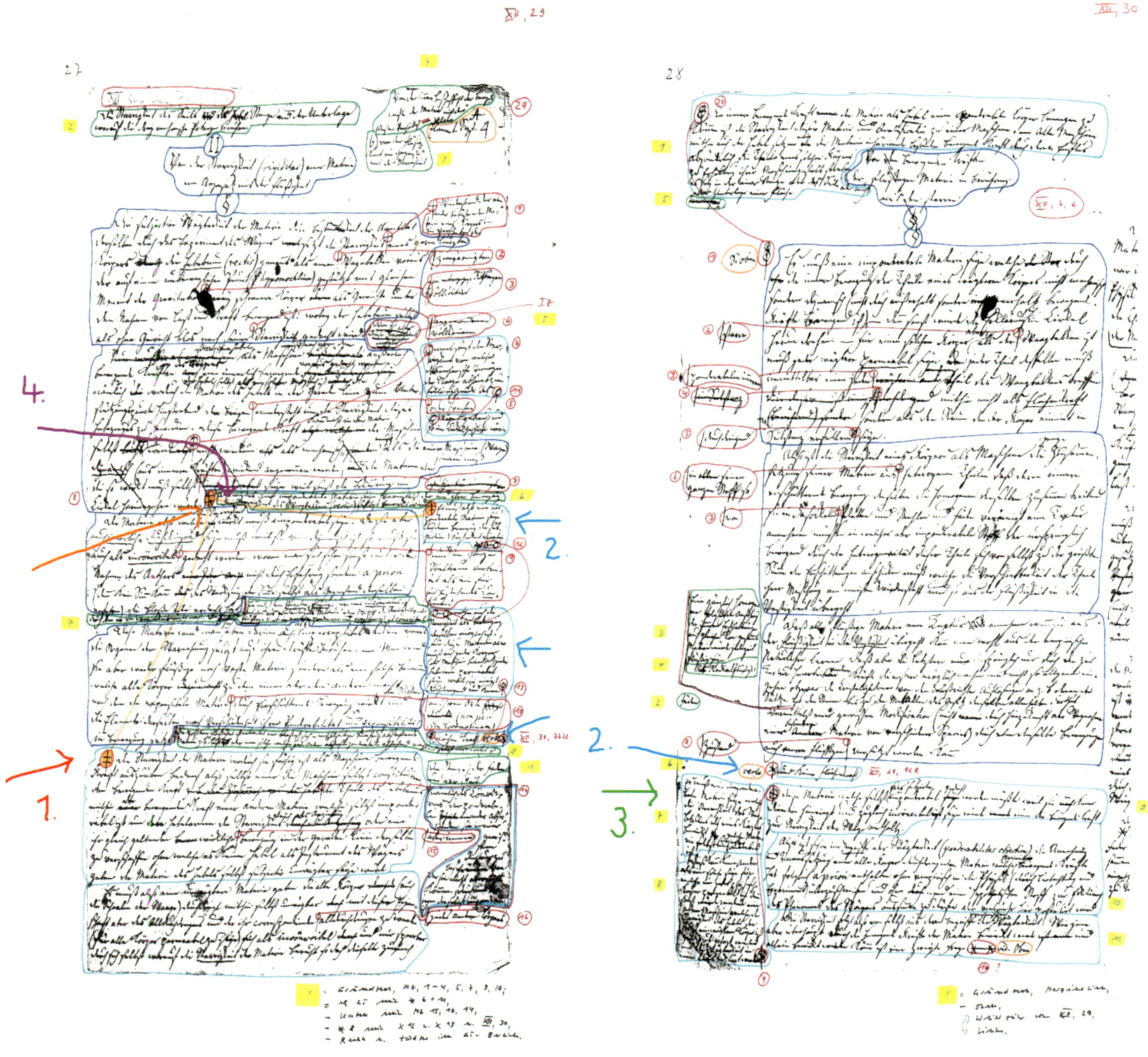

Abb. 4 und 5 Zunächst wird die Reihenfolge der Entstehung der Textteile analysiert. Diese Reihenfolge wird mittels farbiger Markierungen in eine Kopie der originalen Seiten eingetragen und damit sichtbar gemacht. Anhand dieser Reihenfolge-Analyse werden Entscheidungen für die Edition getroffen.

Herstellungsvorgang durchliefen, der mit der Niederschrift von Reflexionen auf ›Losen Blättern‹ begann und über mehrfache Umarbeitungen zu Entwürfen, der Reinschrift und Abschrift bis hin zur Druckvorlage führte. Aber nicht nur bei der Abfassung seiner Werke, sondern auch bei seinen schriftlichen Entwürfen oder Vorarbeiten auf Foliobögen hat der Autor in der Regel eine bestimmte Vorgehensweise mit deutlich unterscheidbaren Arbeitsgängen eingehalten: In Orientierung an einem Satzspiegel ist die Folioseite in Text und äußere Ränder eingeteilt. Zunächst schreibt Kant den Text, die Ränder bleiben unbeschrieben. In einer zweiten Arbeitsphase korrigiert Kant den Text durch Interlinear- und Marginalzusätze. In einem weiteren Arbeitsgang notiert Kant auf den Rändern Zusätze, die gegenüber dem Text entweder eigenständig sind oder als zweite Fortführungen beziehungsweise Alternativen in einem direkten Zusammenhang zum Text stehen. Neben der unterschiedlichen Verwendung von Verweis- und Verbindungszeichen ist auch eine interessante Eigenart von Kant zu beachten: Er notierte die Zusätze auf den frei belassenen Seitenrändern nicht, wie man erwarten könnte, nacheinander von oben nach unten, sondern von unten nach oben.[4]

Ursprünglich war vorgesehen, das Ergebnis der Chronologie der Niederschrift insgesamt in der Neuedition umzusetzen. Leider tut uns Kant nicht den Gefallen, alle Seiten so zu beschreiben, dass sich die Chronologie zweifelsfrei nachweisen lässt. In den beiden letzten Entwürfen aus der Zeit von April 1800 bis Februar 1803 ist selbst der kleinste Platz beschrieben, letzte Zusätze finden sich oftmals zwischen den Zeilen bereits geschriebenen Textes, und die Zuordnung von einzelnen Teilen eines Zusatzes, ja sogar von einzelnen Zeilen oder Worten ist derart kompliziert, dass nur die von mir eingetragenen farbigen Markierungen die Unterscheidung der einzelnen Textabschnitte als Vorbereitung für die Transkription möglich machten (siehe Eingangsseite dieses Kapitels).

Angesichts dessen haben wir uns entschieden, die Chronologie der Niederschrift in der Neuedition nur in eindeutigen Fällen umzusetzen, in zweifelhaften Fällen nicht, da sie auf Spekulation beruhen und insofern dem Kriterium der Wissenschaftlichkeit nicht genügen würde. Bei der Erschließung der Manuskriptseiten, bei editorischen Entscheidungen bis hin zur Anordnung des Textes auf der Druckseite sind die diesbezüglichen Beobachtungen und Analysen aber immer hilfreich gewesen.

Wer Neues auf den Weg bringen will, geht auch Umwege, sucht manchmal nach Auswegen, findet sich auch ab und zu in einer Sackgasse wieder, allerdings nicht ohne Erkenntnisgewinn für eine angemessene Entscheidung. Kant macht es uns in der Tat nicht leicht. Oft fehlt die vom Editor für seine Arbeit so gewünschte Eindeutigkeit. Es hilft dann nur: den Charakter der Handschrift zu beachten, die Intention des Autors versuchen nachzuvollziehen und – als ein maßgebliches Kriterium einer historisch-kritischen Ausgabe – davon auszugehen, dass der Autor sich nicht getäuscht hat, auch wenn unsereins nicht gleich eine überzeugende Lösung findet.

Drei Beispiele sollen anschaulich machen, mit welchen Problemen wir bei der editorischen Arbeit konfrontiert wurden und welche *neuen* Lösungen wir gefunden haben, indem wir der Intention und der Feder des Philosophen Kant gefolgt sind, der als Autor »das Einzelne mit der Feder in der Hand durchdenkt«.[5]

FORTSETZUNGEN OHNE ENDE

Wir befinden uns im 8. Entwurf:[6] Auf den Seiten 29 und 30, nach der neuen Paginierung,[7] (Abb. 2 und 3) besteht das Problem in der Zuordnung von vier Zusätzen, zwei davon hat Kant mit identischen Verweiszeichen versehen, die zwei anderen ohne Verweiszeichen notiert.

Auf den Arbeitsseiten ist das Ergebnis der Strukturanalyse anhand von Farben kenntlich gemacht: orange für die rechts oben stehende Bogensignatur »A Elementarsystem 4«, blau für den zuerst geschriebenen Text, rot für die auf den Rändern eingetragenen Marginalien, grün für selbständige Zusätze auf den Rändern und hellblau für Alternativen, Fortsetzungen und Fußnoten.

Die Stelle, die man sich genauer ansehen sollte, befindet sich auf der linken Seite 29, am Ende des zweiten Absatzes, markiert durch einen orangefarbenen Pfeil (Abb. 4). Was genau ist hier passiert?

Kant streicht die letzten vier Zeilen des 2. Absatzes und ersetzt diese durch eine Alternative am rechten Rand, etwas weiter oben, durch hellblaue Umrandung markiert. Das am Ende des besagten Absatzes stehende Verweiszeichen, hier orange hervorgehoben, ist auch durchgestrichen. Allerdings finden wir dieses Verweiszeichen noch an zwei weiteren Stellen auf der Seite: am unteren Rand, worauf der rote Pfeil verweist, und am rechten Rand zu Beginn des Zusatzes, auf den der oberste hellblaue Pfeil zeigt. Inhaltlich handelt es sich in beiden Fällen um Fortsetzungen des 2. Absatzes.

Sollte Kant wirklich das Verweiszeichen gestrichen haben, die Fortsetzungen selbst aber nicht? In einer dokumentarisch genauen Transkription wäre das Verweiszeichen als gestrichen wiederzugeben. Aber das macht nicht wirklich Sinn. Ein kleinliches Beharren auf bestimmten Prinzipien würde – nicht nur in diesem Fall – den Charakter der Handschrift und die damit oft fehlende Eindeutigkeit missachten, so dass wir zu dem Ergebnis kamen, dass Kant die Feder bei der Streichung einfach zu weit gezogen hat.

Sehen wir uns zunächst die durch hellblaue Pfeile und durch hellblaue Umrahmung markierte Fortsetzung am rechten Rand an: Sie besteht aus drei Teilen und endet mit dem Verweis: »verte« und einem Verweiszeichen, das bedeutet eine Aufforderung zum Umblättern. Tatsächlich finden wir die letzten drei Wörter auch auf der nächsten Seite, an der Stelle, auf die der hellblaue Pfeil zeigt (Abb. 5). Gleich daneben auf dem linken Rand – dorthin zeigt der grüne Pfeil – beginnt ein, hier hellblau umrahmter, Zusatz, der durch ein Verbindungszeichen am unteren Rand weitergeführt wird. Dieser ist sowohl sprachlich als auch inhaltlich als eine weitere Fortsetzung zu verstehen. Und wir finden noch eine Fortsetzung, und zwar wieder auf der linken Seite 29 im Anschluss an das versehentlich gestrichene Verweiszeichen, auf diese zeigt der pinkfarbene Pfeil (Abb. 4).

In summa: Es gibt also vier Fortsetzungen! Und zwar in einer Chronologie, die durch die Ziffernfolge auf den Arbeitsseiten deutlich gemacht wird und auf die man anhand der folgenden Annahmen kommt: Erstens ist davon auszugehen, dass Kant die Fortsetzungen *mit* Verweiszeichen vor den anderen (ohne) geschrieben hat. Zweitens ist es unwahrscheinlich, dass er von den Fortsetzungen *mit* Verweiszeichen als erste diejenige am Rand notiert hat, ist doch am unteren Rand wesentlich mehr Platz frei gewesen. So ergibt sich: Auf Seite 29 ist die Fortsetzung am unteren Rand (rote Ziffer 1) als erste geschrieben, dann als zweite diejenige am Rand rechts (hellblaue Ziffer 2). Von den beiden anderen ist die Fortsetzung auf der Seite 30 am freien linken und unteren Rand die dort zuerst geschriebene (grüne Ziffer 3), und zwar wurde sie im Anschluss an die zweite umlaufende Fortsetzung (blaue Ziffer 2 auf Seite 29) geschrieben. Als letzte ist diejenige anzusehen, die eingeschoben hinter dem versehentlich gestrichenen Verweiszeichen auf der linken Seite 29 steht (pinkfarbene Ziffer 4). Für sie war nur noch sehr wenig Platz frei, da der rechte Rand zu dem Zeitpunkt bereits beschrieben war.

In der bisherigen Akademie-Ausgabe bringt Lehmann die Fortsetzungen nicht nacheinander und auch in anderer Reihenfolge und Zuordnung: die vierte Fortsetzung (pinkfarbene 4), im Apparat als »späterer Zusatz« ausgewiesen, ordnet er im Anschluss an Textabsatz 2 ein; im Anschluss daran die zweite (hellblaue 2), in seinem Apparat »als Fortsetzung der zweiten Fassung« bezeichnet; gefolgt von der dritten Fortsetzung (grüne 3); danach folgt laut Lehmann Textabsatz 3 des Haupttextes und der darunter stehende Zusatz sowie Textabsatz 4 des Haupttextes und der darunter stehende Zusatz von Seite 29, und erst jetzt ordnet Lehmann in der ganzen Abfolge die erste Fortsetzung (rote 1) ein, wobei er im Apparat auf das identische Verweiszeichen zur oberen Stelle aufmerksam macht, das auch Lehmann für »wohl versehentlich gestrichen« hält.[8] In der neuen Ausgabe werden alle Fortsetzungen in chronologischer Folge abgedruckt, versehen mit den notwendigen Erläuterungen.

EINE ODER MEHRERE STREICHUNGEN?

Bevor wir uns der zweiten problematischen Stelle zuwenden, sollten wir uns zunächst einen Gesamteindruck über die zwei betroffenen Seiten aus dem 9. Entwurf verschaffen: auf den Seiten 27 und 28 (nach neuer Paginierung)[9] hat Kant den Text teilweise beziehungsweise komplett gestrichen und dafür eine inhaltliche Alternative beziehungsweise eine neue Fassung zwischen den Textabschnitten auf Seite 27 und an den Rändern auf Seite 28 formuliert.

Bevor Kant sich entscheidet, die erste Textfassung auf beiden Seiten durch vertikale Streichung zu verwerfen, überarbeitet er eine Stelle im ersten Absatz auf Seite 28 ziemlich umfangreich, in der Abbildung rot umrandet (Abb. 7). Die Schwierigkeit für uns Editoren bestand darin, dass das Ende des zwischen die Zeilen geschriebenen Interlinearzusatzes, in der Abbildung mit einem roten Punkt markiert (Abb. 7), inhaltlich und syntaktisch nicht an den Anfang der darunter stehenden Zeile anschließt – wie man erwarten könnte –, sondern statt dessen an den Anfang des dritten Textabsatzes des Haupttextes, worauf der rote Pfeil verweist (Abb. 7). Üblicherweise bezieht Kant derartige Stellen durch identische Verweiszeichen aufeinander, in diesem Fall allerdings nicht. Und das ist das Problem.

Sollte er es ausnahmsweise vergessen haben? Nein, es ist nicht nötig gewesen! Die Lösung ist zu finden, wenn man sich die vertikalen Streichungen sehr genau ansieht. Dabei fällt auf, dass an zwei Stellen die Federstriche nicht mit einem Mal durchgezogen sind, sondern an der oberen Stelle

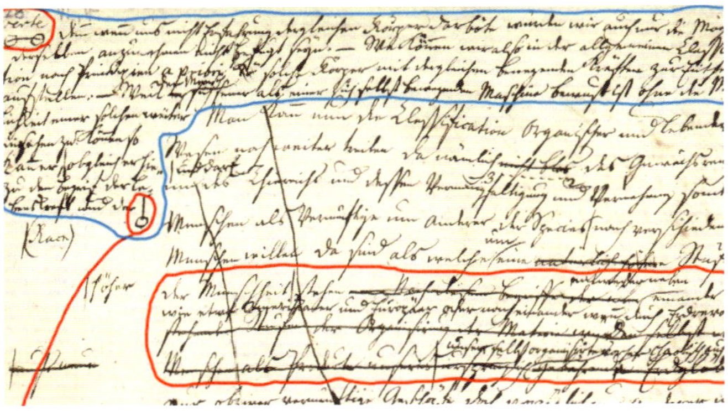

Abb. 6 In dem zweiten Beispiel für eine editorische Problematik auf den Seiten 27 und 28 nach neuer Paginierung im Convolut II (im 9. Entwurf) geht es um die Frage, wie viele und wann Kant welche Textstreichungen vorgenommen hat und welcher inhaltliche Zusammenhang sich durch die Analyse der Anzahl und Reihenfolge dieser Streichungen ergibt.

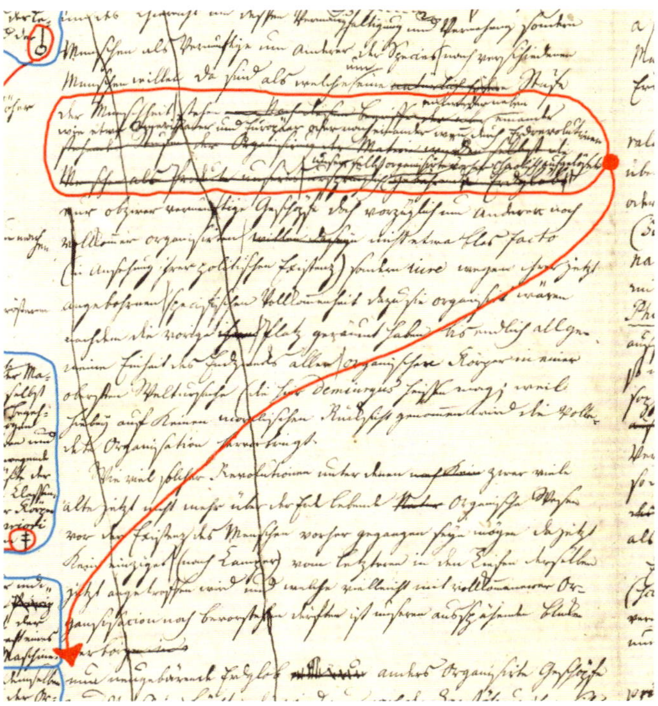

Abb. 7 In dieser und den folgenden zwei Abbildungen geht es darum, mit Bezug auf das zweite hier behandelte Beispiel eines editorischen Problems, Schritt für Schritt die Manuskriptanalyse und die editorischen Schlussfolgerungen nachvollziehbar zu machen. Die erste Frage, die sich bei der Betrachtung der Handschrift stellt, dreht sich um die zeitliche Reihenfolge horizontaler und vertikaler Streichungen, cie Kant in seinem eigenen Manuskript vornahm.

gehen zwei Striche ineinander über und an der unteren sind sie nicht miteinander verbunden (Abb. 8)! Das kann nur bedeuten: Kant hat den Text nicht mit einem Mal gestrichen, sondern zunächst hat er den Passus im ersten Absatz korrigiert, den wir horizontal durchgestrichen sehen, dann führt er die Überarbeitung unterhalb des zweiten Absatzes im Haupttext weiter und streicht — hier pink markiert — von dieser Korrekturstelle an den Rest des ersten Absatzes und den zweiten Absatz des Haupttextes, so dass für ihn die Verwendung von Verweiszeichen nicht nötig war (Abb. 9). Die Weiterführung — ohne Verweiszeichen, auf die links in der Abb. 7 der rote Pfeil zeigt — stellt auch inhaltlich eine zweite Fassung zum darüber gestrichenen Text dar. Dann aber entscheidet er sich, die gesamte inhaltlich zusammengehörende Textpassage zu streichen, also teilweise den Text auf der vorhergehenden Seite 27 und den kompletten Text auf der Seite 28, auf der wir uns jetzt befinden. Auf dieser Seite ergänzt er einfach die bereits bestehende ›pinkfarbene‹ Streichung oberhalb und unterhalb durch ›blaue‹ Striche (Abb. 9), so dass der Eindruck einer ›einmaligen‹ Streichung entsteht, und formuliert, wie bereits erwähnt, zwischen den Absätzen und an den Rändern beider Seiten eine inhaltlich neue Fassung.

Es gibt demnach drei Textfassungen, in ihren Bearbeitungsstufen angeführt: erstens den ursprünglichen Text auf beiden Seiten, zweitens auf der zweiten Seite die korrigierte Fassung des ersten Absatzes mit ihrer Weiterführung unterhalb des zweiten Absatzes des Haupttextes sowie der vertikalen pinkfarbenen Streichung des Textes zwischen korrigierter Textpassage und Weiterführung (siehe Abb. 9) und drittens dann die komplett neu geschriebene inhaltlich neue Fassung (hier mit hellblauer Umrandung, siehe Abb. 9) mit vertikaler Streichung auf Seite 27 und ergänzender vertikaler blauer Streichung auf Seite 28. Auf den simulierten Druckseiten der Neuedition werden wir — in umgekehrter Reihenfolge — die Textfassung ›letzter Hand‹ als edierten Text wiedergeben und die gestrichenen Fassungen im philologischen Apparat erster und zweiter Stufe.

In der bisherigen Akademie-Ausgabe druckt Lehmann komplett gestrichene Absätze in der Regel als edierten Text ab und weist sie im Apparat als gestrichen aus. Dem entsprechend bringt Lehmann den vertikal gestrichenen Text von Seite 27 als edierten Text mit dem Vermerk »gestrichen« im Apparat.[10] Nach einer Lehmann zufolge angeblich »undurchstrichenen Fortsetzung« des ersten Satzes,[11] die allerdings eine Ersetzung ist und sich integrieren lässt, und eines Zusatzes am Rand rechts folgt die (hier hellblau umrandete) inhaltlich neue Fassung von Seite 27 und 28. Weiter geht es bei Lehmann mit den korrigierten und gestrichenen Fassungen von Seite 28, teilweise im edierten Text, teilweise im Apparat abgedruckt. Abgesehen von der völlig anderen Textanordnung im Vergleich zur Neuedition insgesamt besteht das entscheidende *Neue* im unterschiedlichen Umfang der pinkfarben gestrichenen Textpassagen: Bei Lehmann wäre der zweite vertikal gestrichene Absatz blau markiert, also erst in der nächsten Überarbeitung von Kant gestrichen worden.

Der Unterschied in der Textanordnung und im Erkennen und Umsetzen der drei Textstufen ist insgesamt keineswegs marginal: Erstens wird der fortlaufende Text ›erster Hand‹ von den Seiten 27 und 28 bei Lehmann unterbrochen angeordnet, zweitens, da Lehmann nicht erkannt hat, dass die erste pinkfarbene Streichung auf Seite 28 auch den zweiten Absatz umfasst, wird jene Streichung nicht auch auf diesen Absatz bezogen, sondern nach der Weiterführung ohne Verweiszeichen angeordnet, was sich auch inhaltlich nicht rechtfertigen lässt, da die Weiterführung auch den zweiten Absatz ersetzt, und drittens wird die verbesserte und pinkfarben gestrichene Fassung auseinandergerissen. Dadurch werden weder der Textzusammenhang noch die einzelnen Textfassungen korrekt wiedergegeben, und — das ist entscheidend — man kann den schrittweisen gedanklichen Arbeitsprozess Kants nicht adäquat nachvollziehen. Das sieht man gut in der Textfassung ›letzter Hand‹, der komplett neu geschriebenen inhaltlich neuen Fassung (hier mit hellblauer Umrandung). In dieser Fassung (hellblau) greift Kant die Themen aus den vorhergehenden Fassungen wieder auf: »vom organischen Körper« aus der Weiterführung der zweiten Fassung sowie »von der Vollendung des Zwecks der Natur und der Begrenztheit der menschlichen Vernunft« aus der ursprünglich ersten Fassung, und zwar in einer wesentlich prägnanteren Formulierung am Ende des letzten Absatzes:

> Nach eben demselben Princip kann der Organism der Materie vom Gewächsreich zum Thierreich (mit welchem schon die *Begehrungen* der körperlichen Substanzen als wahre *Lebenskräfte* anheben) und die Organisation desselben als eines Systems für das Bedürfnis verschiedener *Species* eintreten, deren eine für die Andere (die Gans für den Fuchs, der Hirsch für den Wolf) gemacht ist nach Verschiedenheit ihrer Raçen ja wohl gar verschiedener jetzt verschwundenen Urbildungen (darunter aber nicht Menschen gewesen seyn möchten weil die Erdrevolutionen in dem Schooße der Erde und ihrer angeschwemmten Gebirge dergleichen — nach Camper — nicht darbieten): — bis unser allgebährender Erdglob' selbst als ein aus dem Chaos hervorgegangener organischer Körper den Zweck im Mechanism der Natur vollendete: dem aber Anfang oder Ende zu geben die Schranken der menschlichen Vernunft gäntzlich übersteigt.

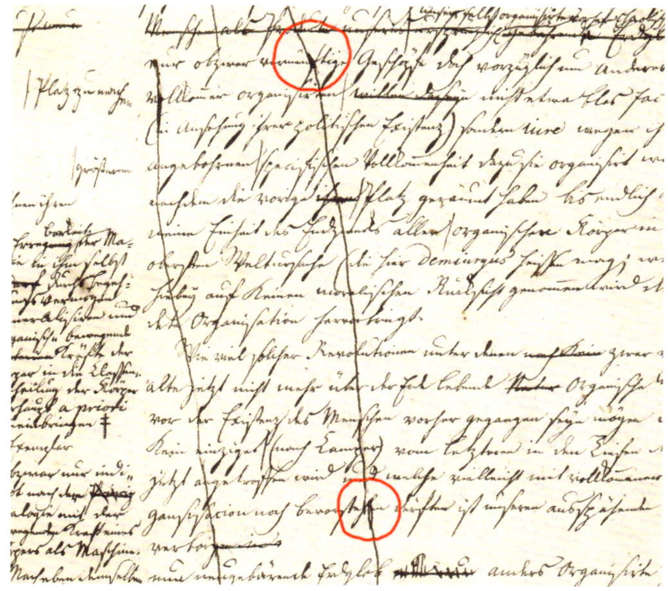

Abb. 8 Bei der genauen Betrachtung der Streichungen fällt auf, dass an zwei Stellen die Federstriche nicht mit einem Mal durchgezogen sind. An der oberen markierten Stelle gehen zwei Striche ineinander über und an der unteren Markierung sind sie nicht miteinander verbunden. Kant hat diese vertikalen Durchstreichungen also in verschiedenen Überarbeitungen ausgeführt. Daraus werden editorische Schlussfolgerungen gezogen.

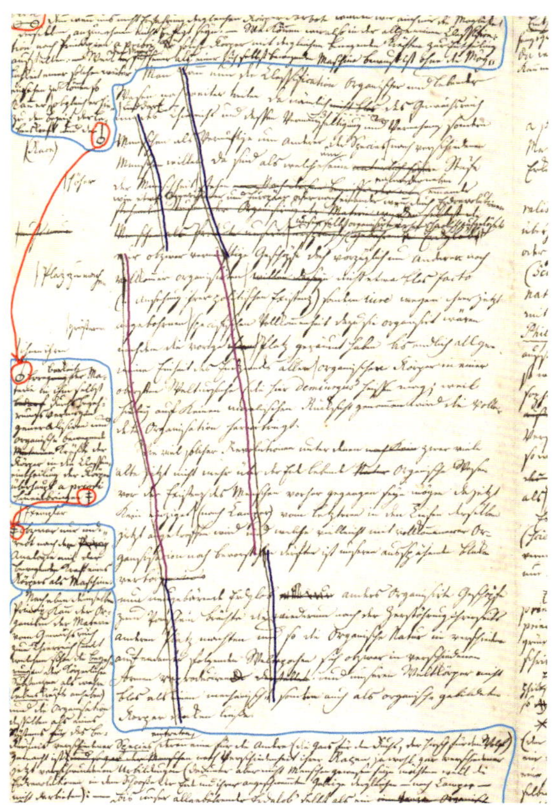

Abb. 9 Von der Analyse dieser Stellen leiten die EditorInnen nicht nur die Einsicht ab, dass es sich hier um drei Textfassungen handelt, sondern auch die Erkenntnis, welche die finale Fassung ist und welche die vorhergehenden Bearbeitungsstufen Kants sind.

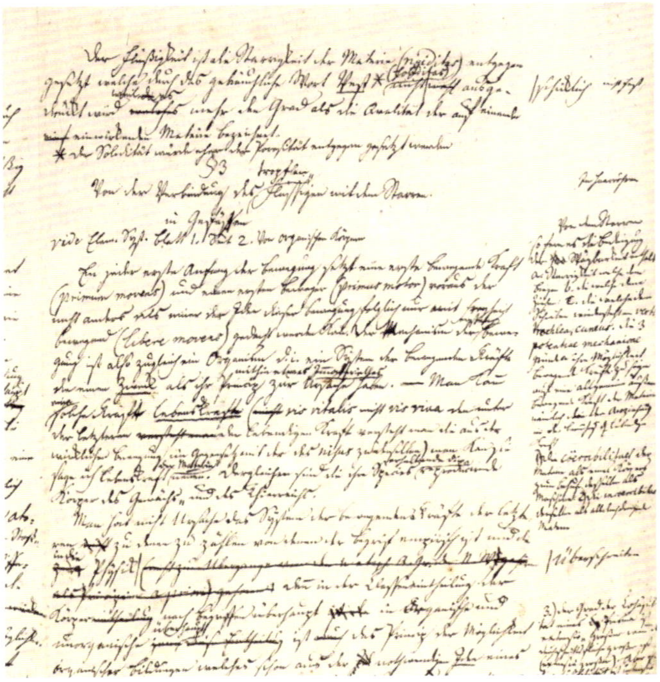

Abb. 10 Das dritte Beispiel für Herausforderungen der Analyse eines Manuskriptes widmet sich der Problematik der Textverweise, die ein Autor innerhalb seiner eigenen Handschrift immer dort vornimmt, wo er an einer anderen Stelle, auf derselben oder einer anderen Seite, weiterschreiben muss. Zu diesem Zweck verwendet er kleine Symbole, wie zum Beispiel Sternchen. Konkret wird hier ein Verweis Kants untersucht, der sich auf der Seite 31 nach neuer Paginierung (im Convolut IX) befindet.

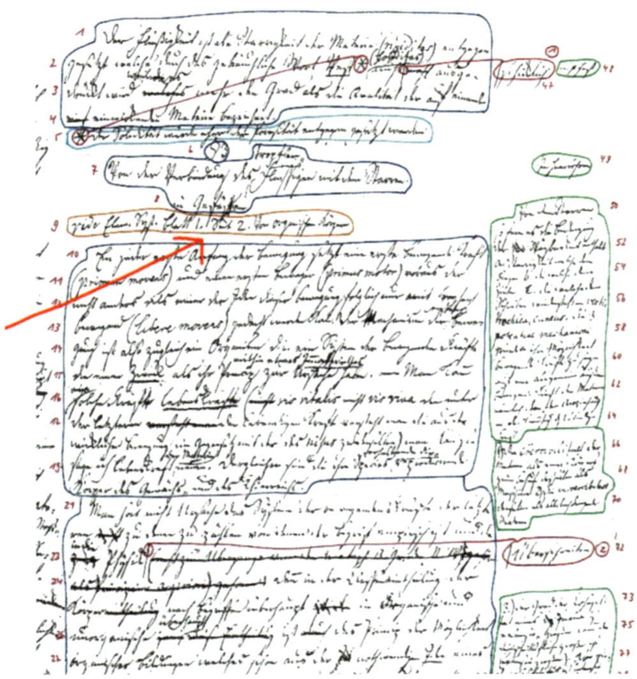

Abb. 11 Ähnlich wie mit Blick auf das erste Beispiel gezeigt (siehe Abb. 4 und 5) wird anhand farbiger Markierungen die Struktur des Manuskripts analysiert. In diesem Beispiel geht es um die Überprüfung des Verweises Kants auf eine Stelle in einem anderen Entwurf des Nachlasswerkes, um ihn für die Leser innerhalb der Neuedition aufzulösen (siehe den roten Pfeil).

KANTS VERWEISE INNERHALB DES MANUSKRIPTS

Kant hat nacheinander 13 Entwürfe geschrieben, wobei man feststellt, dass er auch gleichzeitig an ihnen beziehungsweise im internen Abgleich mit diesen Entwürfen gearbeitet hat, wie die zahlreichen Verweise innerhalb des Manuskripts zeigen, mit denen er auf Stellen in bereits vorliegenden Entwürfen verweist. Die Verweise sind meistens sofort nachvollziehbar; in einigen Fällen trifft dies allerdings nicht zu.

Im Folgenden werden wir mehrfach zwischen dem 5. und 8. Entwurf wechseln. Zum Verständnis ist wichtig zu wissen, dass Kant die Bögen der einzelnen Entwürfe mit jeweils anderen fortlaufenden Signaturen versehen hat, also den 5. Entwurf mit der Signaturfolge »Elementarsystem 1–7« aus der Zeit von Oktober bis Dezember 1798 und den späteren 8. Entwurf mit der Signaturfolge »A Elementarsystem 1–6« aus der Zeit von Februar bis Mai 1799, der uns schon im ersten Beispiel vor Augen kam. Da beide Entwürfe mit der Signaturbezeichnung »Elementarsystem« versehen sind, ist der Zusatz »A« für den späteren 8. Entwurf nötig, um ihn vom früheren 5. Entwurf unterscheiden zu können.

Im 8. Entwurf mit der Signaturfolge »A Elementarsystem 1–6« finden wir mehrere Verweise. Nur einer davon soll im Folgenden betrachtet werden, und zwar auf Seite 31 (nach der neuen Paginierung) (Abb. 10).[12]

Er ist auf der Arbeitsseite (Abb. 11) orangefarben markiert und mit einem roten Pfeil versehen, und sein Wortlaut ist: »vide Elem. Syst. Blatt 1 Seit 2. Von organischen Körpern«.

Die Seite, auf die Kant hier verweist, befindet sich im früheren 5. Entwurf mit der Signaturfolge »Elementarsystem 1–7«.[13] Zu unserer Überraschung ist aber auf dieser Seite keine einzige Notiz zu organischen Körpern zu finden. Sollte Kant sich geirrt haben? In der Ausgabe von Lehmann findet man den Verweis im Apparat angegeben, und zwar als eine »Bemerkung« Kants unter der Überschrift.[14] Hier kamen wir also nicht weiter. Wir sahen bei Erich Adickes in seiner 1920 veröffentlichten Schrift *Kants Opus postumum* nach. Adickes stellt zunächst auch fest, dass unser Verweis auf den 5. Entwurf nicht stimmen kann, weil an dieser Stelle von organischen Körpern nicht die Rede ist, kommt dann aber zu der Auffassung, dass die Bezeichnung »Elem. Syst.« in unserer fraglichen Stelle: »vide Elem. Syst. Blatt 1 Seit 2. Von organischen Körpern« »in Wirklichkeit« den Entwurf ›A Elem. Syst.‹ meinen solle, also den 8. Entwurf, in dem sich der Verweis selbst befindet. Auf dem Bogen I, Seite 2, dieses 8. Entwurfs finden sich auch Überlegungen zu organischen Körpern, so dass der Verweis funktionieren könnte. Das trifft aber nur unter der Voraussetzung der Hypothese Adickes' zu, dass der »Ausdruck ›Elem. Syst. 2‹ [...] eine ungenaue Bezeichnung statt ›A Elem. Syst.‹« sei,[15] mit anderen Worten: Kant habe sich entweder geirrt oder den Verweis ungenau angegeben, indem er den Zusatz »A« vergisst, er habe also innerhalb des 8. Entwurfs auf eine andere Stelle im 8. Entwurf verwiesen. Zehn Zeilen vorher macht Adickes aber für einen anderen Verweis aus dem 8. in den 5. Entwurf geltend, dass dies das *a priori Wahrscheinliche* sei, weil es keinen Sinn hätte, innerhalb eines Entwurfs auf denselben Entwurf zu verweisen.

Abgesehen davon, dass sich Adickes damit selbst widerspricht, war sein Schluss, unseren fraglichen Verweis als einen innerhalb eines Entwurfs zu deuten und Kant einen Irrtum beziehungsweise Nachlässigkeit zu unterstellen, für unser Problem mit der fraglichen Stelle weder hilfreich noch überzeugend. Sollte sich Kant denn wirklich geirrt haben?

Es bleibt nur noch der Blick ins Manuskript selbst (Abb. 12). Wenn man genau hinschaut, sieht man, dass Kant »vide Elem. Syst. Blatt 1 Seit 2. Von organischen Körpern« nicht mit einem Mal geschrieben hat. »vide Elem. Syst. Blatt 1 Seit 2.« und »Von organischen Körpern« unterscheiden sich hinsichtlich der Schriftgröße und Schriftbreite. »Von organischen Körpern« wirkt filigraner und gedrängter. Beachtet man jetzt noch den Text auf dem Foliobogen, fällt Folgendes auf: Kant beginnt auf Seite 1 des Bogens mit dem Elementarsystem der bewegenden Kräfte der Materie, die nach dem System der Kategorien eingeteilt werden: und zwar zunächst im Hinblick auf die Quantität (auf der ersten Seite) und hernach im Hinblick auf die Qualität (auf der zweiten Seite).

Zu dieser Rubrik der Qualität innerhalb der Untersuchung der bewegenden Kräfte der Materie gehört auch noch der auf unserer Seite 3 beginnende § 3 mit der auf die Paragraphennummer folgenden Überschrift. Diese Seite, oberhalb unserer fraglichen Stelle, beginnt so:

> Der Flüßigkeit ist die Starrigkeit der Materie (rigiditas) entgegen gesetzt welche durch das gebräuchliche Wort Vest* (soliditas) nicht schicklich ausgedrückt wird weil es mehr den Grad als die Qvalität der auf einander einwirkenden Materie bezeichnet.
>
> § 3
>
> Von der Verbindung des tropfbar-Flüssigen mit dem Starren in Gefäßen

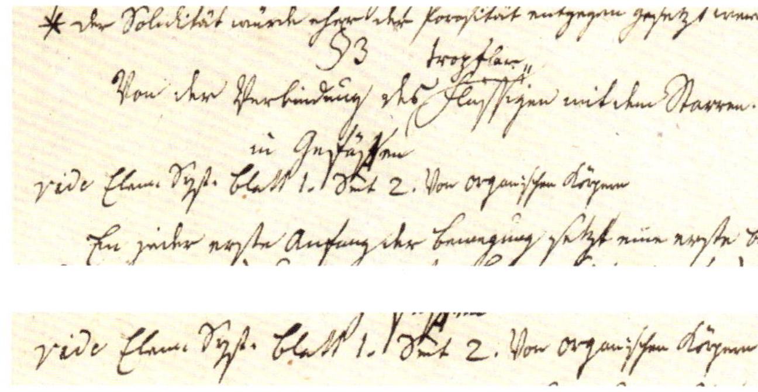

Abb. 12 Um Fraglichkeiten dieses Verweises zu beantworten, haben die EditorInnen der Akademie-Ausgabe eine bestimmte, hier im Ausschnitt gezeigte Stelle des Manuskripts genau betrachtet. Dabei fanden sie eine plausible Spur, die den scheinbar fehlerhaften Verweis von Kant erklären kann.

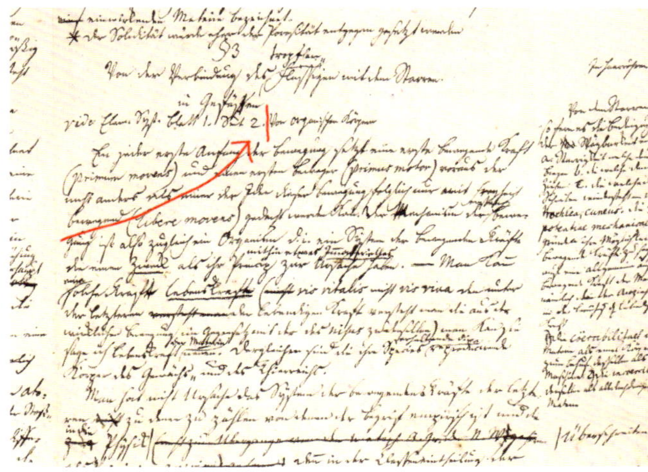

Abb. 13 Durch die geradezu detektivische Analyse finden sie heraus, dass der zweite Teil eine vom Verweis unabhängige Überschrift ist und damit der erste Teil jetzt einen korrekten Verweis darstellt.

Diesen Paragraphen führt Kant aber nicht aus, sondern wechselt das Thema zu den organischen Körpern und lässt deshalb zwischen Überschrift und Text auch etwas mehr Platz (Abb. 13). Erst dann notiert er den Verweis »vide Elem. Syst. Blatt 1 Seit 2.«, der korrekt auf die zweite Seite des 5. Entwurfes, nach der neuen Paginierung Convolut VIII, Seite 6, verweist, wo eine Randnotiz zu finden ist, die thematisch genau zu diesem § 3 passt. Die erst jetzt notierte Ergänzung »Von organischen Körpern« kann nur die Überschrift zum darunter stehenden Text über organische Körper sein: gedrängt geschrieben, um sie zentriert als Überschrift zu platzieren. Als Notiz an sich, also ohne Bezug, wäre nach rechts noch ausreichend Platz gewesen. Der infrage stehende Verweis besteht also in Wirklichkeit aus einem korrekten Verweis und einer nachträglich notierten, ebenso korrekten Überschrift. Nicht Kant hat sich geirrt, sondern Adickes.

Auf der simulierten Druckseite der Neuedition wird der Befund wie folgt umgesetzt: Der Verweis auf den 5. Entwurf wird ohne Leerzeile an die Überschrift angeschlossen, nach einer Leerzeile folgt, ohne Leerzeile zum folgenden Text, weil ergänzt, zentriert als Überschrift: »Von organischen Körpern«.

Diese drei Beispiele stehen für eine große Zahl an ähnlichen und weiteren Schwierigkeiten, und man kann resümierend festhalten, dass die aufwändige editorische Arbeit dazu führt, dass zahlreiche bisher unklare Textpassagen erschlossen, inhaltliche Korrekturen vorgenommen und Fehler beseitigt werden. Als Ergebnis wird erstmals eine zuverlässige Ausgabe des *Opus postumum* vorliegen. Zeit, Aufwand und Mühe, der Feder und der Intention des Autors Kant sorgfältig zu folgen, lohnen sich also — en détail und en gros — für das *neue Opus postumum.*

1 Hasse 1804, 24.

2 Borowski 1804, 183.

3 Als Grundlage für die neue Transkription wurde das gesamte Manuskript (Ms. germ. fol. 1702, SBB – PK) digitalisiert. Die Faksimiles bilden einen Bestandteil der parallel erarbeiteten Online-Edition, die die Druckausgabe ergänzt. Siehe URL: telota.bbaw.de/kant_op. In dieser sind Transkriptionstext und Faksimile gegenübergestellt und wechselseitig miteinander verlinkt, sowohl seiten- als auch abschnittsweise; ihre Entsprechung ist farbig angezeigt. Jeder Textabschnitt auf dem Faksimile kann, sowohl von der Transkription als auch vom Faksimile ausgehend, in einer vergrößerten Ansicht aufgerufen werden, so dass die kantische Schrift im Vergleich mit der Transkription lesbar wird. Die Online-Edition verbindet somit die lineare Textabfolge und damit die lineare Ansicht des Textes mit der Gleichzeitigkeit der Ansicht auf der Faksimileseite. Diese Funktionalität ermöglicht eine durchgängige Orientierung über den Ort und Zusammenhang der Textabschnitte auf der Manuskriptseite, und zwar ohne jede vorgegebene Einschränkung. Dadurch ist das Manuskript in der Komplexität der Niederschrift und Überarbeitung nicht nur Spezialisten zugänglich, sondern kann nun erstmals von allen Forschern und Forscherinnen textkritisch erschlossen werden.

4 Siehe dazu Karl 2007.

5 Adickes 1897, 240.

6 Der 8. Entwurf trägt die Signaturfolge »A Elementarsystem 1–6« und stammt aus der Zeit von Februar bis Mai 1799.

7 Dieses sind die erste und zweite Seite des siebten Foliobogens aus dem XII. Convolut.

8 AA XXII, 586.

9 Dieses sind die dritte und vierte Seite des siebten Foliobogens aus dem II. Convolut; der 9. Entwurf trägt die Signaturfolge »Uebergang 1–14« und stammt aus der Zeit von Mai bis August 1799.

10 AA XXI, 212.

11 Ebd.

12 Er steht auf der dritten Seite des siebten Foliobogens mit der Signatur »A Elementarsystem 3« aus dem IX. Convolut.

13 Diese hat die neue Paginierung: Convolut VIII, Seite 6.

14 AA XXII, 272.

15 Adickes 1920, 127.

– – –

Abb. 1 Schwarzbach: Eisenguss, nach Mattersberger: Büste. © Foto: Bertram Kober. Kustodie der Martin-Luther-Universität Halle/Wittenberg. © VG Bild-Kunst 2021

Abb. 2–13 Kant: Manuskriptseiten/Kopien aus dem *Opus postumum.* © Staatsbibliothek zu Berlin. Stiftung Preußischer Kulturbesitz, Handschriftenabteilung

Abb. 14 Poth: Acrylbild. © Uwe Poth

Abb. 14 Hier handelt es sich um eine Schichtung verschiedener Kantporträts. Ausgehend von dem Kant-Gemälde Gottlieb Doeblers aus dem Jahre 1791 schuf der Kupferstecher Johann Leonhard Raab einen Nachstich, den der Leipziger Verleger Friedrich Brockhaus 1840/1865 veröffentlichte. Diese beiden Porträts sind Grundlage für Uwe Poths Arbeit von 2007 mit dem Titel *It is written all over the face* (Es steht ihm ins Gesicht geschrieben).

Abb. 1 So wie in Maurits Cornelis Eschers Lithographie die Reptilien Zyklen des Werdens durchlaufen, so könnte man sich den Anspruch eines Aufklärungsprogramms in Form einer Systemphilosophie denken: in der Geschlossenheit des Ganzen, die insbesondere letzte Fragen beantwortet, finden wir den Konnex zwischen Philosophie und menschlichem Leben haltbar und dauerhaft in Geltung und können als an uns selbst wachsende Individuen in fortwährenden Prozessen immer wieder in Kants Denken eintauchen und mit ihm zu den Menschen werden, die wir eigentlich immer schon sind. M. C. Escher: *Reptiles.* Lithographie, 1943.

MAJA SCHEPELMANN

Von der Aufgabe, ein kritisches System zu edieren und zu interpretieren

Im Jahre 2024 wird Immanuel Kant eine Neuedition der ersten Abteilung der Akademie-Ausgabe[1] verehrt bekommen. Diese Abteilung versammelt in neun Bänden alles, was er selbst zur Veröffentlichung gegeben oder seinen Schülern zur Herausgabe anvertraut hat, sowie die Dissertationen, die zu dieser Abteilung gehören, da auch sie, und zwar nicht nur universitätsintern, veröffentlicht worden sind.

Im Folgenden wird kein eigentlicher Werkstattbericht vorgelegt, sondern es sollen im ersten Teil einige Leitlinien der editorischen Arbeit und einige Spezifika der Ausgabe erläutert werden, worauf im zweiten und dritten Teil Aspekte ihres möglichen Nutzens für die philosophische Arbeit mit Kant zur Sprache kommen.

EINE UMSICHTIGE NEUEDITION DES KANTISCHEN WERKS

Üblicherweise zählt es zu den Aufgaben einer historisch-kritischen Ausgabe, die Entstehung eines Textes zu rekonstruieren oder doch zu der Erforschung solcher Fragen beizutragen.[2] Im Falle Kants sind jedoch so gut wie keine Manuskripte mehr erhalten. Notizen aus seinem Nachlass sind der Ausarbeitung bestimmter Schriften nicht immer unbedingt eindeutig zuzuordnen. In den Fällen, in denen tatsächlich noch Handschriften oder Teile davon existieren, wird man diese natürlich editorisch heranziehen. Von ungleich größerer Bedeutung sind bei Kant aber die veröffentlichten Auflagen und Ausgaben. Der Neuedition wird daher Folgendes zu Grunde gelegt:

1. die Leitlinie der Originaltreue;
2. die Leitidee, die editorischen Bearbeitungsprozesse so transparent wie möglich zu machen;
3. die Leitvorstellung editorischer Unvoreingenommenheit;
4. das Ziel der sachlichen Aufklärung über heute nicht mehr selbstverständliches Wissen oder heute nicht mehr selbstverständliche Verständnishorizonte.

Zur *Originaltreue:* Während zum Beispiel für die Herausgeber kantischer Texte zwischen etwa 1880 und 1910 kein Zweifel darüber bestand, dass man Kant besonders in sprachlicher Hinsicht in ihre Zeit ›übersetzen‹, also Grammatik, Syntax, Interpunktion oder Orthographie der über hundert Jahre alten Sätze den preußischen Rechtschreib- und Grammatikregeln angleichen müsse, gilt inzwischen in dieser Frage und darüber hinaus die umgekehrte Einsicht: Nicht das Original muss sich uns anpassen, sondern wir Heutigen können uns ohne Weiteres mit den Gepflogenheiten des Originals vertraut machen. Die Neuedition folgt der Leitlinie der Originaltreue; Glättungen und Modernisierungen sind zu vermeiden. Verschiedene Schreibweisen in demselben Text werden nicht einander angeglichen. Dass man im 18. Jahrhundert für die Verschriftlichung von Gedanken nicht dieselbe Präzision anstrebte, wie etwa dann im 19. Jahrhundert, wird nicht als grundsätzlich problematisch bewertet. Im Gegenteil: Um in adäquater Weise diese älteren Texte zu edieren, sollte man unbedingt Abstand nehmen von der methodischen Überheblichkeit des Folgejahrhunderts.

Die *Transparenz der Bearbeitungsprozesse* gewährleistet die Neuedition durch tabellarische Übersichten, die online zur Verfügung stehen werden. An Detailfragen Interessierte können sich so darüber informieren, an welcher Stelle ein Druckfehler des Originals verbessert wurde, oder an welchen Stellen bestimmte HerausgeberInnen in welcher Weise eingegriffen oder Vorschläge für Eingriffe gemacht haben, denn in der Ausgabe selbst wird stets nur der oder die Erste genannt, der oder die einen bestimmten Eingriff vorgenommen hat. Teils wird es auch Gesamtvariantenverzeichnisse geben, die die Auflagen eines Originals synoptisch abbilden und damit Abweichungen der Interpunktion oder orthographische Varianten innerhalb der Auflagen einer Schrift sichtbar machen, denn diese werden in aller Regel im Apparat der Neuedition nicht verzeichnet. Online kann man so Material

Abb. 2 Eine historisch-kritische Edition eines klassischen Textes sollte das Original in angemessener Form und nach den Regeln der (Buch-)Kunst so präsentieren, dass es in seiner genuinen Faszination prägnant, überzeugend gestaltet und verständlich erschlossen vor den LeserInnen liegt. Dann können durch eine solche Edition Einsichten in Quelle, Wesen und Wirkung des Originals auf eine Weise erweitert werden, wie es das Original selbst nicht unbedingt vermocht hätte. Genau das ist Yves Klein mit der Farbe Blau gelungen (*Blue Monochrome,* 1961).

nutzbar machen, das sonst in den Schubladen der Editoren und Editorinnen verschwunden wäre.

Zur *editorischen Unvoreingenommenheit:* Der Horizont und die Denkweise der EditorInnen sollen keine größere Bedeutung für die Ausgabe erlangen als der Horizont und das Denken des Autors selbst. Von jeher, im Grunde seit dem frühen 19. Jahrhundert, hat man sich Kant eben nicht unvoreingenommen genähert. Jeder hatte ›seinen‹ Kant schon in der Tasche, und das Ziel schien oft zu sein, sich selbst als besonders gelehrt zu beweisen in der Art und Weise, wie man mit den kantischen Sätzen umging. Das kann man natürlich gern weiterhin tun, aber eine aktuellen Standards entsprechende Edition ist nicht der Ort dafür. Selbst wenn man in der Textgestalt eines Originals ein Problem sieht und der Meinung ist, dass wirklich etwas, zum Beispiel bei der Drucklegung, falsch gemacht worden ist, wäre eine editorisch angemessene Präsentation dieser Textgestalt eine, die dem Publikum das Original vorlegt und dazu das Problem erläutert. Dann können sich alle LeserInnen selbst ein Bild machen. Eine gute Edition trägt dazu bei, LeserInnen in den Stand zu versetzen, ältere Schriften selbständig erschließen zu können. Das Ziel einer umsichtigen Edition besteht also in der Präsentation der Texte, die editorisch so wenig wie möglich Vorentscheidungen trifft. Ein angeblicher Fehler ist vielleicht gar keiner, sondern eine sprachliche Eigenart oder sogar eine Anspielung. Solche Möglichkeiten müssen prüfbar werden, und zwar durch eine Edition, die schlicht die Textbefunde aufzeigt und so dabei helfen kann, adäquate Bewertungen vorzunehmen.

Des Weiteren zielt man auf ein *adäquates Verständnis des Textes in so vielen Hinsichten wie nötig.* Ein Autor des 18. Jahrhunderts konnte voraussetzen, dass entsprechend gebildete LeserInnen seiner Zeit in der Lage waren, bestimmte Anspielungen oder versteckte Zitate ohne Weiteres zu verstehen. Das gilt aber heute und in Zukunft nicht mehr unbedingt. Eine heutigen Anforderungen entsprechende Edition muss daher brauchbare Entschlüsselungen zur Verfügung stellen. Alle Bezüge und Zitate sollten, sofern sie umstandslos erkennbar sind, den LeserInnen durch Hinweise zugänglich gemacht werden. Die jeweilige Neuausgabe wird dabei aber nicht in einen wissenschaftlichen Kommentar ausufern.

Für die Bearbeitungen innerhalb der ersten Abteilung wurden mehr als dreißig renommierte ForscherInnen gewonnen, die teilweise Teams bilden. Expertisen werden damit interdisziplinär sowie aus verschiedenen Bereichen der Kantforschung zusammengeführt.

Gegenüber der bisherigen Akademie-Ausgabe wird sich ändern, dass der Apparat nicht mehr im Anhang, sondern am Fuß der Textseite erscheint, dass der Text nicht mehr in Fraktur, sondern in einer gängigen Antiqua-Schrift gedruckt sein wird, dass die Seitenwechsel des Originals sowie die der bisherigen Akademie-Ausgabe marginal mitgeteilt sind, und dass die Sachanmerkungen in aller Regel einen größeren Umfang haben werden. Daraus resultiert auch insgesamt ein stärkerer Umfang, wobei die Aufteilung der Bände weitgehend erhalten bleibt. Der dritte Band enthält die erste *Critik* (CrV), deren Auflagen A und B nun parallel zueinander abgedruckt werden. In den neunten Band wird zusätzlich die bisher nicht der ersten Abteilung zugeordnete Schrift über die *Fortschritte der Metaphysik* aufgenommen.

Die Neuedition der ersten Abteilung stellt die moderne, in Vielem verbesserte und erweiterte Version der bisherigen

Akademie-Ausgabe dar. Sie beruft sich in mancher Hinsicht auf andere historisch-kritische Gesamtausgaben und empfiehlt, sich generell bei der Arbeit an wissenschaftlichen Texten nicht mit Studienausgaben zufrieden zu geben.

UNZULÄNGLICHKEITEN AUS DER INTERPRETATIONSGESCHICHTE

Die reiche Auseinandersetzung mit Kant in den vergangenen Jahrhunderten kann nun allerdings die Vorstellung entstehen lassen, seine Philosophie bedürfe eigentlich keiner editorischen Bemühung mehr, sondern wäre nur noch als eine Art philosophischer Steinbruch von Nutzen. Insbesondere kann man darauf kommen, wenn man der ›historischen Kantforschung‹ glaubt, Kant habe kein wirklich vollendetes System vorgelegt. Diese Forschungsrichtung kam ab der Mitte des 19. Jahrhunderts auf und ist verknüpft mit Namen wie Kuno Fischer, Wilhelm Windelband, Friedrich Paulsen, Benno Erdmann, Alois Riehl, Hans Vaihinger oder Erich Adickes. Sie alle betonen, Kant sei gar nicht adäquat zu verstehen, wenn man nur sein Werk lese: Man müsse vielmehr seine Biographie und den Entwicklungsgang seines Denkens als Schlüssel zum Werkverständnis einsetzen. Das ist der Grund dafür, dass sich historisch-philologische Fragen, bis heute, stark in den Vordergrund der Beschäftigung mit Kant gedrängt haben. Denn es gibt kaum jemanden, der der historischen Kantforschung *nicht* vollstes Vertrauen hinsichtlich ihrer Methoden und ihrer Ergebnisse schenkt.

Wenn es nun aber gar nicht stimmt, was sie uns vermittelt? Wenn es gar nicht stimmt, dass Kant kein abgeschlossenes System vorgelegt hat, sondern es vielmehr die Blickwinkel und die Methoden der InterpretInnen sind, die nicht richtig sind? Ein solcher Verdacht scheint zunächst ungeheuerlich, da ja über viele Generationen hinweg auf der Basis der Thesen jener Forscher gearbeitet worden ist. Nun stellt man aber nicht nur fest, dass diese Basis zu keinem Zeitpunkt, weder innerhalb der Kantforschung noch außerhalb, von irgendjemandem in Frage gestellt wurde, man stellt vor allem fest, dass sie zu keinem Zeitpunkt ordentlich *gerechtfertigt* worden ist. Eine Bestätigung der Thesen der historischen Kantforscher und der Voraussetzungen, die sie für die Interpretation Kants machten, erfolgte durch *Hinnehmen* und *Glauben*, dass es schon richtig sein wird, was sie behaupten und was sie tun. Selbst wenn man Glück haben sollte und die Arbeitsweisen und Resultate dieser Forscher des 19. Jahrhunderts sich, trotz des genannten Verdachts, als adäquat und korrekt herausstellen sollten, sind eben Hinnehmen und Glauben keine wissenschaftlichen Vorgehensweisen. Angezweifelt wurden Thesen der genannten Autoren nur sehr vereinzelt, stets nur auf Fragen einzelner Schriften bezogen und insgesamt nur von ausnehmend wenigen Forschern.[3]

Seit 2011 widme ich mich der heuristischen Frage: Könnte es sein, dass man hier einem fundamentalen Irrtum aufgesessen ist?[4] Um das zu beantworten, muss die Adäquatheit zwischen Kants Werk und den Voraussetzungen seiner Interpretation geprüft werden, und zwar so unvoreingenommen wie möglich. Dabei sollte man sich im Klaren darüber sein, dass das Denken des 19. Jahrhunderts und seine Vorstellungswelt sich eklatant und unversöhnlich vom Denken des 18. Jahrhunderts unterscheiden.[5] Nichts hätte verhängnisvoller sein können für die Ideen und Pläne der Aufklärer und Frühaufklärer als ein Jahrhundert des romantisierenden Überschwangs, des wissenschaftlichen Starrsinns, der blinden Polemik und Polterei, der philosophischen Humorlosigkeit, der ehrpusseligen Penibilität von Buchstaben bewertenden Kleingeistern auf der Suche nach angeblicher Objektivität ihrer wissenschaftlichen Erkenntnisse sowie schließlich: der Selbstverliebtheit von Autoren, die sich in den angeblichen Steinbruch des Werkes Kants stürzten, um sich und ihrem Selbst ein monumentales, für die Ewigkeit gedachtes Bildnis zu errichten.

Das sollte man deshalb in das Zentrum der Reflexion rücken, weil es an einer umfassenden, kritischen, sich von all dem distanzierenden Bewertung der Methoden und des Vorgehens der Autoren des 19. Jahrhunderts mit Blick auf Kant bislang fehlt.[6]

Das Denken des 19. Jahrhunderts, mit den Wirkkräften der Romantik, des Biedermeier, mit dem Methodenideal des Historismus sowie vor allem dem des Positivismus, stellte für alles, was zuvor in der Philosophie an Methodenbewusstsein, an Schärfe der Argumentation, an Tiefe der Reflexion und Klugheit in der Berücksichtigung der Ideen Anderer erreicht worden ist, einen gewissermaßen tödlichen Giftcocktail dar, der durchschlagende Wirkung und Nachwirkung bis heute zeigt, und zwar vor allem deshalb, weil eine seiner Zutaten im Ausrufen eines ›geistigen Fortschritts‹ bestand, mit dem man begründete, dass das Ältere nur im Rahmen einer Historisierung adäquat zugänglich sei.[7] Das hat auch die Beurteilung Kants nachhaltig geprägt, zumal sich im ›Neukantianismus‹, gegen Ende des 19. Jahrhunderts, die Idee der

Unabgeschlossenheit und Fehlerhaftigkeit der kantischen Leistung ungebrochen weiter fortsetzen konnte.

Bis zum heutigen Tage hat die Kantforschung mit den zentralen Annahmen jener Zeit nicht gebrochen und auch den Gedanken nicht entwickelt, dass das nötig sein könnte. Es ist aber so: Bestimmte Prämissen des historisierenden Umgangs mit Kant müssen suspendiert werden, allen voran die Tatsache, dass man sich für berechtigt hält, das System zu atomisieren. Niemand hat bislang, wenigstens probehalber, einmal darauf verzichtet, Kants Werk in Phasen zu zerlegen,[8] und stattdessen das System als solches analysiert. Wenn man abstreitet, dass Kant ein System vorgelegt hat: Gut, auch die Gesamtheit seiner Veröffentlichungen kann als eine Ganzheit in sich gelten. Bevor nun die genaue Funktion jeder Schrift mit Blick auf das Ganze nicht erwiesen ist, kann man nicht einfach wichtige und unwichtige ›Phasen‹ im Werk voneinander auf eine Weise trennen, die dazu führt, dass eine Zusammenführung fortan für unmöglich erklärt wird, und zwar für grundsätzlich unmöglich. Man kann auch nicht aus einer einzigen Äußerung Kants[9] pauschal die relative Unwichtigkeit früher Schriften ableiten, ohne zuvor die brilliant geschriebenen, mehrere Bände füllenden Seiten dieser Schriften wenigstens einmal zur Kenntnis zu nehmen. Dann hätte man nämlich feststellen können, dass deren Güte sich nicht grundsätzlich von der Güte der kritischen Schriften unterscheidet. Im Übrigen hat diese Atomisierung seit längerem dazu geführt, dass nur ein sehr kleiner Teil des Werkes überhaupt noch gelesen wird. Das verstärkt performativ die Annahmen in ihrer Wirksamkeit, und das weist entweder auf die Richtigkeit des ganzen Sets an Interpretationen zu Kant hin – oder auf einen großen Irrtum, der sich selbst immun gegen kritische Nachfragen gemacht hat.

Diese Problematik kann man nur klären, wenn man zu den Wurzeln zurückgeht, namentlich zu Kuno Fischer. Sein Buch, das zuerst 1860 und dann in vielen Auflagen veröffentlicht wurde, trägt den Titel *Immanuel Kant und seine Lehre.*[10] Im ersten Teil ›Entstehung und Grundlegung der kritischen Philosophie‹ betont er hier die Wichtigkeit der frühen Schriften – er hat sie ja alle noch gelesen! – und behauptet, ihr Wert liege im Wesentlichen darin, dass Kants reife Philosophie dort ›im Keim angelegt sei‹. Fischer ist der erste, der Kants frühen Schriften explizit attestiert, ihr Autor sei noch ›dogmatischem Denken‹ verhaftet. Nun hat Fischer aber leider, und das kann man nicht deutlich genug betonen, kein Gespür für philosophischen Witz und Ironie. Die Passagen, die man seit Fischer allgemein so liest, als handele es sich um direkte Überzeugungen Kants, sind, so kann man zeigen, satirisch gemeint oder gehören zu hypothetischen Argumenten.[11] Fischer selbst war zudem einer von den ganz unerträglichen ›Rechthabern‹ in der Philosophiegeschichte, der Kritik stets als bitterste Verunglimpfung empfand. Durch seine Arbeiten geraten nun die klügeren Analysen von Karl Rosenkranz in Vergessenheit, der Kants Gesamtwerk ebenfalls einteilt, aber unter methodologischen Gesichtspunkten.[12]

Fischers Zäsuren aber, mit denen Kants Werk in eine ›vorkritische‹ (dogmatische), in eine ›kritische‹ Phase sowie in irgendetwas danach eingeteilt wird, haben im Vergleich zu den Rosenkranz'schen ungleich größere Wirkung gezeigt, nur stehen sie bedauerlicherweise auf wackeligem Fundament, da ihre beiden Kernvoraussetzungen nicht vernünftig übereinzubringen sind. Die erste Voraussetzung ist: Kant habe sein philosophisches Denken reifend immerfort ›entwickelt‹. Die zweite Voraussetzung lautet, die Schriften, denen der höchste philosophische Wert zukommt, seien die ›kritischen‹ Schriften. Dieses Problem kann man versuchen aufzulösen, indem man auf Kants angeblich früh einsetzende Senilität verweist (diese Behauptung rief, unabhängig von Fischers Untersuchungen, zuerst Arthur Schopenhauer aus). Damit hätte man die Idee der Reifung seines Denkens gerettet und zugleich den Zenit der Reifung irgendwo bei den Kritiken eingefroren. Die These von der Senilität lässt sich allerdings nicht halten,[13] und das philosophische System Kants ist mit den Kritiken keineswegs zum Abschluss gelangt.

VOM UMGANG MIT EINEM SYSTEM, DAS EIN SKEPTISCH-KRITISCHES IST

Auch wenn dieser Interpretationsansatz neu ist: Kant kann als souveräner Regisseur einer skeptischen Inszenierung seines kritischen Systems durch alle veröffentlichten Schriften und das *Opus postumum* hindurch verstanden werden. Im Rahmen dieser Inszenierung findet immer, bei jeder philosophischen Problembehandlung, zuerst ein angewandtes ›skeptisches Polemisieren‹ statt, über das dann später reflektiert wird und zu dem dann später begründete Beurteilungen erfolgen. Die Anwendung der skeptischen Polemik erfolgt direkt, ohne mitgelieferte Theorie, und sie dient natürlich dazu, dem »Dogmatiker […] das Concept zu verrücken und ihn zur Selbsterkenntniß zu bringen« (CrV A 763 B 791).

Inhaltlich betrachtet finden sich daher in allen kantischen Schriften Sätze, die kein klug oder kritisch denkender (durch

Kant selbst bereits geschulter) Mensch im Sinne einer Überzeugung in dieser Form äußern würde. Da sie kein einzelner Befund sind, sondern das ganze Werk in schöner Regelmäßigkeit durchziehen, da ihre Formulierungen häufig eine spezielle Form haben, und da der Autor selbst, nimmt man seinen eigenen Ansatz einer ›Kritik‹ ernst, eben kein Dogmatiker sein kann, ist es mehr als plausibel, sie als besondere Formen des Polemisierens, in gewissem Sinne als philosophierende Ironie, anzusehen. Solche skeptische Polemik erfolgt häufig direkt, ohne explizite Vorwarnung. Würde man einem ironischen Satz eine explizite Vorwarnung mitgeben – nun, dann könnte man sich die Ironie ebenso gut sparen. Zwar versieht Kant solche Passagen durchaus mit entsprechenden Markierungen, diese sind aber recht subtil formuliert. Die Schwierigkeit für die Interpretation besteht nicht darin, dass man diese rhetorischen Züge in den Schriften nicht identifizieren kann – man kann das recht gut –; die Schwierigkeit besteht darin, dass man Texte völlig anders liest, je nachdem, ob man ironische Polemik oder etwa auch Spott und Satire erwartet oder ob man beides grundsätzlich ausschließt. Das letztere ist im Falle Kants der Normalfall.

Abb. 3 Ein Weltbild kann irrig sein; eine Interpretation ebenfalls. Das stellt allerdings erst derjenige fest, der versucht, es zu überwinden, oder der dazu bereit ist, sie in Frage zu stellen. Dieser Holzstich eines unbekannten Künstlers ist eine der Illustrationen in Nicolas Camille Flammarions Buch *L'atmosphère – Météorologie populaire* (zuerst Paris 1888). Der Stich ist auch unter dem Titel *Wanderer am Weltenrand* allgemein bekannt geworden.

Bei Kant finden sich in verschiedenen Schriften Sätze und Propositionen, die bei direkter Gegenüberstellung Kontraste bilden oder sogar Kontradiktionen darstellen. Kant verstehe ich als methodenkritischen Autor und würde ihn dem Kreis der Aufklärer zuordnen, die in Zeiten rigider Zensur und weil sie eben keine ›zahnlosen‹ Dogmatiker sein wollten, gern doppeldeutig und verrätselnd schrieben. Deshalb empfehle ich, solche Befunde als Teil eines skeptischen Vorgehens zu begreifen. In Kants Texten wird häufig mit Thesen und Überzeugungen polemisch, provokant, spielerisch umgegangen, sowohl in frühen Schriften, die viele hypothetische Argumente enthalten und ironische, satirische Formen der Textgestaltung aufweisen, als auch in den Kritiken oder den späteren Schriften, für die dasselbe gilt, nur dass solche rhetorischen Mittel nun etwas sparsamer eingesetzt werden. Das Für und Wider der Argumente wird flankiert von Kants eigener, strikter Arbeit am Begriff, aus der die kritisch geprüfte Neubestimmung überlieferter Begriffe und ihrer Einteilungen resultiert.

Die Linien der Argumentation (über viele Schriften hinweg) beginnen stets mit der Aufnahme gebräuchlicher Thesen und Begriffe, die recht bald spöttisch oder satirisch verbrämt oder durch Einbindung in hypothetische Erwägungen distanziert behandelt und im weiteren Verlauf entweder mit kontrastierenden Theorien oder auch dem gesunden Menschenverstand konfrontiert sowie auf manch andere Weise in ihren Geltungsansprüchen erschüttert werden. Erst am Ende solcher Verfahren ist zu abschließenden Bewertungen oder Definitionen zu kommen, denn diese sind für Kant Ergebnisse diskursiver Prozesse, und Diskurs bedeutet: Auseinandersetzung und Diskussion des Für und Wider aus verschiedenen Blickwinkeln. Anders als bei der Zerlegung des kantischen Werks in einzelne Phasen und Schriften ergibt sich unter Beachtung der Linien der Argumentationsführung des skeptisch-kritischen Systems eine Ganzheit, sobald man alle Schriften ›aneinander legt‹. Die Tatsache, dass sie natürlich in der Zeit nacheinander publiziert wurden, steht dem in keiner Weise entgegen. Denn ein geplantes System bildet, vergleichbar einem architektonischen Aufriss, vor und während der Ausarbeitung die finale Idee, die alle Steuerungsprozesse und Details der Ausführung anleitet.

Einzelne thematische Verläufe kann man natürlich gesondert betrachten, wobei der Zusammenhang zum System Kants und zu Theorien, auf die Kant reagiert, beachtet werden muss. Wollte man sich zum Beispiel der Frage widmen, wie Kant die Bedeutung der *Mathematik* für die Philosophie untersucht, müsste man fraglos mit der ersten Schrift *Lebendige Kräfte* (1749) beginnen, die methodenprüfend Mathematik von obskurer Physik (einer Physik, die mit den von Gottfried Wilhelm Leibniz ersonnenen ›lebendigen Kräften‹ operiert) streng scheidet, müsste sich der Schrift über die

Abb. 4 Sandro Botticellis *Primavera* (um 1482 oder 1487) ist eines der meistbesprochenen Gemälde der Kunstgeschichte überhaupt; die Allegorien im Bild ermöglichen viele, auch philosophische Deutungen.

Abb. 5 Der Ausschnitt zeigt das Gesicht der Flora, die in Ovids *Metamorphosen* aus der Verbindung eines Gottes (als Formprinzip) und einer Nymphe entspringt. Die Malerei der Renaissance widmet sich, auch im Sinne mehrschichtiger Deutung, dem menschlichen Körper, der Anatomie, den Bewegungen und insbesondere auch dem Ausdruck von Gesichtern. In dem Antlitz der Flora bei Botticelli mag man Ernst, Freude sowie eine gewisse Ironie lesen – drei Haltungen mit direkter philosophischer Entsprechung.

Negativen Größen (1763) zuwenden, die auslotet, wie man quantitative Verfahren der Kräfteberechnung philosophisch nutzbar machen kann, sowie in *Deutlichkeit* (1764) nachlesen, inwiefern Logik analytisch, Mathematik aber synthetisch verfährt. Hier wird die Philosophie getadelt, weil sie unzählige »unauflösliche Begriffe« (*Deutlichkeit*, 279) und »unerweisliche Sätze« enthalte und ständig Definitionen erfinde (281). Der Kontrast wird zunächst gesteigert, indem Mathematik auf simple Rechenkunst reduziert und Arithmetik mit »leichte[r] Faßlichkeit« assoziiert wird (auch schon zu Kants Zeit kein zutreffendes Urteil), was, wie spöttisch festgestellt wird, im Kontrast stehe zur »viel schwereren Begreiflichkeit einer philosophischen Idee« (282). Direkt anschließend aber lesen wir aus umgekehrter Perspektive das Urteil, die höhere Mathesis sei kompliziert, Philosophie hingegen sehr leicht (282), worauf es dann heißt: »Der Unterschied zeigt sich durch den Erfolg. Die philosophischen Erkenntnisse [...] sind wie die Meteoren, deren Glanz nichts vor ihre Dauer verspricht. Sie verschwinden, aber die Mathematik bleibt« (283).

Es leuchtet ein, dass diese Passagen einen gewissen philosophischen Witz aufweisen. Kant sammelt mögliche

Bewertungen, ohne entscheidende Urteile abzugeben. So wird, nicht nur in frühen Schriften, an vielen Stellen verfahren, und damit werden *Aufgaben* angezeigt, deren Klärung nur auf der Grundlage einer tragfähigeren ›Ersten Philosophie‹ erfolgen kann. Ein skeptisch-kritisches Vorgehen zeichnet sich genau dadurch aus: *Zuerst* wird getestet, überlegt, kritisiert, und *am Ende* wird definiert. Man solle, so Kant, ›in der Philosophie die Definitionen nicht voranschicken‹; vielmehr müssen sie »das Werk eher schließen, als anfangen« (CrV A 731 B 759). Nur Dogmatiker gingen den umgekehrten Weg.

Nun weiter zum Verhältnis von Philosophie und Mathematik: Beide sollten, so Kant, nicht vermischt werden, wie man es etwa Christian Wolff hinsichtlich des Prinzips der ›Ähnlichkeit‹ vorwerfen kann, das dieser der Geometrie vorsetze:[14] »Dem Geometra ist an der allgemeinen Definition der Aehnlichkeit überhaupt gar nichts gelegen. Es ist ein Glück vor die Mathematik«, dass aus »solchen analytischen Erklärungen« nichts gefolgert wird (*Deutlichkeit*, 277). Dennoch sei es, so Kant, zu wünschen, dass die Metaphysik von der Mathematik profitiere, auch wenn es leichter sei, einen Greif mit einem Pferd als die Transzendentalphilosophie mit der Geometrie zu verbinden.[15] Man beachte die spöttische Verbildlichung der Transzendentalphilosophie mit einem Fabelwesen und die der Geometrie mit einem Nutz- und Arbeitstier.

Fragen der Infinitesimalität werden nicht mathematisch, sondern anlässlich ihrer aus der Mathematik herrührenden methodischen Bedeutung philosophisch eruiert, und zwar vorrangig in *Lebendige Kräfte*, *Theorie des Himmels* (1755), *Monadologia physica* (1755), *Neuer Lehrbegriff* (1758), *De forma* (1770) und CrV (1781). Die zentrale Untersuchung der Befugnisse und Grenzen der Methoden liefern die erste Kritik (CrV) und die *Prolegomena* (1783); dazu sind Unterscheidungen nötig, die ihrerseits in den frühen Schriften vorbereitet und erarbeitet wurden, etwa die zwischen ›Anschauung‹ und Begriff oder zwischen apriorischem und aposteriorischem Erkenntnisweg. Der Gewinn der Mathematik für die ›Naturlehre‹ wird in MAN (1785) detailliert und ausführlich bestätigt. Inwiefern man Mathematik *nicht* gebrauchen kann, weisen CpV (1788), CU (1790) oder die *Tugendlehre* (1797) nach. Der Abschluss der Methodendiskussion erfolgt zum einen in *Logik* (1800):

> Man pflegt zu behaupten, daß Mathematik und Philosophie *dem Objecte nach* von einander unterschieden wären, indem die erstere von der *Quantität*, die letztere von der *Qualität* handele. Alles dieses ist falsch. [...] Nur die *verschiedene Art des Vernunfterkenntnisses oder Vernunftgebrauches* in der Mathematik und Philosophie macht allein den specifischen Unterschied zwischen diesen beyden Wissenschaften aus.[16]

Über das Verhältnis zwischen Mathematik und Metaphysik resumieren auch *Fortschritte* (1804): Metaphysik sei »ihrem Wesen, und ihrer Endabsicht nach, ein vollendetes Ganze; [...] was zu ihrem Endzweck erforderlich ist, kann also nicht, wie etwa Mathematik oder empirische Naturwissenschaft, die ohne Ende immer fortschreiten, fragmentarisch abgehandelt werden« (*Fortschritte*, 259). Die ›Erste Philosophie‹ als Vernunfterkenntnis aus Begriffen könne nicht nach dem Vorbild der Mathematik verfahren (*Fortschritte*, 262, 319, 320, 323); in der ›rationalen Naturlehre‹ allerdings, einem Teilbereich der Metaphysik, »kann nur Wissenschaft seyn, als darin Mathematik, d. i. Construction der Begriffe angewandt werden kann« (a. a. O., 285 f.).

Diese ›Mathematik-Linie‹ ist, wie jede andere Linie auch, die man im Gesamtwerk suchen und finden kann, im vollständigen Zusammenhang zu lesen.[17] Fasst man Kants Werk als einheitliche, skeptisch-kritische Argumentation auf, leuchtet ein, dass seine Ausführungen im Sinne einer *Philosophie der Mathematik* zu verstehen sind, denn er untersucht methodenprüfend Grenzen und Möglichkeiten von Beweisverfahren, und zwar ohne im Voraus Festlegungen zu treffen. In der CrV zum Beispiel werden schrittweise nur Einsichten präsentiert, die strikt innerhalb der logischen Reichweite eines Operators bleiben. Solange es um Erkenntnisse geht, die wir denkend im Kontext sinnlicher Wahrnehmung gewinnen – der Operator ist in der damals üblichen psychologischen Ausdrucksweise hier der ›Verstand‹ –, entscheiden über die Wahrheit der Urteile logische Regeln sowie Regeln der Anschauungsformen Raum und Zeit. Fragt man nach den Bedingungen der Möglichkeit von Erkenntnis, befindet man sich im transzendentallogischen Zuständigkeitsbereich der ›Vernunft‹; hier werden mathematische Sätze bestimmt als *Vernunfterkenntnisse* aus der Konstruktion der Begriffe in der ›reinen Anschauung‹ (CrV A 711–735 B 739–763; *Logik*, 23).

Wenn man zum Beispiel in Fragen der Logik diese Zweiteilung bei Kant nicht beachtet, kann man die Klugheit der Theorie im Ganzen auch nicht erfassen. Gottlob Frege etwa unterschlägt später den gesamten Part der transzendentalen Logik und den Begriff der ›reinen Anschauung‹ und kommt so zu inadäquaten Bewertungen des Stellenwerts der ›Anschauung‹ in Kants Theorie der Mathematik.[18] Ausgehend vom Erkenntnisstand in Physik und Mathematik zu Beginn des 20. Jahrhunderts ist dann auch Erich Adickes überzeugt: »Ein wirklicher Naturwissenschaftler oder Mathematiker« konnte Kant nicht werden, »weil seinem Geist wesentliche Eigenschaften abgehen«;[19] er denke nicht, »wie der echte Naturwissenschaftler, in mathematischen Formeln«, er gehe nicht von Definitionen aus, und er gebrauche Termini mehrdeutig, »wodurch schwere logische Fehler, Verwechselungen, Homonymien und ähnliche Unzuträglichkeiten« entstünden.[20] Ihm fehle die »Geschicklichkeit zum Experimentieren«, und seine »mathematische Durchbildung« genüge nicht.[21] Es habe Kant eben am »rechten Unterscheidungsvermögen [...] für die verschiedenen Gewißheitsgrade der menschlichen Erkenntnis« gemangelt, an einem klaren »Bewußtsein um die einsame Höhenstellung, die den mathematischen Disziplinen zukommt«.[22]

Zu welcher Einschätzung man am Ende auch immer gelangt — eine gelungene Analyse der Bezüge und Zusammenhänge innerhalb eines komplexen philosophischen Werkganzen ist in jedem Fall am besten mittels einer guten Edition und anhand einer modernen Werkausgabe möglich: Freuen wir uns auf die Neuedition der ersten Abteilung und die des *Opus postumum* in der Akademie-Ausgabe!

1 Die Arbeit an der bisherigen ersten Abteilung der Akademie-Ausgabe der *Königlich Preußischen Akademie der Wissenschaften zu Berlin* — seit 1992 ist es die *Berlin-Brandenburgische Akademie der Wissenschaften* — war unter Wilhelm Dilthey in den 1880er Jahren begonnen und 1923 abgeschlossen worden.

2 Vgl. zur Editionswissenschaft insgesamt: Plachta 1997.

3 Kritiker des ›Mainstream‹ der Kant-Interpretation im 19. Jahrhundert waren, mit Bezug auf einzelne Fragen: Hermann Cohen, Emil Arnoldt oder Johannes Witte. Vgl. Arnoldt 1879, Arnoldt 1882, Cohen 1873, Witte 1883.

4 Siehe die umfassende Untersuchung dazu in Schepelmann 2017.

5 Helmuth Plessner charakterisiert das 18. Jahrhundert als das der Vernunft und das 19. Jahrhundert als eines, in dem primär mit dem Begriff der ›Entwicklung‹ operiert worden sei; vgl. Plessner 1928, 3.

6 Immerhin Herbert Schnädelbach legt deutlich skeptische Einschätzungen vor, wenn auch natürlich nur kursorisch (Schnädelbach 1990).

7 Freundlichere Bewertungen dieser Ära finden sich zum Beispiel bei Zöller 2018 oder Ziche 2007.

8 Martin Schönfeld, der zwar die Atomisierung für die frühkritischen Schriften zurückweist (Schönfeld 2000), verstärkt aber dadurch die Zäsur zwischen den frühen und den kritischen Werken.

9 Kant verwehrt sich in einer öffentlichen Erklärung, datiert vom 6. Juni 1793 (AA XII, 360), gegen ein Projekt, alle seine Werke, also selbst »die ältesten, unbedeutendsten und mit meiner jetzigen Denkart nicht mehr einstimmigen Schriften«, zusammen herauszugeben. Er lässt durchblicken, dass er »selbst eine solche Herausgabe, doch mit Auswahl, Verbesserung und Anmerkungen« besorgen könnte. Diese ganze Erklärung sollte man, in erster Linie wegen der *Nova dilucidatio*, die Thesen enthält, die man seinerzeit als gotteslästerlich hätte auslegen können, in den Kontext der Bedrohung Kants durch die Zensurbehörden Anfang der Neunziger Jahre stellen. Vgl. zu dem Thema Fromm 1894, Rachold 2000, Krause 2001 und besonders Stangneth 2017, XIV–LIX.

10 Vgl. Fischer 1860.

11 Siehe Schepelmann 2017.

12 Vgl. Rosenkranz 1840.

13 Siehe dazu Schepelmann 2018.

14 Vgl. Wolff 1736, §§ 179–224: *De Identitate et Similitudine.*

15 *Monadologia physica,* 475: »Sed quo tandem pacto hoc in negotio metaphysicam geometriae conciliare licet, cum gryphes facilius equis, quam philosophia transscendentalis geometriae iungi posse videantur« — die Übersetzung der Weischedel-Ausgabe lautet: »Doch auf welche Art und Weise läßt sich denn bei diesem Geschäft die Metaphysik mit der Geometrie zusammenbringen, da man Greife leichter mit Pferden als die Transzendentalphilosophie mit der Geometrie verbinden zu können scheint?« (Bd. 1, 519).

16 *Logik,* 23.

17 Vgl. dazu die Textzusammenstellung in Nickel/Schönecker/Ufert 2018.

18 Vgl. Frege 1884.

19 Adickes 1924, 16.

20 Adickes 1924, 17.

21 Adickes 1924, 38.

22 Adickes 1924, 73.

– – –

Abb. 1 Escher: Lithographie. © M. C. Escher Company, Baarn, Niederlande

Abb. 2 Klein: Pigmentarbeit. Wikimedia Commons. © The Estate of Yves Klein/VG Bild-Kunst, Bonn 2021

Abb. 3 Unbekannter Künstler: Holzstich. Wikimedia Commons

Abb. 4 und 5 Botticelli: Ölgemälde. Wikimedia Commons

Abb. 6 Walther: Installation. Hamburger Kunsthalle/© Foto: Horst Piezug/© VG Bild-Kunst, Bonn 2021

Abb. 6 Franz Erhard Walthers Partizipationskunst – hier die Arbeit *Schiefe Ebene mit zwei Standstellen II* von 1975 – macht die BetrachterInnen zu einem intrinsischen Teil des Werkes. Das hat auch Kant im Sinne, dessen Werk als ein zeitlich offener Dialog mit den LeserInnen verstanden werden kann. Seine methodische Idee ist: die LeserInnen sollen nicht Philosophie, sondern Philosophieren, also: Selbstdenken lernen.

70
80
90
110
120
Dollar
Commodity Research Bureau FINEX
1994
1996
1998
2000
2002
2004
250
200
Natural Gas
oil
-39.75
HARVARD
Mark Zuckerberg
Immanuel Kant

5

DIE WIRKUNG KANTS IN GESCHICHTE UND GEGENWART

← **Walter Bortolossi:** ***Mark Zuckerberg meets Immanuel Kant*** **(2011)**
Der italienische Maler Walter Bortolossi verbindet in seinen Werken Elemente klassischer Malerei mit der Pop-Art, und er baut eine Spannung zwischen Vergangenheit und Gegenwart auf. Hier zeigt er Immanuel Kant und Mark Zuckerberg, mit dem unter anderem die heutige Social Media-Kultur repräsentiert ist. Die Anordnung und die Anzahl der Figuren spielen auf das Abendmalsgemälde von Leonardo da Vinci an. Somit scheinen im Hintergrund Fragen zu stehen wie: In welchem Verhältnis stehen Social Media und Aufklärung? Wo stehen wir kulturell und mit Blick auf unabhängiges Denken? Wie wird sich die Menschheit entwickeln?

↑ **Abb. 1** Durch die Spachteltechnik und die verlaufenden Linien ist Immanuel Kant als Porträtierter kaum zu erkennen. Der Künstler Uwe Poth hat hier, in dem Werk *Kant* aus dem Jahr 2000, das Genre ›Porträt‹ aufgelöst. Es sind nur mehr Reminiszenzen an überlieferte Formen der Darstellung eines berühmten Kopfes erkennbar; stattdessen stellen sich Fragen nach dem Verhältnis zwischen dem in einem Abbild festgehaltenen Moment und den allenthalben, zuvor wie auch hernach, wirkenden Zeiträumen.

JÜRGEN STOLZENBERG

Subjektivität als Prinzip – Kant und der Deutsche Idealismus

»EIN GÄNZLICH UNHALTBARES SYSTEM«

Das Verhältnis Kants zur Epoche des sogenannten Deutschen Idealismus war von Anfang an prekär.[1] Zu erinnern ist an Kants öffentliche Erklärung gegen Fichte. Mit ihr fällte Kant ein vernichtendes Urteil über die Philosophie Johann Gottlieb Fichtes. Fichtes Wissenschaftslehre halte er, Kant, »für ein gänzlich unhaltbares System«,[2] weil unter dem Projekt einer Wissenschaftslehre sinnvollerweise nur eine Logik verstanden werden könne, die eine sachhaltige Erkenntnis von Gegenständen gar nicht begründen könne. Fichtes Wissenschaftslehre sei darüber hinaus aber auch ein völlig überflüssiges System, mit dem ihm unbegreiflicher- und fälschlicherweise unterstellt werde, nur erst eine Propädeutik, aber nicht das System der Transzendentalphilosophie selber geliefert zu haben. Dementgegen zeigt Kant sich davon überzeugt, dass seiner kritischen Philosophie »kein Wechsel der Meynungen, keine Nachbesserungen oder ein anders geformtes Lehrgebäude bevorstehe«, vielmehr sei »das System der Critik auf einer völlig gesicherten Grundlage ruhend, auf immer befestigt, und auch für alle künftige Zeitalter zu den höchsten Zwecken der Menschheit unentbehrlich.«[3]

Es ist bekannt, dass Kant Fichtes Wissenschaftslehre oberflächlich und nur aus einer Rezension kannte.[4] Und es ist auch leicht zu zeigen, dass Kants Verdikt, die Fichtesche Philosophie sei nichts anderes als eine formelle Logik, auf einem Missverständnis beruht. Anders steht es indessen mit der Einschätzung des Zustandes der kritischen Philosophie, auf die Kant in seiner Erklärung anspielt. Hier ist die Überzeugung vorherrschend, dass Kants kritische Philosophie ihren Zweck, und das ist die Kritik der traditionellen Metaphysik, zwar auf eine völlig überzeugende Weise erfüllt habe, dass sie aber gleichwohl nicht vollendet sei, weil sie nicht über eine aus einem obersten Prinzip begründete und in sich geschlossene Theorie der Leistungen der theoretischen und praktischen Vernunft und ihrer Anwendungen verfüge.

Das ist die Einschätzung des Zustandes der Philosophie Kants, aus der die Nachkantianer ihr Selbstverständnis begründeten. Diese Einschätzung hatte der frühe Schelling in einem Brief an Hegel bereits im Januar 1795, also nur wenige Jahre nach Erscheinen von Kants dritter Kritik, der *Critik der Urtheilskraft,* auf die griffige Formel gebracht hatte: »Kant hat die Resultate gegeben: die Prämissen fehlen noch. Und wer kann Resultate verstehen ohne Prämissen? Wir müssen noch weiter in der Philosophie.«[5] Dieses vielzitierte Wort Schellings bringt die Sache auf den Punkt, gegen die der alte Kant sich mit einer gewissen Bitternis verwahrte. Was ist dazu zu sagen?

Um es vorweg in Form einer These zu formulieren: Es handelt sich bei dem, was der frühe Schelling, und mit ihm zusammen Karl Leonhard Reinhold, Fichtes Vorgänger in Jena, und Fichte selber als Desiderat der Philosophie Kants diagnostizierten, gar nicht um fehlende und noch zu findende Prämissen zu bereits vorhandenen und gesicherten Resultaten. Es verhält sich vielmehr umgekehrt: Im Ausgang von Kants Prämissen werden neue Resultate entwickelt. Die Prämissen sind in Kants Theorie des Selbstbewusstseins enthalten. Sie werden jedoch auf eine von Kant nicht vorgesehene und im Rahmen seiner Theorie auch nicht zu realisierende Weise interpretiert. Die Resultate sind eine gänzlich neue Theorie der Subjektivität und ihrer Anwendung in den Bereichen der Moral, des Rechts, der Ästhetik, der Philosophie der Religion und der Natur. Dass Kant sich aus seiner Sicht und mit Blick auf sein eigenes Werk – eben erst, im Jahre 1797, hatte er die *Metaphysik der Sitten* und mit ihr seine *Rechts- und Tugendlehre* herausgebracht –, gegen ein solches Projekt verwahrte, das er als Anzeichen eines unheilvollen Angriffs auf seine Lebensleistung verstehen musste, ist verständlich. Ob zu Recht oder zu Unrecht, steht dahin.

Daraus folgt eine zweite These: Oft und bis heute wiederholte Redeweisen wie die, dass die Protagonisten der Philosophie nach Kant über Kant hinausgegangen seien, sind in gewisser Weise irreführend: Solche Redeweisen suggerieren, dass Kant und seine Nachfolger sich in einem gemeinsam geteilten Theorieraum befinden, innerhalb dessen fehlende Prämissen zu gegebenen Resultaten nachgetragen werden. Das ist nicht der Fall. Schellings Wort ist in Wahrheit ein werbewirksamer Slogan. Er verschleiert die tatsächliche

Entfernung von der Philosophie Kants. Die Nachkantianer sind nicht in einem theorieimmanenten Sinn über Kant hinausgegangen. Sie sind zwar von seiner Metaphysikkritik ausgegangen, von deren Erfolg sie überzeugt waren, und sie haben auch dem Prinzip des Selbstbewusstseins als Fundament der theoretischen und praktischen Philosophie ihre Reverenz erwiesen, aber das geschah unter der Perspektive eines neuartigen Projekts, für das in Kants Philosophie kein Raum vorgesehen ist. Mit diesem Projekt im Gepäck, so kann man etwas salopp sagen, sind sie von ihm weggegangen, um neue theoretische Räume zu erschließen. Nur in diesem Sinne kann von einem Hinausgehen über Kant die Rede sein.

Im Folgenden möchte ich die wichtigsten Gründe für den Auszug aus dem Lande der kantischen Philosophie erläutern. Der Weg führt, um im Bilde zu bleiben, über mehrere Stationen. Die erste Station ist mit dem Namen Karl Leonhard Reinhold verbunden.

BEWUSSTSEIN ALS TATSACHE

Reinhold hatte es sich zum Ziel gesetzt, die bald nach Erscheinen der *Critik der reinen Vernunft* ausgebrochenen Kontroversen um die kantische Philosophie dadurch zu schlichten, dass er nach Leibniz' Vorbild eine vollständige Analyse der zentralen Termini der Philosophie Kants anstrebte, die bis zu den letzten und nicht weiter analysierbaren, in sich selbst evidenten begrifflichen Elementen vorangetrieben werden sollte. Der zur Analyse anstehende Sachverhalt ist das Bewusstsein. Dessen logische Eigenschaften sollten in einem obersten Grundsatz zum Ausdruck gebracht werden. Von diesem Grundsatz aus sollten die Wahrheiten der kritischen Philosophie Kants ohne begriffliche Ambiguitäten und verdeckte Widersprüche rekonstruiert werden. Bereits hier ist auf ein Motiv aufmerksam zu machen, das in Kants eigener Philosophie keinen Ort hat: Mit der Propagierung eines obersten Grundsatzes als Deduktionsgrund und der Ableitung von logisch klaren und deutlichen Begriffen erwies Reinhold nicht Kant, sondern vielmehr Christian Wolff und dessen Auffassung von der Methode und einem System der Philosophie die Reverenz.[6]

Reinholds oberster Grundsatz lautet: »Im Bewusstsein wird die Vorstellung durch das Subjekt von Subjekt und Objekt unterschieden und auf beide bezogen.«[7] Jeder Fall von Bewusstsein, so lässt sich Reinholds Grundannahme paraphrasieren, ist Bewusstsein von etwas, das hier als ›Objekt‹ bezeichnet ist. Dieser Sachverhalt impliziert ein Subjekt, das sich, vermittelt über eine bestimmte Vorstellung, die es sich selber zuschreibt, auf ein Objekt bezieht. In der Beziehung auf ein solches Objekt hat das Subjekt aber auch ein Bewusstsein davon, dass seine Vorstellung sowohl von ihm selbst als auch von dem Objekt, auf das sie sich bezieht, unterschieden ist. Das ist Reinholds neues Fundament der Philosophie. Daraus suchte er die leitenden Grundbegriffe der theoretischen und praktischen Philosophie Kants lückenlos und auf eine begrifflich eindeutig bestimmte Weise abzuleiten. Im vorliegenden Zusammenhang ist nun das Folgende von Interesse.

Reinholds Kant-Kritik betraf nicht so sehr den Gehalt der kritischen Philosophie, sondern, wie gesagt, vor allem den seiner Meinung nach entscheidenden Mangel klar und deutlich bestimmter Begriffe und eines begrifflich eindeutig bestimmten Fundaments. Indem er diesem Mangel durch die Aufstellung eines obersten Grundsatzes und eine von ihm ausgehende Deduktion abzuhelfen suchte, führte er eine wirkungsmächtige methodologische Maxime ein. Sie besagt, dass die Bedeutung der zentralen Begriffe ausschließlich theorieimmanent, und das heißt, als Resultate von Urteilen innerhalb der Theorie bestimmt werden sollen. Die Bedeutung eines Begriffs ist somit eine Funktion der Stelle, die er im Gang der Konstruktion der Theorie einnimmt. Die Theorie, mit der Reinhold dies zu leisten suchte, nannte er *Versuch einer neuen Theorie des menschlichen Vorstellungsvermögens*[8] — später *Elementarphilosophie.*[9] Noch ein weiterer Punkt ist zu nennen. Für das Verständnis von Reinholds Philosophie und der durch sie geprägten Rezeption ist es wichtig zu sehen, dass die Aufstellung eines obersten Grundsatzes und das Programm einer theorieimmanenten Deduktion der zentralen Begriffe, und auch das im Titel der Schrift genannte Konzept eines Vorstellungsvermögens Konzeptionen sind, die durch das begriffliche Repertoire der Philosophie Kants und Kants Verständnis von einer philosophischen Deduktion nicht gedeckt sind und auch nicht darin integriert werden können. Auch Reinholds Konzept des Vorstellungsvermögens verweist unter dem Titel einer ›vis repraesentativa‹ auf die Tradition der Leibniz-Wolffschen Philosophie. Durch solche Manöver wurde die Philosophie Kants im Wortsinne von Grund auf verändert, und ihre authentische Gestalt wurde für viele Jahrzehnte, bis zu ihrer Renaissance im Neukantianismus und noch darüber hinaus, aus dem Fokus der Aufmerksamkeit gerückt. Darüber muss man sich im Klaren sein, wenn es um das Verhältnis Kants zum Deutschen Idealismus geht. Dem

neuen von Reinhold aufgebrachten monistischen Theorieprogramm nun schloss sich der frühe Fichte an, wenngleich unter einem entscheidenden kritischen Vorbehalt.[10] Das ist die zweite Station auf dem Weg zu den neuen Ufern der Philosophie nach Kant.

Abb. 2 Einen ironischen Kommentar des niederländischen Künstlers Jacob Smies zu Kants Philosophie stellt seine Zeichnung *Apodictische Waaren, allegorie op de filosofie van Kant* dar (Anfang des 18. Jahrhunderts). Smies greift im Vordergrund des Bildes Kants Analogie zwischen der Philosophie und der Chemie – der »Scheidekunst« – auf: Die Zergliederung der Vernunft in ihre Elementarbegriffe auf dem Wege der »*Scheidung* des Empirischen vom Rationalen [...] kann uns Beydes *rein,* und, was Jedes für sich allein leisten könne, mit Gewißheit kennbar machen« (*Critik der practischen Vernunft,* 163) – womit, so Kant, auch allen obskuren Ansprüchen der Alchemie, den Stein der Weisen zu finden, entgegengewirkt werden könne.

SELBSTBEWUSSTSEIN ALS ›TATHANDLUNG‹

Fichtes kritischer Vorbehalt richtete sich vor allem gegen Reinholds Auszeichnung des Satzes des Bewusstseins als obersten Grundsatz der gesamten Philosophie. Fichtes Argument lässt sich wie folgt zusammenfassen: Die Funktion des Subjekts, Ursprung jener doppelten Relation des Unterscheidens und Beziehens der Vorstellung von und auf sich selber und auf das vorgestellte Objekt zu sein, lässt sich angemessen gar nicht aus der Perspektive einer dritten Person beschreiben, wie es der Satz des Bewusstseins offensichtlich tut. Auf diese Weise kann der Umstand nicht angemessen zum Ausdruck gebracht werden, dass das Subjekt nicht nur de facto der Urheber dieser doppelten Relation ist, sondern dass es diese Relation selber erzeugt und davon auch ein Bewusstsein hat. Denn ohne ein solches Bewusstsein von sich selber zu haben, ist es ihm gar nicht möglich, eine Vorstellung, die es hat, sowohl von sich selber als auch von dem Objekt, auf das sie sich bezieht, zu unterscheiden und ebenso auf sich und das vorgestellte Objekt zu beziehen. Daraus folgt, dass der Sachverhalt, den Reinholds Satz des Bewusstseins beschreibt, angemessen nur aus der Perspektive der

Abb. 3 *I Do, I Undo, I Redo* lautet der Titel der Installation von Louise Bourgeois aus dem Jahre 2000 in der Turbinen-Halle der Tate Modern Gallery in London. Die Installation besteht aus drei Stahltürmen, die jeweils etwa neun Meter hoch sind und auf einer Wendeltreppe bestiegen werden können. Auf der oberen Plattform angekommen, ist man von mehreren Spiegeln umgeben, die es erlauben, sich selbst und den Ort, an dem man sich befindet, in verschiedener Perspektive zu reflektieren. Bourgeois zeigt hier ein komplexes Spiel mit der Selbstwahrnehmung, dem reflektierten Ich und dessen Handeln. Sie stellt damit den Begriff der Reflexion, wie ihn die Philosophie aus der Optik übernommen hat, in den Mittelpunkt: Das Ich als denkende Instanz sieht sich zugleich beim Denken und auch beim Handeln zu.

ersten Person und nicht gleichsam durch einen externen Beobachter, aus der Perspektive der dritten Person, dargestellt werden kann. Das macht es erforderlich, sich über die logische Struktur und die Art des Zustandekommens desjenigen Bewusstseins ins Klare zu setzen, das das Subjekt von sich selber als dem Ursprung der Bewusstseinsrelation hat. Und daraus folgt die entscheidende Einsicht, dass die Philosophie nicht in Reinholds Satz des Bewusstseins ihr Fundament finden kann, sondern in einem Satz, der nur erst die Grundverfassung von Selbstbewusstsein zum Ausdruck bringt.

Aber nicht nur die Funktion von Selbstbewusstsein, auch die Art seines Zustandekommens war von Reinhold im Dunkeln gelassen worden. Auch hier bestand Erklärungsbedarf. Hierzu ist das Folgende zu sagen. Der Gedanke ›Ich‹, das heißt der Gedanke: ›Ich weiß, dass ich selber das Subjekt meiner Vorstellungen bin‹ ist nicht ein Gedanke, dem etwas entspricht, das im Bewusstsein wie ein von außen bewirktes Erlebnis gegeben wäre. Er ist vielmehr die Bedingung, unter der etwas, das dem Subjekt gegeben ist, die Qualität, bewusst zu sein, erst erhalten kann. Daher kann dieser Gedanke nur ein Gedanke sein, der aus Anlass der Vorstellung von etwas Gegebenem erzeugt wird. Der Gedanke ›Ich‹ ist zweitens ein wahrer Gedanke. Wer den Ausdruck ›ich‹ unter normalen Bedingungen verwendet, täuscht sich nicht darüber, auf wen sich dieser Ausdruck bezieht, nämlich auf den, der ihn verwendet, der eben niemand anders als er selbst ist. Der Ich-Gedanke ist drittens ein Gedanke, dessen Wahrheit unmittelbar einleuchtet. Wer ›ich‹ sagt, der ist sich auch seiner selbst auf eine unmittelbare und kriterienlose Weise bewusst. Daraus folgt, dass die Wirklichkeit dessen, worauf sich der Gedanke ›Ich‹ bezieht, auch nur kraft des Vollzugs dieses Gedankens besteht. Das ist die performative Natur des Gedankens ›Ich‹: Aktcharakter und Wirklichkeit des Gedankens ›Ich‹ sind untrennbar miteinander verbunden. Für diesen Sachverhalt hat Fichte den berühmten Begriff der Tathandlung geprägt.

Aufgrund der performativen Natur und der Unmittelbarkeit der Gewissheit von Selbstbewusstsein ist der Bezug des Subjekts des Bewusstseins auf sich nun auch nicht nach dem (Reinholdschen) Modell gegenständlichen Bewusstseins und der darin enthaltenen doppelten Relationalität zu begreifen — so dass das Ich selber das Objekt wäre, das es als Subjekt des Bewusstseins mittels einer Vorstellung von sich unterscheidet und zugleich auf sich bezieht.[11] Daher, das ist die Fichtesche Option, ist das Reinholdsche Bewusstseinsmodell zur Erklärung dieses ursprünglichen Selbstbewusstseins preiszugeben; stattdessen ist von einem einfachen, nichtgegenständlichen Selbstverhältnis auszugehen, in dem das Subjekt des Bewusstseins sich auf unmittelbare Weise als etwas Wirkliches gewahrt. Der neue oberste Grundsatz lautet dann: »Ich bin«.[12]

In der Absicht einer kritischen Rekonstruktion der Elementarphilosophie Reinholds musste es Fichte nun zunächst darum gehen, die basalen formalen Charaktere des Bewusstseins eines Objekts zu rekonstruieren, von denen Reinhold ausgegangen war. Da sowohl Unterscheiden als auch Beziehen fundamentale mentale Aktivitäten sind, die für allen Begriffsgebrauch in Urteilen im Kontext einer Theorie des Bewusstseins vorauszusetzen sind, liegt der Gedanke nahe, sie in der Form von weiteren Grundsätzen einzuführen, und genau das tut Fichte in einem zweiten und dritten Grundsatz. Auf welche Weise dies geschieht, wie diese Grundsätze lauten, und wie daraus in einem komplexen konstruktiven Verfahren schließlich der Begriff der Vorstellung gewonnen wird, aus dem dann erst der Objektbezug des Bewusstseins erklärt wird, kann hier nicht gezeigt werden. Ein anderer Punkt ist wichtiger. Er markiert die dritte Station.

Noch während der Ausarbeitung seiner Vorlesungen über die erste Wissenschaftslehre, genauer, am Beginn der Begründung der praktischen Philosophie, hat Fichte ein neues methodisches Verfahren in Anwendung gebracht, mit dem er sich, sehr wahrscheinlich von Debatten in Jena motiviert, von Reinholds Grundsatzsystematik befreite. Damit gelangte er erst wirklich ins Eigene, und damit erreichte die Philosophie nach Kant auch erst die ihr angemessene Flughöhe. Es handelt sich um das innovative Projekt einer ›Geschichte des Selbstbewusstseins‹. Ihm haben Schelling im *System des transzendentalen Idealismus* von 1800 und dann auch Hegel in der *Phänomenologie des Geistes* und schließlich in seinem gesamten System eine jeweils eigene Prägung gegeben. Was ist damit gemeint?

DAS PROJEKT EINER GESCHICHTE DES SELBSTBEWUSSTSEINS

Der Ausdruck ›Geschichte‹ ist nicht in einem philosophiehistorischen, sondern in einem logisch-systematischen Sinn zu verstehen. Er bezieht sich auf die besondere Methode einer philosophischen Theorie. Sie besteht darin, dass die Begriffe der kognitiven Funktionen, mit denen wir uns in theoretischer und praktischer Hinsicht auf die Welt beziehen, Fichte nennt sie die »Handlungen des menschlichen Geistes«,[13] in einer stufenweise inhaltlich komplexeren Sequenz als die wesentlichen Merkmale des menschlichen Geistes entwickelt werden. Mit diesem Verfahren ist neben den genannten Elementen der Leibniz-Wolffschen Philosophie eine weitere externe Quelle der Philosophie nach Kant gegeben. Ihr wissenschaftshistorischer Ursprung ist, nur scheinbar abgelegen, in der neuen, nicht mehr nur statisch-klassifikatorisch, sondern dynamisch-genetisch verfahrenden Naturbetrachtung zu sehen, die nach der Mitte des 18. Jahrhunderts in Frankreich aufkam. Die neue Naturbetrachtung setzte sich alsbald als Inbegriff einer wissenschaftlichen Methode durch und erfasste schnell auch andere Wissenschaftsbereiche. Etienne Bonnot de Condillac war der erste, der mit seinem *Traktat über die Empfindungen (Traité des Sensations)* von 1754[14] das neue naturwissenschaftliche Verfahren auf die Philosophie des Geistes anwandte. Im Ausgang von einer einfachen Sinneswahrnehmung suchte Condillac unter Anspielung auf das Pygmalion-Motiv eine fingierte Marmorstatue dadurch gleichsam zum Leben zu erwecken, dass ihr sukzessiv alle kognitiven, zunehmend komplexeren Fähigkeiten des menschlichen Geistes bis zu der Vollstruktur eines seiner Sinne und seiner Vernunft mächtigen Wesens andemonstriert werden. Dieses Verfahren wurde zum methodologischen Modell für die Begründung einer neuen Theorie der Subjektivität nach Kant. Fichte, der Vorreiter dieser Entwicklung, ging freilich nicht wie der Sensualist Condillac von einer einfachen Sinnesempfindung aus, sondern vom menschlichen Selbstbewusstsein. Damit wurde er zum Begründer einer neuen philosophischen Methode, die als ›Geschichte des Selbstbewusstseins‹ Epoche gemacht hat.

Unter einer Geschichte des Selbstbewusstseins nun ist eine Theorie zu verstehen, die es unternimmt, die begriffliche Konstruktion der kognitiven Funktionen nicht aus der Perspektive einer dritten Person, sondern sozusagen am Orte des epistemischen Subjekts, aus der Perspektive der ersten Person also, zu entwickeln. Auf diese Weise wird das Ich zu seinem eigenen logischen Historiographen. Präziser wäre zu sagen, dass es seine begriffliche Geschichte genau dadurch schreibt, dass es sie in der Form einer philosophischen Theorie konstruiert, deren Prinzip und Gegenstand, Autor und Thema, es selber ist. Weil die Funktionen des Geistes seine wesentlichen Bestimmungen sind, konstruiert es auf diese Weise den vollständigen Begriff seiner selbst. Er ist das Ziel der Geschichte des Selbstbewusstseins. Seine wesentlichen Bestimmungen sind insofern die Bedingungen des Selbstbewusstseins zu nennen, und das ist denn auch der Ausdruck, den Fichte und mit ihm Schelling in diesem Sinn verwenden.

Die erste Bedingung des Selbstbewusstseins nun, sozusagen die erste Epoche seiner begrifflichen Geschichte, ist das, was Fichte und Schelling gemeinsam als ›praktisches Ich‹ bezeichnen. Was damit gemeint ist, lässt sich kurz gefasst wie folgt verstehen. Geht man davon aus, dass das Ich das oberste Prinzip aller Weltgehalte ist, von denen es Kenntnis haben kann, dann kann es sich klarerweise nicht nur von der Welt der Erfahrung unterscheiden, es muss sich auch, und damit tritt Reinholds Bewusstseinssatz in Funktion, auf sie beziehen und sie durch seine eigenen kognitiven Leistungen strukturieren. In der Beziehung auf die von ihm unterschiedene und durch es selbst, durch seine eigene

Tätigkeit bestimmbare Sphäre der Erfahrung, das ist hier der entscheidende Punkt, tritt das Ich, aus Perspektive der philosophischen Rekonstruktion gesehen, sozusagen aus sich selbst, aus der ursprünglichen Gewissheit seiner Existenz heraus und wird hinsichtlich seiner Funktion, aktives Prinzip aller ihm zugänglichen Weltgehalte zu sein, gegenständlich. Ausdruck dessen ist der Begriff eines auf den unendlichen Bereich der Erfahrung gerichteten, seinerseits unendlichen Strebens. Der Begriff des Strebens ist somit das erste und allgemeinste Prädikat, das sich das Ich zuschreibt. Auf dieser Grundlage werden alle weiteren Funktionen als Bedingungen des Selbstbewusstseins dargestellt, zu denen unter anderem auch das in der aktuellen Diskussion viel traktierte interpersonale Anerkennungsverhältnis zu zählen ist.

Versucht man, das Projekt einer Geschichte des Selbstbewusstseins in das Tableau philosophischer Disziplinen einzuordnen, dann kommt man nicht umhin, Fichtes erste Wissenschaftslehren und auch Schellings *System des transzendentalen Idealismus* als Entwürfe einer neuen rationalen Psychologie zu verstehen. An die Stelle der vormaligen rationalistischen Seelensubstanz treten indessen die performative Konzeption von Selbstbewusstsein und das methodische Postulat der Perspektive der Ersten Person, das in das innovative Projekt einer Geschichte des Selbstbewusstseins überführt wird. Darin sahen die Nachkantianer denn auch eine Alternative zu Kants Kritik der rationalen Psychologie. Die logische Natur des Ich und das Desiderat einer Theorie der Subjektivität sind somit die entscheidenden Motive, die die Nachkantianer dazu veranlasst haben, die Begriffs- und Begründungsform der Philosophie Kants zu verlassen und ein neues philosophisches Terrain zu bebauen.

GESCHICHTEN DES SELBSTBEWUSSTSEINS: SCHELLING UND HEGEL

Hier verzweigen sich die Wege bald und führen in autonome Regionen. Schon Schellings *System des transzendentalen Idealismus,* das sich explizit zu dem Theoriemodell einer Geschichte des Selbstbewusstseins bekennt, ist in der Art und Weise, wie diese Geschichte präsentiert wird, gleichwohl von einer indirekten Polemik gegen Fichte geprägt, von der der Abschluss mit einer Philosophie der Kunst nur ein Aspekt ist. Gegen Fichte hatte Schelling aber auch schon früh die Idee einer Philosophie der Natur in Stellung gebracht, die insofern eine Geschichte des Selbstbewusstseins darstellt, als Schelling die Naturprodukte als eine Stufenfolge des Weges zu rekonstruieren unternahm, auf denen der Geist zum Bewusstsein seiner selbst gelangt. Ich zitiere hierzu die folgende Erklärung: »Jedes einzelne Leben [...] ist ein Teil des langwierigen Prozesses, in dem das Universum allmählich erwacht und sich seiner selbst bewusst wird.« Dieses Zitat stammt allerdings nicht von Schelling, sondern von dem amerikanischen Philosophen Thomas Nagel aus seinem letzten Buch *Mind and Cosmos,* mit dem programmatischen Untertitel: *Why the Materialist Neo-Darwinian Conception of Nature is Almost Certainly False* aus dem Jahre 2012.[15] Nagel geht davon aus, dass Bewusstsein, Intentionalität und Selbstbewusstsein sich nicht auf physikalische Vorgänge reduzieren beziehungsweise direkt aus ihnen erklären lassen. Da sie offenkundig entstanden sind, aber auch keine zufällige Nebenfolge von rein physikalischen Vorgängen sein können, liegt der Gedanke einer evolutionären Geschichte nahe, in der die Natur sich allmählich ihrer selbst bewusst wird. So darf man mit Blick auf Thomas Nagels Überlegungen zum Verhältnis von Geist und Natur wohl von einer provokanten Aktualität der Naturphilosophie Schellings sprechen.

Relativ spät betrat Hegel die philosophische Bühne. Für den hier interessierenden Zusammenhang ist Hegels erste selbständige systematische Schrift, die *Phänomenologie des Geistes* von 1807, von Bedeutung.

Die Einleitung überrascht den Leser mit einer offenbar sprachlich dekomplizierten Version von Reinholds Satz des Bewusstseins: Das Bewusstsein, so heißt es da, »*unterscheidet* [...] etwas von sich, auf das es sich zugleich *bezieht*«. Weiter wird gesagt, dass dies die Weise ist, wie die »Bestimmungen des Wissens und der Wahrheit [...] in dem Bewusstsein vorkommen«.[16] In einem ersten Zugriff ist darin eine Minimalbedingung zu sehen, die erfüllt sein muss, wenn ein Subjekt des Bewusstseins über ein in wahren Urteilen artikuliertes Wissen über Gegenstände verfügen können soll. Dann nämlich muss es sich so auf einen Gegenstand beziehen, dass er von einer bloß subjektiven Beziehung auf ihn unabhängig und für sich bestehend gedacht werden kann. In diesem Sinne unterscheidet es etwas von sich, auf das es sich zugleich bezieht.

Hegel geht es nun nicht um die Darstellung kognitiver Funktionen, die ein Subjekt des Bewusstseins sich selber zuschreibt und zu Urteilen über Objekte der Erfahrung gelangt, die den Anspruch auf Wahrheit erheben können. Das Verhältnis von Wissen und Wahrheit bezieht sich vielmehr auf Geltungsansprüche, die mit verschiedenen Modellen der

Weltdeutung verbunden werden. Hegel spricht daher »statt [von] Gestalten nur des Bewußtseins« ausdrücklich von »Gestalten einer Welt«.[17] Sie manifestieren sich in der Geschichte der menschlichen Kultur, und sie umfassen die Bereiche der Wissenschaft, der Moral, der Politik, des Rechts, der Kunst und der Religion. Hegels *Phänomenologie des Geistes,* so lässt sich daher sagen, enthält eine Philosophie der Kultur.

Hegels Idee ist es nun, dass das so gefasste Verhältnis von Wissen und Wahrheit zur Grundlage einer, so möchte ich es nennen, kritischen Theorie von Modellen der Weltdeutung gemacht werden kann. Kritisch ist die Theorie insofern, als Hegel eine stufenweise komplexere Typologie von Modellen der Weltdeutung entwirft und dabei prüft, ob die jeweils erhobenen Geltungsansprüche und die ihnen entsprechenden Wissensformen wahr sind.

Zwei Typen lassen sich unterscheiden. Sie stellen sozusagen die geistige Tiefenstruktur der Weltdeutungen dar: Zum einen eine Beziehung von Individuen auf eine allgemeine Sphäre, die von den vielfältigen individuellen Lebensentwürfen unabhängig existiert und als solche Gültigkeit beansprucht. Hegel nennt sie deswegen eine »gegenständliche wirkliche Welt«.[18] Zum anderen ein Verhältnis, in dem die Individuen sich so auf eine allgemeine Sphäre beziehen, dass sie die Realisierung ihrer theoretischen und praktischen Intentionen darstellt, durch die sie gemeinsam ihren Lebenszusammenhang organisieren und deuten. Diese Sphäre ist eine von den Individuen gemeinsam erzeugte Dimension, in der sie ihre eigenen Zwecke erfolgreich realisieren. Daher hat diese Sphäre für diejenigen, die in ihr leben, wie Hegel betont, »alle Bedeutung eines Fremden [...] verloren«.[19] Dem entspricht Hegels Interpretation von Freiheit.

Mit diesem zweiten Verhältnis, nennen wir es das ›Freiheitsverhältnis‹, ist die Grundstruktur dessen beschrieben, was Hegel mit seinem Begriff des Geistes bezeichnet. Für ihn gilt nicht mehr der zitierte Satz des Bewusstseins, sondern ein Satz, den ich den ›Satz des Geistes‹ nennen möchte. Er ließe sich so formulieren: ›Das Bewusstsein unterscheidet etwas von sich, auf das es sich so bezieht, dass es sich darin zugleich auf sich selbst bezieht.‹ Das kritische Programm von Hegels *Phänomenologie des Geistes* besteht nun in einem Progress, den Hegel als Darstellung einer »Reihe [von] Gestaltungen« beschreibt, »welche das Bewusstsein

Abb. 4 Auf dem Weg zu einer harmonischen Aufhebung aller Gegensätze und einem ›Ende der Geschichte‹? – Fichte und Hegel im Gespräch. Diese Sequenz ist Teil eines umfangreichen Webcomic-Projekts des US-amerikanischen Software-Entwicklers Corey Mohler mit dem Titel *Existential Comics.* Seit 2013 veröffentlicht Mohler Beiträge zu derzeit mehr als 120 PhilosophInnen.

[...] durchläuft«, die, so Hegel, »die ausführliche Geschichte der *Bildung* des Bewusstseins selbst zur Wissenschaft« darstellt.[20] Die Gestaltungen, welche das Bewusstsein im Gang dieser Geschichte durchläuft, sind die eben genannten »Gestalten einer Welt«; »die Wissenschaft« ist Hegels System der Philosophie. Der Zweck dieser vollständig neu gefassten Historiographie des Selbstbewusstseins ist es zu zeigen, dass alle präsentierten Typen der Weltdeutung der skizzierten Grundstruktur des Geistes nicht entsprechen, um am Ende die Beschreibung des Grundverhältnisses des Geistes als alternativlos wahre Aussage unter Beweis zu stellen. Davon ausgehend soll eine allein wahre und alle Bereiche des menschlichen Lebens umfassende Deutung entwickelt werden. Das ist die Aufgabe, die Hegel der Philosophie stellt, und die er mit seinem System auch gelöst zu haben beansprucht. Hegels System der Philosophie bleibt dem Modell einer Geschichte des Selbstbewusstseins insofern verpflichtet, als es sich in seinen Teilen, der Philosophie der Natur, der Rechts- und Geschichtsphilosophie, der Philosophie der Kunst und der Philosophie der Religion und im historischen Gang der Philosophie selbst als eine Geschichte der Selbsterfassung des Geistes entfaltet.

Versucht man, zu einem Fazit des hier über das Verhältnis Kants zum Deutschen Idealismus Ausgeführten zu kommen, dann ist das Folgende zu sagen. Das berühmte Wort Friedrich Schillers, dass die Weltgeschichte das Weltgericht sei,[21] trifft auf die Geschichte der Philosophie nicht zu. Ihr Gang ist nicht ein kontinuierlicher Fortschritt im Bewusstsein der Wahrheit, in dessen Verlauf die Philosophie zum Richter des Urteils über sich selbst würde. Dafür ist das Verhältnis Kants zum Deutschen Idealismus ein eindrucksvolles Beispiel: Die These der Nachkantianer, fehlende Prämissen zu Kants Konklusionen geliefert und auf diese Weise das Urteil über die Wahrheit der Philosophie Kants gesprochen und damit zum Fortschritt im Bewusstsein der Wahrheit beigetragen zu haben, trifft ebenso wenig zu wie Kants Verdikt, die Fichtesche Wissenschaftslehre sei ›ein gänzlich unhaltbares System‹. Der Fortschritt, wenn er denn einer ist, besteht eher darin, neue Problemfelder entdeckt zu haben, für deren Bearbeitung neue Begriffs- und Begründungsformen erforderlich sind. Das ist in der Epoche des Deutschen Idealismus geschehen. Daraus folgt nicht, dass die Vorgängertheorie in allen Teilen obsolet geworden wäre. Die These scheint eher plausibel, dass die Bedeutung der operativen Begriffe als Funktionen der je verschiedenen Problemlagen und der zu ihrer Lösung entwickelten argumentativen Strategien zu verstehen sind. Erst wenn man darüber zur Klarheit gekommen ist, kann ein evaluierender Vergleich unternommen werden. Während die Kant-Forschung unserer Tage allerdings eher geneigt zu sein scheint, dem kantischen Verdikt eine gewisse Sympathie entgegenzubringen oder sich in einer mit Skepsis gemischten Abstinenz zur Philosophie des Deutschen Idealismus zu üben, ist es der Idealismus-Forschung immer noch vergleichsweise wenig gelungen, zu einer unvoreingenommen Klärung des Verhältnisses Kants zum Deutschen Idealismus beizutragen. Es ist zu wünschen, dass diese Situation sich bis zum Kant-Jahr 2024 ändern möge.

1 Zur Erfindung des Ausdrucks »Deutscher Idealismus« siehe Sandkaulen 2007.

2 Kant: Erklärung in Beziehung auf Fichtes Wissenschaftslehre, 7. 8. 1799. In: AA XII, 370 f.

3 A. a. O., 371.

4 So schreibt Kant in einem Brief an Johann Heinrich Tieftrunk vom 5. 4. 1798: »Was halten Sie von Herrn Fichte allgemeine Wissenschaftslehre? einem Buche, welches er mir vorlängst zugeschickt hat, dessen Durchlesung ich aber, weil ich es weitläufig und meine Arbeit zu sehr unterbrechend fand, zur Seite legte u. jetzt nur aus der Recension in der A. L. Z. kenne?« (AA XXII, 240 f., hier: 241).

5 Siehe Schelling: *Briefe,* Bd. II, 57.

6 Siehe hierzu Christian Wolff: »In der Philosophie dürfen keine Ausdrücke erklärt werden, die nicht durch genaue Definitionen erklärt sind« (Wolff 1996, § 116).

7 Siehe Reinhold 1790, 167.

8 Siehe Reinhold 2010 und Reinhold 2003.

9 So im ersten Band der »Beyträge zur Berichtigung bisheriger Mißverständnisse der Philosophen«, der »das Fundament der Elementarphilosophie« betrifft (Reinhold 1790).

10 Im Folgenden wird teilweise zurückgegriffen auf Stolzenberg 2016.

11 So Fichte im *Versuch einer neuen Darstellung der Wissenschaftslehre,* Fichte 1970, hier: 274–276.

12 Fichte: *Grundlage der gesammten Wissenschaftslehre.* In: Fichte 1965, hier: 260.

13 Fichte: *Ueber den Begriff der Wissenschaftslehre.* In: Fichte 1965, hier: 134.

14 Condillac 1983.

15 Nagel 2013, 125.

16 Hegel: *Phänomenologie des Geistes.* In: Hegel 1986, Bd. 3, 76.

17 A. a. O., 326.

18 A. a. O., 325.

19 Ebd.

20 A. a. O., 73.

21 Schiller, Worte aus dem Gedicht *Resignation*, zuerst veröffentlicht 1786 (Schiller 1983, 401 ff.).

– – –

Abb. 1 Poth: Ölgemälde. © Uwe Poth 2007

Abb. 2 Smies: Zeichnung. Alamy Stock Photo 2AGX0DR

Abb. 3 Bourgeois: Installation. akg images 1477669. © The Easton Foundation/VG Bild-Kunst, Bonn 2021

Abb. 4 Mohler: Comic. URL: existentialcomics.com

Abb. 5 Rauch: Ölgemälde. akg images 1619035. © Courtesy Galerie EIGEN + ART Leipzig/Berlin und Zwirner, New York/London; VG Bild-Kunst, Bonn 2021

Abb. 5 Neo Rauch, einer der bedeutendsten Vertreter der sogenannten ›Neuen Leipziger Schule‹, verarbeitet in seinen magisch realistischen Bildern deutsche Gegenwart und Vergangenheit. Hier, in dem Werk *Ordnungshüter* von 2008, stehen Fragen des Rechts und der gesellschaftlichen Ordnung im Vordergrund, und insbesondere das Problem, wie theoretische Inhalte (aus Büchern) in die Welt zu bringen sind — was ganz offenkundig zu Agitation, die Gewalt in Kauf nimmt, zu Terror und Fanatismus führen kann. Einen zukunftsfähigen Konnex zwischen abstrakten Gedanken und der politischen Wirklichkeit zu erringen war eine der größten Herausforderungen für das 19. Jahrhundert und ist eine bis heute nicht bewältigte Aufgabe.

Abb. 1 Analog zu den skeptischen Fragen, was man tatsächlich über die Welt wissen und wie nahe eine Abbildung dem Gegenstand selbst kommen kann, lassen sich mit Bezug auf Gott auch sämtliche angeblich sicheren Erkenntnisse und ›Beweise‹ kritisch hinterfragen. Der Aufklärer und Skeptiker Hume war dabei für Kant Inspiration und Antipode zugleich. In den *Prolegomena zu einer jeden künftigen Metaphysik* bemerkte er: »[D]ie Erinnerung des *David Hume* war eben dasjenige, was mir vor vielen Jahren zuerst den dogmatischen Schlummer unterbrach, und meinen Untersuchungen im Felde der speculativen Philosophie eine ganz andre Richtung gab« (260). *Doppelporträt Kant und Hume,* Kupferstich von Johann Heinrich Lips (1794).

MICHA BRUMLIK

Kants Religionsphilosophie – nach zweihundert Jahren

Aus dem Abstand von mehr als zweihundert Jahren zeigt sich, dass es bei Immanuel Kants Religionsphilosophie letztlich um die Frage geht, ob der Glaube – im Unterschied zum Wissen – in der Sache ein begründetes Argument für die Annahme Gottes darstellt oder ob er ›nur‹ funktionalistisch als Vehikel zur Verbreitung und Festigung von Moral gefasst werden soll. Tatsächlich war es kein geringerer als der berühmte calvinistische Theologe Karl Barth – von ihm stammt das gegen Friedrich Schleiermacher gerichtete Donnerwort ›Religion ist Unglaube‹ –, der Kant attestiert hat, einen »moralischen Gottesbeweis«[1] geführt zu haben. »Kants Religionsphilosophie bedeutet«, so Barth, »den Versuch, in Verfolgung des Unternehmens der kantischen Vernunftkritik überhaupt, auch die Religion als notwendiges Vernunftphänomen zu deuten, d. h. sie auf das Vermögen a priori zurückzuführen und ihren konkret empirischen Gehalt an ihm als an ihrem inneren Gesetz zu messen«.[2]

Daher: Unter den vielen intellektuellen Revolutionen, die Immanuel Kant vollzogen oder geschätzt hat, ist diese Deutung der Religion eine weitere, in ihrer Radikalität noch immer nicht genügend anerkannte Revolution: Ist doch spätestens seit David Hume akzeptiert, dass aus einem Sein kein Sollen gefolgert werden kann, dass naturalistische Fehlschlüsse also strikt zu vermeiden sind.

Indes: In seinen religionsphilosophischen Schriften ging es jedenfalls Kant von Anfang an darum, den umgekehrten Weg zu gehen, nämlich aus einem Sollen ein Sein zu erschliessen, aus dem Sollen moralischen Handelns das Sein, ja sogar die – wenn auch theoretisch nicht erkennbare – Existenz Gottes (notwendig) zu erschließen. Das jedenfalls scheint Kants Ziel gewesen zu sein: die kognitiv propositionale Erfassung der Welt so in ihren Grenzen zu bestimmen, dass aus ihr Freiheit zum Glauben und damit zur Annahme Gottes als Sinnbedingung moralischen Handelns nicht nur plausibel, sondern geradezu notwendig wird.

»Ich mußte«, so Kant in der Vorrede zur zweiten Auflage der *Critik der reinen Vernunft* aus dem Jahr 1787, »also das *Wissen* aufheben, um zum *Glauben* Platz zu bekommen, und der Dogmatism der Metaphysik, d. i. das Vorurtheil, in ihr ohne Critik der reinen Vernunft fortzukommen, ist die wahre Quelle alles der Moralität widerstreitenden Unglaubens, der jederzeit gar sehr dogmatisch ist«.[3]

Damit ist nichts anderes gesagt, als dass eine ›reine‹ Metaphysik im Letzten der Urquell aller Unmoral ist. Einer der besten Kenner der kantischen Religionsphilosophie, Rudolf Langthaler, hat dieses Motiv Kants gründlich erforscht und massiv zugespitzt, indem er eine – von den meisten Interpreten übergangene – Äußerung Kants zum Zentrum seiner Überlegungen gemacht hat.[4] Diese Äußerung findet sich zunächst in der *Critik der practischen Vernunft* (CpV) im Anschluss an die »Postulatenlehre«, in der es um das Bedürfnis nach Gott, Freiheit und Unsterblichkeit geht. Nämlich: »Ich *will*, daß ein Gott [...] sey«.[5]

Diese Formulierung stellt – wenn auch in der entsprechenden Passage aus einer Beobachterperspektive geäußert – nicht mehr und nicht weniger als eine diametrale Umkehrung allen bisherigen Denkens über Gott dar. War bis zu dieser Äußerung Kants Gott als Ursache, Sinnbedingung, ens realissimum allen Seins – auch des menschlichen – bestimmt, so wird er nun zum Ausdruck eines Wunsches; so dass man geneigt sein könnte, in dieser Äußerung eine Vorwegnahme der von Ludwig Feuerbach und Karl Marx erhobenen, materialistischen Annahme zu sehen, wonach alle Religion Ausdruck einer sich ins Jenseits vertröstenden leidenden Menschheit sei.

Indes: Dieser beharrliche Wille, dass Gott sei, erweist sich keineswegs als Willkür, sondern als Ausdruck einer Einsicht – der Einsicht eines sich über die Grundlagen seines Handelns und Denkens klar gewordenen Subjekts, das die Vernunft als Konstituens seiner Individualität akzeptiert hat und in diesem Vernunftvermögen nicht nur die Bedingungen jeglicher Welterkenntnis sondern auch die unaufhebbare Forderung verstanden hat, sich autonom und das heißt moralisch zu verhalten. Eine Vernunft, die sich, wenn individuiert, selbst erkennt, weiß, dass sie moralisch zu sein hat, andernfalls sie sich selbst verfehlt. Dann aber kommt sie nach Kant nicht daran vorbei, Gott als Sinnbedingung dieser ihrer Moralität zu akzeptieren – obwohl sie doch gerade erkannt

Abb. 2 Paul Klee, *Engel voller Hoffnung* (1938/39). Klees Engelarbeiten entstanden in für ihn persönlich und allgemein politisch schweren Zeiten. Sie thematisieren in unerreichter Schlichtheit grundlegende philosophische und theologische Fragen.

und eingesehen hat, dass der Gegenstand dieser Sinnbedingung unmöglich ›erkannt‹ werden kann.

Denn: Weder eine mögliche Existenz Gottes noch eine mögliche Nichtexistenz Gottes lassen sich nach Kant theoretisch beweisen. Nebenbei gesagt: Ein lange vergessener, erst allmählich wiederentdeckter Philosoph, Wolfgang Cramer, hat bereits in den 1960er Jahren zu zeigen versucht, dass Kants Widerlegung der klassischen Gottesbeweise unschlüssig ist.[6] Kants Argument zugunsten einer Existenz Gottes lässt sich gleichwohl als ein Argument über die Sinnbedingung moralischen Handelns erläutern, also eines Handelns, dem es nicht darum geht, statutarisch vorgegebenen, gar offenbarten (moralischen) Regeln zu willfahren, sondern sie aus Einsicht in ihren letzten Sinn um ihrer selbst willen auszuführen. Menschen, die so handeln, handeln im Blick auf eine Welt, von der sie — so Kant — annehmen müssen, dass sie grundsätzlich mindestens zukünftig als bessere Welt möglich sein muss, andernfalls menschliches Handeln seine ratio und seinen Grund verloren hätte. Dass Gott ein im letzten gütiger Weltenurheber ist, ist demnach die Sinnbedingung moralischen Handelns. Entsprechend heißt es in Entwürfen zum *Streit der Facultäten:* »Führe Deinen Lebenswandel mit Gewissenhaftigkeit, als ob Du Dich eines künftigen Weltenrichters zu gewärtigen habest«.[7]

Rudolf Langthaler jedenfalls bietet ausgerechnet den späten Max Horkheimer auf, um genau diesen Gedanken, den Kant auch in der Auseinandersetzung mit dem Buch Hiob, anlässlich des Theodizeeproblems, entwickelt hat, weiter zu plausibilisieren: »Der Gedanke, dass die Gebete der Verfolgten in höchster Not, dass die der Unschuldigen, die ohne Aufklärung ihrer Sache sterben müssen, dass die letzten Hoffnungen auf eine übermenschliche Instanz kein Ziel erreichen und dass die Nacht, die kein menschliches Licht erhellt, auch von keinem göttlichen durchdrungen wird, ist ungeheuerlich. Die ewige Wahrheit hat ohne Gott ebensowenig einen Grund und Halt wie die unendliche Liebe, ja sie wird zum undenkbaren Begriff. Aber ist«, so fragt Horkheimer insistierend weiter, »je ein stichhaltiges Argument gegen die Behauptung oder Leugnung eines Sachverhalts gewesen, enthält die Logik ein Gesetz, dass ein Urteil falsch ist, wenn seine Konsequenz Verzweiflung wäre?«[8]

Damit ist — systematisch gesehen — die Frage des von Kant selbst so genannten ›Zweifelglaubens‹ angeschnitten. Kant beharrte darauf, dass ein dogmatischer Unglaube nicht mit einer in der Denkungsart herrschenden sittlichen Maxime zusammen existieren könne, wohl aber mit einem ›Zweifelglauben‹, »dem der Mangel der Ueberzeugung durch Gründe der speculativen Vernunft nur Hinderniß ist, welchem eine critische Einsicht in die Schranken der letztern den Einfluß auf das Verhalten benehmen und ihm ein überwiegendes practisches Fürwahrhalten zum Ersatz hinstellen kann«.[9]

Es geht also um moralische, nicht wissenschaftliche, seinsbezogene Gewissheit: »Nein, die Ueberzeugung ist nicht *logische,* sondern *moralische* Gewißheit, und, da sie auf subjectiven Gründen (der moralischen Gesinnung) beruht«, so Kant weiter, »so muß ich nicht einmal sagen: *es ist* moralisch gewiß, daß ein Gott sey etc., sondern, *ich bin* moralisch gewiß etc.«[10]

Man beachte jedoch, dass der von Kant hier vorgeschlagene propositionale Sprechakt ›Ich bin gewiss‹ eine weitere Abschwächung sogar dieses nur moralischen Gottesbeweises darstellt. Mit alledem hat Kant eingeräumt, dass sich der Vernunftglaube, nicht der von ihm sogenannnte ›Kirchenglaube‹, auf die Voraussetzung moralischer Gesinnungen gründet. Finde sich eine solche Haltung, also eine vorhandene positive moralische Gesinnung jedoch nicht — so nun Kants weitere, freilich nur psychologische Überlegung — so bliebe doch noch immer die Möglichkeit, dass eine solche Person wenigstens ein göttliches Dasein und eine Zukunft fürchte. Werde doch hierzu nicht mehr erfordert, »als daß er wenigstens keine *Gewißheit* vorschützen könne, daß *kein* solches Wesen und *kein* künftig Leben anzutreffen sey, wozu, weil es durch bloße Vernunft, mithin apodictisch bewiesen werden müßte, er die Unmöglichkeit von beiden darzuthun haben würde, welches gewiß kein vernünftiger Mensch übernehmen kann. Das würde ein *negativer* Glaube seyn, der zwar nicht Moralität und gute Gesinnungen, aber doch das Analogon derselben bewirken, nemlich den Ausbruch der bösen mächtig zurückhalten könnte.«[11]

Sachlogisch würde diese psychologische Auskunft ein Analogon zu dem von Kant postulierten höchsten Gut, nämlich ein tiefstes Übel, erfordern. Wenn es richtig ist, dass moralisches Handeln, das seinen Namen verdient, einen göttlichen Welturheber, einen Herrn der Geschichte sowie einen ›Herzenskündiger‹ sinnkritisch voraussetzt, so scheint es unvermeidlich, dass das damit beanspruchte ›radikal Böse‹ als Ausdruck eines schlechthin bösen Willens als ›Teufel‹ oder doch mindestens als ›teuflisch‹ zu bezeichnen ist.

Auf jeden Fall: Eine mögliche rationale Konstruktion für das, was Kant unter einem praktischen, natürlich nicht theoretischen Gottesbeweis versteht, könnte das sein, was der analytische Philosoph Franz von Kutschera als ›Bewährung im Leben‹ bezeichnet hat. Kutschera anerkennt Kants entscheidenden Beitrag im Hinweis auf die Möglichkeit einer praktischen Legitimierung des Glaubens, unterscheidet sich freilich von Kant dadurch, dass er »in der Anerkennung objektiver Pflichten und Werte eine Entscheidung« sieht, »die nicht nur Sache der Vernunft, sondern des ganzen Menschen ist.«[12]

Indes: So plausibel Kutscheras Deutung des gelebten Glaubens als ›Bewährung im Leben‹ auf den allerersten Blick wirkt, so fragwürdig wird diese Deutung dann, wenn der jeweilige Glaube und die damit verbundene Lebensführung unmoralisch sind — man denke nur an alle möglichen Formen eines mörderischen, religiösen Fundamentalismus. Wenn überhaupt, so müsste Kutscheras Deutung als ›Bewährung im richtigen Leben‹ verstanden werden — mit der Folge, sich dann mit Theodor W. Adornos Behauptung, dass es kein richtiges Leben im falschen gäbe beziehungsweise dass »nichts an theologischem Gehalt unverwandelt fortbestehen«[13] werde, auseinandersetzen zu müssen.

Abb. 3 Auf der Rückseite dieses Skizzenblattes mit dem Titel *Studien sitzender Männer* (1821) des Spätromantikers August Lucas finden sich die Worte »wer Engel sucht«, die einem Gedicht Christoph August Tiedges entstammen. In diesem heißt es: »Das Heil der Freundschaft ist die heiligste der Gaben; Nichts Heiliger's konnt' uns ein Gott verleihn; Und einen Freund kann Jeder haben, Der würdig ist, ein Freund zu seyn. Jedoch wer Engel sucht in dieses Lebens Gründen, Der findet nie, was ihm genügt; Wer Menschen sucht, der wird den Engel finden, Der sich an seine Seele schmiegt« (Ausschnitt aus dem Gedicht *An Gleim*, um 1800).

Rudolf Langthaler jedenfalls ist davon überzeugt, dass Adornos Diktum aus dem Aphorismus 61 der *Minima Moralia* zutrifft: »Am Ende ist Hoffnung, wie sie der Wirklichkeit sich entringt, indem sie diese negiert, die einzige Gestalt, in der Wahrheit erscheint«.[14]

Eine andere Deutung als Kutschera, der Kants Religionslehre als eine Probe auf die Bewährung im (richtigen) Leben versteht, legt Thomas Rentsch vor, der Kants *Religionsschrift* als Tiefenaufklärung über die Sinnbedingungen menschlicher Existenz liest.[15] Dazu schreibt Dietrich Böhler: »In unseren möglichen Handlungs-Rollen haben wir immer schon die Begleit-Rolle eines glaubwürdigen Diskurspartners eingenommen. Diese setzt die kontrafaktische, regulative Gültigkeitsinstanz ein«.[16]

Schließlich: Für die philosophische Rezeption dieser Texte von Kant sind die Arbeiten von Bettina Stangneth,[17] von Volker Gerhardt sowie immer und wieder Jürgen Habermas zu nennen. Die meisten dieser Deutungen – auch Gerhardts – sind indes aufs Individuum bezogen und verpassen das, was jedenfalls Kant in seiner *Religionsschrift* von 1793 so wichtig war, nämlich die Bewährung dieser Sinnbedingung vernünftigen, individuellen Handelns in einem ›ethischen gemeinen Wesen‹, einer Kirche, die diesen Namen wirklich verdient und weit über das hinausgeht, was Kant – abweichend von unserem Sprachgebrauch – als historisch entstandene und wechselnde Formen des ›Glaubens‹ versteht. Das aber ist die vor allem moralfunktionalistische Perspektive Bettina Stangneths. »Religion«, so paraphrasiert Stangneth Kant, »ist eine Moral, die mit unserem Wissen von Gott und seinem Willen zusammenstimmt«.[18]

Eine diametral entgegengesetzte Deutung liefert Volker Gerhardt, der mit Kant und Ludwig Wittgenstein zeigen will, dass das, was Stangneth als moralfunktionalistische Gemeinschaftsfiktion ausweisen will, eine Sinnbedingung jeglichen menschlichen Handels ist: »Man sagt also nicht zuviel, wenn man den Glauben als die Generalbedingung eines bewussten Lebens bezeichnet, das sich stets nur in Teilen auf Wissen stützen kann«.[19] Indem Gerhardt zwischen Wissen, das sich stets auf Sachverhalte in der Welt hier, und Glauben, der sich auf Wesen und Funktion des Wissens dort bezieht, unterscheidet, gelingt es ihm nachzuweisen, dass für Menschen ein Leben, das sich nur auf Wissen stützt, schlicht unmöglich ist.

Auf jeden Fall: Meines Erachtens kommen Kants Überlegungen zu einer wahren Kirche als universeller, allumfassender Gemeinschaft aller Menschen guten Willens, das heißt einer umfassenden Tugendgemeinschaft, also einem ethischen gemeinen Wesen in Überlegungen aus dem US-amerikanischen Pragmatismus, namentlich in denen von Charles Sanders Peirce und – zu selten beachtet – Josiah Royce am deutlichsten zum Ausdruck. Bei Kant hieß es mit Blick auf die ideale Kirche der Vernunftreligion so:

> In dem Princip der reinen Vernunftreligion, als einer an alle Menschen beständig geschehenden göttlichen (ob zwar nicht empirischen) Offenbarung, muß der Grund zu jenem Ueberschritt zu jener neuen Ordnung der Dinge liegen, welcher einmal aus reifer Ueberlegung gefaßt, durch allmählig fortgehende Reform zur Ausführung gebracht wird, so fern sie ein menschliches Werk seyn soll; denn was Revolutionen betrifft, die diesen Fortschritt abkürzen können, so bleiben sie der Vorsehung überlassen, und lassen sich nicht planmäßig, der Freyheit unbeschadet, einleiten.[20]

Kant schrieb diese Zeilen in den Jahren der Französischen Revolution und wusste genau zwischen einer in jeder Hinsicht zu bejahenden Revolution der Denkungsart hier sowie politischen Umstürzen dort zu unterscheiden; während er jene forderte, begrüßte er diese zwar, lehnte sie aber politisch ab.[21]

In philosophischer, nicht theologischer Hinsicht waren es denn doch die US-amerikanischen Pragmatisten, die diesem Gedanken mit ihrer Idee der unbegrenzten Kommunikationsgemeinschaft nahekamen – sieht man einmal von Ernst Blochs Hoffnungsphilosophie ab, der Kants Begriff der Moralität in seiner Philosophie des Klassenkampfs ablehnte.[22] Immerhin postulierte Bloch, dass Kant ein Sollsein entwarf, »das, wider die Abrede an Ort und Stelle, in keiner Klassengesellschaft auch nur annäherbar ist«.[23]

Es war Gerd Wartenberg, der bereits 1971 darauf aufmerksam gemacht hat, dass schon der späte Peirce davon überzeugt war, dass Gott die wahre Menschheit des Menschen immer wieder neu erschafft.[24] Noch deutlicher als Peirce freilich wies sein Zeitgenosse Royce vor dem Hintergrund der pragmatischen Zeichentheorie von Peirce auf die Sinnbedingung allen sprechenden Handelns, nämlich eine unbegrenzte Kommunikations- und Interpretationsgemeinschaft, hin und setzte diese – ganz im Geiste des Kants der Religionsschrift (1793) mit dem Ideal der christlichen Kirche gleich:

> Any conversation with other men, any process of that inner conversation whereof [...] our individual self-consciousness

> consists, any scientific investigation, is carried on under the influence of the generally subconscious belief that we are all members of the community of interpretation. When such enterprises are at once serious and reasonable and truth-loving, the general form of any such community […] is that of the Pauline Church. For there is the member whose office is it to edify. There is the brother who is to be edified. And there is the spirit of the community, who is in one aspect the interpreter, and in another aspect the being who is interpreted.[25]

Im Weiteren wird Royce feststellen, dass es den Philosophen in der Geschichte so gut wie gelungen sei, diesem Gedanken gerecht zu werden, um dann selbst zu dem Schluss zu kommen: »the world is the process and the life of the Spirit and of the Community«.[26]

Damit rundet sich ein Kreis. Am Anfang wurde Karl Barth erwähnt, der in seiner Marburger Zeit intensiv Kant studierte und ihn in seiner Vorlesungsreihe über die protestantische Theologie im 19. Jahrhundert ausführlich würdigte, ja, ihm sogar eine Art moralischen Gottesbeweises zuschrieb. Wie sehr die kantische Religionsphilosophie sogar schon den frühen Barth, den Autor des Kommentars zum Römerbrief, bewegte, einen Autor, dem gemeinhin nachgesagt wird, jeder Religion und jeder religiösen Philosophie bei allem Respekt in der Sache strikt ablehnend gegenüber gestanden zu haben, wird aus einer kurzen Passage aus diesem Kommentar deutlich. Dort heißt es in einer Auslegung zu *Römer* V, 16–20, genauer zu einem Vers aus dem alttestamentlichen *Buch der Sprüche* (3,4): »Seid auf das bedacht, was in den Augen aller Menschen gut ist«. Barth deutet das so: »Soll eine Handlung wirklich und echt die Störung der Menschen durch Gott und nicht bloss die willkürliche Störung des Menschen durch unbefugte Mitmenschen bedeuten, so darf sie sich dem Kriterium der Allgemeingültigkeit nicht entziehen. Sie darf das Licht der Öffentlichkeit nicht scheuen. […] Den Appell an das Urteil der Vielen können wir füglich unterlassen«, so Barth weiterhin, »den Appell an das Urteil aller keinen Augenblick«.[27]

In einem 2012 erschienen Aufsatz hat der Leipziger Theologe Roderich Barth darauf aufmerksam gemacht, wie nachhaltig Immanuel Kant als »Philosoph des Neukantianismus« gewirkt habe,[28] um als Fazit festzustellen, dass Kants Philosophie nach wie vor für das »offene Projekt einer konstruktiven Synthese von Religion und Aufklärung«[29] stehe — eine Überlegung, der auch Jürgen Habermas in, wenn auch deut-

Abb. 4 Francisco de Goya: *El sueño de la razón produce monstruos* (Der Schlaf der Vernunft gebiert Ungeheuer), entstanden um 1798. Goya gilt als Maler der Aufklärung und zugleich als Prophet der Moderne. Was geschieht, wenn die Vernunft schläft, illustriert Goya hier eindrücklich: Die Monster und die Mächte des Bösen erwachen, ergreifen die Initiative und schließlich die Übermacht. Das berühmte Blatt aus der unter anderem gegen Armut, Aberglaube, Standesdünkel, Inquisition und Missbrauch klerikaler Autorität gerichteten, 1799 publizierten Sammlung *Los Caprichos* (Launen, Einfälle) kritisiert die gesellschaftlichen Verhältnisse Spaniens im 18. Jahrhundert.

lich abgeschwächter Form mindestens seit 2005 nachgeht.[30] Mit Blick auf »die Beförderung des höchsten Guts« behauptet Habermas, dass die Philosophie nur solange auf vernünftige Weise vom religiösen Erbe zehre, »wie die ihr orthodox entgegengehaltene Quelle der Offenbarung für sie eine kognitiv unannehmbare Zumutung bleibt«.[31]

Diese auf den ersten Blick paradox anmutende Behauptung gewinnt Sinn, wenn man sie im Sinne des kantischen Unternehmens deutet, nämlich so, dass die Religion theoretisch beziehungsweise propositional in ihrer Wahrheit nicht überprüfbar ist.[32] Freilich ist Habermas in letzten, derzeit noch nicht publizierten Überlegungen von dieser paradoxen Annahme abgewichen: Habe doch Kant, so Habermas, »das Problem, das sich mit der Entsakralisierung göttlicher Gebote für eine deontologische Vernunftmoral stellt, nicht auf den ernüchternden Kern der Frage zurückgeführt, ob und in welchem Maße die motivierende Kraft guter Gründe die sakrale Bindungskraft göttlicher Gebote ersetzen kann. Diese Differenz zwischen der Bindungskraft einer göttlichen Autorität, die persönliches Heil verheißt, und einer vernünftigen Autorität, die durch gute Gründe überzeugt, gibt Kant zwar den Anlass für die Entwicklung der Postulatenlehre, aber er macht sie nicht als solche zum Thema. Andererseits beunruhigt ihn das Thema doch implizit so sehr, dass er der Vernunft selbst ein Interesse zuschreibt, dem Zweifel an der eigenen praktischen Wirksamkeit und damit der Anfälligkeit für einen in ihrem Inneren brütenden Defätismus zu wehren. Dieses Interesse ist letztlich der Anstoß zu geschichtsphilosophischen Überlegungen«.[33]

Somit stehen wir am Ende einer Skizze der mehr als zweihundertjährigen Rezeptionsgeschichte von Kants Theorie und Philosophie der Religion nach wie vor am Anfang: Verweist — so müssen wir immer noch fragen — ernst genommene moralische Vernunft oder vernünftige Moral auf Gott? Womöglich weisen Karl Barths frühe Vermutungen sowie Peirces und Royces Überlegungen zu einer unbegrenzten Kommunikations- und Interpretationsgemeinschaft hier einen Weg.

1 Barth 1985, 247.

2 Barth 1985, 271.

3 CrV B XXX.

4 Langthaler 2018, 246.

5 CpV, 143.

6 Cramer 1967.

7 AA, XXIII, 426.

8 Langthaler 2018, 139.

9 CU, 472 f.

10 CrV B 857 f.

11 CrV B 858.

12 Kutschera 1991, 253.

13 Adorno 1997, 43.

14 Langthaler 2018, 198; vgl. auch besonders Langthaler 2011.

15 Rentsch 2013, 164.

16 Siehe Böhler 2019.

17 Stangneth 2000.

18 Stangneth 2000, 215.

19 Gerhardt 2016, 45.

20 *Religion,* 122; in der Ausgabe von Bettina Stangneth, Hamburg, Meiner 2003, 165.

21 *Facultäten,* 85.

22 Bloch 1976, 1020 f.

23 A. a. O., 1024.

24 Wartenberg 1971, 227.

25 Royce 1968, 333.

26 Ebd.

27 Barth 1922, 493.

28 Barth 2012, 119–136.

29 Barth 2012, 136.

30 Habermas 2005, 216–257.

31 A. a. O., 252.

32 Dazu deutlich Düsing 2010, bes. 57 f.

33 Habermas 2019, 295.

Abb. 1 Lips: Kupferstich. Porträtsammlung der Herzog August Bibliothek Wolfenbüttel, Inventarnummer 6905 Deutsche Digitale Bibliothek

Abb. 2 Klee: Zeichnung. Alamy Stock Photo HRDJAW

Abb. 3 Lucas: Aquarell. © Institut Mathildenhöhe, Städtische Kunstsammlung Darmstadt, Foto: Gregor Schuster

Abb. 4 Goya: Radierung. Alamy Stock Photo KC9TRR

Abb. 5 Meyer: Zeichnung. © Nanne Meyer

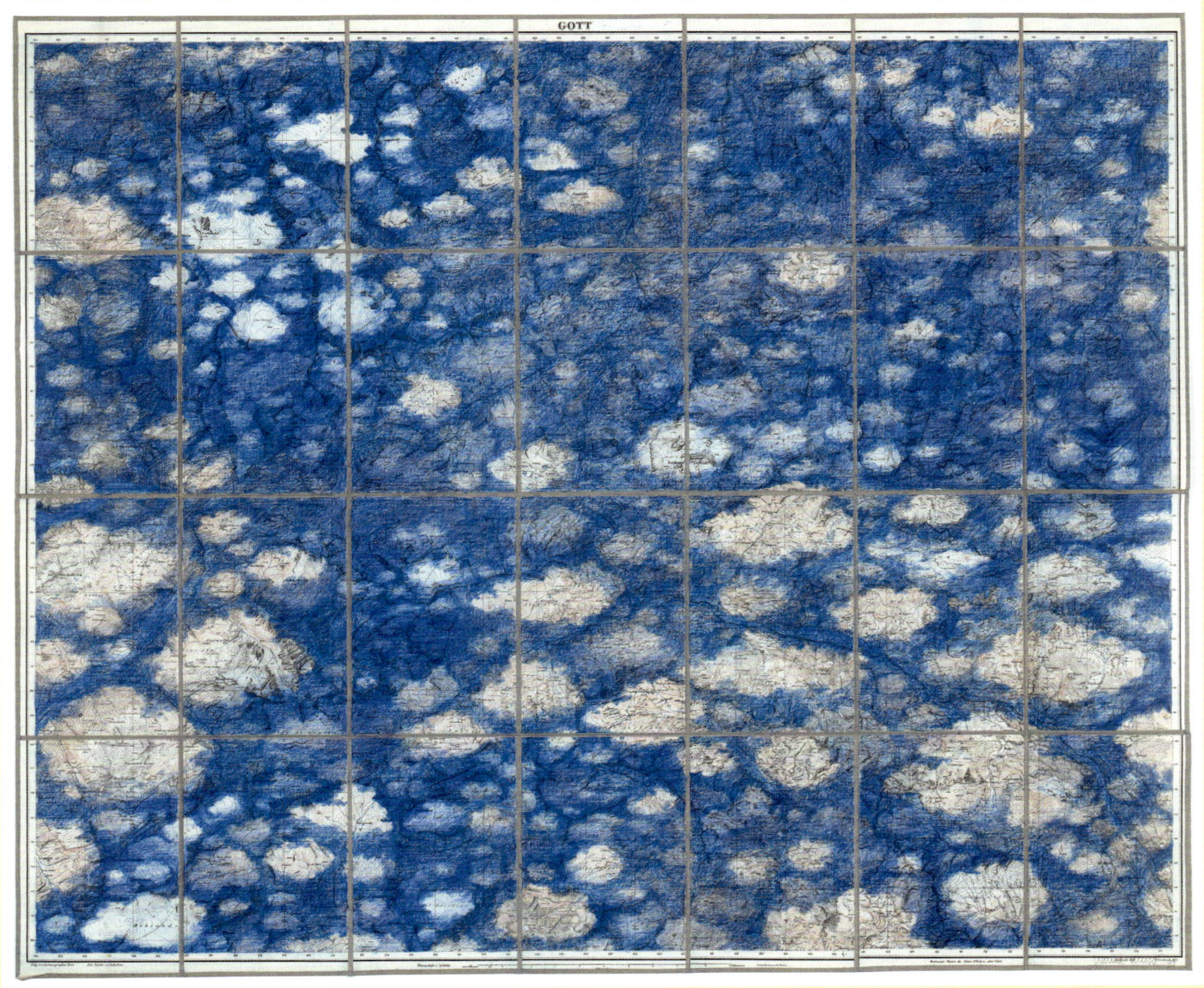

Abb. 5 Der Himmel war für die Menschen immer auch Projektionsfläche des Göttlichen, Sitz Gottes oder Heimstatt der Götter. Diese Arbeit Nanne Meyers aus dem Jahr 2005 gehört zum Zyklus *Himmel ist Erde* und trägt den Titel *Gott.* In den Details erkennt man, dass hier eine Kartographie des Schweizer Gotthardtmassivs verarbeitet wurde.

Abb. 1 Das Hotel Belvedere in Davos, wo die Disputation zwischen Martin Heidegger und Ernst Cassirer im Jahr 1929 stattfand. Zwischen 1921 und 1922 entstand diese Bleistiftzeichnung *Hotel Belvedere in Davos* des Expressionisten Ernst Ludwig Kirchner.

MASSIMO FERRARI

Kant zwischen Phänomenologie und Neukantianismus

Zu Beginn des 20. Jahrhunderts haben Neukantianismus und Phänomenologie die deutsche philosophische Szene beherrscht. Dieser historische und kulturelle Umstand lässt sich dadurch erklären, dass die philosophische Besinnung seit etwa 1870 ganz anders ausgerichtet war, als vorher zur Zeit des blühenden und dann ausgehenden Idealismus von Johann Gottlieb Fichte, Friedrich Wilhelm Joseph Schelling und Georg Wilhelm Friedrich Hegel in den ersten Jahrzehnten und zur Mitte des 19. Jahrhunderts. Das veränderte Verhältnis der Philosophie zu den Natur- und Kulturwissenschaften einerseits und die Umwandlung der Funktion der Philosophie selbst andererseits inaugurierten eine neue Ära des Denkens. Die Philosophie wurde nicht mehr im Sinne des Selbstverständnisses des Geistes in seinem logisch-metaphysischen Aufbau verstanden, sondern als erkenntnistheoretische Fundierung des Wissens im Zeitalter des sensationellen Aufschwungs spezialisierter Wissenschaften — Wissenschaften von der Natur, von dem Menschen, von der Geschichte und der Gesellschaft.

In diesem Kontext erlebte die Auseinandersetzung mit der kantischen Philosophie neue Impulse. Die Rückbesinnung auf Kants Œuvre war zwar historisch, aber stark an den Inhalten orientiert. Diese Rückbesinnung wurde getragen von Philosophen wie Hermann Cohen, Paul Natorp und Ernst Cassirer, die die Marburger Schule des Neukantianismus begründeten, sowie Wilhelm Windelband und Heinrich Rickert, die die sogenannte Südwestdeutsche Schule des Neukantianismus ausmachten. Beide Richtungen zielten darauf ab, die Transzendentalphilosophie Kants in neuer Weise zu entwickeln. Wie Windelband plakativ sagte: »Kant verstehen, heißt über ihn hinausgehen«.[1]

HEIDEGGER UND CASSIRER: INFRAGESTELLUNG UND VERTEIDIGUNG DES NEUKANTIANISMUS

Wenn Transzendentalphilosophie »die Lehre von Begründung und Sicherung des Wissens durch menschliche Leistungen« bedeutet,[2] so kann man sagen: die Neukantianer waren darum bemüht, eben diese Begründung teilweise zu revidieren und die Leistungen der menschlichen Vernunft in einer neuen Perspektive, einer Perspektive, die über diejenige Kants hinausgeht, zu betrachten. Diese systematische Aufgabe hat auch andere philosophische Richtungen beeinflusst und den philosophischen Diskurs bis zum Ende der 1920er Jahre stark geprägt.

Diese gesamte Konstellation bildet sich exemplarisch im Lauf der berühmten Davoser Vorträge im Frühling 1929 ab, als Martin Heidegger und Ernst Cassirer über die Tragweite und Erbschaft des Neukantianismus heftig disputierten. Heidegger war ursprünglich Anhänger der Phänomenologie Edmund Husserls gewesen, zugleich aber als Schüler Rickerts auch dem Neukantianismus verpflichtet. In Davos stellte jedoch Heidegger die Kant-Interpretation des Neukantianismus radikal in Frage. Die *Critik der reinen Vernunft* ist für Heidegger »keine Theorie der naturwissenschaftlichen Erkenntnis — überhaupt keine Erkenntnistheorie«.[3] Indem Heidegger seine Hauptthese äußert, nach der Kants wesentliche Absicht darin bestehe, eine neue Grundlegung der Metaphysik zu liefern, will er zugleich die ganze Tradition des Neukantianismus in Abrede stellen. Dies bezieht Heidegger auch auf Husserl, der nach seiner Meinung »zwischen 1900 und 1910 in gewissem Sinne in die Arme des Neukantianismus gefallen [war]«.[4] Indessen sei Kant als der Anfangspunkt der Destruktion der abendländischen Metaphysik zu betrachten und solle damit zur Wiedererweckung der uralten und seit langer Zeit in Vergessenheit geratenen Frage nach dem ›Sinn des Seins‹ wesentlich beitragen. Kurz vor den Gesprächen in Davos hatte Heidegger sein anspruchsvolles Projekt in *Sein und Zeit* (1927) zum ersten Mal entworfen.

Ganz anders Cassirer. Die gegenwärtige Philosophie habe für ihn die Aufgabe, die verschiedenen symbolischen Formen der Kultur ins Zentrum ihrer kritischen Besinnung zu rücken (etwa Sprache, Mythos, Kunst, Wissenschaft). Deshalb solle die Kritik der *reinen Vernunft* in eine Kritik der *Kultur* umgewandelt werden, wie er es schon im ersten Band seiner *Philosophie der symbolischen Formen* (1923) angekündigt hatte.[5] In Davos sind sich also Heidegger und Cassirer darüber im

Klaren, dass sie zwei unversöhnliche Perspektiven vertreten. »Die Philosophie [hat] die Aufgabe« — so Heidegger — »aus dem faulen Aspekt eines Menschen, der bloß die Werke des Geistes benutzt, gewissermaßen den Menschen zurückzuwerfen in die Härte seines Schicksals«.[6] Im Gegensatz dazu behauptet Cassirer unzweideutig: »Ich bleibe bei der kantischen Fragestellung [...], wie Cohen immer wieder formuliert hat«. Es seien nämlich die Objektivationen des Geistes, die ausdifferenzierten Formen des Wissens, die hinterfragt werden müssen, um ihre Möglichkeitsbedingungen zu eruieren. Also: keine Metaphysik, keine Ontologie, sondern eine Philosophie der Kultur auf kantischen Grundlagen.[7]

Am Ende der Weimarer Republik verkörperten Heidegger und Cassirer zwei Alternativen innerhalb der deutschen Philosophie. Pauschal gesagt: Die Frage nach dem Sinn des Seins *versus* eine Philosophie der Kultur.

HUSSERL, NATORP, COHEN: DIE SPANNUNG ZWISCHEN NEUKANTIANISMUS UND PHÄNOMENOLOGIE

Es gilt aber nun, auch Husserl in diesen Horizont hineinzubringen. Denn Husserl ist nicht nur der ›Meister‹ von Heidegger, sondern auch der eminente Gesprächspartner des Marburger Neukantianismus. Aber zunächst: Was ist Phänomenologie? Um diese Frage zu beantworten, ist es nötig, Husserls philosophischen Werdegang näher zu betrachten. Nach seinem Mathematikstudium hatte Husserl Bekanntschaft mit den philosophischen Werken von Anti-Kantianern wie Carl Stumpf und Franz Brentano gemacht. Dieser Ausgangspunkt prägte zwar sein philosophisches Projekt, doch hatte sich Husserl allmählich aufgrund seiner Konzeption der Philosophie als *philosophia prima* Kant angenähert. Das »fruchtbare *Bathos* der Erfahrung«, von dem Kant in den *Prolegomena zu jeder künftigen Metaphysik* gesprochen hatte,[8] wird von Husserl radikalisiert. Denn Husserl meint, Kants Erfahrungsbegriff sei noch der empiristischen Tradition und der mathematischen Naturwissenschaft seiner Zeit verpflichtet, nämlich noch im rein theoretischen Sinne verstanden. Aber Phänomenologie strebe nach Erforschung der ursprünglichen Erlebnisse, die *vor* jeder Objektivation, *vor* jeder theoretischen Interpretation beziehungsweise jedem Vorurteil und erst *nach* der so genannten phänomenologischen Reduktion *(epoché)* erschließbar seien: nämlich dann, wenn sich das reine Bewusstsein als unmittelbar Gegebenes aufzeige. Husserls Distanzierung von Kant und dem Neukantianismus ist unzweideutig: »Phänomenologie bedarf in keiner Weise einer ihr vorangehenden Transzendentalphilosophie«, und ihr Ausgang sei nicht »vom Oben«, das heißt von den schon realisierten Objektivationen des Wissens, sondern »vom Unten«.[9] Dieser Weg vom Unten sei die Voraussetzung, damit Philosophie nach vielen Umwegen zur echten »strengen Wissenschaft« werde.[10]

Dazu hat sich Husserl in seinen *Ideen* vom Jahr 1913 die Frage nach dem Status des Subjekts gestellt, also der Instanz, die als Ursprung und Ausstrahlungspunkt aller Erlebnisse gilt. Husserl hebt hervor, dass der Ausgangspunkt der phänomenologischen Philosophie mit Kants originärer transzendentaler Subjektivität verwandt sei, nämlich mit dem Ich beziehungsweise mit dem Subjekt, das die Möglichkeitsbedingung des ›strömenden Erlebens‹ ausmacht. Im Unterschied zu Kants Begriff der Erfahrung stützt sich aber Husserl auf das Feld der unmittelbaren, vortheoretischen Erfahrung.[11] Man kann auch hinzufügen: Anders als bei Heidegger, der die vortheoretische Dimension des faktischen Lebens, das wir alle in unserer Umwelt leben, in einem ontologischen Sinne umwandelt; und dementsprechend verabschiedet sich Heidegger in der Tat von der transzendentalen Subjektivität, wie sie von Kant bis Husserl thematisiert wurde.

Nach der Meinung Husserls bedeutet Kant nur einen Anfang, den Kant selbst nicht imstande war, weiterzuentwickeln. Die Phänomenologie ist für Husserl demnach der Abschluss eines immanenten, aber bisher verdeckten Zieles der abendländischen Philosophie. Doch gibt Husserl bedeutende Affinitäten zum Marburger Neukantianismus zu. Er schreibt an Cassirer am 3. April 1925: »Ich konnte natürlich nicht zum Neukantianismus der Marburger Form und Methode werden, aber wohl die grosse Leistung dieser Schule für die Erhaltung und Fortbildung Kant'scher Gedanken würdigen«.[12] Seinerseits erwidert Cassirer ganz deutlich: Husserl sei für ihn schlechthin »der Vertreter der wissenschaftlichen Philosophie in Deutschland«, der einzige, der nach Paul Natorps Tode noch fähig sei, eine »Wissenschaft des Transzendentalen« auszuarbeiten. Deshalb kann man verstehen, warum Cassirer in seinem Brief die »tiefe Gemeinschaft« zwischen der »kritische[n] Philosophie und [der] Phänomenologie« ausdrücklich betont.[13]

Diese »Gemeinschaft« hat allerdings eine lange Geschichte. Schon 1912 hatte Natorp in seinem Vortrag zu *Kant und die Marburger Schule* darauf hingewiesen, dass die Marburger nichts Neues von Husserls Kampf gegen den Psychologis-

Abb. 2 Ernst Cassirer studierte in Berlin und Marburg, bei dem Neukantianer Hermann Cohen, und war von 1919 bis 1933 Professor in Hamburg. Nach Hitlers Machtergreifung emigrierte er zunächst nach England, dann 1936–1941 nach Göteborg und später in die USA. In seinem Werk haben, ausgehend von der Transzendentalphilosophie Immanuel Kants, systematisch gesehen sowohl die Erkenntnistheorie als auch die Kulturphilosophie prägende Bedeutung.

Abb. 3 Martin Heidegger begründete auf der Basis der Phänomenologie Edmund Husserls eine als Fundamentalontologie bezeichnete Metaphysik und Seinsphilosophie, die phänomenologische, hermeneutische und existenzphilosophische Fragen aufnimmt und mittels einer neu ansetzenden Methodik die in Vergessenheit geratene ›Frage nach dem Sinn des Seins‹ beantworten will.

Abb. 4 Edmund Husserl studierte Mathematik, Physik und Philosophie in Leipzig, Berlin sowie in Wien bei Franz Brentano. Er ist der Begründer der Phänomenologie als radikal neuer philosophischer Besinnung, die das Fundament der objektivgültigen Wahrheiten in unmittelbarer Evidenz des Bewusstseins zu erschließen versucht. Ausgehend von einer Art Cartesischen Zweifel betont Husserl die Denkaufgabe der *Epoché:* Eine philosophische Untersuchung habe ›einzuklammern‹, was man nur als Vorurteil oder ungewisses Fürwahrhalten in die Bearbeitung einbringen kann. Die selbstreflexive Aufmerksamkeit wird so auf die Bewusstseinsakte als solche gelenkt; hier setzt dann die gründlichere Bestimmung der Grundlagendisziplin einer ›Ersten Philosophie‹ an, welche die nicht objektivierte Erfahrung thematisiert.

mus lernen könnten.[14] Dieser Kampf sei zum ersten Mal von Hermann Cohen in seinem bahnbrechenden Buch zu *Kants Theorie der Erfahrung* im Jahre 1871 geführt worden, als er die Kompetenzen der Psychologie als Untersuchung des physio-psychologischen Apparates des Menschen von der eigentlichen transzendentalen Aufgabe trennte. Eine solche Aufgabe besteht darin, das Apriori als formale Struktur der möglichen Erfahrung aufzufassen, um dadurch die Bedingungen der Möglichkeit der wissenschaftlichen Erfahrung beziehungsweise des Faktums der mathematischen Naturwissenschaft festzulegen. Cohens Psychologismus-Kritik hängt mit seiner Kant-Interpretation eng zusammen. Es gehe darum, einerseits Kant selbst von dem letzten Rest psychologischer Annahmen zu befreien, insbesondere seine Konzeption der Vermögen der Seele beiseite zu legen, und andererseits die traditionelle Sprache der Erkenntnistheorie wesentlich zu modifizieren. Cohen weist darauf hin, dass *Erkenntniskritik* das genaue Wort sei, denn nicht »de[r] Vorgang und Apparat des Erkennens, sondern [...] das Ergebnis desselben, die Wissenschaft« sei der Inhalt der »originale[n] Entdeckung Kants«.[15]

Natorp hatte also Recht, wenn er die Kritik des Psychologismus als einen wichtigen Punkt der Konvergenz zwischen der Marburger Schule und Husserl hervorhob, denn auch Husserl in seiner *Prolegomena zur reinen Logik* (1900) hatte die psychologische Grundlegung der Logik ausführlich bestritten. Im Zentrum der philosophischen Auseinandersetzung zwischen Natorp und Husserl steht aber das Problem der Subjektivität. In seiner langjährigen Arbeit hatte Natorp versucht, das thematische Gebiet der ›Subjektivität‹ ans Licht zu bringen, indem er die Sphäre der Psychologie von allen Objektivationen des Geistes abgrenzte.[16] Natorp meinte, dass die Subjektivität erst durch die Rekonstruktion des psychischen Erlebnisses erreichbar sei, und zwar ausgehend von der objektiven Seite der Erkenntnis. Auch die unmittelbare Erfahrung sei schon objektiviert: Reine Erfahrung beziehungsweise unmittelbares Erleben als solche bestünden einfach

Abb. 5 Paul Natorp studierte in Berlin, Bonn und Straßburg und gehörte später zum Kreis um Hermann Cohen in Marburg, wo er dann selbst Professor wurde. Anschließend an die von Cohen inaugurierte Auslegung der ›Theorie der Erfahrung‹ Kants bearbeitet er Grundlagenfragen der modernen mathematischen Naturwissenschaften seit Galilei, wobei er zugleich die dualistische Unterscheidung in Subjekte und Objekte durch die Betonung des funktionalen Zusammenhangs von Erkenntnis und Erkenntnisgegenstand ersetzt. Von hier aus nähert er sich mehr und mehr Fragen nach der Gesetzlichkeit des Denkens selbst und der Unmittelbarkeit subjektiven Erlebens an.

Abb. 6 Hermann Cohen studierte in Berlin und Breslau und begründete mit seiner innovativen Interpretation Kants ab der Mitte der 1870er Jahre in Marburg die Schule des Neukantianismus. Von Kant ausgehend untersuchte er sowohl erkenntnistheoretische als auch ethische und politische Fragen, wobei er auch als Initiator des ›ethischen Sozialismus‹ in Deutschland um die Jahrhundertwende gilt. Cohen war auch einer der wichtigen Vertreter liberaler jüdischer Philosophie.

Abb. 7 Heinrich Rickert begründete zusammen mit Wilhelm Windelband die südwestdeutsche Schule des Neukantianismus. Rickert hatte in Straßburg studiert, vor allem bei Windelband, und war dann in Freiburg sowie Heidelberg Professor.

nicht. Erfahrung bedeute vielmehr den Inbegriff der durch Gesetze festgestellten Phänomene. Natorps Hauptargument lautet, dass nur eine rückblickende Betrachtung die Bewusstheit beziehungsweise die reine Dimension der subjektiven Erlebnisse offenlegen könne. Subjektivität und Objektivität seien keine entgegengesetzten Pole, sondern nur verschiedene Richtungen der Betrachtung im ständigen Prozess der Bestimmung.

Husserl hatte sich mit dem Werk Natorps befasst. Er war zudem überzeugt davon, dass Natorp der einzige Neukantianer war, der die echte Bedeutung der Phänomenologie verstanden hatte. Dennoch liegt das Problem für Husserl darin, dass bei Natorp die echte Subjektivität immer im Schatten der Objektivität bleibt. Damit wird die entscheidende Rolle der Subjektivität im Sinne des phänomenologisch gesehen ›fungierenden‹ Ichs verloren gegeben. In Husserls eigenen Worten: »freilich was wir Beide Transzendentalphilosophie nennen, worin wir ihre wesentlichen Probleme u.[nd] Methoden sehen, durfte recht verschieden sein«.[17] Und dies hat selbstverständlich auch damit zu tun, dass im Gegensatz zu Cohens und Natorps Theorien nun aus einer phänomenologischen Sicht eine gewisse Form von Selbstgegebenheit vorauszusetzen ist, wenn wir die phänomenologische Beschreibung der Erlebnisströmungen unabhängig von jedem vorangehenden Vorurteil bezüglich der wirklichen Welt leisten wollen.

Diese auffallenden Divergenzen bezeichnen die unüberbrückbare Spannung zwischen Neukantianismus und Phänomenologie. In dem gedanklichen Austausch zwischen Natorp und Husserl geht es jedenfalls nicht um bloße Erkenntnistheorie, wie Heidegger tendenziös in Davos sagen wird. In der Tat war Heidegger mit Natorps späteren Arbeiten gut vertraut, und beide hatten in Marburg, dem Mekka des Neukantianismus, lange Spaziergänge miteinander unternommen. Natorp hatte in einem grundlegenden Sinne nach den Möglichkeitsbedingungen der Korrelation ›subjektiv-objektiv‹ gefragt und in Entsprechung dazu die Bedeu-

Abb. 8 Wilhelm Windelband hatte in Jena, Berlin und Göttingen neben Philosophie auch Medizin und Naturwissenschaften studiert; er war Professor in Zürich, Freiburg und Straßburg und Heidelberg. Heute ist er vor allem noch durch sein Lehrbuch der Geschichte der Philosophie bekannt. Für die Geschichte und die Systematik des Neukantianismus bleibt seine zweibändige Aufsatzsammlung *Präludien* (erste Auflage 1883) von erheblicher Bedeutung.

tung des ›Es gibt‹ untersucht, das heißt die Struktur der letzten Einheit, die der Stiftung des Subjektiven wie auch der des Objektiven zugrunde liegt. Es ging um eine ontologische Wende, die dann möglicherweise Heidegger selbst beeinflusste. Das Stichwort des bloß erkenntnistheoretischen Neukantianismus scheint darum völlig ungerechtfertigt. Und auch der Verdacht, Husserl sei zwischen 1900 und 1910 in die Arme des Neukantianismus gefallen, soll in Abrede gestellt werden. Heidegger hat eine imaginäre Geschichte erzählt, die im Lauf der Zeit zur Legende geworden ist.

In diesem Zusammenhang ist es angemessen, noch einmal Cohen das Wort zu geben. In der zweiten Auflage seines Werkes *Kants Theorie der Erfahrung* (1885) pointiert Cohen, dass die transzendentale Methode Kants sich keineswegs auf die Begründung der mathematischen Naturwissenschaft Newtons beschränke. Sie ziele vielmehr darauf ab, auch der beschreibenden Naturwissenschaft Rechnung zu tragen und darüber hinaus die Frage nach den Bedingungen der möglichen Erfahrung auf das Gebiet der Ethik und der Ästhetik zu erweitern.[18] Ethik und Ästhetik sollen für Cohen auf die Frage nach der Geltung ihrer Grundbegriffe und Prinzipien eine Antwort geben. Diese Antwort ist also mit den ›Tatsachen der Kultur‹ eng verbunden und lässt sich erst auf der Basis einer methodischen Verwandtschaft mit Begründung der Naturwissenschaft formulieren.[19] Für Cohen besteht die methodische Eigenart der ausdifferenzierten Richtungen der Kultur darin, ihre Einheit als Einheit »von *Erzeugungsweisen* des Bewußtseins« zu verstehen.[20]

WINDELBAND UND RICKERT: NEUKANTIANISMUS ALS KULTURPHILOSOPHIE

Neukantianismus als Kulturphilosophie? Schon in Cohens dunkler Sprechweise taucht dieses zentrale Motiv auf. Und Cohens reifes System der Philosophie beruht zwar auf der Logik der reinen Erkenntnis, doch ist das als System der verschiedenen Richtungen der Kultur aufgefasst – keine Ethik ohne Logik, keine Logik ohne Ethik, und keine Ästhetik ohne beide: Insgesamt sind alle drei »Glieder« des Kulturbewusstseins.[21] Das gilt auch für Natorp, denn es geht auch für ihn darum, die Philosophie als Kulturphilosophie zu verstehen. Natorp hält fest: der Idealismus Kants sei zur Lebensmacht geworden, und unter dem Stichwort ›Kultur‹ verstünden wir »die ganze gemeinsame *Arbeit* der Menschheit«.[22]

Die leitende Idee einer auf transzendentale Prinzipien gründenden Einheit der Kultur kennzeichnet die ganze Geschichte des Neukantianismus um die Jahrhundertwende. Und dies gilt auch für die sogenannte Badische Schule des Neukantianismus. Im Unterschied zur Marburger Schule gehen hier Wilhelm Windelband und Heinrich Rickert von dem Faktum der Kultur beziehungsweise der Kulturwissenschaften aus, und es ist insbesondere Windelband, der die Frage nach der Fundierung der Kulturgebiete auf einem System von Normen aufwirft. Windelband thematisiert die Orientierung des ›Kulturmenschen‹ innerhalb seiner Geschichte beziehungsweise seiner kulturellen Welt und sucht diese Orientierung aufgrund eines Systems von Normen so zu begründen, dass die an sich gültigen Normen des logischen, ethischen und ästhetischen Beurteilens das allgemeine Kulturbewusstsein konstituieren.[23] Im Hinblick auf die Bestimmung des erkenntnistheoretischen Status' der Kulturwissenschaften hat das zur Folge, dass zwischen dem Reich der Gesetze in den Naturwissenschaften und dem individualisierenden

Verfahren der Kultur- und historischen Wissenschaften deutlich unterschieden werden muss, ohne dabei die Einheit der Kultur als System von allgemeingültigen Werten in Abrede zu stellen.[24]

Windelband setzte kritische Maßstäbe, um eine allgemeine Theorie der Kulturwissenschaften und der Kultur selbst zu entwickeln. Innerhalb der südwestdeutschen Schule des Neukantianismus hat vor allem Rickert dieses Ziel ausgearbeitet, indem er streng systematisch die Bestimmung der Begriffe ›Kultur‹ beziehungsweise ›Kulturobjekt‹ im Kontext der kritischen Analyse der eigentümlichen Begriffsbildung der Kulturwissenschaften analysiert. Rickerts Fortsetzung der ursprünglichen philosophischen Programmatik Windelbands hat somit von Anfang an die Konturen einer Kulturphilosophie in dem Sinne angenommen, dass Philosophieren über die Kultur bedeutet, ihren Bereich aufgrund eines Systems von Werten eindeutig zu bestimmen und die Möglichkeitsbedingungen ihrer Erforschung durch die Kulturwissenschaften systematisch zu eruieren.

Es lässt sich deshalb gut verstehen, warum auch Rickert auf Heideggers These, der Neukantianismus sei im Grunde nur Erkenntnistheorie, reagiert. Wie wir aus einem Brief Rickerts an Heidegger erfahren, empfahl ihm Rickert, er möge sein Buch vom Jahre 1924 über Kant zur Kenntnis zu nehmen. »Darf ich Sie bitten«, schrieb Rickert an Heidegger am 17. Juli 1929, »in meinem Buch über *Kant als Philosoph der modernen Kultur* die Seiten 151 bis 153 zu lesen und mir zu sagen, wie Sie diese Seiten mit Ihren Ausführungen über *den* Neukantianismus, zu dem Sie ausdrücklich auch mich rechnen, vereinbar finden?«.[25] Rickert behauptet in der Tat unzweideutig, der Brennpunkt der *Critik der reinen Vernunft* liege nicht in einer Theorie der empirischen Wissenschaften, sondern in der transzendentalen Dialektik; zugleich betont Rickert, Kant sei aufgrund der *Critik der Urtheilskraft* zum Denker der modernen Kultur geworden, zum Philosophen, der den Zauberkreis des Intellektualismus zum ersten Mal gebrochen habe, um eine »allseitige Theorie des gesamten Kulturlebens« zu entwerfen, das in der Vielseitigkeit seiner Leistungen und in seinem Differenzierungsprozess erfasst wird.[26]

CASSIRERS ALLGEMEINE KRITIK DER KULTUR

Es kann aber kein Zweifel darüber bestehen, dass Cassirers Philosophie der Kultur den bedeutendsten Versuch darstellt, eine Versöhnung zwischen dem Paradigma der exakten Wissenschaften, das die Geburt der Moderne stark geprägt hat, und dem Paradigma der Geisteswissenschaften beziehungsweise der Kultur- und menschlichen Wissenschaften zu bewerkstelligen. In Cassirers unglaublich breitem Werk finden wir die miteinander eng verbundenen Kompetenzen des großen Kenners mathematischer, physikalischer und naturwissenschaftlicher Begriffsbildung und zugleich des Universalgelehrten, der in gleicher Tiefe die Sprachphilosophie, die Kunst, den Mythos, die Geschichtsschreibung, das Recht und die politischen Theorien, die Ethik und die Religion beherrscht. Das Hauptwerk Cassirers, die dreibändige *Philosophie der symbolischen Formen* (1923–1929), bildet ein außerordentliches Zeugnis stupender Gelehrsamkeit. Dieses Werk präsentiert eine einheitliche Kulturtheorie, die in den verschiedenen symbolischen Formen, also in den verschiedenen Modalitäten des Ausdrucks einer intelligiblen Bedeutung durch sinnliche Zeichen, immer wieder dieselbe Art der Formgebung herausstellt. Dieses entspricht der Fähigkeit des Menschen, das Chaos der unmittelbaren, sinnlichen Erfahrung in eine wohl strukturierte Ordnung zu verwandeln.

Kants ursprüngliches Projekt, eine Kritik der Vernunft zu liefern, die imstande ist, ihre Grenzen und ihre Leistungsfähigkeiten, ihre Hauptstrukturen und ihre apriorischen Formen hinsichtlich der Eruierung der Bedingungen der Möglichkeit der Erfahrung zu bestimmen, wird in diesem Sinne für Cassirer zu einer allgemeineren *Kritik der Kultur* — eine Kritik nämlich, die aufklären will, wie unsere Vernunft unterschiedliche symbolische Welten, unterschiedliche Reiche des Sinnes aufbaut. Diese Welten, diese Reiche sind ausdifferenziert und behalten doch miteinander eine innere Verbindung bei; und erst dadurch entsteht letzten Endes das, was wir Realität nennen, was wir als die Welt der Menschen, als unsere Welt, kennzeichnen. Cassirer zeigt auf, inwiefern der menschliche Geist seine ganze Leistungsfähigkeit aufbietet, indem er sich von jeder Form von Substantialismus, von jeder Form von Passivität befreit, um das Reich der Gesetze und Symbole zu errichten, und zwar vor dem Hintergrund der kulturellen Leistung der Wissenschaften, die als das eigentliche Vorbild für alle die anderen Wissensformen zu betrachten sind.

Cassirer weist immer wieder darauf hin, dass Entwicklungen der Ideengeschichte, etwa die des physikalischen Weltbildes, von großer kultureller Bedeutung seien, denn schließlich sei die Naturwissenschaft nicht nur Erkenntnis der Natur, sondern auch Erweiterung des *menschlichen* Wissens überhaupt. Wie Cassirer in seinem späten, in der Zeit des amerikanischen Exils verfassten Buch *An Essay on Man* schreiben wird, müsse das *anymal symbolicum*, das wir Mensch nennen, notwendig anerkennen, dass die Betrachtung der menschlichen Kultur die maßgebende Rolle der Wissenschaft nicht ignorieren dürfe. Genau wie der späte Husserl, der Husserl der *Krisis der europäischen Wissenschaften*, vertritt damit auch Cassirer eine Art »Heroismus der Vernunft«.[27]

FAZIT

Und nun kehren wir noch kurz nach Davos zurück. Die Gespräche und Dispute dort sind vergleichsweise berühmt geworden, und auch darüber hinaus ist das Jahr 1929 ein ereignisreiches Jahr, vielleicht sogar ein *annus mirabilis*. Im Februar hielt Husserl seine Vorträge zu Descartes in Paris; im Juli publiziert Cassirer den dritten Band der *Philosophie der symbolischen Formen;* zugleich erscheint Heideggers Buch *Kant und das Problem der Metaphysik*.

Die Disputation in Davos zwischen Cassirer und Heidegger stellt das Ende einer verwickelten philosophischen Episode dar. Heidegger verkündet, dass die ›Welt von Gestern‹ in einen Abgrund gefallen sei. Eine neue Epoche solle beginnen. Kant dürfe nicht mehr gemäß der bis in die Gegenwart herrschenden Richtungen des Neukantianismus und der Phänomenologie ausgelegt werden. Eine Zäsur sei unvermeidlich. Kant sei weder der Erkenntnistheoretiker noch der Philosoph der Aufklärung beziehungsweise der menschlichen Kultur. Und auch nicht der Begründer der modernen Subjektivitätslehre. Er ziele vielmehr darauf ab, die Grundlegung der Metaphysik zu ermöglichen, und zwar davon ausgehend, dass nur dasjenige endliche Dasein, das der Mensch ist, sich eine solche Frage stellen kann. Im Zentrum der philosophischen Besinnung liege nicht mehr der Mensch als *animal rationale*, denn Heidegger plädiert nun für die Überwindung der abendländischen Metaphysik, das heißt auch für »einen Wandel des Wesens des Menschen«.[28] Heidegger spricht diese Worte anlässlich seiner Antrittsvorlesung in Freiburg, am 24. Juli 1929. Der Titel der Antrittsvorlesung lautet: *Was ist Metaphysik?*

Aber die alte Frage Kants *Was ist der Mensch?* ist, Heidegger zum Trotz, noch aktuell. Die Grenze des Wissens und die Bedeutung der menschlichen Erfahrung im weitesten Sinne waren immer im Blick und im Fokus Kants. Ansonsten hätte er nicht in der *Critik der reinen Vernunft* geschrieben: »Ich mußte [...] das *Wissen* aufheben, um zum *Glauben* Platz zu bekommen«.[29] Im 20. Jahrhundert haben Neukantianismus und Phänomenologie den Versuch gemacht, diesen »Platz« einzunehmen — sei es mittels Kultur und symbolischer Formen, sei es als ›Lebenswelt‹ und unmittelbare Erfahrung im Sinne Husserls. Es gibt Fragen, die für Kant unabdingbar sind: *»Was kann ich wissen? Was soll ich tun? Was darf ich hoffen?«*.[30] Und endlich: »Was ist der Mensch?«[31] Philosophie darf laut Kant nicht nur »als Wissenschaft gesucht« werden, denn dann hätten wir es nur mit ihrem *»Schulbegriff«* zu tun. Philosophie hat auch andere Ansprüche: »Es giebt aber noch einen *Weltbegriff* (conceptus cosmicus), der dieser Benennung jederzeit zum Grunde gelegen hat, vornemlich wenn man ihn gleichsam personificirte und in dem Ideal des *Philosophen* sich als ein Urbild vorstellte«.[32]

Die gegenwärtige Lage der Philosophie lässt sich in verschiedener Weise auslegen. Es scheint aber, dass Heideggers Projekt der Zerstörung des modernen Bewusstseins im Namen einer fundamentalen Ontologie, die sich auf Kant als ›Metaphysiker‹ beruft, einfach gescheitert ist. Besser scheint es zu sein, sich zurück auf die sich kreuzenden Wege von Neukantianismus und Phänomenologie zu besinnen. Um Wilhelm Windelband zu paraphrasieren: »Wir alle, die wir *im* 21. Jahrhundert philosophieren, sind die Schüler Kants«.[33]

1 Windelband 1919, IV.

2 Gerhardt 2002, 324.

3 Heidegger 1991, 271.

4 A. a. O., 275.

5 Cassirer 1923, 9.

6 Heidegger 1991, 291.

7 A. a. O., 294 f.

8 *Prolegomena,* 373, Anm.

9 Brief vom 9. März 1909 an Natorp, in: Husserl 1994, 110 f.

10 Vgl. Husserl 1911.

11 Husserl 1913, 88 und 107.

12 Cassirer-Nachlass, 85.

13 A. a. O., 86.

14 Natorp 1912, 198. Vgl. Husserl 1900.

15 Cohen 1883, 5 f.

16 Vgl. Natorp 1888 und Natorp 1912a.

17 Brief vom 9. März 1909 an Natorp, in: Husserl 1994, 110 f.

18 Cohen 1885, 651 ff., 736.

19 A. a. O., 736.

20 Cohen 1889, 94 f.

21 Cohen 1912, XI.

22 Natorp 1911, 27 f.

23 Windelband 1919, 151.

24 Ebd.

25 Denker 2002, 61.

26 Rickert 1924, 126 und 151 ff. und 161.

27 Husserl 1936, 348.

28 Heidegger 1929, 9.

29 CrV B XXX.

30 CrV A 805 B 833; *Logik,* 25.

31 *Logik,* 25.

32 CrV A 838 f. B 866 f.

33 Windelband 1919, IV.

– – –

Abb. 1 Kirchner: Zeichnung. akg images 4503195

Abb. 2 Foto von Cassirer. Alamy Stock Photo FFRXMN

Abb. 3 Foto von Heidegger. Alamy Stock Photo G6495C

Abb. 4 Foto von Husserl. Alamy Stock Photo CXTFKT

Abb. 5 Dörbecker: Lithographie von Natorp. akg images 152029

Abb. 6 Liebermann: Radierung von Cohen. akg images 171599

Abb. 7 Foto von Rickert. akg images 85400

Abb. 8 Foto von Windelband. Alamy Stock Photo J4X693

Abb. 9 Kandinsky: Ölgemälde. akg images 1567197

Abb. 9 Wassily Kandinskys *Gegengewichte* aus dem Jahre 1926 entsteht in derselben Zeit wie Cassirers *Philosophie der Symbolischen Formen* (1923–29). In seiner Münchner Zeit war Kandinsky noch dem Expressionismus verpflichtet, wurde jedoch während der Weimarer Republik einer der Wegbereiter der abstrakten Kunst. Seit 1922 lehrte er am Bauhaus in Weimar und entwickelte als Synästhetiker eine Grammatik von Farben und Formen, die Grundlage seiner gegenstandslosen Bilder wurde.

Abb. 1 Sergej Tyukanov studierte an der Fakultät für Kunst und Graphik an der Hochschule Chabarowsk. Er lebte und arbeitete in Kaliningrad/Königsberg, Chicago und Montreal. Tyukanovs Motive greifen auf die Geschichte, auf Märchen und Erzählungen, Folklore, Mythos, Architektur und Philosophie aus aller Welt zurück. Er kreiert fantastische, fantasievolle und surrealistische Arbeiten, die nicht selten paradoxe Welten zeigen und teils an Werke von Pieter Bruegel d. Älteren oder Hieronymus Bosch erinnern.

Dieses Exlibris zeigt Entwürfe für den surrealen Bau einer »Denkmal-Bibliothek« für Immanuel Kant. Tyukanov nimmt hier Vergangenes und zugleich Zukünftiges in den Blick. Das angedeutete Königsberger Observatorium (Mitte), die Kogge (Dreispitz), die Stadtansichten und die Attribute und Zitate (insbesondere rechts oben) spielen auf die Hansestadt Königsberg, ihre Architektur sowie auf Kant und sein Werk an. Tyukanov schreibt darüber: »This is my project for the library of the great philosopher Immanuel Kant. The main building is situated in the stone head of the philosopher while his hat I designed as the star observatory since Kant stated that he only took two things seriously in this world: The steary sky above his head and the spiritual force inside of him […]. In the etching I made a project of 4 different libraries named after Kant […]« (im Februar 2019 teils an Matthias Weber persönlich, teils auf seiner damals bestehenden Website mitgeteilt). Die 1998 entstandene Radierung kann als Appell verstanden werden, das Erbe Königsbergs und Kants im heutigen Kaliningrad zu würdigen.

NINA A. DMITRIEVA

Kants Bedeutung für die intellektuelle Kultur Russlands

Es ist nicht übertrieben zu behaupten, dass kein anderer Philosoph in Russland so bekannt ist wie Kant. Das bestätigt unter anderem der folgende Fall, der zur jüngsten Geschichte Russlands gehört und als Anekdote immer wieder erzählt wird: Im September 2013 haben sich in der russischen Stadt Rostov am Don zwei junge Männer vor einer Bierkneipe gestritten, wer von ihnen besser beziehungsweise richtiger die Philosophie Kants versteht. Der Streit artete in eine Schlägerei und Schießerei aus. Niemand kam ums Leben, der Streit wurde nicht entschieden, aber alle Medien Russlands berichteten über diesem Vorfall. Wer diese beiden ›Kenner‹ Kants waren, ob ehemalige Studenten oder Laienphilosophen, ist nicht bekannt. Dieser kuriose Fall hat aber auf beeindruckende Weise gezeigt, wie bedeutend Kant in Russland ist — so bedeutend, dass man mit Leidenschaft um Kant kämpft — im direkten oder indirekten Sinne.

Die Ursprünge der Rezeption Kants in Russland sind am Ende des 18. Jahrhunderts auszumachen. Die Vorstellung von Kant als Persönlichkeit und seinen philosophischen Ideen kam über zwei Wege nach Russland: zum einen über die Moskauer Universität und ihre Professoren, zum anderen über die schöne Literatur und ihre Schriftsteller. Die schöne Literatur spielte für die Wahrnehmung Kants in Russland sogar eine bedeutendere Rolle als die Wissenschaft beziehungsweise die Philosophie selbst.

AUFKLÄRUNG IN RUSSLAND ZU KANTS ZEIT

Allgemein bekannt ist, dass das 18. Jahrhundert in Europa mit Kant gesprochen »das Zeitalter der Aufklärung«[1] war. Das gilt auch für Russland. Mit den umfangreichen und tiefgreifenden Reformen von Peter I. dem Großen an der Wende vom 17. zum 18. Jahrhundert erhielt Russland im Konzert mit anderen europäischen Ländern eine eigene Stimme. Ähnlich wie in Europa wurden der aufgeklärte Kaiser und später die aufgeklärten Kaiserinnen Elisabeth und Katharina in Russland zu Symbolfiguren der gesamten Epoche der Aufklärung. Im Jahre 1724, dem Geburtsjahr Kants, wurde von Peter I. die Russische Akademie der Wissenschaften in Sankt Petersburg gegründet, deren Mitglied Kant im Alter von 70 Jahren wurde. Mit dieser Gründung nahm auch die Geschichte der russischen Wissenschaft ihren Anfang. Mit der Gründung der Moskauer Universität im Jahre 1755 unter Mitwirkung von Mikhail Lomonossov, dem Schüler Christian Wolffs und bedeutendsten russischen Wissenschaftler im 18. Jahrhundert, war die weitere Entwicklung des Bildungswesens in Russland gesichert.

Wenn man eine Bilanz des Ertrags dieser Epoche in Russland ziehen will, muss man danach fragen, welche Verbreitung die Aufklärung in der russischen Gesellschaft bis zum Ende des 18. Jahrhunderts gefunden hatte, welche sozialen Schichten sie erreichte beziehungsweise erreichen konnte. Diese Frage lässt sich mit Hilfe einiger statistischer Daten beantworten, die Auskunft über den Anteil der Gebildeten in Russland im Vergleich zu Europa (punktuell) zu Lebzeiten Kants geben. Um 1800 konnten in Nordwestdeutschland durchschnittlich 80% der Männer und 60% der Frauen schreiben, schon um 1750 konnten hier über 98% der erwachsenen Männer und Frauen lesen.[2] Im Norden Frankreichs konnten um 1790 71% der Männer und 44% der Frauen schreiben, im Süden 44% Männer und 17% Frauen, in Paris 90%. Der nationale Durchschnitt lag bei 37%.[3] In Russland lag um 1800 der nationale Durchschnitt der Gebildeten zwischen 3,3 und 6,9%. Was die gesellschaftlichen Schichten Russlands betrifft, wobei nur die männliche Bevölkerung berücksichtigt ist, konnten bei den Bauern, die 87,4% der Bevölkerung bildeten, in einigen nördlichen Gebieten circa 8% lesen und schreiben, in den zentralen Gebieten Russlands nur 1%. Bei den Städtern, die 4,6% der Bevölkerung ausmachten, waren es 20 bis 25%, bei den Geistlichen (1% der Bevölkerung) waren es 75%, bei den Adligen (1% der Bevölkerung) waren es 84 bis 87%.[4] Das bedeutet, dass die Ideen der Aufklärung in Russland im 18. Jahrhundert nur einen sehr begrenzten Kreis von Adligen, Geistlichen und einigen Gebildeten erreichen konnten, im Gegensatz zu der viel breiteren und intensiveren Wirkung der Aufklärung in Deutschland und Frankreich. Die westliche Philosophie war also zwar nach Russland gekom-

Abb. 2 Nikolai Michailowitsch Karamsin war 23 Jahre alt, als er auf einer Reise durch Europa – in den Jahren 1789 bis 1790 – auch Kant in Königsberg besuchte. Er stand noch ganz am Anfang seiner Karriere als Schriftsteller und Historiker, der für die russische Sprache und Kultur größte Verdienste erwerben sollte. Wie vor ihm Immanuel Kant wurde er Ehrenmitglied der Russischen Akademie der Wissenschaften in St. Petersburg. Hier ein Porträt des jungen Karamsin von einem unbekannten Künstler, das ihn zu Beginn der 1780er Jahre zeigt.

men, aber als ernsthafte Wissenschaft konnte sie nur von Wenigen wahrgenommen werden.

Einer der prominentesten russischen Kantianer, Alexander Wedenski, vertrat die These, dass die russische Philosophie im 18. Jahrhundert durch zwei verschiedene westliche Traditionen geprägt worden sei: den Wolffianismus und den Voltairianismus. Christian Wolff wurde 1725 zu einem besoldeten Ehrenmitglied der ein Jahr zuvor gegründeten Akademie der Wissenschaften ernannt, und die Professuren an der Akademie wurden teilweise von Wolffianern besetzt. Deswegen darf man zwar Wolff als den Vater der Philosophie in Russland bezeichnen, weil seine Wirkung in Russland sich durch seinen Popularisator Friedrich Christian Baumeister bis in die Mitte 19. Jahrhundert verfolgen lässt, man muss aber gleichzeitig berücksichtigen, dass in dieser Zeit nur ein einziges philosophisches Buch Wolffs auf Russisch erschien, die sogenannte *Deutsche Logik* von 1712. Seit 1760 geriet die jüngere Generation der russischen Intellektuellen unter den Einfluss der französischen aufklärerischen Autoren.

Wedenski meint sogar, dass die Philosophie Wolffs nur einem sehr kleinen Kreis Interessierter bekannt war. Der »Voltairianismus« war im Gegensatz dazu zwar sehr verbreitet, wurde aber philosophisch nicht ernsthaft, sondern, so Wedenski, nur »oberflächlich [und] leichtsinnig« wahrgenommen und konnte daher »keine Wurzeln schlagen«. Trotzdem sieht Wedenski die Bedeutung des Voltairianismus im Aufkommen von gewissen »Bestrebungen zum philosophischen Denken«, in der Befreiung »des Verstandes von unbefragten Ansichten« und in der Vorbereitung einer »tieferen Wahrnehmung der westlichen Philosophie«.[5]

Die heutige Forschung stimmt dieser Einschätzung von Wedenski weitgehend zu. Man muss diese These aber ergänzen. Die Mode des Voltairianismus und ihre scheinbar leichte Verständlichkeit trugen dazu bei, dass in breiteren Kreisen der Intellektuellen die Meinung aufkam, dass die Philosophie überhaupt leicht zugänglich sei beziehungsweise sein solle. Und so schien die belletristische Form als das beste Mittel, um ernsthafte philosophische Ideen dem wissenschaftlich nicht oder nur wenig gebildeten Publikum nahe zu bringen. Für viele Jahrzehnte war sie in Russland ein Ersatz für eine streng systematisch verfasste Philosophie. Vor diesem Hintergrund machten die russischen Intellektuellen die erste Erfahrung mit der Philosophie Kants.

ERSTE BEKANNTSCHAFTEN MIT KANTS PHILOSOPHIE IN RUSSLAND

Die erste Schrift, die für das russische Publikum eine detaillierte und sehr sympathische Charakteristik Kants als Person und Denker und ein Resümee seiner Moralphilosophie vermittelte, waren die *Briefe eines russischen Reisenden* des jungen und mit diesem Buch[6] berühmt gewordenen russischen Schriftstellers und Historikers Nikolai M. Karamsin, die seit Anfang des Jahres 1791 in der *Moskauer Zeitschrift* publiziert wurden. Das war die erste Erwähnung Kants in gedruckter Form auf Russisch.[7]

Karamsin konnte seine Kant-Kenntnisse aus zwei Quellen beziehen: sehr wahrscheinlich von dem deutschen Dichter Jacob Michael Reinhold Lenz, der Kants frühe Vorlesungen in Königsberg gehört hatte und mit Karamsin im selben

Haus in Moskau lebte, und von dem deutschen Philosophen Johann Matthias Schaden, seit 1756 Professor der Moskauer Universität, bei dem Karamsin in Pension lebte (1778–1782) und dessen Vorlesungen er an der Universität besuchte.[8] Schaden war dadurch bekannt, dass er alle Neuigkeiten in der Philosophie aufmerksam verfolgte und seinen Studenten davon berichtete.[9] Karamsin war allerdings kein Anhänger Kants, sondern eher ein Verehrer Johann Caspar Lavaters, mit dem er schon vor seiner Reise nach Europa im Briefwechsel stand. Seine Begeisterung für Lavater tat jedoch der Anerkennung und Würdigung der Größe Kants keinen Abbruch. Karamsin besuchte Kant im Jahr 1789, am Anfang seiner Reise durch Europa. Karamsin gibt den 19. Juni als Datum dieses Treffens an und schreibt, dass es circa drei Stunden dauerte. Er beschreibt dieses Treffen auf folgende Weise:

> Gestern nachmittags war ich bei dem berühmten Kant, einem scharfsinnigen und feinen Metaphysiker, der Malebranche und Hume, Leibniz und Bonnet stürzte — Kant, den einst der jüdische Sokrates, der verstorbene Mendelssohn, den *alles zermalmenden Kant* nannte. [...] Ein kleiner, hagerer Greis, von einer ausserordentlichen Zartheit und Weisse, empfieng mich. [...] Er nötigte mich sogleich zum Sitzen und sagte: ›Meine Schriften können nicht jedermann gefallen. Nur wenig[e] lieben die tiefen metaphysischen Untersuchungen, mit welchen ich mich beschäftigt habe.‹ Wir sprachen erst eine halbe Stunde über verschiedene Gegenstände: von Reisen, von China, von Entdeckungen neuer Länder. Ich musste dabei über seine geographischen und historischen Kenntnisse staunen, die allein hinreichend schienen, das ganze Magazin eines menschlichen Gedächtnisses zu füllen, und doch ist dies bei ihm nur Nebensache. Darauf bracht' ich das Gespräch, doch nicht ohne Sprung, auf die moralische Natur des Menschen.[10]

Sodann fasst Karamsin Kants Moralphilosophie zusammen. Unter anderem lässt er Kant sagen: »Wenn ich mich jetzt an die Freuden erinnere, die ich während meines Lebens genossen habe, so empfind' ich kein Vergnügen; denk ich aber an die Gelegenheiten, wo ich nach dem *Moralgesetz* handelte, das in mein Herz geschrieben ist, so fühl ich die reinste Freude. Ich nenne es das *Moralgesetz;* andere das Gewissen, die Empfindung von Recht und Unrecht — man nenne es, wie man will; aber es *ist*«.[11]

Anzumerken ist, dass Karamsin zwei Titel der wichtigsten Schriften der kantischen Ethik nennt, die ihm Kant eigenhändig auf ein Zettelchen geschrieben habe: die *Critik der practischen Vernunft* und die *Metaphysik der Sitten;* gelesen habe er sie noch nicht. Mit *Metaphysik der Sitten* meint er natürlich die *Grundlegung zur Metaphysik der Sitten (Grundlegung),* die 1785 erschien. Wie sehr Karamsin von Kant beeindruckt war, zeigt sein Brief an Wilhelm von Wolzogen vom 17. April 1804 aus Moskau, wo ihn die Nachrichten über das Ableben Kants (12. Februar 1804) und Johann Gottfried Herders (18. Dezember 1803) erreichten: »J'ai bien sincèrement regretté la mort des grands hommes que l'Allemagne vient de perdre. Les philosophes admirèrent toujours la profondeur des idées de Kant, et les amis des lettres liront toujours avec plaisir les ouvrages de Herder. Je me félicite de les avoir vus tous les deux, et je conserverai leur image au fond de mon ame«.[12]

Die Forschung ist sich darüber einig, dass Karamsin beziehungsweise der Ich-Erzähler sich in diesen *Briefen* mit Absicht naiv und wenig gebildet darstellt, um den Bericht lebendiger und weniger anspruchsvoll zu gestalten und damit die ernsthaften Inhalte dem weniger vorgebildeten Leser attraktiv und verständlich vermitteln zu können.[13] Dass er sein Ziel auf gewisse Weise erreichte, zeigt die weitere Geschichte der russischen Literatur und Philosophie: Die von Karamsin zitierte Aussage Mendelssohns über den »alles zermalmende[n] Kant« wurde in Russland von Vielen positiv, gelegentlich aber auch negativ wiederholt, selbst von denen, die keine Zeile von Mendelssohn jemals gelesen hatten.[14] Auch Karamsins Kant-Bild fand auf verschiedene Weise in die russische Literatur Eingang. Am wichtigsten ist aber, dass Karamsin, der, wie erwähnt, durch diese seine *Briefe* Berühmtheit erlangte, als Erster in Russland über Kant für das breitere Publikum berichtet hat. Seine kluge und weitgehend zutreffende Würdigung von Kant als Person und Philosoph ist als eine bedeutende Alternative gegenüber späteren kritischen und sogar herablassenden Stimmen zu schätzen. Ein bemerkenswerter Nebeneffekt der *Briefe* besteht darin, dass Karamsin zu einer Reform der russischen Sprache beigetragen hat, indem er die schwerfällige und umständliche geschriebene Sprache durch Wendungen der gesprochenen Sprache angereichert und damit auch die Verbreitung philosophischer Inhalte erleichtert hat.

Vielleicht ist es Karamsin auch zu verdanken, dass 1803, zwei Jahre nach der neuen russischen Auflage der *Briefe,* Kants *Grundlegung* von dem Absolventen der Moskauer Universität, Jakow A. Ruban, ins Russische übersetzt wurde. Das war die erste Schrift Kants, die auf Russisch erschien.[15] Die Übersetzung hat eine ungewöhnlich hohe Qualität, sie

Abb. 3 In Kaliningrad fand 1994 ein internationales Mail-Art-Projekt zu Kant statt. »Mail Art« ist die Bezeichnung für ein Kunstprojekt, das aus per Post oder E-Mail übersandten Werken (Briefe, Karten, Skizzen, Dokumente usw.) zu einem Thema besteht, wobei nicht das einzelne Werk, sondern die Interaktion im Vordergrund steht. Hier als Beispiel einer Einsendung zur Kunstaktion *KANT PERFO-RATIO* eine Einsendung von Hans Rietenbach. Der Titel dieses Kunstprojektes spielt auch auf die Bedeutung des Wortes »Кант« im Russischen (= Kante, Rahmen, Saum) an. Per Post oder E-Mail wurden über 130 Werke (Briefe, Karten, Skizzen, Dokumente) eingesandt.

wurde in Russland allerdings wenig bekannt, weil sie nur in geringer Auflage in der Provinzstadt Nikolaev erschien, wo es keine Universität gab.

Die Rezeption Kants in Russland verlief nicht immer glücklich. Sie war oft durch Repressalien aus religiösen und ideologischen Gründen geprägt: den Herrschenden galt sie als ein Herd des Freisinns und der Gotteslästerung.[16] Darunter litten nicht nur Professoren, sondern auch nicht in Institutionen wirkende Denker und Literaten, die mit ihren Schriften im russischen intellektuellen Leben Epoche machten und bei denen Kant eine wichtige Rolle spielte.

ORIENTIERUNG MIT KANT

In den 1820er Jahren kam in Russland Friedrich Wilhelm Joseph Schellings Philosophie in Mode. Unter ihrem Einfluss bildeten sich Anfang der 30er Jahre in Moskau zwei Kreise, die prominent in die russische Kulturgeschichte eingingen und einen weiteren Beitrag für die intellektuelle Ansiedlung Kants in Russland leisteten: der eine Kreis um den Literaten Nikolai V. Stankewitsch, der andere um den Philosophen, Schriftsteller und sozial-kritischen Publizisten Alexander I. Herzen. Zu Stankewitschs Kreis gehörten zum Beispiel der Anarchist und Revolutionär Mikhail Bakunin, der Literaturkritiker Wissarion Belinski sowie der Slawophile Konstantin Aksakow. Sie wurden wegen ihres Interesses an der deutschen Philosophie ›Sentimentalisten und Deutsche‹ genannt. Die Teilnehmer des anderen Kreises wurden als ›Frondeure und Franzosen‹ bezeichnet,[17] weil bei ihnen die Ideen der französischen Frühsozialisten und Projekte zur Einrichtung einer republikanischen Verfassung diskutiert wurden. Zu diesem Kreis gehörte unter anderen der Sozialkritiker und Dichter Nikolai Ogarjow, der später einflussreicher Mitarbeiter von Herzens Verlag *Freie Russische Presse* in London und Mitherausgeber der oppositionellen Zeitschrift *Polarstern* und der Zeitung *Die Glocke* war. Trotz der Begeisterung für Schelling und des später aufkommenden Interesses an Georg Wilhelm Friedrich Hegel wurden die beiden Kreise auch auf Kants Philosophie aufmerksam. Zwar klagte Stankewitsch über die Schwierigkeiten der Sprache Kants, gleichwohl unterstützte er Bakunin in seinem Studium der kantischen Philosophie und schrieb seinem Freund Januari M. Newerow begeistert: »Jetzt siehst Du, wie notwendig das Studium Kants für denjenigen ist, der auf gleicher Höhe mit den besten Ideen unseres Jahrhunderts stehen, den Triumph der menschlichen Vernunft und ihr Verdienst in unserer Zeit verstehen will«.[18] Bakunin, der die *Critik der reinen Vernunft* gründlich studierte, publizierte 1840 in Moskau in der populären Zeitschrift *Vaterländische Annalen* den Aufsatz *Über die Philosophie,* in dem er unter anderem Kants Erkenntnistheorie und Kategorienlehre darstellt und dabei versucht, das Wesen und die Bedeutung der Philosophie als wissenschaftliche Disziplin für jeden Leser nachvollziehbar zu machen und damit zur Verwissenschaftlichung der Philosophie beizutragen.[19]

Sehr viel einflussreicher wurden aber zwei Abhandlungszyklen von Alexander Herzen — *Der Dilettantismus in der Wissenschaft* von 1843 und *Briefe über das Studium der Natur* von 1844/45. Die beiden Zyklen wurden in derselben Zeitschrift wie der Aufsatz Bakunins publiziert. Herzen behandelte vor allem das Verhältnis von Philosophie und Naturwissenschaften, den Zusammenhang von Naturgesetzen und Denkgesetzen sowie erkenntnistheoretische Fragestellungen. Hier spielt Kant eine zentrale Rolle. Herzen behauptet im ersten Zyklus, dass »die machtvollen Gedanken Kants und Fichtes«[20] das 19. Jahrhundert überhaupt inauguriert hätten. Herzen formuliert zwei grundlegende und einander ergänzende Thesen: »Die ganze Aufgabe der Philosophie und der bürgerlichen Zivilisation besteht darin, in allen Köpfen Vernunft aufzudecken. Auf der Einigung der verschiedenen

Formen von Vernunft beruht das ganze Gebäude der Menschheit«.[21] »Nicht das Herz, sondern die Vernunft richtet über die Wahrheit. Aber wer richtet über die Vernunft? — sie selber,«[22] die an das bekannte Wort Kants erinnern: Die menschliche Vernunft erkennt »keinen anderen Richter [...], als selbst wiederum die allgemeine Menschenvernunft, worin ein jeder seine Stimme hat«.[23] Bemerkenswert ist, dass Herzen mit kantischen Termini für die Freiheit wissenschaftlicher Forschungen plädiert und ihr eine emanzipative Funktion zuspricht: »In der Wissenschaft liegt das Reich der Mündigkeit und der Freiheit«;[24] weiter schreibt Herzen: »Die Wissenschaft hat ihre Autonomie und ihre Genesis; als freie hängt sie nicht von Autoritäten ab; als befreiende unterwirft sie sich keinen Autoritäten«.[25] In seinem Aufsatz »Empirie und Idealismus« aus dem Zyklus *Briefe über das Studium der Natur* würdigt Herzen die Bedeutung Kants in der Geschichte der Philosophie noch einmal mit besonderer Emphase:

> Die kritische Philosophie versetzte dem Idealismus[26] einen furchtbaren Schlag; soviel der Empirismus gegen ihn angekämpft hatte, der Idealismus hatte standgehalten; aber da trat aus seiner Mitte ein Mensch hervor und brachte ihn durch einen schweren Schlag an den Rand des Grabes. Groß war dieser Mensch in seiner erbarmungslosen, unbestechlichen Logik; sein Zerwürfnis mit dem Dogmatismus war tief und wohldurchdacht; er suchte allein die Wahrheit und machte vor nichts Halt; er richtete das Antinomien genannte, kaudinische Joch auf und trieb kaltblütig die heiligsten Errungenschaften des menschlichen Geistes unter ihm hindurch. [...] alles beugte sich vor der genialen Macht dieses Denkers. Aber diese Auffassung war schwer zu ertragen; [...]. Herder und Jacobi bemühten sich, die Ideen, die ihnen lieb und wert waren, aus dem von Kant verursachten Schiffbruch zu retten, aber das Gefühl ist eine schlechte Stütze im logischen Kampf.[27]

Die beiden Zyklen Herzens wurden insbesondere von Studenten viel gelesen und diskutiert. Diese Zyklen trugen zur Bildung der Philosophie als Wissenschaft in Russland bei, und sie bekräftigten die zunehmende Autorität der russischen Wissenschaft als ganzer. Seit den Aufsätzen von Bakunin und Herzen galt Kant in Russland nicht nur als ein großer Gelehrter, dessen Schriften man studieren muss, um als Philosophieprofessor beruflich weiterkommen zu können, sondern auch als einer der wichtigsten Gesprächspartner, mit dem man die aktuellen Probleme der Gegenwart diskutieren kann beziehungsweise soll.

Abb. 4 Die Künstlerin Olga V. Dmitrieva schreibt zur Entstehungsgeschichte dieser Postkarten: »Die Person des großen Philosophen Immanuel Kant hat mich schon immer interessiert. Ich lebe in der Stadt, auf deren Straßen Kant einst spazieren ging. Eines Tages, als ich den Beatles-Song *All You Need Is Love* hörte, kam mir die Idee: *All You Need Is Kant!* Denn die Schriften des großen Philosophen sind heute noch relevant. Sie verdienen es, gelesen und studiert zu werden, um sich selbst als Person zu verstehen und dadurch das Menschsein an sich.«

KANTIANISMUS UND PAZIFISMUS AM BEGINN DES 20. JAHRHUNDERTS IN RUSSLAND

Drei Jahrzehnte nach Herzens Aufsätzen wandte sich Lew Tolstoi der Philosophie Kants zu und entdeckte dabei die kantische Moralphilosophie.[28] Die *Critik der reinen Vernunft* studierte Tolstoi mit 41 Jahren zum ersten Mal mit der Hilfe Arthur Schopenhauers, dessen großer Verehrer er in den 1860er bis 1870er Jahren war. Die *Critik der practischen Vernunft* hat Tolstoi erst 1886–1887 gelesen und war von ihr sogleich begeistert. Enttäuscht wandte er sich von Schopenhauer ab, von nun an wurde Kant für Tolstoi zu seinem bevorzugten Gesprächspartner, in dem er einen großen moralischen Denker verehrte. Einen ebenfalls sehr großen Eindruck machte Kants *Religion innerhalb der Grenzen der bloßen Vernunft.* Tolstoi hat dieses Werk erst 1904 für sich entdeckt, seitdem zitierte und interpretierte er Passagen aus diesem Werk in seinen Aufsätzen.

Seit der Bekanntschaft mit der *Critik der reinen Vernunft* kommen Kants Name beziehungsweise seine Ideen in Tolstois Romanen wie *Krieg und Frieden* und *Anna Karenina* und insbesondere in seinen publizistischen Aufsätzen vor.[29] Auch in seinen radikalen pazifistischen Schriften, wie *Töte nicht!* (1900), *Besinnt euch!* (1904), *Töte niemanden* (1907), die Tolstoi in seiner Auseinandersetzung mit klerikalen Autoritäten, gegen den im Krieg verübten Mord und auch gegen die Todesstrafe schrieb, stützte sich Tolstoi nicht nur auf die christlichen Gebote, sondern auch auf die moralphilosophischen Thesen Kants.

Wenn man weiß, wie einflussreich die Schriften von Tolstoi waren — es bildete sich eine breite religiöse bürgerliche Bewegung in der Nachfolge Tolstois —, und welche Folgen diese Schriften unter anderem für Tolstoi hatten — so wurde er 1901 wegen seiner Kritik an der Russisch-orthodoxen Kirche und seiner humanistischen Reinterpretation der orthodox-christlichen Lehre aus der Kirche ausgeschlossen —, dann versteht man, wie wichtig dank Tolstoi, der weithin als das Gewissen seiner Zeit galt, die Moralphilosophie Kants für seine Zeitgenossen und in der Folge für die russische Kultur wurde.

Die pazifistischen Ideen Tolstois und Kants machten am Ende des 19. und am Anfang des 20. Jahrhunderts ein besonderes Kapitel im intellektuellen Leben Russlands aus. Der junge Zar Nikolaus II., der später von Tolstoi scharf kritisiert wurde, trat im August 1898 mit der Initiative der Abrüstung und mit der Einberufung der Friedenskonferenz in Den Haag hervor, die 1899 dort auch stattgefunden hat. Der schweizerische Philosophieprofessor Ludwig Stein begrüßte diese Initiative in seinem Aufsatz *Kant und der Zar* in der deutschen Zeitschrift *Die Zukunft,*[30] wo er Nikolaus II. als ungewollten Anwalt und Erfüller der Friedensgedanken Kants bezeichnete.[31] Das war jedoch die erste und einzige Friedensinitiative des letzten russischen Zaren, der in die Geschichte mit dem Beinamen »Der Blutige« einging.

Fünfzehn Jahre später wurde Kant nicht nur in Europa, sondern auch in Russland in die Polemik um die ideologischen Gründe des Ausbruchs des Ersten Weltkriegs verwickelt. Die sogenannten russischen religiösen Philosophen, repräsentiert durch Vladimir F. Ern, verkündeten: »Die inneren Tendenzen des deutschen Geistes in der Philosophie Kants stimmen gesetzmäßig und unausweichlich mit den äußeren Auswirkungen desselben deutschen Geistes in den Geschützen Krupps überein«.[32] Ein Anlass zu einem solchen fatalen Kurzschluss wurde allerdings von deutschen Gelehrten gegeben, darunter viele Neukantianer, die in ihren Vorträgen und Aufrufen den von Deutschland geführten Krieg zum Teil mit Kant-Zitaten unterstützten.

Zur Verteidigung Kants traten in Russland öffentlich nur zwei Autoren auf: der Publizist Leonid S. Slonimski[33] und der neukantianische Philosoph Moses M. Rubinstein. Rubinstein erinnerte in seinem Zeitungsartikel »Ist Kant schuldig?« den Leser daran, dass die Idee des »ewigen Friedens« und die Theorie des »Menschen als absoluter Zweck« niemandem anderen als Kant gehören. Er schreibt: »Wenn man den Deutschen mit Recht Vorwürfe machen will, dann gibt es nur einen Weg: nicht Kant und das, was sie der Welt gegeben haben, zu beschmutzen, sondern ihnen das Vergessen der Gebote ihrer besten Geister und vor allem der Gebote des großen Kant vorzuhalten«.[34]

Der russische Neukantianismus, zu dem Rubinstein gehörte, kam aus Deutschland nach Russland am Ende des 19. Jahrhunderts, also zu *der* Zeit, als eine mystisch-religiöse philosophische Bewegung virulent wurde. Die Repräsentanten dieser Bewegung bemühten sich um eine ›Rettung‹ der religiös-sittlichen Grundlagen der orthodox-christlichen Weltanschauung und verstanden sich als die echten russischen Nationalphilosophen. Diese Bemühungen führten allerdings zu einem Rückfall in die Zeiten vor der Aufklärung. Im Gegenzug dazu versuchten junge russische Intellektuelle, die sich nach dem Studium an russischen Universitäten in den deutschen Zentren des Neukantianismus in Marburg, Freiburg und Heidelberg weiterbildeten, die kantische

Abb. 5 Nach der politischen Öffnung und der Intensivierung der internationalen Beziehungen in den 1990er Jahren verstand sich die Staatliche Universität Kaliningrad zunehmend als Nachfolgerin der früheren Albertus-Universität Königsberg. 2005 wurde sie in *Staatliche Immanuel-Kant-Universität* umbenannt, seit 2012 heißt sie *Baltische Föderale Immanuel-Kant-Universität.*

Philosophie zu verbreiten, die Verwissenschaftlichung der russischen Philosophie voranzutreiben und zur Sache der ›philosophischen Aufklärung‹ in Russland maßgeblich beizutragen. Der russische Neukantianismus konnte auf diese Weise nicht nur einen prägenden Einfluss auf die philosophische Bildung in Gymnasien, Hochschulen und Universitäten gewinnen, sondern auch Dichter wie Valery Brjusov und Andrey Bely beeinflussen. Hier ist auch der Nobelpreisträger Boris Pasternak zu nennen, der in seinen jungen Jahren zu den von Hermann Cohen hochgeschätzten Schülern gehörte. In Marburg entschied sich Pasternak allerdings gegen die Philosophie und für ein Leben als Dichter und Lyriker. In seiner Weltanschauung blieb Pasternak jedoch zeit seines Lebens Kantianer.[35]

KANT IM HEUTIGEN RUSSLAND

Auch nahezu 30 Jahre nach dem Zusammenbruch der Sowjetunion ist die Suche nach der nationalen Identität in Russland noch nicht zu Ende. Nachdem der Marxismus-Leninismus als Staatsideologie seinen Einfluss verloren hatte, trat eine neue starke ideologische Kraft auf den Plan – die Russisch-orthodoxe Kirche, die in kurzer Zeit zu einem der größten Finanzmagnaten geworden ist und mit deren Einfluss man einen Rückfall in voraufklärerische Zeiten verbindet. In der Philosophie wurden in den 1990er Jahren die zuvor in den Bibliotheken unbenutzt lagernden Schriften der russischen religiösen Philosophen wieder entdeckt, die nun als die wahren russischen Philosophen propagiert wurden.

Zugleich setzte durch eine Intensivierung der Auseinandersetzung mit Kants Werken eine gegenläufige Tendenz ein. Hier sind einige der wichtigsten wissenschaftlichen und öffentlichen Initiativen zu nennen:

Im Jahr 1994 wurde eine achtbändige Ausgabe der Werke Kants von Arsenij V. Gulyga zum zweihundertsten Jubiläum von Kants Wahl zum Mitglied der Russischen Akademie der Wissenschaften herausgegeben. Im Jahr 2000 wurde eine historisch-kritische Ausgabe und Übersetzung der Notizen, Reflexionen und des *Opus postumum* aus dem handschriftlichen Nachlass Kants von Vladimir A. Zhuchkov, Vadim V. Vasilyev und Sergey A. Chernov vorgelegt. Ein großes deutsch-russisches Projekt einer zweisprachigen Kant-Ausgabe wurde im Jahr 1994 unter Leitung von Burkhard Tuschling und Nelli Motroschilova begonnen. Weitere Mitarbeiter waren Erich Solowjow, Uli Vogel und Tamara Dlugatsch. Das Projekt wurde 2018 mit fünf Bänden in sieben Teilen unter Mitwirkung von Bernd Dörflinger, Dieter Hüning, Aleksey Krouglov und Andrey Sudakov abgeschlossen. Es wurden unter anderem alle drei Kritiken Kants, die *Critik der reinen Vernunft* in zwei Teilen nach der A- und B-Auflage, die *Grundlegung*, die *Metaphysik der Sitten* sowie Abhandlungen und Aufsätze von 1784 bis 1796 ediert. Alle Bände erfüllen die Standards einer wissenschaftlich-kritischen Ausgabe.

Im Jahr 2005 wurde die russische Universität in Kaliningrad, dem ehemaligen Königsberg, nach Kant benannt. Heute führt sie den Namen *Baltische Föderale Immanuel-Kant-Universität Kaliningrad.* Im Jahre 2009 wurde das *Kant-Institut* gegründet, 2017 übernahm dessen Funktion das neu gegründete Forschungsinstitut *Academia Kantiana.* Ihm sind seit 2019 das durch Drittmittel geförderte internationale Forschergruppen-Projekt *Kantian Rationality Lab* assoziiert sowie seit 2018 die neu gestaltete Kant-Zeitschrift *Kantovski Sbornik/Kantian Journal* mit zweisprachigen Beiträgen (Deutsch-Russisch und Englisch-Russisch). Auf diese Weise wird die Kant-Forschung an der Baltischen Föderalen Immanuel Kant Universität in Kaliningrad maßgeblich und nachhaltig gefördert.

Heute gilt Kant in Russland als eine führende intellektuelle Instanz, die die wichtigsten Werte der europäischen Aufklärung verkörpert, und die als Symbolfigur für ein freies kritisches Denken anerkannt wird.

1 *Idee,* 40.

2 Norden 1980, 123 f.

3 Schmidt 2014, 152.

4 Mironow 1996, 33 f.

5 Wedenski 1901, 7.

6 Noch zu Lebzeiten Karamsins erschienen sieben russische und zwei deutsche Ausgaben der *Briefe* (Leipzig 1799 und 1802–1803), diese in der Übersetzung von Johann Richter, durchgesehen von Karamsin.

7 Krouglov 2009, 84.

8 A. a. O., 80.

9 Seit 1793 interessierte Schaden sich für Kants Moralphilosophie, und in seinen letzten Jahren hielt er Vorlesungen über Moralphilosophie nach den Schriften Kants. Vgl. a. a. O., 174 f.

10 Karamsin 1802, 57 ff.

11 A. a. O., 60.

12 »Ich habe aufrichtig den Tod der großen Männer bedauert, die Deutschland soeben verloren hat. Die Philosophen werden immer die Tiefe der Ideen Kants bewundern, und Freunde der Literatur werden Herders Werke immer mit Freude lesen. Ich bin glücklich, sie beide gesehen zu haben, und ich werde ihr Bild in den Tiefen meines Herzens bewahren.« (Übers. v. mir, N. D.) – Karamsin an Wilhelm von Wolzogen, in: Wolzogen-Nachlass, 422.

13 Vgl. Lotman 1997, 28.

14 Krouglov 2009, 84.

15 A. a. O., 113.

16 Krouglov 2012; Krouglov 2017.

17 Vgl. Herzen 1962, 532 f.

18 Nikolai V. Stankewitsch, Brief an Ja. M. Newerow vom 10. November 1835 (Nr. 145), in: Stankewitsch 1914, 338. Vgl. Krouglov 2009, 208–213.

19 Siehe Bakunin 1973, 69 ff.

20 Herzen 1843, 48.

21 A. a. O., 23.

22 A. a. O., 25.

23 CrV A 752 B 780.

24 Herzen 1843, 25.

25 A. a. O., 31.

26 Gemeint ist hier der vorkritische Rationalismus der Leibniz-Wolff-Schule.

27 Herzen 1845, 129.

28 Im Folgenden beziehe ich mich auf die detaillierten Forschungen von Alexey N. Krouglov. Siehe Krouglov 2016.

29 Hier sind vor allem *Bekenntnis* (1884), *Über das Leben* (1886/1887), *Was ist Religion und worin besteht ihr Wesen?* (1901) zu nennen. Zum Beispiel nahm Tolstoj die berühmten Sätze Kants über das moralische Gesetz und den bestirnten Himmel als Motto für seine Schrift *Über das Leben*. Vgl. Krouglov 2008, 375.

30 Stein 1898.

31 Stein sandte diesen Aufsatz und die frühere Schrift, die zum Jubiläum der Friedensschrift Kants geschrieben worden war, dem Zaren, der sich dafür in einem Brief sehr herzlich bedankte; siehe Hoeres 2004, 568 f.

32 Ern 1914, 116.

33 Slonimski 1915.

34 Rubinstein 1915.

35 Vgl. Dmitrieva 2010.

– – –

Abb. 1 Tyukanov: Radierung. © Sergej Tyukanov, Privatbesitz

Abb. 2 Unbekannter Künstler: Ölgemälde. © State Historical Museum, Moscow

Abb. 3 Mail-Art-Projekt. © Regionalmuseum für Geschichte und Kunst Kaliningrad. Foto: BKGE

Abb. 4 © Olga V. Dmitrieva: Postkarten.

Abb. 5 Stolzenberg: Foto der Baltischen Föderalen Immanuel-Kant-Universität. © Foto: Jürgen Stolzenberg

Abb. 6 © Olga V. Dmitrieva: Comic.

Abb. 6 *Kant vor dem Dom zu Königsberg* ist das Titelbild eines russischen Comics von Olga V. Dmitrieva, die sich selbst als ethnographische Künstlerin bezeichnet. Sie lebt in Kaliningrad. Durch die besondere Lage und Geschichte der Stadt hat sie sich nie nur als Künstlerin gefühlt, sondern immer auch als Ethnographin, die das kulturelle Vermächtnis nicht nur des Ortes und des Landes, sondern darüberhinaus der Menschheit studiert.

2018 schuf Olga V. Dmitrieva diesen Comic als den ersten russischen Comic, der Leben und Werk Kants nacherzählt und ihn so in neuer Form lebendig werden lässt.

Abb. 1 In diesem Gemälde *Jahrhundertschritt* (1987) thematisiert der Maler und Bildhauer Wolfgang Mattheuer kritisch die gesellschaftlichen Widersprüche des 20. Jahrhunderts. Mit seinen Kollegen Bernhard Heisig und Werner Tübke gehört er zu den Begründern der sogenannten ›Leipziger Schule‹. Er lehrte von 1956 bis 1974 an der Hochschule für Graphik und Buchkunst in Leipzig. Seit 1975 arbeitete er in der DDR freiberuflich als Künstler und gilt als Chronist seiner Zeit.

HANS-CHRISTOPH RAUH

»Bist du für Stalin oder für Kant?«[1] Eine ostdeutsche Spurensuche zu Kant in der DDR

Steffen Dietzsch, dem einzigen wirklichen Kant-Forscher der DDR.

KANT IM MARXISMUS-LENINISMUS

Genau genommen reduziert sich die interne DDR-Beschäftigung mit dem Philosophen Immanuel Kant auf zwei speziell *akademiephilosophisch* begangene *Jubiläen* im Jahre 1954 (noch sehr verhalten) und 1974 (weit größer aufgezogen), wozu eine kleine *Ansprache* und ein großer deutsch-sowjetischer *Protokollband* (1976) erschienen. *Universitätsphilosophisch* betraf das einmalig um 1974/75 verschiedene Universitätszeitschriften zu Kant sowie einen Berliner Sammelband *Zum Kantverständnis unserer Zeit,*[2] mit dem Untertitel *Beiträge marxistisch-leninistischer Kantforschung* in der DDR, wovon jedoch insgesamt gesehen kaum die Rede sein konnte. Als unabdingbar wird sich daher eine punktuelle Bezugnahme auf die demgegenüber kontinuierlich zunehmenden westdeutschen Forschungen zu Kant erweisen, woran sich die DDR-Philosophie bis 1990 nicht mehr beteiligte, ebenso wie die Einbeziehung der sich seit 1975 überraschend entwickelnden ›Kant-Erinnerungen‹ in Königsberg-Kaliningrad selbst,[3] die von der offiziellen parteistaatlich gesteuerten DDR-Philosophie ebenfalls in jeder Hinsicht ignoriert wurden.

Auf die besonderen historisch-politischen Umstände einer derartig reduzierten Rezeption und verengten Beurteilung Kants, die einzig und allein im Rahmen der staatsparteilich vorgegebenen marxistisch-leninistisch ausgerichteten DDR-Philosophie erfolgte, soll nachstehend chronologisch eingegangen werden. Es ist nichts weiter als eine wenig ereignisreiche, ziemlich ergebnislose, letztendlich nur noch bedrückende Spurensuche.[4] Vor allem konnte eine derartig ostisolierte und parteidogmatisch normierte Kant-Bezugnahme gesamtdeutsch und international gesehen, keinerlei wirklich bleibende Anerkennung erlangen. Sie soll im Folgenden aber dennoch nicht nur in getrennt-nachkriegszeitlicher Hinsicht, derartig hilflos und beklagenswert Kant betreffend, sachbezogen erörtert werden. Es wird dabei wesentlich ›ideologiekritisch‹ zugehen, denn irgendein philosophischer Gehalt oder besonderer Kant-Aufschluss ist generell, gerade wegen des alleinigen, ausschließenden und abgeschlossenen marxistisch-leninistischen Anspruchs einfach nicht zu erwarten; wir müssen dazu nicht einmal Kant direkt zitieren, um zu verdeutlichen, wie unkritisch-lehrdogmatisch es ausgerechnet diesem gegenüber zuging.

Die größte, zumeist jedoch nur persönliche Wirkung erzielte Kants so ganz entschieden beantworteter Wahlspruch auf die Frage ›Was ist Aufklärung?‹ sowie seine stets nur als idealistisch verurteilte ›kopernikanische Wende‹, da diese vor allem von der unabdingbaren Souveränität eines selbstbestimmten Denkens zeugten. Doch Kants philosophische Hauptfrage ›Was ist der Mensch?‹ wurde durch eine weltanschauliche ›Grundfrage‹ zum Verhältnis des Denkens zum Sein, von Natur und Geist ersetzt und schließlich zur alternativlosen deterministischen Entscheidungsfrage nach Materie oder Bewusstsein beziehungsweise zu einem ideologischen Parteienkampf des Materialismus gegen den Idealismus erklärt. Und seine *Transzendentalphilosophie* durfte nur noch als ›Transzendental-*Idealismus*‹ bezeichnet werden, um deren unversöhnlichen Gegensatz zum ›Natur-Materialismus‹ zu verdeutlichen. Auch Buchtitel wie der vom *Anspruch der Vernunft*[5] oder der einer *Revolution der Denkart*[6] dienten allein erbepropagandistischen Zwecken sowie zu legitimierenden Machtansprüchen und hatten mit Kant selbst und unserem unwirklichen ›philosophischen Leben‹ in der DDR rein gar nichts zu tun.

Grundsätzlich muss dazu gesagt werden, dass die sehr verspätet-sporadische Rezeption Kants, also keineswegs eine durchgehende systematische Beschäftigung mit ihm, nicht isoliert vom Gesamtkomplex der ›klassischen deutschen Philosophie‹ (eine ganz traditionelle Bezeichnung von Friedrich Engels, der da ausdrücklich noch nicht direkt vom ›bürgerlichen deutschen Idealismus‹ und von dessen ›Kampf gegen den Materialismus‹ sprach) gesehen werden kann, und dies in umfassender Hinsicht. Zum einen gehörte für Karl Marx Gottfried Wilhelm Leibniz zum *Eingang* in dieselbe so wie für Engels Ludwig Feuerbach zu deren

Abb. 2 Diese Sonderbriefmarke wurde in der DDR zum Kant-Jubiläum im Jahr 1974 herausgegeben. In der breiten Öffentlichkeit unbemerkt blieb der Lapsus, dass es sich bei der Abbildung um den ersten Kantianer Karl Leonhard Reinhold handelt und nicht um Kant selbst, wie Werner Stark belegen konnte. Briefmarkenexperten und thematischen Sammlern war dieser Fehler schon damals bekannt, was aber nicht offiziell gemacht wurde.

Abb. 3 Einladung zur einzigen universitären thematisch umfassenden Kant-Konferenz 1954 nach Leipzig durch Ernst Bloch. Diese Konferenz wurde dann jedoch durch übergeordnete staatliche Stellen kurzfristig abgesagt.

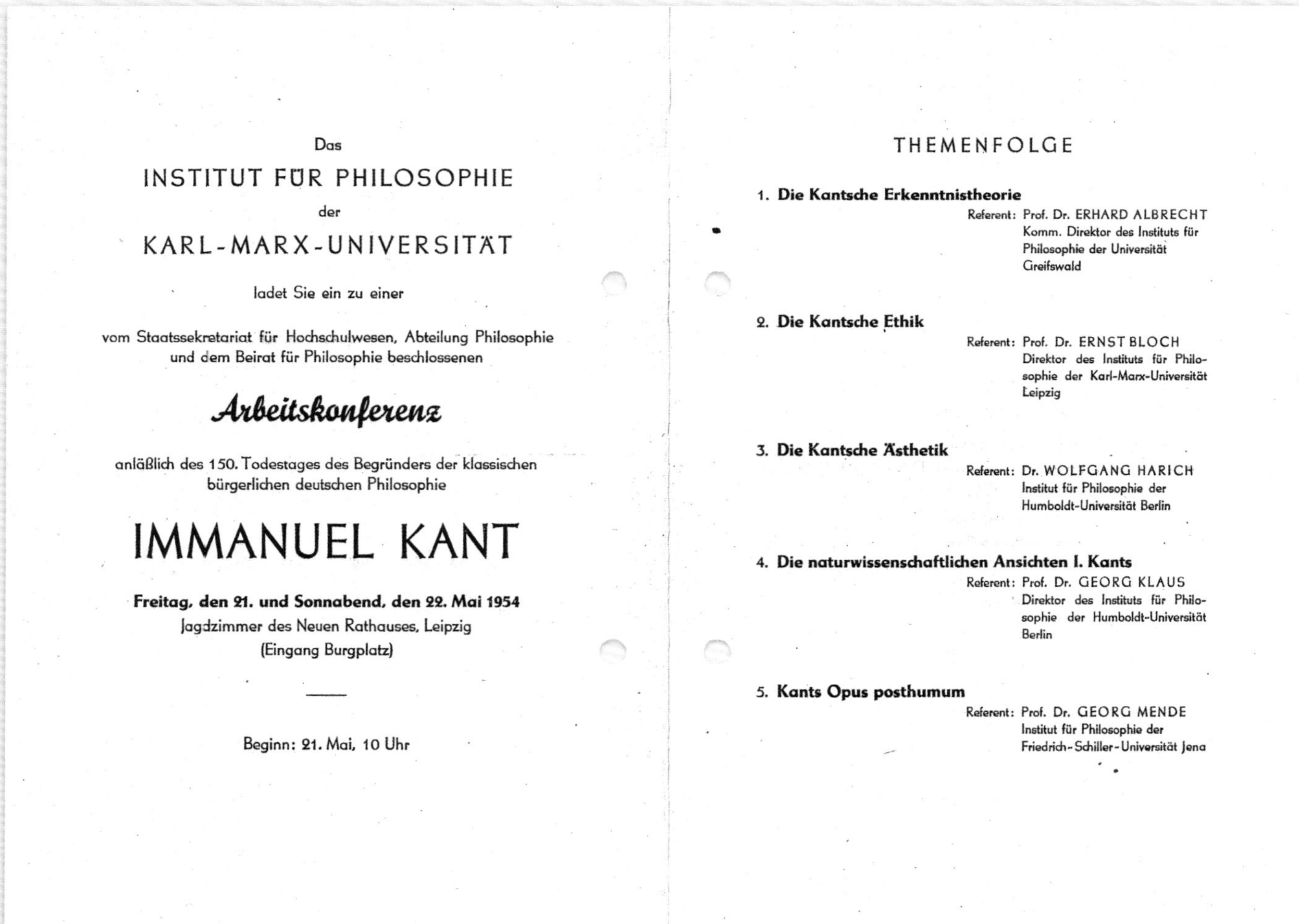

Das

INSTITUT FÜR PHILOSOPHIE

der

KARL-MARX-UNIVERSITÄT

ladet Sie ein zu einer

vom Staatssekretariat für Hochschulwesen, Abteilung Philosophie und dem Beirat für Philosophie beschlossenen

Arbeitskonferenz

anläßlich des 150. Todestages des Begründers der klassischen bürgerlichen deutschen Philosophie

IMMANUEL KANT

Freitag, den 21. und Sonnabend, den 22. Mai 1954
Jagdzimmer des Neuen Rathauses, Leipzig
(Eingang Burgplatz)

Beginn: 21. Mai, 10 Uhr

THEMENFOLGE

1. **Die Kantsche Erkenntnistheorie**
Referent: Prof. Dr. ERHARD ALBRECHT
Komm. Direktor des Instituts für Philosophie der Universität Greifswald

2. **Die Kantsche Ethik**
Referent: Prof. Dr. ERNST BLOCH
Direktor des Instituts für Philosophie der Karl-Marx-Universität Leipzig

3. **Die Kantsche Ästhetik**
Referent: Dr. WOLFGANG HARICH
Institut für Philosophie der Humboldt-Universität Berlin

4. **Die naturwissenschaftlichen Ansichten I. Kants**
Referent: Prof. Dr. GEORG KLAUS
Direktor des Instituts für Philosophie der Humboldt-Universität Berlin

5. **Kants Opus posthumum**
Referent: Prof. Dr. GEORG MENDE
Institut für Philosophie der Friedrich-Schiller-Universität Jena

Ausgang. Kant bildete selbstverständlich ihren unveräußerlichen eigentlichen Beginn, aber nur in einem engeren, nicht wirklich richtungsweisenden und eigenständigen Sinne. So wurde er von den unmittelbar nachfolgenden, ihn wesentlich ›dialektisch-aufhebend‹ fortbildenden, ja erst eigentlich vollendenden anderen Hauptvertretern des ›Deutschen Idealismus‹, Johann Gottlieb Fichte und Friedrich Wilhelm Joseph Schelling, Georg Wilhelm Friedrich Hegel und dann Feuerbach, herabgesetzt und eingeordnet. In der staatsparteioffiziellen Jubiläumsabfolge gelangte Kant daher, nach einem ganz bescheidenen ›Vorversuch‹ im Jahre 1954, erst 1974 (zum zweihundertfünfzigsten Geburtstag) zu einer ähnlich anerkannten Würdigung in der DDR, wie sie zuvor schon Fichte (1962/64) und insbesondere dann mehrfach vor allem Hegel (1956/70/81) zugedacht wurde. Kant blieb so der verewigte ›Vorvorgänger‹, und es stand generell schlecht um seine ungehinderte und vorurteilsfreie Aneignung.

Kant hatte es gewissermaßen immer weit schwerer, letztlich ebenso (ungeteilt allerdings niemals) ›dialektisch-materialistisch‹[7] überhaupt anerkannt zu werden, da nach obigem wenig fachphilosophischem Schematismus ›grundfragenmäßig‹ *Fichte* (da extrem ›subjektiv-idealistisch‹) und *Hegel* (dagegen wiederum konsequent ›objektiv-idealistisch‹) stets als die eigentlich klassischen Idealismus-Vertreter angesehen wurden.

Bei Kant kam zunehmend erschwerend und ideologisch belastend hinzu, dass der ihn in der zweiten Hälfte des 19. Jahrhunderts gewissermaßen nachhegelisch umfänglich wiederentdeckende, ja zu ihm zurückkehrende Neukantianismus vor allem erkenntnistheoretisch auf revisionistische Weise und praktisch-politisch (also reformistisch) als sogenannter ›ethischer Sozialismus‹ in die marxistische Arbeiterbewegung eingedrungen war. Auch wurde Kant frühzeitig werkgeschichtlich von DDR-marxistischer Seite nicht einfach neukantianisch als ›vorkritisch‹ abteilbar angesehen, sondern seine ›Frühschriften‹ erschienen allein ›naturphilosophisch‹ (fast schon naturwissenschaftlich-materialistisch!) uminterpretiert, konsequent vom damit nur noch ›transzendental-idealistischen‹ Kant geschieden, ja regelrecht abgetrennt und gegenübergestellt.[8] Rezeptionsgeschichtlich erschien er so auf doppelte Weise lediglich als ›Vorgänger‹ der restlichen, nachfolgenden klassischen deutschen Philosophie (insbesondere Hegels) sowie nochmals derartig reduziert-vermittelt schließlich auch noch als eine besondere ›Quelle‹ beziehungsweise als ›Vorläufer des Marxismus‹. Folgenschwer ignoriert wurde damit von vornherein jede richtungsweisende Originalität und Einmaligkeit seines philosophischen Denkens.

Von Kant wurden daher in der SBZ/DDR frühzeitig und mehrfach sein philosophischer Entwurf *Zum ewigen Frieden* (1947, 1954, 1965) und seine *Allgemeine Naturgeschichte und Theorie des Himmels* (1955/56 und 1961) verlegt. Seine kritischen Hauptschriften erschienen dagegen nur als preiswerte Reclam-Ausgaben erst in den 1960er Jahren allein zu bloßen Studienzwecken. Und die große Akademie-Ausgabe der Schriften Kants, also dessen erste Abteilung der Werke, spielte überhaupt keine Rolle, war praktisch auch gar nicht mehr allgemein zugänglich und verfügbar.[9]

Zwei entscheidende Publikationen sind in diesem Zusammenhang späterhin als richtungsweisend anzusehen: Erstens die Monographie von Manfred Buhr und Gerd Irrlitz: *Der Anspruch der Vernunft* mit dem ein- wie ausgrenzenden Untertitel *Die klassische bürgerliche deutsche Philosophie als theoretische Quelle des Marxismus,* die Kant in besonders ausführlicher Weise vorstellt,[10] sowie zweitens die von Gottfried Stiehler: *Der Idealismus von Kant bis Hegel,* etwas sachgerechter untertitelt mit *Darstellung und Kritik* desselben.[11] Diese Publikationen eröffneten relativ spät die eigentliche, darüber aber auch nicht mehr wesentlich hinausgehende (keineswegs wirklich *forschende*) akademie- sowie (stets institutionell getrennt davon allein *lehrende*) universitätsphilosophische DDR-Kantbeschäftigung, die das nachfolgende einzige große Jubiläum von 1974, mit seinen oben schon genannten einmalig vielen Kant-Würdigungen, dann auch schon wiederum vorzeitig beschließt. Dabei handelte es sich insgesamt gesehen um einen ungemein qualvollen, heute kaum noch vorstellbaren philosophiegeschichtlichen Emanzipationsprozess von ganz unglaublichen parteiamtlich-lehrdogmatischen, allein leninistisch-stalinistischen Vorgaben, nachkriegszeitlich in der SBZ/DDR, die nunmehr nur noch sogenannte ›vormarxistische‹ (also ›bürgerlich-idealistische‹) Philosophie von Kant bis Hegel betreffend. Von einer nachklassischen deutschen Philosophie war da schon überhaupt keine Rede mehr.

STALINISIERUNG NACH 1945 IN DER SBZ

Unmittelbar nach 1945/46 waren es an den sechs ostdeutschen Universitäten in der SBZ immerhin noch eine Handvoll übriggebliebene (parteilose und entnazifizierte) altbürgerliche Universitätsphilosophen, die nach sowjeti-

Abb. 4 Die einzige figürliche Kant-Abbildung in der DDR befand sich seit dem 30. November 1980 wieder am hinteren Teil (Westseite oder ›Pferderückseite‹) des großen Reiterstandbildes für Friedrich den Großen von Christian Daniel Rauch auf der Straße Unter den Linden in Berlin-Mitte. 1950 war dieses Denkmal durch einen SED-Magistratsbeschluss beseitigt worden. Das Reiterstandbild ohne Sockel war 1960 zwischenzeitlich in den Park Sanssouci in Potsdam verbracht worden, wurde aber dann auf Anweisung von Erich Honecker in einer Nacht- und Nebelaktion 1980 an historischer Stelle kommentarlos wieder aufgestellt, wo es heute, nachwendisch vollständig restauriert, wieder steht.

schem Militärbefehl allein traditionelle *philosophie-historische* Bildungsveranstaltungen (also ausdrücklich keine philosophische Systematik, die allein der parteistaatlich angeordnete Marxismus-Leninismus Stalin-sowjetischer Ausprägung einnehmen sollte) für die Philosophische Fakultät und deren ›gesellschaftswissenschaftliche‹ Lehrerausbildung abhalten durften; ein Philosophie-Studiengang war untersagt, und erst 1951 durften drei Philosophie-Institute in Jena, Leipzig und Berlin wieder eröffnet werden. Vorlesungen über die Spanne von der Antike bis zur Neuzeit endeten zumeist mit Kant; Hegel, Feuerbach oder Marx[12] kamen gar nicht mehr vor. Auch die Absicht des früheren Herausgebers der *Kant-Studien,* Arthur Liebert, gemeinsam mit Paul Menzer dieselben beziehungsweise die ›Kant-Gesellschaft‹ (ausgehend von Halle und Berlin) irgendwie wieder zu beleben,[13] scheiterte nicht nur an seinem plötzlichen Ableben Ende 1946, sondern allein schon daran, dass man ihn als Dekan nur der Pädagogischen Fakultät an der Berliner Universität einsetzte und demonstrativ auf keinen Philosophie-Lehrstuhl mehr berief; eine selbständige Kant-Gesellschaft als verkappte ostdeutsche ›Philosophie-Gesellschaft‹ war nicht erwünscht und wurde niemals mehr in der DDR parteiamtlich erlaubt. Es stand also von Anbeginn schlecht um Kants Erbe.

Doch den entscheidenden Riegel, ja eine regelrechte politisch-ideologische Blockade bildeten die unerträglich primitiven und folgenschweren lehrdogmatischen Spruchweisheiten des Generalissimus selbst, in der ostdeutschen Hochzeit des Stalinismus, die stets auch an der ›philosophischen Front‹ regelrechten Befehlscharakter trugen. Und einer dieser so ›irrsinnig-genialen‹ Fehlurteile betraf, was dann ohne jeden Zitatennachweis jahrelang verbindlich wurde, die klassische deutsche Philosophie wiederum in ihrer Gesamtheit, also nicht nur Kant aus dem besiegt-eroberten Königsberg, sondern ebenso vor allem auch Hegel aus dem niedergegangenen Berlin und Preußen, das dann vielseitig abgewandelt, immer so wiederkehrend, lautete: ›Die idealistische deutsche Philosophie der Jahre vor und nach 1800, die in der Philosophie Hegels gipfelte, war eine *aristokratische Reaktion* (!) auf die französische bürgerliche Revolution und den französischen Materialismus des 18. Jahrhunderts‹. – Doch wozu hatte dann Kant seine ›Revolution der Denkungsart‹ vollzogen; Hegel, Schelling und Friedrich Hölderlin in Tübingen einen revolutionären Freiheitsbaum gepflanzt; Fichte seine ungemein zeitnahen Revolutionsschriften verfasst und Hegel im preußischen Berlin dieser Revolution immer als eines ›herrlichen Sonnenaufgangs‹ gedacht?

Einer der schon damals bekanntesten parteimarxistischen DDR-Philosophen, Georg Mende, versuchte sich 1951 ausgerechnet an *Kants ›Opus postumum‹ und die Naturwissenschaft*, um seine stalinistische Kritik und generelle Ablehnung Kants auf folgende uneinholbare Weise stets zitatengerecht und parteikonform zum Ausdruck zu bringen. Mende kritisiert, Lenin habe das Wesen der Kantschen Philosophie in einem Satz (!) zusammengefasst: »Der Grundzug der Kantschen Philosophie ist eine Aussöhnung von Materialismus u. Idealismus.«[14] Jedoch, so Mendes autoritäre Beweisführung weiter:

> Die historische Begründung [!] für das Aufkommen einer derartigen Tendenz liegt in dem genialen Hinweis Stalins, dass die deutsche klassische idealistische Philosophie eine ideologische Auswirkung der feudal-aristokratischen Reaktion auf die bürgerliche Revolution in Frankreich ist. Indem die Ideologen des deutschen Bürgertums sich den feudalen Kräften unterwarfen, als erster Kant (›[…] und ersterbe in tiefster Untertänigkeit Ew. Königl. Majestät alleruntertänigster Knecht Immanuel Kant‹), machten sie, in der Auseinandersetzung mit dem französischen Materialismus, den Idealismus zur herrschenden Ideologie des deutschen Bürgertums.[15]

In einem Satz (mit einer unglaublichen Begrüßungsfloskel belegt!) wird damit nochmals 1951 das ganze unsinnig-falsche Stalin-Zitat ideologisch-folgsam dahergebetet. Wie konnte man den derartig proletkult-abartigen Erniedrigungen Kants jemals wieder entkommen?

Die nachkriegszeitlich ostdeutsche Kant-Beschäftigung besonderer Art beginnt bereits 1945, unmittelbar zum Kriegsende, mit einer schmerzhaften und folgenschweren ›Verlustmeldung‹ aus dem eigentlich kampflos übergebenen Universitätsstädtchen Greifswald und betrifft den gerade erst 1944 dorthin, offensichtlich ziemlich unsachgemäß, letztlich in einer Försterkiste in Boltenhagen bei Greifswald ausgelagerten handschriftlichen Kant-Nachlass; teilweise bestehend aus bereits bearbeiteten Materialien des Berliner Akademie-Archivs sowie vor allem aber aus den kriegsbedingt dorthin so schon nicht mehr zurückgelangten handschriftlichen Kant-Originalen der Universitätsbibliothek Königsberg. Diese sicher etwas merkwürdige Transaktion, ausgerechnet nach Greifswald, erfolgte persönlich per Reichsbahn mit einer ›Dienstreisebescheinigung‹ des Präsidenten der Preußischen Akademie der Wissenschaften vom 16. März 1944 durch den letzten Bearbeiter der 3. Abteilung (Handschriften) der großen Kant-Ausgabe, Gerhard Lehmann. Dieser hatte daselbst neben seinen fortlaufenden Habilitations-Kontakten zu den beiden Universitätsphilosophen Hans Pichler und Günter Jacoby, nach seinen eigenen Worten auch noch eine ›Greifswalder Nebenwohnung‹ vor Ort, wo er wohl gedachte, beruhigter an der Endfassung von Band XXIII der Akademie-Gesamtausgabe arbeiten zu können, als das in Berlin angesichts der schon fortlaufend unberechenbaren alliierten Fliegerangriffe der Fall war. Das sollte sich jedoch als eine folgenschwere Fehlentscheidung herausstellen, denn diese wertvollen ›Kant-Sachen‹ sind trotz aller nachkriegszeitlichen Nachforschungen von Günter Jacoby (1945) bis Dieter Henrich (1983) bis heute verschollen, worauf hier jedoch nicht weiter eingegangen werden kann. Hinsichtlich der späteren DDR-Philosophie hatte dieser Vorgang ohnehin angesichts der sowjetischen Besatzung keinerlei weitere Bedeutung.

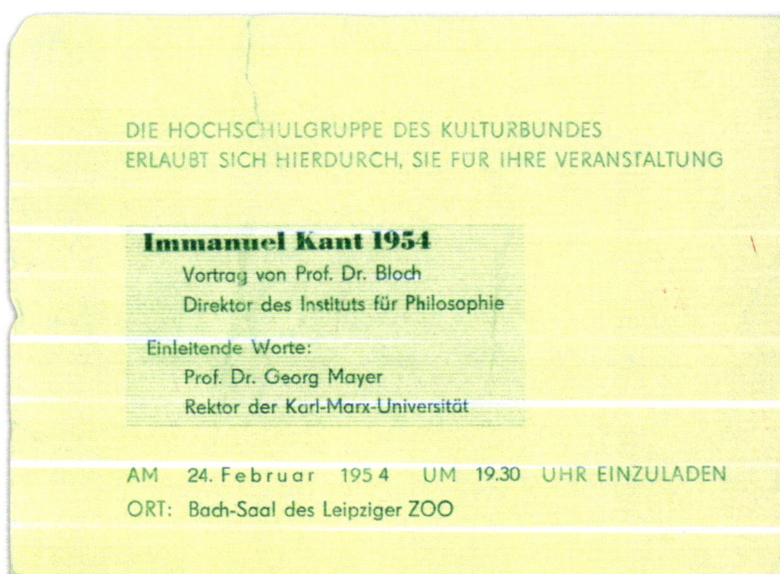
DIE HOCHSCHULGRUPPE DES KULTURBUNDES
ERLAUBT SICH HIERDURCH, SIE FÜR IHRE VERANSTALTUNG

Immanuel Kant 1954
Vortrag von Prof. Dr. Bloch
Direktor des Instituts für Philosophie

Einleitende Worte:
Prof. Dr. Georg Mayer
Rektor der Karl-Marx-Universität

AM 24. Februar 1954 UM 19.30 UHR EINZULADEN
ORT: Bach-Saal des Leipziger ZOO

Abb. 5 Beleg des Kantgedenkens: Ernst Bloch hielt knapp zwei Wochen nach dem einhundertfünfzigsten Todestag (12. Februar 1954) im Bach-Saal des Leipziger Zoos, also wiederum nicht in der Universität, einen öffentlichen Vortrag zu Immanuel Kant.

Als man in der DDR noch vollständig mit einem parteiamtlich verkündeten sogenannten nationalen Karl-Marx-Jahr 1953 beschäftigt war, dem jedoch wegen Josef Stalins überraschenden Todes am 5. März und durch den Arbeiteraufstand vom 17. Juni des Jahres gar nicht weitergehend so recht entsprochen werden konnte, konzipierten Herausgeber und Redaktion der gerade erst neu gegründeten, bleibend einzigen DDR-Zeitschrift für Philosophie ein überaus bescheidenes Kantgedenken zu dessen bevorstehendem einhundertfünfzigsten Todestag 1954. Ernst Bloch erzählte dazu rückerinnerlich wie zeitnah von *Zweierlei Kant-Gedenkjahren,* meinte das aber durchaus nicht schon wieder zweistaatlich getrennt, sondern bezog diese lediglich historisch auf das einmalig große Königsberger Kantgedenken im Jahre 1924 (zweihundertster Geburtstag) und aktuell auf besagtes bescheideneres Vorhaben im Jahre 1954. Daran anschließend würdigte in diesem versuchten ›Kantheft‹ 1 (1954) Georg Klaus vordergründig allein ›naturmaterialistisch‹ Kants *Allgemeine Naturgeschichte und Theorie des Himmels* (1755) und Wolfgang Harich benannte lediglich noch *Ein Kantmotiv im philosophischen Denken Herders,* denn dazu (nicht zu Kant oder Hegel) hatte er gerade promoviert. Mehr war da offenbar noch nicht machbar, wobei vom gerade genannten Kant-Abschlussband XXIII der Akademie-Ausgabe, der aber nicht einmal termingerecht zu diesem Jubiläum erschien, überhaupt keine Rede mehr war, das sicher auch, weil dieser nun schon in einem Westberliner Verlag gedruckt und in der DDR daraufhin auch niemals besprochen oder gar vertrieben wurde.

Immerhin erfolgte (das ist nun die zweite hier hervorzuhebende Ebene des damaligen Kant-Gedenkens von 1954) aber am 12. Februar in den Berliner Akademieräumlichkeiten Unter den Linden doch noch eine fortlaufend reduzierte Kantgedenkfeier, schließlich lediglich mit einer akademischen *Ansprache an Kants 150. Todestag* durch den marxistischen (Schweizer) Rechtsphilosophen Arthur Baumgarten, der aber auf die gerade auslaufende große Akademie-Ausgabe Kants ebenfalls nicht einging. Erstaunlicherweise finden die offenbar gerade schon wieder abgelegten parteiamtlichen Lenin-Stalin-Zitate zu Kant nun keinerlei ausdrückliche Erwähnung mehr.

Die dritte hier anzuführende Ebene betrifft zu dieser Zeit 1954 allein das noch wesentlich philosophiehistorisch ausgerichtete und so allgemein anerkannte Leipziger Philosophie-Institut von Ernst Bloch. Dieser hatte ebenfalls termingerecht am 24. Februar 1954 im Bach-Saal des Leipziger Zoos, eigenartigerweise also nicht in der Universität, einen öffentlichen Vortrag zu *Immanuel Kant 1954* gehalten. Und für den 21./22. Mai des Jahres hatte Bloch außerdem zu einer ganz eigenständigen universitären Instituts-»*Arbeitskonferenz* anlässlich des einhundertfünfzigsten Todestages des Begründers der klassischen bürgerlichen deutschen Philosophie« nach Leipzig mit folgender schon fest verabredeten (ausgedruckt-verschickten) Themenabfolge und Referentenauswahl[16] eingeladen: 1. Die Kantsche Erkenntnistheorie (Erhardt Albrecht, Greifswald); 2. Die Kantsche Ethik (Ernst Bloch, Leipzig); 3. Die Kantsche Ästhetik (Wolfgang Harich, Berlin); 4. Die naturwissenschaftlichen Ansichten Kants (Georg Klaus, Berlin) und 5. Kants *Opus postumum* (Georg Mende, Jena). Bis auf Halle, da man Paul Menzer demonstrativ nicht eingeladen hatte (aber auch nicht den letzten akademischen Herausgeber der Kant-Ausgabe Gerhard Lehmann aus West-Berlin), wären damit alle ostdeutschen universitären Philosophie-Institute vertreten gewesen. Jedoch nicht einmal zehn Tage vor Konferenzbeginn musste diese damals einzige *universitäre* Kant-Ehrung auf staatliche Anweisung hin, ohne Angabe von Gründen abgesagt werden, weil es dazu offensichtlich noch keinen üblicherweise parteiamtlichen ›Sekretariatsbeschluss‹ der SED-Parteiführung gab.

Und an der Akademie der Wissenschaften zu Berlin wurde nach dem vorläufigen ›Schlussband‹ Nr. XXIII der Gesamtzählung (Berlin 1955) erneut überlegt, wie die Kant-Ausgabe nun doch mit der Abteilung 4 (Vorlesungsnachschriften) fortgeführt und vollendet werden könnte, wozu dann allerdings nur eine Art ›Probeausdruck‹ von Gerhard Lehmann außerhalb dieser Ausgabe als schmaler Teil-Band 1961 zustande kam. Durch den Bau der Berliner Mauer änderte sich die Lage nochmals entscheidend, so dass sich schließlich ab 1963 die Göttinger Akademie der Wissenschaften zu einer vertraglich geregelten Fortführung der Kant-Edition (später 1987 verlegt nach Marburg) bereit erklärte, womit die DDR-Philosophie (wie schon bei der ebenso lange und unabgeschlossen laufenden Leibniz-Edition) erneut mit dieser nichts mehr ernsthaft zu tun hatte. Sie ignorierte daraufhin weiterhin über Jahre alle diesbezüglichen westlichen Kantnachforschungen und verhinderte trotz fortgesetzter vorliegender Einladungen (die aber niemals irgendeinen Kant-Interessenten erreichten) eine jede Teilnahme an den in den 1960er Jahren einsetzenden westdeutschen Internationalen Kant-Kongressen. Und wiederum war es so, dass es, wenn nicht vorangehend Fichte 1962/64 offiziell staatsparteilich geehrt worden wäre und vor allem dann international Hegel 1970 in Berlin, ein solch umfassend aufgezogenes Kant-Jubiläum 1974 (natürlich bei ausdrücklicher sowjet-philosophischer Absprache mit Moskau) in der DDR überhaupt nicht gegeben hätte, was hier jedoch im Einzelnen nicht weiter dokumentiert werden kann.

Wenn auch nicht in der einzigen DDR-Philosophie-Zeitschrift, die sich gerade durch massive SED-Eingriffe erneut philosophiehistorisch reduzierte, sondern in einer 10-Jahres-Festschrift der Akademie 1956 sowie dann in den *Kant-Studien* 1957/58 wird in dreifacher Hinsicht auf den vorläufigen Abschluss der großen Kant-Ausgabe in ihren drei Abteilungen (Werke, Briefe, Nachlass) berichterstattend (Gerhard Lehmann), historisch-biographisch (Paul Menzer) und konzeptionell-würdigend (Heinz Heimsoeth) eingegangen. Jeweils angedeutet wird dazu die fortzuführende Herausgabe der Kantschen Vorlesungsnachschriften als Abteilung 4 der Gesamtausgabe, die dann schon ab 1963 von der Göttinger Akademie der Wissenschaften unternommen wurde.

Abb. 6 Im Gegensatz zum Jahr 1954, in dem man Kants Jubiläum ignorierte, wurde 1974 in der DDR zum Anlass des zweihundertfünfzigsten Geburtstags eine besonders hochdotierte Sondermünze aufgelegt.

DAS KANT-JUBILÄUM 1974

Frühzeitig deutete sich in der DDR wie in der Sowjetunion an, dass das westlich-international schon weit länger vorbereitete zweihundertfünfzigste Kant-Geburtstagsjubiläum 1974 auf keinen Fall von real-sozialistischer Seite (marxistisch-leninistisch formiert) ausgelassen werden durfte. Nach einem vorauseilenden Vorschlag der DDR erklärte die Spezialorganisation der Vereinten Nationen für Erziehung, Wissenschaft und Kultur diesen Geburtstag Immanuel Kants sogar zum UNESCO-Gedenktag. Zunächst fand dazu bereits zum Vorjahresende im Rahmen des Kulturbundes der DDR eine vorbereitende sogenannte ›Referentenkonferenz‹ zur wissenschafts-politischen Einstimmung und Ausrichtung auf das nun eingeplante Kant-Jubiläum statt, mit ›orientierenden‹ Kurzbeiträgen.[17] Denn immer, wenn es zu derartigen Ereignissen noch keine ganz eindeutig-verbindliche, parteipolitisch richtungsweisende SED-Beschlussvorlage gab, wie zuvor bei Fichte und Hegel, wurde das Thema vorweg und zunächst in den Kulturbund delegiert, um dort ausgetragen und getestet zu werden.

Auch erschien 1974 ein thematisches März-Heft der *Deutschen Zeitschrift für Philosophie* mit verschiedenen wenig gehaltvollen Kant-Beiträgen, ohne jeden wirklichen Bezug zum eigentlichen Kant-Jubiläum oder zu diesem selbst; das langweiligste ›Kantheft‹ des Jahres. Denn im Vordergrund steht nun nicht mehr, wie noch um 1954, die Hervorhebung der ›vorkritischen‹ Naturphilosophie Kants, sondern vielmehr die sich ständig verschärfende ideologiekritische Auseinandersetzung mit dem traditionellen revisionistischen Neukantianismus und dem gerade aktuellen (sozialdemokratischen) Popper-›kritischen Rationalismus‹. Und eine von nur insgesamt zwei Rezensionen betrifft einen sowjetischen Sammelband *Die Philosophie Kants und die Gegenwart* (Moskau 1974), woran als einziger ostdeutscher Mitautor Manfred Buhr mit seinem üblichen Dauerthema der fortlaufenden Einordnung Kants in das ›Gesamtsystem des deutschen Idealismus‹ mitwirkt, um vor allem nichts Definitives zu Kant selbst vorbringen zu müssen. Zugleich veröffentlichte Teodor Oiserman vorausschauend in den westdeutschen *Kant-Studien*

1974 einen parteilich-wertenden Bericht zur *Erforschung der Philosophie I. Kants in der Sowjetunion,* der unerklärlicherweise zwischen 1923 — Abram M. Deborin und Valentin F. Asmus — und 1927 bis hin zu 1960, also in der Zeit des absolut vorherrschenden Stalinismus, keinerlei nachweisbare Kantbeschäftigung anzuführen vermochte.

Ohne diese offensichtliche sowjetphilosophische Freigabe, der am 16. April 1974 im zentralen Moskauer KPdSU-Parteiorgan *Prawda* schließlich noch die parteioffizielle Würdigung Kants als nun definitiv erklärtem ›Vorläufer des Marxismus‹ nachgeschoben wurde, wäre das nachfolgend quasi-internationale Ost-Berliner Symposium (genauer der beiden deutsch-sowjetischen Akademie-Philosophie-Institute) zur *Philosophie Immanuel Kants* am 28./29. März 1974 in der DDR und alles, was dazu sonst noch organisiert und aufgeführt wurde, gar nicht vorstellbar und durchführbar gewesen. Doch von irgendeiner philosophischen Selbstbestimmung im kritischen Geiste des somit eigentlich zu Gedenkenden war da weiterhin nichts zu spüren und auszumachen. Die zusätzlich regionalen universitätsphilosophischen Sektionen des Landes waren, wie es üblich war bei derartigen niemals öffentlichen Tagungen der realsozialistischen Staatsakademien (bis auf einige von M. Buhr persönlich ausgesucht-passende universitäre Vorzeigereferenten), vollständig von der Teilnahme ausgeschlossen und veranstalteten ihre eigenen regionalen, völlig unabgestimmten Tagungen und Protokollhefte, worauf hier nicht mehr weiter eingegangen zu werden braucht.[18]

Die vier Hauptbeiträge der Kant-Akademie-Tagung dokumentieren wiederum nichts anderes als das seit Jahren unverändert feststehende Grundschema marxistisch-leninistischer Kant-›Begutachtung‹: zum einen Kant wiederum und nochmals als nun unentrinnbare »theoretische Quelle des Marxismus-Leninismus« (Buhr) herauszustellen oder anders herum Kant ebenso unentrinnbar im »dialektischen Materialismus« ideologisch-weltanschaulich zu verorten (Oiserman). Und zum anderen wird wie gehabt Kant naturmaterialistisch in die traditionelle Naturwissenschaft von Nikolaus Kopernikus bis Isaac Newton zeitbezogen und nicht einmal wirklich naturphilosophisch eingeordnet (Bozifas M. Kedrow und Hans-Jürgen Treder).

Der ›Kampf um Kant‹ hatte schon längst begonnen und der ideologisch-strategische Kader-Philosoph Buhr erklärte dazu auf seiner völlig abgeschirmten ›ostregionalen‹ Kant-Tagung demonstrativ: »Wir wollen jeden Anschein vermeiden, dass das, was wir hier machen, auch nur die geringste Ähnlichkeit mit dem haben könnte, was in einer Woche etliche Kilometer westlich von hier stattfinden wird«.[19] Ja, das sollte sich voll und ganz ebenso bestätigen, da es daselbst tatsächlich nun wirklich fachbezogen und vor allem öffentlich allein um Kant selbst ging.

Trotzdem erschienen in der zu Ende gehenden DDR der 1980er Jahren doch noch einige erstaunliche Kant-bezügliche Publikationen; von Martina Thom die Monographie *Ideologie und Erkenntnistheorie. Untersuchungen zur Entstehung des Kritizismus und Transzendentalismus Immanuel Kants* und der Band *Kants Schriften zur Religion;*[20] von Steffen Dietzsch die Bände *Von den Träumen der Vernunft. Kants kleine Schriften, Kants »Streit der Fakultäten«* und *Karl Rosenkranz' Geschichte der Kant'schen Philosophie*[21] sowie von Hermann Klenner *Kants Rechtslehre. Schriften zur Rechtsphilosophie.*[22] Und zwanzig Jahre später erschienen folgende anerkannte Kant-Publikationen von ehemaligen DDR-Philosophen: 1. Gerd Irrlitz: *Kant-Handbuch. Leben und Werk*[23] und 2. Steffen Dietzsch: *Immanuel Kant. Eine Biographie;*[24] in beiden Werken ist von der vergangenen DDR-philosophischen Literatur zu Kant allerdings nun keine Rede mehr.

NACH DEM MAUERFALL, 1990

Nach dem Fall der Mauer in Berlin und der Öffnung der innerdeutschen Grenze kam es zu einer erstmalig ungehinderten Teilnahme am 7. Internationalen Kant-Kongress Ende März 1990 in Mainz. Allein sechsundvierzig eingeladene, zumeist jüngere Kongressbesucher (ohne ihre bisherige ›Kaderaufsicht‹) waren aus allen ostdeutschen Philosophieeinrichtungen, vor allem Universitäten, angereist und erlebten ein thematisch unglaublich breit gefächertes Spektrum wirklich fachbezogener philosophischer Kantbeschäftigung in fünfzehn Sektionen, entlang seines Gesamtwerkes, ohne jede vorgegebene einleitend-orientierende, nichtssagend-allgemeine historisch-politische Belehrung und Einordnung.

Gerhard Funke als Präsident dieses Kongresses überschrieb kurz darauf völlig zutreffend seinen Kurzbericht *Mit Kant, Kritik — und ohne Kader* (!)[25] und informierte zugleich darüber, wie die früheren parteistaatlichen DDR-›Philosophiebehörden‹, insbesondere die Akademie der Wissenschaften über Jahre alle diesbezüglichen Einladungen demonstrativ ignorierten und sie vor allem nicht an das wieder Kant-interessierte Universitätswesen weiterleiteten. Was aber vor allem einer sachgerechten (eigenständigen wie kritischen) Kantbeschäftigung in der DDR im Wege stand, das war allein das ›marxistisch-leninistisch‹ beschränkte (dogmatisch-sektiererische) Philosophieverständnis.

Kant hätte da ungemein aufklärerisch-revolutionierend und geistig-befreiend wirken können, wozu es jedoch erst wieder postsozialistisch kommen konnte.

Drei Philosophen aus der DDR gelangten nachwendisch in *Kant-Forschungsstellen* der BRD: Steffen Dietzsch (Akademie der Wissenschaften, Berlin) war bereits 1991–1993 wissenschaftlicher Mitarbeiter an der Kantforschungsstelle der Universität Marburg (Leiter: Reinhard Brandt und Werner Stark) und ist aktuell Bearbeiter von Bd. 7 der Neuedition der Akademie-Ausgabe Kants.

Horst Schröpfer (Universität Jena) arbeitete 1997–2000 in Trier an einem nunmehr gesamt-deutschen Forschungsprojekt zum *Frühkantianismus an der Universität Jena 1785–1800* (Projektleiter Norbert Hinske). Und Hans-Martin Gerlach (Universität Halle) war 1997 als einziger (professoraler) DDR-Philosoph auf eine C4-Stelle (an die Universität Mainz) berufen worden und wurde dadurch zugleich Leiter der dortigen Kant-Forschungsstelle.

Mit Beginn des Jahres 2002 kehrte die inzwischen schon einhundertjährige Akademie-Kant-Ausgabe, zuletzt in Marburg angesiedelt, wieder zu ihrem vormaligen Ausgangspunkt und Standort, in die heutige Berlin-Brandenburgische Akademie der Wissenschaften zurück, wo in der neuen Kant-Arbeitsstelle Potsdam nun zum dreihundertsten Geburtstag Kants im Jahre 2024 das Projekt der *Neuedition, Revision und Abschluss der Werke Kants* zu Wege gebracht werden soll.[26]

In den fünfbändigen Akten des IX. Internationalen Kant-Kongresses in Berlin zum General-Thema *Kant und die Berliner Aufklärung* im Jahre 2000, veranstaltet von Volker Gerhardt und Rolf-Peter Horstmann, sind erfreulicherweise allein sieben frühere DDR-Philosophen mit ihren Kantbeiträgen dokumentiert.[27] Die Kant-Gesellschaft hatte 1995 überlegt, den nächsten Kongress in einem der neuen Bundesländer stattfinden zu lassen, und die Humboldt-Universität zu Berlin hatte sich daraufhin erfolgreich dafür beworben. Und trotz des Einsatzes von Volker Gerhardt vermittels einer bemerkenswerten Kant-philosophischen Erklärung *Fünf Gründe Kant in Kaliningrad zu ehren*[28] konnte der Internationale Kantkongress zu Kants zweihundertstem Todestag noch nicht daselbst tagen. Stattdessen fand zu diesem Datum eine Art Doppeltagung zu Kants Gedenken statt: ein innerrussisches Seminar zur *gegenwärtigen Bedeutung der Philosophie Kants* (Februar 2004) sowie eine weitere mehr internationale Konferenz zum symbolträchtigen Thema *Kant zwischen Ost und West* (April 2004). Die Forschung zu Kant ist offenbar endgültig an die Stelle der nun überlebten System-Auseinandersetzung mit Hegel und Marx beziehungsweise auch mit Friedrich Nietzsche getreten.

1 Mit diesen Worten schildert der DDR-Schriftsteller Werner Heiduczek (1926–2019) in seinem stark autobiographisch gefärbten Roman *Tod am Meer* (Halle/Saale 1975) eine bedrückende Begegnung mit einem Stalin-dogmatischen Vertreter der SED-Parteibürokratie und deren klassenkämpferische Versuche, das traditionelle universitätsphilosophische Denken endgültig als ›bürgerlich-reaktionär‹ auszuschalten. Und statt der drei berühmten philosophischen Fragen Kants, die vierte blieb da schon ungenannt und weggelassen, wurden drei andere klassenkämpferisch folgenschwere gestellt und sofort selbstherrschaftlich wie folgt beantwortet: »Wer ist Kant? Kant ist ein Vertreter der Bourgeoisie. Was fehlt ihm? Ihm fehlt das Verständnis des Klassenkampfes. Was versteht er vom Sozialismus? Er versteht gar nichts.« (A. a. O., 196 f.). – Doch mit Stalins Ende begann erst der ›lange Marsch zurück zu Kant‹.

2 Ley/Ruben/Stiehler 1974.

3 Vgl. hierzu insbesondere Malter 1990a.

4 Der vorliegende Beitrag leitet sich her aus dem dreibändigen Gesamtwerk zur historisch-kritischen Aufarbeitung der DDR-Philosophie 1945–1995 (Gerhardt/Rauh 2001; Rauh/Ruben 2005 und Rauh/Gerlach 2009).

5 Buhr/Irrlitz 1968.

6 Buhr/Oiserman 1975.

7 Dafür sorgte vor allem folgendes Grundsatzurteil von Lenin in seiner parteiphilosophischen Kampfschrift *Materialismus und Empiriokritizismus* von 1908: »Der Grundzug der Kantschen Philosophie ist die Aussöhnung des Materialismus mit dem Idealismus, ein Kompromiss zwischen beiden, eine Verknüpfung verschiedenartiger, einander widersprechender philosophischer Richtungen zu einem System« (Lenin 1962, 195); dazu kamen die üblichen Vorwürfe des Agnostizismus, Subjektivismus und Apriorismus.

8 Am konsequentesten betrieb das Georg Klaus mit seiner zweibändigen Akademie-Edition von Kants sogenannten ›Frühschriften‹ (ein selbst aus der bürgerlichen Marx-Rezeption kommender und daher stets sehr bekämpfter Ausdruck), umfassend die Jahre 1754–1768 (Berlin 1961).

9 Die Restbestände der *Philosophischen Bibliothek* mit nachgedruckten Kantausgaben des 1951 endgültig in der DDR aufgegebenen Meiner-Verlags Leipzig (Übersiedlung nach Hamburg) wurden 1949/51 letztmalig ausgeliefert und waren später vereinzelt nur noch antiquarisch erhältlich. Neuere Kant-Ausgaben (wie die von Wilhelm Weischedel) waren in der DDR nicht frei verkäuflich; von der sonstigen gesamten westdeutschen Kant-Literatur über Jahrzehnte ganz zu schweigen.

10 Buhr/Irrlitz 1968.

11 Stiehler 1970.

12 Der einzige, der das ansatzweise versuchte, war Hans Leisegang in Jena, der dafür sofort massiv ideologisch-politisch angegriffen und entlassen wurde; nach seiner Flucht nach West-Berlin 1948 veröffentlichte er diesen gescheiterten Versuch umgehend als eine ebensolche Streitschrift unter dem Titel: *Hegel, Marx, Kierkegaard. Zum dialektischen Materialismus und zur dialektischen Theologie* (Leisegang 1948).

13 Vgl. hierzu Wirth 2004.

14 Mende 1951, 608.

15 Ebd. In einer später überarbeiteten Wiederveröffentlichung 1963 wird diese Passage dann stillschweigend weggelassen.

16 Diese Einladung befindet sich in der nachkriegszeitlichen ›Kant-Akte‹ des Berliner Akademie-Archivs (s. Abb. 3).

17 *Immanuel Kant. 22. 4. 1724 – 12. 2. 1804. Referentenkonferenz der Zentralen Kommission Wissenschaft.* Kulturbund der DDR, Berlin 1974. Vorgeschlagene ›Themenanregungen für Klubgespräche und Vorträge‹ lauteten z. B.: Progressiver Kant und reaktionärer Agnostizismus; Kants naturwissenschaftliche Revolution und die Konterrevolution des Neukantianismus; Klassenkampf der Ideen in Kants Antinomien der Vernunft; Neukantianismus und Revisionismus; Ethischer und wissenschaftlicher Sozialismus; kant'sche und marxistische Ethik (a. a. O., 90).

18 Siehe dazu die Bibliographie von Birgit und Steffen Dietzsch zu 25 Jahren Kant-Literatur in der DDR (Dietzsch/Dietzsch 1974). Rudolf Malter unterzog sich der unglaublichen Mühe einer entsprechenden Klassifizierung all dieser marxistisch-leninistisch-vereinheitlichten DDR-Kantbeiträge im Kantjubiläumsjahr 1974 (Malter 1977), die DDR betreffend: a. a. O., 178–193.

19 Zitiert nach: ›Kampf um Kant‹ beziehungsweise ›Kant gehört uns‹, in: *Der Spiegel,* 15. April 1974 (H. 16), 129.

20 Thom 1980 und Thom 1981; vgl. auch Thom 1974 und Thom 2009.

21 Dietzsch 1981, Dietzsch 1984 und Dietzsch 1987.

22 Klenner 1988. Vgl. auch noch Buhr 1968. Eine wirklich problemgeschichtliche Kant-Monographie (Moskau 1977 und 1981) von Arsenij Gulyga, des wichtigsten russisch-sowjetischen Forschers zur klassischen deutschen Philosophie, konnte in den 80er Jahren übersetzt nur in der BRD in mehreren Verlagen und Auflagen erscheinen, nicht aber in der DDR (vgl. Gulyga 1985).

23 Irrlitz 2002.

24 Dietzsch 2003.

25 Funke 1990.

26 Vgl. hierzu Gerhardt/Karl/Esser 2014.

27 Diese waren, in der Reihenfolge der Vorträge: Ernst Müller, Uwe Scheffler, Ursula Goldenbaum (alle Berlin), Reinhardt Pester (Greifswald), Klaus Vieweg (Jena), Renate Wahsner (Berlin) und Hans-Peter Krüger (Potsdam).

28 Gerhardt 2005.

Abb. 1 Mattheuer: Ölgemälde. akg images 1574262. © VG Bild-Kunst, Bonn 2021

Abb. 2 Briefmarke. © BKGE

Abb. 3 Einladung. © Archiv BBAW

Abb. 4 Rauch: Reiterstandbild. © Foto: Robert Rauh

Abb. 5 Einladung. © Archiv BBAW

Abb. 6 Sondermünze. Wikimedia Commons

Abb. 7 Schwarzbach: Medaille. Foto: Nicolai Kästner. © VG Bild-Kunst, Bonn 2021

Abb. 7 Vorlage für diese Kant-Medaille (148 × 108 × 2 mm) der Bildhauerin Anna Franziska Schwarzbach waren zum einen ein bekanntes Gemälde von Gottlieb Doebler aus dem Jahre 1791 sowie die Büste des Bildhauers Joseph Mattersberger aus dem Jahre 1793 (siehe Abb. auf S. 200). Beide Künstler haben Kant zu seinen Lebzeiten porträtiert. Das in Wachs gezeichnete Positiv entstand 2010. Es wurde 2016 in der Kunstgießerei Lauchhammer in Eisen gegossen. Bei diesem Vorgang fließt das Eisen mit sehr hoher Temperatur in die Form, kühlt dann schnell ab und hinterlässt dabei Aussparungen, die jeden Guss zu einem Unikat machen.

Abb. 1 Anselm Kiefer schuf 1969 den aus zahlreichen Fotos und acht Gemälden bestehenden Zyklus *Heroische Sinnbilder,* in dem der Künstler in provozierender, vielfach variierter Hitlergrußpose mit erhobenem Arm gezeigt wird. Später überabeitete Kiefer eine Reihe von Fotos, indem er große Bildflächen mit dem schwarzen Sternenhimmel übermalte und das berühmte Kant-Zitat sowie weitere Motive hinzufügte. Die oben gezeigte Fotografie wurde 2009 in spiegelverkehrter Ausrichtung bearbeitet. Diese und die folgenden Fotografien (Abb. 2 bis 5) sind dem Zyklus *Heroische Sinnbilder* entnommen und wurden in Gouachetechnik und mit Kohlestift überarbeitet.

MATTHIAS WEBER

Immanuel Kant in Werken der modernen Kunst – Anselm Kiefer und der »gestirnte Himmel«

> Zwey Dinge erfüllen das Gemüth mit immer neuer und zunehmenden Bewunderung und Ehrfurcht, je öfter und anhaltender sich das Nachdenken damit beschäfftigt: *Der bestirnte Himmel über mir, und das moralische Gesetz in mir.* Beide darf ich nicht als in Dunkelheiten verhüllt, oder im Ueberschwenglichen, außer meinem Gesichtskreise, suchen und blos vermuthen; ich sehe sie vor mir und verknüpfe sie unmittelbar mit dem Bewußtseyn meiner Existenz.[1]

VORBEMERKUNGEN: IMMANUEL KANT IN WERKEN DER MODERNEN KUNST – ANSELM KIEFER

Im ersten Teil der *Critik der Urtheilskraft* (1790) äußert sich Immanuel Kant über das Wesen der ›schönen Kunst‹, über das künstlerische Geschmacksurteil und über das künstlerische Genie. Er beschreibt das Ästhetische als nicht zweckorientiertes Wohlgefallen, als ein Ergebnis des freien Spiels von Erkenntnisvermögen, Einbildungskraft, Sinnlichkeit und Verstand. Kants ›Ästhetik‹ ist von der Philosophie ebenso wie von der Kunstwissenschaft umfassend diskutiert und analysiert worden. Zusammen mit den vielfältigen, von der Aufklärungsepoche auf die Kunst ausgehenden Impulsen wurden auch Kants Ausführungen über das Schöne von den Kunstschaffenden selbst rezipiert. So haben die Neuerungen der Aufklärung von der Romantik bis in die Moderne – von Caspar David Friedrich bis zu Pablo Picasso – in die Bildende Kunst Eingang gefunden;[2] diese ist sogar als geradezu »philosophiegetränkt« charakterisiert worden.[3]

Ganz im Gegensatz dazu wurde speziell die Kant-Rezeption in Werken der *modernen* und zeitgenössischen Kunst, also die unmittelbare Auseinandersetzung der Kunst des 20. Jahrhunderts mit der Person Immanuel Kants und dessen philosophischen Erkenntnissen noch kaum erforscht,[4] obwohl zahlreiche Künstler sehr direkt auf Kant und sein Werk Bezug nehmen: Durch die Titel ebenso wie durch die Konzeption ihrer Arbeiten. In diesem Band werden erstmals in größerer Zahl Beispiele insbesondere moderner Kunstwerke mit Bezug auf Immanuel Kant vorgestellt. Keiner der in diesem Buch erwähnten Künstler hat sich so intensiv und über einen vergleichbar großen Zeitraum mit Kant auseinandergesetzt wie der deutsch-österreichische Maler und Bildhauer Anselm Kiefer.

Der Beuys-Schüler Anselm Kiefer zählt zu den erfolgreichsten Künstlern der Gegenwart. Vielfach und vielfältig reflektiert Kiefer die Wege und Irrwege menschlichen Lebens. Er bringt dabei insbesondere die Abgründe der deutschen Vergangenheit ins Bewusstsein und setzt sich mit ihren Auswirkungen auf die kollektive und individuelle Identität in seiner jeweiligen Gegenwart auseinander. Kiefers Werk-Ensembles entwickeln sich dabei oft über Jahrzehnte hinweg. Titel und Motive wiederholen sich, werden zitiert, variiert oder ganz neu arrangiert und in andere Sinnzusammenhänge gebracht. Dadurch sind seine Werke wechselseitig komplex untereinander verwoben. Laufend eröffnen sich neue Überschneidungen und Verweise, die unterschiedliche und manchmal überraschende Wahrnehmungs- und Deutungsmöglichkeiten anbieten. Der französische Kunsthistoriker Daniel Arasse spricht zu Recht von einem »Labyrinth« des Kieferschen Œuvres, das sich in einem Prozess aus Ablagerung, Kreuzung und Überarbeitung von Themen, Motiven und Konstellationen entwickelt.[6] Im Folgenden werden diese Aspekte in einer umrissartigen werkimmanenten Analyse erörtert, wobei die Bezüge zum Denken Kants deutlich gemacht werden.

In Kiefers ›Werk-Labyrinth‹ ist über viele Jahre das bekannte Diktum Kants vom ›bestirnten Himmel über mir‹ und ›dem moralischen Gesetz in mir‹ gegenwärtig. Diese Worte sind als pars pro toto für die eingangs abgedruckten Zeilen zu sehen, mit denen Kant den ›Beschluss‹ der *Critik der practischen Vernunft* (1788) einleitet. Er stellt darin den Menschen zwischen die beiden größtmöglichen Extreme seiner Existenz: den grenzenlosen Himmel, dessen Unendlichkeit das menschliche Erkenntnisvermögen übersteigt, und das »moralische Gesetz«, das auf das verborgene Innerste des menschlichen Wesens und Handelns verweist: die Vernunft. Zwischen diesen beiden Kraftpolen – so lautet die Botschaft – hat jeder Mensch die Aufgabe, seine

Abb. 2 Anselm Kiefer: *der gestirnte Himmel über mir, das moralische Gesetz in mir;* dieses 1969 im Atelier aufgenommene Foto, auf dem Kiefer ursprünglich mit Hitlergruß in lächerlichem Aufzug und auf einem Stuhl stehend zu sehen ist, wurde 1980 bearbeitet. Der Sternenhimmel überdeckt nun den erhobenen Arm, hinzugefügt wurde das Kant-Zitat, die solare Palette und die Schlange Nidhöggr.

Bestimmung selbst zu suchen. Und das bezieht der Künstler Anselm Kiefer auch auf sich selbst.

Deshalb verweisen die jeweiligen Bildkontexte der Werke, in die das Zitat integriert ist, stets auf Situationen, in welchen die menschliche Existenz mit moralischen oder physischen Grenzüberschreitungen konfrontiert ist. So erscheinen sie im Sinne eines fortwährenden Ringens des Künstlers um die Lösung einer an ihn gerichteten gleichsam existentiellen Herausforderung. Michael Auping ist in dem von ihm herausgegebenen Ausstellungskatalog *Heaven and Earth*[7] kurz auf diesen Zusammenhang eingegangen; sonst wurde die Bedeutung des Kant-Zitats in Kiefers Werk in der Literatur bislang nur am Rande angesprochen.

Der vorliegende Beitrag befasst sich mit zwei sehr unterschiedlichen Werkserien Anselm Kiefers, die durch den expliziten Verweis auf Kant einen gemeinsamen Bezugspunkt besitzen. Zum einen handelt es sich dabei um eine, so könnte man zusammenfassen, politisch-moralisch-existenzielle, zum anderen um eine metaphysisch-existenzielle Auseinandersetzung mit Kernfragen des Menschseins. Mit den Mitteln seiner Kunst bietet Kiefer dabei eine eigene Deutung, eine Art visuelle Analytik dieses wohl bekanntesten und populärsten Zitats aus Kants Werken an.

DER »GESTIRNTE HIMMEL« UND DIE DEUTSCHE GESCHICHTE – BESETZUNGEN

Das Motiv des Sternenhimmels findet sich in Kiefers Werken zum ersten Mal im Jahr 1980, versehen mit dem leicht abgewandelten Ausschnitt aus dem Kant-Zitat: Der damals 35jährige Kiefer schrieb es mit der Hand auf eine Fotografie von sich selbst, die er schon 1969 angefertigt hatte. Durch diesen mit der ersten Verwendung des Motivs hergestellten Bezug zu Kant ist das Sternenhimmelmotiv in Kiefers Werk fortan bedeutungsgeladen: ›Gemüth‹, ›Bewunderung‹, ›Ehrfurcht‹, ›Nachdenken‹, ›moralisches Gesetz‹, ›Bewußtsein‹ und ›Existenz‹ – diese Begriffe markieren das semantische Feld, in dem sich der Künstler bewegt und zu dem er den Betrachtenden hinführt, wenn er auf das Motiv des ›gestirnten Himmels‹ zurückgreift.

Immer handelt es sich um Selbstthematisierungen. Stets befindet sich die eindeutig identifizierbare Person, der Künstler Anselm Kiefer, im Zentrum unter dem Sternenhimmel – als stehender Akt oder als liegende Figur, immer in der Bildmitte. Diese Selbstinvolvierung ist ein Indiz dafür, dass die Sinndimensionen des ›gestirnten Himmels‹ und des inneren ›moralischen Gesetzes‹ den Künstler nicht nur äußerlich faszinieren, sondern ihn als Mensch und Künstler persönlich fesseln. Gerade diese Fokussierung auf das künstlerische Subjekt kann als Aufruf oder zumindest als Angebot zur In-Beziehung-Setzung und Relation verstanden werden, denn sie bildet eine Brücke vom Ich des Künstlers zum Selbst des Betrachters. Dieser wird als ebenfalls Werkender und Schaffender zur direkten Bezugnahme eingeladen, zur Anteilnahme durch Reflexion, Erleben, Freuen, Leiden, Fühlen, Introspektion oder zur ›Sich-selbst-Kultivierung‹.

Schon in seinen ganz frühen Arbeiten setzte Kiefer sich mit den in der Zeit des Nationalsozialismus begangenen Verbrechen auseinander. Das erwähnte 1980 bearbeitete Foto ist Teil einer Serie, die ihn in unterschiedlichen Umgebun-

Abb. 3 In diesem 2009 bearbeiteten Foto steht der Künstler mit angewinkelten Armen und veränderter Körpersprache fest auf dem Boden, mit weit ausstrahlender Malerpalette auf der Brust und umgeben von einem weißen Lichtschein, eingefasst und geborgen vom Sternenhimmel (abgebildet in: Bastian 2008, 51 f.).

gen und in teils skurrilen Situationen mit zum Hitlergruß erhobenem Arm zeigt. Entstanden sind die Fotos während einer im Sommer 1969 begonnen Fahrt durch die Schweiz, Frankreich und Italien, auf der Kiefer sich selbst mit der Vergangenheit konfrontierte. Während der von ihm mehrdeutig mit dem Titel *Besetzungen* bezeichneten Reise, die unschwer in die historische Tradition der ›Grand Tour‹ einzuordnen ist, ließ sich Kiefer, bekleidet in eine alte NS-Uniform, in Hitlergrußpose fotografieren und ›besetzte‹ so diese Länder in offensichtlich absurder und lächerlicher Weise erneut. Die so entstandenen Aufnahmen fasste er in zwei umfangreichen Fotobüchern *(für Jean Genet)* zusammen und schuf im Anschluss an die Reise acht Gemälde, die ihn in eben dieser Pose zeigen[8] — den Titel *Heroische Sinnbilder* hatte er einem 1943 im zentralen NS-Kunstorgan *Die Kunst im Deutschen Reich*[9] erschienen Aufsatz entnommen.

Es ging ihm seinerzeit um das Aufbrechen des bis dahin in der Gesellschaft anhaltenden Schweigens über die Verbrechen der Nationalsozialisten, aber auch um die Möglichkeit des künstlerischen Agierens angesichts des Geschehenen. Durch die symbolische, zugleich verfremdete Wiederholung des ›Gleichen‹ in der Gegenwart und die öffentliche Präsentation des Absurd-Dämonischen erzwang er die überfällige Auseinandersetzung mit der Geschichte. Die Ausstellung seiner Fotos war seinerzeit — ab den 1970er Jahren — ein Tabubruch, mit dem Kiefer sich am moralisch-politischen und gesellschaftlichen Abgrund entlangbewegte und die Grenzen der gesellschaftlichen Akzeptanz auslotete. Die Reaktionen in den Medien auf Kiefers Zumutungen waren damals überwiegend kritisch bis ablehnend.

1980 überarbeitete er mehrere dieser Hitlergruß-Fotografien von 1969 und fügte dadurch weitere Sinnebenen hinzu. Ein Foto in der ursprünglichen Version zeigt, wie Kiefer sich selbst der Lächerlichkeit preisgab: angetan mit einem von einer Kommilitonin ausgeliehenen Häkelkleid, mit erhobenem rechtem Arm inmitten seines Ateliers auf einem Stuhl stehend. Nun aber, 1980, verwendet er Acryl und Emulsion, um große Teile des Fotos, einschließlich des erhobenen Arms, durch einen mächtigen schwarzen Sternenhimmel zu verdecken, und zusätzlich beschriftet er das Foto mit dem genannten Kant-Zitat[10] (Abb. 2). Auf die Brust über dem Herzen des auf dem Stuhl stehenden Künstlers malte er eine ausstrahlende ›solare‹ Malerpalette. Sie steht für die Aufgabe des Künstlers, Himmel und Erde untereinander in Beziehung zu setzen und eine Beziehung zwischen dem Diesseits und dem Jenseits herzustellen.[11] »Sende Deinen Geist aus«, steht auf einem Gemälde Kiefers von 1974, in dem die vom Himmel ausgesandten Strahlen durch eine Malerpalette zur Erde geleitet werden.[12] In Zusammenhang mit dem Zitat wird die ›Strahlenpalette‹ zu einem Symbol für die individuelle ethische Mitverantwortung des Künstlers. Am unteren Rand fügte er eine sich windende Schlange hinzu und deutete so die existentielle Bedrohung des künstlerischen Schaffens durch das Böse an. Aus einer anderen Fotobearbeitung dieser Zeit ergibt sich, dass es sich um die Schlange Nidhöggr[13] aus der germanischen Kosmologie handelt, die an den Wurzeln des Lebensbaumes Yggdrasil nagt. In einer weiteren Fotobearbeitung aus demselben Jahr[14] steht Kiefer direkt auf dem Boden. Der Himmel hat ihn jetzt ganz umgeben und es scheint, als träte er die Schlange mit Füßen, um sie unschädlich zu machen. Der Hitlergruß ist jetzt nicht mehr zu sehen, die Arme sind angewinkelt auf die Hüften gestützt, die ursprünglich provozierende ist durch eine eher nachdenkliche Körperhaltung abgelöst. Die beiden Bearbeitungen deuten eine Entwicklung an, die zu einem veränderten Umgang mit der Geschichte geführt hat: Von der ursprünglich 1969 erfolgten reinen (Selbst-)Konfrontation mit dem Geschehenen und dem dadurch ausgelösten öffentlichen Tabubruch durch die Ausstellung des Erfahrenen hin zu einer dialektischen künstlerischen Kommentierung durch das Aufrufen existentieller Kategorien — erreicht durch eine veränderte Körpersprache und durch die Ergänzung von Motiven (Abb. 3).

Die Überarbeitungen erweitern also das Spiel mit dem Tabu. Dem sich im Hitlergruß manifestierenden menschlichen Abgrund wird die Geistesgröße des Menschen, repräsentiert durch das moralische Gesetz als Höhepunkt und ausgedrückt im Kant-Zitat, gegenübergestellt, verwoben mit der Malerpalette als Hinweis auf sich selbst, und versehen mit einer existentialistischen Dimension (Schlange). Es ist der Versuch, die psychische Befindlichkeit des mit der bewussten Einordnung der Vergangenheit ringenden Künstlers visuell nachzuvollziehen.

Die dadurch entstehenden Spannungen werden in weiteren Überarbeitungen fortgeführt und noch gesteigert. Zwei Jahrzehnte später, in den Jahren 2009/2010, gestaltete Kiefer mindestens sieben weitere Foto-Bearbeitungen, als er das 1969 während der Reise *Besetzungen* entstandene Fotobuch, beziehungsweise weitere seinerzeit entstandene Aufnahmen, für eine Ausstellung in der Gagosian Gallery in New York vorbereitete.[15] Diese zeigen den Künstler in teils merkwürdigen, teils kaum nachvollziehbaren Situationen:

Abb. 4 Das Originalfoto von 1969 zeigte den Protagonisten noch in Hitlergrußpose. Nach der Bearbeitung von 2009 ist der Künstler nun in verfremdetem Umfeld unter dem mächtigen Sternenhimmel ohne Pose zu sehen. Kiefer formuliert das Kant-Zitat in der ersten Person Plural: *über* uns *der gestirnte Himmel, in* uns *das moralische Gesetz.*

Stehend inmitten einer stark verfremdeten Allee aus Bäumen (Abb. 4) im Zentrum von Gemäuern oder in unklaren, chaotischen Umgebungen, aber stets ganz und gar von einem übermächtigen Sternenhimmel über- oder umwölbt.

In einem Fall steht der Protagonist inmitten des Athenatempels im Forum Romanum in Paestum (Abb. 5). An Stelle des Daches hat der offene Tempel nun jedoch den gewaltigen schwarzen bestirnten Himmel über sich, dem der nationalsozialistische Gruß direkt zu gelten scheint. Das Foto ist überbelichtet und der Künstler befindet sich hier gleichsam wie ein in Zeit und Raum omnipräsenter Geist im Zentrum. Er repräsentiert die ebenso bedrohliche wie unglaubliche Nähe des absolut Bösen von einer weit entfernten Vergangenheit bis in die unmittelbare Gegenwart.

Der Hitlergruß ist auf zwei Fotos deutlich erkennbar, wird aber auf zwei weiteren nur angedeutet, teils ist er durch den Himmel verdeckt. Auf weiteren zwei Fotos steht der Künstler in ganz unverdächtiger Haltung zwischen dem Kant-Zitat und dem Sternenhimmel.

Den Schriftzug mit dem Zitat hat Kiefer auf sämtliche Fassungen geschrieben und dabei wiederholt geringfügig abgewandelt, wobei Flüchtigkeitsversehen wohl auszuschließen sind. Drei Varianten fallen dabei auf: *Erstens* ist in einer der Überarbeitungen von 1980 vom »Himmel über *uns*«, statt »über *mir*«, die Rede, während im zweiten Satzteil der Singular im Personalpronomen beibehalten ist. In einer Bearbeitung von 2010 ist der Wechsel des Pronomens in die erste Person Plural durchgehend, und auf einem anderen Foto wird zuerst der Singular, dann der Plural verwendet. Hier darf man wenigstens vermuten, dass Kiefer durch das Spiel mit den Numeri in subtiler Weise die Problematik der Verlagerung von der individuellen auf die kollektive Verantwortung anspricht (Abb. 5). *Zweitens* ist die Wortfolge in einigen der bearbeiteten Fotos umgestellt. Das Zitat lautet hier: *»über uns der gestirnte Himmel, in uns das moralische Gesetz«* (Abb. 4 und 5). Die Präpositionen »über« und »in« sind im Satz also jeweils vorgezogen und werden so stärker betont.

Abb. 5 Anselm Kiefer im Athenatempel in Paestum; an die Stelle des Daches wird – nach der Bearbeitung – der offene Tempel von dem gewaltigen schwarzen Sternenhimmel bedeckt, dem der nationalsozialistische Gruß zu gelten scheint.

Dadurch wird der Fokus stärker auf die beiden hier angesprochenen metaphysischen Ebenen (der »Himmel« und »in uns«) verlagert.

Und *drittens* wandelt Kiefer das kantische Adjektiv konsequent von »bestirnt« zu »gestirnt« ab. Ob damit semantische Aussagen verbunden sind – zum Beispiel eine Betonung der Sterne, die den schwarzen Himmel im Sinne der Aufklärung (›enlightenment‹) beleuchten oder ob es sich um eine Anspielung auf die menschliche Stirn und damit auf die Verantwortlichkeit und den Mut des Menschen handeln könnte, bleibt der eigenen Deutung und letztlich der Fantasie des Betrachters überlassen, dessen eigene Urteilskraft herausgefordert ist.

In den 1990er Jahren kommen die Sterne am Himmel – auch ohne Kant-Zitat – in weiteren, jetzt unmittelbar auf den Holocaust bezugnehmenden Arbeiten Kiefers vor. Das Gemälde *Sternen-Lager* (1998) etwa verweist durch mit Zahlen versehene Sterne auf die Nummern, welche die Juden in den Konzentrationslagern tragen mussten.[16] Wieder geht es Kiefer um die Auswirkungen des vom Nationalsozialismus herbeigeführten Zivilisationsbruchs auf die gesellschaftliche und auf die individuelle Identität. Über eines der bearbeiteten Fotos sagte Kiefer:

> I was using myself as the hero of an imagined myth or revolution. It is humorous, pathetic, but it is an important part of researching about who we are in the universe. We are capable of thinking very high and very low. Placing ourselves between heaven and earth is more difficult.[17]

DER ›METAPHYSISCHE‹ STERNENHIMMEL

Die hier angesprochene Selbst-Positionierung jedes Menschen zwischen Himmel und Erde, zwischen dem Diesseits und dem Jenseits, eröffnet eine weitere, *metaphysische,* Dimension, der sich Kiefer in einer eigenen Werkgruppe zuwendet. In diesem Zusammenhang wurde er von Seiten der Kunstwissenschaft als der »größte Metaphysiker unserer Zeit«[18] bezeichnet.

Die Sonne sei: »Schöner als die Sterne, die berühmten Orden der Nacht.« So lautet der zweite Vers in Ingeborg Bachmanns Gedicht *An die Sonne.*[19] Das Lob ist aber trügerisch, denn es ist die so gepriesene Sonne, die der von ihrer Schönheit faszinierten Dichterin beim Hinsehen die Augen ausgebrannt hat, wie sich am Ende des Gedichts grausam erweist. Ingeborg Bachmann und Anselm Kiefer waren Geschwister in Wort und Bild.[20] Vielleicht hat Kiefer deshalb die Sterne als sinnstiftendes Leitmotiv der Abgrenzung gegen das absolut Böse ausgewählt und nicht die leuchtend-brennende Sonne.

Immanuel Kants Sternenhimmel, wieder in Verbindung mit der Künstlerfigur, bildet in Kiefers Schaffen ein weiteres, ganz eigenständiges metaphysisch-kosmisches Bedeutungsfeld, losgelöst vom Rückblick in die geschichtliche Finsternis. Auch sein 1996 entstandenes Buch *Merkawa* (eigentlich »Merkaba«) nimmt Bezug auf Himmelsmysterien, hier in einer jüdischen kabbalistischen Dimension. Es zeigt auf mehreren Doppelseiten einen schwarzen, mit Sternen beziehungsweise entfernten Galaxien versehenen Himmel.[21]

Die metaphysische Dimension prägt weitere, untereinander eng verwandte, zwischen 1995 und 1997 entstandene Monumentalwerke: *Sternenfall* (1995, 868 × 880 cm)[22] und — benannt nach dem Gedicht Ingeborg Bachmanns — *Die berühmten Orden der Nacht* (1997, 510 × 500 cm)[23] sind fast identische, mit Acryl, Emulsion und Öl auf Leinwand gemalte Schwarz-Weiss-Inszenierungen, in denen nur unterhalb des gestirnten Himmels vorsichtig auch Erdfarben hervorscheinen. Der Bezug dieser Werke auf Kant ergibt sich nicht nur indirekt aus dem Sternenhimmelmotiv. Er ergibt sich auch aus der augenfälligen Verwandtschaft mit der ebenfalls 1997 entstandenen, aber ganz in schwarz-weiss gehaltenen, großformatigen, aus zwei Teilen zusammengesetzten Holzschnittcollage mit dem Titel *der gestirnte Himmel über mir, das moralische Gesetz in mir.* Die Komposition der drei letztgenannten, besonders eindrucksvollen Werke, ist einfach und übersichtlich: der Künstler liegt mit freiem Oberkörper unter dem unendlichen Sternenhimmel. Auf der großen Bildfläche befinden sich sonst keine weiteren Motive. Aber bei genauer Betrachtung ist eine hauchdünne, vom Körper des Liegenden in den Himmel reichende, filigrane Verbindungslinie, ein kaum sichtbarer kosmischer Lichtstrahl, zu erkennen (Abb. 6).

Ein essenzieller Unterschied zu den im ersten Abschnitt vorgestellten Fotobearbeitungen entsteht dadurch, dass sich der Künstler jetzt passiv als liegendes Selbstbildnis in Totenstellung inszeniert. Dabei bleibt ungewiss, ob es sich um einen Körper in tiefer Trance oder tatsächlich um einen Leichnam handelt.[24] Daniel Arasse sieht hier den Versuch, die durch Betrachtung des nächtlichen Himmels entstehende Selbsterfahrung physisch nachzuempfinden und zu visualisieren: »ein inneres Experiment mit Tod und Auferstehung«.[25]

Für die Deutung ist es hilfreich zu wissen, dass Kiefer hier in seine Bildkomposition die Lehre des englischen Renaissance-Philosophen Robert Fludd (1574–1637) einfließen lässt, dem er einen eigenen Werkzyklus gewidmet hat (*The Secret Life of Plants,* 2001). Darin zeigt ein Holzschnitt die ebenfalls liegende Figur aber unter übermächtigen schwarzen Sonnenblumen (*für Robert Fludd,* 1996) an Stelle des schwarzen Himmels. Es sind dieselben Sonnenblumen, die Kiefer an anderer Stelle, gleich wie die Sterne Ingeborg Bachmanns, als *Die Orden der Nacht* (1996) bezeichnet. Nach Fludds Naturphilosophie ist der Mikrokosmos — also der Mensch in seiner irdischen Welt — ein Abbild des Makrokosmos, des ganzen Universums. Alles Irdische hat demnach seine Entsprechung im Unendlichen.

In den drei hier erwähnten kolossalen Arbeiten, die das Motiv des ›gestirnten Himmels‹ aufgreifen, versinnbildlicht Kiefer diese harmonisch-transzendente Beziehung des Künstlers zum Makrokosmos, angedeutet durch den zarten Strahl, der das sensible Verhältnis der Künstlerseele zum Kosmos anzeigt. Er präsentiert sich selbst als jemanden, der fest daran glaubt, dass der Künstler, und vielleicht auch jeder einzelne Mensch, diese »Membran zwischen Makrokosmos und Mikrokosmos« sein kann.[26] Der Künstler und sein Werk werden so zu den berufenen Mittlern zwischen Himmel und Erde, zu Protagonisten einer Art ›interstellar-universeller Harmonie‹ zwischen dem Göttlichen und dem Menschlichen.

Indem diese Bilder den gestirnten Himmel (Kosmos) mit dem moralischen, im menschlichen Existenz-Bewusstsein verankerten Gesetz verweben, erfüllen sie insbesondere den Schlusssatz des Kant-Zitats: »Ich sehe sie [beide] vor mir und verknüpfe sie unmittelbar mit dem Bewußtseyn meiner Existenz«. Beide, der Philosoph und der Künstler, vereinigen den Kosmos mit der inneren Natur des Menschen, führen sie im vergänglichen menschlichen Bewusstsein zusammen und eröffnen dadurch eine Hoffnung stiftende Perspektive auf die Ewigkeit.

Alle hier nur am Rand gestreiften Motive – der Hitlergruß, die Malerpalette, die Schlange Nidhöggr, der liegende Körper, die antike Stätte, der Himmel, die Sterne oder die Sonnenblumen als *Orden der Nacht* – ließen sich jeweils einzeln durch das verästelte Labyrinth von Kiefers Anspielungen und Bildkonstellationen weiterverfolgen. Aber sie alle verdichten sich um den ›gestirnten Himmel‹, gepaart mit den Worten Kants: Dieser ist es, der die unendliche Entfernung zwischen dem Himmel und dem Herzen des Malers überbrückt – und einen zentralen Bezugspunkt in Anselm Kiefers Werk bildet.

1 Kant, CpV, 161 f.

2 Siehe dazu Weber 2019 sowie allgemein: Brandt 1999; Brandt 2000.

3 Vgl. Welsch 2007.

4 Neue Wege geht allerdings Mark A. Cheetham in Cheetham 2001.

5 Siehe das Verzeichnis der Künstlerinnen und Künstler am Ende dieses Bandes.

6 Siehe dazu Arasse 2015, 20–22.

7 Auping 2005, 34 und 77.

8 Siehe Bastian 2008, 4–13, insbesondere 11 f.; siehe auch Weikop 2016.

9 Scholz 1943; vgl. dazu Gröner 2017, besonders 23–32.

10 Siehe Weikop 2016a.

11 Auping 2005, 171.

12 Abgebildet in Rosenthal 1998, 37.

13 Weikop 2016a; Arasse 2005, 309.

14 Abbildung: URL: www.artnet.de/künstler/anselm-kiefer/der-gestirnte-himmel-über-uns-und-das-moralische-KvSB6F-SVgqad33pqkOuiw2 (22. 11. 2019).

15 Weikop 2016a, 4–6.

16 Arasse 2005, 147–153.

17 Zitiert nach Auping 2005, 34.

18 Hoerschelmann 2016, Einleitung.

19 Ingeborg Bachmann: *An die Sonne* (Bachmann 1956).

20 Frei Gerlach 2000.

21 Abbildungen bei Auping 2005, 100–103.

22 *Sternenfall* ist u. a. auch Titel eines Gemäldes von 1998 mit Bezug zum Holocaust und einer weiteren 2007 entstandenen Gouache; vgl. Arasse 2015, 151.

23 Abbildung von *Die berühmten Orden der Nacht* in Arasse 2005, 250.

24 Das Motiv des Körpers in Leichnamstellung wird von Kiefer oft verwendet, u. a. in *Die Orden der Nacht* (1996) oder in *For Paul Celan: Stalks of the Night* (1998–2013).

25 Arasse 2005, 251.

26 Hoerschelmann 2016, Einleitung.

Abb. 1 Anselm Kiefer: *der gestirnte Himmel über mir und das moralische Gesetz in mir.* 77 × 57 cm. © Anselm Kiefer, Private collection, Foto: Atelier Anselm Kiefer

Abb. 2 Anselm Kiefer: *der gestirnte Himmel über mir, das moralische Gesetz in mir.* 83 × 58 cm. © Koller Auktionen, Zürich

Abb. 3 Anselm Kiefer: *der gestirnte Himmel über mir und das moralische Gesetz in mir.* 69,5 × 53 cm. © Anselm Kiefer, Foto: Atelier Anselm Kiefer, Private collection

Abb. 4 Anselm Kiefer: *über uns der gestirnte Himmel in uns das moralische Gesetz.* 49 × 71,8 cm. © Anselm Kiefer, Private collection, Foto: Atelier Anselm Kiefer

Abb. 5 Anselm Kiefer: *über uns der gestirnte Himmel in uns das moralische Gesetz.* 63 × 83 cm. © Anselm Kiefer, Private collection, Foto: Atelier Anselm Kiefer

Abb. 6 Anselm Kiefer: *der gestirnte Himmel über mir und das moralische Gesetz in mir.* 268 × 398 × 6 cm, Part I: 199 × 398 cm, Part II: 69 × 198 cm. © Anselm Kiefer, Foto: Ulrich Ghezzi, Courtesy Galerie Thaddaeus Ropac, London, Paris, Salzburg

Abb. 6 Auch diese Arbeit (1997) trägt den Titel *der gestirnte Himmel über mir, das moralische Gesetz in mir.* Die monumentale Holzschnittcollage auf Leinwand mit Emulsion, Acryl und Schellack hat eine Größe von insgesamt ca. 230 × 400 cm.

Abb. 1 Auf 13 elektronischen Laufbändern schickte Jenny Holzer 2001 zum ersten Mal an der Decke der Neuen Nationalgalerie in Berlin ihre Aphorismen und Maximen durch den Raum. Jenny Holzers Licht-Worte sind kritisch, behauptend und teilweise auch provozierend. Sie sind Botschaften und Kommentare zu gesellschaftlichen Themen, die gekoppelt an ihre visuellen Raumerweiterungen Schrift und Bild in neue Beziehungen setzen.

SUSAN NEIMAN

Was tun Kantianer in nicht-kantischen Zeiten? Eine Schlussbetrachtung

Normalerweise habe ich keine Lust, schlechte Nachrichten zu verbreiten; ich neige eher zu Reden und Texten, die man schlimmstenfalls als gutgläubig abtut. Das tue ich nicht aus Naivität, sondern aus Überzeugung: Für Pessimismus gibt es immer eine Bühne, die guten Nachrichten gehen aber leicht unter. Außerdem denke ich immer an Jean Améry, der 1977 schrieb:

> Ich glaube, trotz allem, was wir erfahren mussten, dass auch heute noch, nicht anders als in den Tagen der Enzyklopädisten, Kenntnis zu Erkenntnis führt und diese zur Sittlichkeit. Und ich behaupte, dass nicht, wie man es uns seit der ersten Welle romantischer Gegenaufklärung versichert hat, die Aufklärung versagte, sondern jene, die man zu ihren Hütern bestellte.[1]

Wenn Améry trotz allem, was *er* erfahren musste, das noch sagen konnte, welches Recht habe ich, mich nicht anzuschließen? In dem halben Jahrhundert seit Amérys Freitod ist zwar nicht alles schlimmer geworden. Was er 1966 als moralischen Tagtraum abschätzte – die Möglichkeit, dass eine Mehrheit der Deutschen die Schandtaten ihrer Nation erkennt und bereut – ist doch Wirklichkeit geworden. Die philosophischen Fundamente dieses und anderen moralischen Fortschritts sind aber viel wackliger, als man damals hätte voraussehen können.

Denn wir sind noch weniger, als wir denken. Wer sind wir? Bei allen Unterschieden der Kant-Deutungen, die hier gezeigt wurden, gehören wir alle zu der verschwindenden Minderheit der Kantianer der Welt. Ich rede nicht einmal über die Welt von Trump oder Orbán oder Farage, geschweige deren Anhänger. Ich rede von der Geisteswelt, von den Professoren anderer Fachbereiche bis zu denen, die Kant die gemeine Leserwelt nannte. Das sind Künstler, Theatermacher, Psychoanalytiker, und andere – allesamt Menschen, die nicht nur viel zahlreicher sondern viel einflussreicher sind als wir. Wenn solche Menschen den Namen Immanuel Kant hören, denken sie bestenfalls – stöhnend – an Helmut Schmidt, schlimmstenfalls – anlehnend an Adorno und Horkheimer – an den Marquis de Sade. Denn ›Aufklärung ist totalitär‹, wie sie von dem Frankfurter gelernt haben und noch rassistisch, sexistisch und eurozentrisch dazu.

Das sind wohl keine Neuigkeiten, oder bestenfalls Neuigkeiten wie die jüngsten Daten über die Klimaerwärmung, die jeder Zeitungsleser kennt, aber bis vor kurzer Zeit nicht wirklich verinnerlichte. Wahrscheinlich weil ich nicht die letzten zwanzig Jahre in einer philosophischen Fakultät, sondern in einem interdisziplinären Institut gearbeitet habe, steht mir die Kleinzahl der Kantianer permanent vor Augen. Es wäre zwar möglich, die Gegenaufklärer – rechts wie links – einfach zu verachten, wie mir neulich eine Kollegin vorführte, als ich das Problem schilderte. ›Das sind doch Leute, die nicht denken können!‹ hat sie, Kantianerin wie ich, erwidert. Diese Art von Abweisung hatte schon Rudolf Carnap probiert, als er mit einer aufwendigen Demonstration zeigen wollte, dass Heideggers Sätze wortwörtlich keinen Sinn hatten. Seine Beweise haben nicht verhindert, dass er und seine Kollegen nach Amerika fliehen mussten, und der Wiener Kreis ist heute weitgehend missachtet, während Heideggers Geist selbst bei jenen präsent ist, die seine Politik verabscheuen. Und nichts scheint mir so trostlos wie die Haltung eines anderen Kollegen aus Harvard, als ich ihn nach seiner Meinung zur Rolle der Philosophie fragte. ›Ich fühle mich wie die irischen Mönche, die sich im 6. Jahrhundert zurückgezogen haben, um die Schätze der Zivilisation aufzubewahren, bis die Barbarei vorbei war.‹ Die Aussage ist nicht nur trostlos, sondern auch historisch problematisch, denn die Iren hätten nicht zur Rettung der westlichen Literatur beigetragen, wären sie auf ihrer kleinen Insel geblieben. Die irischen Mönche haben nicht nur Manuskripte kopiert, sondern in die Welt getragen, von Sankt Gallen bis nach Syrien. Nur so konnten sie sichern, dass die Klassiker uns erhalten blieben.

So möchte ich gegen den Rückzug der Kantianer plädieren, wohl wissend, wie schwer es ist, mit kantischen Botschaften in die Welt zu gehen. Indem ich gegen den Rückzug plädiere, plädiere ich auch für eine Volksfront. Ein kämpferischer Begriff ist hier angebracht, auch wenn mir klar ist,

Abb. 2 *Émile gewinnt das Rennen* ist eine der vielen Illustrationen in der Rousseau'schen Schrift *Émile ou de l'éducation* (1762; die erste deutsche Übersetzung *Aemil oder Von der Erziehung* erschien ebenfalls 1762). Rousseau setzt mit seiner pädagogischen Utopie bei Idealen einer kindgerecht auszuwickelnden Menschlichkeit und Natürlichkeit an.

welche Assoziationen ich damit wecke. Denn wir sind nicht nur eine kleine Minderheit; die Mehrheit betrachtet uns als Feinde. Wenn wir aber nicht versuchen, heraus aus dem Kloster zu kommen, verstoßen wir gegen den Geist, mit dem Kant seine eigene Arbeit begann. Ich zitiere eine der wenigen autobiographische Notizen, die er uns gelassen hat:

> Ich bin selbst aus Neigung ein Forscher. Ich fühle den gantzen Durst nach Erkenntnis und die begierige Unruhe darin weiter zu kommen oder auch die Zufriedenheit bey jedem Erwerb. Es war eine Zeit da ich glaubte dieses allein könnte die Ehre der Menschheit machen und ich verachtete den Pöbel der von nichts weis. *Rousseau* hat mich zurecht gebracht. Dieser verblendende Vorzug verschwindet, ich lerne die Menschen ehren und ich würde mich weit unnützer finden wie den gemeinen Arbeiter wenn ich nicht glaubete daß diese Betrachtung allen übrigen einen Werth ertheilen könne, die Rechte der Menschheit herzustellen.[2]

Meine eigene Beschäftigung mit Kant begann mit Fragen zu diesem Zitat, das damals wenig Beachtung in der Literatur fand. Das ist wohl kein Wunder: Kants Selbstbeschreibung scheint nicht nur größenwahnsinnig, sondern wahnsinnig schlechthin. Was haben die akribischen Untersuchungen der Bedingung unserer Erkenntnis mit den Rechten der Menschheit zu tun? Hat Kant sich maßlos überschätzt, und sind seine Schriften in der Tat unnützer als die gemeinen Arbeiter?

Wir, die hier sitzen, und seit Jahrzehnten Kant lesen und lehren, glauben es eben nicht, und die gute Nachricht, die ich nicht erwartet hatte, wird wohl allen bewusst: Bei allen Unterschieden haben wir viel mehr gemeinsam, als ich bei anderen Zusammenkünften von Kant-Forschern erlebt habe. Fast jeder betonte etwas, was ich auch betonen möchte. Alle haben von der Aktualität Kants gesprochen; alle haben von der systemischen Natur von Kants Werken gesprochen; alle betonten die Einheit theoretischer und praktischer Vernunft – gleichzeitig redeten mehrere davon, wie sehr Kant Unterscheidungen zu schätzen wusste. Also sind wir wirklich nicht weit auseinander: Es geht darum, den Geist von Kant und seine realen Folgen denjenigen zu kommunizieren, die nicht Jahre damit verbracht haben. Deshalb nenne ich jetzt drei, von denen ich hoffe, alle Kantianer können übereinstimmen – und somit auf die alltäglichen Folgen einwirken, die hiermit auftreten.

WORAN DENKEN SIE, WENN SIE SÄTZE HÖREN WIE »SEI DOCH REALISTISCH!«?

Natürlich können Sie die Fragen verdrängen, die Sie als Kant-Forscher unter Kant-Forschern stellen würden. Denn derjenige, der diese banale Aufforderung stellt, hat sich bestimmt nie Gedanken darüber gemacht, welche ontologischen Voraussetzungen er dabei in Kauf nimmt, ob er dabei von Phenomena oder Noumena spricht, ob sein Realismus empirisch oder transzendentaler Natur ist. Seinen Aufruf zum Realismus könnten Sie als vulgäre Alltagssprache begreifen, die mit philosophischen Fragen nichts zu tun hat.

Kann es aber sein, dass wir als Philosophen solange über die genaue Begriffsbestimmung gedacht und gestritten haben, dass wir den Wald vor lauter Holzwegen nicht mehr sehen? Dass gerade die Grobheit der Diskussionen – man denkt vor allem an die sogenannten Realisten der internationalen Politik – etwas aufdeckt, das wir vergessen haben? Denn die Tatsache, dass der selbsternannte Realist *nicht* über seine philosophischen Einstellungen nachdenkt, macht ihn nur davon abhängiger. Hinter der wohlgemeinten Binsenweisheit *sei doch realistisch* steht eine philosophische Botschaft: die Welt wird Dich enttäuschen, und Du sollst Dich gefälligst daran gewöhnen, denn die Welt ist alles, was der Fall ist — um mit Wittgenstein in seiner positivistischen Phase zu sprechen. Und hinter *dieser* Botschaft steht eine positivistische Metaphysik: wirklich ist, was wir durch sinnliche Erfahrung bestätigen können, alles andere ist Wunschdenken oder Tagträumerei. Aus dieser Metaphysik, so unbewusst sie auch sein mag, folgt sehr viel: was man für unmöglich und was man für selbstverständlich hält, was man als substanziell betrachtet und was man glaubt, ignorieren zu dürfen. Wer mehr von der Welt will, als mit ihr gegeben wird, setzt voraus, dass Teile der Wirklichkeit nicht unabänderlich sind. Solche Menschen werden von Realisten Idealisten genannt, weil sie sich weigern, die gegebene Welt mit der gesamten Wirklichkeit gleichzusetzen. Sie sind davon überzeugt, dass auch Ideen Kraft und Folgen haben. Solche Überzeugungen bestimmen alltägliche Haltungen. Hoffnung und Handlungsfähigkeit beruhen auf metaphysischen Einstellungen, oder werden von ihnen untergraben.

In *Warum brauchen wir Kant?*, einem schönen Aufsatz von 1981, schrieb der polnische Philosoph Leszek Kołakowski Folgendes:

> Das Kantsche Gebot, nach dem die Regeln des Sollens aus dem, was wir tatsächlich tun, nicht abgeleitet werden dürfen und dass es von großer Wichtigkeit ist, uns dieser Regeln auch dann bewusst zu sein, wenn wir sie selber oft verletzen, bleibt die Bedingung jeder Gesellschaft, die nicht zerfallen soll. [...] Und Kants philosophisches Erbe ist in diesem Punkt so wichtig, [...] weil er zeigte, dass sie nur insofern ihre Gültigkeit beibehalten kann, als sie mit dem Prinzip verbunden wird, das er mit Hume teilte: nämlich, dass das Sollen sich rational nie aus der Erfahrung des Faktischen ableiten läßt.[3]

Um Regeln des Sollens, die nicht identisch sind, mit dem was wir tun, aufrechtzuerhalten, müssen wir metaphysische Alternativen zum Realismus verteidigen. Davon hängt ab, ob wir einen Begriff der Menschheit und den damit verbundenen Menschenrechten aufrechterhalten können, denn ein solcher Begriff ist weder historisch noch empirisch konstruiert.

Um dies zu sehen müssen wir verstehen, warum David Hume Kant um den Schlaf gebracht hat. Hume hatte gezeigt, dass die einfachsten Wahrheiten, die wir zum Leben brauchen, nicht auf der Vernunft, sondern auf traditionellen Begriffen beruhen. Ob wir von Naturgesetzen oder Kausalverhältnissen reden, ob wir glauben, Vatermord sei ein Verbrechen — alle beruhen auf Tradition, nicht auf Erkenntnis. Hume hat uns nicht wirklich zweifeln lassen, ob wir den morgigen Sonnenaufgang erwarten dürfen, umso weniger glaubte er, unsere Väter seien gefährdet. Tradition, Sitten und Gewohnheiten haben uns so weit geholfen, unseren Alltag zu bewältigen, und sie reichen völlig aus, dies weiter zu tun. Hume selber schrieb, seine skeptischen Zweifel seien akademisch; sie lösten sich auf in dem Moment, wo er sein Arbeitszimmer verlässt und ein Glas Sherry unter Freunden trinkt. Was hängt davon ab, ob die Quelle unserer Überzeugungen Vernunft oder Tradition heißt?

Im Alltag herzlich wenig, in der Politik recht viel. Das wird erst bei Edmund Burkes Schriften über die Französische Revolution deutlich. Burke war ein Schüler Humes, und wie Hume ein konsequenter Tory. Sein 1790 erschienenes Buch *Reflections on the Revolution in France and on the Proceedings in Certain Societies in London Relative to that Event* ist zur bekanntesten Kritik der Revolution geworden, weil es eine systematische Auffassung über ihre Ursachen anbot: die Vermessenheit, Vernunftgesetze an die Stelle der altbewähr-

Abb. 3 Daniel Nikolaus Chodowiecki ist einer der bedeutendsten Graphiker im Zeitalter der Aufklärung. Hier ein Stich mit dem Titel *Gutes und Böses*. Die Waage, auf der beides liegt, steht in einem von einer recht diversen Gruppe von Menschen besetzten, also in diesem Sinne: öffentlichen Raum.

ten Gewohnheiten der Menschheit treten zu lassen. Der Ruf nach einer Revolution, schrieb Burke, entspringe einer irrigen politischen Metaphysik, die zugunsten abstrakter Menschenrechte die Erfahrung missachte.

Deshalb widmete Kant einen großen Teil der *Critik der reinen Vernunft* (CrV) einer Analyse der Erfahrung – nicht, weil er Sorgen hatte, dass die Traditionen unter dem Einfluss der Skeptiker wackeln könnten, sondern im Gegenteil: er wollte bestimmte Traditionen wackeln lassen. Der Hinweis auf Jean-Jacques Rousseau ist hier der Schlüssel. Nur ein neuer Vernunftbegriff könnte eine Basis dafür liefern, Ideen von Menschenrechten und Gerechtigkeit zu verteidigen, obwohl sie weder aus der Erfahrung stammen noch einen Anspruch auf Objektivität haben.

Hier weiche ich ein bisschen von Marcus Willascheks Feststellung ab, dass Kant anthropologischer Realist und politischer Idealist sei.[4] Wir kommen zu ähnlichen Schlüssen; wer die Aktualität Kants in den Vordergrund stellt, muss sich auf diese Frage konzentrieren. Ich möchte vor allem zwei Punkte betonen. Erstens: wir kennen alle das Zitat mit dem krummen Holz, achten aber immer zu wenig auf die Bedeutung Rousseaus für Kants Menschenbild. Es ging weit über das berühmte Porträt hinaus. Den Rousseau, den Kant am meisten schätzte, war der Rousseau von *Émile* – ein Text, der genauso stillschweigend hinter Kants Werk steht wie Isaac Newtons *Principia.* Er setzt beide Texte voraus und schrieb in den oben schon zitierten *Bemerkungen* (1764):

> Newton sahe zu allererst Ordnung und Regelmäßigkeit mit großer Einfalt verbunden [...] und seitdem laufen Cometen in geometrische Bahnen. Rousseau entdekte zu allererst unter der Mannigfaltigkeit der menschlichen angenommenen Gestalten die tief verborgene Natur desselben [...].[5]

Klar, das ist eine frühe Notiz, der spätere Kant hätte sich nicht so ausgedrückt; wie er ja in *Religion* (1793) schrieb, müssen wir uns gegen die Misanthropie schützen, die immer verführerischer wird, je älter wir werden. Auch hat Kants Pädagogik einige Methoden Rousseaus kritisiert. Dennoch bleibt Rousseaus Menschenbild sein Ausgangspunkt: die Idee, dass Menschen in der Natur weder gut noch schlecht, sondern frei sind, und dass die Gesellschaft diese Freiheit ständig fordern oder hindern kann.

An einem zweiten Punkt möchte ich Marcus Willascheks Auslegungen nicht kritisieren, sondern erweitern, denn – das wissen wir schon – der Gegensatz Realismus/Idealismus ist ein Kern der kantischen Philosophie. Ich möchte die Brücke zwischen Alltag und Aula schlagen. Vielleicht führt meine frühe Beschäftigung mit der *Ordinary Language Philosophy* zu der Entscheidung, banale Diskussionen von Realismus und Idealismus ernst zu nehmen. Die großen Idealisten, in der Alltagssprache, waren auch Idealisten im kantischen Sinn. Vielleicht wussten sie nicht, dass eine Metaphysik hinter ihnen stand, aber sie richteten ihr Leben danach aus. Kants Metaphysik ist dazu gedacht, zwischen dem Wirklichen und dem Möglichen die Balance zu halten und sicherzustellen, dass beiden dasselbe Gewicht zukommt. Die Anstrengungen der CrV, Objekte zu definieren, sind kein Selbstzweck. Objektivität ist buchstäblich gemeint; sie hängt vom Begriff der Objekte ab. *Objektiv* ist ein Wort, das Sinn ergibt, wenn man von Objekten spricht, in allen anderen Kontexten ist es sinnlos. Das heißt: Objektiv sind nur die rohen, banalen Gegenstände, die wir aus der Erfahrung kennen. Was sich nicht in Raum und Zeit findet, ist kein Objekt.

Skeptizismus über unsere Erkenntnismöglichkeiten gab es seit der Antike. Hume aber berief sich auf die neue, newtonsche Naturwissenschaft. Deshalb musste Kant auch zeigen, dass Humes Verständnis der Naturwissenschaft nicht taugt. Nicht nur Ideen von Gott oder Freiheit, sondern die grundliegenden Prinzipien der Naturwissenschaft, können nicht aus der Erfahrung gewonnen werden. Von dem Moment an, wo wir erfahren, dass der Löffel auf den Boden fällt, wenn wir die Faust öffnen, bis zu dem Tag, an dem wir die Gesetze der Schwerkraft lernen, wird die Erfahrung unseren Glauben an das Prinzip stärken. Die Erfahrung selber ist aber nicht der Ursprung dieser Überzeugung. Denn sofern wir nicht das Prinzip des zureichenden Grundes zu Beginn unserer Erfahrung voraussetzen, sind wir nicht einmal imstande, nach dem *Warum* zu fragen. Das Prinzip strukturiert unsere Erfahrung noch tiefgreifender, als die Kategorien von Ursache und Wirkung. Das bedeutet, um die Erfahrung zu verstehen, müssen wir über sie hinausgehen und mit Vorstellungen arbeiten, die von der Erfahrung zwar unterstützt, aber nicht bestätigt werden können. Kants Antwort auf Hume gibt zu, dass *Sein* und *Sollen* grundverschieden sind, stellt aber Humes Analyse des *Seins* infrage. Hume behauptet, nur nach Prinzipien von Mathematik und strikter Beobachtung zu arbeiten. Doch nach Humes Darstellung der Erfahrung wäre weder Mathematik noch Beobachtung überhaupt möglich. Wenn also die harte Wissenschaft nicht funktioniert ohne Vernunftideen, die selbst nicht objektiv sind, dann hat Objektivität ihrerseits Grenzen.

Vieles spricht dafür, Kants Werk als Quelle fortschrittlicher Politik zu betrachten. Es vermittelt uns einen Vorgeschmack auf internationales Recht, auf die Vereinten Nationen wie auch auf die Sozialdemokratie. Schließlich ist die Idee, dass wir jeden Menschen als Selbstzweck und nicht als Mittel betrachten sollen, die Untergrabung jeden Versuchs, den Menschen als Objekt oder gar als Ware zu benutzen. So schrieb Kołakowski, anlehnend an den großen deutschen Sozialisten Eduard Bernstein, in dem schon zitierten Aufsatz:

> Die sozialistische Idee kann also nur insofern lebensfähig sein, als sie sich den Kantschen Grundsatz aneignet.[6]

Doch keine dieser Ideen ist so bedeutend wie Kants Idee von der Idee selbst, denn ohne diese grundlegende Metaphysik lässt sich jede Forderung nach Veränderung als utopische Fantasie abtun. Um es mit Adorno zu sagen: »Nur wenn das, was ist, sich ändern lässt, ist das, was ist, nicht alles.«[7] Solange Ideen über das Mögliche von Ideen über das Wirkliche begrenzt werden, hat keine andere Idee eine Chance. Jeder Vorschlag auf Veränderung wird sich dem Kopfschütteln ausgesetzt sehen: Freiheit oder Gleichheit oder Frieden mögen in der Theorie ganz nett sein, doch die harten Tatsachen der Erfahrung zeigen, dass sie in der Praxis nicht funktionieren. Schon 1793 schrieb Kant den Aufsatz »Ueber den Gemeinspruch: Das mag in der Theorie richtig sein, taugt aber nicht für die Praxis«, nota bene, der Satz war schon vor zweihundert Jahren klischeehaft. Damit stellt er die Behauptungen der Empiristen auf den Kopf. *Natürlich widerstreiten Vernunftideen den Behauptungen der Erfahrung. Dazu sind Ideen ja da.* Ideale sind nicht daran zu messen, ob sie der Realität entsprechen; die Realität wird danach beurteilt, inwieweit sie den Idealen gerecht wird. Aufgabe der Vernunft ist es sicherzustellen, dass die Erfahrung nicht das letzte Wort hat — und sie soll uns dazu antreiben, den Horizont unserer Erfahrung zu erweitern, indem sie uns Ideen liefert, denen die Erfahrung gehorchen soll. Wenn hinreichend viele von uns es tun, wird es auch so sein.

Ich nenne Kants Idealismus erwachsen, weil er sehr viel verlangt. Der erwachsene Idealismus verlangt, dass wir unsere Zerrissenheit erkennen: Die Kluft zwischen dem, wie die Dinge sind, und dem, wie sie sein sollen, wird nie ganz verschwinden. Ich gebe gleich zu: Diese Haltung garantiert lebenslängliche Unzufriedenheit. Es kostet viel weniger Kraft, sich ganz von Idealen zu verabschieden. Wenn man meint, eine Welt ohne Ungerechtigkeit sei ein kindischer Wunschtraum, dann ist man nicht verpflichtet, sich dafür einzusetzen. So gesehen ist Realismus eine Form der Trägheit — und wer sehnt sich manchmal nicht danach?

Mehr denn je leben wir in einer Welt, in der reaktionäre Kräfte versuchen, jene Trägheit zu produzieren — durch verlogene Nachrichten und Verschwörungstheorien, die uns versichern, dass politische Tätigkeit zwecklos sei. Auch ich habe Tage, wo ich denke, gegen Bannon und russische Bots kommt keine Metaphysik an. Doch wenn wir die Fadenscheinigkeit ihrer Begriffe von Realismus erkennen, haben wir eine Basis, dagegen zu wirken. Zu Kants Zeiten waren Debatten über Realismus und Idealismus nicht auf den Seminarraum beschränkt. Burke, zum Beispiel, wusste genau, wie er mit empirischer Metaphysik die alte Ordnung stützte. Die heutigen politischen Kommentare sehen vergleichsweise amateurhaft aus, sind dafür noch tiefer gelegt und umso schwieriger bloßzulegen.

Soviel, erst einmal, zu den Wirkungen von Realismus und Idealismus.

WORAN DENKEN SIE, WENN SIE DAS WORT »VERNUNFT« HÖREN?

Vermutlich nicht an mahnende Stimmen aus der Kinderstube, noch weniger an foucauldische Versuche, den Sinn des Wahnsinns im Widerstand zur widerlichen Modernität zu finden. Für Kantianer ist die Vernunft weder ein Angriff auf die Natur noch ein Feind der Leidenschaften. Sie ist weder auf die Logik noch die Mathematik beschränkt, und ihre Fähigkeit, die besten Mittel zu vorbestimmten Zwecken zu kalkulieren, ist nur die banalste ihrer Tätigkeiten. Die Einheit der Vernunft heißt nicht, dass Zweckrationalität das Maß allen Denkens sei; indem Kant die Priorität bei praktischer Vernunft setzt, sind es moralische Prinzipien, die den Vernunftgebrauch leiten. Wir legen Wert auf Kants Unterscheidung zwischen Verstand und Vernunft, denn nur diese Unterscheidung sichert der Vernunft ihre Freiheit. Während der Verstand an die sinnliche Erfahrung gebunden ist, steht die Vernunft über ihr als Richterin und Leiterin. Nur so wird es möglich sein zu fragen, ob die Erfahrung den Vernunftideen gerecht wird.

Hier sind wir wieder eine kleine Minderheit, und ich denke nicht an wildgewordene Künstler, sondern an vielgelesene Philosophen von Heidegger, Adorno und Horkheimer bis zu Richard Rorty und John Gray. So unterschiedlich sie sind, alle

Abb. 4 Daniel Libeskind: *The Wings – Feeding the Planet, Energy for Life* (2015). Diese vierteilige Skulptur wurde für die Expo in Mailand geschaffen und war an den vier Ecken des zentralen Platzes verankert. Sie steht heute in München. Auf den einzelnen Flügeln pulsieren mit LED-Technologie Muster und Bilder zu Fragen des Fortschritts, die mit Fragen der Nachhaltigkeit, der Gewinnung von Energie und der Bewahrung der Schöpfung verbunden sind.

sind sich sicher: die Vernunft ist instrumentell, berechnend, beherrschend und obendrein zur Vergeblichkeit verurteilt. Wie können wir auf deren Anhänger wirken? Es gibt drei Eigenschaften eines kantischen Vernunftbegriffes, die dabei betont werden können, und jede hat praktische Folgen.

Erstens: die Stimme der Vernunft hört nicht auf Hierarchien. Ob Bauer, Professor oder (vermutlich) der liebe Gott, jeder wird aufgefordert, selber zu denken, und jeder hat das Zeug dazu. Zwar werden wir alle (der liebe Gott vermutlich ausgenommen) auch von Leidenschaften berührt, auf denen Hume und seine Anhänger die Moral bauen wollen. Doch hier hat die Vernunft *zweitens* die Vorteile der Öffentlichkeit, die wiederum *drittens* die Gleichheit fordert. Eine Vernunftaussage kann jeder prüfen, überlegen, korrigieren. Eben diese Öffentlichkeit erlaubt der Vernunft, sich gegen die Natur zu stellen – das heißt gegen das, was natürlich erscheint. Die Sklaverei? Die Unterdrückung der Frauen? Die Idee, dass Krankheit und Armut Gottesstrafen seien? Sie können Beispiele vermutlicher Natürlichkeiten beliebig weiter aufzählen; ohne die Vernunft würden sie immer noch selbstverständlich erscheinen.

Gerade der kantische Vernunftbegriff liefert eine Antwort auf die ersten Kritiken der Aufklärung, die heute von links kommen. Für Kantianer ist der Vorwurf, dass die Aufklärung die Vernunft vergöttert, schwer zu verstehen. Schließlich kennen wir den ersten Satz der CrV:

> Die menschliche Vernunft hat das besondere Schicksal in einer Gattung ihrer Erkenntnisse: daß sie durch Fragen belästigt wird, die sie nicht abweisen kan.[8]

Dennoch wird häufig behauptet, die Aufklärung hat die Vernunft an Gottes Stelle gesetzt, und verherrliche die menschliche Vernunft wie frühere Zeiten die Religion. Hier gilt es zu betonen, dass Aufklärer bestens wussten, dass die Vernunft Grenzen hat; sie waren nur nicht bereit, die Ziehung der Grenzen der Obrigkeit zu überlassen. Im 18. Jahrhundert war die Obrigkeit die Aristokratie, gestützt von der Kirche.

Heute sind es eher Wirtschaftsexperten, die die Grenzen des Denkbaren ziehen. Doch die Frage bleibt uns erhalten. Die Vernunft ist nicht grenzenlos, doch kein Mensch — nicht einmal Kant — hat das Recht, ihre Grenzen ein für allemal zu bestimmen.

Mit diesen drei Eigenschaften — Gleichheit, Freiheit, Öffentlichkeit — liefert Kants Vernunftbegriff eine Antwort auf die häufigste Kritik der Aufklärung, die heute von links kommt. Kants Werke, so der Vorwurf, seien nur die besten Beispiele einer Aufklärung, die universalistische Ansprüche benutzt, um eurozentrische Positionen zu verklären. — Nun verstehe ich warum, in einer Zeit, wo Europa selbst unter Feuer steht, Volker Gerhardt Kants Rolle als europäischer Denker hervorheben will — auch, wie er anfangs sagte, als Zeichen der Bescheidenheit.[9] Dennoch bleibt es wichtig zu unterstreichen, dass Kants Denken international war und internationale Folgen hat. Die Aufklärung war die erste moderne Bewegung, die Eurozentrismus überhaupt kritisierte, und das oft unter erheblichen Gefahren. Denken Sie nur an Christian Wolff, der für seine Behauptung, die Chinesen müssten nicht Christen sein, um Moral zu haben, seine Professur und seine Heimat aufgeben musste — woran Reinhard Brandt uns mit Recht erinnerte.[10] Aufklärungskritiker vergessen, dass fast alle kanonischen Schriften der Aufklärung verbrannt, verboten oder anonym veröffentlicht wurden. So unterschiedlich sie waren, bedrohten sie alle die Autoritäten im Namen universeller Prinzipien, die jedem zugänglich sind, ob Christ oder Konfuzianer, Perser oder Franzose. War je ein Aufklärungskritiker so mutig, sein Leben für eine Idee zu riskieren?

Wie ist es aber, wenn die Aufklärer konkret wurden? Ihre heutigen Gegner freuen sich auf Passagen, wo auch Kant Scheußliches über Afrikaner, Juden oder Frauen geschrieben hat. Dabei werden andere Passagen übersehen, wie sein beispielloser Angriff auf den Kolonialismus, der mitten in der Schrift *Zum ewigen Frieden* steht. Wer China und Japan lobt, weil sie die raubgierigen Europäer von ihren Ländern fernhielten (*Frieden*, 359), dem kann man kaum vorwerfen, er wolle der Welt eine westliche Denkweise aufzwingen. Die Männer der Aufklärung — und die wichtigsten waren eben Männer — waren Menschen ihrer Zeit, erzogen von Menschen früherer Zeiten. Dass ihre Kämpfe gegen Dogmen nicht vollkommen sein konnten, hatten die meisten eingeräumt. Kant, der selbst die Gesetze von Newtons Physik für revidierbar hielt, sollten spätere Erkenntnisse dazu kommen, hätte sehr wohl erlaubt, dass seine eigenen Urteile durch spätere Generationen kritisiert wurden. Die Kritik hätte er als Zeichen des Fortschritts aufgefasst.

WORAN DENKEN SIE, WENN SIE DAS WORT »FORTSCHRITT« HÖREN?

Sicherlich nicht an den technischen Fortschritt, der Atombomben und Auschwitz ermöglichte. Auch haben Sie nicht daran geglaubt, dass die Geschichte *zwangsläufig* eine Geschichte des Fortschritts sei und deshalb von den Ereignissen, die wir Hiroshima und Auschwitz nennen, widerlegt werden konnte. Als Kantianer glauben Sie nur, dass Fortschritt in der Geschichte möglich ist, und dass Fortschritte sowie Rückschritte in unseren Händen liegen. Kant schrieb von der Freude, die ferne Beobachter bei den Nachrichten über die Französische Revolution empfanden, als unwiderlegbare Zeichen des Fortschritts, egal wie die Revolution ausging. Das Jahr war 1793 — mitten im Terror. Heute würde ich an die Freude erinnern, mit der die Welt die Nachricht von Obamas Wahlsieg empfing, die sein Nachfolger nie zunichte machen kann. Wenn eine Überwindung des Rassismus einmal möglich war, ist sie jeder Zeit wieder möglich. Denn wie Hannah Arendt schrieb:

> Letzten Endes werden wir vor der einzigen Alternative stehen, die es hier gibt — entweder sagt man mit Hegel: Die Weltgeschichte ist das Weltgericht, und überläßt das letzte Urteil dem Erfolg, oder man besteht mit Kant auf der geistigen Autonomie der Menschen und ihrer Fähigkeit, sich unabhängig davon zu machen, wie die Dinge einmal sind oder geworden sind.[11]

Wie wird die Vernunft verkörpert? Nun gar nicht, werden Sie sagen, wie gute Kantianer; gerade weil Vernunft selbst ideal ist, kann sie nicht als Körper dargestellt werden. Doch wenn wir es nicht tun, tun es andere. So wird die Stimme der Vernunft mit der Stimme des sauertöpfischen Oberlehrers oder des technokratischen Bürokraten verwechselt, anstatt als Stimme der Freiheit vernommen. Auch wenn wir wissen, dass Bilder und Vorbilder der Vernunftidee nicht gerecht werden, können wir sie gebrauchen, um die schon vorhandenen, verzerrten Bilder zu ersetzen. Entgegen den modischen Karikaturen ist die Ikone der Aufklärung nicht der kalte, regelbessessene Technokrat, sondern zum Beispiel Mozarts selbstbewusster Figaro — der Diener, der fähig ist, seine eigene Vernunft zu benutzen, um seinen adeligen Gegner zum Sturz zu bringen und seine Leidenschaft zu erfüllen.

Dies sind alles, wie anfangs gesagt, keine Neuigkeiten. Ich habe versucht, einige Prinzipien zu skizzieren, worauf Kantianer sich einigen können, um heraus aus dem Kloster zu kommen und mit Menschen zu sprechen, denen völlig andere Bilder von Kant und der Aufklärung vorschweben. Das Kant-Jahr ist eine einmalige Gelegenheit, dies zu tun, und wir sollten es nicht vergeuden. Tagungen sind schön, so wie Messen und Rituale schön sind; sie schaffen Gemeinschaftsgefühle und stärken die Gläubigen. Ich bin eine, die tatsächlich an die Macht der Rituale glaubt, doch sollten wir es nicht dabei lassen. Was können wir tun, um kantische Prinzipien weiter in die Welt zu tragen?

Ich kann mir ein Kant-Jahr vorstellen, in dem Dialoge stattfinden – wirkliche Dialoge mit Gegnern, die nicht nur in der Akademie, sondern in Theatern, oder – um nur von Berlin zu sprechen – an Orten wie dem Haus der Kulturen der Welt, das sich als Bühne für poststrukturalistische, postkolonialistische Theorien etabliert hat. Ich kann mir Festivals vorstellen, die sich nicht nur auf Wörter beschränken, sondern Musik und bildende Kunst miteinbeziehen – wie das philosophische Fest in Hay-on-Wye England, wohin ich mehrmals eine lange Reise auf mich nahm, nur weil ich seit Jahren weiß, dass es Freude macht. Man könnte das Goethe-Institut miteinbeziehen, um internationaler zu wirken. Wie wäre es, wenn zum Kant-Jahr Beiträge aus Korea und Kenia kämen? Wir könnten Preisausschreiben anbieten, in denen die Frage »Was heißt Aufklärung?« von Neuem erläutert wird – ob als Aufsatz, Gedichtband oder Film. Dabei wäre die Vielfalt der Deutungsmöglichkeiten von Kants Aufsatz *Was ist Aufklärung,* der Generationen von deutschen Schülern zum Einschlafen gebracht hat, zu zeigen. Das Gerede von der *»selbstverschuldeten Unmündigkeit«* (*Aufklärung,* 35) machte Kants Botschaft zu einem neoliberalen Mantra: es ist Deine Schuld, wenn Du zu faul und zu feige bist, um selbst zu denken. Doch gleich nach der bekannten Klage bietet Kant etwas Subversives an, in dem er betont, dass Regierungen selten Interesse an mündigen Bürgern haben; stattdessen versuchen sie »ihr Hausvieh [...] dumm« zu machen (ebd.), um es vom Selbstdenken abzuhalten. Wie wäre es mit einem Preis für die Schüler, die am besten beschreiben, welche gesellschaftlichen Strukturen heute funktionieren, um Aufklärung zu verhindern?

Ich will zum Schluss nicht verhehlen, dass ich manchmal auch an der Aufklärung zweifele – nicht an ihrer Richtigkeit, sondern an ihrer Macht. Es gibt zu viel Miseren auf der Welt, um mit bloßen Wörtern dagegen anzukommen. Es gibt Tage, wo ich befürchte, dass das, was wir tun, nur uns selber dient. Mag sein, dass es zu Kants Zeit nicht größenwahnsinnig war, Metaphysik als notwendig für die Sicherung der Menschenrechte zu betrachten. Doch heute könnte das reine Selbsttäuschung sein: wir schreiben, um Stellen zu sichern, Bücher zu verkaufen. Der Betrieb läuft, aber er hat keine Bedeutung für diejenigen, die außerhalb stehen.

Und dreimal in meinem Leben, als die Zweifel mich zu überwältigen drohten, begegnete ich völlig unverhofft Menschen, die meinen Vernunftglauben wiederherstellten. Wie der Zufall es will, war keiner davon Europäer. Der erste war ein Richter aus dem Senegal, der zweite ein Übersetzer aus Ägypten, der dritte ein Journalist aus dem Iran. »Aber Kant ist doch wichtig für unsere Bemühungen, Frieden in Westafrika zu sichern«, sagte mir der Richter. »Kant hat mein Leben verändert«, sagte der Übersetzer, in den Tagen des arabischen Frühlings. Der Journalist, der für seine Schriften ein Todesurteil im Iran bekam, durfte keine Bücher in der Todeszelle bekommen, aber sein Vater hat ihm soviel von der Philosophie der Aufklärung erzählt, wie die kurzen erlaubten Besuche es zuließen – und heute, als Asylant in Berlin, schrieb er mir neulich, er richte sich nach den drei kantischen Fragen: was weiß ich, was soll ich, was darf ich hoffen, und er wolle »nur lernen, lernen, lernen«.

Wir spinnen also nicht. Kant ist wirklich nicht nur für Profis wie uns gemeint. Und wenn drei solche Menschen daran glauben, dann wiederhole ich, was ich eingangs über Améry sagte: welches Recht habe ich, mich nicht anzuschließen?

1 Améry 1977.

2 *Bemerkungen,* eingeschossenes Blatt nach Seite B 22 (AA XX, 44; Ausgabe Rischmüller 1991, 38).

3 Kołakowski 1981, 918.

4 Siehe in diesem Band den Beitrag Marcus Willaschecks.

5 *Bemerkungen,* Rückseite gegenüber Seite B 29 (AA XX, 58; Ausgabe Rischmüller 1991, 48). Vgl. zu dieser Stelle die Anmerkungen Rischmüllers (a. a. O., 200–211).

6 Kołakowski 1981, 922.

7 Adorno 1966, 388.

8 CrV A VII.

9 Siehe in diesem Band den Beitrag Volker Gerhardts.

10 Siehe in diesem Band den Beitrag Reinhard Brandts.

11 Arendt 1979, 212.

– – –

Abb. 1 Holzer: Installation. © bpk/Nationalgalerie, SMB, Verein der Freunde der Nationalgalerie/Werner Zellien © VG Bild-Kunst, Bonn 2021

Abb. 2 Unbekannter Künstler: Illustration. © bpk/DeA Picture Library/G. Dagli Orti

Abb. 3 Chodowiecki: Kupferstich. © Alamy Stock Photo P5CDX2

Abb. 4 Libeskind: Skulptur. © AKG Images 2945237

Abb. 5 Lichtenstein: Emaille. © bpk/Los Angeles County Museum of Art/Art Resource, NY 293 SCHL © Estate of Roy Lichtenstein/VG Bild-Kunst, Bonn 2021

Abb. 5 Der Sonnenaufgang wurde im 18. Jahrhundert zum Symbol der Aufklärung. Der US-amerikanische Pop-Art-Künstler Roy Lichtenstein fasst ihn in gerasterter und plakativer Weise neu. *Sunrise* ist der Titel dieser Arbeit, die auf einer Metallplatte (21,75 × 28,6 cm) mit Emaillefarben gefertigt wurde, ein nicht nur für Roy Lichtenstein ungewöhnliches Material.

NACHWORT

Abb. 1 Friedrich Gentz studierte in den Jahren 1782–1785 an der Albertina-Universität in Königsberg, auch und inbesondere bei Kant. Er war mit diesem persönlich bekannt und gehörte zum kleinen Kreis seiner Schüler. Im Anschluss an ein zweijähriges, nicht abgeschlossenes Jurastudium schlug er 1785 die Beamtenlaufbahn am preußischen Hof ein. Die folgenden Jahre führten ihn nach London und 1802 dann schließlich nach Wien, wo seine Karriere als ›Sekretär Europas‹, unter anderem mit der Beratertätigkeit für den Fürsten von Metternich, vor, auf und nach dem Wiener Kongress, begann. Das 1804 anonym in Leipzig erschienene zweibändige Werk *Immanuel Kant's Biographie* ist aufgrund bestimmter Anmerkungen des Autors, die nur von jemandem stammen können, der in jenen Jahren in Wien gelebt hat, sowie aufgrund der genauen Vertrautheit mit der kantischen Philosophie ziemlich sicher Gentz zuzuschreiben.

VOLKER GERHARDT, MATTHIAS WEBER, MAJA SCHEPELMANN

Europa in der Perspektive der Menschheit. Mit einer Bemerkung zum Rassismusvorwurf gegen Kant

EUROPA ALS LEBENS- UND WIRKUNGSRAUM IMMANUEL KANTS

Im vorliegenden Sammelband wird Kant als ›europäischer Denker‹ gewürdigt. In der Annäherung an das Kant-Jubiläum im Jahre 2024 liegt es nahe, diesen biographischen Horizont des Philosophen nicht in Vergessenheit geraten zu lassen. Denn dessen Geburts- und lebenslanger Wirkungsort, die einstige preußische Krönungsstadt *Königsberg,* die zu Lebzeiten Kants eine expandierende europäische Hafenstadt war, liegt nun als *Kaliningrad* in einer Randlage Europas – in einer militärischen Sperrzone im abgeteilten, äußersten Westen Russlands.

Wenn auch in dieser Enklave am 22. April 2024 des dreihundertsten Geburtstags von Immanuel Kant gedacht wird, sollte deutlich sein, wie ausgedehnt der Wirkungsrahmen des Philosophen zu seinen Lebzeiten von Königsberg aus gewesen ist. Für ihn war es selbstverständlich, dort als *europäischer Denker* wahrgenommen und verstanden zu werden. Doch es wäre ihm gewiss nie in den Sinn gekommen, darin einen Gegensatz zu der ihn bewegenden *Frage nach dem Menschen im Horizont der Menschheit* zu sehen.

In Kants Schriften finden sich nur wenige Textstellen, an denen er sich ausdrücklich auf Europa bezieht. Wo er den Begriff verwendet, geht es ihm vorrangig um die Lage, die Beschaffenheit und die Besiedlung des Kontinents. Erwägungen zur politischen Geschichte und zu den kulturellen Aussichten kommen so gut wie gar nicht vor; eine Ausnahme bildet das Urteil über die besonderen Friedensaussichten, die Europa bietet: Die Aussage findet sich in Kants *Metaphysik der Sitten,* und zwar in der Bemerkung über die »Versammlung der Generalstaaten im Haag«, die sich bis in die erste Hälfte des 18. Jahrhunderts bemüht habe, dem Völkerrecht zu politischer Geltung zu verhelfen.[1] Kant erinnert hier an die Idee, die er zwei Jahre zuvor (1795) in seiner Schrift *Zum ewigen Frieden* vorgetragen hat: an die Föderation europäischer Staaten, die sich entscheiden, künftig auf kriegerische Auseinandersetzung zu verzichten. Dieser *Völkerbund,* den es anderthalb Jahrhunderte später für nicht ganz zwanzig Jahre sogar mit einem weltweiten Anspruch gegeben hat, hat mit den *Vereinten Nationen* eine bis heute politisch tätige Nachfolge gefunden[2] und dürfte zu den am weitesten in die Zukunft vorgreifenden Vorschlägen des Königsberger Philosophen gehören.

Kant wusste, dass sein Vorschlag bei den regierenden Politikern wenig Begeisterung erzeugte. Deshalb hätte ihn der mäßige Erfolg der beiden auf seinen Vorschlag zurückgehenden Weltorganisationen vermutlich nicht überrascht. Und seine Nüchternheit in der Bewertung der Motive seiner europäischen Zeitgenossen macht deutlich, wie realistisch er die Aussichten der unter Verzicht auf jedes historische und religiöse Beiwerk[3] vorgeschlagenen Föderation beurteilt: Kant gründet seine Hoffnung, dass in Europa eine Friedens-Föderation entstehe, allein darauf, dass der kleine Kontinent dicht besiedelt ist, ständig von Kriegen heimgesucht wird, und über ein enges Netz von Rechtsbestimmungen verfügt. Anders als man es vielleicht von einem Philosophen erwartet, findet sich kein Wort darüber, dass ein größerer Vernunftanteil, ausgeprägtere moralische Ansprüche oder eine weiter fortgeschrittene wissenschaftliche Bildung erforderlich seien, die Europäer mit Vorliebe oft nur Europäern zugestehen. Kant spricht lediglich von den allseits gesteigerten Fähigkeiten der Europäer, sich wechselseitig zu schaden. Zum Glück ist diese nachteilige Eigenart nicht alles: Das größte Gewicht legt Kant auf die Erfahrung der Europäer im Herstellen von *Rechtsverhältnissen.* Diese ermöglichen es, in wechselseitiger Anerkennung und dennoch in souveräner Entscheidung, ihre Streitigkeiten zu schlichten und in einer auf Gründen beruhenden Weise miteinander umzugehen.

Für Kant liegt in der *Hochschätzung des Rechts* die pragmatische Klugheit einer Gesellschaft von freien, gleichberechtigten Menschen, die ihren Vorlieben und Interessen nachgehen, dabei ihren eigenen Vorstellungen folgen und den größtmöglichen Nutzen für das Können, das Wissen und die Entfaltung der Künste beisteuern können. Und in der Tradition Europas, die für Kant nicht nur von historischer Bedeutung ist, sondern vornehmlich eine kulturelle und institutionelle Größe darstellt, versteht er auch sein

Philosophieren mitsamt den Aufgaben, die er als Lehrer, Autor und Bürger zu erfüllen hat.

Die europäische Lebensform erläutert und begründet Kant in so vielen sachlichen Kontexten, dass er nicht eigens den Bezug auf Europa betonen muss. Er wendet sich an seine europäischen Hörer und Leser, die er als Wissenschaftler, Studierende und Bürger im gemeinsamen kulturellen Umfeld adressiert. Im Übrigen ist er mit seiner Lehre bemüht, diejenigen zu ermutigen, die aus ihrer gemeinsamen Geschichte, in ihrer Einstellung zum Recht, zur Moral, zur Kunst, zum Glauben, zur Wahrheit und zur individuellen Eigenständigkeit eigene Konsequenzen ziehen wollen. So ist es sein erklärtes Ziel als philosophischer Lehrer, die jüngeren Menschen zum »Selbstdenken« zu erziehen.[4] Mit diesem Ideal stellt Kant sich ausdrücklich in die alteuropäische Tradition des Philosophierens, die für ihn die denkbar größte Bedeutung hat. Alle Ausbildung der Kräfte der Vernunft habe sich *Sokrates* zum Vorbild zu nehmen.[5]

DIE ERSCHLIESSUNG DER MENSCHHEITLICHEN DIMENSION DER POLITIK

Ausdrücklich auf das politische Europa gerichtet ist erst die Schrift *Zum ewigen Frieden,* in der Kant die erwähnte Föderation der Staaten konzipiert. Hier setzt er mit unverhohlenem Spott über die Verlogenheit der europäischen Politiker ein, die nur zum Schein am Frieden, letztlich aber allein an Kriegsgewinnen interessiert sind. Seine Antwort folgt mit dem Entwurf seines Modells republikanischer Politik, die nicht nur auf die Achtung vor der *Freiheit,* sondern auch auf das Vertrauen in die uneingeschränkte *Rechtsgleichheit* aller Bürger gegründet ist. Freiheit und Gleichheit versteht er als allgemeine Menschenrechte, die zu wahren und zu sichern die allgemeine Aufgabe aller Staaten ist. Mit dem dritten republikanischen Grundsatz erinnert Kant die Menschen an »die *Abhängigkeit* aller von einer einzigen gemeinsamen Gesetzgebung«.[6] Die ihnen zustehende politische Eigenständigkeit ändert nichts daran, dass sie als Staatsbürger ein *gemeinsames Schicksal* haben, das gleichermaßen auf ihnen allen lastet.

Mit diesen Prinzipien geht Kant erklärtermaßen über den europäischen Rahmen hinaus. Der *Republikanismus,* den er mit der allgemeinen Geltung des Menschenrechts verknüpft, führt ihn zum Postulat eines ›Weltbürgerrechts‹, das nur dann *allen Menschen* zugesichert werden kann, wenn es weltweit von *allen Staaten* garantiert wird! Das können sie glaubwürdig jedoch nur, sofern jedem von ihnen volle Souveränität zugestanden wird. Damit verlangt Kant die Unverletzlichkeit der Landesgrenzen und das Verbot einer Einmischung von außen – in allen Teilen der Welt.

Menschenhandel und Sklaverei sind schon durch das Menschenrecht untersagt; nun entwirft Kant eine Staatenwelt, die auch den Kolonialismus abwehren kann.[7] Die damit verfochtene Idee des freien Handels ist, anders als man denken könnte, nicht mit dem Verzicht auf rechtliche Beschränkungen verbunden. Man hat im Gegenteil davon auszugehen, dass sowohl die Staatsmänner wie auch die Kaufleute einer strikten rechtlichen Kontrolle unterworfen werden. Und da alles Recht mit der »Befugnis zu zwingen« einhergeht,[8] hat man augenblicklich eine Vorstellung davon, wie ausgedehnt sowohl das regionale wie auch das globale Geflecht von Institutionen sein muss, wenn Politik nach den Vorstellungen Kants möglich sein soll.

Vergegenwärtigt man sich die sachliche Reichweite und das systematische Gewicht der politischen Reflexionen Immanuel Kants, möchte man kaum glauben, wie wenig Raum die politische Philosophie in seinem Werk einnimmt. In den ersten dreißig Jahren seiner öffentlichen Äußerungen ist nichts Nennenswertes zu politischen Fragen zu vernehmen: Nach ausgedehnten methodologischen, naturphilosophischen, theologischen, moralischen, ästhetischen und erkenntnistheoretischen Studien folgen erst mit dem vierten Jahrzehnt seines Schaffens die Hauptwerke mit den drei Kritiken, den ergänzenden Studien zum Vorgehen der Wissenschaften, zur Ethik und zur Stellung der Religion. Hinzu kommt eine Zahl kleinerer Arbeiten mit ihren Überlegungen zur Entstehung der Kultur, zur Rechtfertigung der Rede vom politischen Fortschritt oder zur Bedeutung der Universitäten.

Erst mit den ab 1784 publizierten kleinen Aufsätzen zur Geschichts- und Kulturphilosophie sowie zum Verständnis der Aufklärung ändert sich die öffentliche Aufmerksamkeit Kants gegenüber der Politik. Er hat bereits die Schwelle zum einundsiebzigsten Lebensjahr überschritten, als er mit seiner Friedensschrift der politischen Philosophie seiner Zeit eine völlig neue Richtung zu geben vermag.[9]

Aus der disziplinären Logik der philosophischen Systematik wird man diese späte Aufmerksamkeit für politische Themen kaum erklären können. Man würde Kant gewiss auch nicht gerecht, wenn man sagte, er habe sich vorher nicht für Politik interessiert. Es dürfte vielmehr nichts Geringeres als die *weltpolitische Lage* gewesen sein, unter deren Eindruck

Kant sich der Politik zuwendet. Einen Wink zum Verständnis dieser Wende gibt der mit dem Aufstieg des kritischen Anspruchs einhergehende Gebrauch des Begriffs der *Menschheit.* Das Wort kommt in den frühen Schriften gelegentlich vor, wenn es um die Benennung der Gesamtheit der Menschen geht: im Zeitraum von 1749 bis 1777 acht Mal. Danach aber ist über zweihundert Mal von »Menschheit« die Rede – und dies nicht, weil Kant sich nun verstärkt mit entwicklungsgeschichtlichen Fragen aus Anthropologie, Geschichte und Kultur beschäftigt. Vielmehr ist es so, dass er nunmehr bei keinem seiner philosophischen Themen ohne den Bezug auf die Menschheit auskommt.

Das dürfte mit dem Wandel des politischen Geschehens zu tun haben, der sich mit der *Declaration of Independence* (1776) und ihrer Begründung durch die alle Menschen integrierende *Virginia Bill of Rights* vollzieht. Dies stellt einen Meilenstein der politischen und rechtlichen Entwicklung dar und hat klarerweise von Beginn an globale Dimensionen. Und im nachfolgenden Gang des Kampfs der neuenglischen Kolonien für ihre Unabhängigkeit sowie in der durch die selbständig gewordenen Amerikaner tatkräftig unterstützten Französischen Revolution vollzieht sich erstmals im Bewusstsein der Öffentlichkeit ein schon von den Zeitgenossen als *weltpolitisch* empfundener Vorgang. Dieses Geschehen findet Kants gesteigerte Aufmerksamkeit. Er begreift, dass sich mit den in Nordamerika so machtvoll artikulierten Forderungen die Menschheit erstmals *selbst als Subjekt ihrer Politik* versteht, begrüßt deren positive Aufnahme in Europa und macht sich zum philosophischen Fürsprecher der damit in Gang kommenden Bewegung. Die versteht er augenblicklich im Licht seiner Vernunftkritik, die im Medium der Erkenntnis das vollzieht, was nun auch im politischen Leben gelingen muss. Mit dieser Erwartung verschreibt sich der kritische Philosoph der Erkenntnis im Bewusstsein der Verantwortung für die Menschheit.

DIE INTERNALISIERUNG DES BEGRIFFS DER MENSCHHEIT

Die Folgen der Politisierung für das Philosophieren Immanuel Kants zeigen sich nicht nur in der Ausweitung seines Themenhorizonts, in dem nun auch Aufsätze wie die über die Aufklärung, die Anfänge der Menschheit oder über das Verhältnis von Theorie und Praxis in der Politik zu finden sind. 1785 erfolgt ein epochemachender Schritt, in dem die

Abb. 2 Kants europäische Friedensgedanken blieben nicht unwidersprochen. Friedrich Gentz publizierte um 1800 eine Gegenschrift *Über den ewigen Frieden,* in der er die Wirksamkeit eines Völkerbundes und vertraglicher Vereinbarungen zur Friedenssicherung bezweifelte. Der Staatstheoretiker Gentz war einer der engsten Berater Metternichs und unterstützte die konservativ-restaurative Politik Österreichs. Bild vom Wiener Kongress (im Vordergrund stehend: Fürst von Metternich), der vom 18. September 1814 bis 9. Juni 1815 dauerte. Gentz ist der dritte Stehende von rechts.

Menschheit nicht mehr bloß als Gesamtheit der sich selbst vernünftig nennenden Gattungswesen verstanden wird: In der *Grundlegung zur Metaphysik der Sitten* erklärt Kant, was diese Selbstzuschreibung der Vernunft für den Menschen – gerade auch in seinem individuellen Verhalten – bedeutet: ›Menschheit‹ wird zum ideellen Gehalt einer jeden menschlichen Person.

Menschheit ist damit nicht mehr nur die Spezifikation aller ›Mensch‹ genannten Lebewesen. Der Begriff ist notwendig, um die zu jedem Menschen gehörende *personale Einheit* – in Verbindung mit ihrer *normativen Gleichheit* – zu benennen. Und diese Bezeichnung werde dem Menschen nicht nur von seinesgleichen zugeschrieben: Vielmehr muss jeder *sich selbst* (!) zu dieser Einheit bekennen. ›Menschheit‹ bleibt zwar der Ausdruck für die äußere Realität aller Menschen; zugleich aber ist der Begriff die Kennzeichnung der von jedem ›Ich‹ sagenden Menschen notwendig beanspruchten inneren Idealität. In der Rede des Menschen, der von sich selbst als Mensch spricht, tritt diese Doppelung von realer Benennung und idealem Verständnis wie von selbst hervor, sobald er *Ansprüche* an sich und andere Menschen stellt. Folglich kann die von Kant als zwingend angesehene Verbindung von Realität und Idealität des menschlichen Selbstbegriffs ohne besonderen Aufwand von jedem verstanden werden. Wie anders wäre

Abb. 3 Die in Königsberg geborene Käthe Kollwitz war eine Enkelin des Theologen Julius Rupp. Ihre zahlreichen, gegen Krieg und Unterdrückung gerichteten Werke sind insbesondere der universalen Friedensidee Kants verpflichtet. Nach Aufforderung des Internationalen Gewerkschaftsbundes schuf sie das in mehreren Sprachen gedruckte Plakat *Die Überlebenden. Krieg dem Kriege* anlässlich des Antikriegstages 1924.

es möglich, dass der kategorische Imperativ, wie ihn Kant in der *Grundlegung* vorstellt, geradezu populär werden konnte? *»Handle so, daß du die Menschheit, sowol in deiner Person, als in der Person eines jeden andern, jederzeit zugleich als Zweck, niemals bloß als Mittel brauchest.«* [10]

In der hier offenkundig werdenden Doppelrolle bezieht sich ›Menschheit‹ zum einen auf alle Menschen überhaupt und zum andern auf den intelligiblen Selbstbegriff, den jedes Individuum von sich selber hat. Mit einer paradox erscheinenden Denkbewegung gelingt es Kant, den Begriff der Menschheit durch Internalisierung zum *Selbstverständnis* eines jeden Menschen zu erklären und ihn damit so zu universalisieren, dass kein menschliches Wesen ausgeschlossen ist. So wird der Begriff der Menschheit die denkbar *umfänglichste* und zugleich *eindringlichste* Selbstbezeichnung des Menschen.

In der Entsprechung von personaler Individualität und gattungsspezifischer Universalität liegt nach Kant die singuläre *Würde* des Menschen. Diese Würde ist jedem Menschen eigen, unabhängig von allen Leistungen und Ämtern; sie steht aber auch nur dem Menschen bereits mit seinem bloßen Dasein zu! Mit einem Schlag sind es nicht mehr die

Staats- und Kirchenfürsten, denen die höchste Auszeichnung zukommt. Die Würde bleibt allein dem Menschen in seiner natürlichen Existenz vorbehalten, der bereits in seiner Menschlichkeit, zum einzigen und zugleich höchsten Würdenträger überhaupt avanciert. Was der politischen Welt damit an äußeren Rangbezeigungen genommen wird, das gewinnt der einzelne Mensch mit seiner Würde an unüberbietbarem moralischem Gewicht, das seinerseits durch die Politik geschützt und gesichert werden muss.

Zu Kants Zeiten hat dieser Anspruch noch als Ungeheuerlichkeit gegolten. Doch in der politischen Sprache der Gegenwart wird sie inzwischen wie eine Selbstverständlichkeit behandelt, die man nach den ersten Artikeln der *Menschenrechts-Charta* der Vereinten Nationen oder des *Grundgesetzes* der Bundesrepublik zitiert.[11] Dass es mit dem Schutz der menschlichen Würde in der politischen Praxis hingegen schlecht bestellt ist, muss freilich gleich hinzugefügt werden. Gleichwohl dürfte keine andere Einsicht eines neueren Philosophen ein größeres Echo in der politischen Nachwelt gefunden haben, als Kants Plädoyer für die singuläre Auszeichnung der Menschheit und die Wahrung der Würde der einzelnen Person. Hinzu kommt, dass Kant diesen Anspruch nicht auf die Sphäre des Rechts beschränkt. Vielmehr erinnert er jeden Einzelnen daran, dass mit dem Recht die moralische Selbstbindung durch die eigene Würde unter allen Bedingungen fortbesteht. Wem die Menschheit in seiner Person nicht das eigene vorrangige Anliegen ist, der dürfte es schwer haben, nicht nur seine Mitmenschen, sondern auch sich selbst von seiner eigenen Menschlichkeit zu überzeugen.

MENSCHHEIT ALS ›FAMILIE‹ ALLER MENSCHEN

Gesetzt, das mit Blick auf Europa und die Menschheit skizzierte Bild ist richtig, dann ist Immanuel Kant in seiner kritischen Werkperiode ein entschiedener Gegner aller grundsätzlichen politischen Unterscheidungen — auch zwischen Menschen unterschiedlicher Herkunft. Er fasst den Begriff der Menschheit in politischer und moralischer Hinsicht derart grundsätzlich, dass man ihn zu den frühen Anwälten der Bürgerrechte rechnen darf. Kants Verständnis des *Menschen-* und des *Weltbürgerrechts* räumt den Individuen aus allen Weltgegenden mit solcher Entschiedenheit den gleichen bürgerlichen Status ein, dass man den Autor für einen ›Antirassisten‹ *avant la lettre* halten muss. Und das, was wir von seiner Parteinahme für den Befreiungskampf der Amerikaner und von seiner (von den Königsberger Mitbürgern für riskant gehaltenen) Begeisterung für die Französische Revolution wissen, lässt uns sicher sein, dass sich Kants Überzeugung nicht auf den Raum bloßer Theorien beschränkte. Wer dieser in der Kant-Rezeption seit nunmehr zweihundertvierzig Jahren vertretenen Auffassung widerspricht, muss starke Argumente haben, ganz unabhängig davon, welchen Sinn es machen kann, einem Menschen des 18. Jahrhunderts einen Vorwurf zu machen, dessen Tragweite erst Generationen nach ihm zu Tage getreten ist.

Doch lassen wir das hermeneutische Bedenken außer Betracht und betrachten wir nur, was für die Umwertung Kants zu einem ›Rassisten‹ sprechen soll: Da steht an erster Stelle, dass Kant den Begriff der ›Rasse‹ (»Race«) vergleichsweise häufig verwendet: In den zu Lebzeiten veröffentlichten Schriften findet sich der Terminus nahezu siebzig Mal. Der Grund für die Häufung liegt in Kants Interesse an der Naturgeschichte des Menschen, die mit der im 18. Jahrhundert entstehenden Biologie zu einem großen Thema zu werden beginnt. So gut wie alle Pioniere der Biologie haben sich mit der Frage nach dem Verhältnis der unterschiedliche Menschentypen befasst, die meist nach den Hautfarben Gelb, Rot, Schwarz oder Weiß rubriziert wurden. Im Zentrum des Interesses steht das Dunkel um den vorgeschichtlichen Ursprung des Menschen: Gehören die unterschiedlichen Menschengruppen zu *einer* Gattung, deren Angehörige sich unter den verschiedenen Klimazonen unterschiedlich entwickelt haben oder sind sie von Anfang an Repräsentanten eigenständiger Menschenklassen, die in ihrer Konstitution grundlegend verschieden sind?

Während viele Aufklärer, wie etwa Voltaire,[12] es für ausgeschlossen halten, dass Menschen mit so unterschiedlichem Aussehen aus einem Stamm entspringen, ist Kant vom *gemeinsamen Ursprung aller Menschen* überzeugt und breitet in Vorlesungen und Schriften Belege für die These einer *originären Einheit* aus — selbst in den Fällen großer äußerer Differenz. Kant trägt seine These (»es giebt gar keine *verschiedene Arten von Menschen*«)[13] mit solcher Entschiedenheit vor, dass man angesichts der allgemeinen Unkenntnis zweifeln könnte, ob er überhaupt aus einer strikt naturwissenschaftlichen Perspektive urteilt. Wie soll man ausschließen, dass er nur einer durch den biblischen Schöpfungsmythos begünstigten Ansicht von der Stammvaterschaft Adams anhängt, zumal er Adam in dieser alttestamentlichen Stellung wiederholt anspricht? Doch Kant legt größten Wert auf den Unterschied zwischen religiöser Überlieferung und wissenschaftlicher Erkenntnis; das Alte Testament ist für ihn eine vorrangige Quelle der Inspiration, kommt als Quelle für seine Gewissheit aber nicht in Frage. Tatsächlich gewinnt Kant seine Überzeugung aus der vielfach belegten Beobachtung, dass auch die Menschen unterschiedlicher Herkunft in der Lage sind, miteinander Nachwuchs zu zeugen. Dabei können sich in den nachfolgenden Generationen typische Unterscheidungsmerkmale rasch verlieren. Andererseits sind für ihn die äußeren Unterschiede deutliche Hinweise auf Modifikationen in Abhängigkeit vom Klima. Aus diesen immer wieder erneuerten und ergänzten Beobachtungen schließt Kant, dass *alle* Menschen zu einem *einzigen Stamm* gehören[14] und somit alle, selbst bei größter Verschiedenheit, Angehörige einer einzigen Gattung sind. Einen treffenderen Beleg für seine Überzeugung von der ursprünglichen Verwandtschaft der ›Rassen‹ kann es nicht geben. Also: Selbst wenn man den naturgeschichtlichen und ethnographischen Erörterungen den Begriff einer ›Rasse‹ zu Grunde legt, mündet das bei Kant in die Erkenntnis von der einen, alle Menschen umfassenden Menschen-Familie.[15]

Diese Auffassung prägt auch, in der letzten Erörterung dieser Frage im Jahre 1788, die Antwort auf die öffentliche Herausforderung durch Georg Forster, er, Kant, möge wenigstens eine ursprüngliche Differenz zwischen Schwarzen und Weißen einräumen.[16] Kants Absage fällt so entschieden aus, dass man meinen kann, er habe den Missbrauch geahnt, die mit der Behauptung einer von Natur bestehenden Differenz in der Abstammung getrieben werden kann. Kant beharrt folglich ganz entschieden auf dem gemeinsamen Ursprung und der in aller Entwicklung fortbestehenden Verwandtschaft aller Menschen. Wenn in seinem Werk von ›Menschheit‹ gesprochen wird, gehören somit auch die schwarzen Menschen dazu; sie stehen ohne Einschränkung unter dem Schutz des Menschenrechts.

Abb. 4 Gedenkstein für den Theologen und Philosophen Julius Rupp vor dem Königsberger Dom; das Porträt wurde von Käthe Kollwitz geschaffen. Rupp wurde 1809 in Königsberg geboren, war Philosophieprofessor an der Albertina und griff in seinen theologischen Schriften vielfach auf Kant und dessen Pflichtethos gegenüber der Menschheit zurück. Unten auf dem Gedenkstein die Inschrift mit Rupps Lebensmotto: »Wer nach der Wahrheit, die er bekennt, nicht lebt, ist der gefährlichste Feind der Wahrheit selbst«.

DIE HISTORISIERUNG DER NATUR

Mit den Begriffen ›Menschheit‹ und ›Menschenrecht‹ ist exponiert, was in grundsätzlicher Perspektive zur Stellung der Schwarzen zu sagen ist: Sie sind in vollem Umfang zur Gattung der Menschen zu rechnen; folglich müssen ihnen die *allen* Menschen zustehenden *Rechte* gewährt werden. Wer auf dieser Einsicht und dieser Forderung besteht, kann schwerlich ein ›Rassist‹ genannt werden. Zwar kann man heute mit einiger Sicherheit darauf schließen, dass man einen ›Rassisten‹ vor sich hat, wenn jemand (in deutscher Sprache) den Begriff der ›Rasse‹ mit Bezug auf Menschen verwendet. Nach der beispiellosen Spur der Gewalt, die Kolonialismus und Nationalismus, Faschismus, Kommunismus und Rassismus in der Geschichte des 19. und 20. Jahrhunderts hinterlassen haben, gehört das Wort ›Rasse‹ zum Vokabular des Unmenschen. Es wäre aber zu wenig, nur daran zu erinnern, dass zu Lebzeiten Kants so noch gar nicht geurteilt werden konnte. Wir haben vor allem anderen zu bedenken, dass es Kant ist, dem wir überhaupt erst einen Moral und Politik verbindenden *Begriff der Menschheit* verdanken. In ihm sind Ethik und Recht unter Berufung auf die Würde und das Menschenrecht eng verknüpft. Und wer Kant das Verdienst zuspricht, diese Verbindung hergeleitet und theoretisch wie praktisch verbindlich gemacht zu haben, der kann ihm nicht zugleich den Vorwurf machen, ein ›Rassist‹ zu sein, nur weil der Philosoph den Begriff der ›Rasse‹ in seinen Schriften gebraucht.

Nehmen wir diesen Begriffsgebrauch näher in den Blick, bestätigt sich, dass Kant den Ausdruck der ›Rasse‹ nicht verwendet, um der Menschheit den einheitlichen Charakter abzusprechen. Die Eigenschaften, »die allen Menschen als solchen gemein sind«, finden nämlich gar keinen Eingang in die »Eintheilung der *Racen*«, die lediglich auf physische Unterschiede bezogen ist, und so präsentiert die Schrift *Bestimmung des Begrifs einer Menschenrace* folgende erstaunliche Definition: »Der Begriff einer Race ist also: *der Klassenunterschied der Thiere eines und desselben Stammes, so fern er unausbleiblich erblich ist.*«[17] Physische Charakteristika unterscheiden uns also, insofern wir uns als Tiere verstehen. Auf unsere niemals bloß »physisch«, sondern immer auch geistig (also »moralisch«, »rechtlich«, »geschichtlich« oder »kulturell«) verstandene Menschenfamilie haben diese körperlichen Unterschiede keine Auswirkung. Das bestätigen alle moralphilosophischen und politiktheoretischen Schriften Kants, in denen ›Rassen‹ nirgends eine Rolle spielen.

Wenn Kant den Begriff dennoch nicht eben selten verwendet, dann zur Kennzeichnung äußerer Besonderheiten, so wie das in der von ihm genutzten Literatur üblich war. Hier gibt es manche abschätzige Äußerung, die sich dann auch bei Kant wiederfindet. Das darf weder verschwiegen noch geleugnet werden.[18] In seinem Werk geht es, seit den Sechziger Jahren, in erster Linie um Fragen der *Rechtfertigung* solcher und anderer kategorialer Begriffe für die *Naturgeschichte.* Der Begriff der Rasse wird in verschiedenen Schriften erörtert, dann aber nicht nur aus moraltheoretischen, sondern auch aus methodologischen Gründen, über die uns die *Critik der Urtheilskraft* aufklärt, abgewiesen. Überdies stellt Kant Unterschiede zwischen verschiedenen Ethnien in eine *kulturgeschichtliche Perspektive,* in der er 1786 die ganze Menschheitsgeschichte zu bewerten sucht: In seiner Mutmaßung über den *Anfang der Menschengeschichte*[19] führt er Natur- und Kulturgeschichte soweit zusammen, dass daraus der Anspruch wird, sie in eine globale Geschichte menschlicher Freiheit zu überführen.[20] Und so haben wir auch Kants Urteile über andere Erscheinungsformen des Menschen, insbesondere über die ›Wilden‹,[21] als Aussagen zu verstehen, zu denen die stets mitzudenkende natur- und kulturgeschichtliche Perspektive gehört. Kant denkt die Kultur, wie auch die sie tragende Natur, als fortschreitenden Prozess, der unter Mitwirkung der menschlichen Vernunft den Charakter des ›Fortschritts‹ annehmen kann. Alles, was Kant über die Herkunft und die Unterschiede der Menschen äußert, setzt deren natürliche und kulturelle Entwicklung voraus. Und in ihr ist das jetzt und in Zukunft unter allen Bedingungen zu wahrende Ziel: die *Sicherung der Freiheit* eines jeden und die *Wahrung der rechtlichen Gleichheit aller Menschen.*

Abb. 5 Bis in die neueste Zeit bilden die Würdigung des deutschen Philosophen und seines Werkes in Russland Anlass für Auseinandersetzungen. 2018 wurde die vor der Baltischen Föderalen Immanuel Kant Universität in Kaliningrad befindliche Statue Kants mit Farbbeuteln beworfen und beschädigt. Viele Einwohner Kaliningrads sowie Initiativen vor Ort engagieren sich heute für die Bewahrung von Kants Erbe.

Es ist nicht überliefert, ob Kant näheren Umgang mit Schwarzen hatte. In der *Critik der Urtheilskraft* ist einmal von einem »Irokesischen Sachem« die Rede, der vermutlich selbst als Sehenswürdigkeit nach Paris gebracht worden war.[22] Der Indianerhäuptling hatte aber gar keinen Sinn für die Pracht der Paläste; er war stärker an den »Garküchen« am Rande der Straßen interessiert und fand es staunenswert, dass man überall etwas essen konnte. Für Kant ist dieser Indianer nicht etwa ein Beispiel für Unbildung oder Dummheit, sondern für die *kulturelle Differenz* zwischen dem Leben in den Savannen Nordamerikas und in den Hauptstädten

Abb. 6 Moses Mendelssohn, Philosoph, Dichter, Schriftsteller, Übersetzer und Kaufmann, war die Schlüsselperson der jüdischen Aufklärung (Haskala) und einer der Wegbereiter der jüdischen Emanzipation. Da es in Berlin damals noch keine Universität gab und die Königliche Akademie der Wissenschaften für Juden verschlossen blieb, wirkte er vor allem publizistisch in den 1750er Jahren in der sich unter Buchhändlern, Verlegern, aufgeklärten Beamten, liberalen Theologen und Lehrern entwickelnden Aufklärungsszene Berlins. 1763 erhielt er den ersten Preis der Berliner Akademie der Wissenschaften für seine anonyme Preisschrift über die »Evidenz in Metaphysischen Wissenschaften«. Die Porträtzeichnung Moses Mendelssohns von Daniel Nikolaus Chodowiecki befindet sich heute in der Sammlung des Jüdischen Museums Berlin.

Europas. Aus dem Kontext der Textstelle in der dritten *Critik* kann man schließen, dass die Sympathie des überzeugten Europäers Immanuel Kant nicht bei den Bewunderern (oder gar Bewohnern) der Pariser Paläste, sondern bei dem indianischen Besucher liegt.

Der Philosoph, der Natur und Kultur in ihrer Verbindung zu begreifen sucht, sieht in dem, was wir *Globalisierung* nennen und was sich für Kant in den Kategorien von *Welthandel* und *Weltkenntnis* darstellte, die Aufgabe der alle Menschen umfassenden Zivilisierung mit dem Vorrang der Friedenssicherung. Ihm ist bewusst, dass die Politik es dabei mit Menschen in höchst unterschiedlichen Lebensverhältnissen zu tun hat. Es versteht sich von selbst, dass der Aufklärer viel davon hält, die Kenntnisse der Wissenschaft allen zugänglich zu machen und den Gebrauch der Vernunft zu verbreiten. Da mag es nahe liegen, einen Eurozentrismus zu vermuten. Aber wenn Kant mit diesen Zielen gar keine politische Mission verbindet, sondern sich stattdessen für weltweit *gleiche Rechtsverhältnisse* und einen überall uneingeschränkt zu wahrenden *Frieden* einsetzt, rückt die Menschheitsperspektive so nachdrücklich in den Vordergrund, dass der Philosoph Immanuel Kant gar nicht primär als Europäer, sondern vielmehr als ›Weltbürger‹ auftritt.

EIN BIOGRAPHISCHER SEITENBLICK AUF DEN ANTISEMITISMUS

In der Literatur der letzten zwanzig Jahre ist wiederholt der Vorwurf erhoben worden, Kant sei ein ›Rassist‹. Nach dem von Polizisten am 25. Mai 2020 in Minneapolis verübten Mord an George Floyd ist daraus eine vielstimmige Kritik geworden, die an den wiederholt gemachten Vorwurf des *Antisemitismus* oder (mit Blick auf seine Kritik am jüdischen Religionsverständnis) des *Antijudaismus* erinnert. Für Kritik finden sich in der Tat Anhaltspunkte, und es ist in beiden Fällen nur zu wünschen, dass die Belege ausgebreitet und erörtert werden. Doch ob sie den jeweils mit ihnen verbundenen Generalverdacht wirklich belegen, kann nicht vom Auftreten einzelner Äußerungen abhängig gemacht werden, die uns auf den ersten Blick befremden. Wir müssen sie vielmehr im Zusammenhang der Zeit und des Werks verstehen, und wir haben sie insbesondere mit Blick auf den philosophischen Kontext zu gewichten.

Hauptsächlich auf diesen letzten Punkt haben wir uns in unserer Nachbemerkung konzentriert. Da uns der vorliegende Band auf ein Jubiläum, auf Kants Geburtstag vor dreihundert Jahren am 22. April 1724 in Königsberg, einstimmen soll, liegt es nahe, noch eine Erinnerung an die Person anzufügen. Die kann sich auf das Problem des *Antisemitismus* beschränken, da es in Kants Leben keine biographisch bemerkenswerte Begebenheit gibt, die sein Verhältnis zu Schwarzen betrifft.[23]

Im Unterschied zum ›Rassismus‹, von dem unseres Wissens im Königsberg des 18. Jahrhunderts keine Rede war, gab es eine schroffe Ablehnung der Juden, wie sie in der christlichen Tradition weit verbreitet war. Man kann sie, verstärkt durch den von Luther gepredigten Hass auf die Juden, durchaus ›antisemistisch‹ nennen. Juden unterlagen zahlreichen rechtlichen Beschränkungen; sie hatten keinen Zugang zu öffentlichen Ämtern. In Königsberg war es männlichen Juden immerhin möglich, ein Studium der Medizin zu absolvieren.

Mit einem dieser angehenden Mediziner war Kant befreundet, auch weil er sein philosophisches Urteil schätzte.

Als der Privatdozent und Unterbibliothekar Immanuel Kant 1770 endlich einen Ruf auf die Professur für Logik und Metaphysik in Königsberg erhielt, hatte er vor deren Annahme noch eine weitere akademische Prüfung abzulegen, die nach der Vorlage einer lateinisch geschriebenen Arbeit[24] das Exerzitium eines öffentlichen Kolloquiums verlangte. Dazu war ein akademisch qualifizierter Respondent zu nominieren. Kant benannte seinen jüdischen Freund, den Doktor der Medizin, Marcus Herz. Der aber wurde von der Fakultät abgelehnt, weil er Jude war. Doch Kant beharrte auf seinem Vorschlag und setzte ihn am Ende auch durch. Nach erfolgreicher Prüfung und der Übernahme seiner Professur blieb er Marcus Herz verbunden. Wie eng die Verbindung war, belegen die Briefe, die Kant in der nachfolgenden Zeit seiner Arbeit an der *Critik der reinen Vernunft* geschrieben hat. Sie waren 1772 und 1773 an Marcus Herz gerichtet, der damals bereits als Arzt in Berlin tätig war. Kant war bewusst, dass ihm diese Beziehung zu einem Juden verübelt wurde; aber er kümmerte sich nicht darum.

Aufschlussreich ist auch eine Begebenheit vom 18. August 1777 im Königsberger Vorlesungssaal Immanuel Kants: Moses Mendelssohn – ein zu dieser Zeit als Aufklärer bereits zu hohem Ansehen gekommener, aber von vielen Deutschen wegen seiner Herkunft und seines Glaubens angefeindeter jüdischer Philosoph[25] – hatte sich, offenbar ohne Ankündigung, zu einem Besuch der Vorlesung Kants entschieden. Dort kam es zu der von einem Zeitzeugen geschilderten Begegnung.[26] Wir zitieren sie ohne weiteren Kommentar, denn sie sagt genug, um kenntlich zu machen, dass Kant gewiss nicht zu den Antisemiten der damaligen Zeit gehörte. Die Schilderung gibt ein Beispiel dafür, wie gleichmütig Kant mit willkürlichen Bestimmungen umgegangen ist, die gegen die Einsicht gerichtet waren, dass alle Menschen zu einer einzigen Gattung gehören, wie immer sie beschaffen sind und was immer sie auch glauben mögen:

> Als er nun in Kants Hörsaal trat und bescheiden an der Türe blieb, begannen die Studenten zu schnalzen, pfeifen und stampfen. Mendelssohn nahm mit eisiger Ruhe auf einem leerstehenden Stuhle Platz und erklärte kurz und artig, er wolle Kants Bekanntschaft machen. Erst Kants Erscheinen beschwichtigte den Lärm, und bald zog sein Vortrag die Zuhörer auf anderes hin. Als aber Mendelssohn nach beendetem Kolleg sich eifrig durch die Menge drängte, um zum Katheder zu gelangen, erschallte von neuem höhnisches Gelächter. Aber, als der Fremde Kant einige Worte gesagt, drückte Kant ihm herzlich die Hand und schloß ihn in seine Arme. Da ging es wie ein Lauffeuer durch die Reihen: ›Moses Mendelssohn! der jüdische Philosoph aus Berlin!‹, und ehrerbietig bildeten die Schüler eine Gasse, als die beiden Weltweisen Hand in Hand den Hörsaal verließen.

Bevor Kant den Saal betrat, hatten die Studenten, die in Moses Mendelssohn einen Juden erkannten, verächtlich geschnalzt, gepfiffen und gestampft. Dann aber sahen sie, wie Kant den unvermuteten Gast am Ende der Vorlesung begrüßte, um dann Hand in Hand mit ihm durch die sich spontan bildende Gasse ins Freie zu treten – ein Bild, das für die philosophische Wirkung des europäischen Menschheits-

Abb. 7 Exlibris von David Friedländer. Der in Königsberg geborene Friedländer gründete 1778 die Jüdische Freischule in Berlin, die ab 1806 von Lazarus Bendavid, der sich für die Verbreitung der Philosophie Kants einsetzte, geleitet wurde. Friedländer wurde 1809 erster jüdischer Stadtrat Berlins, war in der Gesellschaft der Stadt vielfach vernetzt und wurde nach dem Tod seines Freundes Moses Mendelssohn (1786) zum Organisator der Berliner jüdischen Aufklärung. Die 1774 entstandene Radierung von Chodowiecki zeigt den Götterboten Merkur (mit geflügeltem Helm und Stab) an eine antike Säule gelehnt, aufblickend zu dem auf einer Wolke liegenden Apollo, dem Gott des Lichts, der Sonne und der Vernunft.

theoretikers Immanuel Kant im Ganzen stehen könnte. Auch wo er Unterschiede und Gegensätze in der ›agonalen Geselligkeit‹ der Menschen namhaft macht, will er moralische Einheit, kulturelle Verbundenheit und politischen Frieden möglich machen. Eine junge Poetin *of black colour* hat diesen Willen am 20. Januar 2021 in ihrem von Rassenunruhen aufgewühlten Land in drei Verszeilen gefasst:

> And so we lift our gazes not
> To what stands between us,
> But what stands before us.[27]

1 MS, *Rechtslehre,* 350.

2 Der 1919 gegründete *Völkerbund,* dessen Intentionen heute in den *Vereinten Nationen* fortgeführt werden, folgte der 1795 gegebenen Anregung Kants.

3 Also: die Begründung für föderative Zusammenschlüsse kommt bei Kant ohne Anleihen aus der Antike oder der Kirchengeschichte aus. Kant verzichtet darauf, den Völkerbund auf christliche Staaten zu beschränken.

4 *Nachricht von der Einrichtung seiner Vorlesungen,* 303 ff.

5 *Pädagogik,* 477.

6 *Frieden,* 349.

7 Siehe dazu den Aufsatz von Pauline Kleingeld, der auch für Kants Behandlung des Rassen-Problems aufschlussreich ist (Kleingeld 2007).

8 MS, *Rechtslehre,* 231, § D.

9 Für dieses Verständnis der Friedensschrift wirbt Volker Gerhardt in Gerhardt 1995.

10 *Grundlegung,* 429.

11 »Die Würde des Menschen ist unantastbar. Sie zu achten und zu schützen ist Verpflichtung aller staatlichen Gewalt.« Ganz ähnlich im bereits 1948 verabschiedeten 1. Artikel der *Declaration of Human Rights* der Vereinten Nationen: »All human beings are born free and equal in dignity and rights.«

12 Voltaire 1989, Einleitung.

13 Kant, *Menschenrace,* 100.

14 Kant, *Racen,* 430.

15 Kant, *Racen,* 430.

16 Kant, *Teleologische Principien,* 169.

17 Kant, *Menschenrace,* 100.

18 Maja Schepelmann ist davon überzeugt, dass sich alle diese Stellen als Ausdruck eines polemischen, kritisch prüfenden Umganges mit den (wiederum teils polemischen) Ausführungen anderer Autoren (u. a. Hume, Montesquieu, Voltaire) lesen und belegen lassen.

19 *Muthmaßlicher Anfang* (1786).

20 In seiner dritten *Critik* wird Kant dem von Leibniz übernommenen Begriff der ›Evolution‹ eine neue Bedeutung geben, die es ihm erlaubt, alles Lebendige als Teil einer naturgeschichtlichen Entwicklung anzusehen. Das Lebendige muss mit Blick auf seine evolutionäre Dimension betrachtet werden (CU, 423, § 81), und das gilt natürlich auch für den Menschen. — Wie nahe Kant dieser Ansicht schon in den Anfängen seines Denkens gestanden hat, belegt seine *Allgemeine Naturgeschichte und Theorie des Himmels* von 1755.

21 ›Wilde‹ kommen bei Kant im Druckwerk über fünfzig Jahre hinweg an rund vierzig Stellen vor; sie sind definiert als Menschen, die in ›gesetzloser Freiheit‹ leben (*Frieden,* 354), sozusagen im ›Naturzustand‹ (*Rechtslehre,* 343). Ihre Sprachen hätten oft noch zu wenige Begriffe des Verstandes (weshalb Kant sie unumwunden mit der Sprache Homers oder der der Bibel gleichsetzt; *Anthropologie,* 191). ›Europäische‹ Wilde unterschieden sich von den ›amerikanischen‹ primär dadurch, dass sie ihre Feinde nicht äßen, sondern sie als Kanonenfutter in künftigen Kriegen einsetzten (*Frieden,* 354).

22 CU, 204, § 2.

23 Nur über den Umweg eines Zitats, mit dem sich Kant 1786 auseinandersetzt (*Teleologische Principen,* 174) kann man eine Verbindung konstruieren: Erwähnt werden »Zigeuner« und »Neger«.

24 *De forma,* 385 ff. Marcus Herz wird als Licentiat auf dem Titelblatt genannt.

25 Von Mendelssohn ist anzumerken, dass er 1763 in der anonym vollzogenen Preisverleihung der *Berliner Akademie der Wissenschaften* den 1. Preis erhalten hatte (während Kant den 2. Platz errang). Noch im selben Jahr wurde der von der Akademie vorgeschlagene Philosoph von König Friedrich II. als Akademie-Mitglied abgelehnt.

26 Mit den Worten, in denen sie von August Lewald, in seinen *Lebenserinnerungen* berichtet, und von Karl Vorländer, 1924, wiedergegeben worden ist.

27 »Und so lenken wir den Blick nicht auf das, was zwischen uns steht, sondern auf das, was vor uns liegt« (Amanda Gorman: *The Hill We Climb.* Inauguralgedicht anlässlich der Amtseinführung von Joe Biden als Präsident der Vereinigten Staaten von Amerika am 20. Januar 2021, in: Gorman 2021).

– – –

Abb. 1 Lawrence/Seguier: Porträt. Foto: A. Psille. © Deutsches Historisches Museum

Abb. 2 Alamy Stock Photo ID FF776E

Abb. 3 Kollwitz: Plakat. © Käthe Kollwitz Museum Köln

Abb. 4 Alamy Stock Photo ID CP3BP89

Abb. 5 Alamy Stock Photo ID R4EA65

Abb. 6 Chodowiecki: Stich. Foto: Jens Ziehe. © Jüdisches Museum Berlin

Abb. 7 Chodowiecki: Exlibiris. Herzog August Bibliothek Wolfenbüttel. URL: diglib.hab.de/?grafik=exlib-berlepsch-18-2-00382

Abb. 8 imagoimages Nr. 0110567249

Abb. 8 Amanda Gorman beim Vortrag des Gedichts *The Hill We Climb* am 20. Januar 2021 vor dem Kapitol in Washington während der Amtseinführung des 46. Präsidenten der USA, Joe Biden. Gorman ist Schriftstellerin und Lyrikerin, sie wendet sich in ihren Texten insbesondere gegen Unterdrückung und Rassismus.

ANHANG

o.T. #1 o.T. #2
o.T. #3 o.T. #4

o.T. #5 o.T. #6
o.T. #7

Abb. 1–7 Joachim Koester: *The Kant Walks.* Kants Biographen berichten, dass ein Spaziergang am Nachmittag oder am frühen Abend fester Bestandteil eines jeden Tagesablaufs war. Angeblich hat er seine Runden bei jedem Wetter und mit solcher Regelmäßigkeit absolviert, dass seine Nachbarn ihre Uhren nach ihm stellen konnten. Inspiriert durch die biographische Erzählung des englischen Schriftstellers Thomas De Quincey *The Last Days of Immanuel Kant* (1827) vollzieht der in New York lebende, in Dänemark geborene Künstler Joachim Koester (*1962) diese Spaziergänge mit der Kamera nach. In der zwischen 2003 und 2004 entstandenen Fotoserie *The Kant Walks* dokumentiert Koester Stationen, die er antraf, als er versuchte Kants historische Wege in Königsberg, das im Zweiten Weltkrieg fast vollständig zerstört wurde, im heutigen Kaliningrad aufzufinden. Dabei begegnen ihm blinde Flecken der Vergangenheit: deplaziert und vergessen wirkende Plätze und Architekturen, die Geschichte nicht linear, sondern als Chaos darstellen – ein zerrüttetes Gedächtnis der Orte.

Entstanden sind Fotografien von verfallender historischer Substanz, von sowjetische Architektur, von Plattenbauten, von zerstörten und verfremdeten Landschaften. Die trübe Atmosphäre lässt keine anheimelnden, nostalgischen Eindrücke zu, vielmehr entsteht eine Ästhetik des Verlustes. Gezeigt werden unterschiedliche materielle Schichten der Vergangenheit, verlassene Orte in ihrer langjährigen Verwahrlosung. Bei all dem schwingt dennoch mit, dass Kant einst diese Wege unter gänzlich anderen Bedingungen eingeschlagen hatte. Für Koester ist der von De Quincey beschriebene Verfall des mit Königsberg zeitlebens eng verbundenen Kant eine Art prophetische Vision des späteren Untergangs der Stadt: »Auf Kants Eintauchen in die Dunkelheit folgte später der Untergang der Stadt, für die er selbst ein Wahrzeichen war« (Koester).

Die sieben Fotos der Serie sind ohne Einzeltitel; abgebildet sind unter anderem das (inzwischen restaurierte) ›Friedrichsburger Tor‹ (Foto 1), das zum Abriss vorgesehene ›Haus der Sowjets‹ (Foto 2) im Bereich der früheren Königsberger Altstadt sowie weitere Impressionen aus der Entstehungszeit.

Abb. 8 Moritz Götze: *German Soup – Kant* (2019). Wandobjekt, Blattgold und Emaillemalerei, 60 × 35 cm. Das Objekt ist Teil der Serie *German Soup*, die Persönlichkeiten der deutschen Geschichte und Kultur von Johann Sebastian Bach über Martin Luther und die preußischen Könige bis zu Fürst Pückler, Clara Schumann und Immanuel Kant präsentiert, alle in Form von Porträts auf Suppendosen. In Anlehnung an Andy Warhols *32 Campbell's Soup Cans* und unter Verwendung anderer Comic-Elemente sowie Motiven der Pop-Art ruft Götze diese ›Repräsentanten Deutschlands‹ in origineller Weise neu und unprätentiös in Erinnerung. So werden Geistesgrößen und Personen der deutschen Geschichte aus der historisierenden Distanz befreit und zum möglichen Bestandteil unseres Alltags.

Literaturverzeichnis

Im Literaturverzeichnis werden die folgenden Abkürzungen verwendet:

Bd. Band
Bde. Bände
EA Erstausgabe
Hg. HerausgeberIn
hg. v. herausgegeben von
ND Nachdruck
UP University Press
ZS Zeitschrift

Das Literaturverzeichnis listet zunächst chronologisch die kantischen Werke auf, die zu seinen Lebzeiten veröffentlicht wurden. Zitiert wird generell nach der Akademie-Ausgabe *Kant's Gesammelte Schriften* (AA). Die Herausgeberin ist die Berlin-Brandenburgische (vormals Königlich Preußische) Akademie der Wissenschaften; die Bände erscheinen seit 1902 bis auf wenige Ausnahmen in Berlin (Reimer; De Gruyter). Die zu seinen Lebzeiten veröffentlichten Schriften und Werke sind enthalten in der Abteilung I der AA. Aus ihnen wird ohne Angabe von Bandnummern, statt dessen unter Verwendung von Kurztiteln zitiert. Titel und Zitate folgen der Orthographie der Originale, in Entsprechung zur Neuedition dieser ersten Abteilung, deren Bände zwischen 2023 und 2024 erscheinen werden. Angegeben wird im Folgenden nur jeweils die erste Originalausgabe einer kantischen Schrift.

Für Zitate aus und Bezüge auf die anderen drei Abteilungen der AA werden die Bände römisch beziffert. Diese anderen Abteilungen sind:

II. Abteilung (Bde. X–XIII):
Briefe, öffentliche Erklärungen.

III. Abteilung (Bde. XIV–XXIII):
Nachlass — Vorarbeiten, Ergänzungen und Reflexionen.

IV. Abteilung (Bde. XXIV–XXIX):
Vorlesungsnachschriften.

Kant — Abteilung I: Werke

Lebendige Kräfte
Gedanken von der wahren Schätzung der lebendigen Kräfte und Beurtheilung der Beweise, deren sich Herr von Leibnitz und andere Mechaniker in dieser Streitsache der Schrift bedient haben, nebst einigen vorhergehenden Betrachtungen, welche die Kraft der Körper überhaupt betreffen. Königsberg, Dorn 1749. In: Bd. 1, 1–181, hg. v. Kurd Lasswitz.

Theorie des Himmels
Allgemeine Naturgeschichte und Theorie des Himmels, oder Versuch von der Verfassung und dem mechanischen Ursprunge des ganzen Weltgebäudes nach Newtonischen Grundsätzen abgehandelt [anonym]. Königsberg & Leipzig, Petersen 1755. In: Bd. 1, 215–368, hg. v. Kurd Lasswitz.

Nova dilucidatio
Principiorum primorum cognitionis metaphysicae nova dilucidatio [...]. Königsberg, Hartung 1755. In: Bd. 1, 385–416, hg. v. Kurd Lasswitz.

Erdbeben
›Von den Ursachen [...]‹/›Beschluß von den Ursachen der Erderschütterungen, bey Gelegenheit des Unglücks welches die westliche Länder von Europa gegen das Ende des vorigen Jahres betroffen hat‹. In: *Wöchentliche Königsbergische Frag- und Anzeigungs-Nachrichten,* 24. und 31. Januar 1756. In: Bd. 1, 417–428, hg. v. Johannes Rahts.

Geschichte Erdbeben
Geschichte und Naturbeschreibung der merkwürdigsten Vorfälle des Erdbebens welches an dem Ende des 1755sten Jahres einen großen Theil der Erde erschüttert hat. Königsberg, Hartung, Februar 1756. In: Bd. 1, 429–462, hg. v. Johannes Rahts.

Betrachtung Erdbeben
›Fortgesetzte Betrachtung der seit einiger Zeit wargenommenen Erderschütterungen‹/›Beschluß, der fortgesetzten Betrachtung der Erderschütterungen‹. In: *Wöchentliche Königsbergische Frag- und Anzeigungsnachrichten,* 10. und 17. April 1756. In: Bd. 1, 463–472, hg. v. Johannes Rahts.

Monadologia physica
Metaphysicae cum geometria iunctae usus in philosophia naturali, cuius specimen I. continet monadologiam physicam [...]. Königsberg, Hartung 1756. In: Bd. 1, 473–488, hg. v. Kurd Lasswitz.

Neuer Lehrbegriff
Neuer Lehrbegriff der Bewegung und Ruhe, und der damit verknüpften Folgerungen in den ersten Gründen der Naturwissenschaft [...]. Königsberg, Hartung 1758. In: Bd. 2, 13–26.

Negative Größen
Versuch den Begriff der negativen Größen in die Weltweisheit einzuführen von M. Immanuel Kant. Königsberg, Kanter 1763. In: Bd. 2, 165–204, hg. v. Kurd Lasswitz.

Beweisgrund
Der einzig mögliche Beweisgrund zu einer Demonstration des Daseyns Gottes. Königsberg, Kanter 1763. In: Bd. 2, 63–164.

Deutlichkeit
Untersuchung über die Deutlichkeit der Grundsätze der natürlichen Theologie und der Moral. Zur Beantwortung der Frage, welche die Königl. Academie der Wissenschaften zu Berlin auf das Jahr 1763. aufgegeben hat. Zuerst in: *Abhandlung über die Evidenz in Metaphysischen Wissenschaften, welche den von der Königlichen Academie der Wissenschaften in Berlin auf das Jahr 1763. ausgesetzten Preis erhalten hat,* [...]. *Nebst noch einer Abhandlung über dieselbe Materie, welche die Academie nächst der ersten für die beste gehalten hat* [...], Berlin, Haude & Spener 1764, 67–99. In: Bd. 2, 273–302, hg. v. Kurd Lasswitz.

Nachricht
Nachricht von der Einrichtung seiner Vorlesung in dem Winterhalbenjahre von 1765–1766. Königsberg, Kanter 1765. In: Bd. 2, 303–314, hg. v. Kurd Lasswitz.

Gegenden
›Von dem ersten Grunde des Unterschieds der Gegenden im Raume‹. In: *Wöchentliche Königsbergische Frag- und Anzeigungsnachrichten,* 6., 13. und 20. Februar 1768. In: Bd. 2, 375–384, hg. v. Kurd Lasswitz.

De forma
De mundi sensibilis atque intelligibilis forma et principiis. Dissertatio pro loco professionis Log. et Metaph. Ordinariae rite sibi vindicando [...]. Königsberg, Hartung 1770 sowie Königsberg, Kanter 1770. In: Bd. 2, 385–420, hg. v. Erich Adickes.

Racen
Von den verschiedenen Racen der Menschen zur Ankündigung der Vorlesungen der physischen Geographie im Sommerhalbenjahre 1775. Königsberg, Hartung 1775. In: Bd. 2, 427–444, hg. v. Max Frischeisen-Köhler.

CrV
Critik der reinen Vernunft. Riga, Hartknoch 1781 (A) und 1787 (B). In: Bd. 4, 1–252 (A); Bd. 3 (B), hg. v. Benno Erdmann.

Prolegomena
Prolegomena zu einer jeden künftigen Metaphysik, die als Wissenschaft wird auftreten können. Riga, Hartknoch 1783. In: Bd. 4, 253–384, hg. v. Benno Erdmann.

Geschichte
›Idee zu einer allgemeinen Geschichte in weltbürgerlicher Absicht‹. In: *Berlinische Monatsschrift,* November 1784, 385–411. In: Bd. 8, 15–32, hg. v. Heinrich Maier.

Aufklärung
›Beantwortung der Frage: Was ist Aufklärung?‹ In: *Berlinische Monatsschrift,* Dezember 1784, 481–494. In: Bd. VIII, 33–42, hg. v. Heinrich Maier.

Rec. Herder I
›Besprechung von: [...] Ideen zur Philosophie der Geschichte der Menschheit von Johann Gottfried Herder [...]. Erster Theil‹ / ›Beschluß der [...] abgebrochenen Recension von Herders Ideen [...]‹. In: *Allgemeine Litteraturzeitung* 1785, No. 4 und Beylage I, 17–22. In: Bd. 8, 43–55, hg. v. Heinrich Maier.

Grundlegung
Grundlegung zur Metaphysik der Sitten. Riga, Hartknoch 1785. In: Bd. 4, 385–464, hg. v. Paul Menzer.

Rec. Herder II
›Besprechung von: [...] Ideen zur Philosophie der Geschichte der Menschheit, [...]. Zweyter Theil‹. In: *Allgemeine Litteraturzeitung* 1785, No. 217, IV, 153–156. In: Bd. 8, 58–66, hg. v. Heinrich Maier.

Menschenrace
›Bestimmung des Begrifs einer Menschenrace‹. In: *Berlinische Monatsschrift,* November 1785, 390–418. In: Bd. 8, 89–106, hg. v. Heinrich Maier.

Anfang
›Muthmaßlicher Anfang der Menschengeschichte‹. In: *Berlinische Monatsschrift,* Januar 1786, 1–28. In: Bd. 8, 107–124, hg. v. Heinrich Maier.

MAN
Metaphysische Anfangsgründe der Naturwissenschaft. Riga, Hartknoch 1786. In: Bd. 4, 465–566, hg. v. Alois Höfler.

Denken
›Was heißt: Sich im Denken orientiren?‹ In: *Berlinische Monatsschrift,* Oktober 1786, 304–330. In: Bd. 8, 131–148, hg. v. Heinrich Maier.

Morgenstunden
›Einige Bemerkungen von Herrn Professor Kant‹. In: *Prüfung der Mendelssohnschen Morgenstunden oder aller spekulativen Beweise für das Daseyn Gottes in Vorlesungen von Ludwig Heinrich Jakob Doktor der Philosophie in Halle. Nebst einer Abhandlung von Herrn Professor Kant.* Leipzig, Heinsius 1786, XLIX–LX. In: Bd. 8, 149–156, hg. v. Heinrich Maier.

CpV
Critik der practischen Vernunft. Riga, Hartknoch 1788. In: Bd. 5, 1–167, hg. v. Paul Natorp.

Teleologische Principien
›Über den Gebrauch [...]‹/ ›Fortsetzung der Abhandlung von dem Gebrauch teleologischer Principien in der Philosophie‹. In: *Der Teutsche Merkur,* Januar 1788, 36–52; Februar 1788, 107–136. In: Bd. 8, 157–184, hg. v. Heinrich Maier.

CU
Critik der Urtheilskraft. Berlin und Libau, Lagarde & Friedrich 1790. In: Bd. 5, 169–384, hg. v. Wilhelm Windelband.

Religion
Die Religion innerhalb der Grenzen der bloßen Vernunft. Vorgestellt von Immanuel Kant. Königsberg, Nicolovius 1793. In: Bd. 6, 1–202, hg. v. Georg Wobbermin.

Gemeinspruch
›Ueber den Gemeinspruch: Das mag in der Theorie richtig sein, taugt aber nicht für die Praxis‹. In: *Berlinische Monatsschrift,* September 1793, 201–284. In: Bd. 8, 273–314, hg. v. Heinrich Maier.

Frieden
Zum ewigen Frieden. Ein philosophischer Entwurf. Königsberg, Nicolovius 1795. In: Bd. 8, 341–386, hg. v. Heinrich Maier.

Verkündigung
›Verkündigung des nahen Abschlusses eines Traktats zum ewigen Frieden in der Philosophie‹. In: *Berlinische Monatsschrift,* Dezember 1796, 485–504. In: Bd. 8, 411–422, hg. v. Heinrich Maier.

MS
Die Metaphysik der Sitten [...]. Königsberg, Nicolovius. In: Bd. 6, 203–494, hg. v. Paul Natorp [in zwei Teilen]: ***Rechtslehre*** *Metaphysische Anfangsgründe der Rechtslehre* (1797), 203–372. ***Tugendlehre*** *Metaphysische Anfangsgründe der Tugendlehre* (1798), 373–494.

Vermeintes Recht
›Über ein vermeintes Recht aus Menschenliebe zu lügen‹. In: *Berlinische Blätter,* September 1797, 301–314. In: Bd. 8, 423–430, hg. v. Heinrich Maier.

Facultäten
Der Streit der Facultäten in drey Abschnitten. Königsberg, Nicolovius 1798. In: Bd. 7, 1–116, hg. v. Karl Vorländer.

Anthropologie
Anthropologie in pragmatischer Hinsicht abgefaßt von Immanuel Kant. Königsberg, Nicolovius 1798. In: Bd. 7, 117–334, hg. v. Oswald Külpe.

Logik
Immanuel Kants Logik ein Handbuch zu Vorlesungen. Auf Verlangen des Verfassers herausgegeben und zum Theil bearbeitet von G. B. Jäsche. Königsberg, Nicolovius 1800. In: Bd. 9, 1–150, hg. v. Max Heinze.

Pädagogik
Immanuel Kant über Pädagogik. Herausgegeben von D. Friedrich Theodor Rink. Königsberg, Nicolovius 1803. In: Bd. 9, 437–500, hg. v. Paul Natorp.

Kant – Abteilung II: Briefwechsel

Bearbeitet von Rudolf Reicke, Rose Burger, Johannes Reicke, Johannes Lochner und Paul Menzer.

Bd. X Briefe 1747–1788.

Bd. XI Briefe 1798–1794.

Bd. XII Briefe, öffentliche Erklärungen, weitere Dokumente 1795–1803.

Bd. XIII Anmerkungen und Register. Bearbeitet von Paul Menzer.

Kant – Aus den Abteilungen III und IV

Opus postumum
Opus postumum. Lose Blätter aus Kant's Nachlass. Bde. XXI und XXII, hg. v. Artur Buchenau/Gerhard Lehmann (die Neuedition dieser Bände ist in Vorbereitung; sie wird hg. v. Eckart Förster und Jacqueline Karl).

Fortschritte
Immanuel Kant über die von der Königl. Academie der Wissenschaften zu Berlin für das Jahr 1791 ausgesetzte Preisfrage: Welches sind die wirklichen Fortschritte, die die Metaphysik seit Leibnitzens und Wolf's Zeiten in Deutschland gemacht hat? Herausgegeben von D. Friedrich Theodor Rink, Königsberg, Goebbels & Unzer 1804. In: AA XX, 252–332, hg. v. Gerhard Lehmann.

Vorlesung *Naturrecht Feyerabend*
Kants Naturrecht gelesen im Winterhalben Jahr 1784. Gottfr: Feyerabend. In: AA XXVII.2/2, 1317–1394, hg. v. Gerhard Lehmann.

Vorlesung *Physische Geographie Dohna;* Vorlesung *Physische Geographie Dönhoff*
In: Werner Stark (Hg.): Elektronische Transskription und Dokumentation. URL: kant.bbaw.de/base.htm/geo_base.htm [Seitenangaben nach der Paginierung der Originale]

Monographien und Aufsätze

Adickes 1897
Erich Adickes: ›Lose Blätter aus Kants-Nachlass‹. In: *Kant-Studien* 1, 232–263.

Adickes 1920
Ders.: *Kants Opus postumum dargestellt und beurteilt.* Berlin, Reuther & Reichard.

Adickes 1924
Ders.: *Kant als Naturforscher,* Bd. 1. Berlin, De Gruyter.

Adorno 1966
Theodor Wiesengrund Adorno: *Negative Dialektik.* Frankfurt am Main, Suhrkamp.

Adorno 1997
Ders.: *Minima Moralia.* In: Ders.: Gesammelte Schriften. Bd. 4. Frankfurt am Main, Suhrkamp.

Akten 2013
Stefano Bacin/Alfredo Ferrarin/Claudio La Rocca/Margit Ruffing (Hg.): *Kant und die Philosophie in Weltbürgerlicher Absicht.* Akten des XI. Internationalen Kant-Kongresses, 5 Bde. Berlin/New York, De Gruyter.

Allison 2004
Henry E. Allison: *Kant's Transcendental Idealism. An Interpretation and Defense.* New Haven/London, Yale UP.

Améry 1977
Jean Améry: ›Aufklärung als Philosophia perennis. Dankesrede zur Verleihung des Lessing-Preises 1977 durch den Senat der Freien und Hansestadt Hamburg‹. In: *Die Zeit,* Nr. 22, 1977. URL: www.zeit.de/1977/22/aufklaerung-als-philosophia-perennis.

Anonymus 1804
Anonymus (Friedrich Gentz): *Immanuel Kant's Biographie.* 2 Bde. Leipzig, Weigel.

Arasse 2015
Daniel Arasse: *Anselm Kiefer.* München, Schirmer/Mosel.

Arendt 1979
Hannah Arendt: *Vom Leben des Geistes. Das Denken. Das Wollen.* München/Zürich, Piper.

Armgart 2015
Martin Armgart: ›Ostpreußen‹. In: *Ome-Lexikon* [URL: ome-lexikon.uni-oldenburg.de/p32538].

Arnoldt 1879
Emil Arnoldt: *Kant's Prolegomena nicht doppelt redigirt. Widerlegung der Benno Erdmann'schen Hypothese.* Berlin, Lippmannssohn.

Arnoldt 1882
Ders.: *Kant nach Fischers neuer Darstellung.* In: Ders.: Gesammelte Schriften. Hg. v. Otto Schöndörffer, Bd. III. Berlin, Cassirer 1908, 211–266.

Auping 2005
Michael Auping: *Heaven and Earth.* München, Prestel.

Bachmann 1956
Ingeborg Bachmann: *An die Sonne.* Zuerst in: *Merkur. Deutsche Zeitschrift für europäisches Denken* 10, Heft 6 (1956), 534.

Bacin 2004
Stefano Bacin: ›*Maestro e Tribuno del Popolo.* Due nuove Biografie per il Bicentenario di Kant‹. In: *Studi Kantiani* XVII, 172–186.

Bacin/Sensen 2018
Stefano Bacin/Oliver Sensen (Hg.): *The Emergence of Autonomy in Kant's Moral Philosophy.* New York, Cambridge UP.

Bacon 1962/63
Francis Bacon: *The Works.* Hg. v. James Spedding/Robert Leslie Ellis/Douglas Denon Heath. London, Longman & Co. 1857–1874. Faksimile-ND: Stuttgart-Bad Cannstatt, Frommann-Holzboog 1961.

Bakunin 1973
Mikhail Bakunin: Frühschriften. Eingeleitet, übersetzt und mit Anmerkungen versehen von Rainer Beer. Köln, Hegner.

Barth 1985
Karl Barth: *Die protestantische Theologie im 19. Jahrhundert.* Zollikon/Zürich, Evangelischer Verlag [EA: 1947; 2. verbesserte Auflage: 1952; fortlaufend weitere Nachdrucke].

Barth 1922
Ders.: *Der Römerbrief.* Zweite Fassung. 16. Auflage: Zürich, Theologischer Verlag 1999.

Barth 2012
Roderich Barth: ›Kant als Philosoph des Neukantianismus‹. In: Reinhard Hiltscher/Stefan Klingner (Hg.): *Kant und die Religion — Die Religionen und Kant.* Hildesheim, Olms, 119–136.

Bastian 2008
Heiner Bastian (Hg.): *Anselm Kiefer – Heroische Sinnbilder/Heroic Symbols.* München, Schirmer Mosel.

Beck 1974
Lewis White Beck: *Kants* Kritik der praktischen Vernunft. *Ein Kommentar.* München, Fink.

Beeman 2012
Richard Beeman (Hg.): *The Declaration of Independence and the United States Constitution.* New York/Toronto/London, Penguin.

Benjamin 1979
Walter Benjamin: *Deutsche Menschen. Eine Folge von Briefen.* Ausgewählt und kommentiert von dems. Mit einer Nachbemerkung von Klaus-Peter Noack. Leipzig/Weimar, Kiepenheuer.

Bergk 1807
Adam Bergk: ›Ankündigung des europäischen Beobachters‹. In: *Intelligenzblatt der Zeitung für die elegante Welt,* Bd. 7, Nr. 61, vom Dienstag, den 10. November 1807, Bl. 4.

Bernhart-Königstein 2017
Gregor Bernhart-Königstein: *Kants Wanderung über das Nebelmeer. Die wahre Entstehungsgeschichte der Kritik der Vernunft im Spiegel der Bilderwelt Caspar D. Friedrichs.* Wien, Neue Welt Verlag.

Blesenkemper 1987
Klaus Blesenkemper: Publice age — *Studien zum Öffentlichkeitsbegriff bei Kant.* Frankfurt am Main, Haag & Herchen.

Bloch 1976
Ernst Simon Bloch: *Das Prinzip Hoffnung.* Frankfurt am Main, Suhrkamp.

Blumenbach 1788
Johann Friedrich Blumenbach: *Handbuch der Naturgeschichte.* 3. Auflage. Göttingen, Dieterich [EA ebd. 1779].

Böhler 2019
Dietrich Böhler: *Was gilt? Dialogreflexive Dialektik zu Zukunftspflicht, Lebenserwartung und Lebensrecht.* Manuskript 2017. URL: www.katholische-akademie-berlin.de/wp-content/uploads/2019/10/Boehler_Was-gilt.pdf (abgerufen am 23. 4. 2020).

Böhme/Böhme 1983
Hartmut Böhme/Gernot Böhme: *Das Andere der Vernunft. Zur Entwicklung von Rationalitätsstrukturen am Beispiel Kants.* Frankfurt am Main, Suhrkamp.

Borowski 1804
Ludwig Ernst Borowski: *Darstellung des Lebens und Charakters Immanuel Kant's.* Königsberg, Nicolovius.

Brandt 1990
Reinhard Brandt: ›Die politische Institution bei Kant‹. In: Gerhard Göhler u. a. (Hg.): *Politische Institutionen im gesellschaftlichen Umbruch.* Opladen, Westdeutscher Verlag, 335–357.

Brandt 1987
Ders.: ›Zum Streit der Fakultäten‹. In: Brandt/Stark 1987, 31–78.

Brandt 1999
Ders.: *Die Wirklichkeit des Bildes. Sehen und Erkennen — vom Spiegel zum Kunstbild.* München/Wien, Hanser.

Brandt 2000
Ders.: *Philosophie in Bildern — von Giorgione bis Magritte.* Köln, DuMont.

Brandt 2003
Ders.: *Universität zwischen Selbst- und Fremdbestimmung. Kants ›Streit der Fakultäten‹. Mit einem Anhang zu Heideggers Rektoratsrede.* Berlin, De Gruyter.

Brandt 2009
Ders.: ›Immanuel Kant — Was bleibt?‹ In: Klemme 2009, 500–542.

Brandt/Stark 1987
Ders./Werner Stark: *Neue Autographen und Dokumente zu Kants Leben, Schriften und Vorlesungen.* Hamburg, Meiner (Kant-Forschungen, Bd. 1).

Breitenbach 2009
Angela Breitenbach: *Die Analogie von Vernunft und Natur: Eine Umweltphilosophie nach Kant.* Berlin/New York, De Gruyter.

Breton 1991
André Breton: *Le beauté convulsive.* Paris, Édition du Centre Pompidou.

Büttner 2014
Andrea Büttner (Hg.): *Immanuel Kant. Kritik der Urteilskraft.* Hamburg, Meiner.

Buffon: *Allgemeine Naturgeschichte*
Georges-Louis Leclerq, Comte de Buffon: *Allgemeine Historie der Natur nach allen ihren besonderen Theilen abgehandelt* […]. Leipzig/Hamburg, Grund & Holle, 1750–1781 [EA: *Histoire naturelle, générale et particulière.* Paris 1749–1804].

Buhr 1968
Manfred Buhr: *Einführung in Leben und Werk.* Leipzig, Reclam [4. Auflage: 1989].

Buhr/Irrlitz 1968
Ders./Gerd Irrlitz: *Der Anspruch der Vernunft. Die klassische bürgerliche deutsche Philosophie als theoretische Quelle des Marxismus.* Berlin, Akademie-Verlag.

Buhr/Oiserman 1975
Ders./Teodor Iljitsch Oiserman (Hg.): *Revolution der Denkart oder Denkart der Revolution. Beiträge zur Philosophie Immanuel Kants.* Protokoll-Beiträge einer philosophischen Akademie-Tagung am 28./29. März 1974 in Berlin. Berlin, Akademie-Verlag.

Burke 1790
Edmund Burke: *Reflections on the Revolution in France And on the Proceedings in Certain Societies in London Relative to that Event.* London, Dodsley. [Übersetzt von Friedrich Gentz als: *Bemerkungen über die französische Revoluzion und das Betragen einiger Gesellschaften in London bey diesen Ereignissen. Aus dem Englischen nach der vierten Ausgabe übersetzt.* Wien, Stabel 1791].

Cassirer 1910
Ernst Cassirer: *Substanzbegriff und Funktionsbegriff. Untersuchungen über die Grundfragen der Erkenntniskritik* [EA 1910]. In: Gesammelte Werke. Hamburger Ausgabe (ECW), Bd. 6. Hg. v. Birgit Recki. Hamburg, Meiner, 2000.

Cassirer 1919
Ders.: *Heinrich von Kleist und die Kantische Philosophie* [EA 1919]. Berlin, Reuther & Reichard. In: Gesammelte Werke (ECW), Bd. 9. Hg. v. Marcel Simon. Hamburg, Meiner, 2001.

Cassirer 1921
Ders.: *Kants Leben und Lehre.* Berlin, Cassirer [EA 1918].

Cassirer 1923
Ders.: *Philosophie der symbolischen Formen,* I. *Die Sprache.* Berlin, Cassirer. Gesammelte Werke (ECW), Bd. 11. Neu hg. v. Claus Rosenkranz. Hamburg, Meiner, 2001.

Cassirer 1925
Ders.: *Philosophie der symbolischen Formen,* II. *Das mythische Denken.* Berlin, Cassirer. Gesammelte Werke (ECW), Bd. 12. Neu hg. v. Claus Rosenkranz. Hamburg, Meiner, 2002.

Cassirer 1929
Ders.: *Philosophie der symbolischen Formen,* III. *Phänomenologie der Erkenntnis.* Berlin, Cassirer. Gesammelte Werke (ECW), Bd. 13. Neu hg. v. Claus Rosenkranz. Hamburg, Meiner, 2002.

Cassirer 2007
Ders.: *Zur Logik der Kulturwissenschaften. Fünf Studien.* In: Gesammelte Werke (ECW), Bd. 24. Hg. v. Birgit Recki. Hamburg, Meiner.

Cassirer-Nachlass
Ders.: Nachgelassene Manuskripte und Texte. Ausgewählter wissenschaftlicher Briefwechsel. In: Gesammelte Werke (ECW), Bd. 18. Hg. v. John Michael Krois. Hamburg, Meiner, 2009.

Cheetham 2001
Mark A. Cheetham: *Kant, Art, and Art History. Moments of Discipline.* Cambridge, UP.

Christman 2018
John Christman: Autonomy in Moral and Political Philosophy. In: Edward N. Zalta (Hg.): *The Stanford Encyclopedia of Philosophy (Spring 2018 Edition).* URL: plato.stanford.edu/archives/spr2018/entries/autonomy-moral.

Cohen 1873
Hermann Cohen: *Systematische Begriffe in Kants vorkritischen Schriften nach ihrem Verhältnis zum Kritischen Idealismus.* In: Hermann Cohens Schriften zur Philosophie und Zeitgeschichte, hg. v. Albert Görland/Ernst Cassirer. 2 Bde. Berlin, Cassirer, 1928, Bd. 1, 276–335.

Cohen 1883
Ders.: *Das Prinzip der Infinitesimalmethode und seine Geschichte.* Berlin, Dümmler 1883. Unter Verwendung des ND der 1. Auflage kritisch hg. und eingeleitet v. Peter Schulthess. Hildesheim, Olms 1984.

Cohen 1885
Ders.: *Kants Theorie der Erfahrung.* Zweite, neubearbeitete Auflage. Berlin, Dümmler 1885 [EA Berlin, Dümmler 1871]. In: *Werke,* Bd. 1 in drei Teilbänden. Hg. v. Hermann-Cohen-Archiv am Philos. Seminar der Univ. Zürich unter Leitung von Helmut Holzhey. 5. Auflage, Hildesheim, Olms, 1987.

Cohen 1889
Ders.: *Kants Begründung der Aesthetik.* Berlin, Dümmler.

Cohen 1912
Ders.: *Aesthetik des reinen Gefühls.* Berlin, Cassirer. In: Werke, Bd. 3.1. Hg. vom Hermann-Cohen-Archiv. Hildesheim, Olms 1982.

Condillac 1983
Etienne Bonnot de Condillac: *Abhandlung über die Empfindungen* [EA: *Traité des sensations.* Paris 1754, 2 Bde.]. Hg. v. Lothar Kreimendahl. Hamburg, Meiner.

Cramer 1967
Wolfgang Cramer: *Gottesbeweise und ihre Kritik. Prüfung ihrer Beweiskraft.* Frankfurt am Main, Klostermann [2. Auflage: 2010].

Croitoru 2018
Joseph Croitoru: *Die Deutschen und der Orient. Faszination, Verachtung und die Widersprüche der Aufklärung.* München, Hanser.

Dalí 1984
Salvador Dalí: *Das geheime Leben des Salvador Dalí.* Übersetzung und Nachwort von Ralf Schiebler. München, Schirmer/Mosel.

De Quincey 1827
Thomas De Quincey: *[The] Last Days of Immanuel Kant and Other Writings.* De Quincey's Works. Vol. III. Edinburgh, Adam & Charles Black 1862 [EA: in *Blackwood's Magazine,* 1827].

Defoe 1719
Daniel Defoe: *The Life and strange surprising Adventures of Robinson Crusoe of York, Mariner […].* London, Taylor.

Denker 2002
Alfred Denker (Hg.): *Martin Heidegger/Heinrich Rickert. Briefe 1912–1933 und andere Dokumente.* Hg. aus den Nachlässen. Frankfurt am Main, Klostermann.

Descartes 1908
René Descartes: *Regulae ad directionem ingenii* [EA Amsterdam 1684, posthum]. In: *Œuvres de Descartes.* Hg. v. Charles Adam/Paul Tannery. Bd. X, 359–469. Paris, Vrin.

Descartes 1964
Ders.: *Meditationes de prima philosophia* [EA Paris 1641]. In: *Œuvres de Descartes.* Hg. v. Charles Adam/Paul Tannery. Bd. VII. Paris, Vrin.

Diderot 1751–1780
Denis Diderot/Jean Le Rond D'Alembert (Hg.): *Encyclopédie ou dictionnaire raisonné des sciences, des arts et des métiers par une societé de gens de lettre, […].* 35 Bde., Paris u. a., Briasson/David/Le Breton/Durand.

Diels/Kranz
Hermann Diels, mit Walther Kranz (Hg.): *Die Fragmente der Vorsokratiker.* Bd. 2, Berlin, Weidmann 1951 und öfter [auch verschiedene Lizenzausgaben, u. a. Reinbek bei Hamburg, Rowohlt, 1957].

Dietzsch/Dietzsch 1974
Birgit und Steffen Dietzsch: ›Bibliographie der Kant-Literatur in der Deutschen Demokratischen Republik 1949–1974‹. In: *Deutsche ZS für Philosophie* 12, 1485–1495. — Ders./Dies.: ›Nachtrag‹. In: *Deutsche ZS für Philosophie* 2 (1976), 206–210.

Dietzsch 1981
Steffen Dietzsch (Hg.): *Von den Träumen der Vernunft. Kants kleine Schriften.* Leipzig, Kiepenheuer.

Dietzsch 1984
Ders. (Hg.): *Kant. Streit der Fakultäten.* Leipzig, Reclam.

Dietzsch 1987
Ders. (Hg.): *Karl Rosenkranz. Geschichte der Kant'schen Philosophie.* Berlin, Akademie-Verlag.

Dietzsch 2003
Ders.: *Immanuel Kant. Eine Biographie.* Leipzig, Universitätsverlag.

Dietzsch 2008
Ders.: ›Denken und Handeln nach der Katastrophe. Pombal und Kant als Meister der Krise‹. In: Gerhard Lauer/Thorsten Unger (Hg.): *Das Erdbeben von Lissabon und der Katastrophendiskurs im 18. Jahrhundert.* Göttingen, Wallstein, 258–274.

Dilthey 1883
Wilhelm Dilthey: *Einleitung in die Geisteswissenschaften. Versuch einer Grundlegung für das Studium der Gesellschaft und der Geschichte.* Leipzig, Duncker & Humblot.

Dmitrieva 2010
Nina A. Dmitrieva: ›Mensch und Geschichte. Zur *anthropologischen Wende* im russischen Neukantianismus‹. In: *Etica & Politica/Ethics & Politics*, XII/2, 82–103.

Dörflinger 2000
Bernd Dörflinger: *Das Leben theoretischer Vernunft. Teleologische und praktische Aspekte der Erfahrungstheorie Kants.* Berlin, De Gruyter.

Doyle 1983
Michael W. Doyle: ›Kant, Liberal Legacies, and Foreign Affairs‹. In: *Philosophy and Public Affairs* 12, 205–235 und 323–353.

Düsing 1968
Klaus Düsing: *Die Teleologie in Kants Weltbegriff.* Bonn, Bouvier [2. Auflage: 1986].

Düsing 2010
Ders.: ›Kritik der Theologie und Gottespostulat bei Kant‹. In: Norbert Fischer/Maximilian Forschner (Hg.): *Die Gottesfrage in der Philosophie Immanuel Kants.* Freiburg u. a., Herder, 57–71.

Emundts 2000
Dina Emundts (Hg.): *Immanuel Kant und die Berliner Aufklärung.* Wiesbaden, Reichert.

Erdmann 1884
Benno Erdmann (Hg.): *Reflexionen Kants zur Kritik der reinen Vernunft.* Leipzig, Fues.

Ern 1914
Vladimir F. Ern: ›Ot Kanta k Kruppu‹ [Rede auf einer öffentlichen Sitzung der Religiösen und Philosophischen Gesellschaft zum Gedenken an V. Solovyov, 6. Oktober 1914]. In: *Russkaja mysl,* Moskau/St. Petersburg, Bd. XII, Abteilung II, 116–124.

Fichte GA
Johann Gottlieb Fichte. Gesamtausgabe der Bayerischen Akademie der Wissenschaften. Hg. v. Erich Fuchs u. a. Stuttgart-Bad Cannstatt, Frommann-Holzboog 1962–2012.

Fichte 1845
Ders.: *Das System der Sittenlehre nach Principien der Wissenschaftslehre* [EA Jena und Leipzig, Gabler 1798]. In: Johann Gottlieb Fichte's Sämmtliche Werke, hg. v. Immanuel Herrmann Fichte, 2. Abtheilung, 2. Bd., Berlin, Veit & Co.

Fichte 1965
Ders.: GA. Werke, Bd. 2. Hg. v. Hans Jacob/Reinhard Lauth.

Fichte 1970
Ders.: GA. Werke, Bd. 4. Hg. v. Hans Gliwitzky/Reinhard Lauth.

Fischer 1860
Kuno Fischer: *Immanuel Kant und seine Lehre,* 1. Buch: *Entstehung und Grundlegung der kritischen Philosophie.* Heidelberg, Winter.

Forst 2007
Rainer Forst: *Das Recht auf Rechtfertigung. Elemente einer konstruktivistischen Theorie der Gerechtigkeit.* Frankfurt am Main, Suhrkamp.

Forst 2011
Ders.: *Kritik der Rechtfertigungsverhältnisse. Perspektiven einer kritischen Theorie der Politik.* Frankfurt am Main, Suhrkamp.

Försterling 2016
Wolfram Försterling: *Aufklärung oder Unmündigkeit. Wie weit strahlt das Licht der Vernunft? Die Werte der Aufklärung im 21. Jahrhundert.* Baden-Baden, Nomos.

Foucault 2005
Michel Foucault: *Die Heterotopien* [EA 1966]. In: Ders.: *Die Heterotopien. Der utopische Körper. Zwei Radiovorträge.* Zweisprachige Ausgabe, übersetzt von Michael Bischoff, mit einem Nachwort von Daniel Defert. Frankfurt am Main, Suhrkamp.

Frankfurt 1987
Harry G. Frankfurt: *The Importance of What We Care About.* Cambridge, UP.

Frege 1884
Gottlob Frege: *Die Grundlagen der Arithmetik. Eine logisch-mathematische Untersuchung über den Begriff der Zahl.* Breslau, Koebner.

Frei Gerlach 2000
Franziska Frei Gerlach: ›Geschwisterschaft in Wort und Bild: Ingeborg Bachmann und Anselm Kiefer‹. In: *Freiburger Frauenstudien* 1, 169–191.

Fromm 1894
Emil Fromm: *Immanuel Kant und die preußische Zensur. Nebst kleineren Beiträgen zur Lebensgeschichte Kants. Nach den Akten im Königlichen Geheimen Staatsarchiv zu Berlin.* Hamburg u. a., Voss.

Fülleborn 1800
Georg Gustav Fülleborn: *Immanuel Kant.* In: Museum deutscher Gelehrter und Künstler in Kupfern und schriftlichen Abrissen. Bd. I. Breslau, Schall, 1–32.

Fulda 2017
Daniel Fulda: *»Die Geschichte trägt der Aufklärung die Fackel vor.« Eine deutsch-französische Bild-Geschichte.* Halle an der Saale, Mitteldeutscher Verlag (IZEA Kleine Schriften 7/2016).

Funke 1990
Gerhard Funke: ›Mit Kant, Kritik — und ohne Kader‹. In: *Mitteilungen des Hochschulverbandes* 38, Bonn-Bad Godesberg, 173 f.

Gause 1965
Fritz Gause: *Die Geschichte der Stadt Königsberg in Preußen.* I. Bd.: *Von der Gründung der Stadt bis zum letzten Kurfürsten.* Köln, Böhlau.

Gause 1969
Ders.: *Die Geschichte der Stadt Königsberg in Preußen.* II. Bd.: *Königskrönung bis zum Ausbruch des ersten Weltkrieges.* Köln, Böhlau.

Gentz 1800
Friedrich Gentz: ›Ueber den ewigen Frieden‹. In: Ders. (Hg.): *Historisches Journal,* Dezember 1800, 709–790. — Auch in: Kurt von Raumer: *Ewiger Friede. Friedensrufe und Friedenspläne seit der Renaissance.* Freiburg, Alber 1953, 461–497.

Gerhardt 1985
Volker Gerhardt: Rezension von Böhme/Böhme 1983. In: *Kant-Studien* 76, 471–478.

Gerhardt 1995
Ders.: *Immanuel Kants Entwurf »Zum Ewigen Frieden«: Eine Theorie der Politik.* Darmstadt, WBG (2. Auflage: 2004; 3. Auflage: 2020).

Gerhardt 2002
Ders.: *Immanuel Kant. Vernunft und Leben.* Stuttgart, Reclam.

Gerhardt 2005
Ders.: ›Die Menschheit in unserer Person. Fünf Gründe Kant in Kaliningrad zu ehren‹. In: Wladimir Bryuschinkin (Hg.): *Kant zwischen West und Ost. Zum Gedenken an Kants 200. Todestag und 280. Geburtstag.* Kaliningrad, UP, 17–23.

Gerhardt 2007a
Ders.: ›Im Jahr des Geistes. Philosophiekolumne‹. In: *Merkur,* Heft 696, 339–346.

Gerhardt 2007b
Ders.: ›Leben ist das größere Problem. Philosophische Annäherung an eine Naturgeschichte der Freiheit‹. In: BBAW (Hg.): *Berichte und Abhandlungen,* Bd. 13. Berlin, Akademie-Verlag, 195–216. — Auch in: Jan-Christoph Heilinger (Hg.): *Naturgeschichte der Freiheit, Humanprojekt 1.* Berlin, De Gruyter, 457–479 [überarbeitet].

Gerhardt 2010a
Ders.: ›Von der Entwicklung zur Evolution. Historische und philosophische Aspekte der Bedeutung Darwins‹. In: BBAW (Hg.): *Wer hat die Deutungshoheit über die Evolution?* Berlin, De Gruyter, 59–82.

Gerhardt 2010b
Ders., ›Kulturelle Evolution. Philosophische Anmerkungen zu einem nicht erst seit Darwin aktuellen Programm‹. In: Detlev Ganten/Volker Gerhardt/Julian Nida-Rümelin (Hg.): *Evolution in Natur und Kultur.* Berlin, De Gruyter, 185–204.

Gerhardt 2012
Ders. (Hg.): *Immanuel Kant. Sein Leben in Darstellung von Zeitgenossen. Die Biographien von Borowski, Jachmann und Wasianski.* Darmstadt, WBG.

Gerhardt 2012a
Ders.: *Öffentlichkeit. Die politische Form des Bewusstseins.* München, Beck.

Gerhardt 2016
Ders.: *Glaube und Wissen. Ein notwendiger Zusammenhang.* Stuttgart, Reclam.

Gerhardt 2017
Ders.: ›Religion unter dem Anspruch politischer Vernunft: Immanuel Kant‹. In: Oliver Hidalgo/Christian Polke (Hg.): *Staat und Religion. Zentrale Positionen zu einer Schlüsselfrage des politischen Denkens.* Heidelberg, Springer, 237–264.

Gerhardt 2019
Ders.: *Humanität. Über den Geist der Menschheit.* München, Beck.

Gerhardt/Karl/Esser 2014
Volker Gerhardt/Jacqueline Karl/Andrea Marlen Esser: ›Ein großes Werk zum Abschluss bringen‹. In: *Deutsche ZS für Philosophie* Bd. 62, Heft 1, 27–40.

Gerhardt/Rauh 2001
Volker Gerhardt/Hans-Christoph Rauh (Hg.): *Anfänge der DDR-Philosophie.* Berlin, Ch. Links.

Ginsborg 2015
Hannah Ginsborg: *The Normativity of Nature: Essays on Kant's Critique of Judgment.* Oxford, UP.

Gorman 2021
Amanda Gorman: *The Hill We Climb. Den Hügel hinauf.* Zweisprachige Ausgabe. Hamburg, Hoffmann & Campe.

Gregorovius 2017
Ferdinand Gregorovius: Europa und die Revolution. Leitartikel 1848–1850. Hg. v. Dominik Fugger/ Karsten Lorek. München, Beck.

Gröner 2017
Anke Gröner: *Auseinandersetzung und Aneignung. NS-Thematik im Frühwerk von Anselm Kiefer und Markus Lüppertz.* Masterarbeit München. URL: www.ankegroener.de/Bilder/AnkeGroener_MA.pdf (abgerufen am 22. 11. 2019).

Gulyga 1985
Arsenij Gulyga: *Immanuel Kant.* Übersetzt von Sigrun Bielfeldt. Frankfurt am Main, Suhrkamp.

Gunkel 1989
Andreas Gunkel: *Spontaneität und moralische Autonomie. Kants Philosophie der Freiheit.* Bern, Haupt.

Habermas 1983
Jürgen Habermas: *Moralbewußtsein und kommunikatives Handeln.* Frankfurt am Main, Suhrkamp.

Habermas 2005
Ders.: *Die Grenze zwischen Glauben und Wissen. Zur Wirkungsgeschichte und aktuellen Bedeutung von Kants Religionsphilosophie.* Frankfurt am Main, Suhrkamp.

Habermas 2019
Ders.: *Vernünftige Freiheit. Spuren des Diskurses über Glauben und Wissen.* Frankfurt am Main, Suhrkamp.

Hartenstein 1867/1868
Gustav Hartenstein: *Immanuel Kant's Sämmtliche Werke. In chronologischer Reihenfolge.* 8 Bde. Leipzig, Voss.

Hartmann 1994
Stefan Hartmann: ›Quellen zur Königsberger Universitätsgeschichte in der Frühen Neuzeit‹. In: *ZS für Ostforschung* 43, Heft 3, 368–409.

Hasse 1804
Johann Gottfried Hasse: *Lezte Aeußerungen Kant's von einem seiner Tischgenossen.* 2. Abdruck, Königsberg, Hering. In: Artur Buchenau/ Gerhard Lehmann (Hg.): *Der alte Kant. Hasse's Schrift: Letzte Äußerungen Kants und persönliche Notizen aus dem opus postumum, mit einem Bildnis und einem Faksimile.* Berlin/Leipzig, De Gruyter 1925.

Hegel 1986
Georg Wilhelm Friedrich Hegel. Werke-Ausgabe in zwanzig Bänden, hg. v. Eva Moldenhauer/Karl Markus Michel. Frankfurt am Main, Suhrkamp.

Heidegger 1927
Martin Heidegger: *Sein und Zeit* [EA in: *Jahrbuch für Philosophie und phänomenologische Forschung* 8, Halle 1927]. Seither in etlichen Auflagen, Frankfurt am Main, Klostermann.

Heidegger 1929a
Ders.: *Was ist Metaphysik?* In: Friedrich-Wilhelm von Herrmann (Hg.): *Wegmarken.* Heidegger-Gesamtausgabe, Bd. 9. Frankfurt am Main, Klostermann 1976 [2. Auflage: 1996; 3. Auflage: 2004, sowie als Separatausgabe: 2006].

Heidegger 1991
Ders.: *Kant und das Problem der Metaphysik* [EA 1929]. Fünfte, vermehrte Auflage. Frankfurt am Main, Klostermann 1991. — Erst in der Ausgabe 1991 sind die Protokolle der Davoser Disputation publiziert.

Heidemann 2002
Ders.: ›Anschauung und Begriff. Ein Begründungsversuch des Stämmedualismus in Kants Erkenntnistheorie‹. In: Kristina Engelhard (Hg.): *Aufklärungen. Festschrift für Klaus Düsing zum 60. Geburtstag.* Berlin, Duncker & Humblot, 65–90.

Heidemann 2017
Dietmar H. Heidemann: ›Diskursivität und Einheit des Selbstbewusstseins‹. In: Giuseppe Motta/Udo Thiel (Hg.): *Immanuel Kant: Die Einheit des Bewusstseins.* Berlin, De Gruyter, 11–31.

Herbart 1912
Johann Friedrich Herbart. Sämtliche Werke. In chronologischer Reihenfolge. Hg. v. Karl Kehrbach/ Otto Flügel. Langensalza, Beyer 1887–1912. Bd. 17–18 [ND: Aalen, Scientia 1989].

Herder 1810
Johann Gottfried Herder: Briefe zur Beförderung der Humanität. Zweite Hälfte. Nach Philosophie und Geschichte. Geschrieben zwischen 1793 und 1797. In: Ders.: Sämtliche Werke. Zur Philosophie und Geschichte, Eilfter Theil. Neu hg. v. Johann von Müller, Tübingen, Cotta.

Herzen 1843
Alexander I. Herzen: ›Der Dilettantismus in der Wissenschaft‹ [Zuerst in: *Vaterländische Annalen*]. In: Ders.: Ausgewählte philosophische Schriften. Moskau, Verlag für fremdsprachige Literatur 1949, 15–103.

Herzen 1845
Ders.: ›Briefe über das Studium der Natur‹ [Zuerst in: *Vaterländische Annalen*]. In: Ders.: Ausgewählte philosophische Schriften. Moskau, Verlag für fremdsprachige Literatur 1949, 104–320.

Herzen 1962
Ders.: *Mein Leben.* Bd. 1. Berlin, Aufbau.

Himmelmann 2003
Beatrix Himmelmann: *Kants Begriff des Glücks.* Berlin/New York, De Gruyter.

Hinske 2002
Norbert Hinske: ›Kant und Alexander Gottlieb Baumgarten. Ein leider unerledigtes Thema der Anthropologie Kants‹. In: *Aufklärung* 14, 261–274.

Hirschfeld 1779/1782
Christian Cay Lorenz Hirschfeld: *Theorie der Gartenkunst.* Bd. 1 (1779)/Bd. 2 (1782). Leipzig, Weidmanns Erben & Reich [ND Hildesheim, Olms 2011].

Hobbes 1651
Thomas Hobbes: *Leviathan or the matter, forme and power of a Commonwealth Ecclesiasticall and Civill.* London, Crooke 1651.

Höffe 1999
Otfried Höffe: *Demokratie im Zeitalter der Globalisierung.* München, Beck [2. Auflage: 2002].

Höffe 2003
Ders.: *Kants Kritik der reinen Vernunft. Die Grundlegung der modernen Philosophie.* München, Beck.

Höffe 2008
Ders. (Hg.): *Immanuel Kant: Kritik der Urteilskraft.* Berlin, Akademieverlag [2., überarbeitete Auflage: Berlin, De Gruyter 2018].

Höffe 2012
Ders.: *Kants Kritik der praktischen Vernunft. Eine Philosophie der Freiheit.* München, Beck.

Höffe 2019
Ders.: ›Gibt es christliche Politik — und wenn ja, warum und wie viel?‹ In: *Frankfurter Allgemeine Zeitung,* 28. 5. 2019.

Hoeres 2004
Peter Hoeres: *Krieg der Philosophen. Die deutsche und britische Philosophie im Ersten Weltkrieg.* Paderborn, Schöningh.

Hoerschelmann 2016
Antonia Hoerschelmann (Hg.): *Anselm Kiefer: Die Holzschnitte.* Ausstellungskatalog Albertina, Wien.

Horkheimer/Adorno
Max Horkheimer/Theodor Wiesengrund Adorno: *Dialektik der Aufklärung. Philosophische Fragmente.* Frankfurt am Main, Suhrkamp 1944 [27. Auflage 2018].

Hume 1978
David Hume: *A Treatise of Human Nature.* [EA London 1738]. Hg. v. Lewis Amherst Selby-Bigge/Peter Harold Nidditch. Oxford, Clarendon.

Hume *History of England*
Ders.: *The History of England.* 6 Vols. London 1754–1761. — *Geschichte von England, […], aus dem Englischen des David Hume Esq.* 6 Bde. Breßlau & Leipzig, Meyer 1767–1771.

Husserl 1900
Edmund Husserl: *Logische Untersuchungen.* Bd. I. *Prolegomena zur reinen Logik.* Halle, Niemeyer. In: *Husserliana* [Edmund Husserl. Gesammelte Werke, hg. vom Husserl Archiv der Katholieke Universiteit Leuven]. Bd. 18, hg. v. Elmar Holenstein. Den Haag, Nijhoff 1975.

Husserl 1911
Ders.: ›Philosophie als strenge Wissenschaft‹. [Zuerst in: *Logos. Internationale Zeitschrift für Philosophie der Kultur,* Bd. I, Heft 8 (März 1911), 289–418. Erste deutsche Buchausgabe: hg. v. Wilhelm Szilazi, Frankfurt am Main, Klostermann 1965]. In: *Husserliana,* Bd. 25: Aufsätze und Vorträge 1911–1921, hg. v. Thomas Nenon/Hans Rainer Sepp, Dordrecht, Nijhoff 1987. – Aus der *Husserliana,* mit einer Einleitung hg. v. Eduard Marbach. Hamburg, Meiner 2009.

Husserl 1913
Ders.: *Ideen zu einer reinen Phänomenologie und phänomenologischen Philosophie.* Halle, Niemeyer 1913. In: *Husserliana,* Bd. 3–5, hg. v. Walter Biemel/Karl Schuhmann/Marly Biemel. Den Haag, Nijhoff 1950–1976.

Husserl 1936
Ders.: ›Die Krisis der europäischen Wissenschaften und die transzendentale Phänomenologie. Eine Einleitung in die phänomenologische Philosophie‹. [Zuerst in: *Philosophia. Philosophorum nostri temporis vox universa, sumptibus societatis Philosophiae auxiliantibus aliis philosophorum societatibus multorumque sodalium consilio* der Gesellschaft ›Philosophia‹, Bd. I, Belgrad 1936]. – In: *Husserliana,* Bd. 6, hg. v. Walter Biemel [um unveröffentlichtes Material ergänzt], zweite, verbesserte Auflage. Den Haag, Nijhoff 1976.

Husserl 1994
Ders.: Briefwechsel. Hg. v. Karl Schuhmann, Dordrecht, Kluwer 1994. Bd. V: Die Neukantianer.

Irrlitz 2002
Gerd Irrlitz: *Kant-Handbuch. Leben und Werk.* Stuttgart, Metzler.

Israel/Mulsow 2014
Jonathan I. Israel/Martin Mulsow: *Radikalaufklärung.* Frankfurt am Main, Suhrkamp.

Jachmann 1804
Reinhold Bernhard Jachmann: *Immanuel Kant geschildert in Briefen an einen Freund.* Königsberg, Nicolovius.

Jacobi 1789
Friedrich Heinrich Jacobi: *Ueber die Lehre des Spinoza in Briefen an den Herrn Moses Mendelssohn.* Neue vermehrte Ausgabe. Breslau, Löwe [EA ebd. 1785].

Jamme/Schneider 1984
Christoph Jamme/Helmut Schneider (Hg.): *Mythologie der Vernunft. Hegels »ältestes Systemprogramm des deutschen Idealismus«.* Frankfurt am Main, Suhrkamp 1984.

Jung 1844
Alexander Jung: ›Die Universität und das freie Bürgertum‹. In: *Königsberger Literatur-Blatt* 3, Nr. 68, vom 24. August 1844, 540.

Karamsin 1802
Nikolai M. Karamsin: *Briefe eines reisenden Russen.* Aus dem Russischen von Johann Richter. Zweite revidierte Auflage, Bd. 1. Leipzig, Hartknoch.

Karl 2007
Jacqueline Karl: ›Immanuel Kant – der Autor, der ›mit der Feder in der Hand‹ denkt. Die Arbeitsweise Kants als ein Kriterium für die Neuedition des Opus postumum‹. In: Annette Sell (Hg.): *Editionen – Wandel und Wirkung.* Tübingen, Niemeyer, 127–144 (Beihefte zu *editio,* Heft 25).

Kassan 2019
Nora Kassan: *Reine praktische Vernunft fühlen. Kants Theorie der Achtung.* Berlin, De Gruyter.

Kaulbach 1988
Friedrich Kaulbach: *Immanuel Kants »Grundlegung zur Metaphysik der Sitten«. Interpretation und Kommentar.* Darmstadt, WBG.

Kertscher 2018
Hans Joachim Kertscher: *»Er brachte Licht und Ordnung in die Welt«. Christian Wolff – eine Biographie.* Halle an der Saale, Mitteldeutscher Verlag.

Khalil 2011
Karima Khalil: *Messages from Tahrir: Signs from Egypt's Revolution.* Cairo/New York, UP.

Kleingeld 1995
Pauline Kleingeld: *Fortschritt und Vernunft. Zur Geschichtsphilosophie Kants.* Würzburg, Königshausen & Neumann.

Kleingeld 2007
Dies.: ›Kant's Second Thoughts on Race‹. In: *Philosophical Quarterly* 57, 573–592.

Kleingeld 2012
Dies.: *Kant and Cosmopolitanism: The Philosophical Ideal of World Citizenship.* Cambridge, UP.

Kleingeld 2014
Dies.: ›Kant's Second Thoughts on Colonialism‹. In: Katrin Flikschuh/Lea Ypi (Hg.): *Kant and Colonialism: Historical and Critical Perspectives.* Oxford, UP, 43–67.

Klemme 2009
Heiner F. Klemme (Hg.): *Kant und die Zukunft der europäischen Aufklärung.* Berlin/New York, De Gruyter.

Klemme 2017
Ders.: ›Gewissen und Verbindlichkeit. Kants Idee eines »inneren Gerichtshofs« zwischen Christian Wolff und Adam Smith‹. In: Saša Josifović/Arthur Kok (Hg.): *Der »innere Gerichtshof der Vernunft«. Normativität, Rationalität und Gewissen im Deutschen Idealismus.* Leiden, Brill, 63–83.

Klenner 1988
Hermann Klenner (Hg.): *Kants Rechtslehre. Schriften zur Rechtsphilosophie.* Berlin, Akademie-Verlag.

Kołakowski 1981
Leszek Kołakowski: ›Warum brauchen wir Kant?‹ In: *Merkur. Deutsche Zeitschrift für europäisches Denken* 400, 915–924.

Korsgaard 1996
Christine Korsgaard: *The Sources of Normativity.* New York/Cambridge, UP.

Krämer 1988
Sybille Krämer: *Symbolische Maschinen. Die Idee der Formalisierung in geschichtlichem Abriß.* Darmstadt, WBG.

Krause 2001
Peter Krause: ›Mit Kants schädlichen Schriften muß es auch nicht länger fortgehen. Trägt die Ära Woellner ihren Namen zu Recht?‹ In: Jörg Wolff (Hg.): *Stillstand, Erneuerung und Kontinuität. Einsprüche zur Preußenforschung.* Bern, Lang, 87–141 (Rechtshistorische Reihe, Bd. 234).

Krouglov 2005
Alexey N. Krouglov: ›Der Begriff *transzendental* bei J. N. Tetens‹. In: *Aufklärung* 17, 35–75.

Krouglov 2008
Ders.: ›Leo Nikolaevič Tolstoj als Leser Kants. Zur Wirkungsgeschichte Kants in Russland‹. In: *Kant-Studien* 99, 361–386.

Krouglov 2009
Ders.: *Filosofija Kanta v Rossii v kontse XVIII – v pervoj polovine XIX vekov.* Moskau, Kanon + ROII Reabilitatsiya.

Krouglov 2011
Ders.: ›Das Problem der Revolution in der Deutschen Aufklärung. Kant und Tetens‹. In: Luigi Cataldi Madonna (Hg.): *Kant und die Aufklärung.* Hildesheim, Olms, 371–392.

Krouglov 2012
Ders. (auch: Kruglov): ›Early Kantianism in Russia: J. W. L. Mellmann and J. G. Buhle‹. In: *Kantovsky Sbornik. Selected Articles 2010–2011.* Kaliningrad, Immanuel Kant Baltic Federal UP, 28–39.

Krouglov 2016
Ders. (Hg.): *Lev N. Tolstoj: Gedanken Immanuel Kants.* Anhand der Originalvorlagen aus dem Russischen zurück übertragen, eingeleitet und hg. v. dems. Stuttgart-Bad Cannstatt, Frommann-Holzboog.

Krouglov 2017
Ders.: ›Deutsche Philosophen an russischen Universitäten und russische Philosophen an deutschen Universitäten (Zweite Hälfte des 18. bis Anfang des 19. Jahrhunderts)‹. In: Sonja Erhardt/Jennifer Grünewald/Natalija Kopcha (Hg.): Transfer und Transformation: *Theorie und Praxis deutsch-russischer Kulturtransferforschung.* München, Fink, 221–231.

Kühn 2003
Manfred Kühn: *Kant. Eine Biographie.* Aus dem Englischen von Martin Pfeiffer. München, Beck.

Kutschera 1991
Franz von Kutschera: *Die falsche Objektivität.* Berlin/New York, De Gruyter.

Kutschke 1930
Cornelius Kutschke: *Königsberg als Hafenstadt.* Königsberg, Ostpreussische Druckerei und Verlagsanstalt.

Landau 1991
Albert Landau: *Rezensionen zur Kantischen Philosophie 1781–1787.* Bebra, Selbstverlag.

Langthaler 2011
Rudolf Langthaler: ›Zu Adornos zwiespältigem Verhältnis zu Metaphysik und Religion‹. In: Florian Uhl u. a. (Hg.): *Die Tradition einer Zukunft. Perspektiven der Religionsphilosophie.* Graal-Müritz, Parerga-Verlag, 379–421.

Langthaler 2018
Ders.: *Kant über den Glauben und die »Selbsterhaltung der Vernunft«*. Freiburg/München, Alber.

Leibniz 1882
Gottfried Wilhelm Leibniz: *Nouveaux Essais sur l'Entendement Humain*. In: Die philosophischen Schriften von Gottfried Wilhelm Leibniz, hg. v. Carl Immanuel Gerhardt, Bd. 5. Berlin, Weidmann 1882, 39–509.

Leibniz 1996
Ders.: *Meditationes de Cognitione, Veritate et Ideis* [EA Leipzig 1684]. In: G. W. Leibniz. Philosophische Schriften. Bd. 1. Kleine Schriften zur Metaphysik, hg. und übersetzt von Hans Heinz Holz. Frankfurt am Main, Suhrkamp, 32–47.

Leisegang 1948
Hans Leisegang: *Hegel, Marx, Kierkegaard. Zum dialektischen Materialismus und zur dialektischen Theologie*. Berlin West, Wissenschaftliche Editionsgesellschaft.

Lenin 1962
Wladimir Iljitsch Lenin. Werke. Hg. v. Institut für Marxismus-Leninismus beim ZK der SED. Bd. 14. Berlin, Dietz.

Ley/Ruben/Stiehler 1974
Hermann Ley/Peter Ruben/Gottfried Stiehler (Hg.): *Zum Kantverständnis unserer Zeit. Beiträge marxistisch-leninistischer Kantforschung*. Berlin, Deutscher Verlag der Wissenschaften VEB.

Lessing 1754
Gotthold Ephraim Lessing: *Des Hrn. Prof. Gellerts Abhandlung für das rührende Lustspiel* [Übersetzung von Christian Fürchtegott Gellert: *Pro Comoedia Commovente. Commentatio Orationi Aditiali*. Leipzig, Langenheim 1751]. In: *Gotth. Ephr. Leßings Theatralische Bibliothek* [hg. v. Lessing]. Berlin, Voß, Erstes Stück, 47–78.

Linné 1773
Des Ritters Carl von Linné Königlich Schwedischen Leibarztes etc. etc. vollständiges Natursystem nach der zwölften lateinischen Ausgabe und nach Anleitung des Holländischen Houttuynischen Werks mit einer ausführlichen Erklärung ausgefertiget von Philip Ludwig Statius Müller. Erster Theil. Nürnberg, Raspe.

Locke 1991
John Locke: *An Essay Concerning Human Understanding* [EA London 1689/90]. The Clarendon Edition, edited with an Introduction, Critical Apparatus and Glossary by Peter Harold Nidditch. Oxford, UP.

Lotman 1997
Yury M. Lotman: *Sotvorenie Karamsina*. St. Petersburg, Iskusstvo-SPb.

Malter 1977
Rudolf Malter: ›Kant nach 250 Jahren. Bericht über das Jubiläumsjahr 1974‹. In: *Kant-Studien* 68, 135–216.

Malter 1990
Ders. (Hg.): *Immanuel Kant in Rede und Gespräch*. Hamburg, Meiner.

Malter 1990a
Ders.: ›Kaliningrad erinnert an Immanuel Kant‹. In: *Mare Balticum*, ZS der Ostseegesellschaft, 56–58.

Marx 1968
Karl Marx: Ökonomisch-philosophische Manuskripte aus dem Jahre 1844 [EA Berlin 1932]. In: *Marx-Engels-Werke*, Ergänzungsbd. I. Berlin, Dietz.

Marx 1975
Ders.: *Das philosophische Manifest der historischen Rechtsschule*. In: Marx-Engels-Gesamtausgabe (MEGA), I. Abteilung, Bd. 1. Berlin, De Gruyter.

McLaughlin 1989
Peter McLaughlin: *Kants Kritik der teleologischen Urteilskraft*. Bonn, Bouvier.

Mende 1951
Georg Mende: ›Kants *Opus postumum* und die Naturwissenschaft‹. In: *Aufbau* 7, 607–610.

Meyer 1968
Conrad Ferdinand Meyer. Sämtliche Werke in zwei Bänden. Vollständiger Text nach den Ausgaben letzter Hand. Mit einem Nachwort von Erwin Laaths. München, Winkler, Bd. 2.

Michaelis 1770
Anonymus [Johann David Michaelis]: *Raisonnement über die protestantischen Universitäten in Deutschland. Zweiter Theil*. Frankfurt & Leipzig [*Erster Theil:* anonym, Frankfurt & Leipzig 1768. *Dritter und letzter Theil:* anonym, Frankfurt & Leipzig 1773. *Vierter und letzter Theil:* Frankfurt & Leipzig, in der Andreäischen Buchhandlung 1776].

Milton 1644
John Milton: *Areopagitica; a Speech [...] For the Liberty of Vnlicenc'd Printing, To the Parlament of England*. London.

Mirbt 1841
Ernst Sigismund Mirbt: *Kant und seine Nachfolger oder Geschichte des Ursprungs und der Fortbildung der neuern deutschen Philosophie*. Jena, Hochhausen.

Mironow 1996
Boris N. Mironow: ›Razvitije gramotnosti v Rossii i SSSR za tysjachu let. X–XX veka‹. In: *Studia Humanistica. Issledovanija po istorii i filologii*. St. Petersburg, BLIZ, 24–46.

Mohr/Willaschek 1998
Georg Mohr/Marcus Willaschek (Hg.): *Immanuel Kant. Kritik der reinen Vernunft*. Berlin, Akademie-Verlag.

Molnár 1994
Géza von Molnár: *Goethes Kantstudien. Eine Zusammenstellung nach Eintragungen in seinen Handexemplaren der »Kritik der reinen Vernunft« und der »Kritik der Urteilkraft«*. Weimar, Böhlau.

Morus 1516
Thomas Morus: *Libellus vere aureus, nec minus salutaris quam festivus, De optimo rei publicae statu deque nova insula Utopia*. Leuven.

Mulsow 2001
Martin Mulsow: ›Erkühne dich, vernünftig zu sein. Auf den Spuren der Leipziger *Alethophilen*. Zur Herkunft des Wahlspruchs der Aufklärung‹. In: *Frankfurter Allgemeine Zeitung*, 11. 4. 2001, N6.

Mulsow 2018
Ders. (Hg.): *Radikale Frühaufklärung*. Bd. I. *Moderne aus dem Untergrund*. Bd. 2. *Clandestine Vernunft*. Göttingen, Wallstein.

Nagel 2013
Thomas Nagel: *Geist und Kosmos. Warum die materialistische neodarwinistische Konzeption der Natur so gut wie sicher falsch ist*. Frankfurt am Main, Suhrkamp.

Natorp 1888
Paul Natorp: *Einleitung in die Psychologie nach kritischer Methode*. Freiburg, Mohr Siebeck.

Natorp 1911
Ders.: *Philosophie. Ihr Problem und ihre Probleme. Einführung in den kritischen Idealismus*. Göttingen, Vandenhoeck & Ruprecht.

Natorp 1912
Ders.: ›Kant und die Marburger Schule. Vortrag, gehalten in der Sitzung der Kant-Gesellschaft zu Halle am 27. April 1912‹. In: *Kant-Studien* 17, 193–221.

Natorp 1912a
Ders.: *Allgemeine Psychologie nach kritischer Methode. Objekt und Methode der Psychologie*, Tübingen, Mohr Siebeck.

Nickel/Schönecker/Ufert 2018
Gregor Nickel/Dieter Schönecker/Wilko Ufert (Hg.): *Kant zur Philosophie der Mathematik. Eine Auswahl aus seinen Schriften*. Paderborn, Mentis.

Nietzsche 1886
Friedrich Nietzsche: *Jenseits von Gut und Böse*. In: Nietzsche Werke (KGW), Abteilung 6, Bd. 2. Hg. v. Giorgio Colli/Wolfgang Müller-Lauter. Berlin, De Gruyter 1968.

Nietzsche Werke
Ders.: Sämtliche Werke. Kritische Gesamtausgabe (KGW). Hg. v. Giorgio Colli/Mazzino Montinari. Berlin/New York, De Gruyter 1967 ff.

Norden 1980
Wilhelm Norden: ›Die Alphabetisierung in der oldenburgischen Küstenmarsch‹. In: Ernst Hinrichs/Wilhelm Norden (Hg.): *Regionalgeschichte – Probleme und Beispiele*. Hildesheim, Lax, 103–164.

O'Neill 1975
Onora O'Neill: *Acting on Principle*. New York, Columbia UP.

O'Neill 1989
Dies.: *Constructions of Reason: Explorations of Kant's Practical Philosophy*. Cambridge, UP.

Oberhausen/Pozzo 1999
Michael Oberhausen/Riccardo Pozzo (Hg.): *Vorlesungsverzeichnisse der Universität Königsberg (1720–1804)*. 2 Teilbände. Stuttgart-Bad-Cannstatt, Frommann-Holzboog.

Pape/Sederström 2018
Carina Pape/Holger Sederström (Hg.): *230 Jahre Beantwortung der Frage: Was ist Aufklärung?* Hannover, Werhahn.

Perpeet 1976
Wilhelm Perpeet: Artikel ›Kultur, Kulturphilosophie‹. In: *Historisches Wörterbuch der Philosophie.* Hg. v. Karlfried Gründer. Stuttgart/Basel, Schwabe. Bd. 4, 1309–1324.

Pettit 1997
Philip Pettit: *Republicanism: A Theory of Freedom and Government.* Oxford, UP.

Pinkard 2002
Terry Pinkard: *German Philosophy 1760–1860: The Legacy of Idealism.* Cambridge, UP.

Plachta 1997
Bodo Plachta: *Editionswissenschaft. Eine Einführung in Methode und Praxis der Edition neuerer Texte.* Stuttgart, Reclam.

Platon, *Politeia*
Platonis Opera quae extant omnia. Hg. v. Henricus Stephanus (Henri Estienne). Bd. 2, 327–621. Genf, Estienne 1578.

Plessner 1928
Helmuth Plessner: *Die Stufen des Organischen und der Mensch. Einleitung in die philosophische Anthropologie.* Berlin, De Gruyter.

Pluche, *Schauplatz der Natur*
Noël Antoine Pluche: *Spectacle de la nature, ou Entretiens sur les particularités de l'Histoire naturelle qui ont paru les plus propres à rendre les jeunes gens curieux et à leur former l'esprit.* Paris 1732–1750. — *Schauplatz der Natur, oder: Unterredungen von der Beschaffenheit und den Absichten der natürlichen Dinge, wodurch die Jugend zu weiterm Nachforschen aufgemuntert, und auf richtige Begriffe von der Allmacht und Weisheit Gottes geführet werden.* Aus dem Französischen übersetzt von F. W. B. 9 Bde. Wien und Nürnberg bzw. Frankfurt und Leipzig, Monath 1750–1772.

Podehl 2012
Markus Podehl: *Architektura Kaliningrada. Wie aus Königsberg Kaliningrad wurde.* Marburg, Verlag Herder-Institut.

Pope 1751
William Warburton (Hg.): *The Works of Alexander Pope Esq.* 9 Bde. London 1751–1760. Bd. 3: *Containing His Moral Essays.*

Prauss 1971
Gerold Prauss: *Erscheinung bei Kant. Ein Problem der »Kritik der reinen Vernunft«.* Berlin, De Gruyter.

Prauss 1974
Ders.: *Kant und das Problem der Dinge an sich.* Bonn, Bouvier.

Puls 2016
Heiko Puls: *Sittliches Bewusstsein und kategorischer Imperativ in Kants »Grundlegung«. Ein Kommentar zum dritten Abschnitt.* Berlin/Boston, De Gruyter.

Rachold 2000
Jan Rachold: ›Kant und die preußische Zensur‹. In: Emundts 2000, 116–132.

Rauh/Ruben 2005
Hans-Christoph Rauh/Peter Ruben (Hg.): *Denkversuche. DDR-Philosophie in den 60er Jahren.* Berlin, Ch. Links.

Rauh/Gerlach 2009
Hans-Christoph Rauh/Hans-Martin Gerlach (Hg.): *Ausgänge. Zur DDR-Philosophie in den 70er und 80er Jahren.* Berlin, Ch. Links.

Rawls 1980
John Rawls: ›Kantian Constructivism in Moral Theory‹. In: *Journal of Philosophy* 77, 515–72.

Reath/Timmermann 2010
Andrew Reath/Jens Timmermann: *Kant's Critique of Practical Reason. A Critical Guide.* Cambridge, UP.

Recki 2001
Birgit Recki: *Ästhetik der Sitten. Die Affinität von ästhetischem Gefühl und praktischer Vernunft bei Kant.* Frankfurt am Main, Klostermann.

Recki 2004
Dies.: *Die Vernunft, ihre Natur, ihr Gefühl und der Fortschritt. Aufsätze zu Immanuel Kant.* Münster, Mentis.

Recki 2009
Dies.: ›»Allein die Vernunft fing alsbald an sich zu regen.« Kants Kabinettstück zu einer aufgeklärten Mythologie‹. In: Klemme 2009, 232–250.

Recki 2014
Dies.: ›Raffael ohne Hände? Kant, Lessing, Valéry und andere über Bedingungen der Möglichkeit von Kunst‹. In: Violetta Waibel/Konrad Paul Liessmann (Hg.): *Es gibt Kunstwerke — Wie sind sie möglich?* Paderborn, Mentis, 33–53.

Recki 2016
Dies.: ›Mixtum compositum: On the Persistence of Kant's Dualism in the Doctrine of the Highest Good‹. In: Thomas Höwing (Hg.): *The Highest Good in Kants' Philosophy.* Berlin/Boston, De Gruyter, 71–88.

Reich 1958
Klaus Reich (Hg.): *Kant: Über die Form und die Prinzipien Sinnen- und Geisteswelt.* Auf Grund des lateinischen Textes der Berliner Akademie-Ausgabe neu übersetzt, mit Einleitung und Register. Hamburg, Meiner.

Reinalter 2018
Helmut Reinalter (Hg.): *Handbuch der Verschwörungstheorien.* Leipzig, Salier.

Reinhold 1790
Karl Leonhard Reinhold: ›Das Fundament der Elementarphilosophie betreffend‹. In: *Beyträge zur Berichtigung bisheriger Mißverständnisse der Philosophen,* Bd. 1. Jena, Mauke.

Reinhold 2003
Ders.: ›Das Fundament der Elementarphilosophie betreffend‹. In: *Beyträge zur Berichtigung bisheriger Mißverständnisse der Philosophen,* Bd. 1. Jena, Mauke. Neu hg. v. Faustino Fabbianelli. Hamburg, Meiner 2003.

Reinhold 2010
Ders.: *Versuch einer neuen Theorie des menschlichen Vorstellungsvermögens.* Prag & Jena, Widtmann & Mauke 1789. Neu hg. v. Ernst-Otto Onnasch. Hamburg, Meiner.

Rentsch 2013
Thomas Rentsch: ›Kants Analyse der Sünde — das radikal Böse und sein Transzendenzbezug‹. In: Oliviero Angeli u. a. (Hg.): *Tranzendenz, Praxis und Politik bei Kant.* Berlin, Akademie-Verlag, 149–164.

Reusch 1849
Christian Friedrich Reusch: *Kant und seine Tischgenossen. Aus dem Nachlasse des jüngsten derselben, des Geheimen und Ober-Regierungsraths Dr. Christian Friedrich Reusch.* Königsberg, Tag & Koch. [Separatdruck; zuerst in: *Neue preußische Provinzial-Blätter* 6 (1848), 288–306 und 358–366].

Rickert 1924
Heinrich Rickert: *Kant als Philosoph der modernen Kultur. Ein geschichtsphilosophischer Versuch.* Tübingen, Mohr Siebeck.

Ripstein 2009
Arthur Ripstein: *Force and Freedom. Kant's Legal and Political Philosophy.* Cambridge, UP.

Rischmüller 1991
Marie Rischmüller (Hg.): *Kant, Bemerkungen in den »Beobachtungen über das Gefühl des Schönen und Erhabenen«.* Mit einem Kommentar. Hamburg, Meiner.

Rosefeldt 2018
Tobias Rosefeldt: ›Kant über Sollen als Wollen‹. In: Violetta Waibel/Margot Ruffig/David Wagner (Hg.): *Natur und Freiheit.* Akten des XII. Internationalen Kant-Kongresses. Berlin, De Gruyter, Bd. 1, 265–288.

Rosenkranz 1840
Karl Rosenkranz (Hg.): *Immanuel Kant's sämmtliche Werke.* Bd. 12: *Geschichte der Kant'schen Philosophie.* Leipzig, Voss.

Rosenkranz 1994
Ders.: *Briefe 1827–1850.* Hg. v. Joachim Butzlaff. Berlin, De Gruyter.

Rosenthal 1998
Nan Rosenthal: *Anselm Kiefer. Works on Paper in the Metropolitan Museum of Art.* New York.

Roussel 1910
Raymond Roussel: *Impressions d'Afrique* [EA in: *Le Gaulois du dimanche,* Juli – November 1909]. Paris, Lemerre.

Royce 1968
Josiah Royce: *The Problem of Christianity.* Chicago, UP.

Rubinstein 1915
Moses M. Rubinstein: ›Vinovat li Kant?‹ In: *Russkije vedomosti,* Nr. 33 (11. Februar), 5.

Sandkaulen 2007
Birgit Sandkaulen: ›Jena als Chiffre des *deutschen Idealismus.* Motive und Folgen einer historischen Konstruktion‹. In: Jürgen John/Justus H. Ulbricht (Hg.): *Jena. Ein nationaler Erinnerungsort?* Köln/Weimar/Wien, Böhlau, 113–122.

Schelling, *Briefe*
Horst Fuhrmans (Hg.): *Friedrich Wilhelm Joseph Schelling: Briefe und Dokumente.* 3 Bde. Bonn, Bouvier 1962–1975.

Schelling 1860
Friedrich Wilhelm Joseph Schelling: ›Immanuel Kant †‹. In: Ders.: Sämmtliche Werke (1856–1861). Hg. und eingeleitet v. Karl Friedrich August Schelling, Bd. 6. Stuttgart, Cotta.

Schelling 2005
Ders.: Historisch-kritische Ausgabe. Reihe I: Werke, Bd. 9. Hg. v. Harald Korten/Paul Ziche. Stuttgart-Bad Cannstatt, Frommann-Holzboog.

Schepelmann 2017
Maja Schepelmann: *Kants Gesamtwerk in neuer Perspektive.* Münster, Mentis.

Schepelmann 2018
Dies.: *Der senile Kant? – Zur Widerlegung einer populären These.* Paderborn, Mentis.

Schiller 1983
Friedrich Schiller. Werke, Nationalausgabe, Bd. 2.I: Gedichte in der Reihenfolge ihres Erscheinens. 1799–1805. Hg. v. Norbert Oellers. Weimar, Böhlaus Nachfolger.

Schlegel 1796
Friedrich Schlegel: *Versuch über den Begriff des Republikanismus, veranlaßt durch die Kantische Schrift zum ewigen Frieden* [Zuerst in: *Deutschland,* hg. v. Johann Friedrich Reichardt, 3. Bd., 7. Stück, Nr. 11]. In: Schlegel KFSA, Bd. 7, 11–25.

Schlegel KFSA
Kritische Friedrich-Schlegel-Ausgabe. Hg. v. Ernst Behler unter Mitwirkung von Jean-Jacques Anstett und Hans Eichner. Paderborn u. a., Schöningh 1958 ff.

Schmidt 2014
Heinrich Richard Schmidt: ›Neue Ergebnisse der Alphabetisierungsforschung für die Schweiz und Südwestdeutschland um 1800‹. In: Daniel Tröhler (Hg.): *Volksschule um 1800. Studien im Umfeld der Helvetischen Stapfer-Enquête 1799.* Bad Heilbrunn, Klinkhardt, 149–172.

Schnädelbach 1990
Herbert Schnädelbach: ›Nachwort‹. In: Ders. (Hg.): Karl Vorländer: Geschichte der Philosophie. Bd. III: Die Philosophie der Neuzeit bis Kant [EA Leipzig, Meiner 1903]. Hamburg, Rowohlt, 598–611.

Schneiders 1983
Werner Schneiders: *Aufklärung und Vorurteilskritik. Studien zur Geschichte der Vorurteilstheorie.* Stuttgart-Bad Cannstatt, Frommann-Holzboog.

Schönfeld 2000
Martin Schönfeld: *The Philosophy of the Young Kant. The Precritical Project.* Oxford, UP.

Scholz 1943
Robert Scholz: ›Heroische Sinnbilder‹. In: *Die Kunst im Deutschen Reich* 2, 27–48.

Scholz 2009
Oliver R. Scholz: ›Kants Aufklärungsprogramm: Rekonstruktion und Verteidigung‹. In: Klemme 2009, 28–42.

Schröder 1992
Winfried Schröder (Hg.): *Traktat von den drei Betrügern. Traité des trois imposteurs.* Französisch-deutsche Ausgabe. Hamburg, Meiner.

Schröder 2012
Ders.: *Ursprünge des Atheismus. Untersuchungen zur Metaphysik- und Religionskritik des 17. und 18. Jahrhunderts.* Stuttgart-Bad Cannstatt, Frommann-Holzboog.

Schulz 1968
Walter Schulz (Hg.): *Fichte–Schelling Briefwechsel.* Frankfurt am Main, Suhrkamp.

Sensen 2013
Oliver Sensen (Hg.): *Kant on Moral Autonomy.* New York, Cambridge UP.

Slonimski 1915
Leonid S. Slonimski: ›Voinstvennaja Germaniya i vozvrat k Kantu‹. In: *Verstnik Jevropy,* 1915, März, 317–322.

Spinoza 1977
Baruch de Spinoza: *Ethica ordiine geometrico demonstrata* [EA o. O. (Amsterdam) 1677]. *Die Ethik.* Lateinisch/Deutsch. Der lateinische Text nach der Edition von Carl Gebhardt in: Spinoza Opera, Bd. 2. Heidelberg, Winter 1925; der deutsche Text nach der Übersetzung von Jakob Stern (1888), von Irmgard Rauthe-Welsch durchgehend revidiert. Stuttgart, Reclam.

Springer 2013
Mike Springer: *Philosopher Portraits. Famous philosophers painted in the style of influential artists.* URL: www.openculture.com/2013/08/philosopher-portraits.html.

Stangneth 2000
Bettina Stangneth: *Kultur der Aufrichtigkeit.* Würzburg, Königshausen & Neumann.

Stankewitsch 1914
Alexei I. Stankewitsch (Hg.): *Perepiska Nikolaja Vladimirovitscha Stankewitscha, 1830–1840.* Moskau, Izdanie Stankewitscha.

Stark 1995
Werner Stark: ›Kant als akademischer Lehrer‹. In: Heinz Ischreyt (Hg.): *Königsberg und Riga.* Tübingen, Niemeyer, 51–68.

Stein 1898
Ludwig Stein: ›Kant und der Zar‹. In: *Die Zukunft* 25, 106–112.

Stelzner 2012
Werner Stelzner: ›Merkmalslogik, Syllogistik-Theorie und Negation bei Johann Heinrich Lambert‹. In: Steffen Dietzsch/Udo Tietz (Hg.): *Transzendentalphilosophie und die Kultur der Gegenwart.* Leipzig, Universitätsverlag, 139–165.

Stern 2012
Robert Stern: *Understanding Moral Obligation: Kant, Hegel, Kierkegaard.* Cambridge, UP.

Stiehler 1970
Gottfried Stiehler: *Der Idealismus von Kant bis Hegel. Darstellung und Kritik.* Berlin, Akademie-Verlag.

Stolzenberg 2016
Jürgen Stolzenberg: ›*Ich lebe in einer neuen Welt.* Zum Verhältnis Fichte-Kant‹. In: Hans Feger/Gloria Dell'Eva (Hg.): *Die Philosophie des Deutschen Idealismus.* Würzburg, Königshausen & Neumann, 47–67.

Thom 1974
Martina Thom: *Immanuel Kant.* Jena u. a., Urania [2. Auflage: 1976].

Thom 1980
Dies.: *Ideologie und Erkenntnistheorie. Untersuchungen zur Entstehung des Kritizismus und Transzendentalidealismus Immanuel Kants.* Berlin, DVW.

Thom 1981
Dies. (Hg.): *Kants Schriften zur Religion.* Berlin, Union-Verlag.

Thom 2009
Dies.: ›Immanuel Kant. Philosophiehistorische Forschung in marxistischer Sicht‹. In: Rauh/Gerlach 2009, 86–120.

Timmermann 2003
Jens Timmermann: *Sittengesetz und Freiheit.* Berlin/New York, De Gruyter.

Unruh 2006
Patrick Unruh: *Transzendentale Ästhetik des Raumes. Zu Immanuel Kants Raumkonzeption.* Würzburg, Königshausen & Neumann.

Vaihinger 1898
Hans Vaihinger: ›Die Kantmedaille mit dem schiefen Turm von Pisa‹. In: *Kant-Studien* 2, 113.

Voigt 1819
Johannes Voigt: *Das Leben des Professor Christian Jakob Kraus, öffentlichen Lehrers der praktischen Philosophie und der Cameralwissenschaften auf der Universität zu Königsberg, aus den Mittheilungen seiner Freunde und seinen Briefen.* Königsberg, Universitäts-Buchhandlung.

Voltaire 1989
Voltaire (François-Marie Arouet): *Traité de Métaphysique* [entstanden: 1734. EA: hg. v. Beaumarchais. Kehl 1785]. In: Voltaire. Complete Works (OCV), critical Edition. Bd. 14. Hg. v. William Henry Barber. Oxford, UP.

Vorländer 1924
Karl Vorländer: *Immanuel Kant. Der Mann und das Werk.* Leipzig, Meiner.

Waibel 2013
Violetta L. Waibel: ›Die Notwendigkeit der Verbindung von Ursache und Wirkung. Noch einmal: Hume und Kant‹. In: Akten 2013, Bd. 5, 519–531.

Wartenberg 1971
Gerd Wartenberg: *Logischer Sozialismus. Die Transformation der Kantschen Transzendentalphilosophie durch Charles S. Peirce.* Frankfurt am Main, Suhrkamp.

Wasianski 1804
Ernst August Christian Wasianski: *Immanuel Kant in seinen letzten Lebensjahren. Ein Beitrag zur Kenntnis seines Charakters und häuslichen Lebens aus dem täglichen Umgange mit ihm.* Königsberg, Nicolovius.

Watkins 2019
Eric Watkins: *Kant on Laws.* New York, Cambridge UP.

Weber 2008
Christoph Weber: ›Glück im Unglück. Reaktionen deutschsprachiger Autoren auf das Erdbeben in Lissabon‹. In: Gerhard Lauer/Thorsten Unger (Hg.): *Das Erdbeben von Lissabon und der Katastrophendiskurs im 18. Jahrhundert.* Göttingen, Wallstein, 148–161.

Weber 2019
Matthias Weber: Immanuel Kant in Werken der modernen Kunst. URL: www.bkge.de/Projekte/Kant/matthias-weber/Matthias_Weber_Immanuel_Kant_in_Werken_der_modernen_Kunst.php (abgerufen am 22. 11. 2019).

Wedenski 1901
Alexander I. Wedenski: ›Sud'by filosofii v Rossii‹ (1898). In: A. I. Wedenski: *Filosofskije otscherki.* St. Petersburg, Druckerei Balaschew & Co., 1–38.

Weikop 2016
Christian Weikop (Hg.): *Anselm Kiefer. In Focus on Anselm Kiefer's »Heroic Symbols«.* Tate Research Publication, London. URL: www.tate.org.uk/research/publications/in-focus/heroic-symbols-anselm-kiefer/artist-books (abgerufen am 22. 11. 2019).

Weikop 2016a
Ders. (Hg): *Anselm Kiefer. In Focus on Anselm Kiefer's »Heroic Symbols«. Reverberation of Heroic Symbols in Later Works.* Tate Research Publication, London. URL: www.tate.org.uk/research/publications/in-focus/heroic-symbols-anselm-kiefer/reutilisation-reverberation-later-works (abgerufen am 22. 11. 2019).

Welsch 2007
Wolfgang Welsch: *Philosophie und Kunst – Eine wechselhafte Beziehung.* URL: de.scribd.com/document/29736627/Welsch-Philosophie-Und-Kunst.

Willaschek 1992
Marcus Willaschek: *Praktische Vernunft: Handlungstheorie und Moralbegründung bei Kant.* Stuttgart, Metzler.

Windelband 1904
Wilhelm Windelband: ›Nach Hundert Jahren (Zu Kants hundertjährigen Todestage)‹. In: *Kant-Studien* 9, 5–19. Auch in: Windelband 1919, 147–167.

Windelband 1919
Ders.: *Präludien. Aufsätze und Reden zur Philosophie und ihrer Geschichte,* Bd. 1 [6. Auflage, Tübingen, Mohr Siebeck 1919].

Wirth 2004
Günter Wirth: *Auf dem ›Turnierplatz‹ der geistigen Auseinandersetzungen. Arthur Liebert und die Kantgesellschaft 1918–1948/49.* Ludwigsfelde, Ludwigsfelder Verlagshaus.

Witte 1883
Johannes Witte: ›Eine angebliche Blattversetzung in Kant's *Prolegomena*‹. In: *Philosophische Monatshefte* 19, 145–174 und 597–614.

Wolff 1736
Christian Wolff: *Philosophia prima sive Ontologia, methodo scientifica pertractata, qua omnis humanae principia continentur.* Frankfurt am Main & Leipzig, Renger 1730. 2. Auflage: 1736. In: *Christian Wolff. Gesammelte Werke,* Abt. II, Bd. 3. Hg. v. Jean École, Hildesheim, Olms 1962 [2. Auflage: 1977].

Wolff 1737
Ders.: *Gesammlete kleine philosophische Schriften, welche bißher meistens lateinisch im Druck heraus waren.* Übersetzt und mit Anmerkungen versehen von G. Fr. Hagen. Halle, Renger. In: Gesammelte Werke, Abteilung I, Deutsche Schriften, Bd. 21, sechs Teilbände, hier: Teilband 2. Hildesheim, Olms 1981.

Wolff 1996
Ders.: *Discursus Praeliminaris de Philosophia in Genere – Einleitende Abhandlung Über Philosophie Im Allgemeinen.* Historisch-kritisch hg. v. Günter Gawlick und Lothar Kreimendahl. Stuttgart-Bad Cannstatt, Frommann-Holzboog 1996.

Wolzogen-Nachlass
Literarischer Nachlass der Frau Caroline von Wolzogen. Zweiter Band. Hg. v. Karl von Hase. Leipzig, Breitkopf & Härtel 1849.

Wüst 2015
Marcus Wüst: Königsberg/Kaliningrad. In: *Ome-Lexikon* [URL: ome-lexikon.uni-oldenburg.de/p32293 (Stand 28.10.2015)].

Ziche 2007
Paul Ziche: ›Wissenschaft als Weltanschauung, Weltanschauung als Wissenschaft. Der Darwinismus und die Verallgemeinerung von Wissenschaft um 1900‹. In: Kurt Bayertz/Myriam Gerhard/Walter Jaeschke (Hg.): *Weltanschauung, Philosophie und Naturwissenschaft im 19. Jahrhundert.* Bd. 2: *Der Darwinismus-Streit.* Hamburg, Meiner, 186–205.

Zöller 2018
Günter Zöller: *Philosophie des 19. Jahrhunderts. Von Kant bis Nietzsche.* München, Beck.

Lexika

Eisler
Rudolf Eisler: *Kant-Lexikon. Nachschlagewerk zu Kants sämtlichen Schriften, Briefen und handschriftlichem Nachlaß.* Berlin, Mittler & Sohn 1930. [Häufige ND, z. B. Hildesheim, Olms 1969; 1994 u. ö.]

Kant-Lexikon
Marcus Willaschek/Jürgen Stolzenberg/Georg Mohr/Stefano Bacin (Hg.): *Kant-Lexikon.* 3 Bde., Berlin/Boston, De Gruyter 2015.

Ome-Lexikon
Online-Lexikon zur Kultur und Geschichte der Deutschen im östlichen Europa, hg. v. Sabine Doering/Matthias Weber. Oldenburg 2011 ff. [jährliche Aktualisierung].

Abb. 9 Renée Jorgensen studierte Kunst und Philosophie. Sie forscht und arbeitet in der Sozial- und Politikphilosophie, Sprach- und Rechtsphilosophie sowie Ethik und Erkenntnistheorie.

Das Werk *Kant with a Book. In Style of Pablo Picasso* (2013) ist Teil einer Reihe von Philosophenporträts (u. a. Aristoteles, Bentham, Carnap, Frege, Hume, Kierkegaard, Leibniz, Nietzsche, Plato, Russell, Wittgenstein), die Jorgensen jeweils im Stil eines bekannten Künstlers oder einer bestimmten Kunstrichtung gemalt hat. Dabei wird die stilistische Paarung zwischem beidem von der Kompatibilität der philosophischen und der künstlerischen Aussagen abgeleitet. Dass Jorgensen für das Kant-Porträt den kubistischen Stil Picassos gewählt hat, begründet sie selbst so: »… since both focused a great deal of their work on the obstacles to direct perception of the external world«.

Angesprochen auf das Verhältnis ihrer Malerei zur Philosophie führte Jorgensen aus: »I do work in analytic philosophy … but it's only half true that philosophy and painting engage opposite sides of the mind. The sort of realist drawing and painting that I do is all about analyzing the relationships between the lines, shapes and color tones, and so still very left-brain. Nevertheless, it engages the mind in a different way than do the syllogisms of analytic philosophy. I find that the two types of mental exertion complement each other well, each serving as a productive break from the other« (vgl. Springer 2013).

Register der historischen Personen

AutorInnen, die im Band primär auf Grund ihrer Schriften oder Editionen genannt sind, werden in diesem Register nicht aufgelistet. Siehe dazu das Literaturverzeichnis.

Abb. 10 Vor einem schlafenden Publikum wird ein Vortrag über kantische Philosophie gehalten – Karikatur von Daniël Veelwaard (nach Jacob Smies) mit dem Titel *Der sittliche und sinnliche Mensch,* um 1810. In den Beschriftungen im Bild ist die Rede von ›Königsberger Philosophie‹ sowie ironisch von ›wirksamer Unwirksamkeit‹ und ›schnell stillstehenden Ideen‹. Die Tafel zeigt unter anderem einen IK (Immanuel Kant) vor einer nackten Frau als ›Bild der Wahrheit‹, über der ihm ein Licht aufgeht.

Abb. 11 Paul Harveys *Immanuel Kant with Flowers and Painting* (2002) zeigt eine verfremdete Version des bekannten, um 1768 entweder von Johann Gottlieb Becker oder von Heinrich Becker geschaffenen (heute verschollenen) Ölgemäldes, das sich in Kants Besitz befand. Harvey ist der ›Stuckismus-Bewegung‹ zuzuordnen, eine 1999 von den britischen Künstlern Billy Childish and Charles Thomson gegründete internationale Kunstbewegung. In Abgrenzung zu den Young British Artists lehnten die Stuckisten die Konzeptkunst mit ihren abstrakten Tendenzen zugunsten der figurativen Malerei ab, was ihnen den Vorwurf des ›Steckenbleibens‹ (›to be stuck‹) einbrachte. Kant wird hier bewusst in Distanz zur philosophischen Gelehrsamkeit präsentiert: in grellen Farben, umgeben von Blumen, in seinen Händen ein angedeuteter weiblicher Akt. Durch diese provozierende Variation des zugrundeliegenden Werks soll insbesondere ein jüngeres Publikum zur Auseinandersetzung mit dem Philosophen angeregt werden.

Register der Künstlerinnen und Künstler und ihrer Werke

Sermei, Cesare (1581–1668): *Dio Padre.* Dekkenfresko. 1609/10. San Francesco, Unterkirche, östliches Querschiff. Assisi. 138

Smies, Jacob (1746–1838): *Apodictische Waaren, allegorie op de filosofie van Kant.* Aquarellierte Zeichnung. 33,5 × 46,8 cm. Datum unbekannt. Rijksmuseum, Amsterdam. 227

Smirnjagina, Nelli: *Zerstörung verdunkelt den Geist.* Öl auf Leinwand. 1992/93. Privatbesitz, Kaliningrad. 333

Steiner, Gerda und Lenzlinger, Jörg: *The Holly Jelly.* Partizipatives Kunstprojekt mit Installation. 1999. Melbourne, Australien. Privatbesitz Steiner/ Lenzlinger. Schweiz. 84

Stieler, Joseph Karl (1781–1858): *Beethoven mit dem Manuskript der Missa solemnis.* Öl auf Leinwand. 1820. Beethovenhaus, Bonn. 163

Thorvaldsen, Bertel (1770–1844): *Nikolaus-Kopernikus-Statue.* Bronze. 1822. Enthüllt am 11. 5. 1830 vor dem Hauptsitz der Polnischen Akademie der Wissenschaften, Warschau. 101

Twombly, Cy (1928–2011): *Empire of Flora.* Öl, Wachsmalkreiden, Bleistift und Buntstift auf Leinwand. 200 × 242 cm. 1961. Hamburger Bahnhof – Museum für Gegenwart, Berlin. 152

Tyukanov, Sergej (1955–2020): *Project – Denkmal – Bibliothek – Emmanuel Kant in Königsberg.* Radierung. 13,3 × 17,3 cm. 1998. Privatbesitz. 252

Ulrichs, Timm (*1940): *Kritik der reinen Vernunft – Kritik der praktischen Vernunft.* Holztisch, zwei Bücher. 75 × 75 × 50 cm. 1977/1985. Privatbesitz. 136

Van der Bruggen, Jan (*1649, † nach 1689) zugeschrieben: *Demokritus lacht.* Zeichnung. 26,2 × 18,8 cm. Datum unbekannt. Rijksmuseum, Amsterdam. 151

Daniël Veelwaard (1766–1851) nach Jacob Smies: *Den zedelyke en zinnelyke Mensch.* 21,2 × 17,4 cm. Um 1810. Handkolorierte Aquatinta-Radierung. Collectie Stadsarchiv Amsterdam. 327

Walther, Franz Erhard (*1939): *Schiefe Ebene mit zwei Standstellen II.* Eisen. 3–6 × 35 × 400 cm. 1975. Hamburger Kunsthalle, Hamburg. 221

Werner, Friedrich Bernhard (1690–1776): *Königsberg.* Kolorierter Kupferstich. 10,5 × 15,5 cm. Um 1750. Besitz oder Standort konnte nicht ermittelt werden. 12

Wright of Derby, Joseph (1734–1797): *A Philosopher Lecturing the Orrery.* Öl auf Leinwand. 147,2 × 203,2 cm. 1766. Derby Museum and Art Gallery, Derby. 30

Autorinnen und Autoren

Prof. Dr. Reinhard Brandt
Em. Professor für Geschichte der Philosophie, Philipps-Universität Marburg

Dr. Angela Breitenbach
Dozentin, King's College, Universität Cambridge, England

Prof. Dr. Micha Brumlik
Em. Professor, Institut für Erziehungswissenschaften der Johann Wolfgang Goethe-Universität Frankfurt am Main

Prof. Dr. Steffen Dietzsch
Professor, Institut für Philosophie der Humboldt-Universität zu Berlin; Kondylis-Institut für Kulturanalyse und Alterationsforschung, Hagen

Prof. Dr. Nina Dmitrieva
Professorin, Academia Kantiana, Baltische Föderale Immanuel Kant Universität Königsberg/ Kaliningrad und Staatliche Pädagogische Universität Moskau, Russland

Prof. Dr. Andrea Marlen Esser
Professorin für Praktische Philosophie, Institut für Philosophie der Friedrich-Schiller-Universität Jena

Prof. Dr. Massimo Ferrari
Professor für Geschichte der Philosophie, Universität Turin, Italien

Prof. Dr. Rainer Forst
Professor für Politische Theorie und Philosophie, Institut für Politikwissenschaften und Institut für Philosophie der Johann Wolfgang Goethe-Universität Frankfurt am Main

Prof. Dr. Volker Gerhardt
Seniorprofessor, Institut für Philosophie der Humboldt-Universität zu Berlin

Prof. Dr. Dietmar H. Heidemann
Professor für Philosophie, Universität Luxemburg

Prof. Dr. Beatrix Himmelmann
Professorin für Philosophie, UiT, Arktische Universität, Tromsø, Norwegen

Prof. Dr. Otfried Höffe
Em. Professor für Philosophie, Eberhard-Karls-Universität Tübingen; Forschungsstelle für Politische Philosophie

Dr. Jacqueline Karl
Leiterin der Kant-Arbeitsstelle, Berlin-Brandenburgische Akademie der Wissenschaften, Berlin und Potsdam

Prof. Dr. Pauline Kleingeld
Professorin für Philosophie (Ethik und ihre Geschichte), Universität Groningen, Niederlande

Prof. Dr. Susan Neiman
Direktorin des Einstein Forums, Potsdam

Prof. Dr. Hans-Christoph Rauh
Em. Professor für Philosophie, Ernst-Moritz-Arndt-Universität Greifswald

Prof. Dr. Birgit Recki
Professorin für Praktische Philosophie, Ethik, Ästhetik und Kulturphilosophie/Anthropologie, Universität Hamburg

Prof. Dr. Tobias Rosefeldt
Professor für Klassische Deutsche Philosophie an der Humboldt-Universität zu Berlin

Dr. Maja Schepelmann
Editionswissenschaftliche Mitarbeiterin, Kant-Arbeitsstelle, Berlin-Brandenburgische Akademie der Wissenschaften

Prof. Dr. Jürgen Stolzenberg
Em. Professor für Geschichte der Philosophie an der Martin-Luther-Universität Halle-Wittenberg

Prof. Dr. Jens Timmermann
Professor für Moral Philosophy, Universität St Andrews, Schottland

Prof. Dr. Violetta L. Waibel
Professorin für Europäische Philosophie und Continental Philosophy, Universität Wien

Prof. Dr. Eric Watkins
Professor für Philosophie, Universität von San Diego, Kalifornien, USA

Prof. Dr. Matthias Weber
Direktor des Bundesinstituts für Kultur und Geschichte der Deutschen im östlichen Europa, Oldenburg

Prof. Dr. Marcus Willaschek
Professor für Philosophie der Neuzeit, Johann Wolfgang Goethe-Universität Frankfurt am Main

Abb. 12 Nelli Smirnjagina setzt sich seit den 1990er Jahren mit der Bedeutung Kants für Königsberg und Kaliningrad auseinander. Das 1993 entstandene Gemälde *Zerstörung verdunkelt den Geist* ruft die Verwüstungen am Ende des Zweiten Weltkriegs und den damit einhergegangenen Verlust in das Bewusstsein: die Feuersbrunst und die Kriegsfurie, dargestellt durch den orangenen Hintergrund und den apokalyptischen Torso, die Ruine der Albertus Universität, dazwischen verzerrte, verzweifelte Gesichter. Mittendrin Immanuel Kant lesend am Stehpult, gleich einem Felsen in der Brandung. Seine Person und sein Werk überdauern den Untergang der Stadt und bieten auch für Kaliningrad Orientierung.

Abb. 13 und 14 Für seine Serie *Mikrogramme* begann Philipp Goldbach 2005 miniaturisierte Abschriften von philosophischen Büchern mit dem Bleistift auf Papier zu bringen. Er kopierte seine Textvorlagen Wort für Wort, minutiös und in winziger Schrift jeweils auf großformatiges Papier (ca. 130 × 100 cm), ohne das Ganze im Blick zu haben. Für ihn ein Prozess, der an die »Écriture Automatique« erinnert, die von André Breton auch als »reine Gedankenfotografie« bezeichnet wurde.

Diese handschriftlichen Kopien setzen sich zusammen aus wenige Millimeter hohen Buchstaben. Wirklich lesbar sind die Texte nur bei nahem Herantreten. Aus größerer Entfernung betrachtet werden sie zu einem Abstraktum und können in ihren Aussagen und in ihrer Bedeutung nicht mehr erfasst werden. Abgebildet ist hier das vollständige Mikrogramm mit dem Titel *Kritik der reinen Vernunft (I. Kant)* aus dem Jahr 2007.

[illegible] iori sein. Dagegen sind die evidenten Sätze der Zahlverhältnisse zwar allerdings synthetisch, [illegible]
[illegible] muß [illegible] also nicht Axiome, (denn sonst gäbe es deren unendliche,) sondern Zahlformeln [illegible]
[illegible] vorgehen [illegible], das gilt auch notwendig von diesen. Alle Einwürfe dawider sind [illegible]
[illegible] afficiert sei, und die man auf ein Object überhaupt bezieht, in sich. Nun ist vom empiri[illegible]
[illegible] und welches daher auch den eigentlichen Unterschied des Empirischen von dem Erkenntn[illegible]
[illegible] der empirischen Anschauung, der Empfindung korrespondiert, ist Realität (realitas [illegible]
[illegible] ein Moment, z. B. das Moment der Schwere, und zwar darum, weil der Grad nur die Größe [illegible]
[illegible] aus Bestandteilen, die noch vor dem Raume und der Zeit gegeben werden könnten. [illegible]
[illegible] ich es aus bloß durch ein Quantum von Talern, sondern muß es ein Aggregat, d. i. eine Zahl [illegible]
[illegible] das man nichts Empirisches sein [illegible] so können wir, ohne die Einheit des Systems zu [illegible]
[illegible] eines Raumes oder Zeit durch und durch real, d. i. kein Teil derselben leer ist; [illegible]
[illegible] extensive Größe der Menge nach unterscheiden können. Diese Voraussetzung, daß es [illegible]
[illegible] (Raum) übersehen erfüllen, als eine andere Erscheinung mitgrößeren. Meine Absicht [illegible]
[illegible] können? Die Qualität der Empfindung ist jederzeit bloß empirisch und kann [illegible]
[illegible] selbst, nämlich daß sie einen Grad haben, erkennen können, alles übrige bleibt der Erfah[illegible]
[illegible], sondern weil es objektiv in der Zeit ist, in ihr vorgestellt werden soll. Die Zeit selb[illegible]
[illegible] perception soll nun alles dieses Mannigfaltige seinen Zeitverhältnissen nach, vereinigt [illegible]
[illegible] das, wodurch seine empirische Anschauung sich von anderen unterscheide, antizipieren [illegible]
[illegible] nicht gesetzt werden können: welche andere und erste Größe Wahrnehmung, sondern [illegible]
[illegible] (der Wahrnehmung (der Materie derselben), und der Erfahrung (des Verhältnisses [illegible]
[illegible] in die Synthesis der Erscheinungen zum Ziele haben; diese wird aber nur allein in dem Schem[illegible]
[illegible] Bestimmung derselben vorgestellt werden könnte. Nun kann die Zeit für sich nicht wahrgen[illegible]
[illegible] Zeit sind, wie das Schematische existiert. Nun ist dem Beharrlichen sind also Zeitverhältnisse [illegible]

[illegible]

Abbildungen im Anhang

Abb. 1–7 Koester: Fotoserie. © Joachim Koester; Courtesy Galleri Nicolai Wallner, Kopenhagen

Abb. 8 Götze: Wandobjekt. © VG Bild-Kunst, Bonn 2021

Abb. 9 Jorgensen: Ölgemälde. © Renée Jorgensen

Abb. 10 Veelwaard: Radierung. © Stadsarchiv Amsterdam

Abb. 11 Harvey: Acrylbild. © VG Bild-Kunst, Bonn 2021

Abb. 12 Smirnjagina: Ölgemälde. © Nelli Smirnjagina

Abb. 13 und 14 Goldbach: Mikrogramm. © VG Bild-Kunst, Bonn 2021

– – –

Sonstige Abbildungen

6 Mützel: Lithographie. Ostpreußisches Landesmuseum, MSK 1974

8 Mueller-Stahl: Lithographie. © VG Bild-Kunst, Bonn 2021

10 Janssen: Zeichnung. Helmut Schmidt-Archiv, Hamburg; Inv.-Nr.: EWZB 19. Foto: Andreas Weiss. © VG Bild-Kunst Bonn

28/29 Shonibare: Installation. © VG Bild-Kunst, Bonn 2021

60/61 Magritte: Gouache. © VG Bild-Kunst, Bonn 2021

104/105 Levine: Ölgemälde. © VG Bild-Kunst, Bonn 2021

198/199 Kant: Manuskriptseite aus dem *Opus postumum,* Conv. I, 19. Kopie mit Markierungen der Herausgeberin Karl. © Staatsbibliothek zu Berlin, Stiftung Preußischer Kulturbesitz, Handschriftenabteilung

222/223 Bortolossi: Öl auf Leinwand. © Walter Bortolossi